Hans-Ulrich Ludewig/Dietrich Kuessner

„Es sei also jeder gewarnt“

Das Sondergericht Braunschweig 1933–1945

QUELLEN UND FORSCHUNGEN
ZUR
BRAUNSCHWEIGISCHEN LANDESGESCHICHTE

Herausgegeben vom Braunschweigischen Geschichtsverein

Band 36

2000

SELBSTVERLAG DES BRAUNSCHWEIGISCHEN GESCHICHTSVEREINS

„ES SEI ALSO JEDER GEWARNT“
DAS SONDERGERICHT BRAUNSCHWEIG 1933–1945

von

HANS-ULRICH LUDEWIG und DIETRICH KUESSNER

2000

SELBSTVERLAG DES BRAUNSCHWEIGISCHEN GESCHICHTSVEREINS

Gefördert durch die

STIFTUNG
NORD/LB · ÖFFENTLICHE

ISBN 3-928 009-17-6
Gesamtherstellung: poppdruck, 30851 Langenhagen

Inhalt

Vorwort

Die Arbeit an diesem Buch hat sich über ein Jahrzehnt hingezogen. Ende der achtziger Jahre bekam ich Zugang zu dem umfangreichen Bestand des Sondergerichts Braunschweig im Niedersächsischen Staatsarchiv Wolfenbüttel. Sondergerichtsverfahren als Quelle für die Geschichte des Alltags im Nationalsozialismus standen zunächst im Mittelpunkt des Interesses. Neu erschlossene Aktenbestände, vor allem die Entnazifizierungsakten, führten in den folgenden Jahren zu einer erweiterten Fragestellung.

Bei dieser Arbeit begegnete ich Pfarrer Dietrich Kuessner, der über die Beziehungen zwischen Kirche und Justiz in der NS-Zeit forschte und erste Ergebnisse in einem Vortrag im Landesmuseum im November 1991 der Öffentlichkeit präsentierte. Wir beschlossen unsere Forschungen zu koordinieren und eine gemeinsame Publikation vorzubereiten. Wir wollten nicht nur historisch zuverlässige Informationen über die sondergerichtliche Rechtssprechung liefern, sondern auch anschauliche Geschichten von Beschuldigten und Angeklagten in schwierigen Zeiten erzählen. Dabei erwiesen sich die unterschiedlichen Forschungsinteressen und die unterschiedlichen Forschungsansätze, trotz aller immer wieder auftauchenden Schwierigkeiten, in den folgenden Jahren als sehr anregend und produktiv.

Entsprechend den Forschungsinteressen haben wir die Themenbereiche aufgeteilt: Dietrich Kuessner berichtet über die Pfarrer vor dem Sondergericht, über die Zwangsarbeiter und Kriegsgefangenen, über das Verfahren gegen Erna Wazinski und den Umgang mit diesem Urteil in der Nachkriegszeit; er zeichnet die Tätigkeit des Sondergerichts in den letzten Kriegsmonaten minutiös nach und schreibt die Porträts über Lerche, Grimpe, Hirte und Linke. Für die übrigen Kapitel bin ich verantwortlich. Dabei haben sich die zahlreichen gemeinsamen Gespräche sowohl auf die immer wieder geänderte Gliederung als auch auf viele Aussagen und Schlußfolgerungen ausgewirkt. Geringfügige inhaltliche Überschneidungen waren nicht zu vermeiden. Eine stilistische Einheitlichkeit des Textes haben wir bewußt nicht angestrebt.

Von den Beschuldigten und Angeklagten nennen wir diejenigen mit vollem Namen, die aus politischen, religiösen und rassischen Gründen verurteilt wurden. Dazu gehören die Männer und Frauen, die wegen Verstoßes gegen die Reichstagsbrandverordnung, das Heimtückegesetz, die Rundfunkordnung und wegen Wehrkraftzersetzung vor Gericht standen. Wir nennen auch die verurteilten Zwangsarbeiter und Kriegsgefangenen mit ihren Namen.

Die Autoren bedanken sich sehr herzlich für vielfältige Hilfe. Bei den wissenschaftlichen Referenten des Niedersächsischen Staatsarchivs Wolfenbüttel: bei Dr. Ulrich Schwarz für erste Hinweise auf den Bestand des Sondergerichts, bei Dr. Dieter Lent, der uns in vielen Gesprächen wertvolle Anregungen gab, bei Dr. Ulrike Strauß, die über Jahre hinweg das Entstehen dieses Buches begleitet, uns unermüdlich auf neu erschlossene Archivbestände hingewiesen hat und uns gerade in den Phasen der Resignation und Stagnation zur Weiterarbeit ermunterte. Ihre redaktionelle Betreuung für die Drucklegung und ihre Beratung bei der Auswahl der zu veröffentlichen Materialen waren besonders hilfreich.

Für die kritische Lektüre des Manuskripts und die zahlreichen inhaltlichen Verbesserungen bedanke ich mich bei Dr. Angela Taeger, Oldenburg. Unser Dank gilt Anke v.

Kowalski für die mühsame Arbeit an den Fahnenkorrekturen und der Erstellung des Registers, Winfried Krause für die Anfertigung der statistischen Schaubilder.

Dank sagen möchten wir schließlich dem Vorsitzenden des Braunschweigischen Geschichtsvereins, Ltd. Archivdirektor Dr. Horst-Rüdiger Jarck, der sich entschieden für die Veröffentlichung der Arbeit in den „Quellen und Forschungen zur Braunschweigischen Landesgeschiche" eingesetzt hat. Er hat es damit ermöglicht, daß – so hoffen die Autoren – über ein wichtiges und brisantes Thema der Zeitgeschichte in dieser Region diskutiert werden kann.

Braunschweig im Dezember 1999 — Hans-Ulrich Ludewig

1. Einleitung

An einem Sommerabend des Jahres 1933 trafen sich in Wolfenbüttel wie so oft in jenen Tagen die Nachbarn vor der Haustür. Die Männer kamen ins Politisieren, und ein Bürstenmacher schimpfte: „Hitler ist ein Ausländer; er macht es auch nicht besser als Heinrich Jasper und Otto Grotewohl“[1]. Ein Nachbar ärgerte sich über diese Äußerung und meldete sie der Polizei. Ein Verfahren wurde eingeleitet, der Bürstenmacher mußte 15 Monate ins Gefängnis. Die Richter gaben folgende Begründung: „Es ist eine Perfidie sondergleichen, wenn es der Angeklagte wagt, Hitler mit Marxisten auf eine Stufe zu stellen, die um ihrer Parteiinteressen willen das Land Braunschweig in Grund und Boden gewirtschaftet haben“.

Etwa zur gleichen Zeit schwadronierte ein Kutscher in einer Stehbierhalle: Hitler brauche nicht zu heiraten, er habe ja seinen Freund Röhm. Drei Jahre Gefängnis lautete das Urteil. Ein Schlosser nannte Hitler einen Knecht des Privatkapitals, nichts habe die jetzige Regierung an den Verhältnissen geändert. Das Gericht verurteilte ihn zu zwei Jahren Gefängnis, „um ihn für längere Zeit an den Störungen der Aufbauarbeit der Regierung zu hindern“.

Diese „Aufbauarbeit“ war längst beendet, das System hatte sich stabilisiert, doch solche Verfahren beschäftigten die Gerichte weiterhin.

Im März 1936 weigerte sich ein siebzigjähriger Rentner aus Braunschweig, zur Wahl für den Reichstag zu gehen. Von seinem Nachbarn dazu aufgefordert, sagte er: „Wegen Hitler mache ich mir nicht die Stiefel schmutzig“. Der Nachbar zeigte ihn an, und das Gericht verurteilte den Rentner zu 7 Monaten Gefängnis. Es handle sich um eine gehässige Äußerung, meinten die Richter, politisch unzuverlässig sei er sowieso, und für das Winterhilfswerk spende er auch nichts.

Wesentlich großzügiger verhielt sich die Anklagebehörde gegenüber einem Revierförster, der sich recht derb über Göring geäußert hatte. Er könne keine Kinder bekommen, „der mit seinen zerschossenen Eiern, dieses dicke Schwein, wird alle Tage fetter“. Waldarbeiter hatten den Förster angezeigt, der den Spruch auch zugab. Der Oberstaatsanwalt stellte das Verfahren mit folgender Begründung ein: „Bei Berücksichtigung des Umstandes, daß es sich bei dem Beschuldigten um einen alten Kolonialkämpfer und um einen Mann handelt, dessen Sprachschatz etwas drastischer als sonst üblich zu sein scheint, kann in seiner Ausdrucksweise auch nicht unbedingt das Hervortreten einer gemeinen Gesinnung erblickt werden“.

Wir horchen auf; offensichtlich verfuhr das Gericht milder mit Beschuldigten aus den besseren Kreisen. Aber wir werden sogleich widerlegt. Hart bestrafte das Gericht die Witwe eines Professors. Bei einem Kaffeekränzchen schimpfte sie: „Hitler ist kein Deutscher, sondern ein Kosak. Jede individuelle Idee ist im deutschen Volk erstickt. Sie sind wie eine zusammengestoßene Hammelherde. Wenn sie nicht tun, was sie sollen, kriegen sie ihre Strafe“. Empört erstatteten zwei Damen vom Nachbartisch Anzeige. Der Staats-

[1] Heinrich Jasper und Otto Grotewohl waren die bekanntesten Braunschweiger SPD-Politiker in der Weimarer Republik.

anwalt verwies in seinem Strafantrag gegen die Witwe auf die besondere Verantwortung für die Volksgemeinschaft gerade seitens der gebildeten Kreise.

Ungeschoren blieb demgegenüber eine Braunschweigerin, aus bescheidenen Verhältnissen stammend, die einen recht drastischen Witz erzählt hatte: „Haben Sie schon einmal Hitlerschinken gegessen? Das können Sie ja auch nicht, denn dieses Schwein ist noch nicht geschlachtet". Der Staatsanwalt stellte das Verfahren mit der Begründung ein, die Äußerung sei weder böswillig, noch gehässig, die Frau habe nur ein loses Mundwerk.

Die Geschichten aus der Kriegszeit hören sich ein wenig anders an. Eine neunzehnjährige Postangestellte stahl Feldpostpäckchen, öffnete sie, entwendete Zigaretten und schickte sie ihrem Freund an die Front. Obwohl nicht vorbestraft, wurde sie zum Tode verurteilt. Nach den ersten Bombenangriffen auf Braunschweig im Februar 1944 wurden Zwangsarbeiter zu Aufräumarbeiten eingesetzt. Dabei kam es hin und wieder zu Kleindiebstählen. Innerhalb weniger Tage wurden fünf ukrainische Arbeiter zum Tode verurteilt. Sie hatten insgesamt 7 Oberhemden, 1 Hose, 1 Pullover, 1 Paar Schuhe, 1 Paar Schaftstiefel, 1 Lederriemen, 3 Handtücher, 6 Taschentücher, 1 Zigarettenetui, 2 Dosen Kondensmilch und 2 Tüten Kekse gestohlen.

Nach dem schweren Bombenangriff auf Braunschweig in der Nacht vom 14./15. Oktober 1944 steht die 19 Jahre alte Erna Wazinski bei der Rückkehr von der Arbeit vor ihrem völlig zerstörten Wohnhaus in der Langedammstraße. Sie findet ihre Mutter in einem nahe gelegenen Luftschutzkeller und bringt sie zu Bekannten. Am nächsten Tag sucht sie nach den Resten ihres Hab und Guts. Dabei nimmt sie aus einem Koffer einige Kleidungsstücke mit. Vier Tage später wird Erna verhaftet, am 21. 10. vom Sondergericht wegen Plünderns zum Tode verurteilt und am 23. 11. 1944 in der Strafvollzugsanstalt Wolfenbüttel hingerichtet.

Ein Major außer Dienst hörte im Krieg einen ausländischen Sender. Sein Schwiegersohn denunzierte ihn – auf Bitten der eigenen Frau. Er wurde im Januar 1945 zu drei Jahren Zuchthaus verurteilt und starb zwei Wochen nach Haftantritt im Wolfenbüttler Gefängnis. Einen jungen Gärtner fand die Polizei im Herbst 1944 in einer Erdhöhle wohnend. Seinen Unterhalt hatte er jahrelang mit Gelegenheitsarbeiten bestritten; auf Lebensmittelmarken hatte er verzichtet. Wegen Wehrdienstentziehung wurde er Ende Januar 1945 zum Tode verurteilt[2].

Wir werden noch viele dieser Geschichten erzählen; eher harmlose, aber auch ganz fürchterliche. Sie enden sehr unterschiedlich: mit Verfahrenseinstellung, mit Freispruch, mit kleineren Gefängnisstrafen, mit langjährigen Zuchthausstrafen oder mit der Todesstrafe. Sie haben eines gemeinsam: es sind Verfahren vor dem Sondergericht Braunschweig.

Vor dem Sondergericht Braunschweig waren in den Jahren 1933 bis 1945 nahezu 6000 Verfahren anhängig. Weit über 7000 Personen kamen in Braunschweig mit dieser gefürchteten Institution in Berührung: als Beschuldigte in einem Ermittlungsverfahren, das mangels Beweises oder wegen Haltlosigkeit der Vorwürfe eingestellt werden konnte; als Angeklagte in einem Verfahren, das entweder mit Freispruch, einer Geldstrafe, mit Gefängnis oder Zuchthaus oder gar mit dem Tode endete.

---

2 Die erzählten Sondergerichtsverfahren befinden sich im Bestand 42 B Neu 7 des Niedersächsischen Staatsarchivs Wolfenbüttel unter folgenden Nummern: 47, 8, 212, 612, 358, 102, 1552, 1586–1589, 1599, 1115, 1605. Sofern nicht anders vermerkt, beziehen sich künftig alle Bestandsnachweise auf dieses Archiv.

Beschuldigte und Angeklagte begegneten einem Gericht, das neben dem Volksgerichtshof am konsequentesten und rigorosesten nationalsozialistische Rechtsauffassungen anwandte. Häufig gerieten Menschen ganz unvermittelt in die Mühlen dieser Gerichtsbarkeit wegen Handlungen, die sie nie und nimmer für strafbar hielten: Meckern, Witze-Erzählen, Radio-Hören. Selbst ein eingestelltes Ermittlungsverfahren hinterließ Spuren, schüchterte ein, brandmarkte den einzelnen – wieviel mehr erst eine Verurteilung.

Wir unternehmen den Versuch, die Tätigkeit des Sondergerichts Braunschweig in den Jahren 1933–1945 zu beschreiben. Wir beschränken uns nicht nur auf die Friedens- bzw. nur auf die Kriegsjahre, wie das in den meisten der vorliegenden Untersuchungen geschieht. Trotz sich wandelnder Zuständigkeiten blieb nämlich der Charakter des Sondergerichts in diesen zwölf Jahren als Ausnahmegericht und zentrale Institution nationalsozialistischer Rechtssprechung gewahrt. Wir können nicht den gesamten Themenkomplex erschöpfend behandeln; das vorhandene Material ist zu umfangreich, die Problematik zu vielschichtig. Wir können auch keine strafrechtliche Analyse leisten, dazu fehlt der juristische Sachverstand.

Wir wollen vielmehr versuchen, mit historisch-politischen Fragestellungen aufzuklären über die Rolle der Sondergerichte im nationalsozialistischen Herrschaftssystem. Wir geben zunächst einen Abriß der Geschichte der Sondergerichte, ihrer sich wandelnden Kompetenzen in den Friedensjahren und während der Kriegszeit, über ihre Stellung zwischen der ordentlichen Gerichtsbarkeit einerseits, den Polizei- und SS-Instanzen andrerseits. Ein statistischer Überblick soll dann ganz nüchtern die Arbeit des Braunschweiger Sondergerichts dokumentieren. Schon allein die Zahl der Ermittlungen und Prozesse, die Art der Delikte und die Höhe des Strafmaßes geben Auskunft über Funktionsveränderungen des Gerichts und über die Phasen milderer oder härterer Verfolgungs- bzw. Strafpraxis. Das vorhandene Aktenmaterial ermöglicht zudem eine quantifizierende Analyse von Herkunft, Berufsstruktur und Geschlechtszugehörigkeit der Beschuldigten.

Wir wollen dann – im Hauptteil dieses Buches – von diesen Beschuldigten und Angeklagten selbst berichten. Aber auch von ihren Anklägern und Richtern; von den Nachbarn, den Kollegen, den Denunzianten, von den Opfern und von den Tätern. Wir erzählen von vielen vor 1933 aktiven Kommunisten, Sozialdemokraten und Gewerkschaftlern, aber auch von bürgerlichen Gegnern der Nationalsozialisten. Wir erzählen von Pfarrern, Juden und Zeugen Jehovas vor dem Sondergericht, von jungen Männern und Greisen, von jungen und alten Frauen, von Zigeunern, von Zwangsarbeitern und Kriegsgefangenen, von den Schwarzschlachtern und den „Rundfunkverbrechern“, von Männern, die nicht mehr an die Front wollten und von Frauen, die Soldaten versteckten, von den vielen Menschen, die über Zustände oder die NS-Größen schimpften, die meckerten, die einfach nur einen Witz erzählten.

Wir unternehmen den Versuch, aus den Ermittlungsverfahren und den Prozessen Lebensbedingungen und Verhaltensformen während der NS-Zeit zu rekonstruieren. In unterschiedlichsten Facetten spiegeln die Sondergerichtsakten nämlich Alltagsverhältnisse im Nationalsozialismus wider; Alltag in der Phase der Machteroberung, in den Jahren der Stabilität und während der Kriegszeit. Es ist zwar ein eingeschränkter Blick auf den Alltag im Nationalsozialismus: auf den Alltag von Menschen, die „auffällig“, die, in den Augen von Polizei und Justiz, aber auch von Arbeitskollegen, Nachbarn und Freunden straffällig geworden waren. Es ist ein Blick, der die für das NS-System außerordentlich charakteristische Kombination von Ausnahme und Normalität, von Alltag und Barbarei[3] bewußt macht.

Dazu bedarf das überlieferte Quellenmaterial, das sich aus Schriftgut sehr unterschiedlicher Provenienz zusammensetzt, allerdings einer sorgfältigen textkritischen Behandlung. Einige quellenkritische Bemerkungen sollen deshalb zunächst auf die Problematik von Sondergerichtsakten sowie auf die Möglichkeiten und die Grenzen ihrer Interpretation hinweisen.

Im Niedersächsischen Staatsarchiv Wolfenbüttel befinden sich die Akten von ca. 1100 Verfahren des Sondergerichts Braunschweig aus der Zeit 1933 bis 1945. Hinzu kommen etwa 250 Sondergerichtsurteile in den Gefangenenakten der Justizvollzugsanstalt Wolfenbüttel. Schließlich liegen im Bundesarchiv Koblenz Akten bzw. Urteilsniederschriften zu 116 Braunschweiger Sondergerichtsverfahren aus der Kriegszeit[4].
Es ist ein Glücksfall, daß neben den Verfahrens- und Prozeßakten auch die Registerbände für das Sondergericht erhalten sind. In diesen Bänden sind sämtliche Vorverfahren und sämtliche Hauptverfahren Jahr für Jahr verzeichnet, so daß wir einen genauen Überblick über die Tätigkeit des hiesigen Sondergerichts bekommen. Registriert wurden über 5800 Fälle. Von etwa einem Viertel aller Fälle liegen Prozeßmaterialien vor.

Jeder Registerband verzeichnet das Datum der ersten Meldung, die ermittelnde Behörde, Name, Wohnort und Beruf des/der Beschuldigten, die Straftat sowie einen Hinweis über Einstellung, Abgabe an eine andere Institution oder Anklage. Die Register der Hauptverfahren vermerken zusätzlich das Strafmaß. Diese Daten sind für eine juristische Bewertung von geringem Interesse, für sozialgeschichtliche Fragestellungen aber sehr ergiebig; unsere quantifizierende Auswertung stützt sich auf dieses Material.

Ergänzend zu den Verfahrens- und Prozeßakten des Sondergerichts haben wir die Lageberichte des hiesigen Oberlandesgerichts-Präsidenten und des Generalstaatsanwalts herangezogen. Wir haben die Personalakten und die Entnazifizierungsakten der Richter und Staatsanwälte ausgewertet sowie die Akten von Nachkriegsprozessen, die sich mit sondergerichtlicher Rechtssprechung befaßten. Hinzu kam die Lektüre der Braunschweiger Tagespresse.

Eine vollständige Sondergerichtsakte enthält sehr unterschiedliches Schriftgut. Da sind zunächst die Akten der Ermittlungsbehörden, der örtlichen Gendarmeriestellen, der Kriminalpolizei oder der Gestapo. Das Vernehmungsprotokoll enthält den Namen des Beschuldigten, das Vergehen, den Namen und die Aussage des Anzeigenden. Es sind Anzeigen von Privatpersonen, von Parteifunktionären, Angehörigen von NS-Organisationen, Betriebsobleuten oder Blockwarten. Eine systematische Auswertung dieser Erstmeldungen – sie wäre noch zu leisten – gäbe ein anschauliches Bild über das Ausmaß an Denunziationen und zugleich über den Kontroll- und Überwachungsmechanismus im Dritten Reich. Nach der Anzeige geriet selbst bei Bagatellsachen ein gewaltiger Ermittlungsapparat in Bewegung. Der Beschuldigte und die Zeugen wurden vernommen. Die

---

3 Vgl. hierzu: Detlev J. K. Peukert, Alltag und Barbarei, in: Dan Diner (Hg.), Ist der Nationalsozialismus Geschichte?, Frankfurt 1987, S. 51–61.

4 Ergänzend zum Bestand 42 B Neu 7 wurden herangezogen: die Akten der Justizvollzugsanstalt Wolfenbüttel im Bestand 43 A Neu 1 und 43 A Neu 4 des Niedersächsischen Staatsarchivs Wolfenbüttel sowie die im Bundesarchiv Koblenz (künftig: BA) aufbewahrten Urteile aus der Kriegszeit im Bestand R 22/3454.

Vernehmungsprotokolle sind von sehr unterschiedlichem Aussagewert. Ein Gestapobeamter formulierte präziser als ein Landjäger. Die Aussagen wurden in der Regel wörtlich protokolliert, häufig vermischte sich aber die schriftliche Fixierung mit den mehr oder weniger offen zu Tage tretenden Einstellungen des Vernehmungsbeamten. Von besonderer Bedeutung waren dessen kommentierende Bemerkungen am Ende des Protokolls. Sie gaben ganz eindeutige Wertungen hinsichtlich der Glaubwürdigkeit und politischen Zuverlässigkeit des Beschuldigten. Hierbei fiel eine wichtige Vorentscheidung: in zahlreichen Verfahren übernahm die Anklagevertretung dieses Vor-Urteil und sogar in der Urteilsbegründung des Sondergerichts konnte es sich wiederfinden.

Dem Vernehmungsbogen der Beschuldigten war ein normierter Fragebogen beigegeben, der Auskunft über Beruf, Wohnort, Vorstrafen, Zugehörigkeit zu NS-Organisationen, zu politischen Gruppierungen vor 1933, über Logenmitgliedschaft, über den militärischen Dienstgrad und die Lebensdaten der Eltern gab. Häufig fragte die Polizei bei örtlichen Parteistellen oder der Gauleitung nach der politischen Vergangenheit des Beschuldigten und seiner Einstellung zu Staat und Partei nach.

Die Ermittlungsergebnisse gingen an die Staatsanwaltschaft am Sondergericht, in leichteren Fällen auch an die Amtsanwaltschaften von Amtsgerichten. Nach einer ersten Prüfung des Falles konnte der Oberstaatsanwalt als Vertreter der Anklagebehörde beim Sondergericht das Verfahren mangels Beweises einstellen. Das ist in vielen Fällen auch geschehen. Er konnte auch die Abgabe des Falles an andere Instanzen – Amtsgericht oder auch Volksgerichtshof – anordnen. Bei hinreichendem Verdacht erfolgte die Verhaftung des Beschuldigten, wenn er nicht schon vorher von der Gestapo in Schutzhaft genommen wurde. Den Haftbefehl erließ das zuständige Amtsgericht oder auch das Sondergericht.

Die Anklageschrift des Oberstaatsanwalts als Leiter der Anklagebehörde beim Sondergericht beschrieb den Tathergang sowie die wesentlichen Ermittlungsergebnisse. Unterlagen der Strafverteidigung sind nur in wenigen Fällen überliefert; meistens beschränkten sie sich auf Honorarforderungen und den Streit um ihre Erstattung. Das Verhandlungsprotokoll des Sondergerichts war in der Regel sehr kurz gefaßt. Es enthielt die Namen der Beteiligten, den Tatbestand, die standardisierten Aussagen der Angeklagten und der Zeugen, das beantragte Strafmaß und das Urteil. Von besonderem Interesse ist die meist sehr ausführliche Urteilsbegründung; auch deshalb, weil sie von vielen Prozessen, vornehmlich der Kriegszeit, das einzige auf uns gekommene Aktenstück ist – ein Großteil des Aktenbestandes des Sondergerichts Braunschweig wurde nämlich bei den Bombenangriffen 1944 vernichtet. Die Urteilsniederschrift mit dem Prozeßdatum, der Zusammensetzung des Gerichts (Namen der Richter und des Staatsanwalts) referierte nochmals den Tathergang, zeichnete den Lebenslauf des Angeklagten nach, wobei teils die strafmildernden, teils die strafverschärfenden Umstände besonders herausgestellt wurden; daran schloß sich die rechtliche Würdigung unter Einbeziehung der Zeugenaussagen an, schließlich das Urteil selbst. Einigen Akten sind Gnadengesuche der Gefangenen oder ihrer Angehörigen angefügt, die meistens abschlägig beschieden wurden. Manchmal finden sich Schriftstücke über die Behandlung des Falls nach 1945, was sich als sehr ergiebig für die Justizgeschichte der unmittelbaren Nachkriegszeit erweist.

Alles in allem enthalten Sondergerichtsakten eine Fülle an Informationen, bei deren Auswertung sich allerdings erhebliche methodische Schwierigkeiten ergeben. Zeugenaussagen können sehr parteiisch sein, vermeiden fast immer auch nur den Anschein einer eigenen Verwicklung in den Fall, versuchen nicht selten, durch besondere Systemtreue sich anzubiedern oder jeglichen Verdacht zu vermeiden. Zeugen wurden auch von Partei- und Polizeistellen unter Druck gesetzt. In welchem Ausmaß, läßt sich heute kaum noch ermitteln; meistens nur dann, wenn nach 1945 das Verfahren wieder aufgenommen wurde[5]. Die Aussagen der Beschuldigten, teils in direkter, teils in indirekter Rede wiedergegeben, waren recht unterschiedlich: unbeholfen, sprunghaft, widersprüchlich, eingeschüchtert, verzweifelt die einen – wortgewandt, listig, selbstbewußt die anderen. Sprachgewandtheit, die auch herkunftsbedingt war, spielte eine Rolle. Fast jede Aussage dürfte aber von Furcht und Angst geprägt gewesen sein. Das lag an den Vernehmungsstellen, das hing aber auch mit dem Bild zusammen, das sich die Öffentlichkeit zu Recht von den Sondergerichten machte. Schließlich hatten die NS-Machthaber und die Sonderrichter von Anfang an den abschreckenden Charakter des Sondergerichts im Kampf gegen die „Volksfeinde" proklamiert. In vielen Fällen dürfte Gewaltanwendung oder Drohung mit Gewalt seitens der vernehmenden Polizeibeamten Geständnisse erzwungen haben. Verständlicherweise finden sich darüber kaum Hinweise in den Akten. Nur ab und zu stößt man auf einen Vermerk, der Folterungen freilich auch nur ahnen läßt: „Der Beschuldigte machte einen verstockten Eindruck. Er kam nicht mit der Wahrheit heraus und konnte erst nach stundenlangem Bemühen überführt werden"[6].

Oft dürfte schon allein die Erinnerung an die Gewaltexzesse des Frühjahrs und Sommers 1933 einschüchternd gewirkt haben. SA und SS hatten in diesen Monaten Hunderte von Schutzhaft-Gefangene mit unglaublicher Brutalität geprügelt, gefoltert, zu Tode gebracht. Tief in das Bewußtsein eingeprägt hatten sich die „Überholaktionen" auf dem Land, in denen die Nazis überfallartig gegen die politischen Gegner vorgegangen waren.

Es gibt einen bemerkenswerten Fall, in dem sich das Sondergericht mit einem erzwungenen Geständnis auseinandersetzen mußte. Im Juli 1933 verhaftete die Polizei elf Angehörige des „Reichsbundes jüdischer Frontsoldaten". Unter den Verhafteten befand sich der polnische Staatsangehörige Benno Zauderer; er starb wenige Tage nach seiner Verhaftung. Wochen später stellte der polnische Generalkonsul Nachforschungen in Braunschweig an. Der Braunschweiger Innenminister teilte ihm mit, Zauderer habe bei der Vernehmung ein „freches und herausforderndes Benehmen" gezeigt, er sei sehr erregt gewesen und habe schließlich einen Krampfanfall erlitten; er sei mit dem Kopf auf eine Tischkante gestürzt und danach verstorben[7]. Wenige Tage nach dem Tod Zauderers erhob der Staatsanwalt am Sondergericht Anklage gegen die verbliebenen zehn jüdischen Bürger wegen Verstoßes gegen die Heimtückeverordnung. Während der Verhandlung erwies sich, daß Angeklagte unter schwerer Mißhandlung seitens SS-Hilfspolizisten zu den belastenden Aussagen gezwungen worden waren. Das Verfahren endete mit einem Freispruch, den das Gericht damit begründete, die Geständnisse seien aus Furcht vor Mißhandlungen zustande gekommen[8]. Es ist anzunehmen, daß die Gestapo nach

---

[5] Nach dem Krieg berichtete ein Zeuge, daß er in einem Verfahren gegen den Betriebsdirektor eines Braunschweiger Großbetriebs durch Angehörige der Gestapo energisch gewarnt worden sei, zu Gunsten des Angeklagten auszusagen, 42 B Neu 7 Nr. 1554.

[6] 42 B Neu 7 Nr. 498. Vgl. zu den Vernehmungspraktiken der Polizei die Untersuchung von Gerhard Wysocki, Die Geheime Staatspolizei im Land Braunschweig, Frankurt/New York 1997.

[7] Im Rieseberg-Prozeß 1947 konnte zweifelsfrei festgestellt werden, daß Zauderer vom SS-Sturmbannführer Kleist während des Verhörs erschlagen worden war, 62 Nds 2 Nr. 1443.

[8] 42 B Neu 7 Nr. 55.

dieser Panne dafür sorgte, daß ihre Ermittlungsergebnisse nicht mehr angezweifelt wurden. Tatsächlich läßt sich ein Freispruch mit vergleichbarer Begründung bis 1945 nicht mehr finden. Daß Gewaltanwendung der Ermittlungsbehörden für das Sondergericht ab und an ein Problem darstellte, zeigte eine Anweisung des Vorsitzenden des Sondergerichts Lachmund an den Vorstand des Amtsgerichts Wolfenbüttel aus dem Jahr 1936: Ermittlungen der Beamten der Politischen Polizei seien durch Richter nachzuprüfen, „falls dieselben auch nur den geringsten Anlaß zu Bedenken bieten". Vor Erlaß von Haftbefehlen sei den Angeklagten „Gelegenheit zu geben zur freimütigen Erklärung, wenn ein polizeiliches Geständnis vorliegt, insbesonders, ob dieses ohne jede Beeinflussung, also freiwillig abgegeben ist". Eine Scheu, etwaige gesetzwidrige Vorgänge verheimlichen zu müssen, sei bei den Angeklagten zu beseitigen. Er, Lachmund, empfehle eine Formulierung: ‚Mein Geständnis wiederhole ich aus freien Stücken'[9]. Angesichts der Skrupellosigkeit der Gestapo war diese Empfehlung reichlich naiv, zeigt aber zugleich, wie ein überzeugter Nationalsozialist wie Lachmund Reste einer unabhängigen Justiz zu bewahren versuchte.

Auch die Urteilsniederschriften bedürfen einer sorgfältigen Interpretation. Nicht immer erschließen sich vorhandene Vorurteile auf den ersten Blick, sondern verstecken sich hinter stereotypen und floskelhaften Wendungen. Über weite Passagen liest man die nüchterne, paragraphengesättigte Sprache des Juristen, die dann ganz abrupt durch moralisierende, von der NS-Ideologie tief geprägte Wendungen unterbrochen wird.

Unsere Akten spiegeln die subjektive Sicht der Ermittlungsbehörden, des Gerichts, der Beschuldigten und der Zeugen wider. Dennoch oder gerade deshalb versprechen wir uns von ihnen reichhaltige Informationen über den Alltag der Braunschweiger Bevölkerung.

Die Forschung hat sich erst in den letzten Jahren mit den Sondergerichten beschäftigt; jahrzehntelang waren die Akten gar nicht zugänglich. In den Gesamtdarstellungen zu Recht und Justiz während der NS-Zeit finden sich meist nur knappe Hinweise über Entstehung, Aufgaben und Charakter der Sondergerichte, wobei Prozeßakten nicht ausgewertet werden[10]. Die umfassendste Untersuchung zur Strafrechtsentwicklung im Dritten Reich mit eingehender Analyse des Sonderstrafrechts hat Gerhard Werle veröffenlicht[11].

Hans Wüllenweber legte 1990 eine Dokumentation von Sondergerichtsurteilen aus dem 2. Weltkrieg vor. Ralph Angermund analysierte in seiner 1991 erschienenen Studie zahlreiche Sondergerichtsurteile und ordnete sie in die Justizpolitik des Dritten Reichs

[9] 62 Nds 2 Nr. 787.

[10] Vgl. u. a.: Martin Broszat, Zur Perversion der Strafjustiz im Dritten Reich, in: Vierteljahreshefte für Zeitgeschichte, Jg. 1958, S. 390–443; Ralf Dreier/Wolfgang Sellert (Hg.), Recht und Justiz im ‚Dritten Reich', Frankfurt 1989; Lothar Gruchmann, Justiz im Dritten Reich 1933–1940, München 1988; Werner Johe, Die gleichgeschaltete Justiz, Frankfurt 1967. Diemut Majer, ‚Fremdvölkische' im Dritten Reich, Boppard 1981. Hinrich Rüping, Justiz und Nationalsozialismus, Rosendorf 1985.

[11] Gerhard Werle, Justiz-Strafrecht und polizeiliche Verbrechensbekämpfung im Dritten Reich, Berlin/New York 1989.

ein. Schließlich publizierte Anna Blumenberg-Ebel eine Dissertation über Sondergerichtsprozesse gegen Katholiken[12].

In Gang gekommen sind auch die Untersuchungen zu einzelnen Sondergerichten. Peter Hüttenberger hatte bereits 1981 in einem wegweisenden Aufsatz Heimtückeverfahren vor dem Sondergericht München untersucht und dabei erstmals in größerem Umfang Prozeßakten verarbeitet. Bemerkenswert war sein Vorhaben, anhand von „Heimtückerede und Heimtückediskurs" die massenhaften Zeugen-und Beschuldigtenaussagen für sozial- und alltagsgeschichtliche Erkenntnisse zu nutzen[13]. Bernd Schimmler veröffentlichte 20 Urteile des Berliner Sondergerichts; Klaus Bästlein diskutierte anhand des Kieler Sondergerichts die Rechtspraxis dieses Gerichts und erörterte den zeitgeschichtlichen Erkenntniswert der Sondergerichtsakten[14]. Gunter Schmitz stellte für das Hamburger Sondergericht Heimtückefälle zusammen[15]. Jens Luge beschreibt in seiner Untersuchung zur Strafrechtspflege in Oldenburg auch die Tätigkeit des Sondergerichts Oldenburg[16]. In seiner in den Jahren 1991 bis 1994 erschienenen dreibändigen Dokumentation publizierte Hans Wrobel Verfahren des Sondergerichts Bremen aus den Jahren 1940–1945. Wiedergegeben werden die persönlichen Daten der Angeklagten, das Urteil und die Urteilsbegründung[17]. Allerdings bedürfte diese wegweisende Dokumentation noch dringend einer interpretierende Analyse. Das Ministerium der Justiz in Rheinland-Pfalz hat im Rahmen eines umfassenden Forschungsprojekts eine Untersuchung über die dortigen NS-Sondergerichtsverfahren veröffentlicht[18]. Auch in Nordrhein-Westfalen hat die Beschäftigung mit der nationalzialistischen Strafjustiz zu ersten Publikationen geführt[19].

---

12 Hans Wüllenweber, Sondergerichte im Dritten Reich, Frankfurt 1990; Ralph Angermund, Deutsche Richterschaft 1919–1945, Frankfurt 1991; Anna Blumenberg-Ebel, Sondergerichtsbarkeit und ‚Politischer Katholizismus' im Dritten Reich, Mainz 1990.

13 Peter Hüttenberger, Heimtückefälle vor dem Sondergericht München 1933–1939, in: Bayern in der NS-Zeit, Bd. 4, München/Wien 1981, S. 435–526.

14 Klaus Bästlein, Die Akten des ehemaligen Sondergerichts Kiel als zeitgeschichtliche Quelle, in: Zeitschrift der Gesellschaft für Schleswig-Holsteinische Geschichte, 1988, S. 157–211; ders., Zur „Rechts"-Praxis des Schleswig-Holsteinischen Sondergerichts (1937–1945), in: Heribert Ostendorf (Hg.), Strafverfolgung und Strafverzicht. Festschrift zum 125jährigen Bestehen der Staatsanwaltschaft Schleswig-Holstein, Köln u. a. 1992, S. 93–185. Vgl. auch: Klaus Bästlein, Sondergerichte in Norddeutschland als Verfolgungsinstanz, in: Frank Bajohr (Hg.), Norddeutschland im Nationalsozialismus, Hamburg 1993, S. 218–238.

15 Gunter Schmitz, Wider die „Miesmacher", „Nörgler" und „Kritikaster": Zur strafrechtlichen Verfolgung politischer Äußerungen in Hamburg 1933 bis 1939, in: Klaus Bästlein u. a. (Hg.), „Für Führer, Volk und Vaterland...": Hamburger Justiz im Nationalsozialismus, Hamburg 1992.

16 Jens Luge, Die Rechtsstaatlichkeit der Strafrechtspflege im Oldenburger Land 1932–1945, Hannover 1993.

17 Hans Wrobel, Strafjustiz im totalen Krieg. Aus des Akten des Sondergerichts Bremen 1940 bis 1945, Bd. 1 bis 3, Bremen 1991–1994.

18 Justizministerium Rheinland-Pfalz (Hg.), Justiz im Dritten Reich, NS-Sondergerichtsverfahren in Rheinland-Pfalz. Eine Dokumentation, Teil 1–3, Frankfurt 1994; dass., Justiz im Dritten Reich: Justizverwaltung, Rechtssprechung und Strafvollzug auf dem Gebiet des heutigen Landes Rheinland-Pfalz, Frankfurt 1995.

19 Justizministerium des Landes Nordrhein-Westfalen (Hg.), Strafjustiz im Dritten Reich, Bd. 3: Hans-Eckhard Niemann, Die Durchsetzung politischer und politisierter Strafjustiz im Dritten Reich. Ihre Entwicklung aufgezeigt am Beispiel des OLG-Bezirks Hamm, Düsseldorf 1995.

In jüngster Zeit erschienen Einzelstudien zu den Sondergerichten Freiburg, Mannheim und Hannover[20].

Auf das Braunschweiger Sondergericht hat erstmals Helmut Kramer 1980 in einer Vortragsreihe hingewiesen, als er über den Prozeß gegen Erna Wazinski berichtete, die 1944 wegen Plünderns zum Tode verurteilt wurde. Kramer hat sich in den folgenden Jahren mit Leidenschaft und Ausdauer für eine historisch-kritische Aufarbeitung der NS-Justiz engagiert und dabei immer wieder die schweren Versäumnisse der bundesrepublikanischen Politik und Justiz bei dieser Aufgabe angeprangert[21]. Überzeugend gelungen ist der Versuch von Bernhild Vögel, anhand des Schicksals von Erna Wazinski, Jugendliche für alltägliche Gewaltverhältnisse in der NS-Zeit zu interessieren[22]. Rudolf Wassermann gibt in seiner Geschichte des Oberlandesgerichts Braunschweig anhand ausgewählter Verfahren einen ersten Einblick in die Arbeit des hiesigen Sondergerichts. Von besonderem Interesse sind seine Ausführungen zur Personalpolitik und zur Lenkung der Rechtssprechung in der NS-Zeit[23]. Wilfried Knauer hat in seiner Dokumentation auch den Strafvollzug und die Hinrichtungen von Verurteilten des Sondergerichts dargestellt[24].

Eine umfassende Untersuchung des Braunschweiger Sondergerichts liegt bisher nicht vor, und deshalb hoffen wir auch einen Beitrag zu leisten für die Braunschweiger Justizgeschichte. Unser vorrangiges Interesse aber gilt den Beschuldigten und Angeklagten, den Menschen, die aus unterschiedlichsten Gründen mit einer Institution in Berührung kamen, der im System der NS-Diktatur eine zentrale Funktion zukam.

---

[20] Michael P. Hensle, Die Todesurteile des Sondergerichts Freiburg 1940–1945, München 1996; Christiane Oehler, Die Rechtssprechung des Sondergerichts Mannheim 1933–1945, Berlin 1997; Wolf-Dieter Mechler, Kriegsalltag an der ‚Heimatfront', Hannover 1997.

[21] Helmut Kramer, Die NS-Justiz in Braunschweig und ihre Bewältigung ab 1945, in: Braunschweig unterm Hakenkreuz, Braunschweig 1981; ders., Richter in eigener Sache. Zur Selbstamnestierung der Justiz nach 1945, in: Es geschah in Braunschweig, Braunschweig o.J. (1988), S. 54–73; ders., „Gerichtstag halten über uns selbst". Das Verfahren Fritz Bauers zur Beteiligung der Justiz am Anstaltsmord, in: Hanno Loewy/Bettina Winter (Hg.), NS-„Euthanasie" vor Gericht, Frankfurt 1996, S. 81–131. Vgl. auch die Beiträge von Helmut Kramer in der Zeitschrift „Kritische Justiz".

[22] Bernhild Vögel, Ein kurzer Lebensweg. Der Fall Erna Wazinski. Arbeitsmaterialien für die schulische und außerschulische Jugendbildungsarbeit, Braunschweig 1996.

[23] Rudolf Wassermann, Zur Geschichte des Oberlandesgerichts Braunschweig, in: Justiz im Wandel der Zeit. Festschrift des Oberlandesgerichts Braunschweig, hg. v. Rudolf Wassermann, Braunschweig 1989, S. 11–110.

[24] Wilfried Knauer, Nationalsozialistische Justiz und Todesstrafe: Eine Dokumentation zur Gedenkstätte in der Justizvollzugsanstalt Wolfenbüttel, Hannover 1990.

2. Das Sondergericht im nationalsozialistischen Machtgefüge

In allen Phasen der NS-Herrschaft, in den Jahren der Machteroberung und Machtsicherung, der Stabilisierung, der kriegerischen Expansion und des Machtzerfalls bei Kriegsende spielte die Justiz eine zentrale Rolle. Von Anfang an setzten die Nationalsozialisten das Strafrecht zum Kampf gegen den politischen Gegner ein. Neben dem 1934 errichteten Volksgerichtshof dienten ihnen hierzu vor allem die Sondergerichte.

2.1 Sondergerichte und NS-Justiz

Sondergerichte wurden aufgrund einer Notverordnung des Reichspräsidenten Hindenburg vom 21. 3. 1933 für den Bezirk eines jeden Oberlandesgerichts gebildet. Zwar kannte auch die Weimarer Republik Sondergerichte, allerdings mit begrenzter Kompetenz und begrenzter zeitlicher Dauer.

Die 1933 geschaffenen Sondergerichte lassen sich als eine Form von Schnelljustiz charakterisieren, welche die Rechte der Angeklagten entscheidend beschränkte: es gab keine gerichtliche Voruntersuchung, die Ladungsfrist wurde verkürzt, die mündliche Haftprüfung entfiel, es gab keine Rechtsmittel gegen Urteile, keine Bewährung, keine Strafaussetzung.

Das Sondergericht setzte sich aus dem Vorsitzenden und zwei Beisitzern zusammen; ein Oberstaatsanwalt fungierte als Leiter der Anklagebehörde, unterstützt von mehreren Staatsanwälten. Die Berufung der Mitglieder erfolgte in den ersten Jahren durch das Präsidium des Landgerichts, mit der Verordnung vom 24. 11. 1937 durch den Präsidenten des Oberlandesgerichts.

Die Sondergerichte waren zunächst zuständig für Verstöße gegen die Verordnung zum Schutz von Volk und Staat vom 28. 2. 1933, die sogenannte Reichstagsbrandverordnung, gegen die Heimtückeverordnung vom 21. 3. 1933 und für Verstöße gegen das Gesetz zur Abwehr politischer Straftaten vom 4. 4. 1933. Als schwerwiegend eingeschätzte Verstöße gegen die Reichstagsbrandverordnung und gegen das Gesetz vom 4.4. sowie Fälle von Hoch-und Landesverrat wurden meistens vor den Strafsenaten der Oberlandesgerichte bzw. vor dem Volksgerichtshof verhandelt. Die spektakulären politischen Prozesse gegen Regimegegner fanden deshalb auch in Braunschweig nicht vor dem Sondergericht statt, sondern vor dem Strafsenat des Oberlandesgerichts.

Die überwiegende Zahl der sondergerichtlichen Verfahren bezog sich auf die Heimtückeverordnung vom 21. 3. 1933 bzw. auf das Heimtückegesetz vom 20. 12. 1934. Wegen „Heimtücke" zu verantworten hatte sich, wer unbefugt nationalsozialistische Uniformen oder Abzeichen trug, und wer dabei eine Straftat beging. Damit wollten sich die Machthaber gegen den Mißbrauch ihrer Embleme seitens Krimineller, vor allem aber seitens ihrer politischen Gegner schützen, die Uniformen und Abzeichen zur Tarnung benutzen könnten. Diese Bestimmung spielte nur in den ersten Monaten der NS-Herrschaft eine gewisse Rolle. Mit einem Verfahren wegen „Heimtücke" mußte in der Rechtspraxis jeder rechnen, der „vorsätzlich eine unwahre und gröblich entstellende Behauptung tatsächlicher Art aufstellt oder verbreitet, die geeignet ist, das Wohl des Reiches oder eines Landes oder das Ansehen der Reichsregierung oder einer Landesregierung oder der hinter diesen Regierungen stehenden Parteien und Verbände schwer zu schädigen“[1]. Es war diese Bestimmung, welche die Verordnung zum Instrument der Bekämpfung jeglicher gegnerischer politischer Aktivitäten machte. Der führende NS-Jurist Wilhelm Crohne beschrieb die Aufgaben der Sondergerichte sehr anschaulich: „In Kriegszeiten haben die Standgerichte die Aufgabe, mit kriegsmäßig verschärften Mitteln des Strafrechts Kampf und Geist der Truppe zu unterstützen. Im Frieden sind die Sondergerichte dazu berufen, in Zeiten politischer Hochspannung durch schnelle und nachdrückliche Ausübung der Strafgewalt darauf hinzuwirken, daß unruhige Geister gewarnt oder beseitigt werden und daß der reibungslose Gang der Staatsmaschine nicht gestört wird. Um diesen Erfolg zu gewährleisten, gibt der Gesetzgeber gewöhnlich den Sondergerichten neue schneidende Waffen zur Hand“[2].

Übrigens konnten auch Amtsgerichte Heimtückeverfahren durchführen, was die historische Aufarbeitung des Gesamtkomplexes unübersichtlicher macht. Wir konzentrieren uns auf die Heimtückeverfahren vor den Sondergerichten.

Häufig wurden statt der Heimtückeverordnung diejenigen Paragraphen des Strafgesetzbuches angewandt, die ähnliche Tatbestände umschrieben: die Paragraphen 185 (Beleidigung), 186 (üble Nachrede) und 360 (grober Unfug); dies galt vor allem bei Verfahren vor den Amtsgerichten.

Es ist bemerkenswert, daß auch nach der endgültigen Stabilisierung des NS-Systems, etwa seit dem Sommer 1934, der Tatbestand der Heimtücke beibehalten wurde; das Heimtückegesetz vom 20. 12. 1934 verschärfte ihn sogar. Nach § 2 dieses Gesetzes wurde nunmehr auch die Abgabe von Werturteilen bestraft: Wer „öffentlich gehässige, hetzerische oder von niedriger Gesinnung zeugende Äußerungen über leitende Personen des Staates oder der NSDAP, über ihre Anordnungen oder die von ihnen geschaffenen Einrichtungen“ machte, die geeignet waren, „das Vertrauen des Volkes zur politischen Führung zu untergraben“, sollte mit Gefängnis bestraft werden[3]. Das Gesetz zielte auf die Gesinnungsprüfung und die innere Einstellung des Täters. Jede regimekritische Äußerung konnte damit verfolgt werden, wobei zentrale Begriffe des Gesetzes nicht exakt definiert und in hohem Maße auslegungsfähig waren. Das Gesetz erweiterte darüberhinaus den Begriff der Öffentlichkeit: auch wer „nicht öffentliche böswillige Äußerungen“ machte, konnte angeklagt werden, wenn der Täter damit rechnen mußte, daß seine Äußerungen in die Öffentlichkeit drangen. Auch diese Bestimmung war in hohem Maße auslegungsfähig.

Zu allen Verfahren nach § 2 des Heimtückegesetzes mußte übrigens zur weiteren Strafverfolgung die Genehmigung des Reichsjustizministers eingeholt werden, wozu die Anklagebehörde beim Sondergericht einen Bericht zu dem jeweiligen Fall verfaßte, der mit der Anklageschrift weitgehend identisch war. Der Reichsjustizminister konnte nach

---

1 Verordnung vom 21. 3. 1933, Reichsgesetzblatt 1933, S. 135. Hierzu jetzt: Bernward Dörner, „Heimtücke“: Das Gesetz als Waffe. Kontrolle, Abschreckung und Verfolgung in Deutschland 1933–1945, Paderborn 1998.

2 Deutsche Justiz, Jg. 1933, S. 384 ff.

3 Gesetz gegen heimtückische Angriffe auf Staat und Partei vom 20. 12. 1924, Rgbl. 1934, S. 1269.

Prüfung der Unterlagen die weitere Strafverfolgung am Sondergericht oder die Einstellung anordnen.

Mit der Reichsverordnung vom 20. 11. 1938 erhielten die Sondergerichte weitere Zuständigkeiten: die Staatsanwaltschaft wurde ermächtigt, jedes Verbrechen vor dem Sondergericht anzuklagen, wenn mit Rücksicht auf die „Schwere oder Verwerflichkeit der Tat oder die in der Öffentlichkeit hervorgerufene Erregung" eine sofortige Aburteilung geboten erschien[4].

Bei Kriegsbeginn veränderte sich die Arbeit der Sondergerichte quantitativ und qualitativ grundlegend.

Im Krieg fand der Nationalsozialismus zu sich selbst, jetzt erreichte er sein eigentliches Ziel, seine eigentliche Bestimmung: Gewalt, Kampf, Terror. Der Krieg setzte alle zerstörerischen Energien des Nationalsozialismus frei. Er schuf die politischen und psychologischen Bedingungen für die gewaltsame Realisierung der nationalsozialistischen Rassenideologie. Der Krieg war nicht nur ein traditioneller Hegemonialkrieg, in dem es um Eroberungen und um Großmachtvisionen ging, sondern er war ein Versklavungs-, Vernichtungs- und Ausrottungskrieg. Er war von Anfang an ein Krieg auch gegen die Zivilbevölkerung, in den eroberten Gebieten, aber auch im eigenen Land; er war ein Krieg gegen die Personen, die nicht zur „Volksgemeinschaft" gehörten, und der Gegnerbegriff erweiterte sich von Kriegsmonat zu Kriegsmonat. Die Justiz leistete dazu von Anfang an einen eigenen Beitrag.

Als in einer Besprechung in Berlin am 24. Oktober 1939 Reichsjustizminister Gürtner und sein Staatssekretär Freisler von den anwesenden Vorsitzenden der Sondergerichte verlangten, die Richter sollten „die Friedensmaßstäbe fallenlassen", zu „Soldaten der inneren Front" werden, jeder Dolchstoß in den Rücken der kämpfenden Truppen sei unbedingt zu vermeiden, es gelte, „jeden Spaltpilz mit Stumpf und Stiel auszurotten", stand für alle Teilnehmer fest, die Sondergerichte rückten in das Zentrum der Strafverfolgung. In den ersten Septembertagen 1939 schuf die Regierung auf dem Verordnungsweg neue Straftatbestände bzw. verschärfte bestehende ganz erheblich.

Vor einem Sondergericht wurde angeklagt, wer ausländische Rundfunksender abhörte (Rundfunk-Verordnung)[5]; wer Rohstoffe oder Erzeugnisse, die zum lebenswichtigen Bedarf der Bevölkerung gehörten, vernichtete, beiseiteschaffte oder zurückhielt (Kriegswirtschafts-Verordnung)[6]; wer sich der Wehrpflicht entzog, wer Soldaten zur Fahnenflucht aufforderte und wer die Wehrkraft zersetzte (Kriegssonderstrafrechts-Verordnung)[7]; wer vorsätzlich Wehrmittel zerstörte, beschädigte oder fehlerhaft herstellte, wer die Produktion eines kriegswichtigen Betriebs behinderte und wer mit Kriegsgefangenen in einer Weise Umgang pflegte, „welche das gesunde Volksempfinden gröblich" verletzte (Wehrkraftschutz-Verordnung)[8]; wer bei einer schweren Gewalttat Schuß-, Hieb- oder Stoßwaffen gebrauchte (Gewaltverbrecher-Verordnung)[9]; wer schließlich gegen die

4 Rgbl. 1938, S. 1632.

5 Verordnung über außerordentliche Rundfunkmaßnahmen vom 1. 9. 1939, Rgbl. 1939, S. 1683.

6 Kriegswirtschaftsverordnung vom 4. 9. 1933, Rgbl. 1939, S. 1609.

7 „wer öffentlich dazu auffordert oder anreizt, die Erfüllung der Dienstpflicht in der deutschen oder einer verbündeten Wehrmacht zu verweigern oder sonst öffentlich den Willen des deutschen oder verbündeten Volkes zur wehrhaften Selbstbehauptung zu lähmen oder zu zersetzen sucht", Rgbl. 1939, S. 1455 ff.

8 Verordnung vom 25. 11. 1939, Rgbl. 1939, S. 2319.

9 Verordnung vom 5. 12. 1939, Rgbl. 1939, S. 2378.

Volksschädlings-Verordnung (VVO) verstieß. Diese Volksschädlings-Verordnung bildete das Kernstück des Kriegsstrafrechts. Sie belegte mit Zuchthaus, wer ein Verbrechen oder ein Vergehen gegen Leib, Leben oder Eigentum unter Ausnutzung der zur Abwehr von Fliegerangriffen getroffenen Maßnahmen beging oder eine sonstige Straftat unter Ausnutzung der durch den Kriegszustand verursachten außergewöhnlichen Verhältnisse; sie bestrafte mit dem Tode „wenn dies das gesunde Volksempfinden wegen der besonderen Verwerflichkeit der Straftat erfordert". Mit dem Tod bestraft wurde auch, „wer im freigemachten Gebiet oder in freiwillig geräumten Gebäuden oder Räumen plündert"[10].

Die „Verordnung über Maßnahmen auf dem Gebiet der Gerichtsverfassung und der Rechtspflege" vom 1. 9. 1939 ermöglichte es der Staatsanwaltschaft, prinzipiell jedes Delikt vor dem Sondergericht anzuklagen, wenn sie eine rasche Aburteilung für notwendig hielt oder wenn sie durch die Tat die öffentliche Ordnung und Sicherheit für besonders gefährdet hielt[11].

Eine weitere Strafverschärfung sah das Gesetz zur Änderung des Reichsstrafgesetzes vom 4. 9. 1941 vor. „Gefährliche Gewohnheitsverbrecher" und „Sittlichkeitsverbrecher" erhielten die Todesstrafe, „wenn der Schutz der Volksgemeinschaft oder das Bedürfnis nach gerechter Sühne es erfordern"[12].

Die „Polenstrafrechtsverordung" vom 4. 12. 1941 schließlich brachte Polen und Juden aus oder in den eingegliederten Ostgebieten vor das Sondergericht, wenn sie durch „gehässige oder hetzerische Betätigung eine deutschfeindliche Gesinnung" bekundeten, wenn sie sich „deutschfeindlich" äußerten oder wenn sie „durch ihr sonstiges Verhalten das Ansehen oder das Wohl des Reiches oder des deutschen Volkes herabsetzen oder schädigen". War eine geringfügige Strafe zu erwarten, konnte auch vor einem Amtsgericht angeklagt werden[13].

Seit Bestehen des Sondergerichts wurde über dessen Tätigkeit in der Presse berichtet. Gerade die ersten Urteile gegen die politischen Gegner im Frühjahr und Sommer 1933 sollten abschreckend wirken und wurden dementsprechend in den Zeitungen präsentiert. Während der Stabilisierungsphase war die Berichterstattung über Sondergerichtsverfahren recht sporadisch. Das Reichsjustizministerium hatte 1935 an die Leiter der Justizpressestellen Richtlinien über die Presseberichterstattung herausgegeben, wonach „eine gehäufte Berichterstattung über Verurteilungen gegen das Heimtückegesetz unerwünscht sei und daß eine pressemäßige Verwertung der Sachen von geringerer Bedeutung überhaupt zu unterbleiben habe, da sonst der unberechtigte Eindruck entstehen könnte, als finde wegen jeder Kleinigkeit eine Verfolgung statt"[14]. In der Kriegszeit wurde die Presse gezielt eingesetzt. Um die Rolle der Sondergerichte an der „Heimatfront" der Bevölkerung immer wieder in Erinnerung zu rufen, wurden viele Urteile in der Presse bekannt gegeben.

Vor allem über Verfahren gegen Schwarzschlachter und gegen „Plünderer" berichteten die Zeitungen, auch über spektakuläre Prozesse, welche die NS-Machthaber zur Einschüchterung der Bevölkerung nutzen wollten. Häufig wurden Urteile – insbesonders

---

[10] Verordnung vom 5. 9. 1939, Rgbl. 1939, S. 1679.

[11] Rgbl. 1939, S. 1658.

[12] Rgbl. 1941, S. 549.

[13] Rgbl. 1941, S. 759 ff.

[14] Dörner, Heimtücke, S. 41 zitiert aus einem Referat von Ministerialrat Dr. Krug auf der Tagung hoher Justizbeamter und Richter am 24. Oktober 1939 in Berlin.

Todesurteile – öffentlich angeschlagen. Die Gerichtsbehörden machten sich sogar Gedanken über die Form der Veröffentlichung. „Die öffentlichen Bekanntmachungen der Bestrafung durch die Sondergerichte...sind infolge der Länge und Unübersichtlichkeit der Bevölkerung nur schwer verständlich und in dieser Form nicht wirksam, zumal da zur Papierersparnis der Text eng zusammengedrängt ist und auf diese Weise ...die erkannte Strafe nicht in das Auge springt. Ihren Zweck, den verurteilten Verbrecher zu brandmarken und andere abzuschrecken, erfüllen daher die Veröffentlichungen nicht genügend. Viel wirksamer würde sein, wenn sie in ähnlicher Weise erfolgen würden wie die Bekanngabe einer vollzogenen Hinrichtung“[15].

2.2 Das Braunschweiger Sondergericht 1933–1945

Am 8. April 1933 trat das Braunschweiger Sondergericht zum ersten Mal zusammen. Der neu ernannte Vorsitzende des Sondergerichts, Landgerichtsdirektor Friedrich Lachmund, ließ in seiner Eröffnungsansprache keinen Zweifel am Sinn und Zweck der neuen Strafrechtssprechung: „Was die Strafzumessung anbetrifft, so vertritt das Sondergericht den Standpunkt, daß das Sondergericht seine Aufgaben am besten erfüllt, wenn es sich so schnell wie möglich entbehrlich macht. Das geschieht dadurch, daß es von Anfang an mit fester Hand zupackt und zeigt, daß es den Willen hat, unter allen Umständen dem Rechnung zu tragen, was die nationale Erhebung des deutschen Volkes erfordert... Der Zweck der hohen Strafen besteht darin, daß sie...auf diejenigen, die glauben, der nationalen Regierung und dem deutschen Volke noch Widerstand leisten zu können, so erzieherisch einwirken sollen, daß binnen kurzem sowohl bei Verführten wie bei gewohnheitsmäßigen Rechtsbrechern und Abenteurern die Einsicht einkehrt, es sei richtiger, mit dem Strom als gegen den Strom zu schwimmen“[16].

Friedrich Lachmund war seit dem Frühjahr 1932 Mitglied der NSDAP. Von Anfang an war er als Vorsitzender des Sondergerichts entschlossen, die Justiz zum „Bollwerk für die nationalsozialistische Bewegung“ zu machen. Im Juli 1933 wurde er zum Präsidenten des Landgerichts berufen. Auf Drängen Lachmunds wurde Staatsanwalt Paul Rasche zum Vertreter der Anklagebehörde beim Sondergericht ernannt: er brauche einen Staatsanwalt „der bellen kann“[17]. Rasche tat dies offensichtlich sehr erfolgreich, denn schon nach kurzer Zeit wurde er zum Oberstaatsanwalt befördert. Sein Stellvertreter war in den Jahren 1933 bis 1937 Dr. Paul Seelemeyer, Mitglied der NSDAP seit 1932.

Als Beisitzer am Sondergericht begegnen wir in den ersten Jahren u. a. den Richtern Heinrich Müller, Herbert Eilers, Ernst v. Griesbach, Walter Lerche und Wilhelm Ehlers.

In den Jahren 1933/34 ging das Sondergericht besonders rigoros gegen Sozialdemokraten und Kommunisten vor. Rücksichtsloser Kampf gegen die „Volksfeinde“ war die Devise. In einem Brief an Ministerpräsident Klagges meldete Lachmund Vollzug: „Mit welchen bewußt drakonisch hohen Strafen das Sondergericht unter meiner Leitung sich

---

15 Lagebericht des OLG-Präsidenten vom 10. 3. 1942, BA, R 22/3357.

16 Braunschweigische Landeszeitung vom 11. 4. 1933.

17 42 B Neu 7 Nr. 1284.

wohl auch die Anerkennung des hiesigen Staatsministeriums erworben hat, so daß es alsbald nach mehr als 60 Verhandlungen im Gegensatz zu den Sondergerichten sämtlicher anderer Bezirke seine Tätigkeit auf lange einstellen könnte"[18].

Friedrich Lachmund blieb bis Ende 1936 Vorsitzender des Braunschweiger Sondergerichts; in Zusammenhang mit einem schweren Konflikt zwischen Lachmund und der örtlichen SS – wir werden darüber noch berichten – wurde er von Reichsjustizminister Gürtner an das Landgericht Krefeld versetzt. Versetzt wurde auch Oberstaatsanwalt Rasche, der sich in diesem Konflikt auf die Seite der SS gestellt hatte.

Seit 1937 wirkte Wilhelm Ehlers als Vorsitzender des Sondergerichts. Es war dies die Phase, in der das Sondergericht fast ausschließlich Heimtückefälle verhandelte, und in der es die mildesten Urteile fällte. Als Leiter der Anklage fungierte seit 1937 Dr. Ranker, unterstützt von den Staatsanwälten Beneke und Dr. Mertens[19].

Drei Vorsitzende amtierten während der Kriegszeit: Karl Höse vom August 1939 bis zum Mai 1942; Hugo Kalweit vom 18. 5. 1942 bis Mitte Dezember 1943 und schließlich Dr. Walter Lerche vom 15. 12. 1943 bis zum Kriegsende.

Dem Wechsel von Karl Höse zu Hugo Kalweit gingen offensichtlich innergerichtliche Auseinandersetzungen voraus. Kalweit machte Höse für die mildere Urteilspraxis und die mangelnde Effizienz des Sondergerichts verantwortlich. Wenn auch das Revirement vom Präsidenten bzw. Vizepräsidenten des OLG vorgenommen wurde, spricht vieles dafür, daß Kalweit von sich aus die Ablösung Höses betrieb[20].

Richter, denen wir in diesen Kriegsjahren als Vertreter bzw. als Beisitzende, zuweilen auch als Vorsitzende, begegnen, waren: Walter Ahrens, Hermann Angerstein, Dr. Ernst v. Griesbach, Dr. Rudolf Grimpe, Hermann Grotrian, Dr. Kurt Seggelke, Gebhard Spies, Dr. Theodor Steinmeyer.

Bis zu seinem Fronteinsatz 1940 blieb Dr. Ranker Leiter der Anklagebehörde; dann übernahm Oberstaatsanwalt Wilhelm Hirte seine Funktion, unterstützt von den Staatsanwälten, die auch schon in den Jahren davor als Anklagevertreter amtierten: Beneke, Dr. Mertens, Dr. Hans Lüders, Fritz Huchtemann, Friedrich Linke, Horst Magnus, Gustav Wansleven und Dr. Richard Flöte[21] (siehe Tabelle 1, S. 24).

Den Ablauf eines Sondergerichtsverfahrens können wir aus den Akten rekonstruieren. Wenig wissen wir über die Atmosphäre eines Prozesses. Die Verhandlungen fanden öffentlich statt. Bei spektakulären Prozessen dürften sich die Zuschauer ähnlich wie bei heutigen Sensationsprozessen im Gerichtssaal gedrängt haben. Immer wieder fanden wir in den Akten Hinweise auf die Anwesenheit von Gestapobeamten und Parteifunktionären, die nicht ohne Einfluß auf die Prozeßführung gewesen sein dürften.

---

18 Brief Lachmunds an Klagges vom 27. 9. 1935, 12 Neu 13 Nr. 15382.

19 Eine genaue Übersicht über die Besetzung des Sondergerichts läßt sich aus dem Bestand 57 Nds, Zg. 56/1989 Nr. 2 ermitteln.

20 57 Nds, Zg. 56/1989 Nr. 1. Kalweit hatte seit langem eine Umbesetzung des Sondergerichts gefordert: Vgl. sein Schreiben an den OLG-Präsidenten vom 9. 6. 1942, ebd.

21 57 Nds, Zg. 56/1989 Nr. 2.

Tabelle 1: Zusammensetzung des Sondergerichts Braunschweig

Stichdatum	*Vorsitzender*	*Stellv. Vorsitzender*	*Beisitzer/ Vertreter*	*Staatsanwalt-schaft*
1933	Lachmund	Müller, Eilers, Lerche, Röttcher	Wrede, v. Griesbach	Rasche, Seelemeyer, Ahrens
Ende 1935	Lachmund	Gerhard, Ehlers	v. Griesbach, Lerche, Wrede, Eilers	Rasche
06. 01. 1937	Ehlers	Höse,	v. Griesbach, Wrede, Eilers, Lerche	Ranker, Beneke, Mertens
30. 11. 1937	Ehlers	Höse	v. Griesbach, Willecke, Eilers, Wrede, Stübing	Ranker, Beneke, Mertens
25. 11. 1938	Ehlers	Höse	v. Griesbach, Look, Willecke, Knackstedt	Ranker
04. 12. 1939	Höse	Lerche, Spies	Grotrian, Steinmeyer	Beneke, Lüders, Huchtemann
18. 11. 1940	Höse	Grotrian	Steinmeyer, Eilers, Gosewisch, Jaeger	Von 1940–1945 Hirte Vertreter des GSTA und Leiter der Anklagebehörde
17. 11. 1941	Höse	Grotrian	Steinmeyer, Eilers, Gosewisch	
09. 05. 1942	Kalweit	Lerche, Höse	Seggelke, Grimpe, Grotrian, Eilers	
26. 12. 1942	Kalweit	Lerche, v. Griesbach	Eilers, Grimpe, Spies	Hirte, Lüders, Huchtemann, Wansleven, Flöte
02. 04. 1943	Kalweit	Lerche, Ahrens, v. Griesbach	Eilers, Grimpe, Spies	Hirte, Lüders, Huchtemann, Flöte, Linke
15. 12. 1943	Lerche	Ahrens, Kalweit	Ahrens, Eilers, Grimpe, v. Griesbach	Hirte, Wansleven, Flöte, Linke, Magnus
07. 12. 1944	Lerche	Ahrens	Eilers, Spies, Angerstein, Peters, v. Griesbach	Hirte, Wansleven, Flöte, Weber, Linke, Magnus

Wenige Jahre nach Kriegsende beschrieb ein Angeklagter die Stimmung während eines Verfahrens: „Niemals werde ich das Bild im Gerichtssaale vergessen. Vor mir saßen meine beiden Verteidiger, uns gegenüber, auf der anderen Seite des Saales, der Staatsanwalt. Links vor mir saß das Gericht, rechter Hand befand sich der Zuschauerraum. Er war bis auf den letzten Platz besetzt. Und ich sah, daß etwa acht oder zehn Beamte der Geheimen Staatspolizei im Zuschauerraum anwesen waren. Auch die Frau des Staatsanwaltes Wansleben, die anscheinend großes Interesse an meinem Prozeß nahm, war zugegen. Zugegen war auch mein Schwager aus Lünen in Westfalen und viele Leute aus meinem Werk saßen auf den Zuschauerbänken. Sie alle kamen mir vor, wie ein Parkett vor der Aufführung eines Theaterstückes, in dem ich den Hauptdarsteller abgeben sollte"[22].

[22] Friedrich Kochheim, Bilanz. Erlebnisse und Gedanken, Hannover 1952.

Kontrovers wird bis heute die Frage diskutiert, in welchem Ausmaß der Spielraum der Sonderrichter im Krieg durch Weisungen seitens vorgesetzter Gerichtsbehörden oder seitens der politischen Führung eingeschränkt war.

Einflußnahmen und Lenkungsmaßnahmen sind nicht zu bestreiten. Das Reichsjustizministerium konnte Rügen aussprechen. Der Oberreichsanwalt hatte das Recht, am Reichsgericht, beim Volksgerichtshof und beim Reichskriegsgericht „außerordentlichen Einspruch“ gegen ein Urteil einzulegen. Seit Februar 1940 konnte der Oberreichsanwalt darüberhinaus beim Reichsgericht „Nichtigkeitsbeschwerde“ einlegen, wenn ihm ein Urteil „ungerecht“ erschien.

Uns sind drei Rügen des Reichsjustizministers an das Sondergericht Braunschweig wegen zu niedriger Strafen bei Schwarzschlachtungen bekannt[23]. In einigen Fällen führten Nichtigkeitsbeschwerden des Oberreichsanwalts gegen zu milde Urteile des Sondergerichts Braunschweig zu härteren Strafen. Es gibt allerdings auch eine Nichtigkeitsbeschwerde des Oberreichsanwalts wegen zu großer Härte des Braunschweiger Sondergerichts. Als der 1. Strafsenat am Reichsgericht daraufhin den Fall erneut verhandelte, antwortete dessen 1. Vorsitzender dem sich rechtfertigenden Angeklagten: „Warum erzählen Sie uns das alles, wir kennen das Sondergericht Braunschweig ganz genau“. Das Verfahren wurde zurückverwiesen, aber nicht nach Braunschweig, sondern an das Sondergericht Magdeburg, das auf Freispruch wegen erwiesener Schuldlosigkeit des Angeklagten entschied[24]. Und daß das Sondergericht Braunschweig keineswegs wegen zu milder Urteilspraxis auffiel, zeigt ein Bericht des Kommandanten der Stadt Braunschweig, gleichzeitig örtlicher Befehlshaber für das Aufbaugebiet der Reichswerke Hermann Göring und des VW-Werks; dankbar empfinde er, „daß das Sondergericht in Braunschweig, namentlich auch bei strafbaren Handlungen der Ausländer, es an der erforderlichen Entschiedenheit nicht hat fehlen lassen“. Leider gehöre das VW-Werk nicht zum Sondergericht Braunschweig, sondern zum Sondergericht Hannover. „Das Sondergericht Braunschweig empfiehlt sich durch die Zahl der Todesurteile“[25].

Als Steuerungsinstrument erwies sich auch die Berichtspflicht der Staatsanwaltschaften. Sie mußten seit Kriegsbeginn nicht nur bei Heimtückefällen, sondern auch bei allen bedeutsamen nichtpolitischen Strafsachen ihre Anklageschriften dem Reichsjustizministerium vorlegen. Auf diese Weise konnte die oberste Justizbehörde Einfluß nehmen und ihre Vorstellungen weitergeben[26].

Als Hitler in seiner Reichstagsrede vom 26. April 1942 die Justiz angegriffen hatte und den Richtern, „die ersichtlich das Gebot der Stunde nicht erkennen“, mit Amtsenthebung drohte – bis Kriegsende wurde allerdings kein Braunschweiger Sonderrichter seines Amtes enthoben – nahmen die Lenkungsmaßnahmen seitens des Justizministeriums zu: mittelbar durch Weisungen des Reichsjustizministers, vor allem aber durch die „Richterbriefe“, die von Oktober 1942 bis zum Dezember 1944 einmal pro Monat an die Gerichte geschickt wurden. Sie publizierten und kommentierten Gerichtsentscheidungen, um die Richter über eine „kriegsgerechte“ Rechtssprechung zu instruieren[27]. Hinzu kam

23 57 Nds, Zg. 56/1989 Nr. 2.

24 57 Nds, Zg. 56/1989 Nr. 26.

25 Lagebericht des Generalstaatsanwalts vom 2. 2. 1943, 42 A Neu 5, Zg. 46/1972 Nr. 1.

26 Vgl. hierzu Angermund, Richterschaft.

27 Heinz Boberach (Hg.), Richterbriefe. Dokumente zur Beeinflussung der deutschen Rechtsprechung 1942–1944, Boppard 1975.

das System der „Vor-und Nachschau" – Besprechungen schwieriger Fälle zwischen dem OLG-Präsidenten, den Richtern und Staatsanwälten, die den Entscheidungsfreiraum der Richter stark einschränkten. „Es war absolut üblich, daß die Urteile zwischen Hirte (dem leitenden Oberstaatsanwalt) und dem Vorsitzenden des Sondergerichts vorher besprochen wurden"[28]. Widerspruch gegen diese Form der Einflußnahme ist seitens der Richter nicht bekannt. Mit einer rühmlichen Ausnahme: in einer Besprechung der Richter des OLG-Bezirkes zu dieser Thematik im Herbst 1942 protestierte nur Amtsgerichtsrat Herbst aus Königslutter gegen diese Form der Richterbeeinflussung[29].

Man wird die Lenkungsversuche hinsichtlich ihres Einschüchterungspotentials nicht gering achten dürfen. Ob sie in den letzten chaotischen Kriegsmonaten wirklich noch griffen, ist zu bezweifeln. Und gerade in dieser Zeit häuften sich in Braunschweig die furchtbaren Urteile der Sonderrichter.

2.3 Zwischen Normenstaat und Maßnahmestaat: Das Sondergericht und der SS-Staat

Nicht nur mit Hilfe des Strafrechts und der Gerichte ging das NS-System gegen seine Gegner vor. Von Anfang an entwickelte das System eine noch wirksamere Ebene: die polizeiliche Gegnerbekämpfung. Hierfür zuständig war der Überwachungsapparat der Gestapo, Instrument der NS-Weltanschauung und der uneingeschränkten Führergewalt, Sicherheits- und Gesinnungspolizei in einem. Nach den Kategorien Ernst Fraenkels eindeutig dem Maßnahmestaat zuzuordnen, verdrängte die Gestapo den Normenstaat zunehmend[30]. Dieser Prozeß verlief im NS-Staat schrittweise und begann unmittelbar nach der Machtergreifung.

Die Reichstagsbrandverordnung vom 28. Februar 1933 schlug die entscheidende Bresche in das bisherige Rechtssystem, als sie die Grund- und Freiheitsrechte außer Kraft setzte, als sie Verhaftungen ohne Beteiligung der Justiz ermöglichte. Diese polizeiliche Schutzhaft als Maßnahme zur Gegnerbekämpfung im weitesten Sinn bildete die Grundlage des KZ-Systems und entwickelte sich zu einem wesentlichen Bestandteil des SS-Staates. Konkurrenz zur Justiz war von Anfang an gegeben und gewollt. Es kam immer wieder vor, daß nach Haftbeendigung, aber auch nach Verfahrenseinstellungen oder Freisprüchen die Beschuldigten von der Gestapo in Schutzhaft genommen wurden. Otto Thielemann, Volksfreund-Redakteur und den Nazis besonders verhaßt, wurde nach Verbüßung seiner vom Sondergericht verhängten dreijährigen Haft von der Gestapo als Schutzhäftling ins Konzentrationslager Dachau gebracht, wo er Jahre später starb[31]. Eine Prostituierte aus Braunschweig hatte geschimpft: „Adolf verbiete das Heiraten und er

---

28 Oberstaatsanwalt Brandes in seinem Bericht an den Generalstaatsanwalt v. 2. 10. 1946. Im Verfahren gegen Rechtsanwalt Weitz vom Oktober 1942 war offensichtlich das Strafmaß bereits einige Tage vor der Verhandlung zwischen dem Vorsitzenden und der Staatsanwaltschaft festgelegt worden. 57 Nds, Zg. 56/1989 Nr. 26. Vgl. hierzu die Rundverfügung des Reichsjustizministers vom 13. 10. 1943, abgedruckt bei Wolfgang Sellert/Hinrich Rüping, Studien-und Quellenbuch zur Geschichte der deutschen Strafrechtspflege, Bd. 2, Aalen 1964, S. 283 ff.

29 62 Nds 2 Nr. 492.

30 Ernst Fraenkel, Der Doppelstaat: Recht und Justiz im „Dritten Reich", Frankfurt/M. 1974.

31 42 B Neu 7 Nr. 69.

selbst heiratet nicht, weil ihm die Arschfickerei besser gefällt, dem schwulen Hengst"[32]. Das Sondergericht verfolgte den Fall wegen Unglaubwürdigkeit der Hauptbelastungszeugin nicht weiter; die Beschuldigte kam jedoch in Schutzhaft.

Wie eng die Zusammenarbeit zwischen der Staatsanwaltschaft am Sondergericht und der Gestapo war, zeigt ein Vermerk von Oberstaatsanwalt Rasche: „Es ist bewährte Übung, daß die politische Polizei der Staatsanwaltschaft von Festnahmen Mitteilung macht, damit diese für den Fall, daß die Voraussetzungen für Schutzhaft nicht vorliegen, Haftbefehl erwirken kann. Umgekehrt ist es genauso, wenn die Staatsanwaltschaft einen strafrechtlichen Sachverhalt nicht für gegeben hält und andrerseits der politischen Polizei die Möglichkeit geben will, aus staatspolitischen Gesichtspunkten sich über Schutzhaft schlüssig zu werden"[33]. Gerade diese engen Kontakte zur Gestapo und SS führten 1936 zu einem schweren Konflikt zwischen Rasche und dem Vorsitzenden des Sondergerichts, Lachmund. Dieser, übrigens ein überzeugter Nationalsozialist, versuchte die geringe, noch verbliebene Unabhängigkeit des Gerichts gegenüber der Gestapo zu wahren[34]. Mit der Versetzung von Rasche und Lachmund beseitigte der Reichsjustizminister diesen Konfliktherd.[35]

In welchem Ausmaß Partei und SS Verfahren und Urteile beeinflußten, läßt sich nur schwer feststellen; verständlicherweise geben die Prozeßakten hierzu keine Auskunft. Man ist auf Zufallsfunde angewiesen. In dem Prozeß gegen den Betriebsdirektor Hubing im Jahr 1942 standen die Verhandlungen „völlig unter dem Einfluß der damaligen politischen Leiter und Angehörigen der Gestapo. Sogar der amtierende erste Staatsanwalt erhielt während der Hauptverhandlung Weisungen und Anregungen von dem anwesenden Kreisleiter Beier"; auch der Gauleiter Lauterbacher mischte sich ein[36].

Der Krieg brachte der SS eine außerordentliche Machtsteigerung. Im polykratischen Herrschaftsgefüge des Nationalsozialismus versuchte sie, die Träger staatlicher Gewalt zurückzudrängen bzw. sich unterzuordnen. Das betraf auch die Justiz.

Die bei Kriegsbeginn durch die Regierung veranlaßte Verschärfung des Strafrechts reichte der NS-Führung nicht aus. Mit polizeilichen Mitteln sollte gegen alle Feinde des Staats und der Volksgemeinschaft vorgegangen werden, um eine Destabilisierung des Systems durch politische Gegner, durch Defaitismus, durch einen „Dolchstoß" zu verhin-

---

32 42 B Neu 7 Nr. 472.

33 42 B Neu 7 Nr. 1284.

34 vgl. S. 257 ff. dieser Arbeit.

35 In bemerkenswerter Weise kommentierte der OLG-Präsident Nebelung die Versetzung Lachmunds: „daß dadurch das Vertrauen in die Unparteilichkeit der Gerichte erschüttert wird, liegt auf der Hand. Die Bequemen werden sich durchsetzen, wenn sie sagen, daß selbst ein Mann in der Stellung und dem unbeugsamen Charakter des Landgerichtspräsidenten Lachmund den Folgen nicht entgehen konnte. Das Vertrauen zur Gerechtigkeit hat nicht einmal in den Zeiten der ‚gefesselten Justiz' (d. i. die Weimarer Republik U.L.) eine so starke Erschütterung erfahren. Noch immer sind den Niedersachsen Recht und Freiheit des Glaubens Unterpfand, sogar die Voraussetzung zur Einigung gewesen. Als ihr Beschützer hat sie bisher die Rechtspflege angesehen". Nebelung an den Reichsjustizminsiter vom 23. 12. 1936, 62 Nds 2 Nr. 787.

36 Schreiben des Verteidigers von Hubing an den Generalstaatsanwalt vom 21. 2. 1952. Oberstaatsanwalt Hirte bescheinigte bereits am 19. 5. 1945, er habe auf höhere Weisung das Todesurteil beantragt, 42 B Neu 7 Nr. 1554. Angermund, Richterschaft, S. 196 zitiert einen Landgerichtspräsidenten in Krefeld – es handelte sich um den nach Krefeld versetzten Friedrich Lachmund –, der sich in einem Bericht verwundert zeigte, „daß die Staatspolizei in Braunschweig wage, in gerichtliche Verfahren einzugreifen".

dern. Der schon für die Friedenszeit beobachtete Dualismus von Polizei/Gestapo und Justiz setzte sich fort und verschärfte sich.

Schon bei Kriegsbeginn füllten sich die Konzentrationslager, die Maschinerie der Schutzhaft lief auf Hochtouren.

Mit wachsender Kriegsdauer, besonders seit der Kriegswende 1941/42, radikalisierte die SS Überwachung und Verfolgung. Mit schärfsten polizeilichen Mitteln sollte gegen alle Feinde des Staates und der Volksgemeinschaft vorgegangen werden. „Jeder Versuch, die Geschlossenheit und den Kampfwillen des deutschen Volkes zu zersetzen, muß von vornherein mit rücksichtsloser Stärke und Strenge unterdrückt werden"; gegebenenfalls durch brutale Liquidierung ohne jegliches Gerichtsverfahren[37].

Einen Höhepunkt erreichten die Schutzhaftmaßnahmen nach dem Attentat vom 20. Juli 1944, als sich eine Verhaftungswelle – die „Aktion Gewitter" – gegen alle Verdächtigen richtete, gleichgültig, ob sie mit dem gescheiterten Attentat zu tun hatten oder nicht. In der Verfolgung der Verschwörer, in der Sippenhaft ihrer Familien, zeigte sich die ganze Grausamkeit des Regimes. Vieles erinnerte an 1933: in Braunschweig verhaftete die Gestapo alle auffindbaren Reichstags- und Landtagsabgeordneten, alle Stadtverordneten und Funktionäre der Arbeiterparteien – unter ihnen Heinrich Jasper. Sie wurden zunächst ins berüchtigte Lager 21 nach Salzgitter-Watenstedt gebracht, viele dann in die Konzentrationslager. Dort kamen von den 60 Verhafteten 17 ums Leben.

Die Volksgemeinschaft in besonders hohem Maße gefährdet sah das Regime durch die Millionen Zwangsarbeiter, die aus kriegswirtschaftlichen Gründen nach Deutschland gelockt bzw. verschleppt wurden. Gefahren für die Sicherheit des Reichs – Sabotage, Unruhen – aber auch für den „rassischen Bestand des deutschen Volkes"[38]. Dementsprechend entwickelten Polizei und SS ein rigoroses Überwachungs-, Verfolgungs- und Bestrafungssystem, wiederum parallel zu juristischen Strafmaßnahmen.

Die meisten der in den ersten Kriegsjahren in die Konzentrationslager eingewiesenen Schutzhäftlinge waren ausländische Zwangsarbeiter. Die Gestapo verhaftete sie entweder in ihrer Heimat als politische Regimegegner, oder sie benutzte die KZ-Haft als Abschreckung gegenüber den Millionen Zwangsarbeitern in Deutschland.

Neben den KZs entstanden die Arbeitserziehungslager, in nächster Nähe das Lager 21 in Salzgitter-Watenstedt[39]. Mißhandlungen, Erschießungen, Erhängungen waren in den Lagern an der Tagesordnung. „Sonderbehandlung" hieß dies in der Tarnsprache der SS – ohne jegliches Gerichtsverfahren. Der Ablauf des polizeilichen Vorgehens wurde durch Dutzende von Erlassen geregelt.

Die Exekution beispielsweise organisierte ein Erlaß bis in kleinste Einzelheiten: „Sie hat möglichst in der Nähe des Haft- bzw. Tatortes stattzufinden. Sie ist entweder durch Erschießen seitens eines SS-Kommandos oder als Erhängen durch Schutzhäftlinge durchzuführen. Das polizeiliche Todesurteil ist dem Delinquenten erst kurz vor der Exekution zu eröffnen. Dem Verurteilten sind vertretbare Wünsche zu erfüllen, etwa ob er mit dem Gesicht oder mit dem Rücken zur Wand stehen will. Der verantwortliche SS-Führer hat dafür zu sorgen, daß bei aller notwendigen Härte keinerlei Brutalitäten vor-

---

37 Erlaß Heydrichs an die Gestapostellen vom 20. 9. 1939, 62 Nds 2 Nr. 72.

38 Erlaß des Reichsführers SS am 7. 12. 1942, 62 Nds 2 Nr. 72.

39 Vgl. hierzu ausführlich Wysocki, Arbeit für den Krieg; ders., Die Geheime Staatspolizei im Land Braunschweig; Gudrun Pischke, „Europa arbeitet bei den Reichswerken". Das nationalsozialistische Lagersystem in Salzgitter, Salzgitter 1995.

kommen. Fremdvölkische Arbeiter sollen durch Angehörige möglichst der gleichen Volksgruppe erhängt werden. Die Schutzhäftlinge erhalten für den Vollzug je 3 Zigaretten. Die in der Umgebung eingesetzten Arbeitskräfte der gleichen Volksgruppe sind nach erfolgter Hinrichtung am Galgen vorbeizuführen. Nach jeder Exekution sind die daran beteiligten SS-Männer durch den Lagerkommandanten über die Rechtmäßigkeit der Exekution aufzuklären, und sie sind in ihrer inneren Haltung so zu beeinflussen, daß sie keinen Schaden nehmen. Hierbei ist die Notwendigkeit der Ausmerzung aller solchen Elemente im Interesse der Volksgemeinschaft besonders hervorzuheben". Ein Lagerarzt mußte den Tod bestätigten, die Beseitigung der Leiche unterlag strengsten Vorschriften. „Sie ist dem nächsten Krematorium zu überweisen oder der nächsten Univ. klinik zur Verfügung zu stellen. Kann dies nur unter großem Benzinverbrauch erfolgen, bestehen keine Bedenken gegen eine Beerdigung auf einem Judenfriedhof oder in der Selbstmörderecke eines großen Friedhofs. Nach der Exekution sind die Angehörigen zu verständigen; erforderlichenfalls sind die NSV, Frauenschaft usw. zum Zwecke der Betreuung der Hinterbliebenen zu benachrichtigen"[40].

Alles hatte seine Ordnung. Es war die Ordnung des Terrors, wie sie Wolfgang Sofsky so eindrucksvoll beschrieben hat[41].

Einer solchen Sonderbehandlung fielen im Lager 21 Hunderte zum Opfer. Im September 1944 wurden auf dem Werksgelände der Firma Büssing in Braunschweig „erlaßgemäß" neun sowjetische Zwangsarbeiter aufgrund der Ermittlungen und des Antrags der Braunschweiger Stapostelle erhängt – ohne Gerichtsverfahren. Angeblich hatten sie bei Fliegeralarm und unter Ausnutzung der Verdunkelungsmaßnahmen Einbruchsdiebstähle begangen[42].

Zu diesem geregelten Terror gesellten sich willkürliche Gewalttaten einzelner Lagerkommandanten oder Wachleute. Erschießungen auf der Flucht, Tod nach schweren Mißhandlungen gehörten zum Lageralltag. Das Konzentrationslager war ein Laboratorium der Gewalt.

Die letzte Kriegsphase sah eine Eskalation von Gewalt und Terror. Der Auflösungsprozeß des Systems legte die Entscheidungen zunehmend in die Hände der örtlichen Verfolgungsbehörden, was nicht selten zu vermehrter Willkür führte. Zu unvorstellbaren Gewaltexzessen kam es bei der durch den Vormarsch der Alliierten ausgelösten Räumung der Konzentrationslager. Hunderttausende starben auf den Todesmärschen, an Krankheit und Erschöpfung oder sie wurden von den SS-Wachmannschaften erschossen. Das System lief spätestens seit dem Sommer 1944 Amok. Nach dem 20. Juli ernannte Hitler Goebbels zum „Generalbevollmächtigten für den totalen Kriegseinsatz", Himmler erhielt den Oberbefehl über das Ersatzheer. Zusammen mit Bormann und natürlich Hitler schob sich damit der radikale Flügel der NS-Bewegung in den Vordergrund.

Im Volkssturm wurden letzte Kräfte aufgeboten. Durchhalteparolen verbanden sich mit schwersten Strafandrohungen und ihrer schrecklichen Durchführung. Aus dem Kreis der politischen Leiter wurden Einsatzkommandos gegen Plünderer und Defaitisten gebildet. Tausende, die beim Herannahen der alliierten Truppen die weiße Fahnen hißten oder nicht mehr kämpfen wollten, wurden erschossen, aufgehängt.

---

40 Durchführungsbestimmungen zum Erlaß vom 20. 2. 1942 vom 14. 1. 1943, 62 Nds 2 Nr. 68.
41 Wolfgang Sofsky, Die Ordnung des Terrors: Das Konzentrationslager, Frankfurt 1993.
42 62 Nds 2 Nr. 27.

Wir erzählen von diesen polizeilichen Verfolgungsmaßnahmen, weil das Handeln der Justiz auch vor dem Hintergrund dieser Gewalteskalation zu sehen ist. Sondergerichte, der Volksgerichtshof, die Wehrmachtsgerichte, die SS-Polizeigerichte, die Standgerichte und die fliegenden Standgerichte arbeiteten in den letzten Kriegsmonaten allesamt auf Hochtouren. Die Sondergerichte versuchten sich anzupassen: sie verstanden sich gerade im Krieg als Schnellgerichte: „Der standrechtliche Charakter ist ein Wesensmerkmal der Sondergerichte“[43]. Bei Plünderungen sollte das Sondergericht am selben Tag anklagen und das Urteil sprechen; schnellste Vollstreckung wurde angeordnet[44]. Dabei verschärfte sich in den letzten beiden Kriegsjahren die sondergerichtliche Rechtssprechung in einer Weise, daß sie zunehmend den Willkürhandlungen des SS-Staates ähnelten. Der Normenstaat glich sich dem Maßnahmestaat an.

Seit den Gesprächen des neuen Justizministers Thierack mit Himmler im September 1942 überließ die Justiz die Strafverfolgung von Juden, Polen, Zigeunern, Russen und Ukrainern zunehmend der Polizei. Nur wenn es „stimmungspolitisch“ opportun erschien, oder ein Todesurteil zu erwarten war, konnte ein Sondergerichtsverfahren eingeleitet werden. Auch „politische Volksschädlinge“, „Gewohnheitsverbrecher“ und „Asoziale“ überstellte die Justiz immer häufiger der Polizei[45].

Der wachsende Einfluß der Gestapo wurde bei den sog. Urteilskorrekturen deutlich. Das waren polizeiliche Liquidierungen nach zu „milden“ gerichtlichen Urteilen.

Ein polnischer Kriegsgefangener arbeitete bei einem Landwirt im Dorf Ingeleben; er hatte ein Verhältnis mit einer verheirateten Frau. Das Sondergericht verurteilte die Frau wegen Umgangs mit Kriegsgefangenen zu 2½ Jahren Gefängnis. Sie habe sich „in schamloser Weise einem polnischen Kriegsgefangenen hingegeben“, schrieb die Lokalpresse[46]. Der Kriegsgefangene – noch war das Polenstrafrecht nicht in Kraft – erhielt eine mehrwöchige Arreststrafe. Nach ihrer Verbüßung wurde er erhängt aufgefunden. In den Akten findet sich dazu der lakonische Hinweis: „staatspolizeiliche Erledigung“[47]. Ein damals 14jähriger Augenzeuge erinnert sich heute, daß die Gestapo des Ortes den polnischen Kriegsgefangenen festgenommen und an der Eiche vor der Kirche aufhängen wollte. Weil das aber auf Protest stieß, wurde ein Baum vor dem Schützenzelt gewählt[48]. Dieser Vorgang ist heute noch im Dorfe völlig tabu. Der Vizepräsident des Oberlandesgerichts, Dr. Paul Döring, hatte in seinem Lagebericht vom 11. Juli 1940 berichtet, daß die Erhängung in der Bevölkerung insofern Zustimmung gefunden habe, „als man darüber nicht befriedigt war, daß die deutsche Frau eine immerhin nicht unerhebliche Zuchthausstrafe, der Pole aber nur eine Arreststrafe erhalten hatte, und als man ein abschreckendes Beispiel für die Kriegsgefangenen für durchaus angebracht gehalten hat. Doch sind auch Stimmen laut geworden, die diese Art Justiz als mit der deutschen

---

[43] RJM an OLG-Präs v. 21. 2. 1940, 61 Nds, Zg. 12/1987 Nr. 40.

[44] RJM 16. 6. 1942. Sondergerichte müßten gegebenenfalls an Ort und Stelle tagen: „Nur derjenige, der das Elend der Bevölkerung und die Schutzlosigkeit ihrer Habe nach solchem Großangriff persönlich kennt, vermag den Plünderer in jedem Einzelfall mit der erforderlichen Strenge anzufassen“.

[45] Vgl. hierzu Werle, Straf-Justiz, S. 613; Angermund, Richterschaft, S. 183 ff.

[46] Schöninger Zeitung vom 10. 1. 1940: „Zuchthaus für artvergessene Frau“.

[47] 42 B Neu 7 Nr. 875. Hierzu jetzt auch Wysocki, Geheime Staatspolizei, S. 177.

[48] Mündliche Berichte von Fritz Geffers und Bockmann.

Rechtsauffassung nicht vereinbar ablehnen und als einen Eingriff in die Rechtspflege ansehen“[49].

Im Lagebericht des Braunschweiger OLG-Präsidenten vom 10. 3. 1942 wird von einer weiteren Urteilskorrektur berichtet: „In zwei jetzt bekannt gewordenen Fällen sind Angeklagte, die vom Sondergericht zu schweren Zuchthausstrafen und Sicherungsverwahrung verurteilt waren, nachträglich nach Bekanntmachungen des Reichsführers SS erschossen worden. Bei den Richtern und darüber hinaus in anderen Kreisen wird das als Korrektur des Spruches der unabhängigen Gerichte angesehen. Sie wird deshalb bedauert, weil sie durch Stellen außerhalb der Justiz erfolgt...sind“[50]. Daß die Unabhängigkeit der Rechtssprechung schon längst eingeschränkt war, nahm der OLG-Präsident nicht zur Kenntnis.

Die Überstellungen in Schutzhaft nach gerichtlichen Freisprüchen bzw. nach Beendigung verhältnismäßiger kurzer Freiheitsstrafen nahmen im Kriegsverlauf zu. Vor allem bei den Heimtückeverfahren stellte die Gestapo diese „Rücküberstellungsanträge“.

Es ist festzuhalten: die vom Sondergericht erlassenen Haftstrafen konnten durchaus vor Schutzhaft und damit vor der Einlieferung ins Konzentrationslager bewahren. Die Verschärfung der Rechtssprechung wäre dann als Versuch zu sehen, schlimmere und lebensbedrohliche Inhaftierungen durch die SS zu verhindern. Dies war die Rechtfertigungsstrategie der Justiz nach 1945. Angesichts der außerordentlichen Härte vieler Urteile in den letzten Kriegsjahren, angesichts der zahlreichen Todesurteile, wird man dieses Erklärungsmuster kritisch hinterfragen müssen. Hans-Ulrich Thamer hat das Dilemma der Justiz im Dritten Reich zutreffend mit dem Satz beschrieben: „Unrecht konnte vor noch größerem Unrecht bewahren“[51]. Daß es zu dieser Situation gekommen war, hatte sich allerdings die Justiz durch ihre Anpassungstaktik bzw. durch ihre partielle Übereinstimmung mit NS-Rechtsvorstellungen selbst zuzuschreiben.

---

[49] Lagebericht des OLG-Präsidenten vom 11. 7. 1940, BA, R 22/3357.

[50] 57 Nds, Zg. 56/1989 Nr. 17.

[51] Hans-Ulrich Thamer, Verführung und Gewalt. Deutschland 1933–1945, Berlin 1986. Vgl. auch Hans Wrobel, Verurteilt zur Demokratie. Justiz und Justizpolitik in Deutschland 1945–1949, Heidelberg 1989, S. 84.

3. Statistik

Die folgenden Übersichten stützen sich auf das Datenmaterial, das in den Registerbänden der Vor- und Hauptverfahren des Sondergerichts Braunschweig überliefert ist. Wir finden in den Registern die Namen der Beschuldigten, den Beruf, den Wohnort, die Art des Vergehens, die Stationen des Verfahrens und das Strafmaß. Wir nehmen in unsere Statistik nicht nur die Prozesse auf, sondern auch die Ermittlungsverfahren, die nicht zur Anklage kamen, die wegen Haltlosigkeit der Beschuldigungen oder mangels Beweises eingestellt wurden.

Sind diese eingestellten Verfahren überhaupt von Interesse? Für sozialgeschichtliche Fragestellungen allemal. Gerade die Ermittlungsakten enthalten eine Fülle an Informationen über das alltägliche Leben, am Arbeitsplatz und während der Freizeit, in der Nachbarschaft und in der Familie. Erst die Einbeziehung auch der eingestellten Verfahren macht das ganze Ausmaß des nationalsozialistischen Überwachungs- und Verfolgungsapparats sowie des Denunziantentums sichtbar. Sie zeigt zudem den Spielraum, den sondergerichtliche Institutionen gegenüber den Ermittlungsbehörden besaßen.

3.1 Die Verfahren vor dem Sondergericht

Die Registratur des Braunschweiger Sondergerichts verzeichnet von 1933 bis 1945 über 5000 Verfahren[1]. Über 4/5 davon fallen in die Kriegszeit, über die Hälfte in die Zeit vom Januar 1943 bis zum Kriegsende. Eine Unterscheidung zwischen Friedens-und Kriegszeit bietet sich deshalb an; auch innerhalb jeder dieser beiden Perioden gibt es noch erhebliche Unterschiede.

Am Ende des Jahres 1933 konnte das Sondergericht Braunschweig auf eine intensive Tätigkeit zurückblicken. Den rücksichtslosen Kampf gegen die „Volksfeinde" hatte der Vorsitzende Lachmund am ersten Verhandlungstag Anfang April 1933 angekündigt. Über 100 Ermittlungsverfahren kamen ins Rollen, 54 Prozesse fanden statt. Die deutlich absinkenden Ermittlungsverfahren 1934 (9) und 1935 (25) schienen eine Wende zu signalisieren. Doch im Jahr 1936 stiegen die Ermittlungsverfahren sprunghaft auf 279 an, um dann auf knapp über 200 in den Jahren 1937/38 zu sinken. Freilich, wir begegnen in diesen Jahren überwiegend ganz anderen Fällen als 1933.

Von den Ermittlungsverfahren des Jahres 1933 brachte der Ankläger 52 % zur Hauptverhandlung vor das Sondergericht, ein Drittel ging an andere Institutionen – an die Amtsgerichte im Land oder an das Reichsgericht in Berlin – lediglich 14 % aller Ermittlungsverfahren wurden eingestellt. In den Jahren 1936–1939 lag der Anteil der nicht zur Anklage kommenden Verfahren bei durchschnittlich 60 %, selbst in der Kriegszeit lag er zwischen 30 und 50 %.

---

[1] Die folgende quantitative Auswertung stützt sich auf die Registerbände des Bestandes 42 B Neu 7 Nr. 1700–1732.

Tabelle 2: Zahl der Verfahren und der Beschuldigten vor dem Sondergericht Braunschweig 1933 – 31. 08. 1939

Jahr	*Verfahren insgesamt*	*Prozesse**	*eingestellte Verfahren*	*Abgabe an andere Gerichte*	*Unbekannt*	*Zahl der Beschuldigten*
1933	104	54	15	35	3	217
1934	9	4	3	2	-	10
1935	25	16	–	9	-	26
1936	279	54	179	46	13	344
1937	210	56	117	37	12	278
1938	228	50	142	35	2	284
1939	141	39	77	25	-	165
Summe:	996	273	533	189	30	1.324

* Da sich einige Verfahren über einen längeren Zeitraum erstreckten, konnte die Zahl der in einem Kalenderjahr durchgeführten Prozesse höher liegen. Es ist zu lesen: von den 279 im Jahr 1936 eingeleiteten Ermittlunsverfahren kamen 54 zum Prozeß, sei es 1936 oder später.

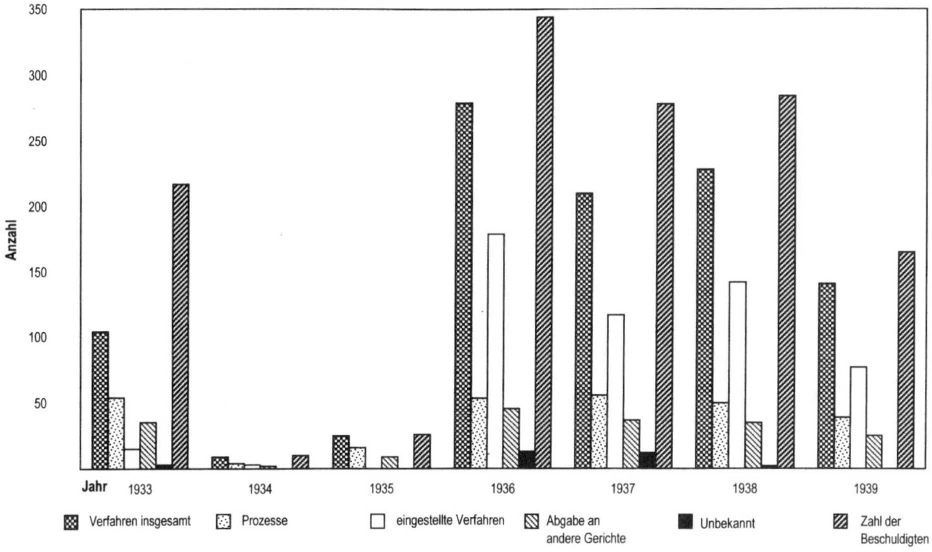

Diagramm zu Tabelle 2

Wir haben schon auf den sprunghaften Anstieg der Verfahren bei Kriegsbeginn hingewiesen. Er beschleunigte sich von Jahr zu Jahr. Die Zahl der Verfahren, der Prozesse und der Angeklagten erhöhte sich 1944 gegenüber dem letzten Friedensjahr um mehr als das 6fache. Die hohe Zahl der Ermittlungen bei Eigentumsdelikten gegen „Unbekannt" seit 1943 ist ein Indiz für die zunehmend chaotischer werdenden Verhältnisse, bei denen viele Täter unerkannt entkommen konnten; sie zeigt aber auch die Anzeigenintensität der Bevölkerung.

Gleichzeitig demonstrieren Eintragungen im Registerband bis zum 10. 4. 1945 die Verfolgungswut der Ermittlungsbehörden bis in die letzten Kriegstage hinein. Am 27. 3.

1945 fällte das Sondergericht sein letztes Todesurteil; am 5.4. beraumte es zum letzten Mal eine Hauptverhandlung an. Am 6. April tagte das Sondergericht zum letzten Mal, für den 13. April waren weitere Verhandlungen vorgesehen. Am 12. 4. besetzten amerikanische Truppen die Stadt Braunschweig.

Tabelle3: Zahl der Verfahren und der Beschuldigten vor dem Sondergericht Braunschweig 01. 09. 1939 – 12. 04. 1945

Jahr	*Verfahren insgesamt*	*Prozesse*	*eingestellte Verfahren*	*Abgabe an andere Gerichte*	*Unbekannt*	*Zahl der Beschuldigten*
1939	126	45	62	19	3	146
1940	486	197	168	121	11	610
1941	369	193	115	61	14	532
1942	581	272	232	77	23	759
1943	1068	340	562	166	84	1516
1944	1557	332	914	311	392	1781
1945	747	*57	keine Angaben	**104	251	754
Summe:	4934	1379	2053	755	778	6098

* Es ist zu lesen: von den 747 im Jahr 1945 eingeleiteten Verfahren kamen 57 zum Prozeß Wie aus Tabelle 12 zu ersehen ist, kam es von 01. 01. 1945 – 12. 04. 1945 tatsächlich zu 85 Prozessen

** 104 Verfahren wurden an den Volksgerichtshof und an das Berliner Kammergericht abgegeben

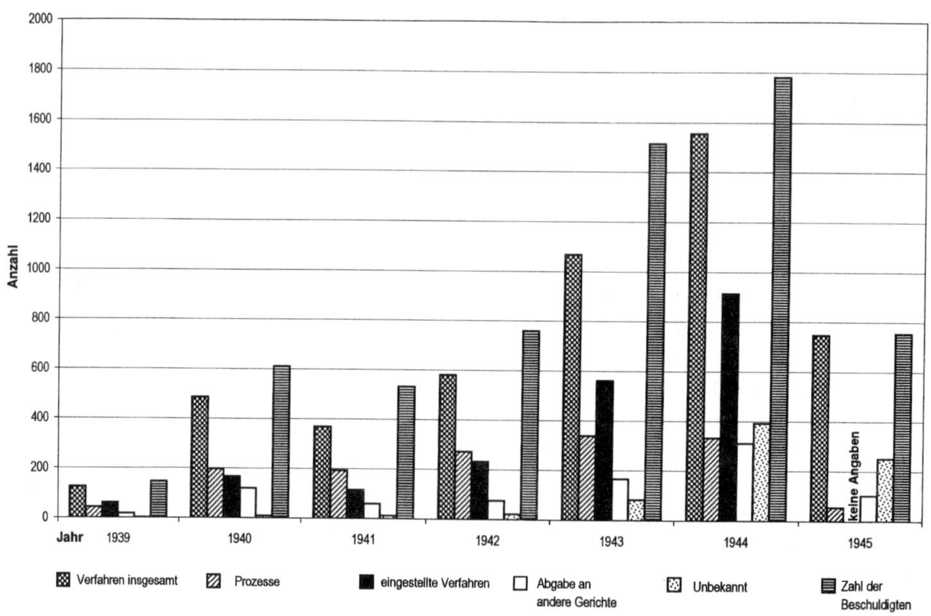

Diagramm zu Tabelle 3

4.2 Die Straftatbestände

Tabelle 4 Aufteilung der Beschuldigten nach Delikten 1933 – 01. 09. 1939

Jahr	*Zahl der Beschul-digten insgesamt*	*Heim-tücke*	*in %*	*Verord-nung v. 28.2.1933*	*in %*	*sonst. politische Delikte*	*in %*	*krimin-elle Delikte*	*in %*
1933	217	91	41,9	122	56,3	4	1,8	0	0,0
1934	10	8	80,0	-	0,0	2	20,0	0	0,0
1935	26	26	100,0	-	0,0	-	0,0	0	0,0
1936	344	259	75,3	68	19,7	2	0,6	15	4,4
1937	278	180	64,7	72	25,9	14	5,0	12	4,3
1938	284	220	77,5	25	8,8	34	12,0	5	1,8
1939	165	145	87,9	-	-	18	10,9	2	1,2
Summe:	1 324	929	70,2	287	21,7	74	5,6	34	2,6

An der Spitze der Delikte standen im Jahr 1933 die Verstöße gegen die Reichstagsbrandverordnung (56,3 %) und gegen die Heimtückeverordnung (41,9 %). Die Verstöße gegen die Reichstagsbrandverordnung – das waren die politischen Delikte im engeren Sinn – gingen in den folgenden Jahren deutlich zurück. Diesen Verfahren begegnen wir nochmals in den Jahren 1936/37 im Zusammenhang mit der Verfolgung der Internationalen Bibelforscher-Vereinigung (Zeugen Jehovas). Von 1935 bis Kriegsbeginn beschäftigte sich das Sondergericht Braunschweig überwiegend mit Heimtückeverfahren.

Ein Indiz für die veränderte politische Situation in den Jahren 1935 bis 1939 ist der Rückgang der politischen Gruppendelikte, also jener, die mehrere Beschuldigte gemeinschaftlich begangen hatten. Galt dies 1933 noch für ca. 12 % aller Verfahren, so finden wir 1936 nur noch 2 % (5 von 279). Im Jahr 1933 standen bei diesen Verfahren Sozialdemokraten, vor allem aber Kommunisten vor Gericht. Gegen Angehörige des Stahlhelms wurde ein Gruppen-Verfahren eingeleitet, das aber eingestellt wurde. Hinzu kam ein Prozeß gegen die Jugendgruppe des örtlichen „Bundes jüdischer Frontsoldaten". Im Jahr 1936 betrafen vier von fünf Gruppen-Verfahren die Zeugen Jehovas. Auf ein Ermittlungsverfahren gegen 30 Beschuldigte wegen der Bildung einer politischen Partei stoßen wir 1938.

Auch bei den Einzelverfahren verringerten sich in den letzten Vorkriegsjahren die Fälle konkreter Regimekritik. Die zahlreichen Verfahrenseinstellungen seit 1936 lassen auf eine etwas mildere Gerichtspraxis angesichts der Stabilisierung des Systems schließen. Sie hängen aber auch mit den Straffreiheitsgesetzen zusammen, die am 23. 4. 1936 und am 30. 4. 1938 erlassen wurden. Davon profitierten diejenigen Beschuldigten, die eine so geringe Strafe zu erwarten hatten, daß sie unter die Amnestie fiel.

Im Verlauf des Krieges veränderte sich aufgrund der zahlreichen neuen Strafrechtsbestimmungen die Struktur der Delikte. Unser statistischer Überblick wird dadurch erschwert, daß bei vielen Verfahren wegen mehrerer Delikte angeklagt wurde. So zog das Gericht bei kriminellen Straftaten häufig die Verordnung gegen Gewaltverbrecher oder gegen jugendliche Schwerverbrecher heran; oder das Gesetz zur Änderung des Reichsstrafgesetzbuches aus dem Jahr 1941, wonach gefährliche Gewohnheitsverbrecher (§ 20a des StGB) und Sittlichkeitsverbrecher (§§ 176–178) der Todesstrafe verfielen, „wenn der Schutz der Volksgemeinschaft oder das Bedürfnis nach gerechter Sühne es erfordern".

Tabelle 5 Aufteilung der Beschuldigten nach Delikten 01.09.1939– Ende 12.04.1945

Jahr	*Zahl der Beschul-digten ins-gesamt*	*Heim-tücke*	*in %*	*VVO*	*in %*	*KWVO*	*in %*	*RdfVO*	*in %*	*KSSVO*	*in %*	*WSVO*	*in %*	Hoch-verrat / Sabotage / Feindbe-günstigung	*in %*	Straf-gesetz-buch-	*in %*	*Sonst. Delikte*	*in %*
1939	146	88	60,3	12	8,2	5	3,4	22	15,1	0	0,0	1	0,7	2	1,4	14	9,6	2	1,4
1940	610	269	44,1	24	3,9	9	1,5	65	10,7	2	0,3	36	5,9	7	1,1	172	28,2	26	4,3
1941	532	150	28,2	42	7,9	144	27,1	10	1,9	20	3,8	33	6,2	3	0,6	116	21,8	14	2,6
1942	759	219	28,9	72	9,5	168	22,1	27	3,6	15	2,0	54	7,1	2	0,3	171	22,5	31	4,1
1943	1516	211	13,9	284	18,7	616	40,6	125	8,2	49	3,2	112	7,4	46	3,0	64	4,2	9	0,6
1944	1781	206	11,6	614	34,5	582	32,7	142	8,0	99	5,6	34	1,9	85	4,8	14	0,8	5	0,3
1945	754	51	6,8	254	33,7	179	23,7	75	9,9	92	12,2	8	1,1	79	10,5	10	1,3	6	0,8
Summe:	6098	1194	19,6	1302	21,4	1703	27,9	466	7,6	277	4,5	278	4,6	224	3,7	561	9,2	93	1,5

Erläuterungen:
HG: Heimtückegesetz
VVO: Volksschädlingsverordnung
KWVO: Kriegswirtschaftsverordnung
RdfVO: Rundfunkverordnung
KSSVO: Kriegssonderstrafrechtsverordnung (Wehrkraftzersetzung, Entziehung der Wehrpflicht)
WSVO: Wehrkraftschutzverordnung (Umgang mit Kriegsgefangenen, Wehrmittelbeschädigung, Behinderung der Kriegsproduktion)

Unsere Statistik übernimmt die Angaben der Registerbände, die in der Regel nur einen Tatbestand verzeichnen.

In den ersten Kriegsmonaten und während des Jahres 1940 standen nach wie vor die Heimtückefälle an der Spitze der gerichtlichen Tätigkeit. In den folgenden Jahren verringerte sich ihr Anteil an allen Verfahren bis auf 11 % im Jahr 1944. Die Nominalzahlen lassen nach einem Rückgang 1941 in den folgenden Jahren wieder einen deutlichen Anstieg erkennen: Polizei und Justiz konzentrierten sich auf Heimtückevergehen bei ausländischen Arbeitern, besonders im Salzgitter-Industriegebiet. Hier lebe – so der Generalstaatsanwalt – „ein gefährliches Völkergemisch", demgegenüber bei dem kleinsten „Anzeichen von Unbotmäßigkeit mit aller Rücksichtslosigkeit durchgegriffen" werden müßte[2]. Anzumerken bleibt, daß 1943/44 die schweren Heimtückefälle fast alle nach Berlin an das Kammergericht bzw. an den Volksgerichtshof gingen.

An zweiter Stelle standen 1940 Verfahren wegen Vergehen und Verbrechen aus dem Bereich des Strafgesetzbuches: Diebstahl, Betrug, Raub, Körperverletzung, Mord (28 %). Sie sanken auf unter 1 % im Jahr 1944. Nun waren diese Delikte keineswegs verschwunden, im Gegenteil. Nur wurden sie nicht mehr aufgrund der Strafgesetzparagraphen verfolgt, sondern mit Hilfe der Volksschädlingsverordnung, die wesentlich härtere Strafen vorsah. Daß im Jahr 1944 die Verstöße gegen die Volksschädlingsverordnung mit ca. 35 % an der Spitze der Ermittlungsverfahren standen (gegenüber 4 % im Jahr 1940) verweist auf die immer rigoroser werdende Verfolgungs- und Strafpraxis angesichts der sich zuspitzenden Situation an der „Heimatfront".

Sprunghaft nahmen im Kriegsverlauf die Verstöße gegen die Kriegswirtschaftsverordnung zu, von 1,5 % im Jahr 1940 auf 27 % im Jahr 1941, um dann mit 40 % 1943 einen Höchststand zu erreichen. Während das Schwarzschlachten nach den vielen, spektakulären Prozessen gegen Fleischer, Viehhändler und Bauern des Jahres 1942 zurückging, nahmen die Verfahren wegen Klein-Diebstählen von Lebensmitteln und des Mißbrauchs von Lebensmittelmarken in der letzten Kriegsphase deutlich zu.

Energisch verfolgt wurden in den ersten Kriegsmonaten die Verstöße gegen die Rundfunkverordnung, die das Abhören ausländischer Sender verbot. Bestraft wurde auch die Weiterverbreitung von Nachrichten ausländischer Sender, da sie die Widerstandskraft des deutschen Volkes gefährde.

Die Verfahren wegen Umgangs mit Kriegsgefangenen häuften sich in den Jahren 1941–1943 und gingen bei Kriegsende deutlich zurück. Genau umgekehrt verlief die Entwicklung bei den Prozessen wegen Wehrkraftzersetzung und Entziehung von der Wehrpflicht.

Ähnlich wie 1933 waren in den Kriegsjahren Prozesse gegen Personengruppen keine Seltenheit: Rangierarbeiter, die gemeinschaftlich Lebensmittel aus Eisenbahnwaggons geklaut hatten; Schlachter, Viehhändler, Fleischbeschauer und Ladenbesitzer, die – gut organisiert – erfolgreich und gewinnbringend die Lebensmittelbewirtschaftung unterliefen, Hörergemeinschaften. Diese Massenprozesse gaben den Sonderrichtern immer wieder Anlaß, über Arbeitsüberlastungen zu klagen[3]. Gleichzeitig konnten sie damit Vorwürfe von Polizei und Partei, die Verfahren dauerten zu lange, zurückweisen. Als die Kri-

---

[2] Bericht vom 2. 2. 1943, 42 A Neu 5, Zg. 46/1972 Nr. 1.

[3] Vgl. das Schreiben von Oberstaatsanwalt Hirte an Generalstaatsanwalt Rahmel v. 19. 7. 1943 und dessen Bericht an den Reichsjustizminister vom 28. 7. 1943, 61 Nds, Zg. 12/1987 Nr. 4.

tik an der allzu langen Verfahrensdauer wuchs, machte das Sondergericht gerade bei diesen Verfahren „kurzen Prozeß“.

3.3 Die Strafen

Historische Forschung, Justiz, Publizistik und Öffentlichkeit haben sich sehr spät mit den Sondergerichten beschäftigt. Erst das Bekanntwerden einzelner, besonders schrecklicher Urteile aus der Kriegszeit gab entscheidende Impulse für das Nachfragen. In Braun-

Tabelle 6 Strafmaß der Angeklaten 1933 – 31. 08. 1939 (in %)

Jahr	*Prozesse**	*Angeklagte*	*Gefängnisstrafen*			*Zuchthausstrafen*	*Todesstrafe*	*Freispruch*	*Sonstige*
			<1 Jahr	*1–2 Jahre*	*>2 Jahre*				
1933	54	100	47,0	22,0	6,0	5,0	–	20,0	0,0
1934	4	5	0,0	20,0	20,0	40,0	–	20,0	0,0
1935	10	10	50,0	40,0	0,0	0,0	–	0,0	10,0
1936	41	64	54,7	14,1	3,1	1,6	–	26,6	0,0
1937	43	49	67,3	16,3	4,1	0,0	–	6,1	6,1
1938	51	70	61,4	14,3	1,4	1,4	–	10,0	11,4
1939	43	45	53,3	13,3	0,0	2,0	6,6	13,3	11,1

Erläuterungen:
* Die im jeweiligen Kalenderjahr durchgeführten Prozesse.
Sonstige: vor allem Einstellungen während des Verfahrens, u. a. wegen Amnestie.

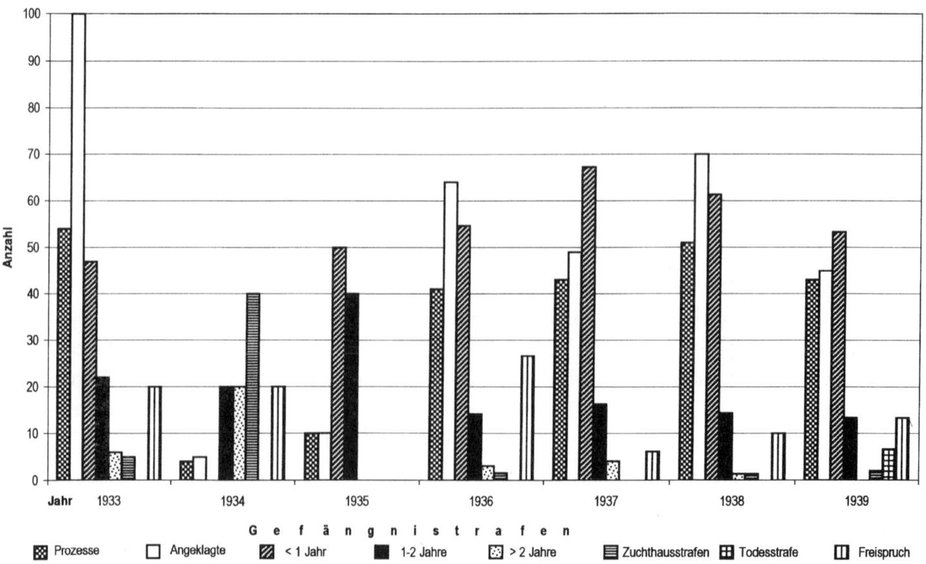

Diagramm zu Tabelle 6

schweig hat Helmut Kramer auf den Fall Erna Wazinski hingewiesen, die Ende 1944 wegen eines angeblichen Kleindiebstahls zum Tode verurteilt und hingerichtet wurde. Eine Auseinandersetzung mit solch erschreckenden Urteilen ist unerläßlich. Doch die Sondergerichte ausschließlich mit Todesurteilen in Verbindung zu sehen, würde die Sondergerichtsbarkeit nicht hinreichend charakterisieren. Schon ein flüchtiger Blick auf die Strafen während ihrer zwölfjährigen Existenz macht dies deutlich. Erneut stützen wir uns auf die Registerbände der Hauptverfahren 1933–1944.

Tabelle 7 Strafmaß der Angeklagten 01. 09. 1933–12. 04. 1945 (in %)

Jahr	*Prozesse*	*Angeklagte*	*Gefängnisstrafen*		*Zuchthausstrafen*			*Todesstrafe*	*Freispruch*	*Sonstige*
			<1 Jahr	*>1 Jahr*	*<2 Jahre*	*2–5 Jahre*	*>5 Jahre*			
1939	26	51	39,2	7,8	7,8	9,8	7,8	0,0	17,6	9,8
1940	187	239	49,8	4,2	14,2	4,6	0,0	0,8	15,1	10,9
1941	188	273	41,0	12,8	5,9	117,0	5,5	1,5	10,3	11,4
1942	250	373	33,5	11,5	10,1	15,0	5,4	7,5	7,8	8,3
1943	367	556	34,0	9,7	19,4	15,5	4,7	3,6	4,5	8,3
1944	339	564	28,0	5,1	28,2	16,7	2,6	4,3	8,5	6,6
1945	85	136	25,0	15,4	22,8	19,9	0,0	8,1	5,9	2,9

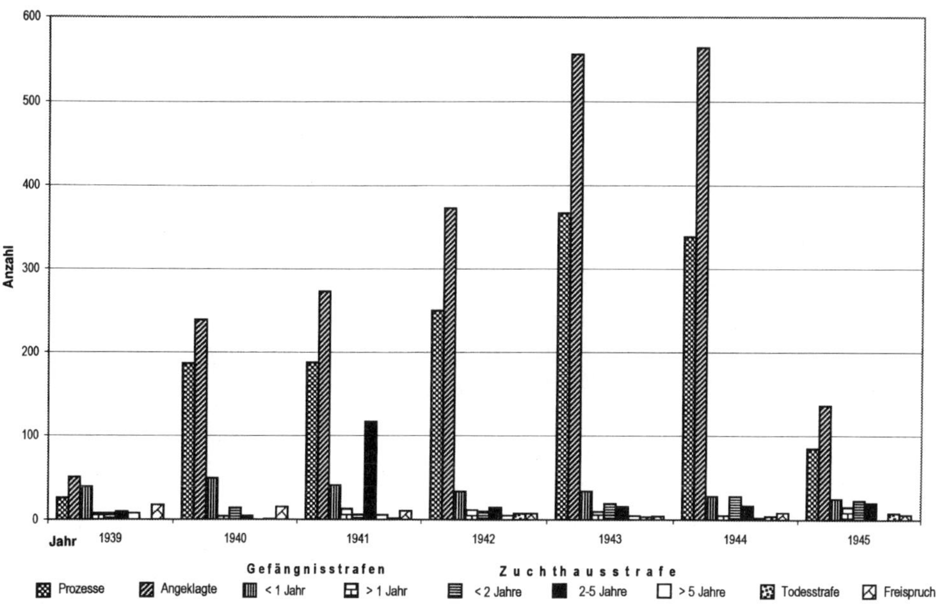

Diagramm zu Tabelle 7

Die in den Jahren bis Kriegsausbruch verhängten Strafen mögen auf den ersten Blick überraschen. Abgesehen von der hohen Zahl der Einstellungen, endete jedes 6. Hauptverfahren mit einem Freispruch. Etwa 54 % der Angeklagten erhielten Gefängnisstrafen unter einem Jahr, 22 % über einem Jahr und 3 % Zuchthausstrafen. Das Gericht verhängte bis 1939 kein Todesurteil; im Mai 1939 wurden drei Männer wegen Mordes zum Tode verurteilt[4]. Nicht drakonische Strafen sind bis Kriegsausbruch das Merkmal des Sondergerichts, vielmehr die Diskrepanz zwischen der Anklageerhebung überhaupt und dem für uns heute gänzlich harmlos erscheinenden Charakter vieler Fälle.

Hinsichtlich des Strafmaßes fällt übrigens das Jahr 1933 erneut aus dem Rahmen. Während in den Jahren 1936 bis 1938 durchschnittlich 17 % aller Angeklagten Haftstrafen über einem Jahr erhielten, waren es 1933 fast doppelt so viele. Die Hälfte aller Zuchthausstrafen bis Kriegsbeginn verhängte das Gericht allein 1933 – Zeichen für die politische Indienstnahme der Justiz gerade in der Phase der nationalsozialistischen Machtdurchsetzung.

Im Krieg verschärften sich die Strafen von Jahr zu Jahr. 1940, die deutschen Truppen stürmten siegreich vorwärts, wurde noch jeder 6. Angeklagte freigesprochen, 1944 nur noch jeder 12. In den ersten Kriegsmonaten schnellte die Zahl der Zuchthausstrafen auf 25 % hoch – in den Jahren 1936–1938 hatte das Gericht keine einzige verhängt. Im Jahr 1944 erhielt nahezu die Hälfte der Angeklagten Zuchthausstrafen, wobei die mehrjährigen dominierten.

Und das Gericht verhängte Todesstrafen. 1940 gegen 2, 1941 gegen 4, 1942 gegen 28, 1943 gegen 22, 1944 gegen 24 Angeklagte. Für die ersten 3 Monate des Jahres 1945 zählen wir 13 Todesurteile.

Von den 92 zum Tode Verurteilten waren 46 Ausländer, die meisten Zwangsarbeiter und Kriegsgefangene: 12 Franzosen, 11 Polen, 9 Russen, 4 Holländer, 6 Protektoratsangehörige, 2 Zigeuner, 1 Belgier, 1 Italiener. Die Richter verurteilten 8 Frauen zum Tode. Die meisten Todesurteile (50) fällte das Sondergericht aufgrund der Volksschädlingsverordnung; 18 Angeklagte verurteilte es als Gewaltverbrecher, 11 als gefährliche Gewohnheitsverbrecher, 7 wegen Entziehung von der Wehrpflicht, bzw. Wehrkraftzersetzung, 4 wegen Verstoßes gegen die Kriegswirtschaftsverordnung und einen Angeklagten wegen eines Sittlichkeitsdelikts. Allenfalls bei den Verfahren gegen „Gewaltverbrecher" lagen schwere kriminelle Delikte wie Mord, Raub, schwere Körperverletzung vor. Bei den meisten Todesurteilen gegen „Gewohnheitsverbrecher" und „Volksschädlinge" handelte es sich um kleinere Eigentumsdelikte, die nach „normalen" juristischen Maßstäben allenfalls Haftstrafen gerechtfertigt hätten. Das in der Diskussion um die Sondergerichte nach 1945 immer wieder geäußerte Argument, bei den zum Tode Verurteilten habe es sich größtenteils um Schwerkriminelle gehandelt, ist falsch.

[4] Am 9. 10. 1933 verurteilte das Sondergericht unter Lachmund, v. Griesbach, Wrede den Arbeiter W. wegen schweren Landfriedensbruchs und Verstoßes gegen die Verordnung vom 28. 2. 1933 zum Tode. Die Todesstrafe wurde in 15 Jahre Zuchthaus umgewandelt, 43 A Neu 1 Nr. 72.

3.4 Sozialprofil der Beschuldigten und Angeklagten

Während der NS-Zeit machten über 7400 Personen in Ermittlungs- oder Hauptverfahren mit dem Sondergericht Braunschweig Bekanntschaft. Wir wollen in den folgenden Übersichten differenzieren nach der Geschlechtszugehörigkeit, dem Herkunftsort und dem Beruf der Beschuldigten.

Tabelle 8 Aufschlüsselung der Beschuldigten nach Geschlecht

Jahr	*Beschuldigte*	*Männer*	*Frauen, insges.*	*Berufstätige Frauen*
1933	217	199	18	2
1934	10	9	1	0
1935	26	24	2	1
1936	344	277	67	7
1937	278	219	59	4
1938	284	235	49	1
1939 I	165	145	20	2
1939 II	146	124	22	4
1940	610	543	67	9
1941	532	427	105	38
1942	759	642	117	43
1943	1516	1083	433	145
1944	1781	1320	461	170
1945	754	585	169	67

In den ersten Jahren kamen vergleichsweise wenig Frauen vor das Sondergericht. Das änderte sich seit 1936. In den folgenden Jahren bis Kriegsausbruch sind etwa 15 % der Beschuldigten Frauen. Der Anstieg des Frauenanteils korrespondiert mit dem Rückgang der politischen Delikte im engeren Sinn. Bei den Prozessen gegen die „Zeugen Jehovas“ stehen auffällig viele Frauen vor dem Sondergericht. Auch zahlreiche Heimtückeverfahren liefen gegen Frauen. Da wurde im Gespräch auf der Straße, im Hausflur, in der Wohnung, beim Einkaufen gemeckert oder ein Witz erzählt. Da gab es immer eine Nachbarin oder einen Nachbarn, einen Mieter oder Vermieter, einen Ehepartner, der aus Streitsucht, Neid oder Rache zur Polizei lief. Viel Klatsch war dabei. So sah es auch in einigen Fällen die Staatsanwaltschaft und stellte das Verfahren ein. Es gab diese Mechanismen natürlich auch bei den Männern. Und selbstverständlich mußten sich auch Frauen vor dem Sondergericht wegen Äußerungen verantworten, die aus der Sicht des Systems durchaus gefährlich waren. Wir werden hiervon später erzählen.

Im Krieg sank der Anteil der Frauen zunächst geringfügig, stieg dann aber rasch an und erreichte 1943 28 %. Jetzt waren auch wesentlich mehr berufstätige Frauen betroffen. Vor dem Sondergericht ging es nicht mehr nur um Heimtückereden, sondern um Kontakt mit Kriegsgefangenen, um Schwarzschlachten und Schleichhandel, um Mißbrauch von Lebensmittelkarten, um Beihilfe zur Fahnenflucht, um Diebstahl aus Feldpostpäckchen, um Diebstahl nach Bombenangriffen.

Ein Blick auf die Herkunftsorte der Beschuldigten ergibt folgendes Bild: bis Kriegsbeginn kamen etwa 39 % aus der Stadt Braunschweig, 20 % aus den Kleinstädten, 28 %

aus den Landgemeinden, der Rest aus Orten außerhalb des Landes Braunschweig. Wiederum weicht das Jahr 1933 ab. Mit 50 % lag der Anteil der Beschuldigten aus der Stadt Braunschweig deutlich über dem Durchschnitt; die zahlreichen Verfahren gegen Mitglieder der Arbeiterparteien aus dem „roten" Braunschweig schlugen sich nieder. Im Jahr 1937 kamen nur noch 27 % aus der Großstadt, wesentlich stärker vertreten waren jetzt die Landgemeinden und die Kleinstädte. Da sich die meisten Verfahren in dieser Zeit mit „Heimtückeäußerungen" befaßten, schließen wir auf wachsenden Unmut auf dem flachen Land. Tatsächlich vollzog sich der wirtschaftliche Aufschwung in der Großstadt schneller; dorthin wanderten die Arbeitskräfte ab, dort war das Freizeitangebot attraktiver. Vielleicht gab es auf dem Land mehr Beschuldigte und Angeklagte, weil es jetzt auch hier mehr Denunziationen gab, und weil das Überwachungssystem verstärkt wurde.

Tabelle 9 Wohnsitz der Beschuldigten (in %)

Jahr	*Stadt BS*	*Brsg. Kleinstädte*	*Brsg. Landgemeinden*	*Orte auß. Bs*	*Salzgitter*
1933	49,3	35,9	10,1	4,6	
1934	40,0	20,0	30,0	10,0	
1935	19,2	50,0	23,0	7,7	
1936	48,8	12,5	26,5	12,2	
1937	27,0	26,6	36,7	9,7	
1938	37,3	14,0	37,7	10,9	
1939 I	28,5	11,5	22,4	20,0	17,6
1939 II	39,7	15,8	13,7	12,3	18,5
1940	35,5	12,5	28,4	11,6	12,0
1941	38,1	14,8	29,7	8,4	9,0
1942	32,6	10,0	25,2	10,0	21,2
1943	39,5	12,9	24,7	8,9	14,0
1944	39,0	11,1	18,8	8,8	22,3
1945	38,7	22,7	16,2	5,4	17,0

Im Krieg lebten die meisten Beschuldigten nach wie vor in Braunschweig (etwa zwischen 35 und 40 %); rückläufig war der Anteil der Kleinstädte, dafür kam jeder 4. Beschuldigte vom Dorf. Hier schlugen sich die vielen Verfahren gegen Bauern, Viehhändler, Gastwirte und Metzger wegen Schwarzschlachtens nieder. Seit Kriegsbeginn stammte fast jeder 5 . Beschuldigte aus dem Industriegebiet Salzgitter.

Bei einer Auswertung unseres Quellenmaterials hinsichtlich der sozialen Stellung der Beschuldigten und Angeklagten stoßen wir auf erhebliche methodische Schwierigkeiten. Die Berufsangaben in den Registerbänden erlauben nur begrenzte Aussagen über die konkrete soziale Situation. Informativer sind die Prozeßakten, die z. B. Lebensläufe sowie Hinweise über die jeweilige Lebenslage enthalten. Freilich gilt dies nicht für alle Fälle, und darüberhinaus liegen Prozeßakten nur von etwa einem Drittel der Verfahren vor. Wir bleiben deshalb vorerst der Vollständigkeit wegen bei den recht allgemeinen Berufsangaben der Register. Erst wenn wir von den Einzelfällen erzählen, ergänzen wir sie, wo immer möglich, durch konkrete Situationsbeschreibungen.

Ein weiteres Problem kommt hinzu. Die Berufsangaben lassen keine eindeutigen Klassifizierungen und Differenzierungen zu. Wir können nicht unterscheiden zwischen

Tabelle 10 Berufsstruktur der Beschuldigten 1933 – 31. 08. 1939

Jahr	*Personen insges.*	*Arbeiter*	*in %*	*Angest./ Beamte*	*in %*	*Land-wirte*	*in %*	*Selbstän-dige*	*in %*	*Rentner/ Pensionäre*	*in %*	*Ehe-frauen*	*in %*	*Sonstige*	*in %*
1933	217	127	58,5	26	12,0	10	4,6	34	15,7	3	1,4	16	7,4	1	0,5
1934	10	6	60,0	1	10,0	0	0,0	2	20,0	0	0,0	1	10,0	0	0,0
1935	26	9	34,6	3	11,5	2	7,7	7	26,9	3	11,5	2	7,7	0	0,0
1936	344	134	39,0	56	16,3	16	4,7	61	17,7	15	4,4	60	17,4	2	0,6
1937	278	112	40,3	36	12,9	10	3,6	50	18,0	10	3,6	55	19,8	5	1,8
1938	284	135	47,5	41	14,4	10	3,5	31	10,9	17	6,0	48	16,9	2	0,7
1939	165	102	61,8	18	10,9	5	3,0	19	11,5	0	0,0	18	10,9	3	1,8

Tabelle 11 Berufsstruktur der Beschuldigten 01. 09. 1939–12. 04. 1945

Jahr	*Personen insges.*	*Arbeiter*	*in %*	*Ausl. Arbeiter*	*in %*	*Angest./ Beamte*	*in %*	*Landwirte*	*in %*	*Selb-ständige*	*in %*	*Rentner/ Pensionäre*	*in %*	*Ehe-frauen*	*in %*	*Sonstige*	*in %*
1939	146	73	50,0	20	13,7	21	14,4	0	0,0	9	6,2	4	2,7	18	12,3	1	0,7
1940	610	270	44,3	136	22,3	51	8,4	16	2,6	53	8,7	6	1,0	58	9,5	20	3,3
1941	532	166	31,2	92	17,3	55	10,3	34	6,4	98	18,4	7	1,3	67	12,6	13	2,4
1942	721	214	29,7	229	31,8	73	10,1	23	3,2	69	9,6	9	1,2	74	10,3	30	4,2
1943	1516	372	24,5	437	28,8	208	13,7	47	3,1	138	9,1	8	0,5	288	19,0	18	1,2
1944	1781	381	21,4	648	36,4	207	11,6	52	2,9	154	8,6	18	1,0	291	16,3	30	1,7
1945	754	267	35,4	251	33,3	56	7,4	13	1,7	42	5,6	4	0,5	100	13,3	21	2,8

Erläuterungen:
Arbeiter: alle lohnabhängig Beschäftigten, also Landarbeiter, Gelegenheitsarbeiter, Hilfsarbeiter, Industriefacharbeiter, Handwerksgesellen, Arbeiter im öffentlichen Dienst;
Angestellte/Beamte: wir unterscheiden nicht zwischen Angestellten und Beamten, auch nicht zwischen höheren und niederen Funktionen.
Für einige Jahre haben wir die 'höheren' Angestellten ermittelt: 1941:9, 1942:14, 1943:36, 1944:34.
Landwirte: die selbständigen Bauern. Eine Unterscheidung zwischen Bauer, Erbhofbauer, Landwirt ist nicht möglich. Auch Nebenerwerbslandwirte lassen sich nicht feststellen.
Selbständige: hierzu zählen wir Kaufleute, Inhaber von Handwerksbetrieben, Gastwirte, Viehhändler, aber auch Unternehmer (Fabrikanten), deren Zahl allerdings sehr gering ist.

Industriefacharbeitern, Hilfsarbeitern, Gelegenheitsarbeitern oder Handwerksgesellen in Kleinbetrieben; am ehesten ist dies noch bei den landwirtschaftlichen Arbeitern möglich. Und wer zählt zu den Handwerkern? Immer wieder ist festzustellen, daß Beschuldigte, die als Schmied, als Schreiner, als Drechsler registriert sind, in Großbetrieben arbeiten. Somit erschien uns eine Unterscheidung, wie sie Hüttenberger trifft, zwischen traditionellen Handwerksberufen und Industriefacharbeitern, nicht sinnvoll[5]. Insgesamt haben wir uns zu einer Reduzierung der Berufsgruppen entschlossen, sicherlich zu Lasten einer differenzierten Schichtenanalyse.

Von den Beschuldigten gehörten bis Kriegsausbruch durchschnittlich etwa 47 % der Arbeiterschaft an, etwa 14 % waren Angestellte und Beamte, 4 % Landwirte, ca. 15 % Kaufleute, Gastwirte und selbständige Handwerker, 4 % waren Rentner und etwa 15 % Ehefrauen bzw. Witwen; der Anteil berufstätiger Frauen war zunächst sehr gering. Im Jahr 1933 lag der Arbeiteranteil mit 58 % (ca. 66 % der Verurteilten) weit über dem Durchschnitt, eine Beobachtung, die erneut auf den besonderen Charakter dieses Jahres verweist. Der hohe Anteil der Selbständigen im Jahr 1933 hängt mit den zahlreichen Verfahren gegen Mitglieder des „Stahlhelms" zusammen, die aber zu keinen Verurteilungen führten. Bereits 1935 verminderte sich der Anteil der Arbeiter, wobei innerhalb dieser Schicht die Hilfsarbeiter und die traditionellen Arbeiterberufe wie Maurer, Schmiede, Tischler, Dachdecker überwogen. Sie profitierten vom wirtschaftlichen Aufschwung nicht in dem Maße wie die Industriearbeiter, so daß sie offensichtlich ihren Unmut häufig in „Heimtückereden" äußerten. Industriearbeiter stehen in diesen Jahren recht selten vor dem Sondergericht.

Seit 1936 kamen zunehmend Kaufleute, Gastwirte, Fleischer, Landwirte, Rentner und Pensionäre wegen Heimtückevergehen vor das Sondergericht; auch Beamte und Angestellte, aber eher aus den unteren Gehaltsgruppen, und sehr viele Reisende. Die starke Präsenz der unteren Mittelschicht könnte auf enttäuschte Erwartungen gerade der sozialen Schichten schließen lassen, die den Nationalsozialismus vor 1933 am entschiedensten unterstützt hatten. Der OLG-Präsident berichtete Anfang 1937 in seinem Lagebericht von unzufriedenen Bau- und Landarbeitern. „Dabei bereitet Anlaß zur Klage vielleicht nicht einmal so sehr der absolut niedrige Stand des Einkommens als vielmehr das Gefühl der unberechtigten Bevorzugung anderer Gruppen. Ähnliches empfindet auch der Bauer, wenn er die Preise seiner Erzeugnisse, die ihm gezahlt werden, mit den Verbrauchspreisen vergleicht"[6]. Selten begegnen wir einem höheren Beamten oder leitenden Angestellten, auch Unternehmer finden wir kaum. Nicht daß es in den Jahren 1936–1938, als das Sondergericht fast aussschließlich mit Heimtückeverfahren beschäftigt war, im gehobenen Bürgertum keine „Heimtückereden" gegeben hätte. Doch sie fanden nur selten in der Öffentlichkeit statt, wurden also in viel geringerem Maße angezeigt. Darüberhinaus erlaubte die größere Sprachgewandtheit mehr Andeutungen, Anspielungen und Verschlüsselungen, so daß sie viel seltener in der Öffentlichkeit auffällig wurden.

Mit einer Gruppe des Bildungsbürgertums, den Pfarrern, werden wir uns gesondert beschäftigen. Lehrer fehlten übrigens fast gänzlich vor dem Sondergericht.

Im Krieg veränderte sich die soziale Zusammensetzung der Angeklagten und Beschuldigten. Im Jahr 1940 kamen 44 % aus der Arbeiterschaft, ein Anteil, der dem in

---

[5] Hüttenberger, S. 467.
[6] BA, R 22/3357, Lagebericht vom 27. 1. 1937.

den Friedensjahren in etwa entspricht. In diesem Jahr waren bereits 22 % der Beschuldigten ausländische Zwangsarbeiter. Sie wurden 1944 mit 36 % zur stärksten Gruppe, während der Anteil deutscher Arbeiter auf 20 % zurückging. Das Sondergericht wurde zur gefürchteten Institution für Zwangsarbeiter und Kriegsgefangene. Im Krieg sank der Anteil der Frauen zunächst, stieg dann aber 1943 auf 28 %. Jetzt waren auch wesentlich mehr berufstätige Frauen betroffen. Gegen Kriegsende erhöhte sich die Zahl der Angestellten und Beamten, wobei wiederum die unteren Gehaltsklassen dominierten. Verstöße gegen die Kriegswirtschaftsverordnung und Diebstahldelikte signalisierten wirtschaftliche Not auch in bürgerlichen Kreisen und wachsende Bereitschaft, den Parolen von einer „Volksgemeinschaft" nicht mehr folgen zu wollen. Sprunghaft stieg 1941 die Zahl der Landwirte, Händler, Fleischer und Gastwirte an – es war die Zeit der großen Schwarzschlachter-Prozesse.

Als ein erstes Ergebnis läßt sich festhalten:

Vor dem Sondergericht begegnen wir – in Ermittlungsverfahren und Prozessen – überwiegend den kleinen Leuten; Menschen, die eher am unteren Ende der sozialen Hierarchie standen, am Rande der Gesellschaft. Das gilt sicher nicht für die Schwarzschlachter. Und natürlich mußten sich auch höhere Angestellte – übrigens so gut wie keine höheren Beamten – Unternehmer und Freiberufler vor dem Sondergericht verantworten; aber sie sind doch eher die Ausnahmen. Auffällig ist die soziale Herkunft der zum Tode Verurteilten. Sie kamen, bis auf einen Angeklagten, alle aus der Unterschicht: neben Zwangsarbeitern und Kriegsgefangenen waren es Gelegenheits- und Hilfsarbeiter, Landarbeiter, Postarbeiter, ein Reisender, ein Gärtner; kein Industrie-Facharbeiter war darunter.

War das Sondergericht ein Gericht, das sich nicht nur parteipolitisch in Dienst nehmen ließ, sondern seine Urteile auch nach der Klassenzugehörigkeit der Beschuldigten ausrichtete?

In den Jahren 1933/34 waren es die Angehörigen der Arbeiterschaft, vornehmlich die Industriearbeiter, gegen die das Sondergericht die härtesten Strafen verhängte. Das Gericht sah in ihnen die Repräsentanten der dem NS-System verhaßten Linksparteien. Doch für die folgenden Jahre kann man eine so eindeutige soziale Stoßrichtung nicht mehr beobachten. Zwar lag der Anteil der Arbeiter an den Beschuldigten meistens über dem Arbeiteranteil in der Gesamtbevölkerung; doch die Industriearbeiter und Facharbeiter waren in den späteren Jahren ganz offensichtlich unterrepräsentiert. In manchen Jahren lag die Zahl der beschuldigten und verurteilten Selbständigen oder der Angestellten/Beamten über ihrem Anteil in der Bevölkerung. Und die im Krieg dramatisch wachsende Zahl der Zwangsarbeiter läßt sich mit dem Hinweis auf Klassenjustiz nicht hinreichend erklären. In diesen Verfahren dominierten – wie noch zu zeigen sein wird – andere Kriterien.

Vielleicht wurde bei den Verfahrenseinstellungen auf die Schichtenzugehörigkeit geachtet?

Ein Vergleich zwischen der sozialen Zusammensetzung der Beschuldigten (nur Ermittlungsverfahren) und derjenigen der Angeklagten gibt kein einheitliches Bild. Im Jahr 1937 z. B. sind von den Angeklagten 27 % Angestellte und Beamte, bei den Beschuldigten aber nur ca. 13 %. Demgegenüber sind 24 % der Angeklagten Arbeiter, bei den Beschuldigten aber 40 %.

Im Jahr 1939 bleibt die Gruppe der Selbständigen bei den Verfahrenseinstellungen deutlich unterrepräsentiert. Allerdings überwiegen insgesamt die Jahre, in denen der Arbeiteranteil bei den Angeklagten höher ist, als bei den Beschuldigten; d. h. es kam bei ihnen seltener zu Verfahrenseinstellungen als bei Selbständigen, Landwirten, Angestellten und Beamten. Und dennoch wäre das Sondergericht mit „Klassengericht" nicht hinreichend charakterisiert. Wir werden bei der Anklage- und bei der Urteilspraxis auf ganz anders geprägte Denkstrukturen der Justiz stoßen. Aus vielen Anklageschriften und Urteilsbegründungen ergibt sich: Richter und Staatsanwälte wollten die Volksgemeinschaft „säubern und reinigen", sie wollten „unnütze und moralisch haltlose Elemente ausmerzen", die Volksgemeinschaft vor den „Volksschädlingen" schützen. Diese fanden sich in allen Schichten, doch vermuteten Staatsanwälte und Richter entsprechende Dispositionen eher bei den „kleinen Leuten", als in der oberen Mittelschicht bzw. der Oberschicht. Das schließt jedoch keineswegs aus, daß auch Angeklagte aus den „besseren Kreisen" hart bestraft wurden.

Die Entscheidungen des Sondergerichts sind nicht durchgängig von einem schichtenspezifischen „Vorurteil" geprägt. Welche Kriterien sie bestimmten, müssen wir weiter beobachten.

4. Beschuldigte und Angeklagte.

Wir wollen in diesem Kapitel von den Beschuldigten und Angeklagten erzählen, wie sie ins Räderwerke des Sondergerichtes gerieten und was ihnen dort widerfuhr. Fürchterliche Geschichten sind es, aber auch ganz harmlose. Sie berichten vom Alltagsleben in einer Diktatur, während der Jahre der nationalsozialistischen Machtdurchsetzung, in den Jahren der Stabilisierung und während des Krieges.

Wir haben uns entschieden, nicht chronologisch Fall an Fall zu reihen, in diesem Kapitel auch nicht nach einzelnen Deliktgruppen zu gliedern, sondern zunächst die Beschuldigten aufgrund ihrer gemeinsamen gesellschaftlichen Position, ihrer Herkunft, ihrer religiösen oder politischen Überzeugung einander zuzuordnen und ihre Erfahrungen mit dem Sondergericht zu beschreiben.

4.1 Die „Linke" vor dem Sondergericht

Die Frontstellung Arbeiterparteien – Nationalsozialisten war in Braunschweig in der Endphase der Weimarer Republik besonders ausgeprägt.

Seit 1930 hatte die NSDAP den Kampf gegen die Braunschweiger Arbeiterbewegung aus der Regierung heraus geführt, drei Jahre länger als anderswo. Erinnert sei an den regierungsamtlich unterstützten SA-Aufmarsch in Braunschweig im Oktober 1931 mit den sich anschließenden nationalsozialistischen Gewaltexzessen in den Arbeitervierteln, an die vielen kleinen Schritte zur Aushöhlung des Rechtsstaats und weitere Gewaltaktionen in den folgenden Monaten. Bis zum Frühjahr 1933 hatte die NSDAP die Voraussetzungen geschaffen für eine schnelle Zerschlagung der Braunschweiger Arbeiterbewegung.

4.1.1 Die Jahre der Machtdurchsetzung 1933/34

Rücksichtslos gingen die Nationalsozialisten in den Wochen nach der Machtergreifung gegen Kommunisten, Sozialdemokraten, Gewerkschaftler und deren Organisationen vor. Zunächst mit Versammlungs- und Zeitungsverboten, nach dem Reichstagsbrand mit einer Verhaftungswelle gegen Kommunisten; dann mit hemmungsloser Gewalt gegen die Mitglieder aller Arbeiterorganisationen: im Volksfreund-Haus und im AOK-Gebäude wurden die Menschen gefoltert und ermordet. In dem Dorf Rieseberg erreichte der NS-Terror mit der Ermordung von zehn Arbeitervertretern und einem Studenten seinen schrecklichen Höhepunkt. Nicht nur ideologische und nackte machtpolitische Motive trieben die Nationalsozialisten an, es wurden ganz persönliche Rachegelüste gestillt. Die bei den Nazis besonders verhaßten SPD-Politiker Heinrich Jasper, Ernst Böhme, Otto Thielemann, Matthias Theissen bekamen sie als erste und am brutalsten zu spüren. Und in den „Überholaktionen" – SA und Hilfspolizei überfielen in Dörfern und Kleinstädten die Aufenthaltsorte der örtlichen Arbeiterführer – tobte sich der Haß überall im Land aus. Braunschweig erwarb sich den zweifelhaften Ruhm, Hochburg der Gewaltexzesse in

Deutschland zu sein. In Berlin sprach man selbst in Nazi-Kreisen von Braunschweig als „Neu-Mexiko“[1].

Im Verlauf des Sommers 1933 traten allmählich die wilden Verhaftungsaktionen hinter die „geregelten“ staatspolizeilichen Vorbeugungsmaßnahmen, vor allem die Schutzhaft, zurück. Sie wurde zum „Inbegriff der politischen Gegnerbekämpfung“[2]. Ausgangspunkt der Schutzhaft war die Verordnung zum Schutz von Volk und Staat vom 28. 2. 1933; nähere Ausführungsverordnungen erließen dann die Länderinnenminster, in Braunschweig lag diese Aufgabe in der Hand des zuständigen Referenten und seit 27. 4. 1934 stellvertretenden Leiters der Politischen Polizei, Otto Diederichs[3]. In Schutzhaft – und das hieß in Konzentrationslagerhaft – saßen in Braunschweig überwiegend Führungspersonen der Arbeiterorganisationen. Stellvertretend für viele nennen wir Heinrich Jasper, Otto Thielemann, August Merges, Karl Beckmann, Walter Maaß, Ernst Severitt, Ernst Lehnig, Heinrich Gattermann, O. Spangenberg[4].

Schließlich stellten die Nationalsozialisten auch das Strafrecht in den Dienst der Bekämpfung politischer Gegner. Die ersten Veränderungen erfolgten durch Notverordnungen des Reichspräsidenten aufgrund von Artikel 48: Verordnung zum Schutz des deutschen Volkes vom 4. Februar 1933, die oben bereits erwähnte Verordnung zum Schutz von Volk und Staat vom 28. Februar, Verordnung gegen Verrat am deutschen Volke und hochverräterische Umtriebe vom 28. Februar und Verordnung zur Abwehr heimtückischer Angriffe gegen die Regierung der nationalen Erhebung. Aufgrund des Ermächtigungsgesetzes erließ die Reichsregierung u. a. das Gesetz zur Abwehr politischer Gewalttaten vom 4. April 1933, das Gesetz gegen die Neubildung von Parteien vom 14. Juli 1933, das Gesetz zur Änderung von Vorschriften des Strafrechts und des Strafverfahrens vom 24. April 1934 (Abwehr von Hoch- und Landesverrat, Errichtung des Volksgerichtshofs) und das Gesetz gegen heimtückische Angriffe auf Staat und Partei vom 20. Dezember 1934[5].

Vor diesem Hintergrund muß man die Tätigkeit des Braunschweiger Sondergerichts in der Phase der nationalsozialistischen Machtdurchsetzung sehen. Hier ging es um subtilere Gewaltanwendung, um die Bekämpfung der politischen Gegner, der Kommunisten, Sozialdemokraten und Gewerkschafter mittels des politischen Strafrechts. Die Richter waren keine fanatischen Nationalsozialisten. Aber sie waren – wie die Mehrheit des Braunschweiger Bürgertums – geprägt von einem starken Antisozialismus und Antimarxismus.

Die Polarisierung von Arbeiterbewegung und Bürgertum gehörte zu den Merkmalen der Braunschweiger Geschichte seit 1918. Sie speiste sich aus dem besonderen Revolutionsverlauf in Braunschweig, und sie dehnte sich in der zwanziger Jahren auf alle Politik- und Kulturbereiche aus. Um jeden Preis wollten die bürgerlichen Parteien 1930 ein Wei-

---

1 Vgl. hierzu: Im Namen der Rechts! In der Strafsache gegen den früheren Braunschweigischen Ministerpräsidenten Dietrich Klagges aus Braunschweig. Urteil des Schwurgerichts Braunschweig am 5. April 1950, Aktenzeichen 1Ks 17/49, in der Stadtbibliothek Braunschweig vorhanden. Vgl. auch die umfangreichen Aktenbestände zum AOK-Prozeß und zum Rieseberg-Prozeß im Staatsarchiv Wolfenbüttel, 62 Nds 2.

2 Broszat, Konzentrationslager, in: Buchheim u. a., S. 13.

3 Vgl. hierzu das Verfahren gegen Dr. Diederichs nach 1945, 62 Nds 2 Nr. 982/983. Ausführlich dazu jetzt Wysocki, Geheime Staatspolizei, S. 58 ff.

4 12 Neu 13 Nr. 16063.

5 Vgl. hierzu Gerhard Werle, Justiz-Strafrecht, S. 64 ff.

terregieren der Sozialdemokraten verhindern; der Preis war das Regierungsbündnis mit den Nationalsozialisten, drei Jahre früher als im Reich. Sein ausgeprägter Antisozialismus ließ das Bürgertum im Frühjahr 1933 über die Gewaltexzesse der Nationalsozialisten gegen Mitglieder der Arbeiterparteien hinwegsehen[6]. Diese Frontstellung des Bürgertums gegen die Arbeiterbewegung liefert auch Erklärungsansätze für die Rechtsprechung der bürgerlichen Sonderrichter gegen Mitglieder der Arbeiterparteien in der Phase der nationalsozialistischen Machtdurchsetzung.

Am ersten Verhandlungstag, dem 8. April 1933, standen 6 Angeklagte – mit einer Ausnahme alle Mitglieder der SPD oder KPD – vor dem Braunschweiger Sondergericht. Sie mußten sich wegen eines Verstoßes gegen die Reichstagsbrandverordnung verantworten. Es handelte sich in allen Fällen um Bagatellsachen, die mit unverhältnismäßig hohen Strafen geahndet wurden, wobei das Gericht mehrfach über den Antrag der Staatsanwaltschaft hinausging: für das Tragen eines KPD-Abzeichens 6 bzw. 9 Monate Gefängnis; für das Anbringen eines Plakates „Wählt SPD“ am Vorabend der Reichstagswahl 2 Monate. In diesem Verfahren wandte das Gericht die Reichstagsbrandverordnung in Verbindung mit der Braunschweiger Durchführungsverordnung vom 1. 3. 1933 an. Letztere hatte die Weisung des Reichsinnenministers, aufgrund der Verordnung vom 28. 2. alle kommunistischen periodischen Druckschriften, sowie alle kommunistischen Veranstaltungen zu verbieten, gesetzeswidrig auf sozialdemokratische Druckschriften und Veranstaltungen ausgeweitet. Dieser Rechtsverstoß der Braunschweigischen Regierung spielte bei der Urteilsfindung des Sondergerichts keine Rolle. Im übrigen bedurfte es einer großzügigen Definition, ein Wahlplakat für eine Druckschrift zu halten. Das Gericht erwies sich als übereifriger Erfüllungsgehilfe der Braunschweiger Regierung. So heißt es dann auch in der Urteilsbegründung: „Um den zur Bekämpfung der kommunistischen Gefahr erlassenen neuen Bestimmung möglichst schnell und gründlich Befolgung zu verschaffen, müssen fühlbare Strafen verhängt werden, die dem Täter die Lust zu wiederholten Verstößen nehmen und auf andere, ähnlich eingestellte Elemente abschreckend wirken“[7]. Ganz in diesem Sinne schloß der Gerichtsvorsitzende seine programmatische Rede: „Es sei also jeder gewarnt“[8].

Abschreckung wurde zum Leitmotiv für viele Urteile. Die Zeitungen berichteten in den ersten Monaten regelmäßig über die Sitzungen des Sondergerichts, publizierten die Namen der Verurteilten und das Strafmaß. Einschüchtern wollte man den politischen Gegner. Von den 105 Angeklagten der Jahre 1933/34 waren 86 Mitglieder oder Sympathisanten der SPD, des Reichsbanners, vor allem aber der KPD. Noch viele Frauen und Männer wurden in den folgenden Wochen vom Sondergericht verurteilt, weil sie verbotene Abzeichen getragen oder Wahlzettel verteilt hatten. Besonders rigoros ging das Gericht gegen Teilnehmer an KPD-Versammlungen vor, auch wenn die Veranstaltungen nur wenige Tage nach den Verboten stattgefunden hatten. So erhielten 11 Arbeiter aus Holzminden Haftstrafen zwischen 3 und 6 Monaten, weil sie am 14. 3. eine KPD-Ver-

---

6 Vgl. hierzu Hans-Ulrich Ludewig, Nationalsozialismus als Protestbewegung. Machteroberung und Machtstabilisierung in Braunschweig, in: Schicht-Protest-Revolution in Braunschweig 1292 bis 1947/48, Braunschweig 1995, S. 175–196; Hans-Ulrich Ludewig/ Birgit Pollmann, Bürgertum und Arbeiterbewegung in Braunschweig 1870–1933, in: Wissenschaftliche Zeitschrift des Braunschweigischen Landesmuseums, Bd. 1, 1994, S. 63–98.

7 42 B Neu 7 Nr. 1–5. Die zitierte Passage in 42 B Neu 7 Nr. 2.

8 Landeszeitung v. 11. 4. 1933.

sammlung besuchten. Das Argument der Verteidigung, die Beschuldigten hätten die entsprechenden Verbotsverordnungen in den wenigen Tagen gar nicht zur Kenntnis nehmen können, ließ das Gericht nicht gelten. Gerade bei den politisch besonders engagierten KPD-Anhängern sei von einem hohen Informationsstand auszugehen[9]. Der geringste Anlaß reichte der Braunschweiger Justiz aus, um gegen die KPD vorzugehen: am 3. Mai fand die Gestapo bei einer Hausdurchsuchung in Blankenburg Hinweise auf eine Gruppe Kommunisten, die sechs Wochen vorher, am 14. 3., an einer kommunistischen Versammlung teilgenommen hatten. Es kam zu einem Verfahren vor dem Oberlandesgericht wegen Vorbereitung zum Hochverrat; 5 Angeklagte erhielten Gefängnisstrafen zwischen 1 Jahr 6 Monaten und 2 Jahren 3 Monaten. Anschließend verurteilte das Sondergericht 18 Teilnehmer an dieser Veranstaltung wegen Verstoßes gegen die Verordnung vom 28. 2. 1933 zu Haftstrafen zwischen einem und acht Monaten[10].

Noch schlimmer traf es eine Gruppe Jugendlicher, die Ende April 1933 Parolen an Zäune malten: „Göring der Brandstifter", „KVJD lebt trotz Verbot", „1. Mai unter roten Fahnen". Das Gericht erkannte auf Fortbestehen einer verbotenen Organisation und verurteilte die 17 – 23jährigen zu Gefängnisstrafen zwischen 5 und 15 Monaten[11].

Geradezu hysterisch reagierten Polizei und Gericht, wenn bei Anhängern der Linksparteien Sprengstoff entdeckt wurde; auch wenn es sich um kleinste Mengen handelte, auch wenn der Besitz zum Zeitpunkt der Verhaftung gar nicht nachgewiesen werden konnte. Ein Reichsbannermann hatte 1932 Sprengstoff gefunden, ihn aber nicht bei der Polizei abgegeben. Bis zum Frühjahr 1933 war er in seinem Besitz, dann hatte er ihn am Bahndamm weggeworfen. Ein Bauer fand den Sprengstoff, meldete den Vorfall dem Bahnhofsvorsteher, der lief sofort zur Polizei. Das Gericht wandte das Sprengstoffgesetz an, vermutete beim Reichsbannermann die Absicht, „durch Anwendung des Sprengstoffes Gefahr für das Eigentum, die Gesundheit oder des Leben eines anderen" herbeiführen zu wollen. Allein die Mitgliedschaft im Reichsbanner spreche für diese Absicht: 1 Jahr 6 Monate Zuchthaus[12].

Noch härter bestrafte das Sondergericht in der Besetzung Lachmund, Wrede, Schmidt den Hüttenarbeiter M. Schalles aus Langelsheim und den Dachdecker H. Liebschwager aus Wolfenbüttel, beide Mitglieder der KPD. L. hatte bis Juni 1933 vier Schachteln Sprengkapseln in seinem Besitz, die er – so die Anklage – im Jahr 1931 (!) von Schalles erhalten hatte. Letzterer habe sich den Sprengstoff bei einem Einbruch angeeignet. Das Gericht konstruierte daraus einen schweren Verstoß gegen das Sprengstoffgesetz. Daß der Sprengstoff von den Angeklagten auch eingesetzt worden wäre, stand für das Gericht zweifelsfrei fest; schließlich sei die KPD grundsätzlich willens gewesen, Sprengstoffattentate im politischen Kampf anzuwenden.

Die Haftstrafen fielen sehr unterschiedlich aus. Liebschwager bereute und wechselte wohl auch seine politische Gesinnung; er erhielt ‚nur' ein Jahr Zuchthaus. Ganz anders wurde der Hüttenarbeiter aus Langelsheim beurteilt. Er sei eine Verbrechernatur und müsse deshalb möglichst lange unschädlich gemacht werden: 5 Jahre Zuchthaus. Nach

---

9 42 B Neu 7 Nr. 30.
10 42 B Neu 7 Nr. 48.
11 42 B Neu 7 Nr. 46.
12 42 B Neu 7 Nr. 42.

Verbüßung der Strafe kam er in Schutzhaft; 1943 ist er im Konzentrationslager Auschwitz gestorben.

Schalles beteuerte während seiner Haft in zahllosen Eingaben immer wieder seine Unschuld; sein Mitangeklagter habe ihn zu Unrecht belastet. Mehrmals beantragte er die Wiederaufnahme seines Verfahrens. In unbeholfener Handschrift, mit bewundernswertem Mut, dabei die ganze Fragwürdigkeit dieser Rechtssprechung aufdeckend – so sind diese Schreiben verfaßt. „Auf die Verleumdung des L., auf eine nicht vereidigte Aussage und ohne direktes Beweismaterial wurde ich zu einer enormen Strafe verurteilt. Dieses Urteil begründet man mit allerhand überflüssigen Bemerkungen. Beweise für meine Schuld sind nicht vorhanden. Es sei gerichtsbekannt, daß die kommunistische Partei und deren Mitglieder Sprengstoffattentate als politische Kampfmittel billigten, auch sei ich in der Sitzung am 14. 11. 1933 von kommunistischen Gedanken befangen gewesen. Es sei ein Leichtes solch ein Urteil zu fällen, wenn der Angeklagte in der Verteidigung gehindert wird, demzufolge wurde ich in meinem mir zustehenden Rechte geschmälert". Die Anklageschrift habe er ohne Hinweis auf einen Termin für die Hauptverhandlung erhalten, sie sei darüberhinaus mangelhaft begründet. Vergeblich habe er seinen Pflichtverteidiger – einen Referendar – auf diese Mängel hingewiesen. Doch „ihm fehlten gänzlich die Kenntnisse eines Rechtsanwalts". Und etwas später: „Die Urteilsbegründung ist mit Widersprüchen genügend versehen und die Willkür tritt darin offensichtlich zum Vorschein; dieses alles schon würde eine Revision begründet haben". Es versteht sich fast von selbst, daß dieser Appell an eventuell noch vorhandene Spuren von Rechtsstaatlichkeit auf taube Ohren stieß. Man wird beim Lesen dieser Akte den Eindruck nicht los, daß sich hier einer von Eingabe zu Eingabe ins Konzentrationslager schrieb.

Die Tochter von Schalles beantragte nach Kriegsende die Aufhebung des Urteils. Das Landgericht Braunschweig lehnte den Antrag am 7. 7. 1952 mit einer angesichts des Leidenswegs des Verurteilten gänzlich unsensiblen Begründung ab: eine Tilgung der Strafe entfalle, weil die Straftat vor dem 30. 1. 1933 begangen wurde. Auch eine Reduzierung der Strafe sei nicht möglich; der Verurteilte sei bereits mehrfach vorbestraft gewesen und schließlich habe er die Sprengkapseln gestohlen. Zwar habe die Zugehörigkeit des Verurteilten zur KPD eine Rolle gespielt, der Mitverurteilte, ebenfalls Kommunist, sei aber wegen seines reumütigen Geständnisses nur mit einem Jahr bestraft worden. „Es kann nicht festgestellt werden, daß die gegen den Verurteilten Schalles verhängte Strafe grausam oder übermäßig hoch war"[13].

Das brutalste Urteil dieser Monate verhängte das Sondergericht unter Lachmund, v. Griesbach, Wrede am 9. Oktober 1933 gegen eine Gruppe von KPD-Leuten. Der Vorfall lag Monate zurück. Am 10. Februar drangen SA-Trupps in die Arbeiterviertel ein, den politischen Gegner provozierend, wie so oft in den letzten Jahren; dieses Mal im Siegestaumel nach dem 30. Januar 1933 und, wie sich zeigen sollte, geschützt von der Justiz. Es war im Nickelnkulk zu einer Schlägerei zwischen SA-Männern und Kommunisten gekommen, Schüsse fielen, einige Beteiligte trugen leichte Verletzungen davon. Es war einer jener Zusammenstöße zwischen politischen Gegnern, die in den zurückliegenden Monaten zur Normalität gehört hatten. Das sahen Polizei und Justiz ganz anders. Monatelang blieben die Beschuldigten in Schutzhaft. Anfang Oktober 1933 fand schließlich der Prozeß gegen 7 Angeklagte vor dem Sondergericht statt. Das Gericht erkannte in

13 42 B Neu 7 Nr. 56.

drei Fällen auf Landfriedensbruch (5 Jahre Gefängnis), in einem Fall auf schweren Landfriedensbruch (6 Jahre Zuchthaus), zwei Angeklagte wurden freigesprochen. Den Angeklagten Wolf verurteilte das Sondergericht wegen schweren Landfriedensbruchs und wegen Verstoßes gegen § 5 der Verordnung vom 28. 2. 1933 zum Tode. Die Todesstrafe – dies ergibt sich aus einem Vermerk im Registerband – wurde später in 15 Jahre Zuchthaus umgewandelt. Nun war der Vorfall bereits am 10. 2. 1933 gewesen, also vor der Verordnung vom 28.2. Doch auch für diese Fälle gab es inzwischen „gesetzliche" Regelungen. Das Gericht konnte auf das Gesetz über die Verhängung und den Vollzug der Todesstrafe vom 29. 3. 1933 zurückgreifen, das eine Rückwirkung des § 5 der Verordnung vom 28. 2. auf Taten zwischen dem 31. 1. und dem 28. 2. 1933 anordnete. Mit diesem Gesetz war auch noch der letzte Rest eines rechtsstaatlichen Systems, nämlich der Grundsatz „nulla poena sine lege" verschwunden[14]. Die zu mehrjährigen Zuchthausstrafen verurteilten ehemaligen KPD-Mitglieder Ernst Flentge und Ernst Donath wurden nach Haftende in Gestapohaft überstellt und kamen im Frühjahr 1945 im Konzentrationslager Bergen-Belsen um[15].

Vom ersten Sitzungstag an verurteilte das Sondergericht Angeklagte wegen Verstoßes gegen die Heimtückeverordnung vom 21. 3. 1933. Wir erinnern: Die Verordnung stellte den unbefugten Besitz und das Tragen einer Uniform oder Abzeichen namentlich der NSDAP und ihrer Gliederungen unter Strafe, drohte mit Zuchthausstrafe dem, der dabei eine Straftat beging.

Ein bettelnder Arbeiter, der zu Unrecht ein NSDAP-Abzeichen trug, erhielt z. B. 6 Monate Gefängnis. Damit sollten „alle, die glauben, die Zeichen und Symbole der nationalsozialistischen Partei zur Erreichung von Vorteilen zu mißbrauchen", gewarnt werden[16].

Strafbar machte sich auch, wer „vorsätzlich eine unwahre oder gröblich entstellte Behauptung tatsächlicher Art aufstellt oder verbreitet", die geeignet war, „das Wohl des Reiches oder eines Landes oder das Ansehen der Reichsregierung oder einer Landesregierung...schwer zu schädigen". Vieles blieb bei dieser Formulierung unbestimmt und damit auslegungsfähig. Während des Jahres 1933 diente diese Bestimmung der Einschüchterung und der Bekämpfung jeglicher oppositioneller Äußerungen. Da überrascht es nicht, daß die meisten Angeklagten in den Heimtückeverfahren der ersten Monate ehemalige Mitglieder der Arbeiterorganisationen waren.

Verfolgt wurden besonders Bemerkungen, die das Ansehen Hitlers oder anderer Nazi-Größen herabzusetzen schienen. Und gerade hier verhängte das Braunschweiger Sondergericht härteste Strafen. Ein Schriftsetzer aus Wolfenbüttel, empört über die von ihm beobachteten Überfälle der SA-Hilfspolizisten, hatte Hitler „Abschaum, Hund" beschimpft und dafür von den Richtern Lachmund, v. Griesbach, Lerche die Höchststrafe von 2 Jahren Gefängnis erhalten. Dies sei, meinten die Richter „kaum eine ausreichende und angemessene Sühne"; das Gericht wäre, wenn es dazu befugt gewesen wäre, über die Höchststrafe nur zu gern hinausgegangen[17]. Kritik an Aktionen, welche die Nationalsozialisten mit großem Propagandaaufwand als Neubeginn verkauften, Skepsis gegenüber

---

[14] 43 A Neu 1 Nr. 72

[15] Reinhard Bein, Widerstand im Nationalsozialismus, Braunschweig 1985, S. 171.

[16] 42 B Neu 7 Nr. 5.

[17] 42 B Neu 7 Nr. 40.

den laut verkündeten wirtschaftlichen Besserungen, konnten gefährlich werden. Daß Hitler auf sein Gehalt verzichtet habe, sei Schwindel, hatte ein Zimmermann und früherer Funktionär des Fabrikarbeiterverbandes erzählt. Dafür erhielt er 18 Monate Gefängnis, da er öffentlich „das hochherzige Verhalten eines Mannes zu verunglimpfen versucht hat, dessen Makellosigkeit über jeden Zweifel erhaben ist“[18]. Ein Schlosser nannte Hitler einen Knecht des Privatkapitals, nichts habe die jetzige Regierung an den Verhältnissen geändert. Das Sondergericht entschied auf die Höchststrafe von 2 Jahren, „um ihn für längere Zeit an den Störungen der Aufbauarbeit der Regierung zu hindern“[19]. Vom Bürstenmacher, der meinte, Hitler sei auch nicht besser als Jasper und Grotewohl, haben wir schon erzählt.

Ein Schlosser, der im Reichsbahnausbesserungswerk verbreitet hatte, durch den Regierungswechsel seien die Auslandsaufträge zurückgegangen, vielen Arbeitern sei deshalb in der MIAG gekündigt worden, erhielt wegen dieser „Heimtückerede“ ein Jahr Gefängnis. „Es wäre die Pflicht des Angeklagten gewesen, als früherer Betriebsrat eines nahezu staatlichen Werkes für die nationale Regierung einzutreten, anstatt in so unverantwortlicher Weise gegen sie zu hetzen“[20].

Zu einer Gefängnisstrafe von 18 Monaten wurde ein Metallschleifer verurteilt, der behauptet hatte, bei Conti in Hannover werde gestreikt. „Es geht nicht an, daß zu einer Zeit, wo die Reichsregierung sich mit heiligem Wollen um das Vertrauen des ganzen Volkes bemüht und alles tut, um Ruhe und Sicherheit wiederherzustellen, noch immer Leute mit so ungeheuren Lügen versuchen, Unruhe zu stiften und das Vertrauen des Volkes zu der Regierung zu erschüttern“[21].

Das Sondergericht stellte sich ganz und gar in den Dienst der Bekämpfung politischer Gegner.

Das zeigte in besonders bedrückender Weise der Fall Thielemann. Otto Thielemann, Volksfreund-Redakteur und sozialdemokratischer Landtagsabgeordneter, war vor 1933 einer der schärfsten Gegner der Nationalsozialisten. Er hatte sie mit seinen scharfsinnigen, geistreich-polemischen Artikeln und Reden bis zur Weißglut gereizt. Bei der Aktion gegen das Volksfreundhaus im März 1933 war er festgenommen, nach kurzer Zeit aber wieder freigelassen worden. Er ging nach Hamburg, wurde dort aber erneut verhaftet. Die Braunschweiger Nationalsozialisten ließen ihn nach Braunschweig ins Untersuchungsgefängnis bringen. Seine mehrfachen Gesuche, ihn aus der Schutzhaft zu entlassen, wurden stets abgewiesen. Schließlich konstruierte man einen Verstoß gegen die Heimtückeverordnung. Das Sondergericht verurteilte ihn zu drei Jahren Gefängnis. Nach Verbüßung der Haft lieferte ihn die Gestapo – sie war rechtzeitig durch den für den normalen Strafvollzug zuständigen Sachbearbeiter im Innenministerium von der Haftentlassung informiert worden - ins Konzentrationslager Dachau ein. Dort ist Thielemann im Dunkelarrest gestorben.

Thielemann hatte während der Schutzhaft in einem Buch den Satz angestrichen: „Noch nie ist ein Volk so angelogen worden“ und am Rand vermerkt: „sehr wahr, wie 1933“. Im Verfahren bekannte er sich zu dieser Notiz, argumentierte aber, er habe die

[18] 42 B Neu 7 Nr. 22.
[19] 42 B Neu 7 Nr. 60.
[20] 42 B Neu 7 Nr. 16.
[21] 42 B Neu 7 Nr. 50.

Zeitungshetze treffen wollen, keinesfalls die Regierung. Das Gericht hielt am Vorwurf der Verächtlichmachung der Regierung mit einer bemerkenswerten Begründung fest: „Hier aber ist dem Angeklagten unmöglich verborgen geblieben, daß fast im ganzen Jahr 1933 – im Gegensatz zu den Jahren vorher – die deutschen Zeitungen nicht mehr in der Lage waren, in Dingen der Politik nach eigenem Ermessen die Willensbildung des Volkes zu beeinflussen, sondern nur zur Herbeiführung einer einheitlichen Willensbildung im Volke den von der Regierung und Parteistellen der NSDAP gegebenen Richtlinien folgten oder folgen mußten". Präziser läßt sich der Gleichschaltungsprozeß der Presse gar nicht beschreiben. Die hohe Strafe begündete das Gericht mit der Persönlichkeit des Angeklagten, „der sich nicht gescheut hat, Jahre hindurch unter dem Schutze der Abgeordnetenimmunität eine volks- und staatszersetzende Tätigkeit zu entfalten"[22]. Das Sondergerichtsverfahren gegen Thielemann offenbarte in erschreckender Weise die politische Indienstnahme der Justiz.

Noch gab es in diesen Wochen der willkürlichen, unkontrollierten Gewaltexzesse von SA und SS den Versuch, zumindest in einigen Fällen mittels ordentlicher Gerichtsverfahren die schlimmsten Auswüchse zu mildern: Kurz nach seiner Amtsübernahme im Juni 1933 protestierte der Präsident des Oberlandesgerichts, Dr. Heusinger, bei Justizminister Alpers gegen die rechtswidrigen Zustände in den Haftlokalen der SS und der SA, insbesonders gegen die Handhabung der Schutzhaft im Gebäude der Allgemeinen Ortskrankenkasse und im Volksfreundgebäude. Nach anfänglichem Zögern machten Alpers und Klagges ein Zugeständnis: ein Erlaß vom 19. 7. ordnete an, daß ein Gericht in den Räumen der AOK tagen und die Häftlinge in einem beschleunigten Verfahren verurteilen sollte. In den folgenden Wochen verurteilte eine Abteilung des Amtsgerichts als Schnellgericht über 60 Schutzhaftgefangene – die meisten Mitglieder und Angehörige der SPD und KPD – zu insgesamt über 45 Jahren Gefängnis. Dies waren also keine Sondergerichtsverfahren, wie in der Literatur immer wieder behauptet wird[23]. Und die Amtsrichter fällten keineswegs mildere Urteile als die Sonderrichter. Allerdings – so erklärten einige der damals Verurteilten nach 1945 – hätten es die Häftlinge als große Erleichterung empfunden, „durch einen Urteilsspruch von der quälenden Ungewißheit befreit und durch die Überführung in Strafhaft den Willkürmaßnahmen der Hilfspolizisten entzogen zu werden"[24].

4.1.2 Das Ermittlungsverfahren vor dem Sondergericht gegen „Otto Grotewohl und andere"

Verstöße gegen die im Frühjahr 1933 erlassenen Verordnungen und Gesetze brachten immer wieder ehemalige Mitglieder der Arbeiterorganisationen vor die Gerichte. Wir haben für das Jahr 1933 von zahlreichen Prozessen vor dem Sondergericht Braunschweig gegen KPD- und SPD-Mitglieder berichtet. Bereits 1933 und verstärkt 1934 fanden aber die größeren politischen Prozesse vor dem Oberlandesgericht in Braunschweig bzw. vor dem Volksgerichtshof in Berlin statt. Zu nennen sind hier die Verfahren gegen die „Keu-

22 42 B Neu 7 Nr. 69. Klaggesprozeß, Urteil, 62 Nds 2 Nr. 795.

23 Zuletzt Bein, Widerstand, S. 74 f.

24 Klaggesprozeß, S. 142. Vgl. auch die Berichterstattung in der Braunschweiger Tageszeitung vom 26., 27. 7. und 10. 8. 1933.

ne-Gruppe" im November 1934[25], gegen eine KPD-Gruppe, die Gedenkpostkarten an die Morde in Rieseberg vertrieb, gegen die „Schade-Gruppe" und gegen Einzelpersonen[26]. Um die Jahreswende 1934/35 waren offensichtlich die letzten, noch vorhandenen Widerstandsgruppen zerschlagen, so daß größere politische Prozesse nicht mehr nötig waren. In seinem Lagebericht an den Reichsjustizminister schrieb der Präsident des OLG Anfang 1936: „Tätige politische Gegnerschaft, die sich etwa in Hochverratsklagen zeigte, ist fast ganz verschwunden, die zuletzt abgeurteilten Fälle von Bedeutung haben sich noch 1934 zugetragen"[27]. Gleichwohl begegnen wir in den folgenden Jahren insbesonders in Verfahren wegen Verstosses gegen das Heimtückegesetz immer wieder früheren Mitgliedern der Arbeiterorganisationen.

Dabei ging es meistens um regimekritische Äußerungen einzelner, die von den Verfolgungsbehörden zwar aufmerksam registriert und in einigen Fällen auch vor das Sondergericht kamen, aber gerade in der Stabilisierungsphase 1936–1939 nicht als systemgefährdend eingeschätzt wurden.

Anders verhielt es sich mit einem Vorfall, der 1938 Polizei und Justiz in Braunschweig monatelang beschäftigte[28]. Der Fall begann wie so häufig in dieser Zeit mit einer Denunziation: Erich Plumenbohm, Angestellter einer Wach-und Schließgesellschaft und bis 1933 Geschäftsführer der AOK Bad Gandersheim, habe sich abfällig über den NS-Staat geäußert. Die Ermittlungen kamen recht zögerlich in Gang, schließlich enthielt die Denunziation nichts Spektakuläres. Doch die weiteren Aussagen der Denunzianten ließen die Polizei aufhorchen. Plumenbohm habe noch zu vielen ehemaligen Sozialdemokraten Kontakt; sie alle würden im Kolonialwarenladen seiner Frau einkaufen. Namen wurden genannt: der ehemalige Landtagsabgeordnete Heinrich Siems, Erich Sudhoff sowie die Tochter Gustav Steinbrechers, der seit 1935 im KZ Dachau saß. Der ehemalige Kreisdirektor aus Gandersheim, Albert Rohloff, habe Plumenbohm häufig besucht, desgleichen Erich Gniffke, Gewerkschafter und seit 1932 Gauvorsitzender des Braunschweiger Reichsbanners. Plumenbohm habe in Hamburg 1933 den früheren Kultusminister Hans Sievers, den Braunschweiger Ortsvorsitzenden Rudolf Löhr sowie Willy Grauel und Otto Grotewohl getroffen. In der Tat, das war fast die gesamte Braunschweiger SPD-Führung vor 1933. Die Gestapo verhaftete Plumenbohm mit der Begründung: Aufrechterhaltung des organisatorischen Zusammenhalts der verbotenen SPD. Hausdurchsuchungen wurden durchgeführt, Bücher, Briefe, Mitgliedsbücher beschlagnahmt. Es folgten die Vernehmungen weiterer Verdächtiger. Jede Vernehmung lieferte neue Namen. Der Parteisekretär Kirchner, früher Leiter der Arbeiterwohlfahrt, war zusammen mit Grotewohl in Braunschweig gewesen; der ehemalige Reichstagsabgeordnete Hubert Schlebusch, jetzt bei einer Versicherung tätig, hatte Kontakt mit Plumenbohm und mit Hermann Neddermeyer, dem Gründer der Kinderfreundebewegung. Von ihm lief eine Verbindungslinie zu Walter Bartels, dem ehemaligen Volksfreundredakteur, jetzt als Rei-

---

[25] Um Robert Keune hatte sich seit Sommer 1933 eine Widerstandsgruppe gebildet, die im Untergrund Zeitungen und Flugblätter herstellte und verteilte; hierzu Bein, Widerstand, S. 98.

[26] Um Hermann Schade und Hermann Wilke fand sich eine Gruppe junger Leute, zu denen auch der erste Präsident des Freistaats Braunschweig, August Merges, gehörte; sie stellten Druckschriften her. Im Dezember 1934 wurde die Gruppe entdeckt, ihre Mitglieder verurteilte der 1. Senat des Oberlandesgerichts zu hohen Zuchthausstrafen. Vgl. hierzu Bein, Widerstand, S. 98.

[27] Lagebericht des OLG-Präsidenten v. 4. 1. 1935, BA, R 22/3357.

[28] Die Ermittlungsakten dieses Verfahrens befinden sich im Bestand 42 B Neu 7 Nr. 1285–1292.

sender tätig und zu Kurt Reinowski, dem Bruder von Heinz Reinowski, den Nazis wegen seiner Schrift „Terror in Braunschweig", 1933 erschienen, besonders verhaßt. Aufmerksam registrierte die Polizei die Kontakte zwischen den ehemaligen Leitern der AOK in Wolfenbüttel, Otto Rüdiger, Albert Drösemeyer in Schöningen, Adolf Dimmick in Bad Harzburg, Adolf Hagedorn in Langelsheim und Arthur Zander. In Zander sah die Gestapo den Verbindungsmann zum „Hamburger Kreis". Zander führte dort ein Fettgeschäft und hatte geschäftliche Beziehungen zu Grotewohl, der damals einen Großhandel für Butter und Käse betrieb. Drösemeyer schien Verbindungen nach Magdeburg zu haben; die dortigen Hausdurchsuchungen verliefen jedoch ergebnislos. Am 16. 8. 1938 verhaftete die Polizei Löhr, Sudhoff, Neddermeyer, Schlebusch, Bartels, Siems, Hagedorn, Reinowski, Rüdiger, Drösemeyer, Ohst, Zander, Dimmick, Rohloff, Rodenstein, Grotewohl und Gniffke: getarnte Aufrechterhaltung des organisatorischen Zusammenschlusses der SPD lautete die Haftbegründung.

Nach der Vernehmung Grotewohls stand für die Polizei seine führende Rolle fest. Er hatte während seiner Hamburger Zeit die Kontakte zu Braunschweiger Genossen nie abreißen lassen. Er war auch Vormund der Kinder von Martha Fuchs, der ehemaligen sozialdemokratischen Landtagsabgeordneten. Von besonderem Interesse war der Gestapo seine Verbindung zu Erich Gniffke. Gniffke betrieb in Berlin eine Generalvertretung für Grudeöfen, 1935 hatte er Grotewohl die Hamburger Vertretung verschafft. Anfang 1938 zog Grotewohl nach Berlin und trat in Gniffkes Firma als Bevollmächtigter ein. Gniffke rückte zunehmend in das Zentrum der Ermittlungen. Und das hatte seinen guten Grund. Er gab nach langen, immer wieder unterbrochenen Verhören zu, bei zwei Reisen nach Kopenhagen Hans Sievers und Heinz Reinowski getroffen zu haben. Damit erhielt der Fall für die Gestapo eine neue Dimension: Kontakte mit Emigranten, noch dazu mit zwei besonders prominenten Braunschweiger Sozialdemokraten. Die Polizei verhörte auch Gniffkes Frau. Sie erzählte von einem Testament ihres Mannes, in dem er die russische Diktatur verurteilt habe, aber auch das gegenwärtige Regime in Deutschland. Aus Angst habe sie dieses Testament verbrannt. Frau Gniffke gab auch zu, daß ihr Mann die Adresse von Sievers von Herta Geiger, der geschiedenen Frau des Soziologen Theodor Geiger, erhalten hatte, der zu der Zeit auch in Kopenhagen lebte. Darauf verhaftete die Polizei auch Herta Geiger. Wie die Verhöre abliefen, können wir den Vernehmungsprotokollen nicht entnehmen, aber wir können es ahnen: kurz nach ihrem Verhör unternahm Frau Gniffke einen Selbstmordversuch. Man muß sich die außerordentlich bedrohliche Situation der Verhafteten, die dem haßerfüllten politischen Gegner schutzlos ausgeliefert waren, vor Augen halten, will man die protokollierten Aussagen der Vernommenen hinsichtlich ihrer Haltung zum NS-Staat beurteilen. So erklärte Rudolf Löhr: wenn man auch nicht verlangen könne, daß er sich mit fliegenden Fahnen zum heutigen Staat bekenne, so müsse er doch die Erfolge der nationalsozialistischen Bewegung und des Staates anerkennen. Und Albert Rohloff: „Ich erkenne den Staat an und halte es für Wahnsinn, gegen ihn anzurennen und ihn zu unterminieren". Grotewohl, auf die bei ihm gefundenen Mitgliedsbücher angesprochen, antwortete: er habe sie absichtlich behalten, um zu beweisen, daß er kein Konjunkturpolitiker sei. Und bei seiner zweiten Vernehmung: „Ich bin mir darüber klar, daß ich politisch tot bin. Ich werde mich niemals zu irgendwelchen staatsfeindlichen Handlungen herbeilassen. Ich habe mich seit der Machtübernahme loyal dem nationalsozialistischen Staat gegenüber verhalten und werde es weiter tun. Ich habe auch, insbesonders auf das, was durch die nationalsozialistische Regierung an Positivem geschaffen worden ist, keine Veranlassung, mich mit irgend jemand gegen sie zu verbinden". Erich Gniffke formulierte ein wenig zurückhaltender: „Ich habe in den letzten Jahren versucht, mich einzufügen"[29].

Nichts Heroisches enthalten diese Aussagen der Beschuldigten, aber sie gaben auch nicht ihre Überzeugungen auf. Häufig glaubte man sich mit dem Hinweis zu entlasten, die Kinder seien in der HJ bzw. beim BdM. Doch die Gestapo zeigte sich wenig beeindruckt: „Damit wollen die alten Sozialdemokraten nur ihre angebliche nationalsozialistische Einstellung bezeugen und benutzen die Mitgliedschaft ihrer Kinder zur HJ als Aushängeschild"[30]. Die Beschuldigten mußten eine Gratwanderung unternehmen; zwischen Gelassenheit, Versteckspiel, List einerseits – dem Nachgeben, dem Preisgeben der Überzeugung, dem Verrat andrerseits. Stets eingedenk der eigenen Gefährdung und der der anderen, der jederzeit möglichen brutalen Gewaltanwendung der Verhörenden, die sie 1933 oder später in Schutzhaft selbst erfahren hatten oder von der sie zumindest wußten.

In Braunschweig kamen die Ermittlungen der Gestapo in den folgenden Monaten offensichtlich nicht voran. Ende November 1938 wurden Schlebusch, Neddermeyer, Bartels, Hagedorn, Löhr und Reinowski aus der Haft entlassen. Am 8. Dezember gab der Braunschweiger ermittelnde Oberstaatsanwalt das Verfahren an den Volksgerichtshof in Berlin ab. „Es hat sich bei den eingehenden Untersuchungen herausgestellt, daß die ehemaligen Braunschweiger Marxistenführer untereinander in Beziehung standen, die äußerlich zwar als gesellschaftliche und geschäftliche Verbindungen erscheinen, die jedoch u. U. als politische Zellen angesehen werden können". Deshalb liege ein Verstoß gegen das Gesetz gegen Neubildung von Parteien vom 14. 7. 1933 vor. In Berlin ergab sich offensichtlich nichts Neues. Ende Januar 1939 wurde Herta Geiger aus der Haft entlassen. Das Verfahren kam wieder zurück nach Braunschweig und wurde hier eingestellt. „Es läßt sich nicht nachweisen, was als Aufrechterhaltung oder Neueinrichtung einer illegalen politischen Organisation anzusehen wäre, obschon dieser Verdacht nicht von der Hand zu weisen ist". Anfang März wurde der Haftbefehl gegen Rüdiger, Siems, Sudhoff, Gniffke und Grotewohl aufgehoben. Nur gegen Plumenbohm wurde ein Verfahren wegen Verstoßes gegen das Heimtückegesetz vor dem Sondergericht eingeleitet; es wurde aber eingestellt, weil aufgrund des Straffreiheitsgesetzes vom 30. 4. 1938 keine höhere Strafe als 6 Monate zu erwarten sei.

Hat sich am Ende alles zum Guten gewendet? Keineswegs. Plumenbohm wurde im Sommer 1939 ins KZ Sachsenhausen gebracht, später wieder entlassen. Drösemeyer verübte während der Haft Selbstmord, Erich Sudhoff schnitt sich die Pulsadern auf, auch Edith Gniffke unternahm einen Selbstmordversuch. Eine Untersuchungshaft von 3 bzw. 7 Monaten im Braunschweiger Rennelberg hinterließ tiefe Spuren. Und auch ein eingestelltes Verfahren führte zu schweren psychischen Belastungen, verband sich mit der ständigen Furcht vor erneuter Verhaftung, mit dem Gefühl des Ausgeliefertseins. Schließlich hatte die Gestapo ein langes Gedächtnis: von den in unseren Fall verwickelten Personen wurden 1944 im Zusammenhang mit dem 20. Juli in der Aktion „Gewitter" ins KZ eingeliefert und fanden dort den Tod: Rudolf Löhr, Heinrich Siems, Adolf Dimmick und Erich Plumenbohm.

---

[29] Aussage Grotewohls, 42 B Neu 7 Nr. 1290, S. 330.
[30] 42 B Neu 7 Nr. 1290, S. 364.

Welche Rückschlüsse läßt dieser Fall zu für die Möglichkeiten einer politischen Betätigung der Arbeiterbewegung? Im Jahr 1938 war die ehemalige sozialdemokratische Führungsschicht weit entfernt von organisiertem, das System gefährdenden Widerstand. Zu gefestigt war die NS-Herrschaft, zu gegenwärtig war die Erinnerung an Gewalt und Terror des Jahres 1933. Wichtige Führungspersonen saßen noch immer im Konzentrationslager – Gustav Steinbrecher, Kuno Rieke – andere waren soeben frei gekommen, wie Heinrich Jasper. Daß seine Freilassung keineswegs eine mildere Verfolgungspraxis bedeutete, beweist das geschilderte Verfahren. Zwischen den Genossen blieb es bei losen Kontakten, bei als geschäftlich getarnten Besuchen; hierzu boten die neuen beruflichen Tätigkeiten als Handelsvertreter und Kaufleute gute Voraussetztungen. Diese Möglichkeiten wurden so gut es ging genutzt. Es ging nur noch ums Überleben, um die Bewahrung der eigenen Gesinnung und einer sozialdemokratischen Rest-Identität. Erich Gniffke hat diese Überlebensstrategie in einem Brief, der sich in den Ermittlungsakten findet, am treffendsten formuliert: „Die Dynamik des Faschismus ist auf Jahre hinaus noch ungeheuer. Also verkaufen wir Grudeöfen“[31].

4.1.3 Immer noch im Visier des Sondergerichts

Spektakuläre Prozesse des Sondergerichts gegen politische Gegner der Nationalsozialisten, vergleichbar denen der Jahre 1933/34 oder dem beschriebenen Ermittlungsverfahren gegen Grotewohl und andere führende Sozialdemokraten finden sich in den späteren Jahren nicht mehr. Das hing auch mit der Situation der verbotenen Arbeiterorganisationen zusammen, die, durch rigorose Verfolgungsmaßnahmen geschwächt, spätestens seit 1936 an organisierten Widerstand nicht mehr denken konnten. Doch kleine Widersetzlichkeiten und non-konformes Verhalten brachten immer wieder Arbeiterinnen und Arbeiter, die vor 1933 in der Arbeiterbewegung aktiv waren, vor das Sondergericht.

Wir stoßen häufig auf Verfahren, in denen die frühere Zugehörigkeit zu Arbeiterorganisationen Staatsanwälte und Richter mißtrauisch machte und nicht selten zu höheren Strafen veranlaßte. Man gewinnt zuweilen den Eindruck, als sei das Heimtückegesetz für das NS-System willkommener Anlaß gewesen, mangels anderer „Straftaten“ seitens ehemaliger SPD- und KPD-Anhänger gegen sie vorzugehen, zumindest sie einzuschüchtern.

Das galt zweifellos für Wilhelm Ziegenbein aus Seesen. Vor 1933 hatte er dem sozialdemokratischen Reichsbanner angehört. Ziegenbein arbeitete 1936 bei den Seesener Blechwarenwerken, als ihn die politische Polizei offensichtlich aufgrund einer Denunziation in Schutzhaft nahm. Ein Ermittlungsverfahren kam in Gang, bei dem ihn Arbeitskollegen und Nachbarn belasteten. Er meckere ständig, habe die kürzlich abgehaltene Reichstagswahl als Schwindel bezeichnet, höre regelmäßig ausländische Sender und überhaupt vertrete er noch immer die Theorien der KPD. Bemerkenswert waren die Aussagen von zwei Arbeitskollegen, die bis 1933 der KPD angehörten und Ziegenbein hetzerischer Reden beschuldigten. Ziegenbein leugnete alles. Der Staatsanwalt vermutete sogar hochverräterische Umtriebe, wandte sich an den Volksgerichtshof, doch dieser lehnte ein Verfahren ab. Am 24. Oktober 1936 verurteilten die Sonderrichter v. Griesbach, Lerche und Wrede Ziegenbein zu 8 Monaten Gefängnis.

---

[31] 42 B Neu 7 Nr. 1290.

Auch nach seiner Haftverbüßung wurde Ziegenbein offensichtlich aufmerksam beobachtet. Zu Beginn des Jahres 1939 wurde er angezeigt wegen seiner Äußerung: die Regierung werde in zwei Jahren die Karre in den Dreck fahren; der Führer werde fliehen, wie es Wilhelm II. auch gemacht habe. Wegen Verstoßes gegen das Heimtückegesetz verurteilten ihn die Sonderrichter Ehlers, v. Griesbach und Look zu 1 Jahr Gefängnis. Nach Haftende im März 1940 überstellte das Strafgefängnis Wolfenbüttel Ziegenbein an die Gestapo Braunschweig, die ihn in Schutzhaft nahm[32].

Politisch „vorbelastet" waren auch die fünf Arbeiter, die sich im Mai 1936 wegen eines Vergehens gegen § 4 der Reichstagsbrandverordnung vor dem Sondergericht verantworten mußten. Die Anklage warf ihnen vor, im Jahre 1934 im Besitz eines gedruckten Buches mit der Aufschrift „Braunbuch" gewesen zu sein, das inhaltlich dem „Braunbuch Dimitroff contra Göring" ähnlich sei; dieses Buch galt dem Gericht als „bolschewistisch-jüdische Hetzschrift allergefährlichsten Charakters". Die Sonderrichter Lachmund, v. Griesbach und Lerche verurteilten den Sattler Karl Dietze und den Arbeiter Heinrich Jacobs zu Gefängnisstrafen von je 10 Monaten, den Schlosser Heinrich Beckmann zu 1 Jahr und 3 Monaten, den Klempner Karl Scheide zu 8 Monaten und den Rentner Adolf Schultze zu 4 Monaten Gefängnis. Dietze und Beckmann gehörten vor 1933 der KPD an; beide waren Ende November 1934 vom hiesigen Oberlandesgericht wegen Hochverrats zu Haftstrafen verurteilt worden. Karl Scheide gehörte vor 1933 der SPD an; er wurde am 20. Juli 1944 im Zusammenhang mit der „Aktion Gewitter" erneut verhaftet, vom Sondergericht Braunscheig wegen Verbreitung von Nachrichten über den 20. Juli zu 1 Jahr Zuchthaus verurteilt und starb am 17. März 1945 im Zuchthaus Coswig[33].

Nachteilig wirkte sich die politische Tätigkeit vor 1933 auch für Karl Becker, ehemaliges Mitglied des Braunschweiger Metallarbeiterverbands aus. Das Sondergericht verurteilte ihn im Februar 1940 wegen eines Verstoßes gegen das Heimtückegesetz. Nach Verbüßung der einjährigen Gefängnishaft kam er in Gestapohaft, im Konzentrationslager Sachsenhausen ist er 1942 gestorben[34].

Wir werden auf den Entscheidungsspielraum der Richter in Heimtückeverfahren noch zu sprechen kommen. Übermäßiger Alkoholgenuß konnte die Strafe mildern oder gar zu einer Verfahrenseinstellung führen. Selten allerdings gewährten die Richter ehemaligen Anhängern der Arbeiterparteien solch strafmildernde Interpretation.

Chancenlos war ein zur Tatzeit gänzlich betrunkener Tiefbauarbeiter, der wegen der Äußerung angezeigt wurde: „Adolf Hitler ist genau so ein großer Strolch wie ich, und er lügt uns auch nur die Jacke voll". Übel beleumundet sei er – so die Urteilsbegründung – im Weltkrieg habe er sich zweimal von der Truppe entfernt, und Sozialdemokrat sei er vor 1933 auch noch gewesen: ein Jahr Gefängnis[35].

Ein Uhrmacher aus Braunschweig erhielt 1935 für die Bemerkung, der Reichstagsbrand sei ein Machwerk Görings, fünf Jahre Gefängnis. „Bei der Strafzumessung war besonders zu berücksichtigen, daß der Angeklagte als ein von Ort zu Ort ziehender Kommunist und Volksschädling zu betrachten ist"[36].

---

[32] 43 A Neu 4, Jg. 1938, Paket 10 Nr. 913.

[33] 43 A Neu 1 Nr. 208. Die Angaben zu Karl Scheide bei Bein, Widerstand, S. 171.

[34] Bein, Widerstand, S. 172.

[35] 42 B Neu 7 Nr. 371.

[36] 43 A Neu 4, Zg. 47/1984 Nr. 79.

Ähnlich hart wurde ein Arbeiter bestraft: „Früher sind sie nichts gewesen und heute sitzen sie in Hotels und fressen und saufen sich satt und nur wir armen Deubels haben trocken aufstoßen". Zwar sei dies eine nicht-öffentliche Äußerung, aber sie sei böswillig. Der Angeklagte sei als ehemaliger Kommunist ein ausgesprochener Staatsfeind: 1 Jahr 3 Monate[37].

Für 15 Monate mußte ein Schriftenmaler 1938 ins Gefängnis, weil er am Arbeitsplatz geäußert hatte, die Regierung bleibe nicht mehr lang am Ruder. Der Betriebsobmann hatte ihn angezeigt, einige Kollegen hatten ihn schwer belastet. Das „Gutachten" der örtlichen Parteileitung stufte ihn als unzuverlässig ein, wobei auf seine Mitgliedschaft in der KPD bis 1933 besonders hingewiesen wurde. Das Urteil sprach von einem „unbelehrbaren, verstockten und von kommunistischen Ideen eingenommenen Menschen". Strafverschärfend sei, daß der Angeklagte alle Wohltaten des Dritten Reiches abgelehnt habe. Im Betrieb habe er eine „zersetzende, staatsgegnerische Energie" gezeigt. Die Strafe solle ihn abhalten, „künftig derartige hetzerische Äußerungen auszustreuen. Gleichzeitig soll den beteiligten Volksgenossen Gewißheit verschafft werden, daß der Staat diese Äußerungen politischer Hetzer mit der nötigen Schärfe ahndet"[38].

Vor allem in politisch krisenhaften Situationen registrierten die Verfolgungsbehörden kritische Äußerungen ehemaliger Mitglieder der Arbeiterparteien.

Der Maschinenzeichner Skirde bemerkte im Betriebsbüro eines Braunschweiger Industriebetriebes am Tag des Einmarsches deutscher Truppen in Österreich: „Wo das Hirn nicht ausreicht, muß die rohe Waffengewalt aushelfen". Skirde war vor 1933 überzeugter Anhänger der SPD und hatte danach im Betrieb öfters Kritik am NS-System geäußert. Jetzt war das Maß voll. Der Leiter des Betriebsbüros und Betriebsobmann, der Ingenieur Waldmann, ging zur Gestapo und zeigte den Maschinenzeichner an. Das Sondergericht verurteilte diesen wegen Verstoßes gegen das Heimtückegesetz im August 1938 zu 2 Jahren Gefängnis. Ende 1939 erhielt er für den Rest seiner Strafe Bewährung. Bei seiner Entlassung nahm ihn die Gestapo in Schutzhaft; er kam ins KZ Sachsenhausen, wo er während des Krieges starb.

Gegen den Denunzianten erhob die Staatsanwaltschaft nach 1945 Anklage[39]; wir werden davon noch erzählen.

Zu weiteren Verhaftungen kam es im Herbst 1938 während der Krise um das Sudetenland.

Ein Bergmann aus Blankenburg erzählte einem befreundeten Ehepaar, die Regierung wolle das Volk nur in den Krieg hetzen. Arbeiter wären Kanonenfutter und die Herren da oben füllten sich die Taschen. Die Besetzung des Sudetenlandes sei nur ein Vorwand, um näher an Rußland heranzukommen. Im übrigen sei die Bonzenwirtschaft heute größer denn je; der „Führer ist nur eine Strohpuppe, das Kapital steckt dahinter". Als die Polizeibehörden ermittelten, daß der Angeklagte mit seiner Frau zu den eifrigsten Mitgliedern der örtlichen KPD gehörte, stand eine empfindliche Strafe fest: ein Jahr Gefängnis für diese Heimtückerede[40].

---

37 42 B Neu 7 Nr. 210.

38 42 B Neu 7 Nr. 81 und 523.

39 Von diesem Fall berichtet die Braunschweiger Zeitung am 28. 6. 1949 anläßlich des Prozesses gegen den Denunzianten W.

40 43 A Neu 4, Zg. 47/1984, Jg. 1938, Paket 11 Nr. 1089.

Anfang Oktober 1938 berichtete ein Maschinenschlosser aus Seesen, sein bisheriger Arbeitgeber in Leipzig habe den Betrieb aus Mangel an Rohstoffmaterialien schließen müssen. Überall krisele es. „Die Herren (die Regierung) seien nun fertig mit ihrem Wissen. Adolfchen sei jetzt ganz klein. In 14 Tagen bekommen weder Adolf Hitler noch die Herren noch ein Staatsbegräbnis". Im Streit um das Sudetengebiet werde die Lage für Deutschland kritisch. „Bald werden die russischen und tschechischen Kolonnen durch Deutschland marschieren. Die Leute aus Leipzig zögen aus Furcht schon um. Was die Zeitungen in Deutschland an Berichten über die politische Lage brächten, das sei falsch, das glaubten sie ja selbst nicht". Der Angeklagte stritt diese Äußerungen ab. Das Gericht hielt ihn für unglaubwürdig, schließlich sei er vor 1933 Funktionär der KPD gewesen und stehe offensichtlich auch heute noch ihren Ideen nahe: 15 Monate Gefängnis gaben ihm die Richter Ehlers, v. Griesbach und Look[41].

Besonders wachsam gegenüber Kritik ehemaliger politischer Gegner war die Gestapo in den ersten Wochen nach Kriegsausbruch. Auf einer Baustelle schimpfte der Arbeiter Otto Nachtigall aus Schöningen: Adolf Hitler nehme die Schnauze immer zu voll, sie müßte ihm mal gestopft werden. Ein Arbeitskollege entgegnete: N. würde es wohl am liebsten sehen, wenn wir den Krieg verlören. Dies bestätigte Nachtigall: „Ja, wir müßten mal mächtig den Arsch vollkriegen". Der Arbeitskollege zeigte Nachtigall umgehend an. In der Verhandlung stritt Nachtigall die Sätze ab. Doch das Gericht glaubte ihm nicht, verwies auf seine frühere Zugehörigkeit zur KPD, auf etliche Vorstrafen und auf die „vaterlandslose Gesinnung". 15 Monate mußte er ins Gefängnis; daß die Gestapo nach der Haftverbüßung Rücküberstellung beantragte, überrascht nicht[42]. Otto Nachtigall kam nach Mauthausen, wo er wenige Monate später „auf der Flucht" erschossen wurde[43].

Der 67jährige Hugo Oschmann aus Blankenburg stand 1941 vor dem Sondergericht. In der Stehbierhalle des Bahnhofshotels in Blankenburg, in der er als Buffetier arbeitete, hatte er spät abends gemeckert. Zunächst über die Lebensmittelverteilung im Krieg; sie sei ungerecht, die Reichen lebten in Saus und Braus, er selber bekomme nur ein kleines Stück Fleisch, und das nur auf Marken. Hitler habe versprochen, daß die Lebensmittelschiebung des Weltkrieges sich in diesem Krieg nicht wiederhole, aber es sei weit schlimmer als damals. „Ja, das müssen wir uns gefallen lassen, wir sind alle Ochsen, Ochsen, mit einem Horn nach unten und einem nach oben". Dabei fixierte er einen Gast, der das Parteiabzeichen trug. Es war Karl Lammers, einer der höchsten Beamten der Reichskanzlei, der sich, aus welchen Gründen auch immer, in Blankenburg aufhielt und mit einem Verwandten noch ein Glas Bier trank. Oschmann schimpfte weiter: „Es wird so oft gesagt, wir hätten Köpfe in Deutschland, aber diese Köpfe sind von oben bis unten lauter Gauner, Lumpen und Betrüger". Bei diesen Worten sprang er auf und schaute auf ein Bild Hitlers, das an der Wand hing. Er schimpfte dann erneut über die schlechte Versorgung, daß er keinen Heringssalat und keinen Schnaps mehr bekäme – eine typische Heimtückerede. Wer den Buffetier anzeigte, ist aus dem Urteil nicht ersichtlich. Es kam zur Verhaftung und zur Vernehmung; der Buffetier leugnete und betonte seine staatsbejahende Haltung. Doch die Richter konnte er nicht überzeugen, sie glaubten zu wissen, wen sie vor sich hatten. Oschmann leitete vor 1933 in Blankenburg die dortige kommu-

41 43 A Neu 4, Zg. 47/1984, Jg. 1938, Paket 7 Nr. 642.
42 43 A Neu 4, Zg. 47/1984, Jg. 1938, Paket 32 Nr. 2303.
43 Bein, Widerstand, S. 173.

nistische Parteiorgansiation. Auch nach der Machtübernahme war er für die KPD tätig, verteilte Flugblätter, die zum Umsturz aufriefen. Das Oberlandesgericht Braunschweig hatte ihn im Juli 1933 wegen Vorbereitung zum Hochverrat zu einer Gefängnisstrafe von 1 Jahr und 6 Monaten verurteilt. Nach seiner Entlassung war er politisch nicht weiter aufgefallen. Es verwundert nicht, daß die Richter den Urteilsspruch mit seiner politischen Vergangenheit begründeten. „Alles in allem stellen sich die Äußerungen als die typischen Hetzreden eines alten Kommunisten dar, mit denen die Einheitsfront des deutschen Volkes zersetzt und das Vertrauen zur politischen Führung untergraben werden soll... Es war eine Dreistigkeit sondergleichen vom Angeklagten, während des Krieges zu einer Zeit, als die Front alle Kräfte für Deutschland einsetzte und gewaltige Siege errang, in der Heimat in aller Öffentlichkeit derart freche Hetzreden zu führen, um das Volk unzufrieden zu machen". Nur sein hohes Alter sei strafmildernd gewesen. Die Richter Höse, Grotrian und Steinmeyer schickten Oschmann 15 Monate ins Gefängnis. Eine viel zu hohe Strafe, aber angesichts der scharfen Formulierungen in der Urteilsbegründung, vor allem angesichts des politischen Vorlebens des Angeklagten und im Vergleich zu anderen Urteilen, hätten wir ein höheres Strafmaß befürchtet[44].

Auch bei den Verfahren wegen Rundfunkvergehen mußten Angeklagte, die in früheren Jahren aktiv in der Arbeiterbewegung tätig waren, mit hohen Strafen rechnen. Wir werden später davon erzählen[45].

Wir haben an anderer Stelle darauf hingewisen, daß die Todesurteile des Braunschweiger Sondergerichts keinen Angehörigen der organisierten Arbeiterbewegung trafen. Bei dem folgenden Fall allerdings dürfte die Zugehörigkeit des Angeklagten zur KPD vor 1933 eine gewisse Rolle gespielt haben.

Ein Melker aus Hannover verbüßte wegen Diebstahls eine Gefängnisstrafe in Wolfenbüttel. Bis dahin war sein Leben wenig erfolgreich verlaufen. Ein zerrüttetes Familienleben, schlechter Einfluß der Mutter, Fürsorgeerziehung hatten seine Kindheit und Jugend geprägt. In den Jahren 1930 bis 1933 war er aktiver Kommunist. In dieser Zeit heiratete er, ein Kind kam, dann ging die Ehe auseinander. In den folgenden Jahren verübte er mehrere kleinere Diebstähle. Wegen Rückfalldiebstahls erhielt er 1937 sechs Monate Gefängnis. Zwischen 1938 und 1942 stabilisierten sich offensichtlich seine Lebensverhältnisse, er heiratete ein zweites Mal. Im Herbst 1942 wurde er wieder rückfällig; er stahl 12 Zentner Hafer, 50 Pfund Gerste und verfütterte das Getreide. 18 Monate Gefängnis erhielt er dafür. Das Gefängnis Wolfenbüttel schickte ihn ins Kalkwerk nach Oker zum Arbeitseinsatz. Zunächst ist er sehr fleißig, dann läßt der Arbeitseifer nach. Er versucht, sich selbst zu verstümmeln. Schließlich streut er Eisenstücke in die Lore, mischt sie unter die Kalkstücke. Dadurch kommen die Maschinen zum Stillstand, Reparaturkosten entstehen. Das Sondergericht sieht beim Angeklagten einen „unwiderstehlichen Hang zu krimineller Betätigung". Seine bisherigen Straftaten seien zwar allesamt eher harmlos, er habe bisher auch keine Zuchthausstrafe erhalten, doch dies verdanke der Angeklagte lediglich dem Umstand, daß er zu schwereren Delikten bisher keine Gelegenheit hatte. Eine aberwitzige Argumentation. Als Gewohnheitsverbrecher verurteilen die Sonderrichter Lerche, Ahrens und Grimpe den Melker zum Tode[46].

---

44 43 A Neu 4, Zg. 47/1984, Jg. 1941, Paket 2 Nr. 52.

45 Vgl. S. 142 ff.

46 42 B Neu 7 Nr. 1578.

4.2 Die bürgerlichen Gegner

In den ersten Monaten der NS-Herrschaft mußten sich nicht nur Mitglieder der Arbeiterparteien wegen eines Verstoßes gegen die Reichstagsbrandverordnung vor dem Sondergericht verantworten. Im Frühjahr 1933 führte die Staatsanwaltschaft beim Sondergericht Braunschweig ein spektakuläres Verfahren gegen Mitglieder des Braunschweiger Stahlhelms durch. Den Hintergrund bildete der weit über Braunschweig hinaus Aufmerksamkeit erregende Stahlhelm-Konflikt[47]:

Seit Anfang März waren SA und SS mit brutaler Gewalt gegen Mitglieder der Arbeiterorganisationen vorgegangen. Um weiteren Verfolgungen zu entgehen, beschlossen zahlreiche Angehörige des Reichsbanners, das seit dem 9. 3. verboten war, in den Stahlhelm einzutreten. Er galt ihnen im Vergleich zu den NS-Organisationen als das kleinere Übel. Die Stahlhelmführung stimmte einer Einzelaufnahme zu; sie sollte am 27. 3. im Gebäude der Allgemeinen Ortskrankenkasse erfolgen. Zweifellos versprach sich ein Teil der Führung durch die neuen Mitglieder eine zahlenmäßige Verstärkung, um ein stärkeres Gegengewicht zu den nationalsozialistischen Formationen zu bilden. Innerhalb des Braunschweiger Stahlhelms rivalisierten nämlich zwei Richtungen: die eine wollte eine enge Zusammenarbeit mit den Nationalsozialisten, die andere versuchte, die Eigenständigkeit des Verbandes zu bewahren. Ihr Wortführer war der Landesführer des braunschweigischen Stahlhelms, Werner Schrader aus Wolfenbüttel. In einem Brief an den 2. Bundesführer Theodor Duesterberg – das Schreiben spielte in den staatsanwaltschaftlichen Ermittlungen eine große Rolle – forderte er eine entschiedenere Haltung gegenüber den Nationalsozialisten. Von ihnen dürfe man sich nicht überrumpeln lassen; allerdings hätten die Nationalsozialisten bereits alle entscheidenden Stellen besetzt. „Der pöbeligste nationalsozialistische Landtagsabgeordnete erreicht praktisch hundertmal etwas leichter als der noch so stramm auftretende Landesführer“. Die deutschnationalen Landtagsabgeordneten seien „völlig unbrauchbar“; der deutschnationale Braunschweiger Minister Küchenthal sei „nichts als Verwaltungsbeamter“, von Politik habe er keine Ahnung. Er, Schrader, habe Küchenthal die Unterstützung des Stahlhelms zugesichert, wenn er mit berechtigten Forderungen bei Klagges nicht durchkomme: „ich würde dann mit 1000 gut uniformierten Stahlhelmern vor dem Ministerium, oder wo er es sonst für notwendig halte, aufmarschieren, um einen Druck auf die Nationalsozialisten auszuüben und zu verhindern, daß die schwarz-weiß-rote Kampffront von den Nationalsozialisten überrannt wird... Der NSDAP gegenüber hilft nur äußerste Frechheit“[48].

Solche Tendenzen im Braunschweiger Stahlhelm blieben der örtlichen NS-Führung nicht unbekannt. Als dann am 27. 3. mehrere hundert Sozialdemokraten und Kommunisten in der AOK die Aufnahme in den Stahlhelm beantragten, schrillten bei den Braunschweiger Nationalsozialisten die Alarmglocken. Jetzt sahen Klagges und Alpers eine Möglichkeit, gegen den Stahlhelm vorzugehen.

---

[47] Vgl. hierzu Ernst August Roloff, Bürgertum und Nationalsozialismus 1930–1933. Braunschweigs Weg ins Dritte Reich, Braunschweig 1961.

[48] Der Brief Schraders befindet sich in den Ermittlungsakten, 42 B Neu 7 Nr. 8; Vgl. auch Roloff, Bürgertum, S. 148.

Mit der Begründung einer drohenden Putschgefahr umstellte Polizei das AOK-Gebäude; SS- und SA-Trupps gingen brutal gegen die versammelten Reichsbannerleute vor, prügelten aber auch auf Stahlhelmer ein und verhafteten neben vielen Arbeitern auch die anwesenden Stahlhelmführer. Klagges löste den Braunschweiger Stahlhelm auf und ordnete die Entwaffnung der gesamten Stahlhelmhilfspolizei im Land Braunschweig an.

Die Vorgänge in Braunschweig erregten erhebliches Aufsehen, auch in Berlin. Der erste Bundesführer des Stahlhelms, Franz Seldte, im Kabinett Hitler Reichsarbeitsminister, flog nach Braunschweig, um sich vor Ort mit den hiesigen Vorgängen zu befassen. Nach Verhandlungen mit Klagges wurde das Stahlhelmverbot aufgehoben, allerdings erkannte die Reichsregierung die vom braunschweigischen Innenminister ergriffenen Maßnahmen als berechtigt an[49].

Gegen Schrader, drei weitere Stahlhelmführer und acht Reichsbannerleute leitete die Staatsanwaltschaft beim Sondergericht ein Verfahren ein[50]. Ihnen wurde vorgeworfen, „den von den obersten Landesbehörden zur Durchführung der Verordnung vom 28. 2. 1933 erlassenen Anordnungen zuwider gehandelt, durch diese Zuwiderhandlung auch eine gemeine Gefahr für Menschenleben herbeigeführt zu haben, indem sie versuchten, Organisationen des Reichsbanners oder der Eisernen Front innerhalb des Landes Braunschweig wieder zu errichten bzw. dazu aufzufordern oder anzureizen (Schrader) und Mitgliederversammlungen der KPD oder SPD abzuhalten“[51]. Es kam jedoch zu keinen Vernehmungen, die Beschuldigten wußten offensichtlich nichts von den gegen sie laufenden Ermittlungen. Der zuständige Staatsanwalt ging in seinem Bericht an den Oberreichsanwalt in Berlin davon aus, die Beschuldigten hätten beabsichtigt, den nationalsozialistischen Minister Klagges gewaltsam zu beseitigen und durch Schrader zu ersetzen. Doch der Oberreichsanwalt sah eine durch ihn zu verfolgende strafbare Handlung nicht gegeben und verwies die Angelegenheit zurück nach Braunschweig[52]. Hier gingen die Ermittlungen weiter, bis der Staatsanwalt schließlich am 12. 6. die Anklageschrift verfaßte. Doch am 20. 6. wurde das Verfahren eingestellt und zwar aufgrund eines Gesetzes vom 12. 6.: „Zu dem Zwecke, die Herstellung der Volksgemeinschaft weiter zu fördern, wird Straffreiheit gewährt hinsichtlich solcher Straftaten, die anläßlich der Vorgänge in der Ortskrankenkasse Braunschweig vom 27. 3. 1933 begangen sind“[53].

Zweifellos wollte die Braunschweiger NS-Führung um Klagges und Alpers den Stahlhelm-Konflikt ohne größeres Aufsehen beenden. Unterstützung erhielt sie dabei vom Vorsitzenden des Sondergerichts, Lachmund, dem die Verurteilung der beschuldigten Stahlhelmführer nicht angebracht erschien. In einer Aussage im Klaggesprozeß erklärte er nach 1945:

---

[49] Vgl. hierzu das Urteil gegen Klagges, 62 Nds 2 Nr. 795, S. 72.

[50] 42 B Neu 7 Nr. 6–9.

[51] Anklageschrift vom 12. 6. 1933.

[52] Schreiben des Staatsanwalts an den Oberreichsanwalt vom 6. 4. 1933. Oberreichsanwalt an Oberstaatsanwalt vom 10. 5. 1933, 42 B Neu 7 Nr. 8.

[53] Gesetz-und Verordnungsblatt Nr. 70, S. 108. Von der Straffreiheit ausgenommen waren politische Straftaten, die aus einer Gesinnung heraus begangen wurden, „die die Volksgemeinschaft durch klassenkämpferische oder internationale Bestrebungen“ gefährdeten, die sich gegen den nationalen Staat oder die Regierung der nationalen Erhebung richteten oder Taten, die „nicht im Kampf für die nationale Erhebung des deutschen Volkes, zu ihrer Vorbereitung und Sicherung oder im Kampf für die deutsche Scholle begangen“ wurden.

„Ich hielt es nicht für zweckmäßig, daß diese Sachen abgeurteilt wurden, weil dadurch der bestehende Riß zwischen der Partei und anderen Volksgenossen durch die zu erwartenden hohen Zuchthausstrafen noch stärker in Erscheinung getreten, ja unheilvoll werden würde, die Absicht, eine Volksgemeinschaft herbeizuführen, damit also illusorisch werden würde. Deshalb wandte ich mich an den Minister Alpers, um zu erreichen, daß durch eine Amnestie die ganzen Vorgänge aus der Luft geschafft würden". Ob er sogar den Gesetzestext verfaßt habe, daran vermochte er sich nicht mehr zu erinnern[54].

Einige Heimtücke-Verfahren in den folgenden Jahren geben aufschlußreiche Einblicke in das Verhältnis zwischen Nationalsozialisten und den „alten Kräften"; eine Beziehung, die in Braunschweig seit dem Stahlhelmkonflikt im Frühjahr 1933 alles andere als spannungsfrei war. Immer wieder finden wir in den Ermittlungsprotokollen den Hinweis „Stahlhelmer". Meistens hatten Bauern, Handwerksmeister, Kaufleute, Gastwirte auf Hitler und andere Parteigrößen geschimpft, oder sie hatten über die Verhältnisse gemeckert. Häufig wurden sie vom Ortsgruppenleiter angezeigt, wobei nicht selten alte Rechnungen aus den Jahren vor 1933 beglichen wurden. In vielen Fällen wurde das Verfahren eingestellt, wobei ein gewisses Wohlwollen des Gerichts nicht zu übersehen war. Sei es, daß die Richter das hohe Alter der Beschuldigten berücksichtigen, sei es daß sie Alkoholgenuß als entlastend akzeptierten oder die Heimtückerede als nicht in der Öffentlichkeit gehalten und damit nicht als verfolgungswert ansahen. Oft lehnte auch der Reichsjustizminster eine Strafverfolgung ab. Auffällig ist, daß die Braunschweiger Staatsanwaltschaft ein wesentlich rigoroseres Vorgehen gegen die „alten Kräfte" befürwortete.

Ein Wachtmeister zeigte folgenden Vorgang an: seine Braut sei im Haushalt eines Braunschweiger Bankdirektors beschäftigt. Dessen Frau – so hatte die Haushälterin ihrem Verlobten berichtet – erwidere den deutschen Gruß nicht, es hänge kein Führerbild in der Wohnung und nie werde geflaggt, und nun habe sie auch noch behauptet, Deutschland hetze zum Krieg. Prompt liefen die Ermittlungen an, sie führten aber zu keinem Ergebnis; der Reichsjustizminister ordnete keine Strafverfolgung an. Sowohl der Oberstaatsanwalt als auch der Generalstaatsanwalt sahen in ihren Stellungnahmen an das Justizministerium den Fall ganz anders: „Die Beschuldigte ist den Kreisen zuzuzählen, die nach außen hin ihrer wirtschaftlichen Vorteile halber sehr wohl das Gesicht zu wahren verstehen, die aber innerlich den Nationalsozialismus und den nationalsozialistischen Staat ablehnen und ihn da, wo sie es für ungefährlich halten, sogar bekämpfen"[55].

In der Sudetenkrise des Herbstes 1938 wurde eine adelige Witwe aus Blankenburg denunziert. Sie hatte erzählt, die Deutschen seien verhetzt; Hitler wolle nicht den Menschen im Sudetenland helfen, sondern nur das Land haben, in Deutschland säßen die Unruhestifter. Der Oberstaatsanwalt berichtete ans Ministerium: „Sie gehört offenbar jenen in Blankenburg noch stark vertretenen Kreisen früherer Deutschnationaler an, die der neuen Zeit kein Verständnis entgegenbringen". Da sie nicht vorbestraft sei und wegen ihres hohen Alters – „die ‚alten Exzellenzen' kann man nicht mehr ernst nehmen" – plädierte er für Einstellung des Verfahrens. Der Generalstaatsanwalt stimmte mit größten Bedenken zu, formulierte aber noch schärfer: „Sie ist in ihrer reaktionären Haltung so stur, daß sie den größten Erfolg für ihr Vaterland ablehnt, weil er vom Führer, von der

54 62 Nds 2 Nr. 782.
55 42 B Neu 7 Nr. 481.

nationalsozialistischen Bewegung erzielt wird und nicht von einer Regierung, die sie in ihrer rückständigen politischen Auffassung sich und dem deutschen Volk wünscht“[56].

Manchmal liefern die Ermittlungsakten ein Streiflicht über Sozialverhältnisse, die sonst quellenmäßig nur schwer zu erfassen sind. Gegen einen ehemaligen „Stahlhelmer“, Bauer und Brennmeister im Dorf Uthmöden, ermittelte die Staatsanwaltschaft wegen einer Heimtückerede. Der örtliche Blockleiter der NSDAP wurde als Zeuge verhört. Er wollte aber nicht aussagen: er sei Sattler, und die Großbauern, die alle nicht in der Partei seien, würden ihm keine Aufträge mehr erteilen[57].

Ende März 1936 zeigte der Kreisleiter der NSDAP Braunschweig-Land den 65jährigen Bauern Otto Burgdorf aus Bortfeld an. Er hetze gegen die Regierung. Die Polizei verhörte die Dorfbewohner, wobei die örtlichen NS-Funktionsträger den Bauern belasteten: kürzlich hätten sich die Dorfbewohner im Schulhof versammelt, um gemeinschaftlich eine Rundfunkansprache Hitlers anzuhören; demonstrativ sei Burgdorf mit einer Fuhre Mist am Schulhof vorbeigefahren und habe frech gegrinst. Die Parteifahne zeige der Bauer grundsätzlich nicht und beim Hoch auf den ‚Führer‘ bleibe er sitzen. Er sei ehemaliger Deutschnationaler und gegen das Erbhofgesetz eingestellt. Ein Landarbeiter, Mitglied der SA, beschuldigte den Bauern, er habe auf eine SA-Kolonne, die Wahlplakate an seine Gartenmauer kleben wollte, seine Hunde gehetzt und anschließend die Plakate abgerissen. Der Bauer wurde wenig später aufgrund eines Haftbefehls des Amtsgerichts Braunschweig festgenommen. Die Ermittlungen kamen aber im Sinne der Ermittlungsbehörden nicht voran. Verbittert notierte der ermittelnde Polizeibeamte: „Ich habe hierbei so recht wieder erkennen müssen, daß innerhalb einer Dorfgemeinschaft jeder ängstlich bemüht ist, vor Organen des Staates nichts über seine lieben Nachbarn zu sagen, da er befürchtet, daß die übrigen Dorfeinwohner ihn daraufhin kalt stellen“. Gegen die Verhaftung legte Rechtsanwalt Benze Haftbeschwerde ein: Burgdorf sei schwerhörig und habe des nachts die Klebekolonne nicht erkannt, sich von den jungen Leuten, die ihn mit Steinen bewarfen, bedroht gefühlt und deshalb die Hunde losgebunden. Die Wahlplakate habe er abgerissen, weil er vor kurzem seinen Zaun neu gestrichen habe. Im übrigen hätten ihm die jungen Leute schon häufig einen Streich gespielt. Regierungsfeindliche Beweggründe seien keinesfalls im Spiel.

Wir sehen das auch so; doch als eine Form von Aufbegehren, von partiellem Protest und Widersetzlichkeit möchten wir das Verhalten des Bauern schon bezeichnen.

Obwohl die Belastungszeugen alle bei ihren Aussagen blieben, stellte der Vorsitzende des Sondergerichts, Lachmund, das Verfahren wegen des Straffreiheitsgesetzes ein, da die Strafe nicht höher ausfallen würde als dort vorgesehen. Staatsanwalt Seelemeyer sprach sich übrigens gegen die Einstellung des Verfahrens aus[58].

Wir beobachten beim Vorsitzenden des Sondergerichts, Lachmund, öfter ein nachsichtiges Verhalten gegenüber Beschuldigten aus gutbürgerlichen Kreisen.

Am 29. 3. 1936 fanden in Deutschland Wahlen zum Reichstag statt. Hitler machte sie zu einem Plebiszit für seinen Rheinland-Coup, die vertragswidrige Besetzung der entmilitarisierten Zone des Rheinlands. Eine hohe Wahlbeteiligung war deshalb erwünscht.

---

[56] 42 B Neu 7 Nr. 506.
[57] 42 B Neu 7 Nr. 430.
[58] 42 B Neu 7 Nr. 115.

In Blankenburg zogen am Wahlsonntag SA-Trupps durch die Straßen von Haus zu Haus, um zur Wahl aufzufordern. Sie kamen auch zu dem pensionierten Major v. Bonin. Er weigerte sich, zur Wahl zu gehen und beschimpfte die SA-Leute: es gehe bei den Wahlen doch nur um Diäten. Schließlich verjagte er den Trupp von seinem Grundstück. Passanten liefen zusammen, Empörung machte sich breit: „Ja, das hätte einmal ein Arbeiter sein sollen". Der Major wurde in Schutzhaft genommen und erwies sich zunächst als wenig einsichtig. In einem Brief an den Vorsitzenden des Sondergerichts protestierte er gegen den Vorwurf, er habe „heimtückisch" gehandelt; ganz im Gegenteil, er habe sich offen geäußert und als Gegner des Parlamentarismus eine Wahlbeteiligung abgelehnt. Da machte jemand mit seinem naiven Wortverständnis die ganze Absurdität des Heimtückebegriffs deutlich. Erst als ihm sein Rechtsanwalt erläuterte, daß der „Führer den Reichstag nicht als Parlament, sondern nur zur Abgabe von Erklärungen benötigt" – treffender konnte man den Umgang der Nationalsozialisten mit den Verfassungsinstitutionen gar nicht beschreiben – zeigte der Major erste Anzeichen des Bedauerns. Lachmund, dem das Schicksal des Majors offensichtlich sehr am Herzen lag, schickte ihm einen handgeschriebenen Brief ins Untersuchungsgefängnis, warb um Verständnis für die SA-Leute und die Ermittlungsbehörden, appellierte an das soldatische Pflichtgefühl des Majors und bat ihn um eine Erklärung, „daß er sich voll und ganz für den Führer und sein Volk einsetzen wolle". Der Major gab diese Erklärung ab. Sie ist völlig identisch mit der von Lachmund vorgeschlagenen Formulierung – kein Wort mehr, kein Wort weniger. Man spürt buchstäblich den Widerwillen des Majors beim Niederschreiben der zwei Zeilen. Bezeichnenderweise akzeptierte die Staatsanwaltschaft diese Erklärung nicht. Doch das Sondergericht setzte sich über ihre Bedenken hinweg und stellte das Verfahren aufgrund des Straffreiheitsgesetzes vom 23. 4. 1936 ein. In der Begründung bezog sich das Gericht ausdrücklich auf die Erklärung des Majors: „Solche Erklärungen sind an sich mit großer Vorsicht aufzunehmen. Vorliegendenfalls handelt es sich indessen um die Zusage eines Offiziers, aus dessen Briefwechsel zudem der sichere Schluß gezogen werden kann, daß er mit derselben Standhaftigkeit, mit der er sich bisher dem Neuen gegenüber verhalten hat, nunmehr zu seiner Erklärung stehen wird". Im übrigen: „Aufgabe des Gerichts ist es nicht nur, durch drakonische Strafen zu sühnen, sondern auch jede Gelegenheit, wo es gilt, einen abseits Stehenden zu gewinnen, durch geeignete und Erfolg versprechende Maßnahmen auszunutzen"[59].

Solch nachsichtiges Verhalten konnten wir bei Verfahren gegen „abseits stehende" Sozialdemokraten oder Kommunisten nicht beobachten.

Zwischen alle Stühle schien sich das Sondergericht in folgendem Verfahren zu setzen. Im Frühjahr 1936 veranstaltete das Pionierbataillon in Holzminden einen Offiziersball. Während des Festes erschien ein Losverkäufer von der SA, um für das Winterhilfswerk zu sammeln. Ein Offizier verbot das Sammeln und wies den SA-Mann aus dem Saal. Dieser geriet in Wut: „Wir von der SA haben dafür gesorgt, daß diese Herren in ihren Stellungen sitzen und dicke Moneten kriegen... Na, wir kennen das Gesindel, die ganze Clique, das Offizierskorps". Daraufhin zeigte der Kommandeur des Bataillons den SA-Mann an. Es kam zu einem Verfahren vor dem Sondergericht, u. a. deshalb, weil man eine Anklage vor dem örtlichen Amtsgericht vermeiden wollte. Offensichtlich war dem Vorsitzenden des Sondergerichts, Lachmund, die Brisanz des Falles bewußt, denn er

[59] 42 B Neu 7 Nr. 113.

wandte sich nach der Klageeinreichung in einem Schreiben an den Standortältesten. Lachmund schlug eine Beilegung des Konflikts ohne Gerichtsverfahren vor. Trotz der gravierenden Äußerungen des SA-Mannes dürfe nicht übersehen werden, daß der Losverkäufer des Saales verwiesen wurde. „Es bleibt der Eindruck von Standesdünkel...Das Ansehen des Offizierskorps wird schließlich doch weniger dadurch berührt, daß ein infolge Trunkenheit hemmungsloser Mann sich übler Schimpfworte gegen dasselbe bedient, als dadurch, daß ein Gericht Dinge erörtern muß, die in der Masse des Volkes nun einmal den Eindruck erwecken müssen, als habe man sich von alten Anschauungen noch nicht ausreichend frei gemacht". Der Standortälteste wies das Schreiben Lachmunds, „dessen Gedankengang mir unverständlich ist und das mich sehr befremdet hat", entschieden zurück. Einige Wochen später stellte der Staatsanwalt aufgrund des Straffreiheitsgesetzes vom 23. 4. 1936 das Verfahren ein, da sich der SA-Mann zu den Äußerungen „durch Übereifer im Kampf für den nationalsozialistischen Gedanken" habe hinreißen lassen. Gegen diesen Beschluß erhob der Kommandeur Einspruch, da er die Begründung nicht anerkennen könne. Drei Monate später wurde schließlich das Verfahren endgültig eingestellt[60].

Ausdrücklich wies der OLG-Präsident in seinem Lagebericht an den Reichsjustizminister auf diesen Fall hin: „Es ist aber nicht zu verkennen, daß das Auftreten insbesondere des Offizierskorps, seine gesellschaftliche Exklusivität, die oft als Überheblichkeit ausgelegt wird, nicht selten Mißstimmung erregt"[61].

4.3 Evangelische Pfarrer und kirchliche Mitarbeiterinnen vor dem Sondergericht

Es fällt auf, daß vor dem Braunschweiger Sondergericht kaum Lehrer, Juristen und Ärzte angeklagt wurden, aber zahlreiche Personen aus dem kirchlichen Bereich in Ermittlungsverfahren verstrickt waren, von der Gestapo in Untersuchungshaft verbracht und einige vor dem Sondergericht angeklagt wurden. Das war für die kirchliche Mitarbeiterschaft erstaunlich, weil Hitler in seiner Regierungserklärung vom März 1933 mehrfach den Einbau der Kirchen in seine Regierungspolitik angekündigt hatte. Die Kooperation zwischen katholischer Kirche und Staat hatte in Italien 1929 im Lateranvertrag einen Höhepunkt gefunden, in Deutschland mit dem Konkordat im Sommer 1933 einen verheißungsvollen Anfang genommen, die „Deutschen Christen" bemühten sich besonders intensiv um ein enges Verhältnis zur neuen Regierung, und nach Abklingen der Euphorie der ersten Stunde waren Regierung und evangelische Landeskirchen um ein geordnetes, gütliches Nebeneinander bemüht. Der viel zitierte Kirchenkampf galt nicht der Regierung Hitler, sondern war eine innerprotestantische Auseinandersetzung um die bekenntnismäßige Gestaltung einer Reichskirche. Der Hitlerstaat wurde als eine „von Gott verordnete Obrigkeit" verstanden, und die Regierung Hitler verstand sich im Gegensatz zur bolschewistischen Diktatur Stalins ausgesprochen als „christliche" Regierung.

Weil beide Seiten im Jahre 1933 ein eher freundschaftliches Verhältnis miteinander pflegten, wurde auch von beiden Seiten rasch eingeschritten, wo dieses Verhältnis hätte

---

60 42 B Neu 7 Nr. 176.
61 Lagebericht vom 6. 5. 1936, BA, R 22/3357.

gestört werden können. Pfarrer Adolf Keck hatte sich bei einer Predigt am Heldengedenktag im März 1933 dem üblichen chauvinistischen Pathos entzogen und auf die Niederlage des Ersten Weltkrieges als einem Gericht Gottes verwiesen. Er wurde durch ein tumultuarisches Einschreiten der Hilfspolizei verhaftet. Er war Mitglied der linksliberalen DDP und gehörte zu den Opfern der grausamen Verfolgung der politischen Linken im Frühjahr 1933 im Braunschweiger Land. Sie galt jedoch nicht der Kirche, sondern dem Pazifisten Keck. Auf Anraten des Landesbischofs, der Keck im Gefängnis besuchte, ließ sich der 65jährige Keck aus Altersgründen pensionieren und entzog sich so einem Verfahren. Er verzog nach Hamburg[62].

Um den Status der Hitlerregierung als einer „christlichen Obrigkeit" ging es zwei Jahre später in der Stadt Braunschweig bei einem aufsehenerregenden Schnellverfahren gegen den gerade frisch eingeführten 34jährigen Propst der Stadt, Pfarrer Hans Leistikow. Leistikow hatte während eines Gespräches mit dem Justizminister Alpers Anfang Juni beiläufig geäußert, in der im Braunschweiger Schloß seit 1934 eingerichteteten SS-Führerschule würde für den Kirchenaustritt geworben. Die Gestapo verhaftete Leistikow überraschend am 22. Juli 1935 an seinem Urlaubsort Zinnowitz, und bereits zwei Tage später stand der Propst vor dem Braunschweiger Amtsgericht. Oberstaatsanwalt Rasche forderte vier Jahre Gefängnis nach § 187 des StGB, denn die Beweisaufnahme hätte mit absoluter Gewißheit und Deutlichkeit ergeben, daß seitens der Vorgesetzten in keiner Weise irgendein Einfluß auf die Angehörigen der SS-Führerschule dahin ausgeübt worden sei, sie sollten aus der Kirche austreten. „Es hat sich vielmehr das Gegenteil ergeben". Es traten zackige Zeugen auf, z. B. der aus der Kirche ausgetretene Pastorensohn und SS-Vorgesetzte Thörne, der vor Gericht aussagte, wer aus materiellen Gründen aus der Kirche austrete, sei ein Schweinehund und schlage allem SS-Geist ins Gesicht. Das Gericht stellte zwar fest, daß sich Leistikow objektiv einer schweren Ehrenkränkung der Führerschule schuldig gemacht habe, folgte aber nicht der Anklage, sondern nahm statt Verleumdung nur üble Nachrede an und sprach Leistikow frei, da er in Wahrnehmung berechtigter Interessen zu handeln geglaubt habe. Amtsgerichtsrat Dr. Meyer-Degering versah das Urteil, vermutlich aus Rücksicht auf das Verlangen des Oberstaatsanwaltes und der Gestapo, mit einer kräftigen Kritik an der gegenwärtigen Lage der Kirche. „Die evangelisch-lutherische Kirche zerfleischt sich gegenwärtig in unfruchtbarem Kirchenstreit. Es mag auch sein, daß nicht alle verantwortlichen Träger der staatlich anerkannten Kirchen sich dessen bewußt sind, daß die Kirche dem Staat nicht koordiniert, sondern subordiniert ist. Sache des Staates ist es, die Kirchen, soweit sie sich als ecclesia militans gegen den Staat aufbäumen, in ihre Schranken zurückzuweisen. Ein politischer Einfluß der Kirchen darf nicht geduldet werden". Leistikow wurde bescheinigt, daß er sich mit seiner Äußerung nicht gegen den nationalsozialistischen Staat habe auflehnen wollen. Dieser Gesichtspunkt habe deshalb bei der Urteilsfindung „vollkommen auszuscheiden". Die Staatsanwaltschaft sah das anders, legte Berufung ein. Der Propst von Braunschweig ließ sich für die zweite Jahreshälfte auf Anraten der Kirchenleitung beurlauben und verschwand für einige Monate aus dem Stadtgebiet[63]. Die „Blitzartigkeit" der Verhaftung

62 Landeskirchliches Archiv Braunschweig (LAB), Personalakte Keck.

63 LAB, Personalakte Leistikow; Ottmar Palmer, „Material zur Geschichte des Kirchenkampfes in der Braunschweigischen Landeskirche" hektografiertes Exemplar o. J. S. 105.

und der Prozeßdurchführung innerhalb von drei Tagen hatte durchaus Ähnlichkeit mit einem Sondergerichtsverfahren. Erst im März 1936 wurde der Freispruch bestätigt.

Im Jahr 1935 wurden die Pfarrer Schmieder aus Braunschweig-Lehndorf wegen Verächtlichmachung der Staatsorgane vom Amtsgericht Vechelde zu 300.– RM[64] und Pfarrer Wandersleb aus Langelsheim wegen übler Nachrede in einer Predigt – er hatte den Wotanskult angegriffen – zu 200.- RM vom Amtsgericht Lutter verurteilt[65].

An das Sondergericht verwies der Oberstaatsanwalt das Verfahren gegen den 37jährigen Pfarrer Georg Althaus aus Timmerlah. Althaus hatte in seinem Konfirmandenunterricht den Broitzemer Konfirmanden den Hitlergruß untersagt und am Ende des Unterrichts für die Juden gebetet. Es lief gerade eine mit vielen Schildern und Plakaten versehene, antisemitische Kampagne in Dorf und Stadt. Die Jungens unter den Konfirmanden machten sich natürlich einen Spaß, extra zackig mit „Heil Hitler" zu grüßen und verließen den Unterricht, als Althaus in der nächsten Stunde wieder für die Juden betete. Die Eltern erfuhren von dem Vorfall und zeigten den Ortspfarrer an. Im Oktober 1935 wurde Althaus verhaftet und am 6. Februar 1936 vor dem Braunschweiger Sondergericht von Oberstaatsanwalt Rasche wegen Vergehens gegen das Heimtückegesetz angeklagt. Landgerichtspräsident Lachmund, v. Griesbach und Wrede verurteilten Althaus zu sechs Monaten Gefängnis. Die Äußerung von Althaus sei hetzerisch, er habe die Kinder durch sein Gebet zu Ablehnung und Auflehnung gegen die Maßnahmen zur Bekämpfung des Judentums bringen wollen. So aber würden die deutschen Volksgenossen allmählich aus der Kirche herausgebetet. „Zum anderen ist es eine Dreistigkeit ohnegleichen, daß ein deutscher Geistlicher, wenn Partei und Staat und Volk von ihrem Notwehrrecht Gebrauch machen, die Rassefremden lediglich in ihre Schranken zurückzuweisen, und wenn zu diesem Zweck die Volksgenossen entsprechend aufgeklärt werden, in einem Gebet das Judenvolk als gehetzt und schutzbedürftig hinstellt und die ihm anvertraute Jugend auffordert, in das Geschrei gegen die Juden nicht mit einzustimmen. Der Angeklagte soll sich nicht dabei auf seine angebliche Pflicht als Geistlicher berufen. Seine Pflicht wäre es gewesen, für eine Besserung der Juden zu beten!" Lachmund verfiel hörbar in einen anmaßenden, auf Öffentlichkeitswirksamkeit rechnenden Parteiton, der mit der Begründung eines Urteils nur noch wenig zu tun hatte. Es waren Töne, die man später am Volksgerichtshof unter Freisler kennenlernen sollte. Die Strafhöhe, von der Lachmund sagte, sie hätte im Blick nur auf den Beklagten auch die Dauer der bereits verbüßten Untersuchungshaft betragen können, zielte auf einen drastischen Abschreckungseffekt gegenüber der Pfarrerschaft. Denn „das Volk hat kein Verständnis dafür, daß ein Teil der Geistlichen es für wichtiger hält, seine Kraft in unfruchtbarem, unchristlichem Hader um umstrittene Dogmen zu verzetteln, anstatt zu bedenken, daß auch der Führer des deutschen Volkes einer jener Großen ist, die Gott mit großen Aufgaben für sein Volk und die ganze Welt beauftragt hat, sodaß es die Aufgabe der Kirche wäre, dem durch ihn in die Erscheinung tretenden Willen Gottes nicht entgegenzutreten, sondern ihn zu fördern". Lachmund benutzte das Sondergericht, um die Pfarrer der Braunschweiger Landeskirche im Jargon der „Deutschen Christen" zu belehren und zu warnen[66].

---

64 LAB, Personalakte Schmieder.

65 Ottmar Palmer, Material, S. 103.

66 LAB, Personalakte Althaus; Palmer, Material, S. 101; Kuessner/Saul, Materialsammlung zur Ausstellung ‚Die ev.-luth. Landeskirche in Braunschweig und der Nationalsozialismus', Braunschweig 1982, S. 176 ff.

In Zukunft galt es aus der Sicht der Partei, intensiver den Volkskörper von weiteren, nunmehr unbequemen, religiösen Einflüssen zu reinigen. Dazu bildeten auch geringfügige Anlässe vor Ort einen ausreichenden Anlaß. Weil sie nicht die Hakenkreuzfahne zu einem der zahlreichen neuen staatlichen Anlässe an Kirche oder Pfarrhaus als öffentliche Gebäude gehisst hatten, wurde gegen den Wolsdorfer Pfarrer Walter Schubert[67] und Pfarrer Alexander Rohlfs polizeilich ermittelt[68] , aber der Oberstaatsanwalt stellte die Ermittlungen ein.

Die Predigten wurden zum Objekt polizeilicher Begierde. So meldete die NSDAP-Ortsgruppe aus Vorsfelde an die Braunschweiger Gestapo am 3. 12. 1935 von „versteckten Angriffen gegen den Nationalsozialismus" aus der Predigt am ersten Advent, denn Ortspfarrer Strieck habe von der Gleichheit aller Rassen gepredigt und der Einzug Jesu in Jerusalem sei ganz schlicht und ohne Propaganda erfolgt. Die Zeugenvernehmungen zogen sich einige Monate hin und Strieck war klug genug, die Behauptungen und staatsfeindlichen Absichten abzustreiten. Nach sechs Monaten stellte der Oberstaatsanwalt als Leiter der Anklagebehörde beim Sondergericht die Ermittlungen ein[69].

Der Hüttenroder Pfarrer Martin Hering bekam es im Frühjahr 1936 zweimal kurz hintereinander mit der politischen Polizei zu tun. Als drei Pimpfe nach ihrer Vereidigung stolz und übermütig ihren Ortspfarrer auf der Straße passierten, grüßten sie extrem stramm mit „Heil Hitler". Hering ärgerte sich und verpaßte dem einen Jungen ein paar Ohrfeigen, der daraufhin zu heulen anfing. Sein Vater zeigte den Pfarrer an; der Lehrer, die Pimpfe, der Pfarrer wurden vernommen und der vernehmende Kriminalsekretär aus Blankenburg schrieb in den Vermerk für die Braunschweiger Gestapo: „Würde dies ein Grund sein, einen Jungen zu ohrfeigen, dann müßte ja der Führer und Reichskanzler das ganze Volk ohrfeigen". Der Oberstaatsanwalt stellte bereits am 6. Mai 1936 das Verfahren aufgrund des Straffreiheitsgesetzes ein[70].

Pfarrer Hering aber bekam keine Ruhe. Er sprach im Karfreitagsgottesdienst ein klassisches, altkirchliches Gebet, daß die Juden aus ihrer „Verblendung und Verbannung" zu Christus geführt werden mögen. Das Gebet begann: „Lasset uns beten für die Juden, das Volk, aus dem unser Herr Jesus Christus geboren wurde. Der Herr möge den Schleier von ihren Herzen wegnehmen, auf daß auch sie den Heiland der Welt, Jesum Christum, erkennen". Der Kirchenchor hatte nur die Einleitung gehört, war entsetzt, und der Landjägermeister Baars bekam fernmündlich den Auftrag, Ermittlungen anzustellen. Es sei doch allerhand, sagte ein Zeuge, „für die Juden betet er, und für den Hitler nicht". Pfarrer Hering wies auf den völlig anderen Charakter dieses altkirchlichen Gebetes hin, das die Bekehrung der Juden zum Gegenstand habe. Die Ermittlungen liefen auf Vergehen nach § 2 des Heimtückeverfahrens hinaus. Der Oberstaatsanwalt empfahl dem Reichsjustizminister die Einstellung des Verfahrens, denn die fragliche Stelle des Gebetes sei nicht geeignet, das Vertrauen des Volkes in die politische Führung zu untergraben. Der Reichsjustizminster stimmte zu und das Verfahren wurde eingestellt. Objektiv lagen durchaus vergleichbare Anschuldigungen wie gegen Pfarrer Althaus vor, aber in Berlin wurde die Olympiade vorbereitet, und im Hitlerstaat wollte man allen Streitigkeiten aus dem Wege

67 42 B Neu 7 Nr. 103.
68 42 B Neu 7 Nr. 135.
69 42 B Neu 7 Nr. 141.
70 42 B Neu 7 Nr. 179.

gehen. Das öffentliche Klima war im Herbst 1935 mit seiner staatlich verordneten Judenhetze ein anderes als im Frühjahr 1936[71].

Die Predigten des jungen Vikars Radkau in Seesen wurden auf Anweisung der Braunschweiger Gestapo an die Kreisdirektion ständig überwacht. Über die Ergebnisse sei jeweils zu berichten. Nun mußte der geplagte Oberwachtmeister Schulz in Seesen wenigstens stichprobenartig in die Kirche, wenn der Vikar predigte, und er notierte: „Keine Äußerungen gegen Staat und Kirche", oder: „Kein Freund des neuen Deutschland". Am 4. April 1936 stellte der Oberstaatsanwalt resigniert fest, es lange nicht für ein Heimtückeverfahren[72].

Die Zahl von Ermittlungsverfahren gegen kirchliche Mitarbeiterinnen und Mitarbeiter schnellte im Jahre 1937 auf zehn hoch. Hitler hatte für die evangelische Kirche überraschend eine Kirchenwahl angesetzt mit dem Ziel, eine einheitliche, gleichgeschaltete evangelische Reichskirche zu bilden. Die Ankündigung verursachte im Rahmen einer blühenden Diktatur ungewöhnlich demokratische Aktivitäten wie Wahlversammlungen und das Verteilen von Flugblättern. Die Versammlungsfreiheit und die Möglichkeit, Flugblätter auf der Straße oder auch nur in Häusern zu verteilen, war jedoch längst aufgehoben. So entstanden häufig Reibereien mit der Polizei. Die Vorsitzende der Frauenhilfe in Blankenburg, Frau v. Sauberzweig, und die Landesvorsitzende, Frau v. Grone in Westerbrak, wurden wegen illegalen Verteilens von Flugblättern belangt. Die Flugblätter seien gegen die von Partei und Staat aufgestellten Grundsätze gerichtet, vermerkte die Braunschweiger Gestapo und hoffte auf die Eröffnung eines Verfahrens durch den Staatsanwalt beim Sondergericht. Die Blankenburger Frauenhilfsvorsitzende, Frau v. Sauberzweig, wurde darauf hingewiesen, „daß der ungeheuerliche Inhalt der Druckschrift ein voller Angriff auf die nationalsozialistische Weltanschauung ist". Die Vorsitzende erwiderte couragiert, das sei ihr egal, es ginge ihr um den Glauben. Die pfiffige Frauenhilfe in Blankenburg hatte mit zahlreichen Helferinnen die Verteilung des Flugblattes sichergestellt, einige hundert jedoch konnten noch von der Polizei konfisziert werden. Die Ermittlungen und Vernehmungen zogen sich ein halbes Jahr hin, und das bedeutete für die beteiligten Frauen ein halbes Jahr lang große Unsicherheit, ob sie nun als Gegner des Nationalsozialismus vor Gericht gestellt werden würden. Die Verfahren wurden aber im Herbst 1937 eingestellt[73].

Selten ist in Deutschland mehr denunziert worden als im Dritten Reich. Ärger im Alltag war leicht durch eine Anzeige zu beseitigen. Ein Vater ärgerte sich, daß Pfarrer Barg von der Braunschweiger St. Andreaskirche seinen Sohn nicht konfirmieren wollte. Der hatte zu viele Stunden geschwänzt. Daraufhin erzählte der Vater der Polizei, Pfarrer Barg habe den Führer bei einem Elternabend verächtlich gemacht und mit einem Bolschewisten verglichen. Der Elternabend lag Monate zurück. Die Polizei ermittelte wegen Vergehens gegen den Heimtückeparagraphen und verhörte elf Eltern und Jugendliche. Aber die Zeugen erinnerten sich nicht, teils erklärten sie, daß der Vergleich nicht gegen Hitler gerichtet gewesen sei. Barg hatte erklärt, die Kenntnisse des Alten Testaments seien sehr lückenhaft. Wenn man aber nur einzelne Abschnitte zusammenhanglos heranziehe, sei

---

[71] 42 B Neu 7 Nr. 126.
[72] 42 B Neu 7 Nr. 92.
[73] 42 B Neu 7 Nr. 300 und Nr. 308.

es, wie wenn man Ausschnitte z. B. der Führerreden herauspicke, dann könne man annehmen, der Führer sei Bolschewist. Staatsanwalt Beneke stellte das Verfahren ein[74].

Der junge Kriminalassistent auf Probe Heidtmann sollte wie üblich die Monatsversammlung der Braunschweiger Bekennenden Kirche am 25. Januar 1939 überwachen, wurde ironisch vom Leiter der Versammlung, dem Dompropst v. Schwartz, als Beamter der Gestapo und einziger nicht eingeladener Gast begrüßt und berichtete wütend, v. Schwartz hetze „bei jeder sich bietenden Gelegenheit gegen den Staat und dessen Einrichtungen" und kritisiere „in ganz unverschämter Weise staatliche Einrichtungen und Maßnahmen bz. der Kirchenfrage". Die Gestapo legte den Bericht des Kriminalbeamten, die Vernehmung des Dompropstes und dessen Monatsbericht der Staatsanwaltschaft vor, die sich jedoch nicht beeindrucken ließ und dem Reichsjustizminister die Einstellung des Verfahrens vorschlug; v. Schwartz sei zwar ein „sturer und orthodoxer Vertreter der Bekenntnisfront", aber seine Bemerkung, das Christentum solle wohl durch Totschweigetaktik in der Presse überwunden werden wie früher die deutschbewußten Künstler von der jüdischen Kunstkritik, wäre mehr eine gehässige Nebenbemerkung als ein bewußt herabsetzender Angriff auf die deutsche Presse. Damit lehnte der Staatsanwalt die Erhebung einer Anklage nach § 2 des Heimtückegesetzes ab. Das Verfahren wurde eingestellt[75]. Zwei Jahre später jedoch wurde v. Schwartz mit einem Reichsredeverbot belegt[76].

Es waren die kleinen vertrauten Dinge und Angelegenheiten des Alltags, die einem im Dritten Reich gefährlich werden konnten: ein Gruß auf der Straße, eine Redewendung bei der Predigt oder bei einem Elternabend, eine beiläufige Bemerkung innerhalb eines Gesprächs oder, wie bei Propst v. Alten, eine nachdenkliche Rede anläßlich einer Hochzeitsfeier.

Propst Otto v. Alten, 55 Jahre alt und Pfarrer in Bisperode, ein ruhiger und friedfertiger Zeitgenosse, feierte in Braunschweig die Hochzeit seiner Nichte im Parkhotel. Beim vierstündigen Essen wurden Reden gehalten. Die erste hielt der geistliche Onkel, die zweite der Kreisbauernführer Buchheister. Es war der 27. August 1938, die Zeit der Sudetenkrise. Der Propst sah die Weltlage düster und einen Weltkrieg heraufziehen. Der Kreisbauernführer war dagegen optimistisch und ärgerte sich maßlos über die Rede des Propstes. „Wäre es keine Hochzeitsfeier gewesen, ich hätte diesen Miesmacher und gemeinen Hetzer in die Schnauze geschlagen", schrieb er an einen Parteifreund im Kreis Holzminden, wo v. Alten wohnte, und zeigte ihn als „bewußten Gegner des Dritten Reiches" an. Nun wurden einige Hochzeitsgäste vernommen, am 5. Januar 1939 auch v. Alten. Der Staatsanwalt wollte die Ermittlungen einstellen, aber der Generalstaatsanwalt widersprach. Das Reichsjustizministerium empfahl ebenfalls weitere Ermittlungen, wobei Vikar Peinecke vernommen wurde und die Staatstreue seines Vikarsvaters v. Alten beschwor. Peinecke war seit dem 1. Juli 1932 bei der SA, seit dem 1. 5. 1933 bei der NSDAP und 1938 Truppführer der SA, also ein zuverlässiger Zeuge. Er hätte v. Alten als einen Mann, mit hohen Idealen erfüllt, kennengelernt, „der mit demselben Idealismus auch die Arbeit des Führers für sein Volk bejaht". Mit einem solchen glanzvollen Zeugnis schlug der Staatsanwalt erneut die Einstellung des Verfahrens vor und fügte hinzu, Buchheister sei vielleicht schon leicht betrunken gewesen. Diesmal schloß sich der Ober-

---

74 42 B Neu 7 Nr. 292.
75 42 B Neu 7 Nr. 577. LAB, Personalakte v. Schwartz.
76 LAB, Nachlaß v. Schwartz; siehe auch Kuessner/Saul Materialsammlung, S. 196 ff.

staatsanwalt an. Am 10. Mai 1939, neun Monate nach der Feier, wurde das Verfahren endgültig eingestellt, das die Dorfgemeinde natürlich in helle Aufregung versetzt und monatelang eine geordnete Arbeit unter dem Verdacht der Staatsfeindlichkeit und der Aussicht, verhaftet zu werden, unmöglich gemacht hatte[77].

Wir haben früher schon gesehen, daß es nicht immer die vom Sondergericht angestrengten großen Verfahren und Prozesse waren, sondern die vielen Ermittlungen und Zeugenvernehmungen durch die Staatsanwaltschaft beim Sondergericht, die den Alltag der kleinen Leute prägten und sie ungewollt zu Akteuren der großen Politik machten. Die zahlreichen eingestellten Ermittlungen dokumentieren aber auch, daß sich die Staatsanwaltschaft von den Wünschen und Erwartungen der Gestapo und der unteren fanatischen Parteistellen keineswegs immer beeindrucken ließ, sondern sich durch eigene Positionen beim Ablauf des Verfahrens behauptete.

Es scheint aber kein Zufall, daß mit einer schärferen Gangart beim Sondergericht auch regelrechte Verfahren vor dem Sondergericht zunahmen.

Wegen des Vorwurfs der Heimtücke wurde am 8. Juli 1939 Pfarrer Hans Buttler aus Alvesse vor dem Sondergericht angeklagt. Sein Küster hatte der Gestapo gemeldet, Buttler habe während der Sudetenkrise behauptet, die deutschen Soldaten hätten im Ersten Weltkrieg den belgischen Frauen Hände und Füße abgehackt, und die tschechischen Soldaten seien von Sudetendeutschen provoziert worden, es jetzt genauso zu machen. Dieser Äußerung lagen erhebliche Verärgerungen zwischen dem parteitreuen Kirchendiener und seinem Pfarrer zugrunde. Bei der Gestapo fiel die Anzeige auf fruchtbaren Boden, und sie verhaftete Buttler am 11. Oktober 1938. Buttler saß lange in Untersuchungshaft. Erst nach neun Monaten, am 13. Juni 1939, erfolgte die Anklage, die Staatsanwalt Mertens verfaßt hatte, auf Vergehen gegen den § 1 des Heimtückegesetzes. Die Anklage zielte auf die staatsfeindliche Haltung des Pfarrernotbundes. „Der Angeschuldigte ist einseitiger Parteigänger der Bekenntnisfront. Er hat selbst eingeräumt, daß er alle kirchenpolitischen Maßnahmen der Reichsregierung ablehnt".

Da Buttler kein Geständnis ablegte, mußte die Staatsanwaltschaft Zeugen benennen, sie bot immerhin sechs Personen auf. Buttler wurde von Rechtsanwalt Kahn verteidigt. Das Sondergericht unter dem Vorsitz von Landgerichtsdirektor Höse und den beisitzenden Richtern Jäger und Knackstedt sprach Buttler jedoch nach neunstündiger Verhandlung von der Anklage mangels Beweisen frei. Die Hauptzeugen verwickelten sich in Widersprüche, Buttler bestritt die ihm zur Last gelegte Behauptung. Er habe immer gesagt, es handele sich dabei um „Greuelpropaganda". Höses kirchliche Bindungen waren nicht unbekannt. Er gehörte dem Kirchenvorstand der Braunschweiger Pauligemeinde an. Der Prozeß war von der Gestapo offenbar als Schauprozeß gegen die kleine Gruppe der Bekennenden Kirche in der Braunschweiger Landeskirche geplant, der seit 1933 staatsfeindliche Einstellung vorgeworfen wurde. Wie Althaus war auch Buttler Mitglied der Bekennenden Kirche. Geschickt verstand es der Vorsitzende Höse, den Vorwurf der Staatsfeindlichkeit aus der Anklage herauszuhalten. Wir können das aus dem einzigen erhaltenen Wortprotokoll einer Sondergerichtsverhandlung genau rekonstruieren. Vorsitzender: „Hier im Protokoll steht auch, daß Sie die Idee des Nationalsozialismus verwerfen, weil sie dem Evangelium widerspricht". Angeklagter: „Es handelt sich darum, was unter nationalsozialistischer Weltanschauung verstanden wird. Die Weltanschauung des

77 42 B Neu 7 Nr. 572.

Mythos des 20. Jahrhunderts lehne ich ab". Vorsitzender: „Die politische Idee des Nationalsozialismus bejahen Sie, aber Sie bejahen nicht den Nationalsozialismus, soweit er sich die Eigenschaft einer Religion beilegen will?" Angeklagter: „Ja." Vorsitzender: „Lehnen Sie auch die Rosenbergschen Gedankengänge ab?" Angeklagter: „Jawohl, teilweise." Vorsitzender: „Das entspricht Ihrer theologisch-wissenschaftlichen Überzeugung." Angeklagter: „Ja." Vorsitzender: „Sie lehnen die Gedankengänge von Rosenberg teilweise ab; ob das richtig ist, können wir hier nicht entscheiden. Sie gehören der sog. Bekenntnisfront an. Bedeutet das, daß Sie gegen den Staat eingestellt sind, oder was soll das bedeuten?" Angeklagter: „Niemals bedeutet das, daß ich gegen den Staat eingestellt bin". Vorsitzender: „Oder stellt die Bekenntnisfront eine besondere Richtung des evangelischen Glaubens dar?" Angeklagter: „Jawohl." Vorsitzender: „Wir wollen auf Einzelheiten nicht eingehen. Sie gehören also der Bekenntnisfront an, weil es sich hier um eine besondere Richtung des evangelischen Glaubens handelt". Angeklagter: „Jawohl." Danach schilderte Buttler den Tathergang aus seiner Sicht. Dieser Protokollauszug ist ein beeindruckendes Beispiel für die Lenkung eines unbeholfenen Angeklagten aus den Untiefen einer leicht zu konstruierenden Staatsfeindlichkeit der Kirche. Der Vorgänger Höses, Landgerichtspräsident Lachmund, hatte dies im Prozeß 1936 gegen Pfarrer Althaus sprachlich und argumentativ bestechend vorgeführt. Höse jedoch wollte aus seiner positiven, inneren Haltung gegenüber der Kirche einen Schauprozeß gegen den Pfarrer vermeiden und nahm zu Beginn der Verhandlung diesen möglichen Verdacht aus dem Verfahren heraus. Indes wurden die Zeugen ständig auch nach der politischen Haltung Buttlers befragt, so z. B. der Organist. Vorsitzender: „Haben Sie den Eindruck aus seinen Predigten gewonnen, daß er den Nationalsozialismus als politische Willensbildung des deutschen Volkes angreift, oder haben Sie den Eindruck nicht gewonnen?" Meyer: „Pastor Buttler hat durch seine Predigten die Bewegung nicht gefördert, aber irgendwelche Verletzungen hat er sich nicht zuschulden kommen lassen. Die Predigten sind recht philosophisch, etwas zu hoch für die gewöhnlichen Leute". Vorsitzender: „Kam es sonst bei Unterhaltungen vor, daß er den Nationalsozialismus in irgendeiner bestimmten Richtung angriff?" Meyer: „In einer Kirchengemeinderatssitzung in Wierthe kam Pastor Buttler auf Rosenbergs 'Protestantische Rompilger' zu sprechen. Er versuchte, dagegen anzugehen, da bin ich ziemlich grob geworden". Vorsitzender: „Wollen Sie damit sagen, daß die Schrift unantastbar dasteht?" Meyer: „Es lag keine Veranlassung vor, in diesem Zusammenhang diese Schrift zu erörtern. Ich habe das als einen groben Angriff aufgefaßt". Vorsitzender: „Stehen Sie auf dem Standpunkt, daß das, was Rosenberg sagt, richtig ist?" Meyer: „Als Nationalsozialist bestimmt". Zweiter Richter: „Glauben Sie, daß Buttler so etwas sagen kann, was ihm hier vorgeworfen wird? Haben Sie Anhaltspunkte dafür?" Meyer: „Nein". Zweiter Richter: „Würden Sie ihm das rein menschlich zutrauen?" Meyer: „Dafür habe ich keine Anhaltspunkte". Der Vorsitzende Höse hielt den Angeklagten aus allen denkbaren politischen Vorwürfen heraus. Seine Gegenfrage nach der Unantastbarkeit von Rosenbergs Schrift machte dem Zeugen Meyer klar, wohin der Vorsitzende tendierte. Da aber die Gestapo im vollbesetzten Gerichtssaal vertreten war und den Prozeß beobachtete, mußte er sich auch als strammer Nationalsozialist ausgeben, was der Organist nicht versäumte. Während der Verhandlung kam es zu einem anhaltenden Wortgefecht zwischen der Verteidigung und dem Vorsitzenden über Aussagen eines Kirchengemeinderatsmitgliedes. Der Verhandlungstenor und die lange Verhandlungsdauer eines ganzen Tages machten nicht den Eindruck eines politisch gefärbten Schnellverfahrens unter erschwerten Bedingungen. Offenbar konnte das Sondergericht unter besonderen Verhältnissen auch Formen eines ordentlichen Gerichts wie zu republikanischen Zeiten annehmen. Nach dem Freispruch mangels Beweisen nahm die Gestapo Pfarrer Buttler in Schutzhaft. Für den Präsidenten des Oberlandesgerichtes war diese Tatsache der Anlaß, sich in dem Geheimen Bericht zur Lage beim Reichsjustizminister zu beschweren, „daß ein schließlich aus der Untersuchungshaft entlassener Geistlicher alsbald in Schutzhaft genommen wird“[78]. Pfarrer Buttler überlebte die Konzentrationslager Sachsenhausen, Flossenbürg und Dachau.

Der Freispruch Buttlers war eine schwere Niederlage für die Staatsanwaltschaft und die nazistische Finanzabteilung im Landeskirchenamt. Sein Leiter, Oberregierungsrat Hoffmeister, hatte das Verhalten Buttlers als „ungeheuerlich“ bezeichnet und die sofortige Entfernung aus dem Amt gefordert[79].

Ein Vertreter dieser auf Nazitreue getrimmten Finanzabteilung im Landeskirchenamt, die in allen Kirchengemeinden ihre Vertreter eingeschleust hatte, war der Anlaß zu einem weiteren Verfahren vor dem Sondergericht. Staatsanwalt Huchtemann klagte Pfarrer Hille aus Calvörde am 20. Mai 1940 an, Angelegenheiten des Staates in einer den öffentlichen Frieden gefährdenden Weise erörtert und dazu die Kanzel mißbraucht zu haben. Der beklagte Vorgang lag bereits einige Jahre zurück. Der Calvörder Bevollmächtigte der Finanzabteilung, der politisch besonders überzeugte Lehrer Uhe, hatte Pfarrer Hille ungewöhnlichen Schikanen ausgesetzt: er hatte das Telefon abbestellt, die Totenfrau nicht bezahlt, den Druck von Kirchennachrichten verhindert, einen Einblick in die Voranschläge der Kirchenkasse verweigert, die Reparatur der Kirchenuhr hintertrieben. In einer sehr ausführlichen Kanzelabkündigung am 8. Oktober 1939 stellte Hille nach der Predigt diese unhaltbare Situation fest und entzog am nächsten Tag mit Unterstützung seines Kirchengemeinderats dem Lehrer Uhe die Bankvollmacht an der Bankfiliale der Braunschweigischen Staatsbank in Calvörde. Oberregierungsrat Hoffmeister forderte die sofortige Dienstentlassung Hilles, und tatsächlich reagierten die Kirchenregierung und das Landeskirchenamt willfährig und suspendierten Hille vom Dienst. Diese Maßnahmen, die den Namen des stellvertretenden Landesbischofs Röpke trugen, sind schwer einzuschätzen. Sie hatten unter anderem auch den Sinn, Pfarrer Hille aus der Schußlinie des Staates zu nehmen. Indes erfolglos. Hille wurde zwar vier Tage nach Anklageerhebung eingezogen und unterlag nun der Militärgerichtsbarkeit. Aber die für Hille zuständige Division 191 gab das Verfahren nach Braunschweig ab, das am 18. Juni 1941 vor dem Braunschweiger Sondergericht unter Höse, Grotrian und Steinmeyer eröffnet wurde. Hille wurde von Rechtsanwalt Hofmann, Magdeburg, verteidigt. In einem 23 Seiten langen Urteil, das allerdings viele Zitate enthielt, wurde Pfarrer Hille freigesprochen, weil er nicht das Bewußtsein gehabt habe, den öffentlichen Frieden zu gefährden. Da ihm ein Vorsatz im Sinne des sog. „Kanzelparagraphen“ § 130a nicht nachweisbar gewesen sei, habe er von der Anklage freigesprochen werden müssen. Er habe seine Gemeinde am Schluß der Kanzelabkündigung sogar gebeten, Ruhe zu bewahren. Derart behutsam war das Sondergericht nicht mit allen Angeklagten umgegangen. Anders als bei den angeklagten Pfarrern Althaus und Buttler war allerdings dem Pfarrer Hille Abneigung ge-

---

[78] Wassermann, Geschichte, S. 78.

[79] LAB, Personalakte Buttler. Palmer, Material, S. 100; Kuessner/Saul, Materialsammlung, S. 160 ff. sowie ausführliches Material im Privatbesitz der Familie Pultke.

gen den Nationalsozialismus schlecht vorzuwerfen. Er war bereits seit dem 1. 10. 1932 Mitglied der NSDAP, seit dem 1. 11. 1933 Mitglied der SA, hatte 1936 als SA-Mann am Reichsparteitag in Nürnberg teilgenommen, war dann allerdings am 14. Juni 1938 aus der SA entlassen worden. Hille hatte gegen die wüsten Angriffe im SA-Blatt gegen die Kirche protestiert und darauf beharrt, daß die Partei auf jenen Parteiparagraphen 24 festgelegt sei, der die NSDAP zu einem „positiven Christentum" verpflichte. Auf die Einlösung dieses § 24 versteifte er sich auch, wenn Konfirmanden ihm die gefühligen Sprüche des Baldur v. Schirach entgegenhielten.

In der oben erwähnten Finanzabteilung ist auch die Quelle für die Anzeige durch die Gestapo zu suchen. Hoffmeister suchte sich einen unbequemen Mann vom Halse zu schaffen. Eben dieser politische Hintergrund mag das Sondergericht auch bewogen haben, dem Druck der Gestapo nicht nachzugeben und Hille freizusprechen. Das Urteil ist trotzdem erstaunlich, denn Hille war der Gestapo schon früher immer wieder aufgefallen. Am 1. April 1937 war er ausführlich in Calvörde wegen einer kritischen Eintragung in ein Poesiealbum vernommen worden. Diese Eintragung war im „Schwarzen Korps" kommentiert, und Hille als ein „im geistlichen Gewand herumtanzender Teufel" tituliert worden, wogegen Hille den Gaurichter der NSDAP in Anspruch nahm, er möge ihn gegen die öffentliche Beschimpfung schützen. Bei einer ländlich deftigen Konfirmationsfeier hatte Hille folgenden Hitlerwitz erzählt: Hitler wünscht beim Friseur eine Änderung seiner Scheitelfrisur, er möchte sie hochstehend tragen. Der Friseur empfiehlt Hitler, unters Volk zu gehen. Da würden ihm die Haare von allein hochstehen, wenn er hörte, wie man über ihn dächte. Das wegen Vergehens gegen den § 2 des Heimtückeparagraphen in Gang gesetzte Ermittlungsverfahren wurde jedoch vom Braunschweiger Oberstaatsanwalt am 16. November 1937 eingestellt, nachdem der Beschuldigte vom Richter eindringlich verwarnt worden war. Hille fiel am 1. Juli 1944 bei Cherbourg[80].

Ein Beispiel, wie die Gestapo auch am Sondergericht vorbei nachhaltig in Erscheinung treten konnte, ist der Fall von Pfarrer Gustav Wurr in Herrhausen. Wurr hatte sich in einer Pfarrkonferenz zu den Ereignissen in Stalingrad geäußert und dazu eine Predigt seines Vorgängers Keck vorgelesen, für die jener schon 1933 verhaftet worden war. Hitlers Herrschaft würde dazu führen, daß es wie 1918 heißen werde: „Mit Mann und Roß und Wagen hat sie der Herr geschlagen". Wurr schloß seine Andacht mit einem Wort Moltkes: „Gott kann ein Volk auch durch einen verlorenen Krieg segnen". Ein Amtsbruder hatte geplaudert, die Gestapo holte Wurr am 30. April 1943 früh nach Braunschweig ab und nahm ihn wegen „heimtückischer und staatszersetzender Äußerungen" in Schutzhaft. Am 7. Juli 1943 wurde Wurr mit einer Verwarnung und unter Hinterlegung eines Sicherheitsgeldes von 1.000.– RM freigelassen[81].

Auch der 70jährige Pfarrer Friedrich Schultz in Schladen wurde wegen Äußerungen zu Stalingrad von der Gestapo abgeholt. Er hatte gegenüber dem Schladener Dorflehrer gesagt, die Deutschen hätten im Osten Dinge getan, daß sie nicht siegen dürften, wenn es einen gerechten Gott gäbe, außerdem habe sich Hitler bei Stalingrad geirrt, die italienische Führungsschicht unterschätzt und „Vergeltung" für die Bombardierung der deutschen Städte versprochen. Am 24. Juli 1944 wurde Schultz von der Gestapo verhaftet, die beim Generalstaatsanwalt ein Verfahren wegen Wehrkraftzersetzung betrieb. Das

80 LAB, Personalakte Hille; 42 B Neu 7 Nr. 295.

81 LAB, Personalakte Wurr; Palmer, Material, S. 106.

Reichsjustizministerium empfahl aber die Einstellung des Verfahrens, und obwohl die Gestapo „Schutzhaft auf dem Wege der Überhaft" notierte, wurde Schultz einen Tag vor Weihnachten, am 23. 12. 1944, aus der U-Haft entlassen[82].

Für eine ganz ähnliche Bemerkung wurde dagegen Elfriede Randau, Gemeindehelferin im Salzgittergebiet, vor das Sondergericht gestellt. Sie hatte bei der Mutter einer Konfirmandin gesagt, daß die Feinde jetzt in unser Land kämen und Frauen und Kinder durch Terrorangriffe verwüsteten, sei eine Strafe Gottes. Die erboste Mutter meldete dies der Polizei, die 30jährige Elfriede Randau wurde am 10. Juni 1944 verhaftet und in die überbelegte Haftanstalt Rennelberg eingewiesen. Ein Verhör beim Gefängnisinspektor endete nach plumpen Anpöbeleien wegen ihres Berufes und ihrer Kirchenzugehörigkeit damit, daß sie vom Inspektor „hinausgebrüllt" wurde. Die Verpflegung bestand aus Dörrgemüse mit Mehlwürmern, verdorbenem Fleisch und verschimmeltem Brot. Es gab sogar „Gottesdienste" in Gestalt einer mit Liedern eingerahmten Propagandarede auf den Führer durch Gefängnispfarrer Teichmann. Nach einem Vierteljahr Untersuchungshaft wurde Elfriede Randau am 15. September 1944 vor das Braunschweiger Sondergericht gestellt. Vorsitzender war dieses Mal nicht – wie üblich – Landgerichtsdirektor Lerche, der als befangen hätte gelten können. Sein Bruder war in der Gemeinde von Elfriede Randau evangelischer Pfarrer und als Zeuge geladen worden. Das Sondergericht mit den beisitzenden Richtern Eilers und Spies tagte unter dem Vorsitz von Landgerichtsdirektor Ahrens. Die Beklagte war nicht geständig, es blieb auch im Prozeß strittig, was sie nun eigentlich gesagt habe, der Verteidiger Kahn besorgte tadellose Zeugnisse über die nationalsozialistische Gesinnung von Frau Randau. Nachteiliges oder Schlechtes könne über sie nicht gesagt werden, urteilte die Gauleitung, sie lese die Parteipresse und spende für das Winterhilfswerk. Ihre Mitgliedschaft in der Bekennenden Kirche war nicht zur Sprache gekommen. Elfriede Randau wurde mangels Beweisen freigesprochen[83].

Eine andere Gemeindehelferin, die 24jährige Ingeborg Klünder von der St.-Georg-Gemeinde in Braunschweig, hatte ebenfalls im Konfirmandenunterricht den Krieg als ein Gericht Gottes bezeichnet und war am 28. November 1943 dafür von der Gestapo vernommen worden. „Im Keller des Amtsgerichtes verbrachte ich die erste Nacht in einer Zelle mit 10 bis 15 anderen Gestapo-Gefangenen", berichtete sie und wurde vom Untersuchungsrichter mit dem tröstlichen Hinweis in U-Haft behalten, sie käme sonst gleich in ein KZ. Dr. Kahn hatte die Verteidigung übernommen. Nach sechs Monaten erhielt sie die Anklage, die auf Wehrkraftzersetzung lautete. Sie wurde am 6. Juni 1944 von Braunschweig nach Berlin-Moabit verbracht und vor dem Volksgerichtshof am 14. Juni angeklagt. Der Reichsanwalt beantragte vier Jahre Zuchthaus, ihr Rechtsanwalt Freispruch. Das Urteil lautete auf drei Jahre Zuchthaus und drei Jahre Ehrverlust. Ingeborg Klünder wurde in die Zuchthäuser Cottbus und Leipzig verbracht und in Waldheim am 1. Mai 1945, schwer erkrankt, befreit[84].

Zusammenfassend läßt sich feststellen: In keiner Zeit der Geschichte der Landeskirche sind so viele kirchliche Mitarbeiterinnen und Mitarbeiter von der herrschenden Justiz in Verfahren verstrickt worden wie zwischen 1933 und 1945. Unter Einbeziehung der Ermittlungsverfahren ergibt sich folgende Zusammenstellung: 1935: 6; 1936: 6; 1937: 10;

82 42 B Neu 7 Nr. 1745. LAB, Entnazifizierungsakte Schultz.
83 42 B Neu 7 Nr. 1131; hierzu auch Wysocki, Staatspolizei, S. 279 ff.
84 Palmer, Material, S. 106 ff; Wysocki, Staatspolizei, S. 278 f.

1938: 3; 1939: 6; 1940: 2; 1941: 1; 1943: 1; 1944: 3. Zu diesen Verfahren kommen zahlreiche Vorladungen vor die Gestapo mit Verwarnungen. Von den insgesamt 38 Ermittlungsverfahren und Verhandlungen endeten vier mit Geldstrafen, eine mit Gefängnis, eine mit Zuchthausstrafe und drei mit Freisprüchen. Die Beschreibung der Verfahren ergibt jedoch nicht das Bild einer verfolgten Kirche, sondern eher das Bild einer durch Einstellung der Verfahren oder durch Freisprüche verschonten Kirche. Insbesondere die drei Freisprüche 1939, 1941 und 1944 machen wieder den erheblichen Spielraum des Sondergerichtes und die Privilegierung der bürgerlichen Schicht anschaulich.

4.4 Juden vor dem Sondergericht

Erstmals stand Anfang Juli 1933 eine Braunschweiger Jüdin vor dem Sondergericht. In den unruhigen Tagen Anfang April, als SA-Horden auch in Braunschweig jüdische Geschäfte demolierten, wurde das jüdische Ehepaar Taubenfeld bei einem Spaziergang von SA- und SS-Trupps verfolgt, bedroht und angegriffen. Dabei erlitt die Frau einen Nervenzusammenbruch, ihr Mann brachte sie nach Hause und fuhr dann, zweifellos unter Schockeinwirkung, ohne seiner Frau etwas zu sagen, nach Magdeburg zu seiner Schwester. Am nächsten Tag erzählte Frau T. ihrem Rechtsanwalt, sie und ihr Mann seien von SA- und SS-Männern angegriffen, ihr Mann sei mißhandelt worden und seitdem verschwunden. Sie wolle sich an die polnische diplomatische Vertretung in Berlin um Hilfe wenden – beide besaßen die polnische Staatsbürgerschaft. Der Rechtsanwalt erzählte diese Geschichte in seiner Anwaltspraxis, und irgendwie erfuhr die Polizei davon. Sie sah in der Erzählung von Frau Taubenfeld eine Heimtückeäußerung und leitete Ermittlungen ein. In den Vernehmungen vermied das Ehepaar Formulierungen wie Überfall, Mißhandlung; offensichtlich wollten sie die SS aus Angst vor Schlimmerem keinesfalls belasten. Anfang Mai nahm die Gestapo das Ehepaar in Schutzhaft; die Anklageschrift des Staatsanwalts datiert vom 19. 6. 1933. Wenige Tage später entschied das Sondergericht, keine Hauptverhandlung durchzuführen; das Ehepaar kam auf freien Fuß[85].

Vom Tod des polnischen Staatsangehörigen Benno Zauderer während einer Vernehmung durch die Gestapo haben wir bereits berichtet. Zauderer war zusammen mit zehn Angehörigen der Jugendgruppe des Bundes jüdischer Frontsoldaten im Hotel Handelshof verhaftet worden. SS-Männer hatten die Jugendgruppe beobachtet und belauscht. Angeblich hörten sie aus der Gruppe: „Der Goebbels schlemmt und säuft nur in Berlin". Ein Verfahren gegen zwei Jugendliche kam in Gang; die Verhandlung brachte weitere Mißhandlungen der Beschuldigten durch Gestapobeamte zu Tage. Aufgrund dieser erprügelten Geständnisse kam das Sondergericht am 14. 11. 1933 zu einem Freispruch mangels ausreichender Beweise. Da die Unschuld der beiden nicht restlos erwiesen sei, verweigerte das Sondergericht eine Haftentschädigung[86].

Ende Januar 1936 erschien die Ehefrau des Kaufmanns H. bei der Stadtpolizei Helmstedt und zeigte den Kaufmann Manfred Stern, Inhaber des Schuhgeschäfts Stern in Helmstedt, wegen einer Heimtückeäußerung an: Stern habe bei Verkaufsverhandlungen gesagt, er müsse sein Geschäft gar nicht verkaufen, die Regierung sei bald abgetan, sie

[85] 42 B Neu 7 Nr. 45.
[86] 42 B Neu 7 Nr. 55

wisse nicht mehr ein noch aus und hätte deshalb auch den Judenboykott abgeblasen. Die Regierung brauche das jüdische Kapital. Stern wurde verhaftet und ein Sondergerichtsverfahren eingeleitet. Rechtsanwalt Mielziner legte sofort Haftbeschwerde ein. Er verwies darauf, daß Frau H. aus durchsichtigen Gründen Stern angeschwärzt habe, um auf diese Weise das Geschäft zu günstigen Konditionen zu übernehmen. Tatsächlich war das Schuhgeschäft – nicht zuletzt durch die Boykottmaßnahmen gegen jüdische Geschäftsleute, von denen freilich während des gesamten Verfahrens keine Rede war – in erhebliche Schwierigkeiten geraten; der Umsatz war von 242 000 RM 1932 auf 88 000 RM im Jahr 1935 zurückgegangen.

Die Ermittlungsbehörden verhörten sehr parteiisch, hielten die Aussagen, die Stern entlasteten und ein posives Bild von ihm zeichneten, für unglaubwürdig, die negativen aber für sachlich zutreffend. Die örtliche Polizeibehörde bewertete seine politische Haltung als undurchsichtig, er habe sogar vor 1933 das Reichsbanner unterstützt. Es gab aber auch noch andere Möglichkeiten, Stern unter Druck zu setzen. Der eingesetzte Schätzer des Betriebs war selbst Kaufinteressent und kam nicht von ungefähr zu einer niedrigen Bewertung. Die Einkaufsvereinigung Erfurt, bei der Stern mit einem hohen Betrag im Rückstand war, erwirkte bereits zum 31. Januar 1936 einen Arrest, obwohl ihre Forderungen erst im April fällig wurden. Zu diesem Zeitpunkt aber stand Stern die Summe nicht zur Verfügung. Daraufhin pfändete der Gerichtsvollzieher das Warenlager und schloß das Geschäft. Das Landgericht hob zwar Wochen später den Arrest auf, aber da waren die Weichen schon gestellt. Auch eine Haftbeschwerde lehnte das Gericht ab, es bestehe durchaus Fluchtgefahr. Am 10. März hob das Sondergericht den Haftbefehl auf und stellte das Verfahren ein[87]. Am 21. 4. 1936 zog Manfred Stern nach Berlin. Er konnte noch vor der Reichspogromnacht 1938 auswandern[88].

Zu diesem Zeitpunkt, im Jahr der Olympischen Spiele, wollten Behörden und interessierte Geschäftsleute gegen jüdische Besitzer noch nicht mit brutaler Gewalt, sondern eher mit dem Schein der Legalität vorgehen. Der Fall Stern zeigt die unterschiedlichen Möglichkeiten: dreiste Verleumdung, die selbst dem Sondergericht zu weit ging, aber auch subtiler wirtschaftlicher Druck. Die Betroffenen waren in jedem Fall aufgeschreckt, verunsichert, gedemütigt.

Das Ineinanderspielen von „Arisierung" und sondergerichtlichem Strafverfahren[89] läßt sich im Fall der Firma Rothschild in Stadtoldendorf in bedrückender Weise verfolgen.

Im August 1938 fand vor dem Sondergericht Braunschweig der Prozeß gegen die persönlich haftenden Gesellschafter und Geschäftsführer der Kommanditgesellschaft A. J. Rothschild Söhne, Leinenfabrik in Stadtoldendorf, Dr. Josef Schoenbeck, Dr. Richard Wolff, Wilhelm Matzdorf, Eduard Künstler und Ernst Hoff statt. Schoenbeck, Wolff und Matzdorf waren Juden. Die Anklage lautete auf Verstoß gegen die Verordnung zur Devisenbewirtschaftung und gegen das Volksverratsgesetz. Der Vorgang hatte eine Vorgeschichte. Im Jahr 1923 gründete das Stadtoldendorfer Unternehmen in Amsterdam die N. V. Airos AG. In diesen Inflationsjahren hatte die Firma Probleme, die be-

[87] 42 B Neu 7 Nr. 91.

[88] Vgl. hierzu Susanne Weihmann, „Die sind doch alle weggemacht". Juden in Helmstedt 1933–1945, Helmstedt 1996.

[89] Vgl. hierzu: Frank Bajohr, „Arisierung" in Hamburg: die Verdrängung der jüdischen Unternehmer 1933–1945, Hamburg 1997.

nötigten Rohstoffe mit Devisen zu bezahlen. Kommerzienrat Levy, der damals das Unternehmen leitete, beschloß, die Auslandsforderungen nicht vollständig nach Deutschland zu leiten, sondern auf ein Devisensicherungskonto. Von diesem Auslandsguthaben entnahmen die Kommanditisten ihr jeweiliges Aktienkapital für die 1923 gegründete Airos AG, deren Leitung ein Amsterdamer Bankier übernahm. Die Airos übte in den folgenden Jahren keine geschäftliche Tätigkeit aus. Mit dem In-Kraft-Treten der Devisengesetze 1931 und ihrer verschärften Anwendung nach 1933 erwies sich die Airos AG für die Firma Rothschild als vorteilhaft. Aufgrund geschäftsinterner Überlegungen und der Ratschläge von Geschäftsfreunden, als jüdischer Betrieb den Behörden keinerlei Vorwand zum Einschreiten zu geben, schloß Dr. Schoenbeck – um formalrechtlich die Konstruktion von 1923 abzusichern – im Jahr 1936 mit dem Airos-Vorstand ein offizielles Abkommen, wonach die Airos-Werte in das Eigentum der Airos AG übergingen. War also Airos eine Scheinfirma, gab es 1923 gar keine Vermögensübertragung? Hatte die Firma jahrelang ihre Auslandswerte der Reichsbank nicht gemeldet? Disponierte sie jetzt über ihre Auslandswerte ohne deren Genehmigung? Gerade hier setzten die behördlichen Maßnahmen an. Seit Anfang 1937 führte die Devisenfahndungsstelle Hannover aufgrund einer Anzeige der Reichsbankstelle Holzminden Untersuchungen in der Firma durch und beaufsichtigte den Devisenverkehr. Der Ermittlungsbericht vom 13. 9. 1937 stellte fest, Rothschild habe seine Devisenbestände verschleiert und zwar in einer Weise, die von „jüdischer Gerissenheit" zeuge. Dieser Bericht führte zur Verhaftung der Teilhaber am 12. Oktober 1937. In der Strafanzeige der Zollfahndungsstelle Hannover vom 31. 3. 1938 lesen wir ähnliche Formulierungen. Da ist von „echt jüdischer Verlogenheit, echt jüdischer Unverschämtheit, echt jüdischer Unverfrorenheit" mehrfach die Rede. Am 3. 8. 1938 – 10 Monate mußten die Beschuldigten auf ihren Prozeß warten – sprachen die Braunschweiger Sonderrichter Ehlers, v. Griesbach und Willecke das Urteil: gegen Dr. Schoenbeck 4 Jahre Zuchthaus und 200 000.– RM Geldstrafe, gegen Matzdorf 1 Jahr 8 Monate Zuchthaus und 300 000.– RM, gegen Dr. Wolff 1 Jahr 5 Monate und 100 000.– RM, gegen Künstler 2 Jahre Zuchthaus und 75 000.– RM Geldstrafe; der Architekt Hoff wurde freigesprochen. Die Richter folgten weitgehend dem Antrag und der Argumentation des Staatsanwalts Dr. Hirte, die Angeklagten hätten 1923 nicht den ernsthaften Willen zur Einbringung ihrer Guthaben in die Tochtergesellschaft gezeigt. Als erschwerend sahen die Richter bei den Angeklagten Schoenbeck, Wolff und Matzdorf, „daß sie das ihnen als Juden in Deutschland gewährte Gastrecht schnöde mißbraucht haben. Zum Dank dafür, daß sie in Deutschland ungehindert ihrem Erwerb nachgehen und ihren Lebensunterhalt in einer Höhe verdienen konnten, die weit über dem Durchschnittseinkommen deutscher Volksgenossen lag, haben sie der deutschen Wirtschaft die so dringend benötigten Devisen vorenthalten". Für Künstler „bleibt es besonders schimpflich, daß er hier im Bunde mit Juden der deutschen Wirtschaft in den Rücken gefallen ist". Ganz ähnlich hatte der Staatsanwalt argumentiert: „Der Abwehrkampf des deutschen Volkes gegen jüdischen Geist, jüdisches Kapital und jüdische Geschäftemacherei konnte auf die fast völlig in nichtarischen Händen befindliche Firma Rothschild nicht ohne Einfluß bleiben".

Mit dem Sondergerichtsurteil erreichte die Kampagne gegen die jüdische Geschäftsleitung, das Unternehmen zu verkaufen, ihren Höhepunkt. Schon seit Jahren waren die Umsätze der Leinenfabrik Rothschild rückläufig. Seit 1934 erhielt die Firma z. B. keine Aufträge mehr von der Reichsfeldzeugmeisterei. Einige jüdische Kommanditisten aus

Berlin drängten schon länger auf einen Verkauf, da sie für diesen jüdischen Betrieb kaum Chancen sahen. Doch hatte die jetzt angeklagte Geschäftsleitung weitergemacht. Einen Tag vor ihrer Verhaftung setzte der Oberfinanzpräsident in Hannover mit der Sicherungsanordnung gemäß § 37a des Devisengesetzes einen Treuhänder und Liquidator ein. Das war der Anfang vom Ende. Am 18. 1. 1938 schrieb Dr. Schoenbeck an den Treuhänder: „Eine schleunige Überführung des Werkes in arische Hände halte ich für unbedingt geboten, ich stimme ihr deshalb zu". Bei der außerordentlichen Gesellschafterversammlung am 4. Februar 1938 im Büro eines Braunschweiger Notars stimmten die anwesenden Gesellschafter für die Liquidation, die Ernennung eines Liquidators und die Erteilung einer Generalvollmacht zur Einleitung von Verkaufsverhandlungen. Was hätten sie anders tun sollen zu einem Zeitpunkt, als fast die gesamte Geschäftsleitung in Untersuchungshaft saß, als der Kreisleiter Knop, gleichzeitig auch Kreisdirektor von Holzminden, in einem Brief am 11. 1. 1938 schrieb: „eine radikale Lösung wird erfolgen, falls die Juden nicht der Arisierung des Werkes zustimmen". Vieles spricht dafür, daß die Durchführung des Strafverfahrens der NSDAP als ein Mittel diente, um die von ihr angestrebte Neuordnung der Besitzverhältnisse der Weberei Stadtoldendorf herbeizuführen. Interessiert an der Übernahme der Firma Rothschild war die ,Vereinigte Weberei Salzgitter-Stadtoldendorf Wilhelm Kübler u. Co'. Sie kaufte den Betrieb 1939 aus der Liquidationsmasse.

In einer Feierstunde am 5. April 1939 auf dem Werksgelände dankte der Ortsgruppenleiter Stadtoldendorfs „dem Führer, der es ermöglichte, daß die jüdischen Parasiten entfernt und das Hakenkreuzbanner über dem Betrieb aufgezogen werden kann". Nach 1945 hieß es dann, die jüdischen Gesellschafter hätten aus „freien Stücken" dem Verkauf zugestimmt.

Die Angeklagten Dr. Wolff und Matzdorf wurden nach der Verbüßung ihrer Zuchthausstrafen ins Konzentrationslager eingeliefert und kamen dort um. Dr. Schoenbeck wurde vorzeitig aus der Haft entlassen und wanderte nach Mittelamerika aus. Künstler, schwer herzkrank, starb 1939.

Nach Kriegsende beantragte Dr. Schoenbeck und die Angehörigen der Hinterbliebenen die Wiederaufnahme des Verfahrens; es gebe Hinweise auf rassenpolitische Gründe beim Urteilsspruch. Sogleich meldete sich einer der Gesellschafter der neuen Firma, Betriebsdirektor St. Selbstverständlich habe die Vereinigte Weberei damals einen angemessenen Preis bezahlt; schließlich habe Rothschild kurz vor dem Konkurs gestanden. Das Devisenstrafverfahren sei von der Zollfahndungsstelle angemessen durchgeführt worden. Druck der Partei habe es nicht gegegeben; besagten Brief habe Knop nicht als Kreisleiter geschrieben, sondern als Kreisdirektor. Alles sei mit äußerster Korrektheit abgelaufen.

Am 2. 5. 1949 beschloß die 2. Strafkammer des Landgerichts Braunschweig, die Wiederaufnahme des Verfahrens zuzulassen[90].

In der Kleinstadt Holzminden durchsucht die Polizei Anfang März 1939 aufgrund einer anonymen Anzeige die Wohnung einer jüdischen Frau. Auf der Rückseite eines Briefes findet sie Witze, die sich Frau Hodenberg notiert hat: „Wer ist der tüchtigste Mann der Welt? Hitler. Aus Grünspan macht er eine Milliarde, aus Milch einen General". Und: „Weshalb sind die Juden so kahl geschoren? Damit sie nicht sagen können, es

---

[90] 62 Nds 2 Nr. 502–507. Vgl. Christoph Ernesti, Sie waren unsere Nachbarn. Die Geschichte der Juden in Stadtoldendorf, Holzminden 1996.

sei ihnen ein Haar gekrümmt worden". Schließlich: „Wenn Hitler ins Theater geht, werden die ‚Meistersinger', wenn Goebbels ins Theater geht der ‚Bettelstudent', wenn Göring ins Theater geht der ‚Waffenschmied' und wenn sie zusammen hingehen, werden die ‚Räuber' gegeben".

Am gleichen Tag befragt die Gestapo alle jüdischen Einwohner der Stadt – es wohnen nur noch 13 Männer und Frauen in Holzminden – , ob ihnen die Witze von Frau Hodenberg erzählt wurden. Vernommen wird auch das Ehepaar Koch. Sie erzählen den Witz vom „tüchtigsten Mann" und geben zu Protokoll, daß Frau Hodenberg auch noch andere Witze erzählt habe.

Am nächsten Tag soll der Ehemann Koch nochmals vernommen werden und der Beschuldigten gegenübergestellt werden. Ein Kriminalsekretär geht in die Wohnung des Ehepaares und überbringt ihm die Vorladung. Koch erscheint dem Beamten ganz ruhig und gelassen und sagt auch sein Kommen zu. Am Nachmittag verbreitet sich die Nachricht vom Selbstmord des Ehepaars. Koch hatte seine Frau erschossen und sich selbst erhängt. Hatten sie Angst, wenige Wochen nach der „Reichskristallnacht"? Hatten sie geglaubt, Henriette Hodenberg durch ihre Aussage zu belasten? In seinem Bericht schrieb der Gestapobeamte: „es wurde ihnen von Rassegenossen Vorhaltungen gemacht".

Das Heimtückeverfahren gegen Henriette Hodenberg geht seinen Gang. Sie wird verhaftet; die Ermittlungen ergeben, daß sie die Witze offensichtlich nur in jüdischen Familien erzählt hat. Anfang Mai wird sie gegen Kaution auf Beschluß des Amtsgerichts Holzminden aus der Untersuchungshaft entlassen. Dagegen legt der Oberstaatsanwalt beim Sondergericht Beschwerde ein, die das Sondergericht aber zurückweist. Am 13. 6. 1939 berichtet Oberstaatsanwalt Beneke gemäß § 2 des Heimtückegesetz an den Reichsjustizminister. Er hält eine Verhandlung nicht für sinnvoll, zumal Frau Hodenberg auswandern will. „Diese im Interesse der nationalsozialistischen Politik liegende Auswanderung würde meines Erachtens durch eine Verurteilung der Beschuldigten nur erschwert werden. Außerdem trage ich Bedenken, die Durchführung eines Strafverfahrens gegen eine Jüdin vorzuschlagen, dessen Erfolgsaussichten sehr ungewiß sind"[91].

Über das weitere Schicksal von Henriette Hodenberg ist uns nichts bekannt.

Wegen eines Heimtückevergehens stand 1936 der Reisende Albert Marcus aus Hamburg vor dem Sondergericht. Während eines Aufenthalts in Wolfenbüttel soll er gegenüber Gästen im „Bayerischen Hof" geäußert haben: die Bezeichnung BDM bedeute „Benutze Deutsche Mädel" und: die Stunde der Nation heiße in Zukunft „Klumpfüßchens Märchenstunde". In der Verhandlung bestritt der Angeklagte die Äußerungen, das Gericht glaubte aber den Zeugen und verurteilte Marcus zu 2 Jahren und 6 Monaten Gefängnis. Die Strafe war außerordentlich hoch, für vergleichbare „Heimtückereden" gab es in diesen Jahren allenfalls einige Monate Haft. Schon der Beginn der Urteilsbegründung weist die Richtung: „Der Angeklagte, der Jude ist"; und dann schreiben die Richter v. Griesbach, Wrede und Eilers: „Strafverschärfend wirkt, abgesehen von dem unentwegten Leugnen des Angeklagten, die Tatsache, daß er, der als Jude in Deutschland Gastrecht genießt, sich nicht gescheut hat, leitende Persönlichkeiten und Einrichtungen des Staates in so schmutziger Weise zu verunglimpfen. Dabei ist besonders verwerflich, daß der Angeklagte das Leiden des Ministers Göbbels zum Gegenstande seiner Bemerkungen machte". Marcus schreibt im Gefängnis in Wolfenbüttel viele Briefe an seine Braut,

---

[91] 42 B Neu 7 Nr. 590.

sie werden nicht weiterbefördert; auch nicht die Briefe seiner Braut an ihn. Nach Verbüßung seiner Haft wird Albert Marcus an die Gestapo überstellt; dann verlieren sich seine Spuren[92].

Am 18. August 1942 verurteilte das Sondergericht Braunschweig in der Besetzung Kalweit, Seggelke und Grimpe den jüdischen Ziegeleiarbeiter Moses Klein zweimal zum Tode. Das Urteil warf ihm Unzucht mit Kindern vor und legte dem Urteil § 176 StGB, das Blutschutzgesetz von 1935 und das Gesetz vom 4. 9. 1941 zugrunde.

Klein hatte zwei Kinder im Alter von 8 und 9 Jahren unsittlich berührt. Das Gericht stützte sich auf die Aussage der Kinder sowie auf das Geständnis des Angeklagten, an den Kindern zwei bis dreimal harmlose, unzüchtige Handlungen verübt zu haben.

Die Richter waren der Meinung, daß eine, aufgrund der Rechtslage durchaus mögliche, Zuchthausstrafe nicht ausreichend sei. „Die Strafe für einen Juden, der nach seiner Angabe mit Interesse die Geschehnisse in Deutschland verfolgt..., der im Jahre 1942, d. i. im 10. Jahr nach der Machtübernahme noch Sittlichkeitsverbrechen an kleinen Kindern begeht, nachdem er durch Hingabe von Süßigkeiten und kleinen Geschenken sie sich zutraulich gemacht hat, kann nur die Ausmerzung sein. Unerheblich ist, daß der Angeklagte entgegen der Art seiner Stammesgenossen durch körperliche Arbeit den Lebensunterhalt verdiente“.

Am 22. September 1942 wurde Moses Klein im Gefängnis Wolfenbüttel hingerichtet. Über das gegen die drei Richter nach dem Ende des Krieges eingeleitete Verfahren wegen Verbrechens gegen die Menschlichkeit und Rechtsbeugung werden wir später berichten[93].

4.5 Zeugen Jehovas vor dem Braunschweiger Sondergericht

Die Zeugen Jehovas gehörten zu den religiösen Gemeinschaften, die das NS-System am rigorosesten verfolgte. Bis heute zählen sie zu den weitgehend vergessenen Opfern des Regimes. Das Schicksal der Zeugen Jehovas in unserer Region ist überhaupt noch nicht erforscht. Vor kurzem ist die erste Gesamtdarstellung für das Reichsgebiet erschienen[94].

Zeugen Jehovas, Bibelforscher, Ernste Bibelforscher nannten sich die Männer und Frauen, die in der Internationalen Bibelforscher-Vereinigung (IBV) organisiert waren. Die Zentrale der IBV befand sich in New York, der organisatorische Mittelpunkt für Norddeutschland war das Bibelhaus Magdeburg.

Intensives Bibelstudium und Missionstätigkeit, Glaube und Verkündigung, standen im Mittelpunkt der Lehre. Jeder Gläubige mußte sein Leben nach der „biblischen Weisung“ ausrichten. Die Bibelforscher glaubten an die Errichtung eines irdischen Gottesreichs, des „tausendjährigen Reiches“. Davor werde Jehova die Macht des Teufels vernichten und mit ihm seine Helfershelfer auf Erden, die finanziellen, politischen und religiösen Machtgruppen. Letztlich wurden damit die Grundlagen der bestehenden Ordnung radikal in Frage gestellt. Die Zeugen Jehovas verweigerten folgerichtig auch jede

92 43 A Neu 1 Nr. 244.

93 42 B Neu 7 Nr. 1547; 57 Nds, Zg. 56/1989 Nr. 48; 62 Nds 2 Nr. 757/758.

94 Detlev Garbe, Zwischen Widerstand und Martyrium. Die Zeugen Jehovas im ‚Dritten Reich‘, München 1993. Vgl. jetzt: Hans Hesse (Hg.), „Am mutigsten waren immer die Zeugen Jehovas“: Verfolgung und Widerstand der Zeugen Jehovas im Nationalsozialismus, Bremen 1998.

politische Betätigung, vor allem lehnten sie den Wehr- und Kriegsdienst ab. Für eine „Übergangszeit" sollte der Gläubige allerdings die staatlichen Gesetze befolgen. „Damit gerieten ihre Ansprüche so lange nicht in Konflikt mit den Staatsinteressen, wie diese nicht eine ausdrückliche Parteinahme einforderten"[95].

Die beschriebene Einstellung mußte fast zwangsläufig zum Zusammenstoß mit dem Nationalsozialismus führen. Eine Handhabe bot die Reichstagsbrandverordnung vom 28. 2. 1933. Tatsächlich erließen in den folgenden Monaten alle Länder Verbotsanordnungen; die Braunschweigische Regierung mit der 6. Ausführungsverordnung zur Reichstagsbrandverordnung am 19. Mai 1933. In Magdeburg besetzte SA die dortige Bibliothek und verbrannte im August 1933 25 Lastkraftwagenladungen Bücher.

Aufgeschreckt durch diese Ereignisse schlug die Bibelforscher-Zentrale in New York einen Kurs der vorsichtigen Anpassung ein. Auch in Deutschland ließen in den folgenden Monaten die Verfolgungsmaßnahmen nach, allerdings nahm der gesellschaftliche Druck auf die Zeugen Jehovas zu. Die Verweigerung des Hitler-Grußes, des Diensteides auf Hitler führten zur Entlassung aus dem öffentlichen Dienst. Auch in der privaten Wirtschaft kam es zu Entlassungen, zur Konfiszierung von Eigentum. Kinder von Zeugen Jehovas bekamen in Schulen Schwierigkeiten, Sorgerechtsentziehungen folgten, desgleichen Einweisung in Heime. Ende 1934 beschloß jedoch die Zentrale der IBV in New York, die Werbetätigkeit in Deutschland wieder aufzunehmen. Jetzt eskalierte der Konflikt mit dem NS-Staat. Im Verlauf des Jahres 1935 häuften sich die Verhaftungen von Bibelforschern; es kam zu Gerichtsverfahren, die in den Jahren 1936/37 dramatisch zunahmen. So auch in Braunschweig. Zeugen Jehovas mußten sich vor Amtsgerichten, vor dem örtlichen Oberlandesgericht und insbesonders vor dem Sondergericht verantworten. Die Zahl der Bibelforscher, die von der Gestapo ohne Gerichtsverhandlung bzw. nach einem sondergerichtlichen Freispruch in Schutzhaft genommen wurden, läßt sich für Braunschweig nicht feststellen. Seit April 1937 wurde für Zeugen Jehovas, soweit sie nicht „abschworen", die Schutzhaft als polizeiliche „Nachhaft" generell angeordnet[96].

In den Jahren 1936 bis 1938 kamen etwa 120 Bibelforscher mit dem Sondergericht Braunschweig in Berührung, einige Männer und Frauen standen mehrmals vor Gericht. Die meisten wurden eines Verstoßes gegen die Reichstagsbrandverordnung beschuldigt – Zugehörigkeit zu einer staatsgefährdenden Vereinigung – einige auch wegen eines Verstoßes gegen das Heimtückegesetz. Die Quellenlage für diese Verfahren ist sehr ungünstig. Nur wenige Akten sind erhalten. Doch immerhin lassen sich die Zahl der Verfahren, die Zahl der Prozesse, die verhängten Strafen und die Namen der Opfer lückenlos aus den vorhandenen Registerbänden des Sondergerichts ermitteln.

In den 27 Hauptverfahren gegen Zeugen Jehovas von 1936 bis 1939 verhängte das Sondergericht Braunschweig insgesamt über 33 Jahre Gefängnis, von einem Monat bis zu vier Jahren. Als im Dezember 1936 das Reichsjustizministerium die Staatsanwaltschaft in einer Verfügung aufforderte, gegen die Bibelforscher „mit den schärfsten Mitteln" vorzugehen, nahm das Strafmaß auch in Braunschweig zu. Allerdings verhängte das hiesige Sondergericht die Höchststrafe von 5 Jahren in keinem Fall. Die letzten Prozesse fanden im Frühjahr 1939 statt; zu diesem Zeitpunkt war die IBV weitgehend zerschlagen.

---

95 Garbe, Widerstand, S. 53.
96 Garbe, Widerstand, S. 285.

Manchmal reichen die dürren Fakten in den akribisch genau geführten Registerbänden aus, um die fürchterlichen Schicksale zu erahnen: Name-Vorname-Wohnort-Beruf-Alter- Delikt-Höhe der Strafe-Tag der Entlassung-Überstellung an die Gestapo-Einweisung in ein Konzentrationslager.

Seit 1922 gehörte Frau Imlau den Zeugen Jehovas an. Das Amtsgericht Braunschweig hatte sie im Dezember 1934 zu zwei Monaten Gefängnis wegen Zugehörigkeit zur IBV verurteilt. In den folgenden Jahren war sie offensichtlich weiter im Sinn ihrer Glaubensgemeinschaft tätig; Ende 1937 nahm sie die Gestapo deshalb in Schutzhaft. Mit weiteren sieben Männern und Frauen aus Braunschweig angeklagt, verurteilte das Sondergericht Braunschweig Frau Imlau am 9. Februar 1938 zu 8 Monaten Gefängnis wegen Zugehörigkeit zu einer verbotenen Organisation. Sie wurde Anfang Mai 1938 vorzeitig entlassen, nachdem sie eine Erklärung unterschrieben hatte, jede Tätigkeit für die IBV zu unterlassen.

Am 6. Oktober 1938 betrat Frau Imlau das Geschäft von Margarete P. in Braunschweig: „Ich werde von Gott gesandt und muß Sie vor der Katastrophe warnen, die in 1 bis 1½ Tagen eintreten wird". Einige Tage später erschien sie erneut im Laden; einen gerade anwesenden SA-Mann, der auf Drängen der Ladenbesitzerin Frau Imlau hinauswerfen wollte, wies sie zurecht: „Mit unserer Macht ist nichts getan, wir sind gar bald verloren. Ich kenne nur einen Führer, und das ist der lebendige Gott". Die Geschäftsfrau erstattete Anzeige, Frau Imlau wurde am 12. Oktober von der Gestapo verhaftet. Bei der Zeugenvernehmung stellte sich heraus, daß Frau Imlau in diesen Tagen auch eine Bekannte, Frau B., besucht hatte, deren Mann zu der Zeit eine Gefängnisstrafe von 2 Jahren und 2 Monaten wegen Zugehörigkeit zur IBV verbüßte. Frau Imlau versuchte sie zu trösten: Jehova werde ihren Mann schon erlösen und diejenigen, die ihn ins Gefängnis gebracht hatten, würden in kürzester Zeit ihre Strafe bekommen. Als sie in der Wohnung von Frau B. ein Hitler-Bild sah, hatte sie gefragt: „Wer ist das da oben? Schmeißt es in die Ecke! Der wird von Jehova zerschmettert werden".

In ihrer Vernehmung äußerte sich Frau Imlau zunächst zu ihrem Abschwören: „Ich wollte eigentlich nicht unterschreiben, tat es aber doch, weil mich eine Macht dazu trieb. Ob dies nun die Macht Gottes oder des Teufels war, weiß ich nicht. Ich war mir darüber im klaren, daß ich nach wie vor Zeugnis für Jehova ablegen würde". Und mit ihren nächsten Sätzen ist sie schon verloren: „Nach meiner Haftentlassung bin ich zu Menschen gegangen, die guten Willens waren und Gottes Wort gern hören. Welche Menschen das gewesen sind, will ich nicht sagen, da das Gott nicht haben will". Das Gericht wird diese Aussage als Beweis für ihr fortgesetztes Bemühen sehen, eine verbotene Organisation aufzubauen. Aber Namen verrät sie nicht. Angesprochen auf das Hitler-Bild: Sie habe zu Frau B. gesagt, sie solle das Bild wegnehmen, „es gehöre nicht dorthin, wo Zeugen Jehovas sind. Ich habe dies gesagt, weil es so in der Bibel steht. Wir sollen nichts Unreines anrühren". Zum Verstoß gegen die Reichstagsbrandverordnung kommt damit noch ein Heimtückevergehen. Und am Ende des Verhörs: „Ich muß noch bemerken, daß ich bis zu meinem Tode treu zu Jehova und seinem Wort, die Bibel, stehen werde. Davon kann mich keine Macht der Erde abbringen".

Am 14.10. erließ das Amtsgericht Braunschweig Haftbefehl; am gleichen Tag stellte die Gestapo einen sogenannten Rücküberstellungsantrag: „Nach Wegfall des derzeitigen Haftgrundes Stapostelle Braunschweig überstellen".

Vielleicht sah der Anstaltsarzt des Untersuchungsgefängnisses in Braunschweig noch die Möglichkeit einer Strafmilderung: jedenfalls beantragte er, Frau Imlau auf ihren Geisteszustand zu untersuchen. Die Gestapo gab in einem Schreiben an Medizinalrat Dr. Bartels zu verstehen, daß sie diesen Weg nicht akzeptieren würde: „Alle Anordnungen und Versuche, sie von dieser Irrlehre abzubringen, sind und werden ergebnislos bleiben. Sie ist hier seit Jahren bekannt, ist nach den hier gemachten Erfahrungen geistig außerordentlich regsam, allem Anschein nach körperlich gesund und entwickelt in ihrer Betätigung für ihre Lehre eine ungeheure Energie". Der Amtsarzt hält sie in seinem Gutachten nicht für geisteskrank. „Man könnte versucht sein, das äußerst hartnäckige Verharren bei der vorgefaßten Meinung...als lustvoll aufgestelltes Wahnsystem zu erklären und somit als Geisteskrankheit anzusehen. Dann könnte man höchstens von einem induzierten Irresein sprechen. Das trifft jedoch nicht zu, denn induziert kann nur ein Einzelner sein, nicht aber eine derart große Gemeinschaft, wie sie die IBV darstellt. Man kann diesen Zustand als Massensuggestion bezeichnen. Massensuggestion aber ist niemals Geisteskrankheit, zumindest nicht im rechtlichen Sinn". Mit diesem Gutachten scheint der Weg, mit Hilfe von § 51 StGB ein milderes Urteil zu erreichen, versperrt. Doch dann geschieht das Überraschende: in seiner Verhandlung am 12. 11. 1938 folgt das Sondergericht dem Antrag der medizinischen Sachverständigen, die Angeklagte gemäß § 81 StPO in einer Heil- und Pflegeanstalt beobachten zu lassen. In ihrer Stellungnahme an den Oberstaatsanwalt schreiben die Richter: nach dem Gutachter gäbe es Wahnvorstellungen, die ihre Ursache in der Sphäre des einzelnen Menschen hätten und Wahnvorstellungen, die im Wege der Massensuggestion an den einzelnen herangetragen oder in ihm erzeugt würden. Der Gutachter nehme zwar letzteres an, doch halte das Sondergericht eine weitere Untersuchung für unerläßlich, ob „bei der Imlau nicht doch, wenn auch nur auf einem Teilgebiet ihres Geistes- bzw. Gemütslebens, ein Zustand besteht, wie ihn § 51 RStGB näher beschreibt". Frau Imlau kam zur Beobachtung nach Königslutter. Wir zitieren aus dem ausführlichen Gutachten des dortigen Anstaltsarztes: „Frau Imlau war hier infolge der neuerlichen Verhaftung und durch die drohende Bestrafung und wohl auch durch die Anordnung der Anstaltsbeobachtung seelisch sehr mitgenommen, nicht zuletzt auch durch das Unglück, das sie durch ihre Strafen über ihre Familie brachte. Wiederholt äußerte sie, besonders gegen Ende der Beobachtung, ihren festen Vorsatz, nicht mehr für die IBV tätig zu sein". Der Gutachter kam zu dem Ergebnis, daß eine krankhafte Störung der Geistestätigkeit nicht vorläge, „daß aber die starre Glaubenseinstellung verbunden mit einer sehr geringen intellektuellen Begabung die Annahme einer Geistesschwäche rechtfertigt, durch die die Fähigkeit, das Unerlaubte der Tat einzusehen, erheblich vermindert wird".

Am 18. Februar 1939 verurteilten die Sonderrichter Ehlers, v. Griesbach und Look Frau Imlau zu einem Jahr Gefängnis wegen Errichtung und Aufrechterhaltung einer verbotenen Organisation. Angesichts ihrer geringen Aktivitäten mußten die Richter schon all ihre Formulierungskünste bemühen: „Ihr Verhalten ist nicht etwa nur als ein bloßes harmloses ‚Predigen' zu bewerten, geschehen in der Absicht, anderen Personen das religiöse Gedankengut der IBV einmal näherzubringen oder ihrem übervollen Herzen Luft zu verschaffen. Es sollte nach der Meinung des Sondergerichts vielmehr der Wiedererrichtung der aufgelösten und verbotenen Organisation der IBV dienen. Wie unter dem Begriff der Errichtung eines Bauwerkes nicht nur die letzten Arbeiten zu seiner Vollendung fallen, sondern auch schon die ersten Vorkehrungen für den Bau..., so fallen auch unter den Begriff der Errichtung einer Organisation nicht nur die letzten ordnenden Maßnahmen, sondern bereits alle vorhergehenden werbenden und sonstigen Schritte, die geeignet und bestimmt sind, der neuen oder zu erneuernden Organisation den Boden zu bereiten. Die Angeklagte wollte nach der Ansicht des Gerichts nicht nur für die religiösen Ideen der IBV Propaganda machen, sondern auch einen gewissen wenn auch noch so lockeren Zusammenhalt der alten Anhänger erreichen und neue Anhänger hinzuwerben". Zwar sei ihr Bemühen wenig wirksam, aber „angesichts des Fanatismus der Angeklagten, bestand immerhin die Möglichkeit, daß sie dem einen oder anderen alten Anhänger wieder aufrüttelte".

Das amtsärztliche Gutachten erkannte das Gericht als strafmildernd an.

Nach Verbüßung der einjährigen Haft setzte sich der Leidensweg der Auguste Imlau fort. Sie wurde der Gestapo „rücküberstellt" und bis Kriegsende in ein Konzentrationslager eingeliefert. Sie überlebte. Ihre Verletzungen können wir nur ahnen[97].

In dem gleichen Verfahren verurteilte das Sondergericht am 9. 2. 1938 den Spinnereiarbeiter Herbert Müller aus Wolfenbüttel zu einem Jahr Gefängnis. Er wurde nach der Verbüßung einer Teilstrafe der Braunschweiger Gestapo übergeben und in Schutzhaft genommen. Er kam ins KZ Buchenwald und 1941 in das KZ Niedernhagen und ist dort am 29. 9. 1941 umgekommen[98].

Vom mutigen Bekennen erzählt die Geschichte von Maria Pape aus Thale. Im Mai 1936 waren sie und ihr Mann Kurt Pape wegen Zugehörigkeit zur IBV vom Sondergericht Braunschweig zu 10 Monaten Gefängnis verurteilt worden. Nach ihrer Entlassung war Maria Pape weiter für die Bibelforscher aktiv und wurde deshalb im Oktober 1937 erneut verhaftet. Ihr Mann befand sich wegen der gleichen Zuwiderhandlung im Konzentrationslager. In der U-Haft schrieb Frau Pape eine Eingabe an das Sondergericht, die aus einem ganz elementaren Rechtsverständnis heraus in bemerkenswerter Klarsicht die Rechtssprechung des Sondergerichts entlarvte:

„Wohl kann ich verstehen, daß das Sondergericht nicht anders handeln kann, da ja das Sondergericht nicht die Wahl hat, Gerechtigkeit walten zu lassen, sondern das ausführen muß, was die Gestapo wünscht, ungeachtet, ob es zu Recht oder Unrecht geschieht...Die Bekämpfung der Zeugen Jehovas ist in diesem Lande auf einer ungeheuren Lüge aufgebaut und mit einer Skrupellosigkeit sondergleichen durchgeführt. Denn daß mit ganz schmutzigen Mitteln gegen das Volk Gottes vorgegangen ist, um dieses auszurotten, beweisen schon die Lügenberichte über selbiges im ‚Schwarzen Korps' Anfang dieses Jahres ohne die unzähligen Mißhandlungen, welche an Jehovas Zeugen verübt worden sind. Sogar einige Tötungen sind vorgekommen. Dies gereicht der deutschen Nation bestimmt nicht zur Ehre, auch kann von Jehovas Zeugen nicht verlangt werden, den Nationalsozialismus zu achten, solange seine eigenen Vertreter die Autorität desselben vollständig untergraben und mit Brutalität und Gewalt das Recht beugen. Es liegt doch klar auf der Hand, daß niemand ein Recht hat, Gottes Volk vor die Gerichte zu ziehen, um sie als Verbrecher abzuurteilen, denn es gibt kein Rechtsmittel gegen sie...Ich stelle es dem Sondergericht anheim, diese Eingabe der Geheimen Staatspolizei zu übergeben,

---

[97] 42 B Neu 7 Nr. 533; 12 Neu 13 Nr. 8335.

[98] 43 A Neu 1 Nr. 496. Am 2. 2. 1938 verurteilte das Sondergericht Ida und Christian Berger wegen Zugehörigkeit zur Internationalen Bibelforschervereinigung zu 6 Monaten bzw. 1 Jahr Gefängnis. Christian Berger hatte das Sondergericht wegen des gleichen Vergehens bereits im Mai 1936 für 4 Monate ins Gefängnis geschickt, 43 A Neu 1 Nr. 494.

denn ich stehe mit meiner Person für das ganze Werk der Zeugen Jehovas und bin stets zur vollen Verantwortung bereit".

Diese naive und gleichzeitig treffende Charakterisierung stellte für die Justiz und die Gestapo eine offene Provokation dar. Prompt leitete die Staatsanwaltschaft ein Ermittlungsverfahren wegen Verstosses gegen das Heimtückegesetz ein. Bei einer erneuten Vernehmung vor der Gestapo Braunschweig blieb Frau Pape bei ihrer Auffassung, das Sondergericht habe nur den Willen der Gestapo ausgeführt, ohne Recht oder Unrecht zu prüfen. Das Sondergericht stellte dieses Heimtückeverfahren ein, „da die Strafe nicht im Verhältnis zu der steht, die sie im anderen Verfahren erwartet". So war es; am 16. März 1938 verurteilte sie das Sondergericht Braunschweig wegen Zugehörigkeit zu einer verbotenen Organisation zu 3 Jahren 6 Monaten Gefängnis[99].

Zusammen mit Maria Pape standen in diesem Prozeß vier weitere Zeugen Jehovas aus Blankenburg und Thale vor dem Sondergericht, unter ihnen die Eheleute Ida und Otto Grashof. Die Sonderrichter Ehlers, v. Griesbach und Willecke schickten die Ehefrau 1 Jahr ins Gefängnis, Otto Grashof 4 Jahre. Er hatte nicht nur für die Zeugen Jehovas weitergearbeitet, sondern den Wehrdienst verweigert und dazu auch noch einen jungen Friseur überreden wollen. Die Urteilsbegründung: „Nicht nur die völlige Ablehnung aller staatlichen Einrichtungen wirkt bei Otto Grashof straferschwerend, sondern seine staatsfeindliche und staatsgefährliche Einstellung wird vor allem auch dadurch in das grellste Licht gerückt, daß er den Wehrdienst verweigert und einen jungen deutschen Menschen zur Verweigerung dieser Ehrenpflicht fast verleitet hätte".

Im Gefängnis Wolfenbüttel beginnt sein eigentlicher Leidensweg. Er spiegelt sich in erschütternden Briefen wieder, die er im Gefängnis schrieb und die uns in seiner Gefangenen-Personalakte überliefert sind; die meisten seiner Briefe wurden von der Anstaltsleitung gar nicht weitergeleitet.

Otto Grashof bestritt wieder und wieder die Rechtmäßigkeit des Urteils und verlangte die Wiederaufnahme seines Verfahrens. Sowohl das Sondergericht als auch der Strafsenat des OLG lehnten die Wiederaufnahme ab; weder § 359 StPO noch § 16, Absatz 2 der Sondergerichtsverordnung vom 21. 3. 1933 könnten geltend gemacht werden. Doch mit unglaublicher Hartnäckigkeit und bewundernswürdigem Mut prangerte Otto Grashof das ihm zugefügte Unrecht an. „Das Urteil des Sondergerichts ist ungültig und ist nur eine Vergewaltigung wahrer Christen auf Grund von Fangnetzparagraphen. Gottes Wort, die Bibel, das vollkommen höchste Gesetz Jehovas, ist von der Deutschen Regierung gesetzlich anerkannt und somit für die Landgerichtsrichter wie auch für mich als wahren Christen bindend". Da die Regierung die Bibel gesetzlich anerkenne, sei er berechtigt, die Wiederaufnahme zu fordern, und das Gericht sei verpflichtet, den Antrag zuzulassen. „Da eine Gerichtsverhandlung auf grundgesetzlicher Grundlage (Bibel) noch nicht stattgefunden hat, betrachte ich mich solange als Untersuchungsgefangener mit allen moralischen Rechten".

Mehrmals wird Grashof wegen „disziplinwidrigen Verhaltens" mit Arrest bestraft. Ein halbes Jahr nach Haftbeginn stellt das Vormundschaftsgericht Blankenburg die Kinder – Ida Grashof verbüßt noch eine einjährige Haft – unter Schutzaufsicht nach § 56 des Jugendwohlfahrtsgesetzes. „Es ist anzunehmen, daß sich ihre irrigen Anschauungen auch nachhaltig auf die Kinder ausrichten. Durch den Einfluß der Irrlehre aber steht zu erwar-

[99] 42 B Neu 7 Nr. 337.

ten, daß auch die Kinder sich nicht in die Volksgemeinschaft einfügen werden". Das Ehepaar kann die Wohnung nicht mehr bezahlen; der Vermieter klagt, das Gericht erläßt eine Räumungsanordnung. Der soziale Tod ging dem wirklichen Tod voraus. Otto Grashof gibt nicht auf, im Gegenteil. Monat für Monat schreibt er tröstende Briefe, voller Glaubenszuversicht, an seine Frau und die beiden Kinder. Ab November 1938 verweigert er die Nahrungsaufnahme. Als sich sein Gesundheitszustand drastisch verschlechtert, ordnet die Anstaltsleitung Zwangsernährung an: „Die Zwangsernährung des Gefangenen ist ohne Rücksicht auf damit in Verbindung stehende körperliche Schäden durchzuführen. Es ist auf jeden Fall zu vermeiden, daß er die Auffassung gewinnt, durch den Hungerstreik könne er seine Freilassung erzwingen". Unbeirrt schreibt Grashof gegen den „neuen groben Rechtsbruch" an. Sein Zustand verschlechtert sich zunehmend; zu Beginn des Jahres 1940 wiegt er noch 38 kg. Am 23. Januar 1940 stirbt er im Gefängnislazarett. Sein Leichnam wird in die Anatomie nach Göttingen gebracht. Am 1. Februar schreibt seine Frau an die Anstaltsleitung: „Ich bitte darum die Sachen meines Mannes mir zuzuschicken. Wintermantel, Anzug, Schuhe, Strümpfe, Pullover und was er sonst noch da hat. Da ich das brauche für meine Kinder"[100].

4.6 Menschen am Rande der Gesellschaft

Wir haben in den vorangegangenen Kapiteln hin und wieder von Männern und Frauen erzählt, die, unabhängig von der angeklagten Straftat, allein schon aufgrund ihres Lebenswandels bei den Sonderrichtern auf erhebliche Vorbehalte stießen. Wir beobachteten bei den Richtern Denkmuster, die charakteristisch waren für das nationalsozialistische Modell einer Volksgemeinschaft. Aus dieser Volksgemeinschaft sollten nämlich nicht nur die politisch und weltanschaulich Andersdenkenden und die als rassisch minderwertig deklarierten Juden ausgesondert werden, sondern auch die Menschen, die nicht den moralischen Normen der NS-Gemeinschaft entsprachen, die „Gemeinschaftsfremden". Die Nationalsozialisten und ihre Vordenker und Handlanger aus Wissenschaft, Publizistik und Bürokratie zählten zu ihnen die – im Jargon der Zeit – Arbeitsscheuen, die Arbeitsbummelanten, die Asozialen, die Zigeuner, die Homosexuellen, die Prostituierten, die Behinderten; Menschen am Rande der Gesellschaft. Sie alle paßten nicht in die Rassevorstellungen der Nationalsozialisten[101].

Seit 1937 verschärften sich die Gewaltmaßnahmen gegen diese Bevölkerungsgruppen: „Arbeitsscheue" und „Asoziale" wurden von der Gestapo in Konzentrationslager eingewiesen, 1940 wurden die Arbeitserziehungslager eingerichtet. Die Zahl der Zwangssterilisierungen nahm zu. Vom 1. September 1939 datiert der Geheimbefehl, der die Ermordung vermeintlich unheilbarer Geisteskranker veranlaßte. Im weiteren Kriegsverlauf radikalisierten sich diese Maßnahmen gegen „Gemeinschaftsfremde".

Über Jahre hinweg diskutierten Polizei und Justiz Entwürfe für ein „Gesetz zur Behandlung von Gemeinschaftsfremden". Es kam zwar nicht mehr zustande, die Diskussionen und die Gesetzentwürfe lassen aber die Umrisse des nationalsozialistischen Strafrechts der Zukunft klar erkennen. Es war nicht mehr ein Täterstrafrecht, sondern ein Ge-

[100] 43 A Neu 4, Zg. 47/1984, Jg. 1938, Paket 10 Nr. 7887.

[101] Vgl. hierzu Detlev Peukert, Volksgenossen und Gemeinschaftsfremde. Anpassung, Ausmerze und Aufbegehren unter dem Nationalsozialismus, Köln 1982, S. 246 ff.

sinnungsstrafrecht. Jedes abweichende Verhalten konnte letztlich als „gemeinschaftsfremd“ erklärt werden[102].

Wir sind auf diese zentralen Aspekte der NS-Politik kurz eingegangen, weil wir vermuten, daß die in dieser Diskussion zutage getretenen rassebiologischen Argumentationsmuster auch die Rechtsprechung der Sonderrichter beinflußten. Wir gehen dieser Vermutung in den folgenden Geschichten nach, die alle aus der Kriegszeit stammen.

4.6.1 Urteile gegen Zigeuner

Mit der Machtübernahme der Nationalsozialisten verschärften sich die schon bestehenden Diskriminierungen der Zigeuner. Die Kommentare zu den Nürnberger Rassegesetzen von 1935 erklärten sie zu „Artfremden“. Im Erlaß über die „vorbeugende Verbrechensbekämpfung durch die Polizei“ seitens des preußischen Innenministers vom 14. Dezember 1937 wurden die Zigeuner in die Gruppe der „Asozialen“ eingereiht[103].

Mit Kriegsbeginn radikalisierten sich im Deutschen Reich die Maßnahmen gegen Sinti und Roma. Sie durften ihren Wohn-und Aufenthaltsort „bis auf weiteres“ nicht verlassen; ein Schnellbrief des Reichssicherheitshauptamtes befahl ihre Erfassung und Zählung. Soziale Absonderung und sozialrechtliche Marginalisierung setzten sich fort. Erste Deportationen ins Generalgouvernement fanden statt. Auf Reichsgebiet errichteten die Behörden „Zigeuner-Gemeinschaftslager“, bevor Ende 1942 die massenhafte Vernichtung der Zigeuner in Auschwitz begann[104].

Auch die deutsche Justiz leistete ihren Beitrag zu dieser Verfolgungs- und Vernichtungspolitik. Über ihre Rolle in diesem Zusammenhang ist bisher wenig bekannt.

In der Gastwirtschaft „Stadt Hannover“ in Braunschweig wurde im März 1941 fröhlich gezecht. Dabei waren auch die beiden Zigeuner Karl W. und Hermann K. mit ihren Freundinnen. Der zur Tatzeit noch nicht 18jährige W. kam aus dem Sudetenland. Nach der Angliederung des Sudetenlandes 1938 zog die Familie ins tschechische Gebiet. Als dort die Deutschen im März 1939 einmarschierten, mußte die Familie seßhaft werden. Kurze Zeit arbeiteten die Männer in Budweis und gingen dann nach Deutschland. Hermann K., 1920 im Kreis Peine geboren, lebte mit seiner Mutter zuletzt im Zigeunerlager Veltenhof.

Im Wirtshaus beobachteten die beiden Männer den Gast H., der etwas unvorsichtig mit einigen Geldscheinen hantierte, was offensichtlich ihre Begehrlichkeit weckte. Sie veranlaßten ihren Begleiter, den Arbeiter Kn., den H. nach draußen zu locken. Im abgedunkelten Flur schlugen dann W. und K. H. nieder und raubten ihm 40 Mark. Im Prozeß wurde der Tatbestand durch Zeugenaussagen rasch geklärt. Die beiden Zigeuner wurden von den Richtern Höse, Grotrian und Steinmeyer am 12. 11. 1941 zum Tode verurteilt und am 13. 1. 1942 hingerichtet. Die Delikte Raub und Körperverletzung waren unstrittig. Zum Verhängnis aber wurde den Angeklagten die Anwendung der Volksschädlingsverordnung und der Gewaltverbrecherverordnung vom 5. 12. 1939. Dementsprechend

102 Ausführlich zur Entstehungsgeschichte Werle, Justiz-Strafrecht, S. 621 ff.

103 Vgl. hierzu Peukert, Volksgenossen, S. 250.

104 Vgl. hierzu Michael Zimmermann, Von der Diskriminierung zum ‚Familienlager' Auschwitz. Die nationalsozialistische Zigeunerverfolgung, in: Dachauer Hefte, Bd. 5, München 1989, S. 87–114. Ders., Rassenutopie und Genozid. Die nationalsozialistische „Lösung der Zigeunerfrage“, Hamburg 1996.

mußten die Richter in ihrer Urteilsbegründung die Zigeuner als „Volksschädlinge“ beschreiben. Beide Angeklagten hätten zwar keine Vorstrafen, doch „ihre Tat gehört zu den gemeinsten Verbrechen, die es überhaupt gibt. Demjenigen, der eines solchen Verbrechens fähig ist, ist jede Schlechtigkeit zuzutrauen. Auch der äußere Eindruck der beiden Angeklagten ist ein denkbar ungünstiger. Sie sind verschlagene und gerissene Zigeuner“. Hier fassen wir das eigentliche Motiv für die Todesstrafe: Zigeuner sind für die Richter „minderwertig“, und sie werden als Zigeuner weitere Straftaten begehen; die NS-Gemeinschaft muß sie „ausmerzen“.

Noch gab es ein Hindernis für die Verhängung der Todesstrafe: der Angeklagte W. war zur Tatzeit noch keine 18 Jahre alt. Das Gericht sah jedoch über diese Bestimmung hinweg: es fehlten ohnehin nur 16 Tage bis zur Vollendung des 18. Lebensjahres, vor allem aber sei dieser Angeklagte einer über 18 Jahre alten Person gleich zu achten. Das Gutachten des Amtsarztes Dr. Muhlert hatte daran auch keinerlei Zweifel gelassen[105].

Ein Jahr später, zu Pfingsten 1942, planten vier Männer, die im Zigeunerlager Veltenhof lebten, einen Einbruch in Harxbüttel, einem Dorf in der Nähe von Braunschweig. Zwei Männer drangen in das Haus des Fuhrunternehmers K. ein, einer von ihnen, Karl W., war bewaffnet; der zweite Erwin L. gab seine Schußwaffe vor dem Eindringen ins Haus seinem Bruder, der mit dem vierten draußen Wache hielt. Plötzlich tauchte der Sohn des Fuhrunternehmers auf, es kam zum Handgemenge und W. feuerte zwei Schüsse ab, ohne K. zu verletzen. Die beiden ins Haus eingedrungenen Männer flohen und konnten dabei nur einige wenige Gegenstände mitnehmen. Kurz darauf wurden alle vier Männer verhaftet. Im Februar 1943 verurteilten die Sonderrichter Lerche, Eilers und Grimpe W. und L. zum Tode.

Wenig Probleme bereitete den Richtern offensichtlich das Urteil gegen den Angeklagten W. In ihm sahen sie den Anstifter und denjenigen, der die Schüsse abgegeben hatte. W. leugnete zwar, wurde aber auch von den übrigen Beteiligten belastet. Bei Erwin L. lag der Sachverhalt anders: er hatte nachweislich nicht geschossen. Doch die Richter waren um eine Argumentation nicht verlegen: L. habe zunächst eine Waffe mit sich geführt; wenn er sie auch selbst nicht benutzte – er hatte sie seinem Wache stehenden Bruder gegeben – sei er doch mit dem „stattgefundenen Gebrauch der Pistole durch W. gegenüber K. einverstanden gewesen. Die auf K. abgegebenen Schüsse W's sind mithin in bewußtem und gewollten Zusammenwirken W.'s mit L. erfolgt“.

Nach dem Strafgesetzbuch lagen räuberischer Diebstahl und Mordversuch vor. Bei beiden Angeklagten erkannten die Richter aber darüberhinaus auf einen Verstoß gegen die Gewaltverbrecher- und die Volksschädlingsverordnung. Damit nahm das Verfahren seinen tödlichen Ausgang. Wiederum lag die entscheidende Begründung für das Todesurteil in der Konstruktion eines Tätertyps, den die Sonderrichter glaubten feststellen zu können. „Daß die Angeklagten W. und L. ihrer ganzen Persönlichkeit nach als Gewaltverbrecher anzusehen sind, wird schon durch die Umstände der Tat in Verbindung mit der Eigenschaft der Angeklagten als Zigeuner ausreichend klargestellt“. Ähnlich wie im Fall unserer ersten Geschichte war der Angeklagte L. zur Tatzeit noch keine 18 Jahre alt. Um ihn in den Tod schicken zu können, erklärten die Richter, Zigeuner seien „erfahrungsgemäß frühreifer als deutsche Volksangehörige“. Dieses Mal forderten sie nicht einmal mehr ein ärztliches Gutachten an.

105 42 B Neu 7 Nr. 1537.

Erwin L. war der Polizei übrigens schon beim Verfahren gegen die Zigeuner Karl W. und Hermann K. aufgefallen. Bei der Schilderung des Lebenslaufs von K. findet sich die Bemerkung, K's Mutter lebe mit dem Zigeuner Erwin L. zusammen. Weitere Informationen sind in den Akten nicht überliefert. Die Gestapo beobachtete offensichtlich in den Jahren 1941/42 das Leben der Zigeuner in der Region aufs Genaueste und nutzte jede Gelegenheit, gegen sie vorzugehen. Daß die Richter ganz unkritisch die rassistische Interpretation des NS-Systems übernahmen, wollen wir festhalten. Möglicherweise entsprach diese Einschätzung ihrem traditionellen Weltbild.

Bleibt noch zu registrieren, daß die beiden Männer, die vor dem Haus des Fuhrunternehmers Wache standen, je 5 Jahre Zuchthaus erhielten, die nach Kriegsende in eine zwei- bzw. anderthalbjährige Gefängnisstrafe umgewandelt wurde[106].

Daß die Richter auch bei dieser Tätergruppe anders entscheiden konnten, zeigt unsere dritte Geschichte, die chronologisch die erste war. Am 2. Weihnachtstag des Jahres 1939 kam es in einem Zigeunerlager bei Braunschweig zu einer Rauferei. Bei einem Schußwechsel wurde ein Zigeuner verletzt. Zwei Zigeuner, Jahrgang 1921 und 1922 und von Beruf Korbmacher, flüchteten. Sie versteckten sich bei einem Bauern in der Scheune. Um nicht zu verhungern, stahlen sie aus einem nahe gelegenen Laden Lebensmittel. Als sie der Bauer entdeckte, flohen die beiden. Der Bauer verfolgte sie, einer schoß, der andere drohte mit einem Messer – ohne den Bauern ernsthaft zu verletzen. Bei seiner Flucht zog sich einer der jungen Männer – er war barfuß – schwerste Fußverletzungen zu, so daß er wenig später an Wundstarrkrampf starb. Den zweiten jungen Mann verurteilte das Sondergericht in der Besetzung Höse, Grotrian und Steinmeyer ‚nur' zu 6 Jahren Gefängnis. Auch dieser Angeklagte war zur Tatzeit noch keine 18 Jahre; in diesem Verfahren aber berücksichtigten die Richter die Jugend des Angeklagten als strafmildernd. Zu Hilfe kam ihnen das Gutachten des Amtsarztes Dr. Röder, das dem Angeklagten bescheinigte, daß er „nach seiner geistigen und sittlichen Entwicklung nicht einer über 18 Jahre alten Person gleichgesetzt" werden könne. Somit konnte er nicht nach der Gewaltverbrecherverordnung vom 4. 10. 1939 verurteilt werden. Die amtsärztlich bestätigte Unterentwicklung rettete dem Korbmacher das Leben[107].

Wie läßt sich das unterschiedliche Strafmaß erklären?

Lag es an der Zusammensetzung des Gerichts? Das ‚milde' Urteil sprach das Sondergericht im Februar 1940 unter dem Vorsitz von Karl Höse aus. Höse hat von allen Vorsitzenden der Kriegszeit die gemäßigsten Urteile gesprochen. Doch unter Höses Vorsitz fällte das Sondergericht im November 1941 auch die Todesurteile gegen Karl W. und Hermann K. Dabei scheint der Zeitpunkt der Tat bzw. des Prozesses von wesentlicher Bedeutung zu sein. Zwischenzeitlich hatte sich nämlich die Politik des NS-Regimes gegenüber Zigeunern dramatisch verschärft. Und in Braunschweig war Höse wegen seiner milden Urteile in den Schwarzschlachter-Prozessen zunehmend unter Druck geraten. Wollte er sich mit den Todesurteilen gegen die Zigeuner rehabilitieren?

---

[106] 42 B Neu 7 Nr. 1563.

[107] BA, R 22/3454.

4.6.2 „Unwürdig, der Volksgemeinschaft anzugehören“

Wir knüpfen nochmals an die Diskussion um das Gemeinschaftsfremdengesetz an, wobei wir auf den in den vielen Entwürfen und Kommentaren zutage tretenden ausgrenzenden und gewalttätigen Charakter ihrer Sprache verweisen. So definierten die juristischen und beamteten Vordenker als gemeinschaftsfremd: „wer sich nach Persönlichkeit und Lebensführung, insbesondere wegen außergewöhnlicher Mängel des Verstandes oder des Charakters außerstande zeigt, aus eigener Kraft den Mindestanforderungen der Volksgemeinschaft zu genügen, ... wer aus Arbeitsscheu oder Liederlichkeit ein nichtsnutzes, unwirtschaftliches oder ungeordnetes Leben führt und dadurch andere oder die Allgemeinheit belastet oder gefährdet oder einen Hang oder eine Neigung zum Betteln oder Landstreichen, zu Arbeitsbummelei, Diebereien oder Betrügereien... betätigt, ... wer nach Persönlichkeit und Lebensführung erkennen läßt, daß seine Sinnesart auf die Begehung von ernsthaften Straftaten gerichtet ist“[108].

Wir begegnen ganz ähnlichen Formulierungen in zahlreichen Urteilsbegründungen der Sonderrichter, vor allem bei Verfahren gegen „Gewohnheitsverbrecher“ und „Gewaltverbrecher“.

Nicht in die Volksgemeinschaft gehörten nach Auffassung der Richter und Staatsanwälte die Angeklagten, die bereits mehrmals straffällig geworden waren. „Gefährliche Gewohnheitsverbrecher“ nannte sie das NS-Strafrecht, und kennzeichnete seit 1933 als solchen jeden Täter, der mehr als zweimal rechtskräftig verurteilt worden war. Durch das „Gesetz zur Änderung des Reichsstrafgesetzbuches“ vom 4. September 1941 wurden „gefährliche Gewohnheitsverbrecher“ mit dem Tode bestraft, „wenn der Schutz der Volksgemeinschaft oder das Bedürfnis nach gerechter Sühne“ es erforderten[109]. Auch diese Verordnung war fast beliebig ausdehnbar und auslegungsfähig. Die „Richterbriefe“ verwiesen ausdrücklich auf das Ermessen und die Verantwortung des einzelnen Richters: „Der Richter, der die neuen volksbiologischen und hygienischen Aufgaben des Strafrechts erfaßt hat, wird selbst am besten entscheiden können, wann es an der Zeit ist, den unverbesserlichen, asozialen, lebensunwerten Verbrecher endgültig im Interesse der Gesunderhaltung unseres Volkes zu vernichten...Der Krieg, der soviel des besten Blutes vernichtet, darf am asozialen Verbrecher nicht spurlos vorübergehen, damit nach Kriegsende ein gesundes und starkes Führungsvolk seine geschichtliche Mission ohne Störung durch asoziale Verbrecher erfüllen kann“[110]. Die Strafjustiz hatte für die „Reinigung des Volkskörpers“ zu sorgen. Die Bezeichnung „gefährlicher Gewohnheitsverbrecher“ konnte deshalb genauso lebensgefährlich werden wie die Etikettierung „Volksschädling“.

Abgesehen von der Volksschädlingsverordnung fielen der Gewohnheitsverbrecherverordnung die meisten Angeklagten des Sondergerichts Braunschweig zum Opfer. Häufig verurteilten die Richter unter Anwendung der beiden Verordnungen.

Paul Sch. aus Wolfenbüttel, 36 Jahre alt, war in seinem Leben schon mehrfach straffällig geworden. Dann stabilisierten sich seine Verhältnisse, zuletzt arbeitete er bei den Reichswerken in Salzgitter. Von heute auf morgen gab er dort seine Arbeit auf, bald war alles Geld verbraucht. Um seine Schulden zu begleichen, brach er abends in einen Kiosk

---

108 Auszüge aus dem Entwurf eines Gemeinschaftsfremdengesetzes 1944, abgedruckt bei Werle, Justiz-Strafrecht, S. 638 ff.

109 Rgbl. 1941, S. 549.

110 Boberach, Richterbriefe, S. 58.

ein und entwendete etwa 200 Mark. Er wurde verhaftet und als „Volksschädling" angeklagt. Da bei seinem Einbruch die Straßenlaternen abgedunkelt gewesen seien, träfe die Volksschädlingsverordnung zu. Und die vielen Vorstrafen wiesen ihn als Gewohnheitsverbrecher aus. Zu Gewalttaten neige er außerdem: in angetrunkenem Zustand habe er zwei Sportkameraden mit einem Schlüssel ins Gesicht geschlagen – die schweren Verletzungen würden sich nur ahnen lassen. Aufgrund der „glaubwürdigen Bekundung" des vernehmenden Polizeibeamten wollte der Angeklagte den Ehemann seiner früheren Wirtin umbringen. Doch nicht einmal den Versuch konnte das Gericht nachweisen. Dennoch: „Das Gericht ist der Auffassung, daß es keinen Zweck hat, abzuwarten, bis der Angeklagte schließlich noch größeres Unheil anrichtet, sondern daß er bereits jetzt es verwirkt hat, der Volksgemeinschaft, wenn auch nur als Sicherungsverwahrter, anzugehören, und daß der Schutz der Volksgemeinschaft seine Ausmerzung notwendig macht"[111]. Unterzeichnet ist das Todesurteil von den Richtern Kalweit, Seggelke und Grimpe.

Wegen Rückfalldiebstahls verbüßte ein 27jähriger Arbeiter im Emslandlager eine mehrjährige Zuchthausstrafe. Im Herbst 1942 floh er aus dem Lager. Auf der Flucht stahl er mehrere Fahrräder, um von einer Stadt zur anderen zu kommen, Textilien und Nahrungsmittel, meistens aus Gartenlauben. Eine Woche nach seinem Ausbruch nahm ihn die Polizei in Braunschweig fest. Er wurde als „gefährlicher Gewohnheitsverbrecher" zum Tode verurteilt. Er selbst beantragte, in eine geschlossene Sicherungsanstalt eingeliefert zu werden, weil er sonst erneut der Fluchtversuchung erliegen werde. Diese Chance billigten ihm die Richter nicht zu. „Gegen solche Menschen, die zudem gerade jetzt in der Kriegszeit für die Sicherheit und das Eigentum der Volksgenossen in der Heimat eine besonders große Gefahr bilden, kann die Gemeinschaft nur durch rücksichtslose Ausmerzung dieser Schädlinge am Volkskörper geschützt werden"[112].

Diese Sprache aus dem „Wörterbuch des Unmenschen" kennzeichnete die Urteile gegen die „Gewohnheitsverbrecher". Wir zitieren aus dem Todesurteil gegen einen 26jährigen Arbeiter, der zahlreiche Kleinstdiebstähle begangen hatte und kurz vor Ablauf seiner letzten Strafhaft bei der Außenarbeit entwichen war: „Das Gericht hält den verbrecherischen Trieb bei ihm für so stark ausgeprägt und tief eingewurzelt, daß auch ein längerer Freiheitsentzug keine Gewähr für eine Beseitigung oder Unterdrückung dieses Hanges bietet. Andrerseits verlangt der Schutz der Volksgemeinschaft gebieterisch, daß solche Elemente ein für allemal daran gehindert werden, ihr schädigendes Treiben fortzusetzen"[113].

Wegen Diebstahls mehrfach vorbestraft war der landwirtschaftliche Arbeiter Leopold St. Er war verheiratet und hatte fünf Kinder. Seit 1938 befand er sich als „Berufsverbrecher" in polizeilicher Vorbeugehaft, zuletzt im KZ-Außenlager Salzgitter-Drütte. Im August 1943 konnte er zusammen mit einem Gefangenen aus dem Lager fliehen. Unterwegs nahm sich St. von einem Zaun eine Hose, die dort zum Trocknen hing und tauschte sie gegen seine Sträflingskleidung. Tagelang lebten sie von den Äpfeln der Alleebäume. Um ihren Hunger zu stillen, versuchten sie schließlich, in den Keller eines Hauses einzudringen. Unglücklicherweise blieb St. im Kellerfenster stecken, wurde entdeckt und der Polizei übergeben. Die Sonderrichter Lerche, Peters und Eilers bewerteten die Straftat nicht

[111] 42 B Neu 7 Nr. 1544.
[112] 42 B Neu 7 Nr. 1562.
[113] 42 B Neu 7 Nr. 1546.

als harmlosen, versuchten Einbruch, sondern als die Handlung eines besonders gefährlichen Gewohnheitsverbrechers. Nicht auf die aktuelle Tat käme es an, sondern auf das gesamte Persönlichkeitsbild. Da komme auch eine Sicherungsverwahrung nicht mehr in Frage.

„Jetzt im sechsten Kriegsjahr ist eine besonders sorgfältige Prüfung erforderlich, ob unter solchen Umständen der Schutz der Volksgemeinschaft nicht die Todesstrafe notwendig macht. Das muß hier bejaht werden". Die Verteidiger reichten ein Gnadengesuch ein: seit 1932 sei der Angeklagte nicht mehr straffällig geworden. Auch St. bat um Gnade; gefährliche Arbeiten wie die Entschärfung von Bomben würde er übernehmen. Vergebens, am 7. 11. 1944 wurde er hingerichtet[114].

„Lebensunwert" scheint den Richtern Ahrens, Eilers und Grimpe der Gelegenheitsarbeiter R. aus dem Dorf Lutter am Barenberge. Mehrfach saß er in den dreißiger Jahren wegen Diebstahls im Gefängnis, zuletzt verbüßte er von 1939 bis 1942 eine Zuchthausstrafe. Nach seiner Entlassung wollte er heiraten. Eine Heiratsvermittlung bringt ihn mit Hildegard Sch., einem Mädchen aus dem Dorf Räbke, zusammen. Bei dem Besuch der Familie erfährt er vom Vater, daß seine Braut wegen Schwachsinnigkeit sterilisiert wurde. Der Arbeiter bekennt seine Zuchthausstrafe, worauf der Vater ihm seine Tochter verweigert. Bei einem zweiten Aufenthalt in der Familie stiehlt R. mehrere Gegenstände. Er fährt in sein Heimatdorf zurück. Dort verhaftet ihn die Polizei wegen unerlaubten Fernbleibens von der Arbeit; dabei entdeckt sie die gestohlenen Gegenstände. In der Verhandlung leugnet R. den Diebstahl und behauptet, die Gegenstände nur vor dem ebenfalls schwachsinnigen Bruder sichergestellt zu haben; gerade sei er dabei gewesen, sie der Familie Sch. wieder zurückzubringen. Das Gericht glaubt ihm nicht, läßt aber noch die Zurechnungsfähigkeit des Angeklagten prüfen. Das Gutachten von Dr. Naumann von der Landes-Heil-und Pflegeanstalt in Königslutter verbaut auch diesen Weg für eine Entlastung. Zwar sei der Angeklagte geistig etwas primitiv, Anhaltspunkte für eine Geisteskrankheit gebe es aber nicht, auch nicht für verminderte Zurechnungsfähigkeit. Angesichts der vielen Vorstrafen und des ganzen sozialen Milieus scheint der Urteilsspruch klar. Der Begründung des Todesurteils kann man die ganze Verachtung der gutbürgerlichen Richter solchen Verhältnissen gegenüber entnehmen: „Der völkische Lebenswille der Deutschen Nation verlangt gerade jetzt, wo das gesamte Volk in einem Schicksalskampf ohnegleichen steht, unbedingten und zuverlässigen Schutz gegen jeden, der sich durch ein ausgesprochen asoziales Verhalten außerhalb der Volksgemeinschaft stellt"[115].

Unter der „Reinigungswut" der Sonderrichter litten auch Frauen.

Nur sehr lückenhaft läßt sich aus dem Urteil für Elisabeth D. das schwierige Leben einer jungen Frau rekonstruieren, die offensichtlich nie eine echte Chance hatte.

Elisabeth D. wurde erstmals im Jahr 1935 wegen Diebstahls zu einer Geldstrafe von 30 Mark verurteilt. Sie heiratete 1937, hatte 2 Kinder und wurde 1940 geschieden. Die Scheidung warf sie offensichtlich aus der Bahn. Sie ist ohne feste Arbeit und verdient ihren Lebensunterhalt durch gewerbsmäßige Unzucht; Anfang 1941 bringt sie ein uneheliches Kind zur Welt. Wegen Miet- und Zechbetrugs kommt sie eine Woche ins Gefängnis. Im Juni 1942 wird sie wegen Diebstahls, Unterschlagung und Abtreibung zu zwei Jahren Gefängnis verurteilt; während ihrer Haft arbeitet sie im Johannisstift in Bielefeld. Als sie

[114] 42 B Neu 7 Nr. 1596.
[115] 42 B Neu 7 Nr. 1573.

auch dort stiehlt, verurteilt sie das Landgericht Dortmund im November 1942 zu zehn Jahren Zuchthaus. Nach einem schweren Bombenangriff auf Hannover – dort sitzt sie ein – wird sie zusammen mit den anderen weiblichen Häftlingen entlassen. Sie kommt nach Wolfenbüttel, sucht sich ein Zimmer, zieht nach einigen Wochen um. Den Vermietern sagt sie, sie besuche gerade ihren Mannn in Wolfenbüttel, der in den nächsten Tagen an die Front abrücken müsse. Beide Vermieter bestiehlt sie; Kleinigkeiten: ein Stück Samt, ein Stück Pelz und 25 Briefumschläge bei der einen, zwei Paar Lederhandschuhe und eine leere Brieftasche bei der anderen. Anzeige, Verhaftung, Vernehmung, Geständnis, ein kurzer Prozeß. Sie sei eine gefährliche Gewohnheitsverbrecherin, geprägt von außerordentlicher Hemmungslosigkeit und tiefer moralischer Verworfenheit, meinen die Richter Lerche, Ahrens und Eilers. Außerdem sei sie ein Volksschädling. Sie habe nämlich kriegsbedingte Verhältnisse insofern ausgenutzt, als sie den Besuch bei ihrem Mann vorgetäuscht und sich dadurch das Wohlwollen der Vermieter erschlichen habe; es sei nämlich üblich, daß Ehefrauen ihre Männer, bevor sie ins Feld gehen, in ihrer Heimatgarnison nochmals aufsuchen. Gerade solchen Frauen brächten die Volksgenossen besonderes Vertrauen entgegen, das die Angeklagte schamlos ausgenutzt habe. Und dann folgen Sätze, die ihren Tod besiegeln: „Die Angeklagte hat seit 1940 ein Leben geführt, das sie völlig unwürdig erscheinen läßt, noch weiter der Volksgemeinschaft anzugehören. Sie ist durch ihre ununterbrochene Kette von Straftaten und ihre Unverbesserlichkeit zu einer Gefahr für die Volksgemeinschaft geworden, so daß sie ausgemerzt werden muß“[116].

Wenig Chancen, mit einer Freiheitsstrafe davonzukommen, hatte auch die einundzwanzigjährige Protektoratsangehörige Martha K. Schon in ihrer Heimat hatte sie mehrere Diebstähle begangen. Im Jahr 1940 kam sie zum Arbeitseinsatz nach Braunschweig. Wegen Kleinstdiebstählen wurde sie zu 3 Monaten Gefängnis verurteilt. Danach fuhr sie in ihre Heimat, kam nach Braunschweig zurück und stahl erneut. Die Strafkammer des Landgerichts verurteilte sie zu zwei Jahren Zuchthaus. Im Sommer 1942 gelang ihr die Flucht aus Magdeburg-Sudenburg. Sie besorgte sich Zivilkleider, mietete sich wieder in Braunschweig ein und verübte in den Monaten August/September zahlreiche Diebstähle; meistens Kleidungsstücke, die sie tauschte und verkaufte. Andere Verdienstmöglichkeiten hatte sie nicht, denn als geflohener Sträfling konnte sie keine geregelte Arbeit aufnehmen. Besonders verwerflich erschien es den Richtern, daß die Angeklagte einige der Delikte in einer gestohlenen Schwesterntracht verübt hatte. Angesichts dieses „gemeinschaftsschädigenden Verhaltens“ und ihres Vorlebens kam für die Richter Lerche, Eilers und Grimpe nur die Todesstrafe in Frage. „Der Schutz der Volksgemeinschaft verlangt gebieterisch, daß solche Rechtsbrecher ein für allemal unschädlich gemacht werden“. Daß ihr die Richter als Protektoratsangehörige, die generell von den deutschen Behörden wegen ihrer „Renitenz“ besonders aufmerksam beobachtet wurden, keine mildernden Umstände zubilligten, ist anzunehmen[117].

Ganz ähnliche Argumentationsmuster fanden wir auch bei einer anderen gesellschaftlichen Randgruppe, den Prostituierten, deren Geschichten wir in einem späteren Kapitel erzählen werden[118].

---

[116] 42 B Neu 7 Nr. 1583.
[117] 42 B Neu 7 Nr. 1556.
[118] Vgl. S. 150 ff.

Am Rande der Gesellschaft, als „minderwertig“ galten den Sonderrichtern nicht zuletzt ausländische Angeklagte. Wir werden später ausführlich von ihren Erfahrungen mit der deutschen Justiz berichten. Hier erzählen wir von den Verfahren, die wegen mehrfachen Diebstahls – meistens handelte es sich um kleinere Einbrüche – mit Todesurteilen endeten und die uns durch die beschriebenen Vorurteilsstrukturen der Richter besonders geprägt erschienen.

Mehrere, eher unbedeutende Straftaten hatte ein Holländer bereits in seiner Heimat begangen, bevor er ins berüchtigte Gefangenenlager Salzgitter-Heerte eingeliefert wurde. Von dort entwich er im Oktober 1942 zusammen mit einem Mitgefangenen. Aus einer Mannschaftsbaracke im nahegelegenen Dorf nahmen sie sich Kleidung mit, drangen in einen Büroraum ein, kochten sich auf einem Ofen Kartoffeln und verrichteten in Eßschüsseln ihre Notdurft. In derselben Nacht stahlen sie aus einer Verkaufsbude mehrere Schachteln mit Zigaretten und einige Päckchen Nähnadeln. Das Todesurteil gegen den Holländer ist – selbst an der uns schon bekannten Härte des Sondergerichts gemessen – barbarisch. Ob nicht auch die Verschmutzung der Eßschlüsseln eine Rolle spielte? Im Urteil lesen wir: „Für derartige ausgesprochen asoziale Elemente, bei denen jeder Versuch der Besserung von vornherein aussichtlos erscheint ... ist die Todesstrafe die allein angemessene Strafe“[119].

Nur wenige Tage zuvor hatten die Richter Lerche, Eilers und Grimpe einen einundzwanzigjährigen Fleischer aus dem damaligen Protektorat wegen ganz ähnlicher Vergehen zum Tod verurteilt. Dreimal war der Fleischer in seiner Heimat wegen Diebstahls zu kleineren Strafen verurteilt worden. Im Jahr 1940 kam er nach Deutschland zur Arbeit und wurde wenige Monate später wegen Arbeitsvertragsbruchs von der Gestapo ins Arbeitserziehungslager Watenstedt auf dem Gebiet der Reichswerke Hermann Göring eingeliefert. Von dort flüchtete er, brach in eine Bürobaracke ein und entwendete ein Fahrrad und Bekleidung. Auf der weiteren Flucht kam er nach Bad Harzburg. Dort tat er etwas, was Polizei und Gericht provozierte: er brach in die Dienststelle der dortige Gestapo ein und stahl zwei Mäntel, einen Fotoapparat, eine Aktentasche, eine Brieftasche mit 9.– RM und eine Dienstpistole mit zwei gefüllten Magazinen. Später gab er in der Verhandlung an, in das Polizeigebäude eingebrochen zu sein, um sich an der Gestapo für die Einweisung in das Sonderlager in Watenstedt zu rächen. Der Fleischer konnte unerkannt ins Protektorat entkommen, kehrte aber nach einigen Monaten wieder nach Deutschland zurück, schaffte bei seinem neuen Arbeitgeber etwa drei Zentner Fleisch und Wurst beiseite. Dafür erhielt er vom Sondergericht Magdeburg eine mehrjährige Zuchthausstrafe. Erst jetzt in der Strafhaft wurden die oben geschilderten Einbrüche bekannt. Vor dem Sondergericht hatte er keine Chance mehr. Er habe ein sehr unregelmäßiges Leben geführt, bei ihm lasse sich trotz seiner Jugend ein starker verbrecherischer Hang beobachten; ausdrücklich verwiesen die Richter als erschwerendes Moment auf den Einbruch in das Gestapogebäude hin. Da überrascht es nicht, daß der junge Fleischer nach Ansicht der Richter „für die Volksgemeinschaft nicht mehr tragbar ist und ausgemerzt werden muß“[120].

---

119 Urteil der Richter Ahrens, Eilers und Grimpe vom 31. 3. 1943, 42 B Neu 7 Nr. 1567.
120 42 B Neu 7 Nr. 1566.

Wir wollen abschließend von solchen Angeklagten vor dem Braunschweiger Sondergericht erzählen, bei denen auch nicht-diktatorische Systeme mit harten Strafen vorgehen: Männer und Frauen, die einen Mord oder einen Totschlag verübt haben.

Es gehörte zur Rechtfertigungsstrategie der Justiz nach 1945, den unpolitischen Charakter der Rechtsprechung im Krieg zu betonen, mit dem Hinweis, die meisten Urteile, vornehmlich die Todesurteile, hätten sich auf Verstöße gegen die Kriegswirtschaftsverordnung und auf normale Delikte wie Diebstahl, Raub, Mord, Vergewaltigung bezogen, die zu jeder Zeit und in jedem System streng bestraft würden. Wir haben darauf hingewiesen, daß diese Delikte während des Krieges meistens der Volksschädlingsverordnung folgend behandelt wurden, da in vielen Fällen bei Tatbegehung eine „Ausnutzung von Kriegsverhältnissen" konstruiert werden konnte, wodurch härtere Strafen möglich wurden.

Nun gab es Delikte, die auch bei einer sehr weiten Auslegung nicht als unter „Ausnutzung der Kriegsverhältnisse" begangene anzusehen waren. Auch für diese Fälle hatten die Machthaber vorgesorgt und am 5. Dezember 1939 die Verordnung gegen Gewaltverbrecher erlassen[121]. Danach wurde zum Tode verurteilt, wer bei Notzucht, Straßenraub, Bankraub oder einer anderen schweren Gewalttat Schuß-, Hieb- oder Stoßwaffen anwandte. Die juristischen Kommentatoren fanden auch hierfür Begründungen: Gewalttaten würden gerade in Kriegszeiten die Rechtssicherheit beeinträchtigen und die „Standfestigkeit der inneren Front" bedrohen. Wer seinem Volk, das in schwerem Kampf gegen den äußeren Feind stehe, mit schweren Gewalttaten zu Hause in den Rücken falle, verdiene härteste Strafe[122]. Von den 92 vom Sondergericht Braunschweig verhängten Todesurteilen bezogen sich 13 auf die „Gewaltverbrecherverordnung".

Im Sommer 1941 überfiel ein Arbeiter ein älteres Ehepaar auf einem Spaziergang im Harz, wollte die Frau vergewaltigen und erschlug den zu Hilfe eilenden Ehemann. In der Vernehmung hatte er erzählt, daß er sich eigentlich umbringen, vor dem Selbstmord aber noch eine Frau vergewaltigen wollte. Das daraufhin eingeholte Gutachten des Amtsarztes hielt ihn nicht für geisteskrank; damit war sein Tod besiegelt.

Im Mai 1942 ermordete ein Brauereiarbeiter seine zwei Kinder. Mehrmals war er in den Jahren davor in Nervenheilanstalten eingewiesen worden. Den Antrag der Verteidigung, ihn erneut in einer Anstalt zu behandeln, lehnte das Sondergericht ab. Das „Schutzbedürfnis des Volkes" könne nur durch die Todesstrafe gewährleistet werden.

Im Frühjahr 1944 brachte ein Transportarbeiter seine Mutter um. Und in den letzten Kriegswochen verhängte das Sondergericht gegen einen französischen Zwangsarbeiter wegen Mordes die Todesstrafe, die jedoch nicht mehr vollstreckt wurde[123]. In allen vier Mord-Fällen hätte auch ein Gericht in einem rechtsstaatlichen System – vorausgesetzt, die Todesstrafe wäre vorgesehen gewesen – möglicherweise ein Todesurteil gefällt. Doch wäre die Einweisung in eine psychiatrische Heilanstalt in zwei Fällen zweifellos intensiver geprüft worden.

Das Gericht wandte die „Gewaltverbrecherverordnung" an und verhängte die Todesstrafe in drei Fällen von Totschlag:

---

[121] Rgbl. 1939, S. 2378.

[122] Vgl. hierzu Werle, Justiz-Strafrecht, S. 284 ff, der das zeitgenössische juristische Schrifttum zu dieser Verordnung auswertet.

[123] 42 B Neu 7 Nr. 1538, 1542, 1585, 1611.

Ein 26jähriger polnischer Arbeiter verletzte bei einer Rauferei in einem Wohnlager einen polnischen Landsmann schwer und einen anderen tödlich; ein tschechischer Arbeiter tötete bei einem Fluchtversuch einen Beamten, und ein französischen Arbeiter erschlug im Streit im Lager Heerte einen Arbeitskollegen[124].

Mit dem Tod bestraft wurden in einigen Fällen auch schwere Gewalttaten ohne Todesfolge sowie versuchte Gewalttaten: ein Maschinenschlosser aus Braunschweig wegen versuchter Notzucht als Wiederholungstäter. Ein belgischer Heizer, zum Arbeitseinsatz in Deutschland, der eine Prostituierte mit einem Stein bewußtlos geschlagen hatte. Zwei ukrainische Arbeiter, die im berüchtigten Lager 21 in Salzgitter einen italienischen Arbeiter niedergeschlagen und beraubt hatten[125].

Gewaltanwendung von Zwangsarbeitern gegen Deutsche, begangen bei Fluchtaktionen, ahndete das Sondergericht mit der Todesstrafe: bei einem ukrainischer Zwangsarbeiter, der nach seiner Flucht aus einem Arbeitslager im Wald einem Förster begegnete und ihn niederschlug; bei einem russischen Arbeiter, der beim Fluchtversuch aus dem Gefängnis einen Beamten bewußtlos geschlagen hatte[126].

Auch in diesem Deliktbereich spielte der „Tätertyp" eine Rolle. Wiederholungstäter und Ausländer hatten wenig Chancen, mit einer Zuchthausstrafe davonzukommen; von den 13 als „Gewaltverbrecher" Verurteilten waren 9 Ausländer.

---

[124] 42 B Neu 7 Nr. 1550, 1558, 1574.
[125] 42 B Neu 7 Nr. 1539, 1577, 1593.
[126] 42 B Neu 7 Nr. 1541, 1549.

5. Hauptdelikt: Heimtücke

Von der Anwendung der Heimtückeverordnung in den Jahren 1933/34 haben wir bereits erzählt. In dieser Zeit traten die Heimtückeverfahren hinter denjenigen Prozessen zurück, die wegen Verstoßes gegen die Reichstagsbrandverordnung geführt wurden und als politische Prozesse im eigentlichen Sinn bezeichnet werden können.

In den Jahren 1935 bis Kriegsbeginn, den Jahren der Stabilisierung des NS-Systems, beschäftigte sich das Sondergericht Braunschweig demgegenüber fast ausschließlich mit Verstößen gegen das Heimtückegesetz.

Das „Gesetz gegen heimtückische Angriffe auf Staat und Partei" vom 20. 12. 1934 löste die Heimtückeverordnung vom 21. 3. 1933 ab und führte zu einer deutlichen Ausweitung des Straftatbestandes[1]. Dieser Ausweitung stand bis Kriegsausbruch eine auffällig hohe Zahl an Verfahrenseinstellungen gegenüber. Im Unterschied zu den Heimtückeverfahren 1933/34, die fast immer einen politischen Hintergrund hatten, handelte es sich in der Stabilisierungsphase oft nur um Bagatellsachen. Hier besaß das Gericht erheblichen Spielraum, den es unterschiedlich nutzte. Wir wollen zunächst Faktoren der Entscheidungsfindung des Gerichts untersuchen, bevor wir uns den Heimtückefällen selbst zuwenden.

5.1 Faktoren der gerichtlichen Entscheidungsfindung

Bereits den Ermittlungsbehörden waren viele Beschuldigungen zu unglaubwürdig, zu widersprüchlich die Aussagen der Zeugen. „Die Äußerungen sind als kritiklose, törichte Redereien schwatzhafter Frauen anzusehen"[2]. Zu vordergründig waren die Motive der Anzeigenden.

In einem Dorf zeigte ein Knecht eine Landarbeiterin an. Sehr schnell stellte sich in den Vernehmungen heraus, daß sie sich ihm sexuell verweigert hatte[3]. Ein Buchhändler wurde von einem Angestellten, den er kurz zuvor entlassen hatte, angezeigt, er kaufe die Bibliotheken von Juden auf[4]. Den angeblichen Ausspruch einer Frau „Wir sind durchs rote Meer gekommen, wir kommen auch durch die braune Scheiße" verfolgte der Staatsanwalt nicht weiter, weil er bei der anzeigenden Nachbarin einen Racheakt vermutete[5]. Beim Ährenlesen schimpfte angeblich eine Frau auf die häufigen Sammlungen für das Winterhilfswerk. Das Geld sei nicht „für uns Proleten, sondern für die Dickköpfe, die zum Sonderparteitag fahren... Mein Mann wird in die SA gezwungen, sonst verliert er die Arbeit". Ihre Freundin, die inzwischen mit ihr im Streit lebte, erstattete Wochen später Anzeige. Sie sei sich mit der Beschuldigten nicht mehr einig, „und da sie nur immer

---

1 Vgl. S. 18 f. dieser Arbeit.
2 42 B Neu 7 Nr. 480.
3 42 B Neu 7 Nr. 425.
4 42 B Neu 7 Nr. 148.
5 42 B Neu 7 Nr. 579

Reichsgesetzblatt

Teil I

1934 | Ausgegeben zu Berlin, den 29. Dezember 1934 | Nr. 137

Inhalt

Tag		Seite
20. 12. 34	**Gesetz gegen heimtückische Angriffe auf Staat und Partei und zum Schutz der Parteiuniformen**	1269
24. 12. 34	Steuersäumnisgesetz (StSäumG)	1271

Gesetz gegen heimtückische Angriffe auf Staat und Partei und zum Schutz der Parteiuniformen.
Vom 20. Dezember 1934.

Die Reichsregierung hat das folgende Gesetz beschlossen, das hiermit verkündet wird:

Artikel 1

§ 1

(1) Wer vorsätzlich eine unwahre oder gröblich entstellte Behauptung tatsächlicher Art aufstellt oder verbreitet, die geeignet ist, das Wohl des Reichs oder das Ansehen der Reichsregierung oder das der Nationalsozialistischen Deutschen Arbeiterpartei oder ihrer Gliederungen schwer zu schädigen, wird, soweit nicht in anderen Vorschriften eine schwerere Strafe angedroht ist, mit Gefängnis bis zu zwei Jahren und, wenn er die Behauptung öffentlich aufstellt oder verbreitet, mit Gefängnis nicht unter drei Monaten bestraft.

(2) Wer die Tat grob fahrlässig begeht, wird mit Gefängnis bis zu drei Monaten oder mit Geldstrafe bestraft.

(3) Richtet sich die Tat ausschließlich gegen das Ansehen der NSDAP. oder ihrer Gliederungen, so wird sie nur mit Zustimmung des Stellvertreters des Führers oder der von ihm bestimmten Stelle verfolgt.

§ 2

(1) Wer öffentlich gehässige, hetzerische oder von niedriger Gesinnung zeugende Äußerungen über leitende Persönlichkeiten des Staates oder der NSDAP., über ihre Anordnungen oder die von ihnen geschaffenen Einrichtungen macht, die geeignet sind, das Vertrauen des Volkes zur politischen Führung zu untergraben, wird mit Gefängnis bestraft.

(2) Den öffentlichen Äußerungen stehen nichtöffentliche böswillige Äußerungen gleich, wenn der Täter damit rechnet oder damit rechnen muß, daß die Äußerung in die Öffentlichkeit dringen werde.

(3) Die Tat wird nur auf Anordnung des Reichsministers der Justiz verfolgt; richtet sich die Tat gegen eine leitende Persönlichkeit der NSDAP., so trifft der Reichsminister der Justiz die Anordnung im Einvernehmen mit dem Stellvertreter des Führers.

(4) Der Reichsminister der Justiz bestimmt im Einvernehmen mit dem Stellvertreter des Führers den Kreis der leitenden Persönlichkeiten im Sinne des Absatzes 1.

§ 3

(1) Wer bei der Begehung oder Androhung einer strafbaren Handlung eine Uniform oder ein Abzeichen der NSDAP. oder ihrer Gliederungen trä…

(2) Wer parteiamtliche Uniformen und Abzeichen im Besitz hat, ohne dazu als Mitglied der NSDAP., ihrer Gliederungen oder der ihr angeschlossenen Verbände oder aus einem anderen Grunde befugt zu sein, wird mit Gefängnis bis zu einem Jahr, und, wenn er diese Gegenstände trägt, mit Gefängnis nicht unter einem Monat bestraft.

(3) Den parteiamtlichen Uniformen, Uniformteilen und Abzeichen stehen solche Uniformen, Uniformteile und Abzeichen gleich, die ihnen zum Verwechseln ähnlich sind.

(4) Neben der Strafe ist auf Einziehung der Uniformen, Uniformteile, Gewebe, Fahnen oder … die strafbare …

mit meinen Kindern zankt, will ich diese Sache doch zur Anzeige bringen"; das war auch dem Staatsanwalt zu durchsichtig, er stellte das Verfahren ein[6].

Bis zur Verhandlung kam ein Heimtückeverfahren gegen eine Hausfrau, die zu ihrer Nachbarin gesagt hatte, Göring verdiene zu viel, seine Frau sei die größte Hure Deutschlands, der Führer sei ein Hampelmann. Den vom Amtsgericht erlassenen Haftbefehl hob das Sondergericht wieder auf, doch der Reichsjustizminister ordnete die Strafverfolgung an. Das Verfahren endete mit einem Freispruch: „Es schien dem Gericht aber zu gewagt, lediglich auf Grund der Angaben der der Angeklagten feindlich gesinnten Zeugin ein Urteil zu fällen"[7].

Freilich, auch die Glaubwürdigkeit von Zeugen unterlag der subjektiven Einschätzung der Ermittlungsbehörden und des Gerichts. Die Aussage eines überzeugten Nationalsozialisten besaß größeres Gewicht als z. B. die entlastende Erklärung eines ehemaligen Sozialdemokraten oder einer Person mit „liederlichem Lebenswandel".

Es kam vor, daß der Staatsanwalt eine Heimtückerede nicht in ihrer Gesamtheit zum Gegenstand des Verfahrens machte. Wir erzählen einen Fall aus den letzten Kriegswochen. Ein Tischler in einem kleinen Dorf bei Braunschweig erwiderte einen Hitler-Gruß nicht. Zur Rede gestellt, wurde er immer wütender und schrie, der Ortsgruppenleiter habe eine verheiratete Soldatenfrau, deren Mann im Felde stehe, vergewaltigt und ihm geschehe nichts. Anzeige, Verhöre, Ermittlungen waren unausweichlich. Dabei stellte sich heraus, daß der Ortsgruppenleiter tatsächlich ein Verhältnis mit einer Soldatenfrau begonnen und dabei auch noch deren Notlage ausgenutzt hatte. Ausdrücklich vermerkte nun der Staatsanwalt, daß nur der verweigerte Hitlergruß verhandelt werde. Offensichtlich fürchtete man die öffentliche Demontierung eines angesehenen Parteifunktionärs[8].

Häufig hatten die Beschuldigten in stark angetrunkenem Zustand geschimpft, gemekkert, beleidigt. Manchmal erkannte der ermittelnde Staatsanwalt auf Unzurechnungsfähigkeit, meistens spielte er die Trunkenheit jedoch herunter. Der Grad der Zurechnungsfähigkeit unterlag auch hier subjektiver Einschätzung. Ehemalige Mitglieder der Arbeiterorganisationen konnten kaum mit Nachsicht rechnen. Ein Rentner, langjähriges SPD-Mitglied, verkündete im Gasthaus nach etlichen Bieren: „jetzt kommt der Militarismus wieder hoch. Aber laß sie nur, wir haben noch einen großen Bruder, auf den wir uns verlassen können. Das ist der Bolschewismus". Das Gericht fällte ein drakonisches Urteil für diese „hetzerische Rede": ein Jahr und sechs Monate Gefängnis. Sein alkoholisierter Zustand entlastete ihn nach Meinung des Gerichts nicht, im Gegenteil: „Die Trunkenheit hat seine wahre Gesinnung ans Licht gebracht"[9].

Auch der Konsum von 40 Glas Bier und 20 Schnäpsen konnte bei einem Kaufmann – Anhänger des Welfenhauses – das Gericht nicht zur vom Verteidiger beantragten Anwendung von § 51 bewegen. Zu sehr dominiere der Eindruck eines politisch vollständig Unzuverlässigen[10].

Alkoholgenuß wirkte nur entlastend, wenn das Gericht den Angeklagten politisch und moralisch positiv beurteilte.

---

[6] 42 B Neu 7 Nr. 329.

[7] 42 B Neu 7 Nr. 522.

[8] 42 B Neu 7 Nr. 1191.

[9] 42 B Neu 7 Nr. 81.

[10] 42 B Neu 7 Nr. 365.

Spielraum hatte das Gericht auch bei der Frage, ob die Heimtückerede öffentlich oder nicht öffentlich war. Der Kaufmann W. erklärte einem Handelsvertreter, offensichtlich Parteimitglied, er kaufe nicht von Leuten mit Parteiabzeichen. Das Gericht erkannte auf Öffentlichkeit, obwohl es für das Gespräch keinen weiteren Zeugen gab: „Da der Zeuge seine gegensätzliche Anschauung zu erkennen gab, mußte W. damit rechnen, daß die Äußerung an die Öffentlichkeit gelangen würde“[11].

Unter vier Augen hatte ein Handelsvertreter aus Wolfenbüttel Hitler den Hochstapler des Jahrhunderts genannt. Das Gericht ging von der kommunistischen Gesinnung des Angeklagten aus, hielt deshalb den einzigen Zeugen für glaubhaft und sah es als erschwerend an, daß das Gespräch zwar nicht-öffentlich stattgefunden habe, „aber da den Angeklagten keine enge Freundschaftsbande mit dem Zeugen verbanden, mußte der Angeklagte damit rechnen, daß die Äußerung in die Öffentlichkeit dringe“[12].

In einigen Fällen führte das hohe Alter der Beschuldigten zur Verfahrenseinstellung. Strafmildernd wirkte sich meistens eine frühere „vaterländische“ Gesinnung aus. Mit dieser Begründung stellte das Gericht hauptsächlich Ermittlungsverfahren gegen ehemalige Angehörige des Stahlhelms ein. Ein Kaufmann hatte sich in leicht angetrunkenem Zustand in einem Kaffeehaus mit Gästen unterhalten und dabei geäußert, eine freie Meinung gebe es in Deutschland nicht mehr, darum müsse man ins Ausland gehen. Ein am Nachbartisch sitzender Architekt hatte ihn angezeigt. Das Sondergericht unter Karl Höse sprach ihn am 19. 2. 1937 frei. Die Behauptung des Angeklagten, er habe nur wiedergegeben, was Amerikaner ihm gesagt hätten, sei nicht zu widerlegen. Außerdem sei er Kriegsfreiwilliger gewesen und 1919 Führer der Wolfenbüttler Einwohnerwehr, wo er sich tatkräftig gegen die roten Unruhen betätigt habe[13]. Dabei wirkte eine lang zurückliegende Parteizugehörigkeit keineswegs immer entlastend: „Die Tatsache, daß die Angeklagte schon vor der Machtübernahme zur NSDAP gestoßen ist, bildet nach den Erfahrungen, die das Sondergericht zu sammeln Gelegenheit hatte, keineswegs einen Hinderungsgrund“ für eine Heimtückerede; auch ein älteres Parteimitglied könne die innere Einstellung wechseln[14].

Eine Reihe von Verfahren – wir haben bereits darauf hingewiesen – wurde in diesen Jahren aufgrund von Straffreiheitsgesetzen eingestellt; und zwar, wenn nur niedrige Strafen zu erwarten waren, die dann ohnehin unter die Amnestie fallen würden. Eine solche Einstellung des Verfahrens konnte der Staatsanwalt verfügen oder das Sondergericht. Über ein eingestelltes Verfahren wurde die Gestapo informiert; in einigen wenigen Fällen nahm die Gestapo die Beschuldigten gleichwohl in Schutzhaft.

Es konnten trotz Verfahrenseinstellung auch Nachteile z. B. im Berufsleben entstehen. Ein Schlosser bei Büssing hatte sich beschwert, er müsse heute mehr Steuern zahlen als früher. Ein Kollege zeigte ihn an, auch die vorgeladenen Zeugen sagten gegen ihn aus. Da er früher dem Metallarbeiterverband angehörte, galt er als unzuverlässig. Aufgrund des Straffreiheitsgesetzes wurde das Verfahren aber eingestellt. Die Firma hatte ihm dennoch wegen dieses Vorfalls die Meisterstellung genommen. Der Schlosser klagte;

---

11 42 B Neu 7 Nr. 218.
12 42 B Neu 7 Nr. 351.
13 42 B Neu 7 Nr. 348.
14 42 B Neu 7 Nr. 517.

das Arbeitsgericht gab der Firma Recht, ein Meister müsse Vorbild sein; entlassen wurde der Schlosser allerdings nicht[15].

Entlassen trotz Verfahrenseinstellung aufgrund des Straffreiheitsgesetzes wurde ein Arbeiter, der laut Anzeige seines Arbeitskollegen gewitzelt hatte, der Führer sei der größte Erbhofbauer: „er habe 75 Millionen Schafe, einen lahmen Gaul (Goebbels) und einen fetten Hammel"(Göring)[16]. Gegen einen Friseur, dessen Verfahren eingestellt wurde – er hatte regimekritische Witze erzählt – leitete der Reichshandwerksmeister ein Prüfungsverfahren ein, ob der Beschuldigte sein Amt als Friseur-Obermeister noch weiter ausüben könne[17].

In einigen Heimtückeverfahren lassen sich unterschiedliche Beurteilungskriterien zwischen den einzelnen Instanzen des Sondergerichts feststellen. Sie wurden hin und wieder deutlich im Zusammenhang des § 2 des Heimtücke-Gesetzes. Er sah nämlich vor, daß die Tat nur auf Anordnung des Reichsjustizministers verfolgt werden konnte. Bei diesen Verfahren schickte der Oberstaatsanwalt am Sondergericht einen Bericht nach Berlin mit dem Vorschlag: Einstellung oder Anklage. Der Justizminister folgte meistens dem Vorschlag des zuständigen Staatsanwalts, wich aber zuweilen auch ab – für das Braunschweiger Sondergericht meistens zugunsten der Beschuldigten.

Einen Bergmann aus Bündheim wollte der Staatsanwalt wegen der Äußerungen „Ein Kommunist ist mir lieber als 2 Braunhemden" und „im Krieg drücken sich die Nazis hinten rum" anklagen, der Reichsjustizminister lehnte ab[18].

Es kam auch vor, daß der Braunschweiger Generalstaatsanwalt die Einschätzung seines Staatsanwalts korrigierte. Ein Rentner hatte in betrunkenem Zustand die Hitler-Rede am 28. 9. 1938 kommentiert: das sei die dümmste gewesen, die er jemals gehört habe, und zum passiven Widerstand aufgerufen. Der Oberstaatsanwalt wollte wegen Trunkenheit von der Verfolgung absehen; ganz anders Generalstaatsanwalt Müller. Die Äußerung sei in jenen Tagen gefallen, „als der Wille des Deutschen Volkes in allen seinen Gliedern mit Entschlossenheit auf den Kampf mit den Waffen gegen die Feinde des Reiches gerichtet sein mußte...Wenn in solchen kritischen Zeiten eines Volkes, die eiserne Entschlossenheit und treue Gefolgschaft fordern, solche Äußerungen über den Führer gemacht werden,...so sollte man nicht mit Nachsicht darüber hinwegsehen, auch wenn es sich bei dem Sprecher um einen völlig betrunkenen Menschen handelt...Deshalb meine ich, daß die Strafverfolgung gegen den Beschuldigten, der ohnehin nichts taugt, angeordnet werden müßte". Der Beschuldigte war Homosexueller. Der Reichsjustizminister schloß sich der Auffassung des Generalstaatsanwalts nicht an[19].

Hin und wieder nutzten die Richter die Urteilsbegründungen zu einer Art juristischem Kolleg.

Ein Lagerverwalter aus Braunschweig kommentierte Ende 1936 eine Göring-Rede: „Was hat der weiter erzählt, als daß Deutschland pleite ist". Ein Zeuge berichtete von einer weiteren Äußerung des Angeklagten, anläßlich des Selbstmordes eines jüdischen Kaufmanns und seiner Familie: „Das sind ja schöne Zustände in Deutschland, daß sich schon die Juden vergiften müssen". Der Angeklagte war zwölf Jahre in dem jüdischen

---

15 42 B Neu 7 Nr. 420.
16 42 B Neu 7 Nr. 446.
17 42 B Neu 7 Nr. 1202.
18 42 B Neu 7 Nr. 453.
19 42 B Neu 7 Nr. 473.

Betrieb beschäftigt. Der Staatsanwalt erhob Anklage nach § 1 Heimtückegesetz. Für den zweiten Satz wies das Gericht die Anklage zurück mit juristisch sehr scharfsinnigen Argumenten, die gleichwohl in ihrer Kälte erschrecken, bedenkt man den Anlaß für die „Heimtückerede" des Angeklagten: „Das Gericht verkennt nicht, daß nicht nur die Darstellung bestimmter einzelner Vorgänge als Tatsachenbehauptung anzusehen ist, sondern unter Umständen auch die Mitteilung gewisser innerer Vorgänge und Zustände unter den Begriff ‚Behauptung einer Tatsache' zu rechnen ist. Letzteres ist nämlich dann der Fall, wenn Werturteile in erkennbare Beziehung zu bestimmten äußeren Geschehnissen gebracht werden, so daß die Äußerung eines Bewußtseinsvorgangs der Darstellung des ihm zugrunde Sachverhalts gleichkommt...Auch im vorliegenden Fall liegt der Äußerung des Angeklagten ein bestimmter einzelner Vorgang zugrunde. Dieser Vorgang ist jedoch lediglich der äußere Anlaß der Worte des Angeklagten gewesen und von dem, was der A. schließlich zum Ausdruck gebracht hat, derart losgelöst, daß Beziehungen zwischen der Äußerung des A. und dem erwähnten Vorfall nicht mehr erkennbar sind". Es handle sich also um ein Werturteil. Damit stelle sich die Frage, ob die Rede als öffentlich gelten müsse. Dies sei nicht der Fall, deshalb der Freispruch. Den Tatbestand der Heimtückerede erfülle allerdings die Kommentierung der Göring-Rede: 5 Monate Gefängnis[20].

5.2 Heimtückereden

Wir verlassen die Perspektive der Ermittlungsbehörden und des Gerichts und fragen nach dem Inhalt der Heimtückereden.

Heimtückereden sind uns in den meisten Fällen aus der Sicht und der Sprache der Anzeigenden bzw. der Zeugen überliefert.

Die Beschuldigten selbst gestehen, modifizieren oder bestreiten die inkriminierten Formulierungen. Als Entlastung führen sie am häufigsten Trunkenheit zur Tatzeit an, aber auch einen Hörfehler, oder Nervenschwäche bzw. leichte Erregbarkeit; oder sie erklären, es sei alles ein Mißverständnis gewesen. Manchmal gelingt es mit List und Geistesgegenwart, sich einem Verfahren zu entziehen.

Von einem Nachbarn aufgefordert, zusammen einen NS-Gemeinschaftsabend zu besuchen, hatte der Beschuldigte angeblich geantwortet: „Zu dem Pack gehen wir nicht hin"; die Anzeige erfolgte umgehend. Vor der Polizei stritt er diesen Satz vehement ab. Er habe angesichts des regnerischen Wetters gesagt: „Bei dem Patsch (Matsch übersetzt das Protokoll) gegen wir nicht hin". Die Staatsanwaltschaft akzeptierte diesen möglichen Hörfehler und stellte das Verfahren ein[21].

Heimtückereden wurden am häufigsten in Gasthäusern gehalten, dann am Arbeitsplatz, aber auch in Treppenhäusern, beim Kaufmann, auf der Straße, in Schrebergärten. Häufig kam es zu ganz spontanen Äußerungen, oft nur in Wortfetzen. Sie waren nicht selten Bestandteil eines Dialogs, begleitet von Gesten und entsprechender Mimik[22]. Ein oder mehrere Zuhörer gingen schnellstens, meistens am nächsten Tag, zur Polizei und erstatteten Anzeige. In einigen Fällen geschah das auch Wochen und Monate später. Zuweilen bedurfte es erheblicher Anstrengung, den „Delinquenten" der Polizei zu überge-

---

20 42 B Neu 7 Nr. 347.
21 42 B Neu 7 Nr. 136.
22 Vgl. hierzu Hüttenberger, Heimtückefälle, S. 473.

ben: in einem Gasthaus in Schliestedt hatte ein Fräser aus Schöningen geschimpft: „Goebbels, Göring und Frick sind die größten Schweinehunde". Einige Zuhörer benachrichtigten die Landjägerei. Daraufhin verließ der Fräser die Wirtsstube und floh mit dem Fahrrad in Richtung Schöppenstedt. Ein Zeuge fuhr ihm nach, holte ihn ein, brachte ihn zurück und hielt ihn bis zum Eintreffen der Polizei fest[23].

Wir wollen in den folgenden Abschnitten versuchen, die vielen, thematisch sehr unterschiedlichen Heimtückereden zu ordnen.

5.2.1 Kritik an politischen Verhältnissen

Wir gehen nochmals zurück ins Jahr 1933. In Schöningen wurde Helene Heinemann verhaftet, weil sie überall erzählte, ihr Mann sei von den Nazis umgebracht worden. Tatsächlich gehörte Kurt Heinemann zu den in Rieseberg am 4. Juli 1933 von SS-Leuten Ermordeten. Das wußten natürlich auch die Ermittlungsbehörden. Um kein weiteres Aufsehen zu erregen, wurde das Verfahren eingestellt. „Es trifft zu, daß der Ehemann bei einem Überfall in Rieseberg zu Tode gekommen ist. Täter sind unbekannt geblieben", schrieb der Staatsanwalt[24].

Auch noch in den Jahren der politischen Stabilität beschäftigten die Leute die Ereignisse der Machtergreifungsphase, der Reichstagsbrand und der Röhm-Putsch. Für die Bemerkung, Goebbels und Göring hätten den Reichstag angezündet, gab es 1936 sechs Monate Gefängnis[25]. Und ein Puddingfabrikant erhielt 1938 eine Gefängnisstrafe von 8 Monaten, weil er Göring und die SA als Brandstifter bezeichnete. Dies sei besonders verwerflich und gefährlich gegenüber dem Ausland, meinte das Gericht, „da immer noch Stimmen laut werden, die Göring als Reichstagsbrandstifter hinstellen wollen"[26]. Lange noch wirkte die Erschießung Röhms nach. Hitler habe seinen Freund Röhm erschießen lassen; er habe damals Hunderte umgebracht, erzählte 1937 ein Braunschweiger Kaufmann und zog eine Parallele zu einem Raubmörder, dessen Taten zu dieser Zeit die Braunschweiger Bevölkerung empörten und beunruhigten. Diesen Vergleich, welcher die durch „Staatsnotstand erforderten Maßnahmen gegen die Verschwörer der Röhm-Revolte mit dem Treiben eines Raubmörders" gleichsetzte, hielt das Sondergericht für besonders verwerflich – 1 Jahr Gefängnis[27].

Aufmerksam verfolgten die Behörden im Frühjahr 1936 jede auch nur in Ansätzen politische Kritik vor allem in größeren Betrieben. In einer Braunschweiger Jutespinnerei behauptete ein Arbeiter, Deutschland habe mit dem Einmarsch ins Rheinland die Locarno-Verträge aus dem Jahr 1925 gebrochen. Es kam zu einer umfangreichen Vernehmung der Belegschaft. Sie verlief ergebnislos, wirkte aber zweifellos einschüchternd[28]. In den Braunschweiger Blechwarenwerken kommentierte ein Arbeiter die Märzwahlen 1936: „Wenn wirklich freie Wahl ist, dann gibt es nicht so viel Stimmen". Der Betriebsobmann erstattete Anzeige, und ein Ermittlungsverfahren kam in Gang. Die Gestapo verhaftete

---

[23] 43 A Neu 1 Nr. 145.
[24] 42 B Neu 7 Nr. 65.
[25] 42 B Neu 7 Nr. 203.
[26] 42 B Neu 7 Nr. 516.
[27] 42 B Neu 7 Nr. 365, ähnlich Nr. 357, 366.
[28] 42 B Neu 7 Nr. 1205.

den Arbeiter; doch die Strafverfolgung wurde nicht angeordnet, es blieb bei einer Ermahnung. In seinem Bericht machte der ermittelnde Gestapo-Beamte darauf aufmerksam, „daß die Belegschaft der Blechwerke äußerst regierungsfeindlich ist". Bei der Übertragung der jüngsten Goebbels-Rede seien die Arbeiter sehr unaufmerksam gewesen, gänzlich desinteressiert. Einige hätten den Mund aufgerissen und frech gegrinst. Darauf angesprochen, erklärte ein Arbeiter, er habe nur gegähnt; schließlich arbeite er schwer und schlafe nicht besonders gut. Immer wieder finden sich in den Vernehmungsprotokollen solch listig-schlitzohrige Antworten, denen selbst die Gestapo machtlos gegenüberstand[29].

Auch der Spanische Bürgerkrieg spielte in den Heimtückereden eine Rolle. Ein norwegischer Staatsbürger behauptete, deutsche Flieger würden Pestbazillen verwenden (6 Monate Gefängnis). Gegen einen Drogistenschüler wurde Anfang 1938 ermittelt: deutsche Soldaten hätten in Spanien nichts zu suchen. Eine Strafverfolgung wurde nicht angeordnet, aber der Schüler mußte die Schule verlassen[30].

Seit 1937 häuften sich Heimtückereden, die Ängste vor einem kommenden Krieg ausdrückten. So erklärte ein Betriebsleiter aus Harlingerode: „Jede deutsche Mutter, die heute wieder ein Kind zur Welt bringt, ist wahnsinnig, denn das Kind wird, genau wie 1914, letzten Endes doch wieder zu Kanonenfutter"; er mußte ein Jahr ins Gefängnis[31]. Sechs Monate bekam ein Arbeiter für die Prophezeiung: „Die deutschen Arbeiter werden bald wieder in Erdlöchern wohnen und Schützengräben auswerfen"[32]. Hitler wolle den Krieg, und bei Kriegsausbruch würden sich die „Bonzen" sowieso drücken[33]. Behauptungen, es gäbe Unruhe und Mißstimmung in der Bevölkerung, die Regierung bleibe nicht mehr lang am Ruder, registrierte die Polizei besonders aufmerksam.

Ein Buchhalter aus Schöningen hatte im Sommer 1938 erzählt, im Salzgittergebiet gäbe es große Streiks und Zusammenrottungen gegen die SS. Die Staatsanwaltschaft erhob Anklage: das Ausland habe größtes Interesse an den Reichswerken Hermann Göring. Falsche Gerüchte über Vorgänge im Aufbaugebiet könnten das Ansehen der Reichsregierung im Ausland schwer schädigen. „Wie willkommen mögen Nachrichten von Streiks und Demonstrationsumzügen, Zusammenrottungen gegen SS-Wachtposten den Elementen sein, die sich solche Zustände sehnlichst herbeiwünschen und denen solche Mitteilungen eine Stärkung ihrer asozialen oder kommunistischen Gesinnung bedeuten, ganz zu schweigen davon, daß sie Material für die feindliche ausländische Presse und Rundfunkhetze gegen Deutschland liefern"[34].

Kritische Äußerungen von Deutschen gegenüber Ausländern beurteilte das Gericht besonders streng. Im Sommer 1939 bemerkte der Architekt Max Waegener aus Braunschweig zu einem holländischen Bauingenieur, er könne nicht verstehen, daß dieser nach Deutschland gekommen sei. Der Holländer: er habe in Holland durch die Juden keine Arbeit bekommen. Dies könne er überhaupt nicht verstehen, antwortete der Architekt, er sei viel in deutschen Judengeschäften gewesen und dort immer freundlich empfangen worden. Hier in Deutschland habe man den Juden das Geld geklaut. Und er fuhr fort:

---

29 42 B Neu 7 Nr. 1208.
30 42 B Neu 7 Nr. 224 und 513.
31 42 B Neu 7 Nr. 353.
32 42 B Neu 7 Nr. 352.
33 42 B Neu 7 Nr. 345, 366, 453.
34 42 B Neu 7 Nr. 490.

‚Mein Kampf' lese er nicht; von 10 Worten seien 9 Schwindeleien. Der Bauingenieur hielt seiner Kritik entgegen: in Deutschland gebe es keine Arbeitslosen. W.: man habe noch viel Arbeitslose, wenn man die Leute rechne, die bei der Wehrmacht seien, die im KZ säßen und die Juden, die man hinausgeschmissen habe. Übrigens stehe die deutsche Luftwaffe nur auf dem Papier. Der holländische Ingenieur erstattete Anzeige. Die Ermittlungen ergaben weitere ‚Heimtücke'-Äußerungen: gegenüber einer Sekretärin hatte Waegener abfällige Bemerkungen über Deutschland gemacht; hier sei man nicht frei, hier könne er nicht leben. Hitler habe sich alles zusammengeklaut, Österreich und die Tschechoslowakei. Die Richter schickten den Architekten 15 Monate ins Gefängnis, wegen Beleidigung des Führers und Herabsetzung der Politik der Reichsregierung. Erschwerend sei, daß er schon zweimal wegen Heimtückevergehen vorbestraft sei; strafmildernd, daß es sich bei ihm offensichtlich um einen Psychopathen handle; er habe 1933 beim Ankauf einer Wäscherei seine gesamten Ersparnisse verloren; jetzt vermöge er sich in der neuen Welt nicht mehr zurechtzufinden. Die Gestapo beantragte nach Haftverbüßung Überstellung in Schutzhaft[35].

5.2.2 Meckern über schlechte Zeiten

Immer wieder spiegeln die Sondergerichtsakten die Unzufriedenheit über die soziale Lage; freilich aus einer sehr subjektiven Perspektive, die dann in der Heimtückerede verallgemeinert wird. In Deutschland erhalte man Hungerlöhne, die Steuern seien höher als früher, es gäbe viele Arbeitslose, allen gehe es schlecht – für eine solche Äußerung gab es 1938 Gefängnis[36]. „Bei Hitler und Göring gibt's Hering, bei den Sozialdemokraten Braten", zwei Monate[37].

Der Satz „dem deutschen Arbeiter geht es schlecht, wie noch nie" brachte einen Maurer sechs Monate ins Gefängnis. „Erschwerend war weiter zu berücksichtigen, daß die Worte des Angeklagten doch in hohem Maße gefährlich und zur Aufputschung der mitfahrenden Arbeiter geeignet waren. Der Angeklagte ... sollte Verständnis dafür haben, daß die deutsche Regierung alles, was sie kann, tut und getan hat, um die Erwerbslosen in Arbeit zu bringen und das Los derer, die Arbeit haben, überall zu bessern. Heute z. Zt. des Vier-Jahr-Plans bedarf es mehr denn je einer zur Mitarbeit bereiten, der Führung von Staat und Partei vertrauenden und sich als gleichberechtigtes Glied des Volksganzen fühlenden Arbeiterschaft. Wer aber so redet wie der Angeklagte, der bewirkt das Gegenteil und besorgt – bewußt oder unbewußt – die Geschäfte Moskaus"[38].

Einige Bauern aus dem Salzgittergebiet kommen vor das Sondergericht, weil sie, empört über ihre im Zusammenhang mit der Errichtung der Reichswerke Hermann Göring erfolgte Enteignung und die Zerstörung fruchtbaren Ackerlandes, auf die Regierung und das System schimpfen. „Es ist eine himmelschreiende Sünde, solche Gegend kaputt zu machen. Der schöne Weizen und Roggen. Eine Million Zentner Hafer gehen verloren.

[35] 43 A Neu 4, Zg. 47/1984, Jg. 1938, Paket 27 Nr. 1840.
[36] 42 B Neu 7 Nr. 372, 373, 519.
[37] 42 B Neu 7 Nr. 529.
[38] 42 B Neu 7 Nr. 352.

Das rächt sich alles noch auf Erden. Es müßte Backsteine regnen, es müßte eine Sintflut kommen, damit das Werk nicht fertig wird"[39].

Unzufriedenheit über die sozialen Verhältnisse verband sich nicht selten mit Kritik am Wohlleben der Regierenden. „Auch die Regierung sind Halunken und Lumpen...fressen sich durch, verfressen unser Geld", hatte ein Hufschmied geschimpft. Da er vorbestraft war, das Gericht ihn auch noch für arbeitsscheu hielt, wollte es „ihn möglichst lange von der Volksgemeinschaft fernhalten": ein Jahr sechs Monate Gefängnis[40].

Ein Kraftdroschkenbesitzer behauptete 1935 während einer Unterhaltung, Goebbels habe ein Rittergut in Schweden. Das Sondergericht verhängte sechs Monate Gefängnis. „Bei solchem Verhalten hilft auch ein angeblicher Zusatz nichts ‚ich glaube aber nicht daran'. Wer nicht daran glaubt, schweigt besser und leistet dem jüdischen Bolschewismus nicht durch Weiterkolportieren Vorspann". Das Gericht sprach sogar von einem sehr milden Urteil; man habe nämlich den Tod seines jüngsten Kindes bei einem dienstlichen Unfall unmittelbar vor diesem Ausspruch berücksichtigt[41].

Göring ist häufig Gegenstand einer Heimtückerede. „Na gestern hat das vollgefressene Schwein, dieser Verbrecher gesprochen", sagt ein Arbeiter aus Seesen zu einem Kollegen, der ihn sofort anzeigt[42].

Im Sommer 1938 weihte Göring in Braunschweig zwei Straßen ein. Ein Buchhalter empörte sich über die unnötig entstandenen Kosten: extra seien auf diesen Straßen Laternen aufgestellt worden, ein überdeckter Gang von der Burg Dankwarderode ins Deutsche Haus sei gebaut worden; „der Herr wolle sich nicht seine Schuhchen schmutzig machen". Er hatte sich offensichtlich in Rage geredet und weiter geschimpft: alles, was Geld einbringe, schlucke die Partei; und was die Sammlungen des Winterhilfswerks betreffe: „die großen Herren wollen leben, große Gelage halten, rüsten, Straßen bauen, und das Volk kann dafür bluten und die Armen verrecken". Prompt zeigte ihn eine Kollegin an, und für acht Monate mußte der Buchhalter ins Gefängnis[43].

Damit sind wir schon bei den Delikten, die am häufigsten Gegenstand von Heimtükkeverfahren waren: „Beleidigungen" von führenden Personen und Institutionen des NS-Staates.

Hier findet sich das ganze Arsenal von Beschimpfungen, traditionell im Volk gebraucht, zu allen Zeiten gegenüber den Herrschenden, oft in Gasthäusern und unter Alkoholeinfluß.

In der Regierung säßen nur Lumpen. Darré sei kein Deutscher, sondern Südamerikaner, Hess komme aus Palästina; auch Hitler sei kein Deutscher, Hitler sei selbst Großkapitalist, auch seine ganze nähere Umgebung. Die Bemerkung, Hitler sei der Hochstapler des Jahrhunderts, brachte einem Handelsvertreter aus Wolfenbüttel neun Monate Gefängnis ein; zehn Monate erhielt ein Töpfermeister aus Braunschweig für die Bemerkung, er lasse sich nicht von einem hergelaufenen Strolch aus Österreich regieren[44]. Ein Maler sinnierte in angetrunkenem Zustand im Gasthaus, woraus wohl der Stoff seiner

---

39 42 B Neu 7 Nr. 530, 461.
40 42 B Neu 7 Nr. 207.
41 42 B Neu 7 Nr. 78.
42 42 B Neu 7 Nr. 220.
43 42 B Neu 7 Nr. 520.
44 42 B Neu 7 Nr. 83, 205, 344, 351.

Jacke sei. Er sei hergestellt „aus Adolfs Hirngespinst, Goebbels Lügenwerke, Lumpen der SA und dem Geduldsfaden des deutschen Volkes", sechs Monate[45].

Immer wieder kreisten die Reden um den sittlichen Lebenswandel der NS-Größen. Goebbels treibe es mit jungen Schauspielern. Horst Wessel habe nur mit Huren verkehrt. Obwohl das Denunziantenehepaar und alle Zeugen im Rechtsstreit mit der Beschuldigten lagen, blieb dieser unberücksichtigt, und die Frau mußte zwei Jahre und drei Monate ins Gefängnis. Der Braunschweiger Ministerpräsident Klagges sei der größte Etappenhengst gewesen, meinte ein Ingenieur aus Braunschweig und büßte dafür mit fünf Monaten[46].

Besonders verfolgt wurden Spekulationen über Homosexualität prominenter Nationalsozialisten, insbesondere die Hitlers. In der Einleitung haben wir von dem Kutscher berichtet, der eine homesexuelle Beziehung zwischen Hitler und Röhm behauptet hatte. Drei Jahre schickten ihn die Sonderrichter ins Gefängnis mit folgender Begründung: „Diese Behauptung über einen Mann, der von höchsten Idealen getrieben seine ganze Person, sein ganzes Dasein, Wirken und Schaffen in den Dienst seines Volkes stellt, in unbefleckter Reinheit für sein Volk kämpft, um es einer besseren Zukunft entgegen zu führen, gerade auch dem Teil des arbeitenden Volkes, dem der Angeklagte angehört, die wahre Menschenwürde zu verschaffen, ist so niederträchtig, daß sie mit harter Strafe geahndet werden muß...Durch eine empfindliche Strafe ist ihm und damit solchen Personen, die gleichen Sinnes sind wie er, zum Bewußtsein zu bringen, daß es nicht angeht, die Männer der nationalen Regierung mit Schmutz zu bewerfen"[47]. Für jede billige Propagandarede hätte diese Urteilsbegründung herhalten können.

Zwei Jahre mußte ein Isolierer aus Braunschweig ins Gefängnis, der seinem Kollegen erzählte, der Fahrer des Führers sei gestorben und hinzufügte: „Der Fahrer war die Frau des Führers"[48].

Auch Kritik an NS-Einrichtungen konnte Frauen und Männer vor das Sondergericht bringen. Drei Frauen verbreiten das Gerücht, daß von 100 Mädchen in einem BDM-Lager 80 ein Kind bekommen; sie werden ermahnt. Über die Unterstützungsleistung der DAF sagt ein Arbeiter: „Von diesem Geld will ich nichts, was erst von uns abgebettelt und herausgequetscht worden ist", 10 Monate. Erschwerend sei, so das Gericht, daß er Blockwart sei. Lehrlinge zeigen einen Druckereibesitzer an, weil er sie bedrängt habe, aus der HJ auszutreten, da ihre Arbeit wegen des ständigen HJ-Dienstes leide; das Verfahren wird wegen Unglaubwürdigkeit der Zeugen eingestellt.

Immer wieder kommt es zu Anzeigen, weil Sammlungsaktionen, z. B. für das Winterhilfswerk, wahre Schimpfkanonaden auslösen[49]. Einen Buchhalter, der sich abfällig über das Winterhilfswerk äußerte, verurteilte das Sondergericht zu vier Monaten Gefängnis. „Die Äußerung war besonders gefährlich, weil der Angeklagte durch seine ständigen Nörgeleien im Betrieb leicht Unzufriedenheit bei anderen hervorrufen konnte. Gerade die gehobene Stellung des Angeklagten in seinem Betrieb macht die Äußerung schwerwiegend"[50].

---

45 42 B Neu 7 Nr. 528.
46 42 B Neu 7 Nr. 606, 216, 361.
47 42 B Neu 7 Nr. 13.
48 42 B Neu 7 Nr. 214.
49 42 B Neu 7 Nr. 170, 201, 253, 256, 272, 355, 458, 1245.
50 42 B Neu 7 Nr. 355.

Verband sich Kritik an Personen und Institutionen mit Prognosen für das Ende des Systems oder gar mit Hoffnungen auf die Sowjetunion, reagierten die Verfolgungsbehörden besonders hellhörig und das Gericht verhängte empfindliche Strafen.

Ein Zigarrenfabrikant aus Oker erhielt Ende 1935 ein Jahr Gefängnis, weil er im Gasthaus verkündet hatte. „Die Macht des Nationalsozialismus besteht nur auf Gewalt, aber die goldene Freiheit kommt bald wieder“[51].

Nahezu alle Elemente einer Heimtückerede finden sich in der Äußerung eines Bauern aus Helmscherode, Heinrich Probst, die er im Frühjahr 1937 gegenüber seinem Melker und dem Ortsbauernführer gemacht hatte: „Die Regierung habe bis jetzt noch nichts Vernünftiges gemacht, die Steuern sollten abgebaut werden, statt dessen gäbe es heute soviel Steuern, daß sie nicht wüßten, wie sie diese bezahlen sollten. Die Beamten bekämen hohe Gehälter, und sie müßten das dreckige Brot fressen. Die Hitlerjugend und der BDM seien überhaupt ein großer Quatsch. Es werde immer weiter aufgerüstet und sie müßten alles durch die hohen Steuern bezahlen; die (offenbar die Regierung) wollten nur wieder neuen Krieg. Der kleine Goebbels sei auch nicht so dumm, wie er aussehe; erst komme das Winterhilfswerk, dann immer diese Sammlungen, wo sie so kaum zum Leben hätten, und der bringe es fertig, auch noch ein Sommerhilfswerk zu machen; das Geld werde ja doch nur für Kriegsmaterial ausgegeben. Das vollgefressene Schwein von Göring habe ja keine Ahnung, wie es ihnen gehe; was versteht der davon; der kriege sein Jahresgehalt von 100 000.– RM im Jahre und mache große Vergnügungsreisen und sei oft auf der Jagd. Die Zeitungen schreiben alle dasselbe, weil sie nichts anderes schreiben dürften. Das sei doch keine Regierung, das sei ja Gewalt“[52]. Hier verbanden sich die üblichen Schimpfereien mit deutlicher Kritik an Personen, Institutionen, am politischen System. Die Richter verurteilten den Bauern zu 9 Monaten Gefängnis, wobei sie ihm noch seine Kriegsteilnahme und seine frühe Parteimitgliedschaft – er war 1931 in die NSDAP eingetreten, 1935 aber wegen ständigen Meckerns ausgeschlossen worden – strafmildernd anrechneten.

In der Akte von H. Probst befindet sich ein Hinweis auf einen Haftentschädigungsantrag aus dem Jahr 1953. Daraus geht hervor, daß er am 8. September 1944 vom Kammergericht Berlin zu 6 Jahren Zuchthaus verurteilt wurde. Nähere Einzelheiten sind nicht bekannt; es dürfte sich – diese Fälle kamen bei Kriegsende in der Regel vor das Kammergericht – um ein Heimtückeverfahren bzw. um eine Anklage wegen Wehrkraftzersetzung gehandelt haben.

5.2.3 Der Witz als Heimtücke

Der politische Witz ist in jedem Staat ein beliebtes Mittel der Untertanen, Unzufriedenheit über bestehende Verhältnisse sowie Kritik an den Regierenden zu üben. In Diktaturen kann er schnell zur politischen Waffe werden, argwöhnisch beobachtet von den Herrschenden; fürchten sie doch nichts mehr als Lächerlichkeit. Nicht anders im NS-System.

---

[51] 42 B Neu 7 Nr. 80.

[52] Wir zitieren aus dem Urteil vom 18. September 1937, 43 A Neu 1 Nr. 402.

Mit dem Heimtückegesetz besaß die Justiz ein Instrument, in einen Witz verkleidete Kritik als eine „öffentlich gehässige, hetzerische oder von niedriger Gesinnung zeugende Äußerung" zu verfolgen[53].

In einigen Verfahren stellte das Gericht langatmige Betrachtungen an über das Wesen des Witzes im allgemeinen und die Heimtückerede im besonderen.

Im Mai 1933 erzählt ein Fabrikant aus Braunschweig – er ist österreichischer Staatsbürger – folgenden Witz: zwei Arbeitslose unterhalten sich; einer heißt Heinemann. „Wenn Du Heinemann heißt, kommst Du noch lange nicht in der Reihe. Adolf Hitler hat angeordnet, daß alles alphabetisch gemacht wird, und da ist eben der Buchstabe F. dran: Feste feiern, Fahnen weihen und Fensterscheiben einschlagen". Drei Monate später denunziert der Teilhaber seinen Kompagnon unter Hinweis auf diesen Witz beim Braunschweiger Polizeipräsidenten, nachdem es zwischen beiden Partnern zu geschäftlichen Auseinandersetzungen gekommen war. Das Sondergericht spricht den Fabrikanten frei; die Urteilsbegründung gerät zu einer philosophischen Abhandlung – freilich aus der Feder von Juristen: mit der Wiedergabe des Witzes habe der Angeklagte wahrheitswidrig erklärt, daß der Reichskanzler angeordnet habe, Fensterscheiben einzuschlagen. Eine solche Behauptung schädige zweifellos das Ansehen der Reichsregierung. Zur Bestrafung des Täters sei indessen erforderlich, daß er sich bewußt war, daß die Behauptung unwahr sei, und daß er sie aufgestellt und verbreitet habe. Ersteres träfe zu. „Aufgestellt wird eine Behauptung indessen nur dann, wenn die Umstände ersehen lassen, daß der Täter sich die Behauptung zu eigen macht". Dies konnte in der Hauptverhandlung nicht erwiesen werden. Eine Verbreitung schließlich läge schon dann vor, wenn die unwahre Behauptung an eine andere Person weitergeleitet wird. „Man wird indessen dann nicht von einem ‚Verbreiten' reden können, wenn der Täter bei der Wiedergabe durch Worte zu erkennen gibt oder aus anderen Umständen ersichtlich ist, daß er sich nicht hinter die unwahre Behauptung stellt, sondern von ihr abweicht und sie nicht billigt". Das Gericht erklärt ausdrücklich, daß die Wiedergabe unwahrer Tatsachen, die geeignet sind, das Ansehen der Reichsregierung schwer zu schädigen, auch in der Form eines Witzes nicht etwa straflos erfolgen kann. „Die Form des Witzes oder der Satire ist als viel verderblicher zu erachten als die bloße Wiedergabe in der Form der Prosa, da jene Form viel leichter im Gedächtnis bleibt". Dies wußten die Machthaber zu allen Zeiten. Nur weil sich aus den Zeugenaussagen nicht eindeutig ergebe, zu welchem Zweck und unter welchen Umständen der Witz erzählt wurde, ob also ein Verbreiten vorliege, komme das Gericht zu einem Freispruch[54].

Wesentlich härter verfuhr das Sondergericht im Jahr 1936 mit einem Amtsgerichtsrat i. R. aus Berlin. Dieser hatte in einer Kurpension in Braunlage beim Mittagessen lautstark erzählt, der Führer sei verheiratet und zwar mit Heß. Kurgäste und der Pensionsbesitzer zeigten ihn an. Es kam zu einem Verfahren, in dem der Angeklagte darauf verwies, er habe nur einen Witz erzählt. Wiederum diskutierte das Gericht ausführlich das Wesen des Witzes: „An sich können Witze in die äußere Form einer Tatsachenbehauptung gekleidet sein ohne doch eine echte Tatsachenbehauptung darzustellen. Das setzt voraus, daß es dem Erzähler nur darauf ankommt, seinen Zuhörern zu ihrer Unterhaltung oder Belustigung ein Phantasieerzeugnis vorzusetzen, und daß er erwartet, daß sie es eben nur

---

53 Heimtückegesetz vom 20. 12. 1934, Rgbl. 1934, S. 1269 ff.

54 42 B Neu 7 Nr. 58.

als solches aufnehmen. Umgekehrt können aber auch Tatsachenbehauptungen – und das ist besonders häufig bei solchen mit politischem Beigeschmack der Fall – in der äußeren Form des Witzes aufgestellt oder verbreitet werden. Wer sich bei der Erzählung eines Witzes der in ihm versteckten Tatsachenbehauptung bewußt ist und davon ausgeht und in Kauf nimmt, daß seine Zuhörer den in dem Witz steckenden Kern erkennen, der überschreitet die Grenze zwischen Witz und Tatsachenbehauptung und behauptet bzw. verbreitet eine Tatsache". Der Amtsgerichtsrat habe mit der Möglichkeit gerechnet und hingenommen, daß seine Zuhörer oder ein Teil von ihnen einen Tatsachenkern in diesem Witz erkennen. Es liege ein Verstoß gegen das Heimtückegesetz vor: zwei Jahre Gefängnis[55].

Es ging in all diesen Heimtückeverfahren nur selten um konkrete Regimekritik. Oft handelte es sich um bloße Bagatellfälle, die nach kurzen Ermittlungen schon von den Verfolgungsbehörden eingestellt wurden.

Die Beschuldigten hatten gemeckert, geschimpft, Witze erzählt über NS-Größen, oft recht harmlos, manchmal mit bemerkenswerter Drastik. Sie hatten sich entrüstet über die angebliche Homosexualität Hitlers und seiner Umgebung, empört über den luxuriösen Lebensstil der „Bonzen". Sie hatten sich über die ständigen Spendensammlungen beklagt und NS-Organsiationen kritisiert. Sie hatten aus ihrer subjektiven Sicht die schlechten Zeiten kritisiert, z. B. das Akkordsystem und von Hungerlöhnen gesprochen. Sie hatten mißbilligend konkrete politische Ereignisse kommentiert, etwa den Wahlzwang, den Einmarsch ins Rheinland und die Intervention in Spanien 1936. Sie hatten die Wahrheit über die Vorgänge beim Reichstagsbrand, in der AOK, beim Röhm-Putsch erzählt und fanden sich wegen hetzerischer Verleumdung vor dem Sondergericht. Seit 1938 häuften sich die Warnungen vor einem kommenden Krieg.

Diese Heimtückefälle in den Jahren der Stabilisierung waren keine organisierten, zielgerichteten Widerstandsaktionen. Da artikulierten sich Sorgen, Unzufriedenheit, Schimpf- und Spottlust in ganz traditioneller Weise, Aversionen, manchmal auch Regimekritik. Es standen einzelne oder allenfalls zufällig zusammengekommene Gruppen vor Gericht. Ihre Handlungen konnten für sich genommen das System in keiner Weise gefährden oder gar beseitigen. Und dennoch zeigt die hohe Zahl der Ermittlungsverfahren und der Prozesse, welch große Bedeutung die NS-Machthaber diesem Meckern und Schimpfen beimaßen. Die „Heimtückereden" holten die NS-Größen von ihren Sockeln, stellten letztlich die ständig beschworene Volksgemeinschaft in Frage und gefährdeten den Anspruch der Nationalsozialisten auf umfassende Kontrolle[56].

---

[55] 42 B Neu 7 Nr. 204.

[56] Die Einschätzung vom unpolitischen Charakter der Heimtückereden, wie sie Mallmann/Paul vornimmt, teilen wir nicht. Vgl. Klaus-Michael Mallmann/Gerhard Paul, Herrschaft und Alltag. Ein Indutrierevier im Dritten Reich, Bonn 1991.

6. Das Sondergericht im Krieg: „Standgericht an der inneren Front".

Auf die quantitativ und qualitativ veränderte Tätigkeit der Sondergerichte im Krieg haben wir schon mehrfach hingewiesen. Neue Straftatbestände erweiterten ihre Zuständigkeit; sie wurden zum Kern der Strafrechtspflege. In einer Besprechung im Reichsjustizministerium am 24. 10. 1939 wurden die Schnelligkeit des Verfahrens, die Entschiedenheit der Abwehr, die Strafzumessung unter „unerbittlicher Voranstellung der Bedürfnisse der Gemeinschaft" und die Unwiderruflichkeit der Entscheidung als die Eigenschaften genannt, die das Sondergericht als besonders geeignet für die Kriegszeit machten. Das Kriegsstrafrecht sollte die „destruktive Haltung an sich, das Kriegsparasitentum, den Verrat an Führer, Volk und Reich" bestrafen[1].

6.1 Das Kernstück des Kriegsstrafrechts: Die Volksschädlingsverordnung.

Von allen Kriegsstrafrechtsverordnungen war sie die fürchterlichste. Sie erfaßte – wir verwenden die NS-Begriffe – Plündern in freigemachten oder freiwillig geräumten Gebieten, Verbrechen bei Fliegergefahr, gemeingefährliche Verbrechen z. B. Brandstiftung und die Begehung von Straftaten unter Ausnutzung der durch den Kriegszustand verursachten außergewöhnlichen Verhältnisse.

Erkannte das Gericht auf Plündern oder ein gemeingefährliches Verbrechen, mußte es die Todesstrafe verhängen. Zum Tod verurteilt wurde auch, wer eine Straftat unter Ausnutzung des Kriegszustandes beging, wenn „das gesunde Volksempfinden wegen der besonderen Verwerflichkeit der Straftat" dies erforderte. Die meisten Todesurteile verhängte das Sondergericht Braunschweig aufgrund der Volksschädlingsverordnung.

Gerade bei dieser Verordnung fällt die Unschärfe der Tatbestände sowie der weite Ermessensspielraum für das Gericht auf. Was war „gesundes Volksempfinden" und was war „besondere Verwerflichkeit"? Im Handumdrehen konnten sich Alltagsdelikte in Volksschädlingstaten verwandeln mit fürchterlichen Folgen für die Angeklagten.

In den letzten Kriegsjahren ging das Sondergericht in den meisten Fällen davon aus, daß Delikte gegen Leib, Leben und Eigentum unter Ausnutzung von Verdunkelungsmaßnahmen oder von durch den Kriegszustand verursachten außergewöhnlichen Verhältnissen begangen wurden. Damit konnte es selbst bei Bagatellsachen die Volksschädlingsverordnung anwenden und hohe Zuchthausstrafen verhängen.

Wir ermittelten gerade in den letzten Kriegsjahren zahlreiche Verfahren, in denen Männer und Frauen wegen kleinster Vergehen Zuchthausstrafen erhielten; wegen Vergehen, die die Beteiligten oft gar nicht als Delikt betrachteten. Für das Entwenden von zwei Weinflaschen, eines beschädigten Ofens und von drei Hemden gab es mehrjährige Zuchthausstrafen. Drei Jahre mußte ein belgischer Zwangsarbeiter ins Zuchthaus, weil er über mehrere Wochen hinweg 6 Hühner, 3 Enten, 4 Kaninchen und einen Sack Äpfel

[1] BA, R 22/4158, Fiche1. Vgl. auch Deutsche Juristenzeitung, 101. Jg, 15. 12. 1939.

Reichsgesetzblatt

Teil I

1939	Ausgegeben zu Berlin, den 6. September 1939	Nr. 168

Verordnung gegen Volksschädlinge.

Vom 5. September 1939.

Der Ministerrat für die Reichsverteidigung verordnet mit Gesetzeskraft:

§ 1

Plünderung im frei gemachten Gebiet

(1) Wer im frei gemachten Gebiet oder in freiwillig geräumten Gebäuden oder Räumen plündert, wird mit dem Tode bestraft.

(2) Die Aburteilung erfolgt, soweit nicht die Feldkriegsgerichte zuständig sind, durch die Sondergerichte.

(3) Die Todesstrafe kann durch Erhängen vollzogen werden.

§ 2

Verbrechen bei Fliegergefahr

Wer unter Ausnutzung der zur Abwehr von Fliegergefahr getroffenen Maßnahmen ein Verbrechen oder Vergehen gegen Leib, Leben oder Eigentum begeht, wird mit Zuchthaus bis zu 15 Jahren oder mit lebenslangem Zuchthaus, in besonders schweren Fällen mit dem Tode bestraft.

§ 3

Gemeingefährliche Verbrechen

Wer eine Brandstiftung oder ein sonstiges gemeingefährliches Verbrechen begeht und dadurch die Widerstandskraft des deutschen Volkes schädigt, wird mit dem Tode bestraft.

§ 4

Ausnutzung des Kriegszustandes als Strafschärfung

Wer vorsätzlich unter Ausnutzung der durch den Kriegszustand verursachten außergewöhnlichen Verhältnisse eine sonstige Straftat begeht, wird unter Überschreitung des regelmäßigen Strafrahmens mit Zuchthaus bis zu 15 Jahren, mit lebenslangem Zuchthaus oder mit dem Tode bestraft, wenn dies das gesunde Volksempfinden wegen der besonderen Verwerflichkeit der Straftat erfordert.

§ 5

Beschleunigung des sondergerichtlichen Verfahrens

In allen Verfahren vor den Sondergerichten muß die Aburteilung sofort ohne Einhaltung von Fristen erfolgen, wenn der Täter auf frischer Tat betroffen ist oder sonst seine Schuld offen zutage liegt.

§ 6

Geltungsbereich

Die Vorschriften dieser Verordnung gelten auch im Protektorat Böhmen und Mähren, und zwar auch für Personen, die nicht deutsche Staatsangehörige sind.

§ 7

Schlußbestimmungen

Der Reichsminister der Justiz erläßt die zur Durchführung und Ergänzung dieser Verordnung erforderlichen Rechts- und Verwaltungsvorschriften.

Berlin, den 5. September 1939.

Der Vorsitzende
des Ministerrats für die Reichsverteidigung
Göring
Generalfeldmarschall

Der Generalbeauftragte für die Reichsverwaltung
Frick

Der Reichsminister und Chef der Reichskanzlei
Dr. Lammers

Herausgegeben vom Reichsministerium des Innern. — Gedruckt in der Reichsdruckerei, Berlin.

entwendet hatte[2]. Gerade in dieser Deliktgruppe war die Verschärfung der Urteilspraxis im Kriegsverlauf unübersehbar. Wir konnten in unserem statistischen Überblick bereits darauf verweisen, daß in den ersten Jahren z. B. Diebstahldelikte in der Regel nach dem Strafgesetzbuch verurteilt wurden, mit deutlich niedrigerem Strafmaß. Da wurde z. B. 1940 ein Kellner, der ein Fahrrad gestohlen hatte, nicht als Volksschädling bezeichnet, sondern als leichtsinnig und erhielt dafür neun Monate Gefängnis statt der vom Staatsanwalt beantragten zwei Jahre Zuchthaus[3]. Dagegen schickten im September 1944 die Richter Lerche, Eilers und Spies einen jungen Mann für 18 Monate wegen einer Bagatellsache ins Zuchthaus: er war mit einem Fahrrad nach Braunschweig gefahren; dort stellte er eine Reifenpanne fest. In diesem Moment gab es Bombenalarm. Er entdeckte ein fremdes Fahrrad, baute dessen Vorderrad aus und in seines ein. Er wurde beobachtet, angezeigt und als Volksschädling verurteilt; schließlich habe er die im Zusammenhang mit dem Bombenangriff erlassenen Maßnahmen skrupellos ausgenutzt[4]. Zur Anklage brachte die Staatsanwaltschaft im Sommer 1940 den Diebstahl von einigen Säcken Korn in einem kleinen Dorf. Für den Haupttäter beantragte der Staatsanwalt fünf Jahre Zuchthaus wegen Verstoßes gegen die Volksschädlingsverordnung; die Diebe hätten schließlich die Verdunkelungsmaßnahmen ausgenutzt. Die Sonderrichter verurteilen aber nur wegen eines Diebstahlsdelikts. Es sei nicht anzunehmen, „daß in Köchingen, einem kleinen Dorf, auf den Wegen, die die Angeklagten mit dem Diebesgut benutzten, zu den in Frage kommenden Zeiten ohne die Verdunkelungsmaßnahmen Licht gebrannt hätte. Aus Sparsamkeitsgründen sei auch in Friedenszeiten im Winter das Licht ausgeschaltet“[5]. Es ging also auch anders. Lag es am Zeitpunkt – 1940 – oder am Vorsitzenden Richter? Wieder einmal war für das „milde“ Urteil Karl Höse zuständig.

6.1.1 Diebstähle bei Bahn und Post

Während des Kriegsverlaufs mußten sich Ermittlungsbehörden und Gerichte angesichts der sich verschlechternden Lebensmittelversorgung immer häufiger mit Nahrungsmittel-Diebstählen befassen. Ein besonderes Auge warfen sie dabei auf die Delikte bei der Reichsbahn und bei der Reichspost. Im Herbst 1942 kam es erstmals zu spektakulären Prozessen gegen „Eisenbahndiebe“; spektakulär, weil bis zu 10 Angeklagte auf der Anklagebank saßen, und weil auch die Presse ausführlich über die Verfahren berichtete.

Seit dem April 1941 hatte man auf dem Güterbahnhof Braunschweig Ost immer häufiger Diebstähle an Beförderungsgütern festgestellt. Der Verdacht richtete sich zunächst gegen die in der Nähe des Bahnhofs in einem Lager untergebrachten ausländischen Arbeiter. Im Sommer 1942 stellte sich heraus, daß nahezu die Hälfte der auf dem Güterbahnhof beschäftigten deutschen Rangierer an den Diebstählen beteiligt war. Sie hatten die plombierten Waggontüren aufgerissen oder die Türen durch hartes Auflaufenlassen beim Rangieren zum Öffnen gebracht, oder sie griffen ganz einfach durch beschädigte Bretter ins Innere der Waggons. Entwendet wurden Lebensmittel, in kleinen Mengen, freilich an mehreren Tagen über etliche Monate hinweg. Viel kam da nicht zusammen:

---

2 43 A Neu 4, Zg. 47/1984, Jg. 1944, Paket 20 Nr. 1907.
3 BA, R 22/3544, Nr. 85.
4 43 A Neu 4, Zg. 47/1984, Jg. 1944, Paket 17 Nr. 1631.
5 BA, R 22/3454, Nr. 14.

5 kg Margarine, Puddingpulver, ein Karton Stangenkäse und ein Karton Spitzkuchen, Pralinen, eine Flasche Rotwein – fünf Jahre mußte der Angeklagte dafür ins Zuchthaus. Fünf Jahre Zuchthaus erhielt ein anderer Rangierarbeiter, weil er 5 Pfund Pralinen, 2 Pullover, 10 Stück Butter, 1 Flasche Steinhäger und 100 Eier gestohlen hatte. Insgesamt 25 Jahre Zuchthaus verhängten die Richter Lerche, Eilers und Grimpe an diesem Verhandlungstag, dem 15. Oktober 1942, gegen die acht Angeklagten[6]. Einen Tag zuvor waren die Strafen noch fürchterlicher ausgefallen: von den neun Rangierern, alle beschäftigt am Bahnhof Braunschweig Ost, verurteilten die Richter Lerche, Eilers und Grimpe zwei Angeklagte zum Tode, die übrigen Beschuldigten erhielten insgesamt 34 Jahre Zuchthaus.

Über 20 Diebstähle wies das Gericht dem zum Tode verurteilten zweiunddreißigjährigen Erich E. nach, aber was für Diebstähle!

September	1941:	einige Würfel Margarine
Oktober	1941:	1 Paar Schuhe
November	1941:	1 Päckchen Zigaretten
Dezember	1941:	500 Zigaretten
Dezember	1941:	2 kg Mehl
Dezember	1941:	einige Flaschen Steinhäger
Dezember	1941:	einige Fischkonserven
Dezember	1941:	einige Päckchen Vanillezucker
Januar	1942:	100 Zigaretten
April	1942:	eine Packung Kekse
April	1942:	eine kleinere Menge Pralinen

Ähnliche Delikte hatte der gleichfalls zum Tod verurteilte dreißigjährige Erich N., verheiratet, zwei kleine Kinder, begangen.

Alle Angeklagten – so die Richter in ihrer Urteilsbegründung – hätten ihre Diebstähle vorsätzlich und unter Ausnutzung der kriegsbedingten Verhältnisse begangen; sie hätten sich die Verdunkelungsmaßnahmen und die günstigen Aufsichtsverhältnisse – viele Beamte waren an der Front – zu Nutze gemacht. Die Angeklagten waren nicht vorbestraft. Nach ihrem Vorleben und nach ihrer Persönlichkeit seien sie deshalb zwar keine Volksschädlinge, die „besondere Verwerflichkeit ihrer Straftaten stempelt sie aber für sich allein schon zu Volksschädlingen und erfordert nach dem gesunden Volksempfinden ihre schwere Bestrafung nach § 4 der Volksschädlingsverordnung. Die Sicherheit der Güterbeförderung auf der Reichsbahn ist jetzt im Kriege von so außerordentlicher Bedeutung für Front und Heimat zur Erringung des Sieges, daß, wer sich gegen sie in so grober Weise vergeht, wie es hier alle Angeklagten getan haben, schon deshalb allein als Volksschädling angesehen werden muß".

Beim ersten Auftreten der Eisenbahndiebstähle wollten die Richter ein Exempel statuieren[7]. Ganz im Sinne des Reichsjustizministers Thierack, der kurz davor an die OLG-Präsidenten und Generalstaatsanwälte geschrieben hatte: „Nach meinen Beobachtungen haben die Güterdiebstähle auf der Reichsbahn zugenommen. Diese Verbrechen können nur durch drakonische Strafen eingedämmt werden"[8].

---

6 42 B Neu 7 Nr. 1068.

7 42 B Neu 7 Nr. 1551.

8 Schreiben Thieracks vom 18. 9. 1942, abgedruckt bei Mechler, Kriegsalltag, S. 172 f.

In der letzten Kriegsphase wurden zunehmend ausländische Arbeiter auf Güterbahnhöfen eingesetzt. Wurden sie straffällig, verhängte das Sondergericht schwere Strafen; wir werden von den Verfahren noch berichten.

Während des Krieges war die Zahl der berufstätigen Frauen sprunghaft angestiegen. Viele junge Frauen kamen im Postdienst als Aushilfskräfte unter. Einige konnten der Versuchung, Briefe und Päckchen zu öffnen, nicht widerstehen und bezahlten dafür mit dem Leben.

Thea R. war zur Tatzeit 29 Jahre. Eine schwere Kindheit hat sie hinter sich; seit 1940 ist sie verheiratet und hat drei Kinder. Das dritte Kind ist nicht von ihrem Ehemann. Wegen Ehebruchs wird die Ehe Anfang Juni 1944 geschieden. Thea R. arbeitet bei der Post. Offensichtlich faßt sie ihre Arbeit recht nachlässig auf, es kommen Klagen über unregelmäßige Postzustellungen und Fernbleiben von der Arbeit. Am 31. August 1944 wird sie wegen Arbeitsvertragsbruchs von der Gestapo verhaftet und ins Arbeitserziehungslager Salzgitter-Hallendorf eingeliefert. Seit der Scheidung bewohnt Thea R. bei der Witwe L. ein möbliertes Zimmer. Argwöhnisch verfolgt diese das Leben der Postarbeiterin, Kontrollbesuche bei der Untermieterin scheinen ihr selbstverständlich. Dabei findet die Witwe L. im Zimmer der R. einundzwanzig nicht-zugestellte Briefe und liefert sie bei der Gestapo ab. Umgehend findet eine Zimmerdurchsuchung statt und die Beamten werden fündig. Die Ermittlungen ergeben, und die Angeklagte gesteht es auch, daß sie fortgesetzt Postsendungen, darunter auch Feldpostsendungen, beiseitegeschafft hat. Den Inhalt der von ihr geöffneten Sendungen hat sie, soweit er aus eßbaren Waren, wie Süßigkeiten, Margarine und dergleichen bestand, verzehrt, ein Paaar Kinderschuhe verkauft, sich selbst eine Bluse und ein Kleid genommen, ein Stück Seife und eine Dose Schuhcreme verbraucht. Gefunden wurden noch ein Seidenschal, ein Schlips, ein Samtband, vier Bücher, Zigarren, Zigaretten, Tabak, Tee. Unstrittig lag Diebstahl vor. Da sie aber ihre Straftaten unter Ausnutzung der durch den Kriegszustand verursachten außergewöhnlichen Verhältnisse begangen hatte, lag für die Richter Lerche, Ahrens und Spies ein besonders verwerflicher Verstoß gegen die Volksschädlingsverordnung vor. Die Begründung für ihr Todesurteil zitieren wir etwas ausführlicher:

„Gerade unter den gegenwärtigen Verkehrserschwerungen im Personenverkehr ist auch zu berücksichtigen, daß die Post oft die einzige mögliche persönliche Verbindung nicht nur zwischen Front und Heimat, sondern oft auch zwischen den nächsten Angehörigen in der Heimat selbst darstellt. An der Zuverlässigkeit und Sauberkeit der Post ist daher die Volksgemeinschaft in ihrer Gesamtheit unmittelbar in höchstem Maße interessiert. Wenn sich unter solchen Umständen eine Postangestellte an Postsendungen vergriff, so begeht sie eine Handlung, die überall Abscheu und Erbitterung hervorruft, dadurch die auf äußersten Einsatz angespannte Widerstandskraft des deutschen Volkes unmittelbar gefährdet...Die große Zahl der unterschlagenen Sendungen läßt dabei eine derartige Hemmungslosigkeit erkennen, daß hier nur die volle Härte des Gesetzes als angemessene Sühne in Betracht kommt. Es kommt hinzu, daß die Angeklagte auch im übrigen eine selbstsüchtige und gemeinschaftsschädliche Persönlichkeit ist. Auch die Zeugin L. hatte bemerkt, daß die Angeklagte den Pflichten nicht nachkam, die sie dieser Zeugin gegenüber hinsichtlich persönlicher Hilfeleistungen übernommen hatte, daß sie im Gegenteil ihr eigenes Zimmer nicht sauber hält, ja sogar Kopfläuse bekam". Der Ehebruch spreche auch nicht für sie, wenngleich dieser Umstand nicht allzuschwer gewichtet werde. Auf jeden Fall ergebe sich, „daß die Angeklagte trotz ihres Kinderreichtums und ihrer bisher straflosen Führung und ihres reuevollen Geständnisses eine so wenig wertvolle Persönlichkeit ist, daß angesichts der Schwere ihrer Tat Milde nicht am Platz ist. Vielmehr erforderte das Bedürfnis nach gerechter Sühne wie auch das Bedürfnis nach Sauberhaltung des Postbetriebes angesichts des Umfangs der Verfehlungen der Angeklagten die Todesstrafe“. Das Gnadengesuch lehnte der Gerichtsvorsitzende Lerche ab[9].

Thea R. hatte sich „gemeinschaftsschädigend“ verhalten, für die Richter war sie „minderwertig“, nicht in erster Linie wegen der Tat, sondern wegen ihres Charakters.

Ein weiteres Motiv bestimmte die Rechtssprechung bei Postdiebstählen: gerade bei diesem Delikt verstand sich das Gericht als juristisches Bollwerk an der „Heimatfront“. Unterschlagung von Feldpostpäckchen schädige das „Vertrauen der kämpfenden Front“, untergrabe das Vertrauen „zur Sicherheit und Zuverlässigkeit der öffentlichen Verkehrsbetriebe oder der öffentlichen Wirtschaft oder der zu der Unantastbarkeit und Ehrlichkeit der in ihr tätigen Personen“; wer der um „ihre Existenz kämpfenden Gemeinschaft durch Ausbeutung der Notlage für eigennützige Zwecke in den Rücken“ falle, offenbare „niedrige Gesinnung“ und verdiene „schwerste Sühne“[10].

Als Feldpostdiebstähle 1942 verstärkt auftraten, wollten die Gerichte durch härteste Urteile von Anfang an ein Exempel statuieren. „Hier besteht die Gefahr einer Seuche, die geeignet ist, das Vertrauen zur Feldpost zu untergraben und damit die Stimmung an der Front und in der Heimat zu beeinträchtigen. Die vielen Warnungen der vorgesetzten Dienststellen der Reichspost haben offenbar bisher keinen durchschlagenden Erfolg gehabt. Bei dem erheblichen Personalmangel sind augenscheinlich auch Elemente im Zustellungsdienst angenommen worden, die früher niemals zur Anstellung gekommen wären“[11].

Keinerlei Vorstrafen hatte die Postangestellte Edith Sch., zuverlässiges und fleißiges Arbeiten bescheinigten ihr die Vorgesetzten. Doch sie entwendete täglich mehrere Feldpostpäckchen – insgesamt 500 Päckchen – und schickte den Inhalt ihrem Freund an die Front. Aus Liebe habe sie gehandelt; aber die Tat bedürfe der Sühne, meinten die Richter Lerche, Eilers und Grimpe und verurteilten sie im November 1942 zum Tode[12].

Feldpostbriefe und Feldpostpäckchen hatte auch die 37jährige Postfacharbeiterin B. unterschlagen. Am 6. Februar 1945 verurteilten sie die Richter Ahrens, Peters und Eilers zum Tode. Auch diese Angeklagte erfüllte eigentlich nicht die unterstellten Persönlichkeitsmerkmale eines „Volksschädlings“. Ihre Handlungsweise allerdings hielten die Richter für besonders verwerflich. Da half es nichts, daß die Frau durch die vor kurzem erfolgte Scheidung, die ihr Mann angestrebt hatte, offensichtlich aus der Bahn geworfen worden war. In den Akten findet sich der erschütternde Brief des Ehemanns, der seinem Gnadengesuch beilag: „Durch den Kummer, den ich ihr durch mein Verhalten zugefügt habe, hatte sie allen Halt verloren und ist dann zu dieser unseligen Handlung hingerissen worden. Ich habe mich entschlossen, aus diesem Grund freiwillig für den Führer, mein Vaterland und auch meine Frau zur Waffen-SS nach dem Osten zu gehen, um durch den Einsatz meines Lebens das meiner Frau zu retten…Ich habe den Wunsch, wenn ich lebend den Krieg überstehe und meine Frau begnadigt werden sollte, wieder für sie zu sor-

9 42 B Neu 7 Nr. 1597.

10 Die Zitate sind abgedruckt bei Werle, Straf-Justiz, S. 234ff., der sie den entsprechenden Bänden der „Entscheidungen des Reichsgerichts in Strafsachen“ entnommen hat.

11 Lagebericht des Oberlandesgerichtspräsidenten vom 30. 11. 1942, BA, R 22/3357.

12 42 B Neu 7 Nr. 1552.

gen, da ich eingesehen habe, daß sie trotz allem ein wertvoller Mensch ist". Doch die Richter waren gnadenlos. Am 9. März 1945 wurde Veronika B. im Gefängnis Wolfenbüttel hingerichtet[13].

Und dabei hätten die Richter auch ganz anders urteilen können! Wenige Wochen vorher stand der Postangestellte Paul Sch. vor dem Sondergericht. Vier Feldpostpäckchen hatte er gestohlen. Die Richter Lerche, Angerstein und Eilers verurteilten ihn zu 2½ Jahren Zuchthaus, ein nach heutigen Maßstäben viel zu hohes Urteil – aber kein Todesurteil.

Straffrei sei er bisher gewesen, ein Geständnis habe er abgelegt, die Zahl der nachgewiesenen Diebstähle sei nicht sehr hoch gewesen – diese Argumente trafen auch auf Veronika B. zu. Und Paul Sch. sei bereits vor 1933 der NSDAP beigetreten; eine solche Nähe zur Partei konnte Veronika B. freilich nicht nachweisen[14].

Es fällt auf, daß sämtliche Todesurteile, die das Sondergericht wegen Postdiebstahls verhängte, Frauen trafen. Männliche Postarbeiter fanden sich auch angeklagt; sie erhielten hohe Zuchthausstrafen, aber sie kamen alle mit dem Leben davon[15]. Natürlich gab es auch mildere Urteile gegen Frauen. Am 12. März 1944 war die 21jährige Holländerin Lucia van Th. in flagranti bei ihrer Arbeit auf dem Postamt Watenstedt beim Öffnen eines Feldpostbriefes, in dem 10 Zigaretten steckten, ertappt und sofort verhaftet worden. Die Sprache des Urteils ist wieder martialisch: sie habe „die wichtigste Verbindung zwischen Front und Heimat, als die sich die Feldpost darstellt, in fühlbarer Weise gestört". Das verdiene „nach gesundem Volksempfinden schon aus Gründen der allgemeinen Abschreckung eine harte Strafe". Sie gehöre „zum Typ des Volksschädlings". Lucia v. Th. erhielt ein Jahr und zwei Monate Zuchthaus[16]. In flagranti wurde auch die Postfacharbeiterin Elisabeth H. am 27. November 1944 ertappt, wie sie bei ihrer Arbeit auf dem Postamt Wolfenbüttel Feldpostbriefe in ihrer Handtasche verschwinden ließ. Sie gestand eine Reihe von Diebstählen während des ganzen Monats November 1944 und wurde am 15. Dezember 1944 von Lerche, Ahrens und Angerstein zu 18 Monaten Zuchthaus verurteilt. Ihr hielten die Richter ihre Jugend, ihren soliden Lebenswandel, ihre Evakuierung aus Aachen zugute[17]. Der Unterschied zum Todesurteil gegen Thea R. konnte größer nicht sein.

In der letzten Kriegsphase wurden offensichtlich verstärkt ausländische Arbeiter im Postdienst eingesetzt. Sie unterlagen rigorosen Kontrollen und wurden bei entdeckten Diebstählen besonders hart bestraft. Zwei Tage vor Weihnachten 1943 verurteilte das Braunschweiger Sondergericht fünf holländische Postarbeiter zu insgesamt 36 Jahren Zuchthaus; von ihnen starben drei in deutschen Haftanstalten[18].

---

13 42 B Neu 7 Nr. 1604.

14 43 A Neu 4, Zg. 47/1984, Jg. 1944, Paket 22 Nr. 2128.

15 Es sind nur wenige Akten über Verfahren wegen Postdiebstahls überliefert. Aus den Registerbänden konnten wir zumindest alle Verfahren erschließen. Auffällig sind die durchwegs sehr hohen Zuchthausstrafen, die sich zwischen 4 und 8 Jahren bewegten.

16 42 B Neu 7 Nr. 1098.

17 42 B Neu 7 Nr. 1125.

18 42 B Neu 7 Nr. 1731 (Registerband).

6.1.2 Plünderung

Wir sind zu Recht entsetzt über die aufgrund der Volksschädlingsverordnung verhängten Urteile mit Zuchthausstrafen bei einfachen Eigentumsdelikten. Aber: wurden die Diebstähle nach Fliegerangriffen begangen, klagte die Staatsanwaltschaft wegen Plünderung an, dann ging es um das Leben; dann war eine Zuchthausstrafe ein mildes Urteil.

Lange Zeit hatte der Luftkrieg Braunschweig verschont[19].

Seit der Kriegswende 1941/42 war die von Deutschland ausgegangene Gewalt auf die deutsche Bevölkerung zurückgekommen: in den ersten flächendeckenden Nachtangriffen der Royal Air Force im Frühjahr 1942 auf Lübeck, Rostock, Köln, Essen. Im Januar 1943 verkündete Goebbels im Berliner Sportpalast den totalen Krieg, die gegnerischen Bomber konnte er damit auch nicht verjagen. Voller Angst und Entsetzen hörten und lasen die Braunschweiger von den alliierten Bombenangriffe der „Operation Gomorrha“ gegen Hamburg im August 1943, bei der 40 000 Menschen starben. Noch einmal war Braunschweig davon gekommen.

Am Abend des 27. September 1943 erlebten die Menschen in dieser Stadt den ersten schweren Bombenangriff. Nach einem letzten Atemholen gehörten seit dem 10. Februar 1944 Bombenalarm und Bombenangriffe zum schrecklichen Alltag der Braunschweiger Bevölkerung, bis im Inferno des 14./15. Oktobers 1944 Braunschweig in Schutt und Asche sank. Braunschweig erlebte Ende März 1945 seinen letzten Großangriff; doch es war nicht mehr viel zu zerstören.

Erstmals stand im Februar 1944 ein Angeklagter wegen Plünderung vor dem Sondergericht, einen Tag nach dem schweren Bombenangriff vom 10. Februar. Nachts entdeckte der Besitzer eines Grundstücks am Stadtrand, der Direktionsassistent H., den 30jährigen Bauarbeiter Josef K. im Garten eines ausgebombten Gebäudes knieend vor einem Kleiderhaufen. Von ihm angesprochen, sprang K. auf und ließ einige Kleidungsstücke fallen. Es entwickelte sich eine Auseinandersetzung, bei der H. den Bauarbeiter mit einem Holzscheit niederschlug, um ihn anschließend der Polizei zu übergeben. War K. beim Verstecken der Kleider auf frischer Tat ertappt worden, lag also Plünderung vor?

Nein, versicherte der Arbeiter, und erzählte seine Version der Geschichte. Er habe mit einer etwa 30 Mann starken Bauarbeiterkolonne, die aus Ausländern bestand, Bombenschäden beseitigt. Bei der Suche nach drei Franzosen, die sich unerlaubt entfernt hatten, sei er auf den Kleiderhaufen im Garten aufmerksam geworden. Entwenden wollte er die Kleider keinesfalls. Das Gericht glaubte ihm nicht. Nun sprach die Volksschädlings-Verordnung von „freiwillig geräumten Gebäuden“. Die Tat fand aber im Garten statt. Auch hierfür fanden die Richter Lerche, Angerstein und Grimpe eine Lösung in ihrem Sinn: „Der Begriff ‚freiwillig geräumte Gebäude‘ ist im weitesten Sinne zu verstehen, er umfaßt auch Höfe und Gärten von Gebäuden, die infolge der Einwirkung von Luftangriffen geräumt werden mußten“. Außerdem sei es besonders verwerflich, „daß er sich zur Nachtzeit auf das von Feindbomben getroffene Grundstück gewagt hat, das unmittelbar am Stadtrand liegt, so daß er sich unbeobachtet glaubte“. Somit ließ sich auch noch

---

[19] Vgl. zum Bombenkrieg: Gerd Biegel, Bomben auf Braunschweig, Braunschweig 1994; Braunschweig im Bombenkrieg, Teil I-III, hrsg. vom Friedenszentrum Braunschweig, Braunschweig 1994/95; Eckart Grote, Target Brunswick 1943–1945, Braunschweig 1994; Rudolf Prescher, Der rote Hahn über Braunschweig, Braunschweig 1955, 2. Auflage 1994; Günter K. P. Starke, Das Inferno von Braunschweig, Cremlingen 1994.

§ 4 der Verordnung anwenden. Die Richter statuierten ein Exempel: sie verurteilten den Bauarbeiter zum Tode[20].

In diesen Wochen wurden immer häufiger Zwangsarbeiter zu Aufräumungsarbeiten nach Bombenangriffen eingesetzt. Überall in der Stadt hingen Plakate: „Wer plündert, wird erschossen". Kleinste Unregelmäßigkeiten bei den schweren und gefährlichen Aufräumungsarbeiten ahndeten die Verfolgungsbehörden unnachsichtig[21].

Opfer eines Fliegerangriffs, Opfer der Justiz und Opfer eines medizinischen Sachverständigen wurde der 31jährige Heinz G. aus Braunschweig. Zusammen mit seiner Frau stand er am 8. Dezember 1944 vor dem Sondergericht.

Heinz G. hatte ein schweres Leben hinter sich. Bald nach seiner Geburt verwaist, war er die ersten zwei Jahre seines Lebens bei Nachbarn in Pflege, kam dann in ein Berliner Waisenhaus, dann in die Pestalozzi-Stiftung und schließlich in die Potsdamer Landesanstalt wegen seines Hangs zum Stehlen. In den folgenden Jahren fand er Arbeit in verschiedenen Stellen in der Landwirtschaft; immer wieder beging er kleinere Eigentumsdelikte. G. konnte weder schreiben noch lesen. Im Jahr 1934 wurde er entmündigt, 1938 wegen angeborenen Schwachsinns vom Erbgesundheitsgericht unfruchtbar gemacht. Er war danach als Gelegenheitsarbeiter tätig; 1941 heiratete er, auch seine Ehefrau war entmündigt und unfruchtbar gemacht worden. Im Sommer 1944 arbeitete G. als Hausdiener im Gasthaus Thüringer Hof in Braunschweig. Bei einem Fliegerangriff am 5. August 1944 wurden er und seine Frau völlig ausgebombt, zerbombt wurde auch der Thüringer Hof. Aus dem zerstörten Gasthaus entwendete Heinz G. einen Sack mit Kleidungsstükken, Eier, andere Lebensmittel und Bargeld. Das Geld zahlte er auf sein Sparbuch und das seiner Frau ein. Einige der gestohlenen Sachen verkaufte er bei einem Hehler[22]. Natürlich wird er erwischt, gesteht alles und belastet dabei in naiver Erzählfreude auch noch seine Frau: „Meiner Frau hatte ich erzählt, daß ich die Sachen, so wie das Geld aus dem Keller des Hotels Thüringer Hof geplündert hätte". Bei seinen geistigen Fähigkeiten und denen seiner Frau haben die Ermittlungsbeamten keinen Schwierigkeiten, alles herauszubekommen. Der Sachverhalt scheint eindeutig. Rettung kann sich die Verteidigung nur von einer verminderten Zurechnungsfähigkeit (§ 51,1 oder 51,2) erhoffen. Der Anstaltsarzt der Untersuchungshaftanstalt Braunschweig, Dr. Muhlert, schreibt: „G. ist das typische Beispiel eines geistig und moralisch schwachsinnigen Menschen, der auf der Lebensleiter immer mehr abrutscht und nach nur schwachen Besserungsversuchen immer wieder rückfällig wird. Daß er je wieder ein einigermaßen brauchbares Mitglied der menschlichen Gesellschaft werden wird, ist nicht zu erwarten". Das Gericht übernimmt diese Argumentation. Zwar sei der Angeklagte vermindert zurechnungsfähig nach § 51,2, aber die Strafe könne angesichts des Vorlebens des Angeklagten und der besonders verwerflichen Tat nicht abgemildert werden. „Der Angeklagte wird nach Überzeugung des Sondergerichts niemals ein einigermaßen brauchbares Mitglied der Menschheit werden. Deshalb muß den Angeklagte Heinz G. wegen Plünderung die Todesstrafe treffen", schrei-

---

20 42 B Neu 7 Nr. 1584. Zur allgemeinen Rechtsprechung bei Plünderung vgl. den Richterbrief vom 1. April 1944, Boberach, Richterbriefe, S. 280 ff.

21 Vgl. hierzu Kapitel 6.7.1.

22 Die Aussage G.'s, der weitere Namen nannte, löste die Verhaftung von 15 Männern und Frauen aus; einige mußten sich wegen Vergehens gegen die Kriegswirtschafts- und Volksschädlingsverordnung, eine Frau auch wegen verbotenen Umgangs mit einem französischen Kriegsgefangenen verantworten, 42 B Neu 7 Nr. 1116 und 1118.

ben die Richter Lerche, Angerstein und Ahrens am 8. Dezember 1944 in ihr Urteil. Die Gnadengesuche der Rechtsanwälte Semler und Oschatz – der Angeklagte habe aufgrund der eigenen Ausbombung unter Schock gestanden – sowie des Vormunds Eberhardine v. Wick lehnt das Sondergericht ab. Am 12. 2. 1945 wird Heinz G. in Wolfenbüttel hingerichtet. Am nächsten Tag lesen die Braunschweiger in der Zeitung: „Am 12. 2. 1945 ist der 31jährige H. G. aus Braunschweig hingerichtet worden, den das Sondergericht in Braunschweig als Volksschädling zum Tode verurteilt hat. G. hat nach einem Terrorangriff auf Braunschweig geplündert".

Die Ehefrau Irmgard G. verurteilten die Richter wegen Hehlerei zu 2 Jahren und 6 Monaten Zuchthaus. Die Strafe wurde 1948 zu 18 Monaten Gefängnis umgewandelt.

Die Gerichtsverwaltung treibt im Jahr 1949 beharrlich bei der inzwischen wieder verheirateten Irmgard G. die damals entstandenen Gerichtskosten in Höhe von 20 DM ein. Mehrmals wird sie gemahnt, dann zahlt sie die erste Rate. Schließlich schreibt der jetzige Ehemann ein Bittgesuch und bittet um Ermäßigung der Gebühren. Da endlich hat ein Vorgesetzter Erbarmen und erläßt der Frau den Restbetrag.

Am 8. 3. 1950 schließt ein Rechtspfleger-Anwärter mit einer Notiz die Akte des Ehepaars G.: „Herrn Sachbearbeiter mit der Bitte um Entscheidung vorgelegt, ob die Akten weggelegt werden können oder einer Auswertungsstelle (Todesstrafe) zur Verfügung gestellt werden müssen. Kostenrechtlich ist bezüglich beider Verurteilter nichts mehr zu veranlassen"[23].

Eine zweite Welle von Plünderungsprozessen führte das Sondergericht nach den verheerenden Bombenangriffen des 14. und 15. Oktobers 1944 durch. Bereits wenige Tage nach dem Bombeninferno, am 21. 10. 1944, verurteilten die Richter Lerche, Ahrens, v. Griesbach die 19 Jahre alte Erna Wazinski aus Braunschweig zum Tode. Von den fürchterlichen Plünderungs-Urteilen gegen französische und italienische Zwangsarbeiter aus den letzten Kriegsmonaten werden wir noch erzählen.

6.1.3 Das Urteil gegen Erna Wazinski

Kein Urteil des Sondergerichts Braunschweigs hat die Braunschweiger Justiz noch nach 1945 länger beschäftigt als das Urteil gegen Erna Wazinski[24].

Nach dem schweren Bombenangriff auf die Innenstadt Braunschweigs in der Nacht vom 14. zum 15. Oktober 1944 läuft die 19jährige Erna Wazinski morgens um 4.00 Uhr von ihrer Arbeitsstätte, dem Rüstungswerk Viga, nach Hause in die Langedammstraße und sieht ihr Wohnhaus verwüstet. Sie findet die kränkliche Mutter in einem Luftschutzkeller in derselben Straße und bringt sie bei der gut bekannten Anna J. unter. Sie selber kann in der Familie bei ihrer gleichaltrigen Freundin Gerda K. unterkommen. Es ist das vierte Mal, daß die Wazinskis ausgebombt sind. Am Montag, dem 16. Oktober, geht Erna mit ihrem Freund Günther W., einem jungen Soldaten, der auf Fronturlaub ist, in die Langedammstraße, um aus den Trümmern noch Sachen zu retten. Sie finden zwei Koffer, einen Rucksack und paar lose Kleidungsstücke von denen nicht klar ist, wem sie gehören, vielleicht der Mutter. Aber die Nachbarin F., die ebenfalls ausgebombt ist, ver-

---

23 42 B Neu 7 Nr. 1600.

24 Die Schilderung stützt sich auf die umfangreiche Akte im Bestand 42 B Neu 7 Nr. 1599. Vgl. hierzu auch Kramer, NS-Justiz; Bernhild Vögel, Der Fall Erna Wazinski.

mißt aus dem geretteten Koffer einige Sachen und erstattet am 18. 10. Anzeige gegen Unbekannt bei der Polizei. Dabei nennt sie jedoch als Verdächtige den Namen von Erna Wazinski, auf die sie nicht gut zu sprechen ist, weil ihr Bekannter, der SS-Mann F., Erna nachstellt. Tatsächlich gehören ihr die Sachen und nicht der Mutter von Erna. Am Freitag, dem 20. Oktober, besucht der Soldat Günther W. Erna, trifft sie aber nicht an, weil sie noch nicht von der Arbeit aus ihrem Rüstungsbetrieb zurück ist. Er wartet, und es kommen zwei Kriminalpolizisten und fragen ihn nach Erna aus.

Als Erna nach Hause kommt, schicken die beiden Polizisten Günther auf den Flur, vernehmen Erna Wazinski und halten ihr energisch die Aussage der anzeigenden Nachbarin vor. Die Polizisten schlagen sie ins Gesicht, daß sie blutet und verhaften sie. Es ist der Abend des 20. Oktober. Erna Wazinski hat ein Geständnis abgelegt. Nun erzählt sie eine ganz andere Geschichte, die der Anzeige der Nachbarin F. entspricht: sie habe aus einem unzerstörten Nebengebäude, wohin die geretteten Sachen abgestellt wurden und wo auch die Sachen der Frau F. standen, aus dem Koffer die von Frau F. vermißten und der Polizei genannten Sachen an sich genommen. Sie verschweigt die Anwesenheit ihres Freundes. Auch die Kriminalpolizei erwähnt ihn nicht, obwohl sie ihn in der Wartezeit formlos verhört und seine Version erfahren hat, die jedoch völlig anders ist als die der anzeigenden Nachbarin.

Der nächste Tag ist Sonnabend, der 21. Oktober. An diesem Sonnabend früh formuliert Staatsanwalt Hirte eine knappe Anklageschrift, die sich auf das „Geständnis" von Erna Wazinski stützt. Erna wird der Plünderung angeklagt und soll zum Tode verurteilt werden. Der Vorsitzende des Sondergerichts, Lerche, beruft noch zum selben Sonnabend eine Sitzung des Sondergerichts ein, an dem die Richter Ahrens und Griesbach teilnehmen sollen, bestellt den Pflichtverteidiger Rechtsanwalt v. Campe und als Sitzungsort völlig unüblich das Untersuchungsgefängnis Rennelberg. Das Gebäude des Landgerichts, das in der Innenstadt gelegen ist, war beim Bombenangriff getroffen worden. Es ist nicht klar, warum unter diesen besonderen Umständen das Gericht mit der Verhandlung nicht bis zum Anfang der neuen Woche gewartet hat. Es lagen noch andere Anklageschriften aus früherer Zeit vor.

Der Verteidiger benennt keine Zeugen, etwa Frau J. oder Frau K., oder die Mitarbeiterinenn von den Vigawerken, was das Verfahren sofort in die nächste Woche verlagert hätte.

Es herrscht offenbar ein stilles Einverständnis zwischen Staatsanwaltschaft, Gericht und Verteidiger, dem Antrag der Staatsanwaltschaft auf Verhängung der Todesstrafe rasch nachzugeben. Möglicherweise hatte man sich kurz vor Beginn der Verhandlung in einer „Vorausschau" auf den glatten Ablauf geeinigt. Die Gelegenheit ist für die Prozeßbeteiligten auch günstig, denn es liegt ein Geständnis vor. Es kommt nur darauf an, dieses Geständnis nicht weiter zu hinterfragen. So geschieht es auch: das Gericht folgt der Version des Ermittlungsergebnisses und verurteilt Erna Wazinski antragsgemäß wegen Plünderung zum Tode. Der Verteidiger hatte das Urteil in das Ermessen des Gerichtes gestellt. Erna reagiert auf die Urteilverkündigung verblüfft und auf die Frage des Vorsitzenden, ob sie noch etwas zu sagen habe, überrascht: „Was mache ich denn mit meiner Mutter? Ich muß doch meine Mutter ernähren". Die Vermutung liegt nahe, daß die Polizisten Erna die unwahre Version mit der Verlockung abgerungen haben, sie werde vom Gericht geschont, wenn sie unterschreibe und gestehe. An das Ende ihrer Ermittlungen hatten sie schonend geschrieben, Erna „sei auf verbrecherischem Wege noch sehr unerfahren“. Das hätte für einen geübten Verteidiger wie Rechtsanwalt Kahn Anlaß gegeben, die Kriminalbeamten zu befragen, wie sie zu dieser Einschätzung der Beklagten wohl kämen. Vielleicht war das auch als eine Art Wiedergutmachung für die Schläge bei dem Zustandekommen des „Geständnisses“ gedacht. Offenbar hatten die Kriminalbeamten auch nicht an Todesstrafe gedacht. Es tauchen noch andere Klippen für einen raschen Ablauf auf. Die angeklagte Erna Wazinski macht nämlich auf das Gericht im Gegensatz zum Eindruck nach der Lektüre der Anklageschrift einen guten Eindruck. Sie habe, notiert Lerche, den „Eindruck eines harmlosen, ordentlichen, jungen Mädchens hinterlassen“. Möglicherweise fühlt sich das Gericht von der Staatsanwaltschaft getäuscht, weil Erna Wazinski ihrem Auftreten vor Gericht nach nicht der klassische Typ des Volksschädlings ist. Vielleicht sind dem Gerichtsvorsitzenden Lerche über Sonntag Zweifel an dem Urteil gekommen. Jedenfalls fordert er zum Wochenanfang von der Staatsanwaltschaft Ermittlungen, um die näheren Lebensumstände von Erna Wazinski zu erkunden. Das hätte eigentlich vor Verkündung eines Todesurteiles erfolgen müssen. Derlei Ermittlungen könnten für einen Gnadenerweis ausschlaggebend sein, meint Lerche, aber das bereits gefällte Urteil behindert natürlich im nationalsozialistischen Milieu Braunschweigs die Objektivität der Ermittlungen. Nun müssen die Befragten nämlich in Kauf nehmen, daß sie durch ihre Aussagen das Todesurteil des Sondergerichts in Frage stellen, was nicht ohne Risiko ist. Umso erstaunlicher ist es, daß Staatsanwaltschaft Magnus bei seinen nun verspätet aufgenommenen Ermittlungsgesprächen am Mitwoch, dem 25. Oktober, auf solidarische Reaktionen stößt. Erna Wazinski „hat auf mich den besten Eindruck gemacht“, sagt Emmi K., die Wazinskis gut kennt, und bei deren Tochter Gerda sich Erna gerne aufhält. Auch die Tochter Gerda K., die mit Erna im selben Rüstungsbetrieb gearbeitet hat, hält zu Erna. Oberstaatsanwalt Hirte sieht in seinem Bericht an den Reichsjustizminister vom 26. 10. 1944 gerade in der freundschaftlichen Beziehung zwischen Erna und Emmi und Gerda K. sein negatives Urteil über Erna bestätigt, seien doch Mutter und Tochter K. wegen Abtreibung vorbestraft.

In ihrem Betrieb hat sich das Todesurteil verständlicherweise rasch herumgesprochen. Erna war ja seit Montag auch nicht mehr bei der Arbeit. „Ich und mit mir alle Arbeitskollegen, mit denen ich gesprochen habe, können die Tat von Erna nicht verstehen und glauben, daß die Todesstrafe für sie zu hart ist“. Diese Aussage steht im Widerspruch zu der knappen Äußerung der Vigawerke, die natürlich wissen, was sie zu schreiben haben: Erna habe einige Mal unentschuldigt gefehlt.

Frau Anna J., bei der Wazinskis nach der Ausbombung untergekommen waren, und die mit Wazinskis 8 Jahre lang zusammengewohnt hat, macht nach einigen kritischen Äußerungen zur familiären Situation die wichtige Bemerkung über Erna: „Unehrlichkeiten seien ihr nicht aufgefallen“.

Ein für Erna vernichtendes, aber für eine nationalsozialistische Institution in Braunschweig typisches Ergebenheitszeugnis schreibt unter dem Datum vom 26. Oktober das Jugendamt Braunschweig. Erna sei im Sommer 1942 der Fürsorgeerziehung überwiesen worden; diese Maßnahme sei in der Erziehungsanstalt Wunstorf und im Birkenhof in Hannover durchgeführt worden. Es handle sich bei Erna Wazinski um „ein willensschwaches, triebhaftes, leichtfertiges Mädchen“. Die Einsichtsfähigkeit jedoch sei voll zu bejahen, schreibt das Jugendamt, um von vorneherein die Einbeziehung des § 51 auszuschalten. Denn das wäre in diesem Falle eine weitere Möglichkeit der Verteidigung, zumal das Jugendamt ein psychiatrisches Gutachten aus dem Jahre 1943 zitiert, wonach Erna Wazinski „im ganzen noch unreif mit erheblichen psychopathischen Zügen“ sei. Das „Gutachten“ des Jugendamtes vom 26. Oktober befreit die Staatsanwaltschaft bei den nicht wenigen positiven Äußerungen aus dem Lebenskreis von Erna Wazinski aus der Verlegenheit.

Im Zusammenhang mit den Ermittlungen nach der Urteilsverkündigung wird Erna am 25. 10. nochmals verhört. Sie rückt einige Dinge zurecht, nennt den Namen der Familie K., bei der sie Haushilfe bis zu deren Ausbombung im Februar 1944 gewesen sei und die nun auch als Zeuge vernommen werden könnte. Sie nennt vor allem erstmals die Tatsache, daß sie verlobt sei. Den Namen des Verlobten, ihres Freundes, wolle sie nicht nennen, erklärt sie, und Staatsanwalt Magnus fragt auch nicht nach, etwa wann sie ihn denn zum letzten Mal gesehen habe. Gefragt nach ihrem Aufenthalt in der Erziehungsanstalt Birkenhof antwortet sie: sie habe 1942 bei Otto Block in der Küche gearbeitet, der in der Langedammstraße einen Mittagstisch betrieben habe. B. sei zudringlich geworden. Sie habe sich dann beim Jugendamt über ihn beschwert, seine Wirtschaft sei geschlossen worden. Block habe sie dann beim Jugendamt angezeigt und behauptet, sie arbeite nicht; darauf sei sie nach Birkenhof gekommen.

Bei heutiger Lektüre schwierig einzuschätzen ist die Aussage der Mutter Ernas vom 26. 10.: gefragt nach dem Aufenthalt ihrer Tochter in der Erziehungsanstalt, antwortet sie: Erna habe bei der Arbeit manchmal gebummelt, sie sei auch zuweilen frech gewesen. Und dann: „Obwohl ich weiß, daß meine Tochter zum Tode verurteilt ist, kann ich weitere Angaben, die zu ihren Gunsten sprechen, nicht machen. Trotz nochmaligen Vorhaltens bleibe ich dabei, daß mir Erna von ihrer Tat nicht das geringste erzählt hat“. Stand die Mutter unter Schock über die Nachricht vom Todesurteil gegen ihre Tochter, wollte sie ihre eigene Haut retten?

Es bleiben bis heute einige Unklarheiten hinsichtlich des Verhaltens der Mutter und des Gastwirts Otto Block in den Oktobertagen 1944. Beide drängten in den fünfziger und sechziger Jahren auf die Rehabilitierung Erna Wazinskis. Der Verteidiger hat nach seiner kümmerlichen Vorstellung am Verhandlungstag am darauf folgenden Dienstag, dem 24. Oktober, ein Gnadengesuch eingereicht und am Schluß energisch plädiert: „Es ist meiner Überzeugung nach nicht zu verantworten, das junge Menschenleben auszulöschen wegen der Fortnahme von Gegenständen von ganz geringem Wert“. Die Schmuckstücke seien wertlos und die Wäsche minderwertig. „Der Eindruck der brennenden Stadt muß auf das junge Menschenkind schwer eingewirkt haben unter besonderer Berücksichtigung der Sorge der Angeklagten um die kranke Mutter in der Wohnung auf der Langedammstraße“. Eine freie Willensbekundung bei der Tat sei ausgeschlossen. Unter demselben Datum schreibt Erna ein Gnadengesuch aus dem Untersuchungsgefängnis Rennelberg. Sie sei mehrfach ausgebombt und sei aus Verzweiflung zu dieser Tat gekommen. Es sei ihre erste Strafe und „bitte um etwas Verständnis für meine schwere Lage“. Erna Wazinski erinnert an ihre Unbestraftheit, die bei der Urteilsbildung keine Rolle gespielt hatte und an ihr „Geständnis“, und damit unausgesprochen an die möglichen Versprechungen der ermittelnden Kriminalbeamten für die Berücksichtigung eines Geständnisses bei der Urteilsfindung.

Anfang November ordnet der Reichsjustizminister die Hinrichtung an, die am 23. November 1944 um 12.00 Uhr in Wolfenbüttel vollzogen wird. Vorher hatte Erna dem Vollzugsbeamten noch etwas diktiert. „Ich habe noch nie etwas gestohlen. Ich hätte noch so gerne gelebt und meiner alten Mutter geholfen. Ich war ihre einzige Stütze.“

Das Wazinskiurteil ist auch nach der damaligen Rechtsprechung außergewöhnlich. Der Generalstaatsanwalt berichtete in seinem routinemäßigen Lagebericht am 25. 1. 1945 an den Reichsminister der Justiz, daß insgesamt 56 Anzeigen im Zusammenhang mit der Bombennacht vom 15. Oktober eingegangen seien. In 40 Fällen seien die Täter unbekannt geblieben. Von den 16 bekannten Tätern dagegen war das Urteil gegen Erna Wazinski das einzige Todesurteil. „In einigen weiteren Fällen ist noch mit einem Todesurteil zu rechnen". Es habe sich auch bei diesem Angriff die Erfahrung bestätigt, daß Plünderungen in der Angriffsnacht selbst kaum entdeckt und geklärt würden[25].

Das macht es verständlich, daß das Geständnis der Erna Wazinski für die Staatsanwaltschaft und das Gericht den seltenen Glücksfall darstellt, an dem nun ein Exempel zu statuieren war.

Wir schildern deshalb einige andere Urteile, bei denen auf Plünderung im Zusammenhang mit der Bombennacht vom 15. Oktober erkannt worden war, aber keine Todesstrafe verhängt worden ist.

Bereits am 14. November 1944 verhandelte das Sondergericht unter Ahrens, Peters und Eilers gegen die 60jährige Flickerin Anna St., die am 15. 10. im Wendenring 24 ausgebombt war, fünf Tage später sich aus einer Schule, in der die NS- Frauenschaft Sachen untergebracht hatte, etwas Geschirr und verschiedene Wäschestücke stiehlt und dabei von einem NS-Frauenschaftsmitglied ertappt und angezeigt wird. Es ist derselbe Freitag, an dem Erna Wazinski vernommen wird. Die Staatsanwaltschaft läßt sich Zeit. Rechtsanwalt Kahn verteidigt sie, und das Sondergericht schließt sich seiner Argumentation an. „Es wird ihr zugutegehalten, daß sie noch unbestraft war, selbst erhebliche Bombenschäden erlitten hatte und sich infolge davon noch in Aufregung befand". Diese drei Entlastungsgründe konnten für Erna Wazinski ebenso gelten. Auch sie war unbestraft, hatte erheblichen Bombenschaden erlitten und zwischen ihrer Tat und der Bombennacht lagen nicht fünf, sondern lag nur ein Tag. Anna St. dagegen erhält nach § 4 der Volksschädlingsverordnung ein Jahr Zuchthaus[26].

Am 12. Dezember 1944 verurteilte das Sondergericht die 32jährige Margarete R. zu drei Jahren Zuchthaus, weil sie während der Brandwache in einem Haus in der Gliesmaroderstraße in der Nacht zum 15. 10. 1944 von einer Bodenkammer zwei Blusen, zwei Röcke, ein Kleid, eine Jacke und eine Bettumrandung gestohlen hatte. Sie zieht noch am 15. Oktober die Bluse an, in der sie Frau Sch. erkennt, der die Bluse gehört, und die sie daraufhin anzeigt. Die Bettumrandung, die Frau B. gehört, liegt vor ihrem Bett, als die Polizei die Ermittlungen aufnimmt. Das Gericht unter Lerche stellt die besondere Verwerflichkeit und ehrlose Gesinnung von Margarete R. fest, vermeidet aber die Verhängung der Todesstrafe[27].

Todesstrafe allerdings beantragt die Staatsanwaltschaft gegen die 32jährige Marie D. aus der Echternstraße nach § 1 der VVO. Sie hatte am 17. Oktober 1944 eine Einkaufstasche mit einigen Kleidungsstücken, Wäsche und verschiedenen Gebrauchsgegenständen, die ihr nicht gehörte, aus einem ausgebombten Haus geborgen und zu ihren eigenen Sachen gestellt. Als sie hört, daß Ermittlungen gegen sie im Gange sind, bringt sie die Tasche zurück, behält aber einige wenige Stücke für sich zurück. Sie wird am 14. Dezember

---

[25] Lagebericht des Generalstaatsanwalts vom 25. 1. 1945, BA, R 22/3357.
[26] 42 B Neu 7 Nr. 1117.
[27] 42 B Neu 7 Nr. 1124.

verhaftet, am 10. Januar 1945 liegt die Anklageschrift mit dem Vermerk vor „vorgesehen Todesstrafe, lebenslanger Ehrverlust“, aber Rechtsanwalt Kahn beantragt fünf Tage später, den Abteilungsleiter Kues, Pastor Lang von der Michaeliskirche und Anna E. als Zeugen zu hören. Sie könnten bezeugen, daß seine Mandantin zur Tatzeit mit den Nerven herunter und verwirrt gewesen sei. Plünderung komme nicht in Frage, eher der Tatbestand der Unterschlagung, fügt Kahn hinzu und die Frage, ob Marie D. Volksschädling sei, müsse das Gericht erst prüfen. Staatsanwalt Flöte schreibt verärgert an den Vorsitzenden des Sondergerichts, den Antrag der Verteidigung abzulehnen. „Die Rechtslage ist klar“. In der Verhandlung am 29. Januar 1945 aber treten die drei Zeugen auf. Das Gericht unter Ahrens, Angerstein und Eilers läßt sich von Kahn überzeugen und schreibt in die Urteilsbegründung, Marie D. „sei überhaupt die Tage nach dem Fliegerangriff noch etwas durcheinander gewesen und habe heftige Kopfschmerzen gehabt“. Dem auch mündlich vorgetragenen Antrag auf Todesstrafe folgt das Gericht nicht und verhängt eine fünfjährige Zuchthausstrafe. Diese Strafe ist viel zu hoch, aber das Kunststück am 29. Januar 1945 bestand darin, die Todesstrafe abzuwenden. Staatsanwalt Flöte gibt sich mit dem Urteil zufrieden und verzichtet auf eine Nichtigkeitsbeschwerde. Die Verurteilung sei „im Endergebnis nicht zu beanstanden, wenngleich die Begründung des Urteils, insbesondere die Verneinung der Plünderung, etwas gewunden erscheint“[28].

Wegen angeblichen Plünderns war auch der Kellner Johann Liszner in den Tagen nach dem 15. Oktober 1944 verhaftet worden. Die mutige Aussage eines Zeugen rettete ihm wahrscheinlich das Leben. Der Kellner hatte aus dem Luftschutzraum eines durch den Bombenangriff völlig zerstörten Hauses mehrere Menschen gerettet; er hatte, kräftig von Statur, zunächst den Ausgang freigelegt, dann Alten und Kindern geholfen, schließlich eine völlig entkräftete Frau in letzter Minute ins Freie gebracht. Während der Rettungsaktion packte er 6 Kognakflaschen in seine Tasche, ließ sie aber stehen, um weiter zu helfen. Am nächsten Tag holte er seine Tasche; der Angestellte Wilhelm Stein, der am Tag vorher mit im Keller verschüttet war, stellte ihn und zeigte ihn an; Liszner wurde verhaftet. In den Verhören machte er deutlich, daß er nur seine Papiere holen wollte, die in der Tasche lagen, an die Flaschen habe er gar nicht mehr gedacht. Der Besitzer der Flaschen distanzierte sich von der Anzeige seines Angestellten, die Flaschen interessierten ihn in keiner Weise – ein sehr ungewöhnliches Verhalten für die damalige Zeit. Noch wichtiger für den Kellner aber war die Aussage des Zeugen Wilhelm Werner. Voller Hochachtung sprach er über den Beschuldigten, vorbildlich habe der sich verhalten, fast 20 Personen seien von ihm gerettet worden. Und auch der Anzeigende erwähnte in seiner Aussage vor der Polizei die Rettungsaktion des Kellners. Endlich, nach drei Monaten, erhob Staatsanwalt Hirte Anklage. Er zeigte sich wenig beeindruckt von den Zeugenaussagen: Die Tat grenze an Plünderung; allerdings erscheine sie angesichts der Rettungsaktionen in etwas milderem Licht. „Andererseits muß der Angeschuldigte, der sich während oder unmittelbar nach dem schweren Angriff an fremdem Eigentum vergriffen hat, empfindlich bestraft werden“. 1½ Jahre Zuchthaus beantragte er. Und dann geschah das Unglaubliche: Am 13. Februar 1945 sprachen die Richter Lerche, Eilers und Peters den Kellner frei. Zwar hielt der Oberstaatsanwalt das Urteil für bedenklich, Nichtigkeitsbeschwerde wollte er allerdings nicht einlegen[29].

---

[28] 42 B Neu 7 Nr. 1148.

[29] 42 B Neu 7 Nr. 1158.

Wir stellen auch bei Diebstahldelikten nach Bombenangriffen fest: die Sonderrichter hatten Spielraum, ob sie wegen Plünderns anklagten oder wegen Verstoßes gegen die übrigen Paragraphen der Volksschädlingsverordnung.

Zweifellos spielten auch die Verteidiger eine wesentliche Rolle; Rechtsanwalt Kahn war im Vergleich zu Rechtsanwalt v. Campe ein offensiver Verteidiger.

Offensichtlich war auch der Zeitpunkt der Verhandlungen von Bedeutung. Die vier Verhandlungen, bei denen es um ähnliche Vorfälle ging wie im Verfahren gegen Erna Wazinski, standen nicht mehr unter dem unmittelbaren, verheerenden Eindruck der Bombennacht vom 15. Oktober 1944, dem sich auch die Richter nicht entziehen konnten. Das Urteil gegen Erna Wazinski hatte offenkundlich demonstrativen Abschreckungscharakter. Die soziale Herkunft des jungen Mädchens und ihre Lebensumstände ließen sie in den Augen der Sonderrichter von vornherein verdächtig erscheinen.

6.2 Heimtückeverfahren im Krieg

In den ersten Kriegsmonaten und während des Jahres 1940 beschäftigte sich das Sondergericht wie in den zurückliegenden Jahren hauptsächlich mit Heimtückeverfahren. Nach wie vor gab es viele Bagatellfälle, ausgelöst durch haltlose Beschuldigungen, die nach kurzen Ermittlungen eingestellt wurden.

Kritische Äußerungen über die Kriegspolitik der Regierung, über niedrigere Löhne, über die Versorgungslage brachten Männer und Frauen vor das Sondergericht. Die Urteile signalisierten: von Anfang an sollte jeder Zweifel am Sieg, jeder Versuch, die Heimatfront zu schwächen, unnachsichtig geahndet werden. Einen November wie 1918 sollte es nicht mehr geben.

In den ersten Kriegstagen sprach ein Reisender auf dem Bahnhof in Braunschweig eine ihm fremde Frau an: schuld am Krieg hätten die Hetzer, und die säßen in Deutschland. Die Frau zeigte ihn an: acht Monate Gefängnis gaben die Richter Ehlers, Grotrian und Stübing am ersten Sitzungstag nach Kriegsbeginn[30]. Zehn Monate Gefängnis erhielt am gleichen Tag ein Braunschweiger Schlosser, der im Gasthaus geschimpft hatte: man könne sich nicht mehr satt essen. Es gäbe jetzt Kriegslöhnung. Arbeiten und kein Geld, das mache man nicht mit. „Wenn wir Kriegslöhnung kriegen, dann kommt eine Revolte“[31].

Deutschland habe den Krieg bewußt herbeigeführt, erklärte ein Maschinist. Da er angetrunken war, blieb es bei einer Ermahnung[32]. Auf der Fahrt zur Arbeit in der Heeres-Munitions-Anstalt in Lehre kritisierte in den ersten Kriegstagen ein Arbeiter aus Braunschweig die deutsche Politik: Hitler sei nicht gerecht. Während er früher erklärt habe, er wolle nur das haben, was früher deutsch gewesen sei, säße er jetzt weit hinter Warschau und hätte sich mehr angeeignet, als ihm zuständе. Eine mitfahrende Frau zeigte ihn an, das Sondergericht verurteilte ihn zu einem Jahr Gefängnis[33].

Folgenreich war auch die Äußerung eines Postschaffners aus Holzminden, der nach einigen Bieren im Kreise seiner Arbeitskameraden schimpfte: „Was ist das, alles nur

---

[30] 43 A Neu 4, Zg. 47/1984, Jg. 1938, Paket 16 Nr. 1589.
[31] 43 A Neu 4, Zg. 47/1984, Jg. 1938, Paket 16 Nr. 1510.
[32] 42 B Neu 7 Nr. 738.
[33] 43 A Neu 4, Zg. 47/1984, Jg. 1938, Paket 22 Nr. 1852.

Bluff. Es wird immer nur Krieg geführt für eine bestimmte Clique, die leben will. Da reden sie von Plutokratie und Demokratie, was ist denn bei uns, alles Zwang, und das kann ich nicht vertragen. Da reden sie von Zivilisation, die eine heißt England und die andere heißt Deutschland. Und was ist in Deutschland los? Es ist doch alles beschissen, was ist denn schon mit Mölders, dem hat der Führer für den 40. Luftsieg das Verdienstkreuz oder wie das Ding heißt, verliehen, das soll doch bloß für die anderen ein Ansporn sein. Dann wird geredet von ‚freie Bahn dem Tüchtigen', und wenn man arbeiten will und arbeiten soll und kommt zu nichts, wie wir, wir sind doch nur Postschaffner geblieben. Und was ist denn hier nun morgen los? Um 1 Uhr muß alles stehen, die siegreichen Pioniere kommen zurück. Was heißt denn nun schon siegreiche Pioniere? Wo haben sie denn gesiegt? Die Menschen haben sich gegenseitig die Schädel eingeschlagen, das nennen sie nun siegen". Es ist dies eine ganz typische Heimtückerede: Unzufriedenheit, Mißmut, Wut, sprunghaft in der Argumentation; aber irgendwie doch Kritik an der Regierung, am Krieg, allemal verdächtig für die Polizei. Ein Verfahren kommt in Gang. Das Amtsgericht erläßt einen Haftbefehl, der zuständige Oberstaatsanwalt will vor dem Sondergericht Anklage erheben, doch der Reichsjustizminister lehnt die Strafverfolgung ab, das Verfahren wird eingestellt. Nach dreimonatiger Untersuchungshaft kommt der Postschaffner frei. Die Reichspostdirektion in Berlin leitet ein dienstrechtliches Verfahren ein, dessen Ausgang wir nicht kennen[34].

Hellhörig wurde die Polizei bei jeder Äußerung zu einer möglichen militärischen Niederlage. Solches habe sie von einem Glasermeister gehört, meldete eine seiner Kundinnen der Gestapo: es sei für Deutschland unmöglich, den Krieg zu gewinnen, die Zeitungen schrieben nicht die Wahrheit und die Regierenden, allen voran der fette Göring, lebten viel besser, als der kleine Mann. Als der zuständige Ortsgruppenleiter auch noch aussagte, der Glasermeister sei ein Judenfreund, er sei gegen den Judenboykott gewesen und seine Mutter vermiete immer noch an einen Juden, war das Maß voll. Die Gestapo verhaftete den Glaser, doch das Amtsgericht setzte ihn noch am gleichen Tag auf freien Fuß. Daraufhin behielt ihn die Polizei in Schutzhaft. Seine judenfreundliche Haltung hatte ihn offensichtlich seit langem verdächtig gemacht. Der Ortsgruppenleiter schrieb in seinem „Gutachten": „Als Mitglied des städtischen Vergebungsausschusses habe ich dafür gesorgt, daß er keine städtischen Aufträge mehr bekam" – die Akten geben immer wieder einen Einblick in die Mechanismen alltäglicher Schikanen und Ausgrenzung. Drei Monate nach Beginn der Schutzhaft erhob der Staatsanwalt Anklage. Der Generalstaatsanwalt stimmte ihr zu mit dem Hinweis, die Zeugin sei als Frauenschaftsleiterin einer Braunschweiger Ortsgruppe sehr zuverlässig, im übrigen dränge der SS-Gruppenführer Jeckeln auf ein Verfahren. Das Reichsjustizministerium in Berlin lehnte eine Anklageerhebung ab; nicht zum ersten Mal erwies es sich nachsichtiger als die Braunschweiger Staatsanwaltschaft[35].

Aufmerksam wurde die Polizei auf einen Bauarbeiter, der erzählte, die Greueltaten an den Volksdeutschen in Bromberg hätten nicht die Polen, sondern die Reichsdeutschen begangen.

In der MIAG kommentierte ein Modelltischler die Besetzung Dänemarks sehr kritisch und ein Ingenieur ergänzte: „Es kann uns nicht schlechter gehen, wenn wir den

---

[34] 42 B Neu 7 Nr. 878.

[35] 42 B Neu 7 Nr. 769.

Krieg verlieren". Das anlaufende Verfahren unterstützte der Bericht eines Vertrauensmanns. Die Erfassung und Belehrung der Arbeiter sei ungenügend. „Es muß etwas geschehen, ehe wir dahin kommen, wie es 1916 begann und 1918 endete"[36].

Kritische Äußerungen in kriegswichtigen Betrieben wurden besonders aufmerksam verfolgt. Dabei kam es nicht selten zu einem Zusammenspiel von Gestapo, Betriebsobmann, Betriebsführer und der ermittelnden Staatsanwaltschaft. In der Maschinenfabrik Klinghammer beauftragte der Betriebsobmann einen neu eingestellten Arbeiter, die Belegschaft auszuhorchen. Der berichtete, die gesamte Belegschaft sei dem Nationalsozialismus gegenüber feindlich gesinnt, keiner verwende den deutschen Gruß, und er meldete einen Haupt-Meckerer. Ein Verfahren kam in Gang. Der Beschuldigte belastete bei seiner Aussage die Belegschaft, sie würde vor allem über hohe Lohnabzüge meckern. Nach intensiven Befragungen seitens der Gestapo wurde das Verfahren schließlich eingestellt. Der Zweck war erreicht, die Belegschaft diszipliniert. Befriedigt schrieb der Betriebsführer: „die Vernehmung der Beschuldigten bei der Gestapo hat größten Eindruck hinterlassen"[37].

Ein Werkzeugmeister beschwerte sich im Frühjahr 1940 über die Brotqualität. Ein derartiges Brot fresse in England kein Hund; außerdem habe er unter der Judenregierung mehr verdient als jetzt. Trotz einer umfangreichen Vernehmungsaktion bei seinen Arbeitskollegen wurde das Verfahren eingestellt. Lustig machte sich ein Arbeiter über die ständigen Sondermeldungen: soeben sei gemeldet worden, Adolf Hitler habe den ganzen Brathering aufgegessen. Ein Arbeiter nannte seinen Vorgesetzten nicht Scharführer, sondern Schaf-Führer; beide Verfahren werden wegen Belanglosigkeit eingestellt[38].

Wie haben schon mehrfach darauf hingewiesen, daß im Kriegsverlauf das hiesige Sondergericht die schwereren Heimtücke-Fälle ans Kammergericht nach Berlin bzw. an den dortigen Volksgerichtshof überwies. Nur sporadisch finden wir deshalb in unseren Quellenbeständen Heimtückeverfahren aus den letzten Kriegsjahren.

Im Mai 1942 stand ein Braunschweiger Kaufmann vor dem Sondergericht wegen seiner Äußerung, in Berlin seien 150 Leute erschossen worden, die sich gegen Maßnahmen auf dem Gebiet der Lebensmittelversorgung aufgelehnt hätten. Diese Feststellung sei zersetzend und böswillig, ein Exempel müsse statuiert werden, meinten die Richter, und sie verwiesen auf seine frühere Mitgliedschaft im Stahlhelm und bei den Freimaurern. Das Gericht erkannte nicht nur einen Verstoß gegen das Heimtückegesetz, sondern auch gegen die Volksschädlingsverordnung; der Angeklagte habe nämlich die Straftat unter Ausnutzung der durch den Kriegszustand verursachten außergewöhnlichen Verhältnisse begangen. Man stutzt. Doch die Richter fanden auch hierfür ein Argument: „Mancher Volksgenosse vermag infolge der durch den Krieg verursachten Nervenanspannung heute solchen Nachrichten nicht mehr diejenige Widerstandskraft entgegenzusetzen, die er im Frieden hatte; er nimmt auch die abwegigsten Nachrichten begierig auf und trägt sie sehr zum Schaden der Allgemeinheit weiter". Der Kaufmann erhielt vier Jahre Zuchthaus; im April 1944 gewährte das Gericht eine bedingte Aussetzung der Strafe. Im März 1946 schlug der Staatsanwalt eine Umwandlung in 2 Jahre Gefängnis vor. Zwei Jahre Gefäng-

---

36 42 B Neu 7 Nr. 822.
37 42 B Neu 7 Nr. 621.
38 42 B Neu 7 Nr. 748, 707, 813.

nis für eine solche Äußerung? Das sah Generalstaatsanwalt Kurt Staff dann doch anders und erließ die Reststrafe[39].

Im Frühjahr 1942 fragte ein Lieferant einen Betriebsleiter, warum denn einige Arbeiterinnen in seinem Betrieb weinen würden. Die Antwort: es handle sich um Polenmädchen, die das vorgeschriebene ‚P' nicht tragen wollten. Erwiderung: aber man müsse doch seine Feinde kennzeichnen. Was heißt Feinde, erwiderte der Betriebsleiter, Deutschland habe doch die fremden Völker überfallen; mit Rußland gab es sogar einen Freundschaftsvertrag und dennoch sei es angegriffen worden. Im übrigen stehe die SS mit Maschinengewehren hinter der Infanterie, im Osten habe man Gas angewandt und in Rußland sei eine ganze deutsche Armee von den Russen vernichtet worden. Bemerkenswert, der Informationsstand.

Das Gericht sah in den Äußerungen unwahre und gehässige Kritik an der deutschen Kriegsführung und Nachrichtenpolitik und verurteilte den Betriebsleiter zu einer einjährigen Haftstrafe[40].

In das erbarmungslose Räderwerk von Gestapo und Sondergericht geriet im Sommer 1942 der Unternehmer Friedrich Kochheim aus Hannover. Seine Geschichte soll etwas ausführlicher erzählt werden, da sie durch Quellen sehr dicht belegt ist. Neben einer umfangreichen Ermittlungs- und Prozeßakte lagen uns seine 1952 veröffentlichten Erinnerungen vor, deren Quellenwert außerordentlich hoch ist[41].

Friedrich Kochheim besaß eine Grudeofenfabrik in Hannover und ein Landhaus in Rhene im Harzvorland; dort bestellte er einen Obst- und Gemüsegarten und hielt sich zwei Kühe, zwei Schweine und Hühner. Er und seine Familie wohnten öfters in Rhene, das Landhaus diente auch seiner Belegschaft als Erholungsheim. Der landwirtschaftliche Kleinbetrieb brachte Erzeugnisse hervor, die allerdings seit Kriegsbeginn der Lebensmittelbewirtschaftung unterlagen. Das Gericht warf ihm vor, er hätte bis zu seiner Verhaftung im Sommer 1942 150 kg Butter, 50 l Sahne, 400 l Vollmilch und 2500 Eier entzogen. Kochheim rechtfertigte sich, das zuständige Landratsamt Marienburg hätte ihn vom Ablieferungszwang entbunden, die Erzeugnisse seien für die Angestellten und Arbeiter, und was dann noch übrig bliebe, lohne eine Abgabe nicht.

An einem Augusttag des Jahres 1942 erschien in Rhene plötzlich die Gestapo und begann mit einer brutalen Vernehmung. Kochheim wurde schließlich ins Gestapolager nach Salzgitter gebracht, dort weiter verhört und unterschrieb schließlich das Vernehmungsprotokoll[42]. Danach kam Kochheim in Untersuchungshaft nach Braunschweig. Von dort schickte er ein mehrseitiges Schreiben an den Staatsanwalt beim Sondergericht, in dem er ausführlich seine Sicht der Dinge darlegte in der Absicht, sich zu entlasten, tatsächlich verschlimmerte er aber nur seine Lage. Es ist ein ungewöhnliches Schriftstück, mutig und naiv zugleich: die Unterschrift unter das Vernehmungsprotokoll habe er nur unter dem Druck seiner Inhaftierung gesetzt. Unerträglich seien nämlich die Bedingungen im Lager 21 in Salzgitter gewesen, so daß er froh gewesen sei, endlich in Untersuchungshaft zu kommen. Und dann schilderte er die Ereignisse bei seiner Verhaftung. Der Gestapobeamte Pilz hätte ihn in sein eigenes Besuchszimmer gebracht und ihm mit so-

39 42 B Neu 7 Nr. 1071.

40 42 B Neu 7 Nr. 1074.

41 42 B Neu 7 Nr. 1093. Dazu: Friedrich Kochheim, Bilanz.

42 Erschütternd lesen sich die Beschreibungen des mehrtägigen Aufenthaltes im Lager Hallendorf.

fortigem Erschießen gedroht. Im Besuchszimmer habe der Gestapobeamte auf zwei Bilder an der Wand gezeigt, ein Hitler-Bild und ein Christus-Bild und geschrien: „Es ist eine Beleidigung für den Führer, wenn Sie diese beiden Bilder zusammenhängen. Unser Empfinden empört sich, so etwas zu sehen, zumal das Führerbild klein und das Christusbild groß ist. Hieran ersieht man die Einstellung dieses Schurken". Kochheim wurde bei dieser ersten Vernehmung vom Gestapobeamten mit seinem Stiefel mißhandelt, dann stundenlang stehen gelassen. Bei den Vernehmungen in Salzgitter setzte derselbe Beamte den physischen und psychischen Terror fort: „Sie können von einem wahnsinnigen Glück sprechen, daß ich Sie nicht habe laufen lassen. Haben Sie schon einmal gehört, pp. wurde auf der Flucht erschossen". Nochmals sei darauf verwiesen, all das steht in dem Brief an den Staatsanwalt beim Sondergericht.

Was hatte eigentlich die ganze Aktion ausgelöst? Kochheim wurde von seiner eigenen Hausangestellten denunziert. Der Gestapo meldete sie, Kochheim habe Hitler einen Massenmörder und die Regierungsmitglieder Verbrecher genannt, mehrmals habe er von Hitler-Schweinen gesprochen. Der Beschuldigte stellte die Situation ganz anders dar: als er die Nachricht vom Tode seines Sohnes erhalten habe, sei er außer sich geraten und habe gerufen, wenn doch das Massenmorden einmal aufhören würde. Im übrigen hätten seine Bediensteten schon lange gegen ihn intrigiert, und sie seien wegen ihrer moralischen Verworfenheit ganz unglaubwürdig.

Das Sondergericht – Lerche, Eilers, Grimpe – unterschied in seinem Urteil vom 5. 3. 1943 drei Straftatbestände:

1. Einen Verstoß gegen das Heimtückegesetz: 18 Monate Gefängnis.

2. Eine Verleumdung des Gestapobeamten Pilz. Selbstverständlich leugnete dieser vor Gericht jegliche Gewaltanwendung während der Verhöre. Der Stiefel sei vom Schrank gefallen und habe Kochheim zufällig an der Stirn getroffen. Das Gericht akzeptierte – fast ist man geneigt zu sagen, natürlich – diese Version und verurteilte Kochheim für diese „Verleumdung" zu neun Monaten Gefängnis. „Die Beamten der geheimen Staatspolizei müssen gegen derartige unberechtigte Vorwürfe und Angriffe unter allen Umständen mit gebührendem Nachdruck geschützt werden".

3. Einen Verstoß gegen die Kriegswirtschaftsverordnung: vier Jahre Zuchthaus. Eigensüchtige und eigennützige Beweggründe hätten den Angeklagten zur Tat getrieben, lesen wir im Urteil. Er sei in keiner Weise einsichtig. Ihm gehe „offenbar jedes Gefühl für die gemeinschaftsgebende und für die Ernährung unseres Volkes in der Kriegszeit entscheidende Bedeutung jedes, auch des kleinsten bäuerlichen Betriebes ab, und er setzt sich demgemäß rücksichtslos über die Belange der Gemeinschaft hinweg". Das Gericht erkannte auf eine Gesamtstrafe von fünf Jahren Zuchthaus und fünf Jahren Ehrverlust.

Man gewinnt den Eindruck, daß vor allem das Kriegswirtschaftsverfahren ein willkommener Anlaß war, um einen mißliebigen Gegner – Kochheim war als strenger Katholik bekannt – für lange Zeit zu inhaftieren. Während des Verfahrens wurde z. B. ein von der Verteidigung benannter Zeuge nicht vernommen; es handelte sich um einen Beamten des Landratsamtes Marienburg, der die amtliche Genehmigung für die Nichtablieferung der Gartenprodukte bezeugen sollte.

Während seiner Haftzeit wurde Kochheim als politischer Gegner behandelt. Bis Kriegsende durchlief er Lager, die zu den fürchterlichsten im NS-Lagersystem gehörten: Lager 21 in Salzgitter-Watenstedt, Buchenwald, Dora-Mittelbau und Ebensee in Österreich. Über seine Zeit in Buchenwald gibt eine eidesstattliche Erklärung eines jüdischen

Mithäftlings aus dem Jahr 1946 Auskunft: Kochheim sei nicht in Zebra gekleidet gewesen, sondern trotz des roten politischen Winkels mußte er noch extra eine rote Hose tragen, „wahrscheinlich, weil er Industrieller war“[43]. Seine Post wurde nicht weitergeleitet, im Lager war bekannt, daß er nach Dora ins berüchtigte Lager sollte, „um beseitigt zu werden“. Dort gelang es durch Vertauschen seiner Haftnummer, ihn der offenbar angeordneten besonderen Aufmerksamkeit der SS zu entziehen.

Kochheim überlebte die Lagerzeit. Im Februar 1946 erließ ihm der Generalstaatsanwalt die Reststrafe. Im Jahr 1949 beantragte Kochheim die völlige Annullierung der Strafe. Dies lehnte die 3. Strafkammer des Braunschweiger Landgerichts am 25. 1. 1950 ab und erkannte auf zwei Jahre Gefängnis. Aufgehoben wurde die Strafe aus dem Heimtückeverfahren; wegen eines Verstoßes gegen die Kriegswirtschaftsverordnung blieben 1 Jahr 9 Monate Gefängnisstrafe und wegen Verleumdung des Gestapobeamten drei Monate. Man reibt sich verwundert die Augen. Da wurde ein Beschuldigter während der Vernehmung offensichtlich mißhandelt, er zeigte diesen Vorfall dem Sondergericht zu seiner Entlastung an, und ein Gericht sieht darin im Jahr 1950 nach wie vor die Verleumdung eines Gestapobeamten. Im Revisionsverfahren hob das Oberlandesgericht am 20. 5. 1950 das Urteil wegen Verleumdung auf, beließ aber die Strafe (ein Jahr und neun Monate) wegen des Kriegswirtschaftsvergehens, da diese Tat keinesfalls aus Gegnerschaft zum Nazismus begangen worden sei, und somit die Verordnung vom 3. 6. 1947 – Gewährung von Straffreiheit – nicht zuträfe. Wolle der Angeklagte eine andere rechtliche Würdigung des damaligen Sachverhalts, könne er einen Antrag auf Wiederaufnahme des Verfahrens stellen[44].

Die Geschichte eines Außenseiters, der offensichtlich sein Leben lang keinem Streit aus dem Wege ging und dafür letzten Endes mit dem Leben bezahlte, läßt sich aus dem Verfahren gegen den Arzt Friedrich Rösser rekonstruieren.

Im September 1943 verhaftete die Gestapo Rösser in Braunschweig. Bei der Verhaftung schimpfte er auf den Reichsärzteführer Conti: „Dieser sitzt ja nur oben, weil er Göring ein paar Morphiumspritzen verabfolgt hat“. R. war gerichtsbekannt. Zwischen 1911 und seiner Verhaftung war er vierzehn Mal wegen Beleidigung, übler Nachrede, Verleumdung vorbestraft. Im Jahr 1941 hatte das ärztliche Bezirksgericht in Hannover ihn für unwürdig erklärt, den ärztlichen Beruf auszuüben. Ein Jahr später entzog ihm der Regierungspräsident in Hannover seine Bestallung und kurz darauf erkannte ihm die Universität Leipzig seinen Doktortitel ab. Rösser hatte sich in den zurückliegenden Jahren mit der Schulmedizin angelegt, u. a. mit der Ärztekammer der Provinz Hannover und mit dem Leipziger Ärzteverband. Seine beleidigenden und verleumderischen Äußerungen stammten aus diesen Auseinandersetzungen. Er war Präsident der ärztlichen Sezession e.V., die in scharfer Opposition zu den Ärzteverbänden stand und seit 1936 verboten war. Zwischen 1941 und 1943 versuchte er, seinen Beruf durch Umherziehen auszuüben, schrieb seine früheren Patienten an, um ihnen seinen jeweiligen Aufenthaltsort bekanntzugeben. Deswegen hatte ihn das Erfurter Amtsgericht für drei Monate ins Gefängnis geschickt. Jetzt stand er also vor dem Braunschweiger Sondergericht. Ein Gutachter der Universität Göttingen hielt Rösser für chronisch hypomanisch, bemerkte „querulantisch-paranoische Züge“ an ihm. Im Oktober 1944 – ein Jahr nach seiner Ver-

[43] 42 B Neu 7 Nr. 1093.

[44] Urteil des OLG Braunschweig, 42 B Neu 7 Nr. 1093.

haftung – verurteilten die Richter Lerche, v. Griesbach, Eilers den Arzt zu einer Gefängnisstrafe von einem Jahr und neun Monaten, ein Jahr wegen Vergehens gegen die Ärzteordnung, drei Monate wegen unberechtigter Führung des Doktortitels, neun Monate wegen Vergehens gegen das Heimtückegesetzes.

Auch im Wolfenbüttler Gefängnis blieb Friedrich Rösser sich treu: als ein Brief an einen befreundeten Pfarrer mit Unterlagen für seine Verteidigung nicht befördert wurde, beschwerte er sich beim Staatsanwalt. „Bekanntlich erlischt das Zensurrecht der Staatsanwaltschaft an den Briefen der Angeklagten mit Beendigung des Prozeßverfahrens, desgleichen das Beschlagnahmerecht an Akten und Urkunden. Jedenfalls sind und bleiben meine Handakten mein Privateigentum. Wer mir das fortnimmt, begeht juristisch einen Diebstahl". Daß sich die Behandlung des Gefangenen durch diesen Brief besserte, wird man schwerlich annehmen dürfen.

Friedrich Rösser wurde wenige Tage nach dem Einmarsch der Amerikaner in Wolfenbüttel aus dem dortigen Gefängnis ins Hilfskrankenhaus Große Schule verlegt. Er befand sich in einem erbärmlichen Zustand; man hatte ihn regelrecht verrecken lassen. Kurz nach der Einlieferung ins Krankenhaus ist er gestorben.

Im Jahr 1952 strengten die Hinterbliebenen ein Wiederaufnahmeverfahren an, da Berufsverbot und Titelentziehung politische Gründe hätten. Das Landgericht lehnte die Wiederaufnahme ab. Die Heimtückestrafe sei ihm aufgrund der Verordnung vom 9. 6. 1947 erlassen, die Gesamtstrafe reduziere sich deshalb auf ein Jahr, einen Monat. Es gäbe also keine Gründe für eine Wiederaufnahme. Die damaligen Maßnahmen der Ärztekammer und der Leipziger Universität waren also nicht mehr Gegenstand eines juristischen Verfahrens. Beide Institutionen blieben von Nachfragen hinsichtlich ihres Verhaltens gegenüber unbequemen Kollegen während der NS-Zeit verschont[45].

Seit 1943 beurteilten Männer und Frauen den Kriegsverlauf zunehmend negativ, Kritik an Partei und Regierung wurde lauter: die Heimtückeverfahren nahmen wieder zu.

Die Witwe Martha Hölling unterhielt in Gandersheim ein Kindererholungsheim. Sie war Parteimitglied, galt aber als politisch unzuverlässig und war bekennende Katholikin. Auf ihrem Grundstück fanden die katholischen Gottesdienste in Gandersheim statt. Während des Krieges wurden im Kinderheim verwundete Soldaten untergebracht. Im Jahr 1943 wurde sie beschuldigt, sie zersetze mit ihren Äußerungen den Widerstandswillen der bei ihr untergebrachten Soldaten. Hauptbelastungszeuge war ein in Stalingrad verwundeter Oberleutnant. Ihm hatte sie folgenden Witz erzählt:

„Der deutsche Gruß ist nicht mehr ‚Heil Hitler', sondern heißt jetzt ‚Horrido'. Begründung: der Führer hat seinen ersten Bock geschossen". Sie meinte damit die Niederlage bei Stalingrad. Sie erzählte, in Braunschweig seien Demonstrationen gewesen, bei denen die Parteiführer verprügelt wurden und die Menschen gesungen hätten: „Es geht alles vorüber, es geht alles vorbei, erst rennt der Hitler und dann die Partei". Ein anderes Mal sagte sie zu den Verwundeten, früher hätte sie viele Kinder zur Kur gehabt; diese Arbeit sei jetzt sinnlos geworden, denn diese Jungen würden in Rußland doch nur totgeschossen. Martha Hölling wurde angezeigt; ein Ermittlungsverfahren kam in Gang. Oberstaatsanwalt Hirte leitete wegen Verstoßes gegen das Kriegssonderstrafgesetz das Material an den Oberreichsanwalt beim Volksgerichtshof und dieser gab es weiter an das

---

45 42 B Neu 7 Nr. 1130.

Kammergericht Berlin. Das Gericht tagte in Braunschweig und verurteilte Frau Hölling zu 18 Monaten Gefängnis wegen Verstoßes gegen das Heimtückegesetz[46].

Ende 1943 meinte ein Angestellter aus Braunschweig, die deutsche Regierung werde bald kapitulieren wie Badoglio in Italien; Hitler wisse nicht mehr ein noch aus, Deutschland hätte kaum noch Waffen und Munition. Ein anderer erzählte, Deutschland habe schon über drei Millionen Tote, der Staat würde das Volk belügen und betrügen. Darin sah das Gericht einen gehässigen Angriff auf die Nachrichtenpolitik der deutschen Regierung und verhängte eine Gefängnisstrafe von 5 Monaten[47]. Ein Betriebsschlosser hielt Ende 1943 den Krieg für verloren; er beklagte sich, es gebe nur noch Schmierkäse aufs Brot und dafür solle er auch noch ‚Heil Hitler' rufen: 4 Monate. Von einem Besuch in Ostpreußen zurückgekommen, erzählte ein Feinmechaniker, die deutschen Offiziere lebten im Hinterland in Saus und Braus. Deshalb habe der Führer 500 Offiziere erschießen lassen, den General Dietl habe er sogar persönlich erschossen: sechs Monate[48].

Bis in die letzten Kriegstage hinein klagte das Gericht Menschen an, die den Hitler-Gruß abfällig kommentierten[49].

In der letzten Kriegsphase verwischten sich zuweilen die Grenzen zwischen „Heimtücke" und „Wehrkraftzersetzung"; kam dann noch der Verdacht auf das Abhören ausländischer Sender dazu, gab die Staatsanwaltschaft das Verfahren an den Volksgerichtshof nach Berlin ab[50].

Seit Kriegsbeginn verfolgten Polizei und Justiz Heimtückefälle besonders argwöhnisch bei ausländischen Arbeitern vor allem im Salzgittergebiet. Am 20. September 1939 standen 16 Tschechen vor dem Sondergericht Braunschweig. Sie waren im Frühjahr 1939 nach Hallendorf zum Arbeitseinsatz gekommen und in einem Wohnlager in Watenstedt untergebracht.

An mehreren Tagen kam es im Sommer 1939 zu Unruhen bei der Essensausgabe. Klagen über unzureichende Portionen, schlechte Qualität und lange Wartezeiten führten zu Schlägereien, in die auch noch italienische Arbeiter verwickelt waren. Die Werksfeuerwehr mußte eingesetzt werden. Als Rufe laut wurden, „Heil Benesch. Wir sind Tschechen und bleiben Tschechen!", griff die Gestapo ein. Das Sondergericht statuierte ein Exempel: der „Rädelsführer" erhielt 1 Jahr und 9 Monate Zuchthaus, fünf weitere Angeklagte Gefängnisstrafen zwischen fünf und zehn Monaten. Nur durch eiserne Disziplin – so die Sonderrichter – sei die Lagerordnung aufrecht zu erhalten"[51].

Angeklagt wurde ein Holländer, der feststellte, Deutschland habe Holland überfallen. In Untersuchungshaft kam ein tschechischer Arbeiter wegen seiner Bemerkung, Hitler stürze alle Völker ins Elend[52]. Ihrer Unzufriedenheit mit dem Ende ihrer Republik im Frühjahr 1939 und mit ihren jetzigen Lebensumständen in Deutschland machten einige tschechische Arbeiter mit phantastischen Überlegungen Luft. Benesch werde in einer wieder auferstandenen Tschechoslowakei Präsident und zwar mit Sitz in Berlin; oder: Benesch werde von London nach Moskau fahren und Stalin gegen Deutschland einneh-

46 Lagebericht des Generalstaatsanwalts v. 18. 1. 1944, BA, R 22/3357.
47 43 A Neu 4, Zg. 47/1984, Jg. 1943, Paket 13 Nr. 1083, 1250.
48 42 B Neu 7 Nr. 1096, 1132.
49 42 B Neu 7 Nr. 1181, 1185.
50 Vgl. das Verfahren gegen den Konservenfabrikanten Wilhelm K. aus Wolfenbüttel, S. 145.
51 43 A Neu 4, Zg. 47/1984, Jg. 1938, Paket 15 Nr. 1425.
52 42 B Neu 7 Nr. 844, 851.

men. Die Ermittlungen gegen diese Behauptungen wurden zwar eingestellt, die Entlassung aus der Untersuchungshaft aber von der Staatsanwaltschaft mit dem Hinweis an die Gefängnisleitung versehen, daß die Gestapo Rücküberstellung beantragt habe[53]. In einem Lager in Wolfenbüttel erklärte im Frühjahr 1940 ein polnischer Arbeiter: „Hitler muß und wird gestürzt werden durch England". Er wurde verhaftet; doch der Staatsanwalt stellte das Verfahren ein, „da die Prophezeiungen und Zukunftserwartungen des Beschuldigten als solche weder unter § 1 noch unter § 2 des Heimtückegesetzes fallen, und da eine besondere Kritik über leitende Persönlichkeiten oder über Regierungsmaßnahmen nicht enthalten ist". Allzuweit allerdings wollte sich der Staatsanwalt nicht vorwagen. „Ich bitte zu erwägen, ob Schutzhaft verhängt werden soll". Das ließ sich die Gestapo nicht zweimal sagen; der Beschuldigte kam für 21 Tage ins Sonderlager Watenstedt und wurde von dort zu seiner Arbeitsfirma entlassen. Er dürfte zu Tode erschrocken gewesen sein[54].

Immer wieder spiegeln die Gerichtsakten zu den Heimtückeverfahren Alltagsverhältnisse wider, auch die von Zwangsarbeitern: ein 19jähriger Belgier, bei den Reichswerken in Salzgitter zum Arbeitseinsatz, schrieb im Sommer 1943 einen Brief an seinen belgischen Arbeitskameraden. „Ich befinde mich hier in einem wirklich verlorenen Land, etwa 15 km von Braunschweig entfernt. Ein Autobus fährt uns dorthin, aber wenn zuviel Sau-Boches dort einsteigen, muß man wieder aussteigen und den nächsten nehmen. Ich muß hier 12 Stunden arbeiten – in Wirklichkeit arbeite ich nur 6 oder 7 Stunden; ich habe einen sehr guten Vorarbeiter, er ist Gärtner wie ich, daher verstehen wir uns sehr gut; die restlichen Arbeitsstunden kann ich im Umkleideraum mit Schlafen verbringen...Schreibe mir, was Du willst. Aber auf jeden Fall übertreibe nicht zu sehr, denn man kann nie wissen, diese Schweine sind zu allem fähig...Bleibe immer Optimist und halte die Moral hoch, das ist alles, was ich Dir sagen kann. Was Du auch immer tun mußt, ich weiß, es ist hart, aber es muß sein, wenn wir wieder in guter Gesundheit nach Belgien zurückkommen wollen, um sie dort mit dem Stock herausschlagen zu können". Wegen Heimtückevergehens schickten die Richter Lerche, Eilers und Grimpe den Belgier 8 Monate ins Gefängnis. Liest man ihre Urteilsbegründung, schienen die Richter Zwangsarbeit für die selbstverständlichste Sache der Welt zu halten: „Mit der oben wiedergegebenen Äußerung greift der Angeklagte die von der Regierung gegenüber den europäischen ausländischen Arbeitern verfolgte Arbeitseinsatzpolitik in gehässiger und hetzerischer Weise an. Er sabotiert damit zugleich böswillig die von deutscher Regierungsseite betriebene Befriedungspolitik gegenüber den besiegten westlichen Nachbarstaaten des Reichs und die vom Reich ausgehenden Bemühungen, mit diesen Staaten zu einer europäischen Zusammenarbeit im Interesse aller Völker und Nationen des Kontinents zu kommen"[55].

In den letzten Kriegsjahren vermehrten sich die Heimtückeverfahren gegen Zwangsarbeiter. Aufgrund besserer Informationen hinsichtlich des tatsächlichen Kriegsverlaufs wurde ihr Verhalten, zumal das der Arbeiter aus dem Westen, selbstbewußter und aufsässiger. Der Braunschweiger Geneneralstaatsanwalt beobachtete in seinen Lageberichten vermehrt Verstöße gegen das Heimtückegesetz, wogegen „mit aller Rücksichtslosig-

[53] 42 B Neu 7 Nr. 889.

[54] 42 B Neu 7 Nr. 857.

[55] 43 A Neu 4, Zg. 47/1984, Jg. 1943, Paket 11 Nr. 1080.

keit durchgegriffen werden“ müßte[56]. Ein junger Holländer, bei einem Bauern zum Arbeitseinsatz, erzählte einem polnischen Landarbeiter: er arbeite in Deutschland absichtlich langsam, da Deutschland den Krieg sowieso verliere. Dann wolle er die Bauern, die ihn schlecht behandelt hatten, erschlagen. Der Gruß ‚Heil Hitler‘ komme für ihn nicht mehr in Frage, der Gruß ‚Heil Stalin‘ sei besser. Und ein junger Franzose erzählte seinen Arbeitskollegen in den Reichswerken: Deutschland werde den Krieg verlieren. In Deutschland gäbe es nichts zu fressen. Die Deutschen raubten nur ihre Nachbarstaaten aus. Der Holländer erhielt 10 Monate, der Franzose ein Jahr Gefängnis.[57]

Wir beurteilen die im Krieg durchgeführten Heimtückeverfahren ähnlich wie die Verfahren der Jahre 1935 bis 1939. Heimtückereden waren Ausdruck individueller und partieller Unzufriedenheit, die sich zu kritischen Äußerungen gegen den Krieg im allgemeinen und gegen seine Auswirkungen in der Heimat steigern konnten. Sie deuteten zuweilen individuelles Verweigern an, ohne daß wir sie vorschnell widerständigem Handeln zuordnen möchten. Wir sehen jedoch in den Heimtückereden mehr als bloßes Geschwätz, Tratsch oder traditionell in der Bevölkerung praktiziertes Meckern über „die da oben“. Sie verließen den Boden des von der Propaganda sowie dem politischen und gesellschaftlichen Druck erzeugten Meinungs- und Stimmungsbilds in der Bevölkerung. Sie wehrten sich – oft unbewußt – gegen die totale Vereinnahmung des Alltagslebens durch den nationalsozialistischen Staat. Sie signalisierten in der letzten Kriegsphase in vielen Fällen auch nachlassende Loyalitäten gegenüber dem System. Insofern liefern sie uns Momentaufnahmen für die Stimmung in der Bevölkerung und ergänzen aus einer anderen Perspektive die Lageberichte der Generalstaatsanwälte, der Präsidenten der Oberlandesgerichte, der Regierungspräsidenten sowie die „Meldungen aus dem Reich“.

Heimtückeverfahren erzählen uns zuweilen auch Geschichten von Männern und Frauen, die ihre persönliche, ihre weltanschauliche und ihre religiöse Identität bewahrten und deshalb vor das Sondergericht kamen. Wir nennen stellvertretend Friedrich Kochheim und Friedrich Rösser.

Gestapo und Justiz hatten also aus ihrer Sicht viele Gründe, Heimtückevergehen bis in die letzten Kriegswochen hinein mit nicht nachlassender Intensität zu verfolgen.

6.3 Radio London und Radio Beromünster

Im Krieg verschärfte sich das nationalsozialistische Nachrichten- und Meinungsmonopol. Für eine objektive Information wurde das Abhören ausländischer Sender unerläßlich. Das aber war strafbar. Strafbar machte sich auch, wer Nachrichten ausländischer Sender verbreitete, „die geeignet sind, die Widerstandskraft des deutschen Volkes zu gefährden“[58]. Im modernen Krieg – so stand es in der Präambel des Gesetzes – kämpfe der Gegner „nicht nur mit militärischen Waffen, sondern auch mit Mitteln, die das Volk seelisch beeinflussen und zermürben sollen. Eines dieser Mittel ist der Rundfunk. Jedes Wort, das der Gegner herübersendet, ist selbstverständlich verlogen und dazu bestimmt, dem deutschen Volke Schaden zuzufügen. Die Reichsregierung weiß, daß das deutsche Volk diese Gefahr kennt, und erwartet daher, daß jeder Deutsche aus Verantwortungs-

---

[56] Lageberichte vom 2. 2. 1943 und 26. 5. 1943, 43 A Neu 5, Zg. 46/1972, Nr. 1.
[57] 43 A Neu 4, Zg. 47/1984, Jg. 1943, Paket 10 Nr. 920; Paket 12 Nr. 1114.
[58] Rgbl. 1939, S. 1683.

bewußtsein heraus es zur Anstandspflicht erhebt, grundsätzlich das Abhören ausländischer Sender zu unterlassen"[59].

Wie unser statistischer Überblick gezeigt hat, unterlag die Zahl der registrierten Verstöße erheblichen Schwankungen. In den ersten Kriegsmonaten beobachteten die Behörden mit großer Aufmerksamkeit das Abhören ausländischer Sender, vor allem bei den ausländischen Arbeitern der Reichswerke Hermann Göring. In den ersten Januartagen 1940 kam es zu ersten Verurteilungen. Eine Gruppe tschechischer Arbeiter hatte im Gemeinschaftslager Salzgitter-Hallendorf ausländische Sender gehört. Beteuerungen der Angeklagten, sie hätten von dem Verbot nichts gewußt, hielten die Richter für unglaubwürdig. Drei Arbeiter mußten 18 Monate ins Zuchthaus, drei erhielten eine Gefängnisstrafe von 9 Monaten. Abschreckend sollten die Urteile wirken: „Diese Strafen für die ersten vom Sondergericht Braunschweig zu verurteilenden Verbrechen gegen die Verordnung über außerordentliche Rundfunkmaßnahmen sind, wenn sie auch noch an der unteren Grenze des Strafmaßes liegen, doch hart genug, um die erforderliche abschreckende Wirkung zu erzielen. Sie werden insbesonders auch den im Inland beschäftigten Tschechen deutlich zum Bewußtsein bringen, daß sie sich an die deutschen Gesetze zu halten haben"[60].

In den ersten Kriegsmonaten standen nur wenige „Reichsdeutsche" wegen dieses Delikts vor dem Sondergericht. Ein 56jähriger Baurat des Straßen- und Wasserbauamtes Wolfenbüttel hatte in der Zeit von September bis Dezember 1939 ausländische Sender gehört. Das Sondergericht verurteilte ihn zu einem Jahr und sechs Monaten Zuchthaus. Das sei noch milde geurteilt, meinte der Generalstaatsanwalt, schließlich habe das Gericht berücksichtigt, daß der Angeklagte bisher unbescholten, national eingestellt und stets hilfsbereit gewesen sei[61].

In den ersten Monaten des Jahres 1940 nahmen die Verfahren wegen der Verstöße gegen die Rundfunkverordnung zu. „Scheinbar sind alle Belehrungen durch Rundfunk und Presse und alle Warnungen durch harte Strafen gegenüber der Neugierde dieser Täter nutzlos gewesen", schrieb Staatsanwalt Hirte[62].

Verfahren wegen Verstoßes gegen die Rundfunkverordnung 1940

26. 4. 1940	Willy Sudhoff, Schlosser, Braunschweig	1 J.	Gefängnis
26. 4. 1940	Friedrich Eitze, Schlosser, Braunschweig	2 J.	Zuchthaus
	Frieda Eitze, Ehefrau	2 J.	Zuchthaus
28. 5. 1940	Jakob Stroh, Heerte	1 J. 9 M.	Zuchthaus
31. 5. 1940	Ernst Lehmann, Schlosser	10 M.	Gefängnis
30. 6. 1940	Karl Fischer, Arbeiter, Braunschweig	1 J. 9 M.	Zuchthaus
9. 7. 1940	Hugo Reichenbach, Invalide, Braunschweig	1 J.	Zuchthaus
12. 7. 1940	Wilhelm Homeyer, Arbeiter, Braunschweig	1 J. 6 M.	Zuchthaus
30. 7. 1940	Fritz Reichel, Arbeiter, Braunschweig	1 J. 6 M.	Zuchthaus
9. 8. 1940	Adam Rensch, Melker, Schandelah	2 J.	Zuchthaus
	Gustav Kaiser, Gespannführer	8 M.	Gefängnis
13. 8. 1940	Ernst Bollmann, Kaufmann, Braunschweig	1 J. 6 M.	Zuchthaus

[59] Der Kommentar ist abgedruckt bei Werle, Justiz-Strafrecht, S. 215.
[60] 43 A Neu 4, Zg. 47/1984, Jg. 1938, Paket 20 Nr. 1757.
[61] Lagebericht des Generalstaatsanwalts vom 5. 4. 1940, BA, R 22/3357.
[62] Lagebericht vom 30. 7. 1940. BA, R 22/3357.

Die in diesen Verfahren verhängten Zuchthausstrafen dürften zu einem Rückgang der Vergehen geführt haben. Oberstaatsanwalt Hirte berichtete im Mai 1941 voller Genugtuung: „Es ist aufgefallen, daß neue Anzeigen wegen Abhörens ausländischer Sender seit längerer Zeit nicht mehr eingegangen sind. Offenbar haben die von den Sondergerichten verhängten Strafen abschreckend gewirkt. Man darf allerdings dabei auch nicht verkennen, daß seit dem Zusammenbruch Frankreichs und dem Fortfall des Straßburger Senders der Anreiz zum Abhören ausländischer Sender nicht mehr groß ist“[63].

Mit der Kriegswende 1941/42 und vor allem in den letzten Kriegsjahren stiegen die Rundfunkverfahren deutlich an; Polizei und Justiz gingen immer schärfer gegen das Abhören vor. Die tatsächliche Kriegssituation durfte nicht bekannt werden, die Machthaber fürchteten negative Auswirkungen auf die Stimmung und den Durchhaltewillen der Bevölkerung. „Der Gegner will mit den unwahren Rundfunknachrichten das deutsche Volk seelisch zermürben und damit dem deutschen Volke Schaden zufügen; deshalb ist jede feindliche an das deutsche Volk gerichtete Nachrichtenübertragung schlechthin geeignet, die Widerstandskraft des deutschen Volkes zu gefährden“[64].

Denunziationen waren bei diesen Delikten an der Tagesordnung, auch von engsten Familienangehörigen. Die Geschichte des Majors, dessen eigene Ehefrau den Schwiegersohn veranlaßte, ihn anzuzeigen, werden wir noch erzählen. Ein Werkmeister aus Braunschweig wurde von seiner Ehefrau, von der er geschieden war, angezeigt und zu 1½ Jahren Zuchthaus verurteilt. Er hatte mehrere Monate den Soldatensender Calais gehört[65].

Aus sehr unterschiedlichen Gründen versuchten Männer und Frauen, das nationalsozialistische Nachrichtenmonopol zu durchbrechen.

Der Inhaber eines Fahrradgeschäfts hörte im Moskauer Sender Namen von deutschen Soldaten, die in russische Gefangenschaft geraten waren. Darunter war auch der Name des Ehemanns einer Kundin, die kurze Zeit vorher die Nachricht von dessen Tod erhalten hatte. Der Ladeninhaber benachrichtigte sofort die Ehefrau. Diese, hin-und hergerissen zwischen Hoffen und Bangen, bat die Behörden um Aufklärung. Nach ihren Informationen gefragt, mußte sie alles erzählen. Gegen den Mechaniker kam ein Verfahren in Gang; das Sondergericht verurteilte ihn zu zwei Jahren Zuchthaus. Er habe nicht nur gegen § 1 der Rundfunkordnung verstoßen – absichtliches Abhören eines ausländischen Senders – sondern er habe durch Weiterverbreitung der so empfangenen Informationen die Widerstandskraft des deutschen Volkes geschwächt. Die Sonderrichter fanden hierfür eine aberwitzige Begründung: „Das deutsche Volk muß das Vertrauen zu seiner Führung verlieren, wenn es über ausländische Sender erfährt, daß deutsche Soldaten, die nach Mitteilung amtlicher deutscher Stellen gefallen sind, sich wohlbehalten in der Gefangenschaft des Feindes befinden...Grundsätzlich ist davon auszugehen, daß der bolschewistische Sender Moskau absichtlich solche Falschmeldungen verbreitet, um die deutsche Bevölkerung irrezuführen und dadurch die seelische Widerstandskraft des deutschen Volkes zu schwächen“. Ganz schlimm wäre es, würden Deutsche veranlaßt, Moskau zu hören, um zuverlässige Nachrichten über das Schicksal der Angehörigen zu bekommen[66].

63 Lagebericht vom 23. 5. 1941, ebd.

64 Urteilsbegründung der Richter Lerche, Ahrens und Eilers vom 2. 6. 1944, 42 B Neu 7 Nr. 1099.

65 42 B Neu 7 Nr. 1102.

66 42 B Neu 7 Nr. 1081.

Das Informationsbedürfnis wurde angesichts der sich verschlechternden Kriegslage immer größer. Ein Magazinverwalter, der bei der Bürogehilfin Else M. zur Untermiete wohnte, hörte mit ihr Radio London. Als Motiv gab die Frau an, sie sei nach dem Bombenangriff auf Braunschweig Ende September 1943 voller Angst gewesen und wollte wissen, welche Städte die Engländer als nächste angreifen würden. Auf Vorhaltungen hatte sie ganz naiv geantwortet, man müsse sich doch orientieren, um die Wahrheit zu erfahren. Die Richter Lerche, Eilers und Grimpe schickten sie dafür 18 Monate ins Zuchthaus. Der Magazinverwalter erhielt 2 Jahre und 6 Monate Zuchthaus. Er hatte nämlich einem Kollegen eine Parole von Radio London weitererzählt: Wenn Hitler bis fünf Minuten nach 12 kämpfen würde, dann die Engländer bis 10 Minuten nach zwölf[67].

Ähnliche Motive wie die Bürogehilfin gab ein Elektriker an, der im Volkswagenwerk arbeitete; aus Sorge um seine Söhne, die an der Front standen, habe er in seiner Wohnung Radio London gehört. Strafverschärfend war für die Richter Ahrens, Eilers und Grimpe, daß er die Nachrichten am Arbeitsplatz weiterverbreitet hatte; hinzu kam seine frühere „marxistische Gesinnung". Sie schickten ihn für drei Jahre ins Zuchthaus[68].

Argwöhnisch verfolgten Polizei und Justiz das Abhören ausländischer Sender bei Personen, die in früheren Jahren aktiv in der Arbeiterbewegung tätig gewesen waren. Sie vermuteten politische Motive, nicht zuletzt sahen sie in den Hörgemeinschaften die Formierung von Widerstandsgruppen. Gleich zu Beginn der Kampagne gegen die „Rundfunkverbrecher" schlug die Braunschweiger Staatsanwaltschaft zu: im April 1940 waren vier Werkzeugmacher, beschäftigt bei der Eisenbahnsignalbauanstalt, verhaftet worden. Sie hatten ausländische Sender gehört und darüber offen auf ihrer Arbeitsstelle diskutiert. Der Oberstaatsanwalt hielt das Vergehen für so schwerwiegend, daß er das Verfahren wegen Hochverrats an den Oberreichsanwalt nach Berlin abgab. Er vermutete die Existenz einer verbotenen Vereinigung, denn „sie halten sich gegenseitig für so ‚zuverlässig', daß sie über ausländische Hetznachrichten ungestört und ohne die Gefahr einer Entdeckung miteinander sprechen zu können glaubten. Bewußt haben sie den von früher her bestehenden und durch ihre gemeinsame politische Gesinnung begründeten Zusammenhang aufrecht erhalten". Den Ausgang des Verfahrens kennen wir nicht[69].

Wir stoßen immer wieder auf solche Formen von Zusammenhalt in der Arbeiterschaft.

Vier Jahre schickten die Sonderrichter Lerche, Eilers und Grimpe einen Fräser aus Braunschweig ins Zuchthaus, der einige Male BBC gehört hatte. Im Frühjahr 1942 hatte es angefangen. Die Zeugin B., die mit der Ehefrau des Angeklagten sehr gut befreundet war, lieh dem Fräser einen Volksempfänger. Fast regelmäßig hörte er seitdem am Abend gegen 22 Uhr den Londoner Sender. Mahnungen seiner Ehefrau ignorierte er, beschimpfte und schlug sie auch zuweilen – zumindest gab die Ehefrau dies zu Protokoll. Der Fräser habe sich auch mehrmals zu staatsfeindlichen Äußerungen hinreißen lassen. Hitler sei ein Massenmörder, den Krieg habe man nur dem Führer zu verdanken. „Den Kleinen hängt man, und der Große wird gefeiert". Gegen ihn sagten die Zeugin und Nachbarin B. und die eigene Frau aus. Der Angeklagte verteidigte sich, alles sei ein Racheakt der Zeugin B., die zu seiner Frau gleichgeschlechtliche Beziehungen unterhalte

---

67 42 B Neu 7 Nr. 1090.
68 42 B Neu 7 Nr. 1086.
69 42 B Neu 7 Nr. 800.

und der er deshalb das Haus verboten habe. Im übrigen habe er den Londoner Sender nicht absichtlich eingestellt; nur beim Drehen sei „infolge mangelnder Trennschärfe“ ein ausländischer Sender durchgekommen. Daß seine Argumente das Gericht nicht überzeugten, hing auch mit seinem Vorleben zusammen: der Fräser war vor 1933 Mitglied der KPD. Zudem hatte er bereits 1933 und 1938 vor dem Sondergericht gestanden, war aber freigesprochen worden. Ausdrücklich vermerkte der Polizeibericht, der Angeklagte habe im Februar 1933 Nationalsozialisten überfallen. Jetzt hatte man ihn endlich erwischt. In der Urteilsbegründung übernehmen die Richter übrigens ungeprüft die Angaben der Gestapo: „In den Kreisen der hiesigen SA und SS war er als Terrorist bekannt“. Und die Richter fahren fort: „den Angeklagten, an dem 10 Jahre nationalsozialistische Erziehungsarbeit spurlos vorübergegangen sind und der auch heute noch ganz offensichtlich eine kommunistische Einstellung zeigt, muß wegen der besonderen Gefährlichkeit, die diese Elemente in dem jetzigen entscheidenden Stadium des Schicksalskampfes des deutschen Volkes bilden, die ganze Schwere des Gesetzes treffen“[70].

In Langelsheim, einer Hochburg der Arbeiterbewegung vor 1933 und deshalb von den Nazis mit großem Argwohn beobachtet, hatte eine Gruppe von sechs Arbeitern, Handwerkern, kleinen Selbständigen seit September 1939 unregelmäßig Radio London und Beromünster gehört. Schon vor Kriegsausbruch hatten sich drei der Angeklagten getroffen, wenn ihre Frauen zum ‚Kaffee-Kränzchen‘ gingen und ausländische Sender gehört, meist den Straßburger. Nach Inkrafttreten der Rundfunkverordnung stellten sie ihre Zusammenkünfte zunächst ein, doch fanden sie sich bald zum gemeinsamen Hören wieder ein. Die übrigen Angeklagten kamen hin und wieder dazu. Das Sondergericht verurteilte im Herbst 1942 vier Angeklagte zu insgesamt 10 Jahren Zuchthaus, zwei zu kleineren Gefängnisstrafen[71].

Zusammenkommen und gemeinsam Radio hören – das war verdächtig. In einem Wohnlager in Salzgitter wohnten der deutsche Bergmann Emil Stahl und drei volksdeutsche Bergarbeiter in einem Zimmer. Sie hörten vornehmlich Radio Moskau und Radio London, Stahl über Jahre hinweg. Da er bis 1933 dem „Bund der Sowjetfreunde“ angehört hatte, war er besonders verdächtig. Emil Stahl erhielt vier Jahre Zuchthaus, die drei Volksdeutschen Gefängnisstrafen[72].

Besonders beargwöhnt wurden Deutsche, wenn sie mit Ausländern zusammen ausländische Sender hörten. Es handelte sich meistens um Arbeiter aus Italien, aus Frankreich und Holland, die sich frei bewegen konnten. Für sie war nicht selten die Wohnung von deutschen Arbeitskollegen oder von Frauen, mit denen sie befreundet waren, ein Treffpunkt. Da wurde eben Radio gehört und gerade in den letzten Kriegsmonaten auch ausländische Sender. Vermuteten Nachbarn eine intensivere Beziehung zwischen der Frau und dem Fremden, gingen sie zur Polizei; die Anzeige wegen Radiohörens war häufig nur Vorwand.

Etwas ausführlicher dokumentiert ist der Fall eines französischen Ehepaares, das freiwillig nach Deutschland gekommen war, in der ‚Nimo‘, einem Rüstungsbetrieb, arbeitete und offensichtlich ausländische Sender abhörte. Verdacht schöpften die Behörden zunächst gegenüber der Ehefrau, die als Dolmetscherin im Werk tätig war. Bei der ersten

70 42 B Neu 7 Nr. 1082.
71 42 B Neu 7 Nr. 1067.
72 42 B Neu 7 Nr. 1099.

Vernehmung leugnete sie alles, ging sogar in die Offensive. Die Anzeige sei ein Racheakt: „Die Franzosen in der Nimo denken immer, daß ich einen besseren Posten bekleide und für sie kein Interesse habe“. Der Ehemann – ob stärker unter Druck gesetzt, läßt sich aus den Quellen nicht entnehmen – machte ein umfassendes Geständnis. Er nannte den Namen einer deutschen Frau, bei der sie ausländische Sender gehört hätten und einen ebenfalls beteiligten belgischen Arbeiter. Dieses Geständnis hatte Folgen. Die Ehefrau begann ihr zweites Verhör: „Ich will jetzt die Wahrheit sagen“. Und der Belgier fügte seinem Geständnis an: „Ich bereue meine Handlungsweise und würde, wenn es möglich wäre, gern Soldat werden, um für Deutschland zu kämpfen, um damit den Nachweis zu erbringen, daß ich tatsächlich bereue, was ich getan habe“. Die deutsche Frau leugnete zunächst alles; nach einer Gegenüberstellung brach sie zusammen. Die Sonderrichter Lerche, Ahrens und Grimpe verurteilten das französische Ehepaar zu 2½ Jahren Zuchthaus, die deutsche Frau zu 3½ Jahren; strafverschärfend komme hinzu „daß sie sich als deutsche Staats- und Volkstumsangehörige soweit erniedrigt hat, daß sie den französischen Staatsangehörigen in ihrer Wohnung ausländische Hetznachrichten vermittelt hat“[73].

Ende 1943 standen der 38jährige katholische Pfarrer Behrens aus Barum, seine Haushälterin und ein dänischer Friseur, der im Friseurladen K. arbeitete, vor dem Sondergericht. Der Pfarrer betreute das Gebiet der Reichswerke Hermann Göring. In den Monaten vor seiner Verhaftung hörte der Pfarrer regelmäßig die Sender London, Beromünster und Radio Vatikan; häufig kam der dänische Friseur dazu, der bei Behrends Religionsunterricht nahm, hin und wieder auch die Haushälterin. Der Friseur erzählte seinem Chef von den Sendungen, dieser erstattete schließlich Anzeige. Die Angezeigten waren im wesentlichen geständig. Die Rechtfertigung des Pfarrers, er habe sich schulen müssen, glaube aber fest an den deutschen Sieg, akzeptierte das Gericht nicht. „Im übrigen mußte gerade ihm nach Vorbildung, Stellung und Lebenserfahrung ganz besonders bewußt sein, daß der Zweck persönlicher Schulung kein Entschuldigungsgrund für das Abhören sein konnte“. Der Pfarrer als Hauptverantwortlicher erhielt drei Jahre Zuchthaus, der Friseur – weil er die Nachrichten verbreitet hatte – ebenfalls drei Jahre und die Haushälterin neun Monate Gefängnis[74].

In der letzten Kriegsphase wurden Männer und Frauen, die für das Reich ungünstige Nachrichten ausländischer Sender weitererzählten, zunehmend wegen Wehrkraftzersetzung angeklagt. Gab die Staatsanwaltschaft das Verfahren an den Volksgerichtshof nach Berlin, ging es um Leben oder Tod.

Im Sommer 1944 wurde der Inhaber einer Konservenfabrik in Wolfenbüttel, Wilhelm K., festgenommen zusammen mit Alice H., deren Mann an der Westfront stand und später in Gefangenschaft geriet. K. und Alice H. hatten ein Liebesverhältnis miteinander. Ihr gegenüber hatte sich K. sehr kritsch – „defaitistisch“ – geäußert: sie müsse nicht alles glauben, was ihr vorgesagt würde, sondern müsse auch einmal die andere Seite hören, dann ginge ihr ein Licht auf. Wenn auch Dr. Goebbels seine Fresse immer aufreiße, so stecke doch nichts dahinter...Wenn der Führer Kinder hätte und seine Söhne an der Front stünden, hätte er schon Schluß mit dem Kriege gemacht. Man solle die Abenteurer aufhängen, die den Krieg verschuldet hätten. Immer wieder erklärte er, den Krieg könne

73 42 B Neu 7 Nr. 1088.
74 42 B Neu 7 Nr. 1087.

Deutschland nicht gewinnen. Diese Äußerungen erzählte Alice H. zwei Frauen weiter. Aus welchen Gründen, wissen wir nicht; auch nicht, wer K. denunzierte. Die Vernehmungen ergaben, daß K. mehrmals den Sender Beromünster gehört hatte. Alice H. legte übrigens ein Geständnis ab, während K. leugnete. Das Verfahren ging an den Volksgerichtshof. Die Richter verurteilten K. wegen Verstoßes gegen die Rundfunkverordnung und wegen Wehrkraftzersetzung zum Tode, Alice H. zu 6 Jahren Zuchthaus. K. sei zwar kein ausgesprochener Staatsfeind, aber ein „gefährlicher Schwätzer, der seine defaitistische Einstellung ziemlich hemmungslos zu Worte kommen läßt". Aus einem Vermerk im Sondergerichtsregister wissen wir, daß an K. die Todesstrafe nicht vollstreckt wurde[75].

Mit der sich verschlechternden Kriegssituation konzentrierten sich die polizeilichen Ermittlungen zunehmend auf Hörgemeinschaften ausländischer Zwangsarbeiter in den Gemeinschaftslagern. Die Verfolgungsbehörden und die Gerichte fürchteten, daß Nachrichten über alliierte Erfolge die Zwangsarbeiter zu stärkeren Widerstandshandlungen aktivieren und gleichzeitig die deutschen Arbeiter verunsichern und beunruhigen könnten. „Dadurch wird eine erhebliche Unruhe und Unsicherheit in die ausländische Arbeiterschaft hineingetragen, die auf ihren Arbeitseinsatz nicht ohne Einfluß bleibt und die geeignet ist, auch auf die deutschen Arbeiter, die mit ihnen zusammen am selben Arbeitsplatz stehen, abträglich einzuwirken. Es ist deshalb ein Gebot der Staatssicherheit, zur Aufrechterhaltung des inneren Friedens und des Vertrauens der Heimat in den Endsieg, mit rückhaltloser Strenge gegen derartige Unruheherde einzuschreiten"[76].

Im Sommer 1943 häuften sich die Verfahren vor dem Braunschweiger Sondergericht. Innerhalb weniger Monate wurden ca. dreißig Zwangsarbeiter zu über fünfzig Jahren Zuchthaus verurteilt[77]. Auffällig war die hohe Zahl der aus Frankreich, Italien und Holland stammenden Verurteilten. Es handelte sich dabei meist um Prozesse gegen mehrere Angeklagte; wir werden davon noch berichten.

6.4 Das Sondergericht als Wächter über die Sexualmoral

In diesem Kapitel erzählen wir von Sondergerichtsverfahren, bei denen kleinbürgerliche Moralvorstellungen, rassistische Vorurteile und die Überzeugung vom notwendigen Dienst der Sondergerichte an der Heimatfront eine für die Angeklagten bedrohliche Verbindung eingingen.

Im November 1939 erließ der Ministerrat für die Reichsverteidigung die „Verordnung zur Ergänzung der Strafvorschriften zum Schutz der Wehrkraft des Deutschen Volkes". Wir konzentrieren uns auf § 4 dieser Wehrkraft-Schutzverordnung. Er verbot den Umgang mit Kriegsgefangenen, wenn er über das „notwendige Maß" hinausging und das „gesunde Volksempfinden gröblich verletzte". Die Formulierungen der Verordnung ließen erheblichen Spielraum. Die Verordnung sollte nach allgemeiner Auffassung vor Spionage und Sabotage schützen und der Fluchtgefahr bei Kriegsgefangenen begegnen. Bei einem allzu freundschaftlichen Umgang mit Kriegsgefangenen sah man darüberhinaus die „nationale Würde" und den „nationalen Stolz" verletzt und fürchtete um den

---

75 42 B Neu 7 Nr. 1109. Vgl. Wysocki, Geheime Staatspolizei, S. 276 ff.

76 Urteilsbegründung der Richter Ahrens, Grimpe und Eilers in einem Verfahren gegen 6 tschechische Arbeiter, 42 B Neu 7 Nr. 1084.

77 42 B Neu 7 Nr. 1083, 1084, 1085, 1088, 1089, 1099.

deutschen Widerstandswillen. Zu enge Kontakte könnten nämlich die „Gefühle der Kämpfer verletzen und ungünstig beeinflussen, wenn sie sehen oder davon hören, daß Volksgenossen mit Kriegsgefangenen verkehren, als ob sie nicht als Feind der Wehrmacht gegenübergestanden wären“[78].

Besonders argwöhnisch verfolgten Partei, Polizei und Justiz sexuelle Beziehungen zwischen einer „deutschen Frau“ und einem Kriegsgefangenen. „Der Geschlechtsverkehr einer deutschen Frau mit einem Kriegsgefangenen ist wegen seiner besonderen Würdelosigkeit und Ehrvergessenheit als Vorläufer von Flucht und Spionage der Gefangenen stets besonders schmachvoll und gefährlich und muß deshalb – sofern nicht besondere Milderungsgründe vorliegen – grundsätzlich als schwerer Fall mit Zuchthaus bestraft werden“[79]. Auch hier spielten rassistische Vorurteile eine große Rolle. Kontakte zu Gefangenen aus westeuropäischen Ländern, insbesonders zu Franzosen, behandelten die Behörden großzügiger als Kontakte mit osteuropäischen Gefangenen. Zudem hatten Gefangene aus Frankreich, Holland oder Belgien größere Bewegungsfreiheit.

Mit dem Vorrücken der siegreichen deutschen Armeen machte die deutsche Wehrmacht immer mehr Gefangene. Nahezu zwei Millionen Kriegsgefangene wurden in Deutschland während des Krieges als Arbeitskräfte in der Landwirtschaft, in der Zivil- und in der Rüstungsindustrie eingesetzt. Kontakte zur deutschen Bevölkerung blieben da nicht aus.

Der erste Transport von polnischen Kriegsgefangenen traf Ende September 1939 in Braunschweig ein; die Gefangenen wurden auf die Kreise Braunschweig und Wolfenbüttel verteilt und in der Landwirtschaft bzw. in Zuckerfabriken eingesetzt. Im Sommer 1940 erhielten die polnischen Kriegsgefangenen den Status von Zivilarbeitern[80]. Nach dem Westfeldzug 1940 kamen vor allem französische Kriegsgefangene ins Land Braunschweig, seit dem Winter 1941 zunehmend russische Kriegsgefangene, soweit sie das „große Sterben“ in den Kriegsgefangenenlagern überlebt hatten[81].

Zwei Gruppen von Angeklagten standen vor dem Sondergericht Braunschweig: Männer oder Frauen, die Kriegsgefangenen zur Flucht verholfen hatten, und deutsche Frauen, die am Arbeitsplatz oder am Wohnort sich über das „notwendige Maß“ hinaus mit Kriegsgefangenen beschäftigt hatten.

Gerade die Beziehungen zwischen Kriegsgefangenen und deutschen Frauen führten zur Schnüffelei übelster Art; nicht selten lösten Denunziationen das Ermittlungsverfahren aus.

Zwei französische Kriegsgefangene arbeiteten im Frühjahr 1941 auf dem Hof des Landwirts L. Die Ehefrau, Mutter von zwei Kindern, unterhielt sich öfters mit den Gefangenen, um ihr Schulfranzösisch aufzufrischen. Auch als die beiden Gefangenen einem Bauern im Nachbarhof zugewiesen wurden, traf sie sich dort noch dreimal mit ihnen. An einem Sonntag machte sie mit ihrem Fahrrad einen Ausflug ins Nachbardorf. Vor dem

---

78 „Verordnung zur Ergänzung der Strafvorschriften zum Schutz der Wehrkraft des Deutschen Volkes“ vom 25. November 1939, Rgbl. 1939, S. 2319 und „Verordnung über den Umgang mit Kriegsgefangenen“ vom 11. Mai 1940, Rgbl. 1940, S. 769; hierzu auch Werle, Justiz-Strafrecht, S. 280 ff., der aus einem juristischen Kommentar des Jahres 1940 zitiert.

79 Boberach, Richterbriefe, S. 92 f.

80 Vgl. hierzu Karl Liedke, Gesichter der Zwangsarbeit.

81 Vgl. hierzu v. a. Christian Streit, Keine Kameraden. Die Wehrmacht und die sowjetischen Kriegsgefangenen 1941–145, Stuttgart 1978.

Dorf begegnete sie den beiden Franzosen, sie stieg vom Rad und alle drei wanderten durch die Feldmark. Ein Bauer beobachtete, wie Frau L. schließlich mit einem der französischen Arbeiter für eine Stunde im Wald verschwand. Er erstattete Anzeige. Intime Beziehungen konnten der Bäuerin nicht nachgewiesen werden. Wegen verbotenen Umgangs mit Kriegsgefangenen verhängte das Gericht eine Haftstrafe von sechs Monaten. „Bei der Strafzumessung war als straferschwerend in Betracht zu ziehen, daß sich die Angeklagte, die aus einer gebildeten Familie stammt – ihr Vater war Pastor – und selbst eine höhere Schuldbildung genossen hat, in einer Weise verhalten hat, die einer deutschen Frau und Mutter durchaus unwürdig ist“[82].

Auch die Ehefrau Emma K., die auf dem Gut des Grafen v. Strachwitz in Burgdorf arbeitet, wird zu 5 Monaten Gefängnis verurteilt. Sie läßt sich von französischen Kriegsgefangenen helfen, z. B. den Garten umgraben. Sie hält dafür Kleidung und Wäsche in Ordnung. In der Wohnung trinken sie Muckefuck und essen auch mal ein Stück Kuchen zusammen. Mit dem 13jährigen Sohn spielt der eine Gefangene Halma. Es ist eben keine Fremdheit zwischen den Landarbeitern. Die ländliche Umgebung und die Arbeit verbinden. Als Emma K. aber mit einem Franzosen, den Arm um die Schulter gelegt, die Dorfstraße entlang geht, wird sie von zwei Frauen denunziert und verhaftet. Die festgestellten Fälle hätten keinen „ausgesprochen erotischen Charakter“ getragen, stellt der Vorsitzende Lerche fest, aber er nennt die Strafe „empfindlich“, „da die Angeklagte als Ehefrau eines deutschen Soldaten, der an der Ostfront steht, und als Mutter eines deutschen Jungen sich nicht gescheut hat, in aller Öffentlichkeit diesen verbotenen Umgang zu pflegen, an dem das ganze Dorf mit Recht Anstoß genommen hat“[83].

Zu fünfzehn Monaten Zuchthaus verurteilten die Sonderrichter Lerche, Seggelke und Grimpe eine zweiundzwanzigjährige Hausgehilfin wegen ihrer Liebesbeziehung zu einem französischen Kriegsgefangenen. Fast die Hälfte des Urteilstextes nimmt die fast schon lüsterne Beschreibung der sexuellen Beziehung in Anspruch. Da sie sich mit dem Gefangenen sogar geschlechtlich eingelassen habe, liege ein schwerer Fall vor. „Denn es kann keinem Zweifel unterliegen, daß der geschlechtliche Umgang eines deutschen Mädchens mit einem Kriegsgefangenen nach gesundem Volksempfinden eine besonders grobe Ehrlosigkeit darstellt und eine besonders schwere Bestrafung erforderlich macht. An dieser grundsätzlichen Einstellung wird auch dadurch nichts geändert, daß der Kriegsgefangene ein Franzose war und französische Kriegsgefangene im allgemeinen einer weniger strengen Behandlung unterliegen als die Angehörigen anderer Feindstaaten“[84].

Die Arbeiterin Martha S. erhielt wegen ihrer Beziehung zu einem französischen Gefangenen zwei Jahre Zuchthaus: erschwerend fiel nach Meinung der Richter bei ihr ins Gewicht, „daß die Angeklagte als Ehefrau mit drei Kindern, zumal ihr Ehemann an der Front im Osten seine Pflicht tut, in höchstem Maße ehrlos und würdelos handelt, wenn sie sich zwecks der Befriedigung ihrer Sinnenlust mit einem Kriegsgefangenen einläßt“[85].

Hohe Zuchthausstrafen gab es dann, wenn zwei „Vergehen“ zusammenfielen: in der folgenden Geschichte kam zu dem verbotenen Umgang mit einem Kriegsgefangenen das Abhören eines ausländischen Senders. Die Kellnerin Friede Sch. aus Braunschweig be-

[82] 42 B Neu 7 Nr. 1059
[83] 42 B Neu 7 Nr. 1073.
[84] 42 B Neu 7 Nr. 1064.
[85] 42 B Neu 7 Nr. 1065.

kochte den französischen Schlosser Felix V., hielt ihm die Wäsche in Ordnung und ging mit ihm auch häufiger im „Bayrischen Hof" aus. Sie erlebte in diesen ersten Monaten des Jahres 1944 nach unglücklichen Ehejahren, in denen ihr Mann sie viel geschlagen hatte, der nun an der Ostfront war, mit Felix V. eine glückliche Beziehung. Der 43jährige Franzose, der als Schlosser im Wohnlager Wunderlich in Braunschweig 200 RM verdiente, stellte hin und wieder in der Wohnung den „Feindsender" ein. Aber die alte, kränkelnde Mutter, die den ausländischen Sender an den Störgeräuschen erkannte, drang darauf, den Sender abzustellen. Ein deutsches Ehepaar zeigte die beiden bei der Gestapo an, die die Sache zunächst selber in der Hand behielt. Frieda wurde für sechs Wochen ins Lager 21 nach Hallendorf und der Franzose Felix in ein Kriegsgefangenenlager gesteckt. Anfang Oktober 1944 kam Frieda wieder frei, suchte vergeblich ihre zwei Kinder und ihren französischen Freund. Der hatte bei seiner Vernehmung das Rundfunkhören und jeden intimen Verkehr klugerweise bestritten. Damit schien der Fall für die Gestapo erledigt. Aber Frieda schrieb bei ihrer Suche nach den Kindern Anfang Oktober an die Gestapo. Sie wolle „nicht wieder in Polizei Schutzhaftlager Hallendorf. Meine sechs Wochen habe ich prompt ausgehalten, aber jetzt wieder zurück, nur Tod". Weil sie keine Antwort erhielt, ging sie in die Gestapodienststelle in die Leopoldstraße und gestand ihre große Liebe. Bei einer Gegenüberstellung am 13. Oktober gab auch Felix sein intimes, glückliches Verhältnis zu. Er habe nur aus Fürsorge für Frieda und die beiden Kinder gelogen. Nun wurde der Fall groß verhandelt. Felix galt dem Sondergericht, das am 28. November 1944 tagte, als „Reichsfeind". Seit zwei Monaten war Frankreich nämlich wieder vollständig französisch, und die alliierten Truppen standen an der holländischen Grenze. Mit ihm hätte Frieda Sch. niemals ein intimes Verhältnis eingehen dürfen, belehrte sie der Vorsitzende. Sie habe die Würde und Ehre der deutschen Frau außer Acht gelassen und aufs Spiel gesetzt, indem sie sich ihm vom Februar bis August 1944 12 bis 15 Male „hingegeben" habe. Ein anrührende Liebesgeschichte fand vor dem Braunschweiger Sondergericht ihr erbarmungsloses Ende. Generalstaatsanwalt Flöte hatte 4 Jahre Zuchthaus und drei Jahre Ehrverlust beantragt. „Die Angeschuldigte als deutsche Soldatenfrau hat sich höchst unwürdig benommen und muß hart bestraft werden", formulierte er. Verteidiger Kahn konnte auf das Geständnis verweisen und erreichte eine geringe Verkürzung der Strafe um ein Jahr. Felix kam im Lager Fallingbostel vor das Gericht der Division 471; was aus ihm wurde, wissen wir nicht. Frieda Sch. konnte im April 1945 nach einem Fliegeralarm aus dem Gefängnis Magdeburg fliehen. Noch im November 1945 wurde ihr mitgeteilt, daß sie rechtsgültig verurteilt sei, aber schon am 20. 12. 1945 wurde von Generalstaatsanwalt Staff das Urteil aufgehoben[86].

Katastrophal erwiesen sich Beziehungen zwischen deutschen Frauen und Kriegsgefangenen bzw. Zwangsarbeitern aus osteuropäischen Staaten. Seit dem Frühjahr 1940 wurden osteuropäische Kriegsgefangene und Zwangsarbeiter einem immer fürchterlicher werdenden Überwachungssystem unterworfen. Es begann mit den „Polenerlassen" des Reichssicherheitshauptamts vom 8. März 1940, welche die Lebensverhältnisse der Polen in Deutschland bis in Kleinigkeiten hinein regelten. Mehrere Paragraphen befaßten sich mit den Geschlechtsbeziehungen zwischen Deutschen und Polen. Sie wurden zum Verbrechen erklärt. In einem Merkblatt „Pflichten der Zivilarbeiter und -arbeiterinnen polnischen Volkstums während ihres Aufenthaltes im Reich" hieß es: „Wer mit einer deut-

---

[86] 42 B Neu 7 Nr. 1118.

schen Frau oder einem deutschen Mann geschlechtlich verkehrt oder sich ihnen sonst unsittlich nähert, wird mit dem Tode bestraft". Polnischen Frauen und deutschen Männern, die miteinander, sowie deutschen Frauen, die mit Polen verkehrt hatten, drohte KZ-Haft oder Zuchthausstrafen. Diese wurden von Sondergerichten verhängt, während für die Erschießungen, die Erhängungen und die KZ-Haft die Gestapo zuständig war. Die „Ostarbeitererlasse" vom 2. Februar 1942 dehnten diese Bestimmungen auf die sowjetischen Kriegsgefangenen und Zwangsarbeiter aus[87].

Wir haben bereits auf den Fall des polnischen Kriegsgefangenen hingewiesen, der in einem Braunschweiger Dorf Ende des Jahres 1939 ein Verhältnis mit einer verheirateten Frau hatte. Die Frau verurteilte das Sondergericht im Januar 1940 zu einer Zuchthausstrafe von zwei Jahren und sechs Monaten. Den Kriegsgefangenen übergaben die Militärbehörden nach der Verbüßung einer Arreststrafe an die Gestapo, die den Gefangenen an einem Baum erhängte[88].

Von einem ähnlichen Schicksal berichtete vor kurzem der Braunschweiger Historiker Karl Liedke. In der Braunschweiger Konservenfabrik Querner arbeitete Marian R. aus Polen zusammen mit einer deutschen Kollegin an einer Stanzmaschine. Sie brachte ihm zuweilen Brote mit; eines Tages verabredeten sie ein Treffen im Park. Ein deutscher Arbeiter zeigte sie bei der Gestapo an, welche die beiden im Park verhaftet. Die Frau kam ins Gefängnis, Marian R. brachte die Gestapo ins Arbeitserziehungslager 21 in Hallendorf, wo er erhängt wurde[89]. Wieviele polnische und sowjetische Männer wegen verbotenen Umgangs mit deutschen Frauen erschossen oder erhängt wurden, wissen wir nicht.

Erzählen können wir die Geschichte des Bauern Wilhelm R. aus Bergfeld. Seit 1933 war er verheiratet; seine Ehefrau erkrankte 1936 an Lungentuberkulose. Wegen der Ansteckungsgefahr hatte der Bauer ein eigenes Schlafzimmer und verkehrte mit seiner Ehefrau nur noch sehr selten. Stattdessen näherte er sich der seit 1941 bei ihm beschäftigten polnischen Landarbeiterin N. Es kam zum Geschlechtsverkehr. Als sie sich eines Tages verweigerte, versuchte der Bauer, sie zu vergewaltigen. Die Arbeiterin wehrte sich erfolgreich, drohte ihm sogar mit einer Anzeige bei der Polizei, worauf er zu ihr sagte, er werde ihr dann die Mistgabel in den Hintern stecken. Das couragierte Mädchen zeigte den Bauern wirklich an. Das Sondergericht verurteilte ihn wegen eines Notzuchtversuchs zu zwei Jahren Zuchthaus. Als strafmildernd erkannten die Sonderrichter seine bisherige Unbescholtenheit, die gute Wirtschaftsführung seines Hofes und daß er an der Westfront gekämpft hatte. „Außerordentlich erschwerend fiel aber ins Gewicht, daß der Angeklagte als deutscher Bauer sich überhaupt in geschlechtlicher Beziehung mit einer Polin eingelassen hat"[90].

Nicht die Vergewaltigung an sich war den Richtern strafwürdig, sondern daß sich der Bauer mit einer „rassisch minderwertigen" Frau abgegeben hatte.

Übrigens wurden auch sexuelle Beziehungen strafrechtllich verfolgt, wenn sie zwischen einem deutschen Mann und einer Frau, deren Ehemann sich an der Front aufhielt, stattfanden. Das Sondergericht sah in diesen Fällen einen Verstoß gegen die „Volksschädlingsverordnung". Um eine Begründung für die Anwendung dieser Verordnung

87 Vgl. hierzu ausführlich Herbert, Fremdarbeiter; Merkblätter sind abgedruckt bei Liedke, Gesichter der Zwangsarbeit, S. 143 f. und bei Mechler, Kriegsalltag, S. 273 ff.

88 Vgl. S. 30.

89 Liedke, Gesichter der Zwangsarbeit, S. 147.

90 Sondergerichtsurteil vom 19. Mai 1942, 42 B Neu 7 Nr. 1063.

waren die Gesetzgeber und ihre juristischen Kommentatoren nicht verlegen. Ehebruch werde in diesen Fällen „unter Ausnutzung der durch den Kriegszustand verursachten außergewöhnlichen Verhältnisse" begangen[91]. In einer Urteilsbegründung schrieben die Braunschweiger Richter im Sommer 1940: „Die zur Wehrmacht einberufenen Soldaten müssen davor geschützt werden, daß ihre Ehre dadurch verletzt wird, daß andere, während sie ihrer Pflicht für das Vaterland genügen, mit ihren Frauen Ehebruch treiben"[92]. Unsere Akten berichten immer wieder von diesen Aspekten des Kriegsalltags. Das Gericht konnte diese Form des Ehebruchs übrigens auch nach § 61 StGB als Beleidigung anklagen, mit der Folge, daß deutlich niedrigere Strafen verhängt wurden. So erhielt ein Blockwart der NSV, der eine Ehefrau zu sich bestellte und sie sexuell belästigte, wegen Beleidigung nur 10 Monate Gefängnis statt der aufgrund der Volksschädlingsverordnung beantragten 21 Monate Zuchthaus. Sicherlich spielte dabei die Stellung als Blockwart eine erhebliche Rolle[93]. Diese Verfahren wegen Ehebruchs gingen übrigens im Verlauf des Krieges deutlich zurück bzw. wurden eingestellt, nicht, weil das „Delikt" verschwand, sondern weil das Justizministerium ein großzügigeres Vorgehen empfahl; die Gerichte sollten – so erklärte der Reichsjustizminster – stärker die „Geschlechtsnot" berücksichtigen[94].

Erzählen wollen wir abschließend von Prostituierten. Immer wieder standen sie als Angeklagte vor dem Sondergericht.

Die einschlägigen Etablissements lagen seit vielen Jahrzehnten in der Braunschweiger Bruchstraße. Es hätte der Gedanke nahegelegen, daß der nationalsozialistische Staat von der Idee einer rassisch und hygienisch reinen Gesellschaft her das Prostituiertenwesen bekämpfte. Die Naziführer dachten zwar radikal, waren aber in ihrer Vorgehensweise in dieser Hinsicht ausgesprochen pragmatisch. Das Prostituiertenwesen blieb weiterbestehen. Es wurde z. B. im Salzgittergebiet schon früh ein neues Bordell eingerichtet, um zu „verhindern, daß die Arbeitskräfte nach Braunschweig, Magdeburg oder Goslar fahren, um dann zur Arbeit nicht wieder zu erscheinen"[95].

Die Frauen, denen wir vor dem Sondergericht begegneten, wurden nicht wegen Prostitution allein angeklagt, sondern in Verbindung mit anderen „Straftaten". Stets aber wiesen die Sonderrichter in ihrer Urteilsbegründung auf die Tätigkeit der „Lohndirnen" hin, womit sie deren „gemeinschaftsschädigenden und minderwertigen" Charakter belegen wollten.

Über das schreckliche Verfahren gegen drei tschechische Arbeiter und zwei Prostituierte wegen Lebensmittelschiebereien werden wir noch berichten[96].

Die Postfacharbeiterin Marie J. gestand, 25 Feldpostpäckchen unterschlagen zu haben. Das war für die Richter schon an sich ein schweres Verbrechen. In der Begründung für ihr Todesurteil verwiesen die Sonderrichter Lerche, Eilers und Grimpe ausdrücklich

---

91 Diese Formulierung findet sich in § 4 der Volksschädlingsverordnung vom 4. 9. 1939.

92 BA, R 22/3454 Nr. 62.

93 Ebd. Nr. 52; zu einem ähnlichen Fall vgl. Nr. 47.

94 Besprechung mit den Chefpräsidenten und Generalstaatsanwälten am 10./11. 2. 1943, BA, R 22/4200, Fiche 2.

95 Bericht des Abwehrbeauftragten des Grubengebietes Salzgitter vom 26. 2. 1941, zit. nach Wysocki, Arbeit, S. 282.

96 Vgl. S. 167 ff.

auf das Vorleben der Frau: sie war Prostituierte. „Ihr Vorleben zeigt, daß sie auch in sittlicher Beziehung eine minderwertige Persönlichkeit ist“[97].

Argwöhnisch beobachteten Polizei und Justiz die Kontakte zwischen Prostituierten und Zwangsarbeitern.

Zu den Bewohnern der Bruchstraße gehörten nicht nur deutsche Frauen, sondern auch französische und zu ihren Besuchern nicht nur deutsche Männer, sondern auch Niederländer, Italiener und Franzosen. Zwischen ihnen und den Prostituierten entstand offenbar ein recht ungezwungenes Verhältnis, vielleicht weil beide Gruppen zu den Außenseitern der nationalsozialistischen Gesellschaft gehörten. Neben den sexuellen Kontakten entwickelte sich auf den Zimmern auch ein Zahlungsverkehr in Naturalien, Zigaretten, Schnaps, Brot, Fleischmarken. Diese Form normaler Illegalität wurde nur dann auffällig, wenn durch Konkurrenz oder Mißgunst eine Anzeige bei der Gestapo einging.

Zum Kundenkreis der Prostituierten Martha D. in der Braunschweiger Bruchstraße gehören der holländische Schlachter Petrus T., der ihr täglich Wurst mitbringt, der Postfacharbeiter Hendrik F. und der Bäcker Hendrik W., der im Bus die deutsche Hausfrau Ilse St. kennenlernt, die ihn in Zukunft bekocht, wofür er sich mit Brot aus seiner Bäkkerei revanchiert. Petrus T. ist seit 1941 in Deutschland, arbeitet bei verschiedenen Schlachtereien in Braunschweig und will Martha D. heiraten. Die fünf bilden einen festen, fröhlichen Kreis. Sie besorgen sich reichlich Brotmarken – das Gericht zählt 100 kg Brot zusammen – und Fleischsorten, Griebenschmalz, Rippen, Speck, was den Nachbarn auffällt. Bei der Gestapo läuft am 23. 11. 1944 eine vertrauliche Meldung aus der Bevölkerung ein, und am Abend des 25. November verhaften drei Kripobeamte die fünfköpfige Gesellschaft. Noch im Urteil schlägt sich das Erstaunen der Kripoleute und der Richter nieder: „Die D. war gerade beim Braten von Koteletts, als alle verhaftet wurden“, schließt die Anklageschrift von Staatsanwalt Magnus vom 13. Februar 1945. Das Schlafzimmer habe wie ein Schlachterladen ausgesehen, mit Wäschekorb und Handwagen wird alles am selben Abend noch fortgeschafft. Kahn verteidigt die Prostituierte und zwei weitere Beklagte, Rechtsanwalt Benze den holländischen Bäcker. Der holländische Schlachter, ohne Verteidiger, erhält zwei Jahre und sechs Monate Zuchthaus, der holländische Bäcker zwei Jahre Zuchthaus und die andern drei Gefängnisstrafen von drei bis acht Monaten. Die von der Staatsanwaltschaft vorgesehene Strafe lag mit jeweils 3–4 Jahren Zuchthaus und mit anderhalb Jahren Gefängnis wesentlich höher. Alle Verurteilten werden im April und Mai 1945 aus dem Braunschweiger Gefängnis entlassen, und der Schlachter und die Prostituierte Martha D. heiraten[98]. Nur wenige unserer Geschichten endeten so glücklich und auch nur deshalb, weil die Alliierten dieses Land inzwischen besiegt und die Gefangenen befreit hatten.

Abschließend erzählen wir über das Verfahren gegen die 23jährige französische Prostituierte Georgette Lagorce, die in Braunschweig wohnte. Sie hatte früher in einem Kaffeehaus in Paris gearbeitet, dann seit dem 18. Lebensjahr auf der Straße und seit dem 21. im Bordell. Nun ist sie seit Februar 1942 in der Bruchstraße in Braunschweig und hat feste und Laufkundschaft von französischen Zivilarbeitern aus dem Wohnlager der Büssing NAG. Sie verhilft einigen Landsleuten zur Flucht, wozu sie ihnen Pässe besorgt. Drei französische Arbeiter verdächtigen sie ungerechtfertigterweise der Zusammenarbeit mit

[97] 42 B Neu 7 Nr. 1572.
[98] 42 B Neu 7 Nr. 1175.

den Deutschen und zeigen sie bei der Gestapo an, die sie am 29. September 1942 festnimmt, aber kein belastendes Material findet. Am 8. Dezember 1942 wird sie vor dem Sondergericht unter Lerche, Eilers und Grimpe des verbotenen Umgangs mit Kriegsgefangenen und der Verletzung der Wehrkraftschutzverordnung angeklagt. Staatsanwalt Hirte fordert „für ihr verwerfliches Treiben schärfste Bestrafung“. Aber sie hat Rechtsanwalt Kahn als Verteidiger. Ihre Angaben bei der Vernehmung seien unter Zwang zustandegekommen; sie sei eingeschüchtert worden. Sie habe gar nicht gewußt, daß ihre Besucher Kriegsgefangene gewesen seien. Weil ein Geständnis fehlt, setzt das Sondergericht einen zweiten Verhandlungstag an und verurteilt sie nun zu zehn Jahren Zuchthaus. Sie habe mit Kriegsgefangenen Umgang gepflogen, der das gesunde Volksempfinden gröblich verletze. Ihr Alter, ihr bisheriges sauberes Strafregister und die Frage, ob sie aus Mitleid mit ihren Landsleuten gehandelt habe, sei von untergeordneter Bedeutung – hier reagierte das Gericht offensichtlich auf die Argumentation der Verteidigung. Aus Sicherheitsgründen müsse gegen die Tatsache, daß sie laufend Kriegsgefangenen falsche Papiere zu Fluchtzwecken beschafft habe, mit schärfsten Strafen vorgegangen werden.

Georgette Lagorce wurde nach Zuchthausaufenthalten in Lauerhof, Cottbus, Berlin und Leipzig am 7. Mai 1945 vom amerikanischen Militär entlassen[99].

6.5 Schwarzschlachter und Lebensmittelschieber

Nach den Erfahrungen des Ersten Weltkrieges hatten die NS-Machthaber panische Furcht vor einer Destabilisierung des Systems durch unzureichende Nahrungsmittelversorgung der Bevölkerung. Hungerjahre sollte es nicht mehr geben. Aus den Stimmungsberichten der Generalstaatsanwälte und Präsidenten der Oberlandesgerichte, sowie aus den SD-Berichten erfuhr die politische Führung, wie sensibel die Bevölkerung auf kleinste Anzeichen von Mangel reagierte.

In erster Linie sollten die Eroberungen, vor allem der neue „Lebensraum im Osten“ die Ernährung sicherstellen, eine Strategie, die in den ersten Kriegsjahren auch aufging. Darüberhinaus sollte ein umfassendes Bewirtschaftungssystem eine ausreichende Nahrungsmittelversorgung gewährleisten. Ein Rationierungssystem mit festen Rationen sowie mit nach dem Leistungsprinzip differenzierten Zuteilungen unter Berücksichtigung physiologischer Normen sorgte bis weit in den Krieg hinein für eine ausreichende Versorgung, freilich nur für die Angehörigen der „deutschen Volksgemeinschaft“.

Zu einer ernsteren Versorgungskrise kam es im Frühjahr 1941, so daß die Wochenrationen von Brot, Fleisch und Fett reduziert werden mußten. Sogleich registrierten die geheimen SD-Berichte einen Stimmungsumschwung in der Bevölkerung.

Vor diesem Hintergrund müssen die Prozesse gegen Schwarzschlachter gesehen werden, die verstärkt seit dem Sommer 1941 in Braunschweig durchgeführt wurden. Grundlage für diese Verfahren war die bei Kriegsbeginn erlassene Kriegswirtschaftsverordnung, die Personen, welche Nahrungsmittel vernichteten, beiseite schafften oder zurückhielten, Gefängnis-, Zuchthaus-, in besonders schweren Fällen die Todesstrafe androhte. In den meisten Verfahren stellte das Gericht darüberhinaus einen Verstoß gegen die Verbrauchsregelungsstrafverordnung vom 6. 4. 1940 fest und klagte außerdem an wegen

[99] 42 B Neu 7 Nr. 1077.

Hinterziehung der Schlachtsteuer sowie der Einkommens-, der Gewerbe- und der Umsatzsteuer.

Die Schwarzschlachterprozesse vor dem Sondergericht Braunschweig warfen einerseits ein grelles Licht auf die Mißstände bei der Nahrungsmittelbewirtschaftung im Krieg; andrerseits nutzten Justiz und Partei gerade diese Verfahren, um sich in der Öffentlichkeit als Garanten der Idee der Volksgemeinschaft zu präsentieren: „Wucherer“ und „Schieber“ hätten in ihr nichts zu suchen. Sie schwächten die „innere Front“. „Der Soldat schützt mit der Waffe unter Einsatz seines Lebens die Heimat. Angesichts der Größe dieses Einsatzes ist es selbstverständliche Pflicht jedes Volksgenossen in der Heimat, alle seine Kräfte und Mittel Volk und Reich zur Verfügung zu stellen und dadurch die Fortführung eines geregelten Wirtschaftslebens zu gewährleisten“[100]. Die Zeitungen berichteten über die Prozesse und publizierten die Urteile. Meldungen aus dem ganzen Reich über besonders spektakuläre Verfahren sollten die Leser warnen und abschrecken. Schlagzeilen wie „Kriegswirtschaftsverbrecher verurteilt“, „Lebensmittelschieber werden ausgemerzt“ verfehlten ihre Wirkung nicht.

Die Reaktionen der Bevölkerung dürften recht unterschiedlich gewesen sein. Auf den Dörfern galt das Schwarzschlachten traditionell eher als Kavaliersdelikt. Bei den eher unter Nahrungsmangel leidenden Städtern dürften die Urteile demgegenüber auf breite Zustimmung gestoßen sein.

Wir erzählen zunächst von einem besonders gut dokumentierten Fall, der bereits in den ersten Kriegsmonaten aufgedeckt wird, allerdings erst zwei Jahr später – ein ungewöhnlich langer Zeitraum – zum Prozeß kommt. Der Schlachtermeister D. aus Lehndorf bei Braunschweig wird Anfang Oktober 1939 von einem Viehhändler angezeigt: es käme in seinem Betrieb zu unerlaubten Schlachtungen. Kurz darauf nimmt ihn die Gestapo fest; einen Tag später werden seine Frau und die beiden Schlachtergesellen abgeholt. Die erste Vernehmung des Metzgermeisters endet ergebnislos: niemals habe er Schwarzschlachtungen vorgenommen. Auch die Gesellen wissen von nichts. Bei der zweiten Vernehmung – wir können die Vernehmungsmethoden nur ahnen – gibt ein Geselle zunächst kleinere Unregelmäßigkeiten zu, um dann immer mehr Straftaten zu enthüllen. Er berichtet auch, daß nach dem ersten Besuch der Gestapo im Betrieb D. schwarzgeschlachtetes Vieh beiseite schaffen und in einen Brunnen werfen ließ. Auch bei seiner zweiten Vernehmung leugnet D. alles; konfrontiert mit der Aussage des Gesellen sowie mit den aufgefundenen Tierkadavern gibt auch er zunächst kleinere Vergehen zu, um dann schließlich ein umfassendes Geständnis abzulegen. Dabei wird deutlich, daß sich D. bereits seit 1935 mit der Einführung der Kontingentierung des Schlachtviehs Tiere außerhalb seines Kontingents verschafft hatte. Die Ermittlungen ziehen weitere Kreise, sie erstrecken sich auf die Abnehmer des Fleisches, u. a. auf die Besitzer von Gasthäusern, auf Köche, Hausangestellte und Bedienungen, die alle bei den Vernehmungen über die Herkunft des Fleisches nichts Genaueres gewußt haben wollen. Insgesamt hatte D. seit 1935 540 Schweine, 325 Kälber und 240 Rinder schwarz geschlachtet, eine außerordentliche Menge. Allerdings konnte er bis Kriegsbeginn nur wegen Schlachtsteuerhinterziehung belangt werden, nur für die wenigen Wochen bis zu seiner Verhaftung ließ sich die Kriegswirtschaftsverordnung anwenden. Die Verhafteten bleiben in Schutzhaft, Anfang Februar 1940 kommt D. für ein Jahr in das Konzentrationslager Sachsenhausen, seine

---

[100] Präambel zur Kriegswirtschaftsverordnung, Rgbl. 1939.

Frau ebenfalls für ein Jahr in das Konzentrationslager Ravensbrück und der Geselle P. für 2 Monate in das KZ Sachsenhausen. Erst im Februar 1941 geht das Verfahren in die Zuständigkeit der Justiz über: das Amtsgericht Braunschweig erläßt Haftbefehle, die Beschuldigten kommen in U-Haft nach Braunschweig. Ende Oktober 1941 findet die Verhandlung vor dem Sondergericht Braunschweig statt. Ganz ungewöhnlich ist für einen Schwarzschlachter-Prozeß das lange Hinausschieben der Hauptverhandlung und die KZ-Haft der Beschuldigten vor dem Prozeß. Gründe dafür lassen sich aus den Akten nicht ermitteln. Der Prozeß findet in einer Phase statt, in der das Braunschweiger Sondergericht wegen einiger milder Urteile in die Schußlinie des Reichsjustizministeriums geraten war. Um dieser Kritik den Boden zu entziehen, fallen die Strafen sehr hart aus. Die Richter Höse, Steinmeyer und Grotrian verurteilen D. zu sechs Jahren Zuchthaus und zu empfindlichen Geldstrafen: 30 000.– RM wegen Hinterziehung der Schlachtsteuer, 10 8000.– RM nachzuzahlender Umsatz-und Einkommenssteuer, 5 000.– RM Gewerbesteuer und 128 000.– RM Wertersatz (ersatzweise 520 Tage Gefängnis). Für die Dauer von 5 Jahren wird dem Schlachter die Berufsausübung untersagt. Frau D. erhält 2 Jahre Gefängnis; der Geselle P. kam nach der Entlassung aus dem KZ an die Front und ist dort gefallen. Die Richter verwiesen in ihrer Urteilsbegründung auf etliche Vorstrafen des Angeklagten wegen Verstößen gegen die Reichsabgabenordnung und das Lebensmittelgesetz. Daß D. nur kurze Zeit gegen die Kriegswirtschaftsverordnung verstoßen hatte, sahen die Richter nicht als strafmildernd. Er hätte die Schwarzschlachtungen skrupellos fortgesetzt, wäre er nicht schon am 6. Oktober 1939 verhaftet worden. „Mit Rücksicht auf die ganze Einstellung des Angeklagten ist eine empfindliche Zuchthausstrafe geboten, die auf ihn und andere Kriegswirtschaftsverbrecher abschreckend wirkt".

Im Jahre 1943 reichte Frau D. ein Gnadengesuch ein. Die zuständige Parteidienststelle befürwortet das Gesuch, der Leiter des Zuchthauses lehnt ab, auch der Oberstaatsanwalt Hirte. Bemerkenswert ist die Stellungsnahme des Generalstaatsanwalts Rahmel: die Strafe sei für ein zu Beginn des Krieges verübtes Delikt sehr hart, gerade im Vergleich zu anderen, wesentlich milderen Urteilen; noch sollte man mit der Begnadigung etwas warten, sie in einigen Monaten aber gewähren. Im Sommer 1944 beantragt D. Hafturlaub, um an der Hochzeit seines Sohnes teilzunehmen. Auch dieses Gesuch wird abgelehnt, obwohl sein anderer Sohn bereits gefallen ist. Schließlich ordnet der Reichsjustizminister Ende Oktober 1944 die Unterbrechung der Strafvollstreckung und die Aussetzung der Reststrafe auf Bewährung an. Am 15. 11. 1944 unterschreibt D. den Bescheid, am 16. 11. ist D. im Zuchthaus verstorben[101].

Seit dem Frühjahr 1941 rollte eine Prozeßlawine gegen Schwarzschlachter über das Braunschweiger Land. Da ein Kriegsende nicht in Sicht war, sorgten sich die Behörden um eine langfristig ausreichende Ernährung der Bevölkerung; durch Verbesserung des Rationierungssystems und der Vorratswirtschaft, aber auch durch genauere Überwachung der Fleisch-Erzeuger, vor allem der Metzger, Viehhändler und Veterinärbeamten.

Der Tatbestand war in fast allen Fällen ähnlich: ein Schlachtermeister entzog durch Manipulation unterschiedlichster Art Fleisch der Bewirtschaftung. Er schlachtete wesentlich mehr Tiere, als er auf den Schlußscheinen bzw. den bei den Ernährungsämtern einzureichenden Schlachtscheinen angab. Hierzu brauchte er die Hilfe der amtlichen Fleischbeschauer, die mit Geld, Fleischwaren oder Alkohol bestochen wurden. Auch ge-

[101] 42 B Neu 7 Nr. 1040.

gen sie gingen die Ermittlungsbehörden vor. War der Fleischbeschauer unbestechlich, wurde die Waage manipuliert, oder der Geselle mußte den Kopf des Tieres beim Wiegen anheben. Fettschichten entfernte der Schlachter bei der Enthäutung vor der Abnahme, oder er trug das Gewicht schwer lesbar in die Schlachtscheine ein und manipulierte es hinterher, Notschlachtungen wurden vorgetäuscht, Stempel gefälscht bzw. neu hergestellt. Der Erfindungsreichtum war erstaunlich. Die auf diese Weise gewonnene Fleischmenge verkauften die Schlachter ohne Marken an ihre Kunden. Dieses Geschäft war lukrativ. Vorsichtig mußte man mit dem Reichtum umgehen. Die Gewitzten dachten an alles. Ein Fleischermeister brachte z. B. seinen Gewinn nicht auf die Bank, sondern versteckte ihn in einer Konservendose. Mußten die Männer an die Front, setzten die Ehefrauen in vielen Fällen die Schwarzschlachtungen fort. Je nach Schwere des Vergehens verurteilte das Sondergericht sie zu Gefängnis- bzw. Zuchthausstrafen. Die Ehefrau des Schlachters Sch. aus Hoiersdorf brachte innerhalb weniger Monate 155 Ztr. Fleisch zur Seite. 6½ Jahre mußte sie dafür ins Zuchthaus, ein Jahr länger als ihr Ehemann[102].

Wie wurden die Schwarzschlachter entdeckt?

Unmittelbarer Auslöser für eine Verhaftungswelle im Kreis Helmstedt war z. B. die Festnahme eines Viehhändlers Ende 1940, bei dem die Behörden Unregelmäßigkeiten feststellten. Sein hartnäckiges Leugnen führte zu weiteren, monatelangen Ermittlungen, die schließlich im Raum Helmstedt – Königslutter – Schöningen ein ganzes Schwarzschlachter-Netzwerk enthüllten: ein Viehverteiler aus Bergfeld, ein Fleischbeschauer aus Hoiersdorf, mehrere Schlachtermeister aus Schöningen und Helmstedt, sowie Bauern aus den umliegenden Dörfern.

Am glimpflichsten kamen in den Verfahren übrigens die Landwirte weg. Sie konnten in den meisten Fällen das Gericht überzeugen, von den Betrügereien der Viehhändler und Fleischer nichts gewußt zu haben. Und die Sonderrichter glaubten ihnen.

Zuweilen waren recht angesehene Bauern in die Verfahren verwickelt: zwei Bauern, der Ortsbauernführer Sch. aus Emmerstedt und der Landwirt Hermann K. aus Helmstedt mit einem Hof von 650 Morgen und auch sonst vermögend, lieferten Vieh an die Schlachterei F. in Helmstedt, die Vater und Sohn betrieben. Die beiden schlachteten erhebliche Mengen schwarz. Als Hauptangeklagter erhielt der Sohn 2½ Jahre Zuchthaus, der Vater 18 Monate Gefängnis. Der Ortsbauernführer Sch. – so das Gericht – habe sich zwar von F. Überpreise zahlen lassen, wußte aber nicht, daß der Schlachter zu niedrige Gewichte in die Schlußscheine einsetzte. Eine integere Persönlichkeit sei er, und so kam er mit einer Geldstrafe von 300 RM davon. Ein wenig härter angefaßt wurde der Bauer K. Er habe auf Veranlassung des F. wiederholt Schlußscheine mit zu niedrigen Angaben über das Lebendgewicht ausgestellt. Zur Tarnung habe er zwei Bücher geführt; in dem einen verzeichnete er das tatsächliche Gewicht, in dem anderen das falsche. Bei der Vernehmung habe er lange Zeit die Existenz des zweiten Buches verschwiegen, er habe also bewußt betrogen. Im übrigen sei er bereits 1939 wegen Steuerhinterziehung zu einer Geldstrafe von 150 000 RM verurteilt worden. Andrerseits: nach Aussage des Kreisbauernführers sei er ein besonders tüchtiger Landwirt, er habe am Weltkrieg teilgenommen und „auch im Polenfeldzug seine Pflicht als Soldat erfüllt“. Freilich war die Beihilfe zum Verstoß gegen die Kriegswirtschaftsverordnung nicht zu übersehen, „so daß auf eine empfindliche Gefängnisstrafe mit allgemein abschreckender Wirkung erkannt werden

[102] 42 B Neu 7 Nr. 1055.

mußte“: 5 Monate Gefängnis; gemessen an anderen Urteilen, war dies wahrlich keine „empfindliche“ Strafe[103].

Schwarzschlachterprozesse 1941/42.

14. 2. 41	Willi R.	Schlachter	Königslutter	2 J. Zuchthaus, 21 000 RM Wertersatz = WE
25. 3. 41	Heinrich G.	Schlachter	Süpplingenburg	1 J., 6 M. Gefängnis
25. 3. 41	Richard H.	Schlachter	Schöningen	2 J. Zuchthaus
25. 3. 41	Gustav G.	Schlachter	Schöningen	1 J. 3 M. Gefängnis
22. 4. 41	Johann N.	Schlachter		1 J. 6 M. Gefängnis
4. 6. 41	Ludwig R.	Schlachter	Hornburg	1 J. 6 M. Gefängnis
10. 6. 41	Hermann Sch.	Schlachter		1 J. 8 M. Gefängnis
13. 6. 41	Wilhelm B.	Schlachter	Schöningen	3 J. Z., 12 000 RM WE
17. 6. 41	Heinrich Sch.	Schlachter	Süpplingen	2 J. 3 M. Zuchthaus
24. 6. 41	Gustav B.	Schlachter	Ahlum	2 J. Zuchthaus
8. 8. 41	Gustav M.	Schlachter	Schöningen	8 J. Zuchthaus, 36 000 RM WE
	Emma M.	Ehefrau	Schöningen	2 J. 6 M. Zuchthaus
	Herbert S.	Schl.ges.	Schöningen	2 J. 6 M. Zuchthaus
		Landwirt		Freispruch
		Landwirt		Freispruch
19. 8. 41	Karl V.	Schlachter	Schöningen	6 J. Zuchthaus, 15 000 RM WE
19. 8. 41	Hermann D.	Schlachter	Groß-Dahlum	4 J. Zuchthaus
	Wilhelm R.	Bauer	Groß-Dahlum	3 M. Gefängnis
29. 8. 41	Hermann F.	Schlachter	Königslutter	5 J. Zuchthaus
	Emma F.	Ehefrau	Königslutter	2 J. Gefängnis
	Herm F. jun.	Schlachter	Königslutter	2 J. Gefängnis
2. 9. 41	Hermann I.	Schlachter	Schöningen	7 J. Zuchthaus
	August E.	Kaufmann	Schöningen	6 M. Gefängnis
	Hermann F.	Mühlenbes.	Schöningen	9 M. Gefängnis
	Wilhelm Sch.	Bauer	Ingeleben	6 M. Gefängnis
	Alfred St.	Bauer	Ingeleben	2 M. Gefängnis
	Bauer R.			Freispruch
30. 9. 41	Willi M.	Schlachter		2 J. Zuchthaus
21. 10. 41	Paul M.	Schlachter	Hasselfeld	7 J. Zuchthaus
	August E.	Schlachter	Ilfeld	1 J. 6 M. Gefängnis
	Otto Sch.	Schlachter	Ilfeld	8 M. Gefängnis
	Wilh. W.	Fellhändler		Freispruch
	Wilh. F.	Fabrikbes.	Braunlage	10 000 RM Geldstrafe
	Willi W.	Werkmeister	Braunlage	6 M. Gefängnis
	H.	Unternehmer	Braunlage	6 M. Gefängnis
	K.	Ehefrau	Braunlage	500 RM Geldstrafe

[103] 42 B Neu 7 Nr. 1043.

	R.	Gastwirt	Braunlage	Geldstrafe
	Hedwig K.	Hotelbes.	Braunlage	Geldstrafe
24. 10. 41	Wilhelm B.	Schlachter	Helmstedt	3 J. Zuchthaus
24. 10. 41	Richard K.	Schlachter	Helmstedt	2 J. 6 M. Zuchthaus
	Ewald B.	Bauer	Emmerstedt	1 000 RM Geldstrafe
29. 10. 41	Herbert D.	Schlachter	Lehndorf	6 J. Zuchthaus, 128 000 RM WE 30 000 RM Geldstrafe
	Anna D.	Ehefrau	Lehndorf	2 J. Gefängnis
	Hermann G.	Schl. ges.	Lehndorf	1 J. Gefängnis
25. 11. 41	Gustav K.	Schlachter	Schöningen	3 J. 6 M. Zuchthaus
	Hermann J.	Bauer	Räbke	Freispruch
	Erich N.	Bauer	Räbke	Freispruch
	Fritz N.	Molk.bes.	Räbke	1 500 RM Geldstrafe
5. 12. 41	Erich F.	Schlachter	Helmstedt	2 J. 6 M. Zuchthaus
	Fischer H.	Schlachter	Helmstedt	1 J. 6 M. Gefängnis
	Wilh. Sch.	Bauer	Emmerstedt	300 RM Geldstrafe
	Herm. K.	Bauer	Helmstedt	5 M. Gefängnis
17. 12. 41	Richard Sch.	Schlachter	Hoiersdorf	6 J. Z., 10 000 RM Gstr. 31 000 RM WE
	Maria Sch.	Ehefrau	Hoiersdorf	6 J. 6 M. Z., 13 000 RM Gstr. 46 000 RM WE
	Kurt G.	Bauer	Hoiersdorf	Freispruch
	Erich D.	Bauer	Hoiersdorf	Freispruch
	Erich K.	Bauer	Hoiersdorf	Freispruch
	Fritz D.	Bauer	Hoiersdorf	Freispruch
9. 1. 42	Heinrich W.	Schlachter	Grasleben	3 J. Zuchthaus
20. 1. 42	Erich L.	Schlachter	Schöningen	6 J. Zuchthaus
	Adalbert S.	Bauer	Wobeck	Freispruch
	Wilh. Sch.	Bauer	Wobeck	Freispruch
	Emil G.	Bauer	Wobeck	Freispruch
13. 2. 42	Otto Sch.	Schlachter	Gr. Sisbeck	3 J. 6 M. Zuchthaus
	Otto G.	Wiegemeister	Gr. Sisbeck	1 J. 6 M. Gefängnis
	Wilhelm H .	Bauer	Gr. Sisbeck	1 500 RM Geldstrafe
	Hermann P.	Bauer	Twülpstedt	Freispruch
24. 2. 42	Otto G:	Viehhändler	Helmstedt	2 J. Zuchthaus
25. 2. 42	Fritz Sch.	Schlachter	Altenbrak	3 J. Zuchthaus
	Anna Sch.	Ehefrau	Altenbrak	9 M. Gefängnis
	Hermann P.	Sattler	Hüttenrode	500 RM Geldstrafe
27. 2. 42	Albert M.	Schlachter	Helmstedt	2 J. Gefängnis
	Herm. S.	Schlachter	Helmstedt	2 J. Gefängnis
7. 3. 42	Gustav L.	Fleischbesch.	Hoiersdorf	5 J. Zuchthaus
29. 4. 42	Emil O.	Schlachter	Warberg	10 J. Zuchthaus
	Wilhelm O.	Schlachter	Warberg	8 J. Zuchthaus
	Gottfried S.	Bauer	Warberg	4 M. Gefängnis
	Wilhelm H.	Bauer	Warberg	1 M. Gefängnis

Ortfr. D.	Gutsinspektor	Warberg	300 RM Geldstrafe
Heinrich W.	Lagerhalter	Schöningen	1 J. 6 M. Gefängnis
Otto K.	Geschäftsf.	Schöningen	10 M. Gefängnis
Hermann B.	Buchhalter	Schöningen	6 M. Gefängnis
Emelie H.	Ehefrau	Schöningen	1 J. 6 M. Gefängnis
Wilhelm P.	Lagerhalter	Helmstedt	1 J. 3 M. Gefängnis
Wilhelm G.	Lagerhalter	Helmstedt	1 J. 9 M. Gefängnis
Emil N.	Lagerhalter	Helmstedt	3 J. 3 M. Gefängnis
Helene D.	Ehefrau	Helmstedt	1 J. 3 M. Gefängnis
Karl Sch.	Lagerhalter	Büddenstedt	10 M. Gefängnis
Luise Sch.	Ehefrau	Büddenstedt	10 M. Gefängnis

Der erste, größere Schwarzschlachterprozeß fand im Februar 1941 statt. Fünfzig Schweine hatte Wilhelm R., Schlachter aus Königslutter, beiseite geschafft. Staatsanwalt Dr. Lüders forderte 5 Jahre Zuchthaus, 5 Jahre Berufsverbot und 10 000 RM Geldstrafe. Die Richter Höse, Grotrian und Steinmeyer verurteilten R. zu 2 Jahren Zuchthaus. Daraufhin schickte das Reichsjustizministerium eine Rüge nach Braunschweig; eine derart milde Strafe könne nicht abschreckend wirken[104].

Auch in den folgenden Verfahren blieben die Richter bei ihren Urteilen deutlich unter dem beantragten Strafmaß. Ein Fleischermeister aus Schöningen hatte heimlich über 50 Schweine geschlachtet und über 5 000 kg Fleisch verkauft. Der Staatsanwalt beantragte nach Rücksprache mit dem Justizministerium in Berlin 8 Jahre Zuchthaus. „Der Antrag des Staatsanwalts entsprach der am 5. 3. 1941 fernmündlich erteilten Weisung, an die sich der Sitzungsvertreter gebunden fühlte", schrieb später der Generalstaatsanwalt nach Berlin. Eine Äußerung übrigens, die eindrucksvoll die Einflußnahme des Reichsjustizministeriums auf den Prozeßverlauf belegt. Die Richter Höse, Gosewisch und Jäger verurteilten den Schlachtermeister ‚nur' zu 2 Jahren Zuchthaus[105]. Dem Ministerium war dieses Urteil viel zu milde. Da keine unrichtige Rechtsanwendung vorliege, komme eine Nichtigkeitsbeschwerde nicht in Frage, und für einen außerordentlichen Einspruch sei die Sache nicht geeignet. Angesichts der Unsicherheit bei der Strafzumessung bat der Braunschweiger OLG-Präsident daraufhin das Ministerium um Urteile von anderen Sondergerichten. Um eine gewisse Vereinheitlichung bei den Schwarzschlachter-Prozessen zu erreichen, trafen sich im Sommer 1941 Vertreter der Sondergerichte Braunschweig, Hannover und Magdeburg; mit welchem Ergebnis, ist nicht bekannt. Als die Braunschweiger Richter an der milden Urteilspraxis festhielten, verschärfte das Reichsjustizministerium seine Kritik. Im Verfahren gegen den Fleichermeister B. aus Wolfenbüttel hatte das Justizministerium Weisung auf 10 Jahre Zuchthaus erteilt, der Staatsanwalt schließlich 6 Jahre beantragt. Die Richter Höse, Grotrian und Steinmeyer verurteilten B. zu 3 Jahren Zuchthaus. Ein Aktenvermerk im Reichsjustizministerium spricht von einem unerhört milden Urteil des Braunschweiger Sondergerichts: „Das Urteil ist in seiner Milde um so unverständlicher, als das Gericht sich darüber im klaren war, daß die Fleischrationensenkung mit auf die vielen Schwarzschlachtungen zurückzuführen ist. Das Gericht zeigt mit diesem Urteil, daß es nicht gewillt ist, die notwendige strenge und unnachsichtige Bestrafung der Schwarzschlachter mitzumachen, obwohl es durch die am 2. 4. 1941 erfolgte

---

104 BA, R 22/3454 Nr. 87.
105 BA, R 22/3454 Nr. 49.

Rüge von hier aus auf die strenge Bestrafung der Schwarzschlachter nachdrücklich hingewiesen ist...Das Urteil ist demnach eine offene Kampfansage an unsere Auffassung. Da das Sondergericht Braunschweig auf Rügen nicht reagiert, andererseits derartige milde Urteile unter keinen Umständen geduldet werden können, bleibt meines Erachtens nichts anderes als die Umbesetzung des Sondergerichts Braunschweig übrig". Das am gleichen Tag nach Braunschweig als Erlaß abgeschickte Schreiben argumentierte ganz ähnlich, nur die Drohung mit der Umbesetzung des Sondergerichts fehlte[106].

Der Schlachtermeister M. aus Schöningen bekam bei seinem Prozeß in den ersten Augusttagen 1941 den neuen Kurs zu spüren. Über 130 Zentner hatte er beiseite geschafft und dieses Fleisch ohne Marken weiterverkauft. Seine Ehefrau und sein Geselle hatten ihm dabei geholfen. Zunächst leugnete das Ehepaar hartnäckig; aus dem Gefängnis heraus versuchte M. sogar, mögliche Zeugen in seinem Sinn zu beeinflussen. All dies sahen die Richter Grotrian, Eilers und Steinmeyer als straferschwerend. Der Schlachtermeister wurde zu 8 Jahren Zuchthaus verurteilt, seine Frau zu 2½ Jahren Zuchthaus und der Geselle zu 2½ Jahren Gefängnis. Geldstrafen kamen hinzu, 36 000 RM Wertersatz, Verlust der bürgerlichen Ehrenrechte für 5 Jahre und ein fünfjähriges Berufsverbot. Die zwei mitangeklagten Bauern wurden freigesprochen. Ende 1943 wurde M. zur „Feindbewährung" entlassen; er geriet dann in englische Kriegsgefangenschaft und kam im Sommer 1945 zurück nach Schöningen. Am 29. 9. 1945 wandelte das Landgericht die Zuchthausstrafe in eine Gefängnisstrafe von 5 Jahren um. Dagegen und gegen das Weiterbestehen des Berufsverbots legte der Schlachtermeister Widerspruch ein. Das Landgericht wies ihn jedoch ab[107].

In den folgenden Wochen und Monaten behielt das Braunschweiger Sondergericht den härteren Kurs bei und verurteilte Schwarzschlachter zu hohen Zuchthausstrafen und zu empfindlichen Geldstrafen bzw. hohem Wertersatz (bis zu 50 000 RM). Freilich blieb das Gericht in den meisten Fällen unter dem beantragten Strafmaß.

Waren die Verurteilten noch kriegsverwendungsfähig, wurden sie häufig zur „Feindbewährung" in Strafbataillone entlassen; einige sind dort ums Leben gekommen.

Immer wieder stoßen wir auch bei den Schwarzschlachtern auf menschlich schwere Schicksale: fünf Jahre Zuchthaus erhält ein Schlachtermeister aus Königslutter, je 2 Jahre Gefängnis seine Frau und sein Sohn wegen gemeinschaftlicher „kriegsschädlicher Bedarfsgefährdung". Sie hatten ebenfalls über Jahre hinweg schwarz geschlachtet. Der Schlachtermeister verlor während seiner Haft zwei Söhne im Krieg, ein Sohn war vermißt, die Frau starb kurz nach ihrer Haftentlassung, er selbst war durch einen Schlaganfall gelähmt[108].

Zu einem vorläufigen Abschluß kam die Prozeßlawine gegen die Schwarzschlachter im April 1942, als sich im zahlenmäßig bis dahin größten Verfahren 15 Angeklagte verantworten mußten. „Das Fleischschieberkonsortium vom Elm", titelte die Landeszeitung.

Die beiden Hauptangeklagten, Schlachtermeister Emil O. und sein Sohn Wilhelm, betrieben in Warberg eine Schlachterei, einen Verkaufsladen und ein Versandgeschäft. Über Monate hatten sie durch falsche Gewichtsangaben 110 Ztr. Fleisch gedrückt. Mitangeklagt waren zwei Landwirte als Lieferanten; sie erhielten wegen Beihilfe 4 bzw.

---

[106] BA, R 22/3454 Nr. 22.
[107] 42 B Neu 7 Nr. 1030.
[108] 42 B Neu 7 Nr. 1035.

1 Monat Gefängnis. Gefängnisstrafen zwischen 6 und 27 Monaten erhielten die Abnehmer: die Inhaberin eines Lebensmittelgeschäfts in Schöningen, die Geschäftsführer und Lagerhalter der Verbrauchsgenossenschaften in Schöningen, Helmstedt und Büddenstedt. Sie waren die Hauptabnehmer des schwarz geschlachteten Fleisches. Einen Teil der Ware behielten sie für sich selbst, den anderen gaben sie an die Mitglieder der Verbrauchsgenossenschaft weiter, ohne von ihnen Bezugsmarken einzufordern. Gegen Emil O. hatte Staatsanwalt Huchtemann die Todesstrafe beantragt, die Sonderrichter Grotrian, Steinmeyer und Seggelke verurteilten Vater und Sohn zu 10 bzw. 8 Jahren Zuchthaus[109].

Das Fleischschieberkonsortium vom Elm

Die Strafprozesse des Sondergerichts Braunschweig wegen Kriegswirtschaftsverbrechens gegen eine ganze Reihe von Schlachtermeistern der Helmstedt-Schöninger Gegend stehen im engsten Zusammenhang miteinander. Man trifft immer wieder dieselben Namen und sieht oft als Angeklagte oder Zeugen alte Bekannte vor früheren Verhandlungen wieder, die nun irgendwie auch in einen neuen „Fall" verstrickt sind. Das läßt erkennen, wie weit das gegenseitige Einvernehmen und das Zusammenspiel der Beteiligten gegangen ist, wo es galt, sich zum Schaden der ordnungsmäßigen Bedarfsdeckung größere Fleischmengen, als nach dem Markensystem möglich war, zu verschaffen und dabei zugleich auch in mehr oder weniger weitem Umfange sich um die ordnungsmäßig sich ergebenden Steuerbeträge zu drücken.

In den folgenden Monaten und Jahren kam es zwar immer wieder zu Prozessen gegen Schwarzschlachter, aber nicht mehr in der Dichte wie vom Frühjahr 1941 bis zum Frühjahr 1942.

Erzählen wollen wir abschließend noch von einem in mancherlei Hinsicht bemerkenswerten Prozeß in den letzten Kriegsmonaten.

Anfang Februar 1945 standen 8 Angeklagte wegen Schwarzschlachtens vor dem Sondergericht. Es war der letzte große Schwarzschlachterprozeß in Braunschweig. Erstaunlich ist, daß dieser Fall überhaupt noch zur Aburteilung kam, denn die Schwarzschlachterei ist in den von Evakuierten aus dem Westen und den Flüchtlingen aus dem Osten überfüllten und unübersichtlichen Dörfern inzwischen gang und gäbe. Hauptangeklagte waren der Erbhofbauer Wilhelm L. aus Wierthe und der Bierverleger Walter T. aus Braunschweig. Der Bauer hatte 2 Rinder und 3 Schweine geschlachtet, der Bierverleger hatte mit Unterstützung eines Fuhrunternehmers das Fleisch nach Braunschweig geschafft und dort mit Hilfe weiterer Angeklagter verteilt. Für die beiden Hauptangeklagten beantragte Oberstaatsanwalt Hirte die Todesstrafe. Generalstaatsanwalt Meissner kommentierte: „Die für L. und T. in Aussicht genommenen Strafanträge halte ich für sachgemäß". Das Sondergericht mit den Richtern Lerche, Ahrens und Angerstein verhängte am 9. Februar 1945 ‚nur' je 5 Jahre Zuchthaus, 5 Jahre Ehrverlust und eine Geldstrafe von 3 000 bzw. 5 000 RM für die beiden Hauptangeklagten, 1 Jahr drei Monate Zuchthaus statt der beantragten 3 Jahre für zwei Hehler, 8 Monate Gefängnis statt Zuchthausstrafe für zwei weitere Beteiligte; die angeklagte Witwe Auguste W. wurde freigesprochen. Der Staatsanwalt Hirte beanstandete behördenintern die Urteile, verzichtete jedoch auf eine Nichtigkeitsbeschwerde.

109 43 A Neu 4, Zg. 47/1984, Jg. 1942, Paket 3 Nr. 112.

Was ließ die Sonderrichter so deutlich unter dem beantragten Strafmaß bleiben? Zumal die beiden Hauptangeklagten bereits erheblich vorbestraft waren, der Landwirt zwischen 1920 und 1937 zehnmal, der Bierverleger hatte zwischen 1909 und 1930 bei zehn Strafen insgesamt 5 Jahre Gefängnis abgesessen. Zweifellos dürfte das Aufgebot von vier der bekanntesten Braunschweiger Verteidiger eine Rolle gespielt haben: Kahn, Benze, Hopert und Fischer. Den Verteidigern kam ein Gutachten der Städtischen Viehhofverwaltung zugute, die das beschlagnahmte Fleisch auf Trichinen zu untersuchen hatte. Das Fleisch stamme von abgemagerten Rindern und von Schweinen, die sich zur Zucht nicht eigneten. Die Verteidiger luden den Oberveterinärrat Dr. Kramer als Zeugen, der aussagte, daß das Rindfleisch „sehr unansehnlich, wässerig, und läppig" und das Schweinefleisch „minderwertig" gewesen sei.

Das Sondergericht fragte nicht, ob die deutsche Ernährungslage durch die Schwarzschlachtungen dramatisch geschädigt worden sei. Wohlwollend registrierten die Richter, daß 62 Dosen Fleisch an das städtische Krankenhaus abgeliefert worden waren.

Es wäre allein von den zahlreichen Vorstrafen her ein leichtes gewesen, die Täter zu „Volksschädlingen" zu stempeln. Auch der häufig vom Gericht erhobene Vorwurf, die Tat sei durch „Ausnutzung von Fliegeralarm" begangen worden, wurde nicht aufgegriffen. Obwohl zwei Angeklagte von der Braunschweiger Polizei dabei ertappt worden waren, als sie während des Fliegeralarms das Fleisch in Säcken auf dem Rücken über den Madamenweg schleppten.

Der Hauptangeklagte L. war Parteigenosse und Erbhofbauer und hatte bei der Vernehmung zugegeben, daß er das von der Partei in ihn gesetzte Vertrauen gröblichst mißachtet habe. Das machte auf die Richter Eindruck, in deren Augen alle Beteiligte angesehene Bürger waren; im Unterschied zu den vielen Zwangsarbeitern und Fahnenflüchtigen, den Wehrdienstentziehern. Gegen sie hatten die Richter in den Tagen zuvor eher harte Urteile gefällt; jetzt konnten sie im Fall des Erbhofbauern den richterlichen Spielraum zur Abwechslung einmal zugunsten des Angeklagten nutzen. Dementspechend liest sich die Urteilsbegründung: es handle sich nicht um einen besonders schweren Fall, wässrig sei das Fleisch gewesen, keinesfalls vollwertig. „Auch die Persönlichkeit der Angeklagten L. und T. erfordert nicht die Verhängung der Todesstrafe". Dieses Persönlichkeitsbild wird nicht begründet. Daß die beiden Angeklagten vielfach vorbestraft waren, werten die Richter nicht strafverschärfend – wir kennen da ganz andere Personencharakterisierungen mit entsprechend fürchterlichen Folgen.

Bauer L. kam für einige Wochen in das Zuchthaus Kassel. In den letzten chaotischen Kriegstagen wurde er entlassen. Im Frühjahr 1946 wandelte Generalstaatsanwalt Staff die Zuchthausstrafe in eine zweijährige Gefängnisstrafe um und setzte den Rest der noch nicht verbüßten Strafe zur Bewährung aus. Wenig später verurteilte die 2. Strafkammer des Landgerichts den Bauer zu 2 Jahren Zuchthaus: er hatte erneut schwarz geschlachtet. Daraufhin hob Staff die Begnadigung auf. Über Jahre hinweg gelang es dem Bauern mit Hilfe amtsärztlicher Bescheinigungen, sich dem Strafantritt zu entziehen, bis er 1954 endgültig begnadigt wurde[110].

Nach dem Krieg wurden die Urteile wegen Schwarzschlachtens übrigens nicht aufgehoben; allenfalls milderte das Gericht die Zuchthausstrafen in Gefängnisstrafen ab. In einem Revisionsverfahren erklärte der 1. Strafsenat des OLG Braunschweig am 3. 6. 1946:

---

[110] 42 B Neu 7 Nr. 1155.

„Die Vorschriften des § 1 des Kriegswirtschaftsgesetzes enthalten keinerlei spezifisch nationalsozialistische Lehren oder sonstiges nationalsozialistisches Gedankengut. Denn sie sind weltanschaulich neutral und lediglich aus dem Bestreben, eine gleichmäßige Versorgung der Bevölkerung zu gewährleisten und einer Ausbeutung der Notlage des deutschen Volkes durch gewissenlose Elemente zu unterbinden, geboren. Sie könnten bei entsprechender Lage auch von jedem anderen Gesetzgeber erlassen sein mit Ausnahme der angedrohten, inzwischen jedoch wieder aufgehobenen Todesstrafe“[111].

Auch die im Krieg ausgesprochenen Berufsverbote blieben in Kraft: es könne nicht verantwortet werden, „daß der Verurteilte, der sich in ganz skrupelloser Weise über die kriegswirtschaftlichen Bestimmungen hinweggesetzt hat, unter den heutigen Verhältnissen das Gewerbe eines selbständigen Schlachtermeisters ausübt. Die Aufrechterhaltung des gegen den Verurteilten ausgesprochenen Berufsverbotes ist erforderlich, um die Allgemeinheit vor weiterer Gefährdung zu schützen“[112].

Nicht nur durch die Schwarzschlachter sahen die Behörden eine ausreichende Lebensmittelversorgung gefährdet. Jede Form des Mißbrauchs von Lebensmittelmarken ahndete das Sondergericht. Diebstahl von Lebensmitteln und Weiterverkauf ohne Marken, Diebstahl bzw. Unterschlagung von Lebensmittelmarken sowie das Erschleichen von Lebensmittelmarken waren die häufigsten Delikte.

Brotmarken für 4 Doppelzentner Mehl hatten ein Protektoratsangehöriger und ein deutscher Bäckerlehrling bei einem Bäcker gestohlen; 5 bzw. 4 Jahre Zuchthaus bekamen sie dafür[113]. Bei den Stahlwerken in Watenstedt stellte ein Bürogehilfe fingierte Urlaubsbescheinigungen selbst her, legte sie dann beim zuständigen Bürgermeisteramt vor und erhielt dort die entsprechenden Lebensmittelkarten. Er hat dann die Karten weiterverkauft. Zwölf Personen standen deswegen im Mai 1942 vor dem Sondergericht Braunschweig. Der Hauptangeklagte erhielt wegen Urkundenfälschung, wegen eines Verstoßes gegen die Verbrauchsregelungsverordnung und als „Volksschädling“ sechs Jahre Zuchthaus, zwei Angeklagte je drei Jahre Zuchthaus, die übrigen Gefängnisstrafen zwischen 3 und 15 Monaten[114].

Seit Jahren war die Reinemachefrau Auguste S. im Braunschweiger Schlachthof beschäftigt. Sie putzte auch einen Raum des Ernährungsamtes, in dem nicht gebrauchte Abschnitte der Reichsfleischkarte aufbewahrt wurden. Der Verlockung konnte sie nicht widerstehen: sie entwendete über einen längeren Zeitraum hinweg Lebensmittelmarken im Wert von wöchentlich zwischen 25 und 100 Pfund Fleisch. Den größten Teil der Marken gab sie an Bekannte weiter, die sie ihrerseits mit Gewinn weiterverkauften. Auch sie mußten sich vor dem Sondergericht verantworten. Ihr wichtigster Abnehmer war der Elektriker Walter G., ihr Schwiegersohn.

Das Sondergericht verhängte im Herbst 1941 hohe Strafen: 4 Jahre Zuchthaus für die Putzfrau und Walter G., insgesamt 7 Jahre Gefängnis für vier weitere Angeklagte. Offen-

---

[111] Revisionsverfahren gegen einen kaufmännischen Angestellten, der Schwer- und Schwerstarbeitermarken in einem Braunschweiger Großbetrieb unterschlagen und dann für eigene Zwecke genutzt hatte. Die Anklage war übrigens im November 1945 erhoben worden, das Urteil des Landgerichts am 1. 2. 1946 gesprochen worden – eine bemerkenswerte Kontinuität, 42 B Neu 7 Nr. 1178.

[112] 42 B Neu 7 Nr. 1030.

[113] Braunschweiger Landeszeitung vom 18. 12. 1942.

[114] 43 A Neu 4, Zg. 47/1984, Jg. 1942, Paket 7 Nr. 271, 273.

sichtlich wollte das Gericht zu einem frühen Zeitpunkt ein abschreckendes Urteil gerade mit Blick auf die Arbeiterschaft – alle Angeklagten waren Arbeiter – fällen.

Nach dem Krieg stellte G. Antrag auf Haftermäßigung – er hätte noch 122 Tage einsitzen müssen. Das Landgericht lehnte im September 1945 den Antrag ab mit dem Hinweis auf die Verwerflichkeit seiner damaligen Handlungsweise. Rechtsanwalt Benze legte gegen diese Entscheidung Widerspruch ein mit dem Hinweis, daß schon damals das Urteil wegen seiner Härte aufgefallen sei. Doch Generalstaatsanwalt Staff bestätigte im Mai 1946 das Urteil des Landgerichts, setzte aber kurz danach die Strafe auf Bewährung aus. In einem erneuten Verfahren wandelte die 2. Strafkammer des Landgerichts schließlich die vierjährige Zuchthausstrafe in eine vierjährige Gefängnisstrafe um[115].

Hart ahndete das Gericht Mißbrauch von Lebensmittelkarten in Behörden. Gegen acht Angestellte des Wirtschafts- und Ernährungsamtes der Stadt Braunschweig verhängte es insgesamt 9 Jahre Zuchthaus, weil sie Vordrucke für Lebensmittel-, Kleider- und Urlauberkarten, Anträge auf Bezugsscheine und anderes mehr manipuliert hatten. „Das ganze Gebäude der staatlich geregelten und bestimmten Bedarfsdeckung gerät ins Wanken, wenn das Vertrauen des Volkes in die Lauterkeit und Uneigennützigkeit der Amtsträger, die mit der Regelung der Zuteilung bezugsbeschränkter Erzeugnisse befaßt sind, durch häufigere und erheblichere Verfehlungen, die sich diese Amtsträger zuschulden kommen lassen, erschüttert wird". In diesem Verfahren verurteilten die Richter Kalweit, Eilers und Grimpe den Fabrikdirektor Helmut Schmalbach aus Braunschweig zu 6 Monaten Gefängnis, weil er die Angestellten des Amtes durch kleinere Geschenke bestochen haben sollte, infolgedessen seine Bezugscheinanträge für Spinnstoffe schneller bearbeitet wurden. Schmalbach leugnete die Bestechung – er habe nur einige Male mit den Angestellten Kaffee getrunken – aber das Gericht glaubte ihm nicht. Schmalbach verbüßte seine gesamte Haftzeit in Wolfenbüttel, ein Gnadengesuch wurde abgelehnt[116].

Mit spektakuläreren Begleiterscheinungen war wenige Monate zuvor der Prozeß gegen den Betriebsdirektor und stellvertretende Vorstandsmitglied bei Büssing, Eugen Hubing verlaufen, ein Verfahren, das monatelang in der Stadt größtes Aufsehen erregt hatte.

Die Anklage warf Hubing vor, er habe mit Hilfe seiner mitangeklagten Sekretärin, Alice D., und des Küchenchefs Fleisch und Butter ohne Abgabe von Lebensmittelkarten erhalten. „Diese Nahrungsmittel wurden der Gemeinschaftsverpflegung der Gefolgschaft weggenommen", stand in der Anklageschrift des Oberstaatsanwalts Dr. Hirte. Als Gegenleistung habe Hubing dem Küchenchef zu Unrecht Überstunden anerkannt und ihn auch noch für das Kriegsverdienstkreuz vorgeschlagen. Hubing gab zu, Lebensmittel erhalten zu haben – für seinen Sohn und seinen zuckerkranken Vater –, ihm sei aber nicht bewußt gewesen, daß sie der Gemeinschaftsverpflegung entzogen wurden. Das Sondergericht unter Grotrian, Steinmeyer und Seggelke sah einen besonders schweren Verstoß gegen die Kriegswirtschaftsverordnung, bezeichnete das Verhalten des Angeklagten als „böswillig" und verurteilte Hubing im April 1942 zum Tode, die Sekretärin und der Küchenchef erhielten je 6 Jahre bzw. 6 Jahre und 6 Monate Zuchthaus. „Wer den Rüstungsarbeitern regelmäßig Lebensmittel entzieht, für die von den Gefolgschaftsmitgliedern die Lebensmittelmarken abgeliefert worden sind, handelt in höchstem Maße verwerflich,

115 42 B Neu 7 Nr. 1037.
116 43 A Neu 4, Zg. 47/1984, Jg. 1943, Paket 2 Nr. 182

schwächt die innere Front und handelt damit böswillig. Als Betriebsdirektor hätte er seiner Gefolgschaft mit gutem Beispiel vorangehen müssen. Während die ihm unterstellten schwerarbeitenden Rüstungsarbeiter, die den Soldaten an der Front die Waffen schmieden, mit ihren Lebensmittelkarten auskommen müssen, hat er sich nicht gescheut, dieser Gefolgschaft einen Teil der ihr zustehenden Lebensmittel zu entziehen. Wer viele Rechte hat, hat auch viele Pflichten", schrieben die Richter ins Urteil[117]. Gerade diesen Teil der Urteilsbegründung gab der Zeitungsbericht wieder, der mit der Schlagzeile aufmachte „Todesstrafe für Lebensmittelschieber", um dann fortzufahren: jeder solle wissen, daß die ‚Volksgemeinschaft' keine Privilegien dulde, alle hätten sich für das große Ziel, den Krieg zu gewinnen, rückhaltlos einzusetzen[118].

Einige Wochen nach dem Urteil wandelte der Reichsjustizminister das Todesurteil in eine lebenslängliche Haftstrafe um. Hubing saß zunächst in Braunschweig und Wolfenbüttel ein und wurde dann der Gestapo überstellt, die ihn in das Konzentrationslager Sachsenhausen einlieferte. Dort wurde er, wie viele andere Häftlinge auch, schwer mißhandelt. Anfang April 1945 wurden die 25 000 Lagerinsassen in mehrtägigen Fußmärschen nach Grabow in Mecklenburg getrieben und die Überlebenden, unter ihnen Eugen Hubing, von der Roten Armee befreit.

Der Prozeß gegen Betriebsdirektor Hubing war zweifellos eines der spektakulärsten Verfahren vor dem Braunschweiger Sondergericht – und ist, wie viele Sondergerichts-Verfahren, bisher kaum bekannt.

Der Prozeß verdient aus vielerlei Gründen besondere Aufmerksamkeit. Er richtete sich gegen eine angesehene Persönlichkeit in der Stadt, gegen einen einflußreichen Mann der Wirtschaft. Es gibt eindeutige Hinweise, daß die örtliche Parteiführung diesen Prozeß zu einem öffentlichen Schauprozeß machen wollte. Angebliche sexuelle Verfehlungen wurden von fragwürdigen Zeugen der Anklage vorgebracht. Rechtsanwalt Kahn wurde als Verteidiger vom Gericht abgelehnt. Der Vorsitzende des Sondergerichts, Höse, meldete sich krank; offensichtlich wollte er den Vorsitz in diesem Verfahren nicht übernehmen. Mehrmals berichtete die Braunschweiger Presse über den Prozeß. Gauleiter Lauterbacher hatte in einer öffentlichen Versammlung in der Werkhalle des VW-Vorwerkes vor Erhebung der Anklage und vor Abschluß der Ermittlungen die Todesstrafe für Hubing gefordert. Dazu erklärte Oberstaatsanwalt Hirte in einer eidesstattlichen Erklärung am 19. 5. 1945: „Auf Grund dieser Beeinflussung der öffentlichen Meinung und der mir erteilten Anweisung habe ich die Todesstrafe beantragt. Ich bin auch der Überzeugung, daß das Gericht durch diese vor der Urteilsfällung liegende Äußerung des damaligen Gauleiters und anderer hoher Parteidienststellen beinflußt worden ist"[119]. War dies der nachträgliche Versuch des damaligen Chefanklägers, die Verantwortung auf politische Stellen abzuschieben oder war es ein Beleg für die Hörigkeit des Sondergerichts? Die eine Interpretation ist so schlimm wie die andere.

Direktor Hubing kam in einer seiner Stellungnahmen im Rahmen seines Revisionsverfahrens wohl zu einer zutreffenden Charakterisierung: „War es nicht eine Tragödie, daß sich ein deutsches Gericht von einer Partei derart beeinflussen ließ und Anweisungen während der Verhandlungen entgegennahm...Der Staatsanwalt schämte sich nicht, Zet-

[117] Urteilsbegründung vom 16. 4. 1942, 42 B Neu 7 Nr. 1554.
[118] Landeszeitung vom 17. 4. 1942.
[119] 42 B Neu 7 Nr. 1554.

telchen von der Straße anzunehmen und gegen mich auszuwerten, ohne daß ein Beweis der Echtheit erbracht wurde. Aber dem von der Gestapo gestellten Galgenvogel als Zeugen glaubte man".

Hubing überlebte die KZ-Haft. In Ausübung des ihm von der Militärregierung übertragenen Gnadenrechts wandelte Generalstaatsanwalt Staff im März 1946 die lebenslange Haftstrafe in eine 4jährige Zuchthausstrafe um. Die Revisionskammer des Landgerichts bestätigte mit ihrer Entscheidung am 21. 9. 1945 diese Bewertung: „Das Sondergericht hat mit Recht bei Hubing in Anbetracht der großen Mengen entzogener Lebensmittel einen besonders schweren Fall angenommen".

Im Jahr 1952 beantragte Hubing die Neufestsetzung seiner Strafe; es läge ihm vor allem an der Umwandlung in eine Gefängnisstrafe. Erneut lehnte das Gericht ein milderes Urteil ab; und der Generalstaatsanwalt schrieb: „Ein leitender Angestellter, der sich in Zeiten allgemeiner Rationierung auf Kosten seiner Untergebenen zu Unrecht Vorteile verschafft, macht sich einer besonders schweren Verfehlung schuldig". Die Aussage des damaligen Küchenchefs brachte dann die Wende: das Werk habe damals selbst geschlachtet und hiervon laufend gewisse Mengen für Besucher ohne Marken zur Verfügung gestellt. Vor allem Angehörige der Parteidienststellen und der NSDAP hätten auf diese Weise ohne Marken bei der Firma Büssing gegessen. Jetzt konnte das Gericht annehmen, Hubing habe seine Fleischmengen auf diese Weise erhalten, sie also nicht mehr der Gemeinschaftsverpflegung entzogen. Jetzt sah das Gericht die Tat in milderem Licht und erkannte am 26. 11. 1952 nachträglich auf eine 4jährige Gefängnisstrafe, die längst verbüßt war[120].

So wenig die Urteile gegen Schmalbach und gegen Hubing hinsichtlich der Strafhöhe vergleichbar waren, Polizei, Justiz und Partei wollten in beiden Fällen zweifellos Zeichen setzen, prominente Wirtschaftsführer bei einem Verdacht von Straftaten nicht zu schonen.

Gerade Verfahren wegen Verstoßes gegen die Kriegswirtschaftsverordnung waren ein recht geeignetes Mittel, gegen Personen vorzugehen, die aus irgendwelchen Gründen örtlichen Parteistellen nicht genehm waren und gleichzeitig etwas höher gestellte Funktionen ausübten. Schwer zu durchschauen, was auf erzwungene Aussagen von eingeschüchterten Zeugen zurückging, was Denunziation, was tatsächliches Vergehen der Beschuldigten war.

Zu Beginn des Jahres 1945 standen vor dem Sondergericht der Verwaltungsleiter des Ostarbeiterkrankenhauses P. und seine Sekretärin. Die Anklage warf ihnen vor, sie hätten sich aus den Lebensmittelbeständen des Krankenhauses verpflegt und damit die Bewirtschaftungsmaßnahmen unterlaufen. Besonders verwerflich sei, daß P. aus dem für das Krankenhaus bestimmten Alkohol Schnaps hergestellt habe. Feste, ja Orgien seien gefeiert worden, P. habe mit den Ostarbeiterinnen getanzt und sogar intime Beziehungen unterhalten. Die Anklage stützte sich ausnahmslos auf die Aussagen von Ostarbeitern und Ostarbeiterinnen; wie sie zustande kamen, läßt sich nicht mehr feststellen. Das Sondergericht verurteilte P. im Januar 1945 zu 2 Jahren Gefängnis, die Sekretärin zu 8 Monaten. Und zwar nicht wegen Verstoßes gegen die Kriegswirtschaftsverordnung – Staatsanwalt Flöte hatte 3½ Jahre Zuchthaus beantragt – sondern wegen Untreue und Vergehens ge-

[120] Die Vorgänge befinden sich im Bestand 42 B Neu 7 Nr. 1554 sowie im Bestand 43 A Neu 4, Zg. 47/1984, Jg. 1942, Paket 2 Nr. 69.

gen die Verbrauchsregelungsstrafverordnung. Möglicherweise berücksichtigten die Richter, daß P. eine Parteikarriere hinter sich und 1930 wegen seiner NSDAP-Mitgliedschaft seine Stelle bei der AOK Braunschweig verloren hatte. Die Staatsanwaltschaft gab sich mit dem Urteil nicht zufrieden. In einer Stellungnahme für das Reichsjustizministerium bezeichnete der Erste Staatsanwalt Hirte das Urteil als viel zu milde; die Angeklagten hätten schließlich ihre Stellung mißbraucht, eigennützig gehandelt und sich würdelos benommen. Im Februar 1945 ließ der Generalstaatsanwalt Nichtigkeitsbeschwerde einlegen, die der Oberreichsanwalt allerdings ablehnte. Offensichtlich war P. der Gestapo ein Dorn im Auge, weil er die Belegschaft des Ostarbeiterkrankenhauses gut behandelte. Es liegen nämlich Aussagen von Ostarbeitern und Ostarbeiterinnen aus dem Jahr 1946 vor, die P. sehr positiv beurteilten. Bei der Wiederaufnahme des Verfahrens 1946 berichtete Rechtsanwalt Kahn, der damalige Verteidiger von P., die Verhandlungen hätten unter dem Druck der Gestapo gestanden, der berüchtigte Kriminalkommissar Flint sei eigens zum Prozeß entsandt worden. „Eine einwandfreie Verteidigung des Angeklagten war auch gar nicht möglich, da die gesamten ausländischen Zeugen nicht erscheinen durften. Deren Aussagen wurden einfach durch alleinige Vernehmung des Gestapo-Beamten Wellmann, der Eingeweihten durch seine Vernehmungsart einwandfrei bekannt war, ersetzt“[121].

Übrigens erhalten wir aus den Prozeßunterlagen eine Fülle von Informationen über dieses Ostarbeiterkrankenhaus, z. B. über die vorgenommenen Schwangerschaftsunterbrechungen bei Ostarbeiterinnen. Dabei wird deutlich, in welch hohem Maße die Ärztekammer und die örtlichen Gesundheitsbehörden in diese skandalöse Praxis verwickelt waren[122].

Immer wieder nutzten die örtlichen Parteistellen gerade die Kriegswirtschaftsverfahren zur Demonstration ihrer Leistungsfähigkeit bei der Aufdeckung von Mißbrauch bei der Lebensmittelversorgung; sie präsentierten sich als Schützer der Volksgemeinschaft und hofften, damit die Bevölkerung zu beeindrucken.

Bei einem Bombenangriff im Frühjahr 1944 wurde das am Rand der Stadt Helmstedt gelegene Haus des Ehepaares J. schwer beschädigt. Bei den Aufräumarbeiten fand man im Keller größere Mengen an Lebensmitteln, die zum Teil bereits verdorben waren. Die Polizei vermutete, daß die Eheleute die Lebensmittel durch Schiebergeschäfte erworben hätten. Eine Kampagne gegen sie begann. Alle gefundenen Lebensmittel und Kleidungsstücke brachte die Hitlerjugend auf den Marktplatz. Die Eheleute wurden daneben gestellt mit einem Schild: „Ich bin ein Hamsterer, ich bin ein Volksschädling“. Die Beweisaufnahme ergab die Haltlosigkeit der Vorwürfe; der Ehemann hatte von der Anhäufung der Vorräte nichts gewußt. Ihn sprach das Sondergericht frei. Bei der Ehefrau stellte ein fachärztliches Gutachten fest, daß sie an krankhafter Veranlagung von Geiz litt; sie lebte in dem Wahn, ohne Vorräte zu verhungern. Das Gericht billigte ihr § 51 zu und verurteilte sie zu 8 Monaten Gefängnis nach § 1 der Kriegswirtschaftsverordnung. Den Ehemann nahm die Gestapo nach seiner Entlassung aus der Untersuchungshaft sofort in Schutzhaft. In Eingaben an die Staatsanwaltschaft sprach die Gauleitung von einem Fehlurteil, das im „Schwarzen Korps“, der SS-Zeitschrift, kritisiert werden müßte[123].

---

121 42 B Neu 7 Nr. 1126. Vgl. zu diesem Verfahren jetzt auch Wysocki, Geheime Staatspolizei, S. 296 f.

122 Vgl. hierzu B. Vögel, Entbindungsheim.

123 Von diesem Fall berichtete der Sonderrichter Ahrens im Zusammenhang seines Entnazifizierungsverfahrens, 3 Nds 92/1 Nr. 39425 (Ahrens).

Auch bei dieser Deliktgruppe beobachten wir die Verfolgungswut der Behörden und des Gerichts bis in die letzten Kriegstage hinein, auch bei Bagatellsachen. Am 13. März 1945 zerrte die Staatsanwaltschaft die 60jährige Erna K., Besitzerin eines Kolonialwarengeschäfts in Bad Harzburg, vor das Sondergericht. Sie hatte ein schweres Leben hinter sich: ihr Mann war im 1. Weltkrieg gefallen, ihre drei Kinder hatte sie allein großgezogen, das Geschäft mehr schlecht als recht allein geführt. In letzter Zeit ging der Laden nicht mehr gut, es gab Beanstandungen wegen Unsauberkeit, wegen unregelmäßiger Öffnungszeiten. Im Februar 1944 kam ihr ältester Sohn an der Front ums Leben. Das Verkaufen fiel ihr immer schwerer. Im April dieses Jahres schlossen die Behörden das Geschäft, niemand interessierte sich offensichtlich für den Warenbestand, sie selbst meldete ihn auch nicht den Behörden. Bei einer Überprüfung von Luftschutzmaßnahmen auf dem Grundstück der Ladenbesitzerin im Oktober 1944 fand die Polizei das Warenlager. Erna K. wurde verhaftet und ein Ermittlungsverfahren lief an; verschwiegen habe sie die Lebensmittel und sie damit dem „ordnungsgemäßen Verteilungsvorgang entzogen"; böswillig habe sie gehandelt, meinte der Staatsanwalt und beantragte eine Zuchthausstrafe von drei Jahren. Akribisch genau hatten die Ermittlungsbehörden die gefundenen Waren aufgelistet: jedes Pfund Mehl, jede Gemüsedose, jede Schachtel Schuhcreme, jedes Stück Seife, jede Packung Kaffee und Tee, jede Dose Gurken, jede Flasche Most, jedes Paket Waschpulver, jede Schachtel Zigaretten, jede Zahnpastatube, jeden Beutel Reis, jede Packung Nudeln, jede Tüte Bonbons, jedes Glas Marmelade. Und selbst den Wert jeder Ware in Mark und Pfennig legten sie dem Gericht vor – es gab ja sonst nichts zu tun in diesem zusammenbrechenden Land. Kurz vor Prozeßbeginn starb ihr zweiter Sohn in einem Lazarett.

Die Richter – Lerche, Ahrens, Angerstein – folgten dem Antrag des Staatsanwalts hinsichtlich des Strafmaßes nicht in voller Höhe. Das Handeln der Angeklagten, so die Begründung, erkläre sich zum Teil aus ihrem Geiz, sie gönne sich selbst nichts, alles sammle sie, „auch leere Zigarettenschachteln, abgebrannte Streichhölzer, Obstkerne, getrocknetes Laub". Sie habe aus „übertriebener Vorsorge die Belange der Allgemeinheit zurückgestellt. Ein solches Handeln ist aber böswillig, weil es aus verwerflichen Gründen geschieht". Die Richter verurteilten Erna K. zu 1 Jahr 6 Monaten Gefängnis[124].

Wir hatten unser Manuskript fast abgeschlossen, als wir durch die Lektüre eines Artikels der Landeszeitung von Anfang Dezember 1942 auf ein Sondergerichtsverfahren gegen drei tschechische Arbeiter und zwei deutsche Prostituierte aufmerksam wurden. Wir kannten dieses Verfahren weder aus den uns bekannten Aktenüberlieferungen noch aus den Registerbänden. Nach mühsamen Recherchen stellten wir fest, daß 1942 offensichtlich wegen Arbeitsüberlastung eine zweite Abteilung des Sondergerichts gebildet wurde (5 Sond), die etwa 30 Prozesse durchführte. In der Gefangenenpersonalakte der Prostituierten Käthe M. fanden wir eine Urteilsabschrift. Wir waren nach jahrelanger Beschäftigung mit ganz fürchterlichen Urteilen einiges gewohnt; bei der Lektüre dieses Urteils aber stockte uns der Atem. Von den fünf Angeklagten verurteilen die Richter Lerche, Eilers und Grimpe am 1. Dezember 1942 vier zum Tode, Käthe M. erhielt 3 Jahre Zuchthaus. Es ist dies das schlimmste Urteil des Sondergerichts Braunschweig.

Vor längerer Zeit waren der Schlachter Gottlieb Mach (23 Jahre), der Schlachter Heinrich Neveril (24 Jahre) und der Bäcker Stanislaus Piskacek (23 Jahre) zum Arbeits-

---

124 42 B Neu 7 Nr. 1139.

einsatz nach Deutschland gekommen. Sie arbeiteten bei der Firma Bethmann in Braunschweig, einer Fabrik für Fleisch-und Wurstwaren. Die beiden Schlachter entwendeten vom April 1942 bis zum 11. Oktober 1942, dem Tag ihrer Verhaftung, Fleisch-und Fettwaren aus dem Betrieb. Sie versteckten das Fleisch unter ihrer Kleidung oder warfen es auf einen LKW der Firma, der es nach draußen brachte; zuweilen versteckten sie tagsüber Fleisch im Betrieb, N. ließ sich nach Arbeitsschluß im Gebäude einschließen, erwartete dann zu einer verabredeten nächtlichen Stunde M., und beide schafften dann bei Dunkelheit – die Straßenlaternen leuchteten wegen der Verdunkelungsmaßnahmen nur schwach – das Fleisch in die Wohnung von M. Abnehmer war der Mitangeklagte P., der seinerseits die Fleisch-und Fettwaren an Prostituierte in der Bruchstraße zu überhöhten Preisen verkaufte. Insgesamt stahlen und vertrieben die Angeklagten 5½ bis 6 Zentner; wir erinnern uns an die ungleich größeren Fleischmengen der Schwarzschlachter aus Braunschweig, Wolfenbüttel und Helmstedt.

Den weitaus größten Teil der Fleischmenge nahm Hildegard P. (31 Jahre) ab. Etwas behielt sie für sich, das meiste verkaufte sie an andere Prostituierte in der Bruchstraße und führte den Erlös an P. ab. Einige Pfunde behielt auch Käthe M. (40 Jahre) für sich. Die Angeklagten waren in allen Anklagepunkten geständig, gaben jedoch die Menge der gestohlenen Waren wesentlich niedriger an.

Die Richter erkannten auf fortgesetzten Diebstahl und Hehlerei. Diese Straftaten lagen zweifellos vor. Sie sahen darüberhinaus einen Verstoß gegen die Kriegswirtschaftsverordnung und die Volksschädlingsverordnung – die Angeklagten hätten die Verdunkelungsmaßnahmen ausgenutzt und überhaupt die durch den Kriegszustand verursachten außergewöhnlichen Verhältnisse. Sicherlich, es ging hier nicht um eine Bagatelle. Aber vier mal die Todesstrafe! Die Braunschweiger Schwarzschlachter hatten die Sonderrichter zu durchschnittlich 2–3 Jahren, höchstens zu 10 Jahren Zuchthaus verurteilt. Aber in diesem Fall ging es um Ausländer und es ging um Prostituierte. Die Sonderrichter gaben sich bei der Beschreibung des Tätertyps gar keine besondere Mühe; für sie waren die Angeklagten ganz einfach Volksschädlinge: „Alle Angeklagten haben sich zu umfangreichen Schiebergeschäften übelster Art hergegeben, die jetzt im Kriege im Interesse der Aufrechterhaltung unserer Ernährungswirtschaft auf das Schärfste bekämpft werden müssen...Ein Schiebertum, wie es hier aufgetreten ist, muß im Interesse der Erringung des Sieges ausgerottet werden. Wer sich an ihm maßgeblich beteiligt, muß aus der Volksgemeinschaft ausgemerzt werden". Angesichts der Schwere der Tat könne es nicht entlastend wirken, daß die angeklagten Tschechen noch nicht vorbestraft und verhältnismäßig jung seien. „Die Angeklagte P. ist ohnehin schlecht beleumundet. Sie ist nicht nur schon mehrfach wegen Diebstahls, sondern auch schon wegen Meineides vorbestraft."

In den Akten befindet sich der Bericht des Verwaltungsinspektors des Wolfenbüttler Gefängnisses an den Oberstaatsanwalt vom 2. Dezember 1942: „Die P. hat sich in der Untersuchungshaft gut geführt. Ihre Arbeitsleistungen waren nicht zu beanstanden. Die Urteilsgründe sind mir nicht genug bekannt. Etwaige Gründe, die für einen Gnadenerweis sprechen, kenne ich nicht. Die Vorstrafen sprechen dagegen. Die P. findet ihre Todesstrafe als zu hart. Sie hatte mit einer Zuchthausstrafe gerechnet. Sie gibt zu, daß sie sich vergangen hat, bereut aber ihre Tat. Bei meinem heutigen Zellenbesuch war die P. ziemlich geknickt. Ein von ihr geschriebenes Gnadengesuch füge ich bei".

Am 29. Januar 1943 wurde Hildegard P. in Wolfenbüttel hingerichtet, die drei Männer wenige Tage später[125].

6.6 *Wehrdienstverweigerer*

Wir haben schon mehrmals auf die Rolle des Ersten Weltkriegs auch für die sondergerichtliche Rechtsprechung hingewiesen. Versagen der Heimatfront – Defaitismus, Zersetzung, Verweigerung an der Front galten als Ursache für die Niederlage 1918. Dieses Argumentationsmuster gehörte zum festen Arsenal der antidemokratischen Kräfte in der Weimarer Republik und selbstverständlich auch der Nationalsozialisten. Nie wieder sollte durch einen „Dolchstoß" ein Krieg verloren gehen.

Dementsprechend wurden im NS-Staat Vorkehrungen getroffen: vor allem mit Hilfe des Militärstrafrechts. Fahnenflucht, Kriegsdienstverweigerung und Wehrkraftzersetzung verfolgten die Kriegsgerichte mit exzessiver Verbissenheit bis in die letzten Kriegstage. Neuere Arbeiten von Manfred Messerschmidt, Wolfram Wette und Hermann Paul haben die erschreckend hohe Zahl an Todesurteilen durch die Kriegsgerichte ans Licht gebracht[126].

Auch die Sondergerichte befaßten sich mit diesen Delikten.

Für sondergerichtliche Verfahren bot vor allem die Kriegssonderstrafrechtsverordnung vom 17. August 1938 bzw. 26. August 1939 die Grundlage. Sie verfolgte jede öffentliche Aufforderung, die den „völkischen Wehrwillen zu schwächen" versuchte; z. B. das Anleiten der Soldaten zur Fahnenflucht oder zum „Untergraben der Manneszucht". Hinzu kam die Wehrpflichtentziehung. Ursprünglich gehörten die Verfahren wegen Wehrkraftzersetzung ausschließlich in die Zuständigkeit der Wehrmachtsgerichte. Zum 1. Juni 1940 gingen sie in die Zuständigkeit der allgemeinen Gerichtsbarkeit über, wobei vor allem die Sondergerichte tätig wurden. Mit zunehmender Kriegsdauer häuften sich diese Verfahren – Zeichen von nachlassenden Loyalitäten und Erosion, die von der politischen und militärischen Führung mit größter Aufmerksamkeit registriert wurden. Übrigens kamen Delikte, die vor Kriegsausbruch als Verstöße gegen das Heimtückegesetz verfolgt wurden, während des Krieges zunehmend als Verstöße gegen die Kriegssonderstrafrechtsverordnung zur Anklage, mit entsprechend höheren Strafen, in vielen Fällen der Todesstrafe.

Wir wollen im folgenden von Männern erzählen, die versuchten, sich der Wehrpflicht zu entziehen; es sind Geschichten von einfachen Menschen, die meisten von ihnen standen eher am Rande der Gesellschaft. Sie wurden von den Braunschweiger Sonderrichtern sehr unterschiedlich behandelt, wobei wir erneut den großen Spielraum beobachten, den die Richter bei der Strafzumessung hatten.

Im Frühjahr 1941 verhandelte das Sondergericht unter seinem damaligen Vorsitzenden Karl Höse an drei Terminen gegen Männer, die den Militärdienst nicht angetreten

---

125 43 A Neu 2 Nr. 209.

126 Norbert Haase/Gerhard Paul (Hg.), Die anderen Soldaten. Wehrkraftzersetzung, Gehorsamsverweigerung und Fahnenflucht im 2. Weltkrieg, Frankfurt 1989; Manfred Messerschmidt, Was damals Recht war...NS-Militär- und Strafjustiz im Vernichtungskrieg, hrsg. v. Wolfram Wette, Essen 1994; Gerhard Paul, Ungehorsame Soldaten. Dissens, Verweigerung und Widerstand deutscher Soldaten 1939–1945, St. Ingbert 1994.

hatten. Alle führten ein unstetes Leben, gingen keiner geregelten Arbeit nach, wechselten ständig den Wohnsitz, versteckten sich zuweilen. Der Einberufungsbefehl konnte ihnen nicht zugestellt werden bzw. sie behaupteten, ihn nicht erhalten zu haben. Schließlich waren sie doch aufgefallen und von der Gestapo verhaftet worden.

Das Gericht verhängte in allen drei Fällen Zuchthausstrafen von 3 bzw. 4 Jahren; viel zu hoch für unser heutiges Rechtsempfinden. Aber eigentlich war die Todesstrafe die Normalität. Die Richter sahen jedoch in den Vergehen einen minder schweren Fall. Der eine Angeklagte sei geständig und einsichtig, der andere könne gute Zeugnisse hinsichtlich seines Fleißes nachweisen und der dritte: der habe nicht aus „vaterlandsfeindlicher Gesinnung" gehandelt, sondern aus „Energielosigkeit und Angst"[127]. Eine solche Urteilsbegründung eines Sondergerichts ist ungewöhnlich und sie unterscheidet sich sehr deutlich von der gegen den 18jährigen Hilfsarbeiter Gustav Morgenstern aus Wolfenbüttel. Gustav hatte wegen kleinerer Diebstähle seit 1941 zwei Jahre im Gefängnis gesessen. Während des Gefängnisaufenthalts war er gemustert und für kriegsverwendungsfähig befunden worden. Im Februar 1943 starb seine Mutter. Nach dem Ende der Strafhaft mußte er zum Arbeitsdienst an der Ostsee, dann fand er Arbeit bei der Firma Welger in Wolfenbüttel. Im Arbeitsdienst hatte er einen Reitsattel gestohlen und in Wolfenbüttel in einem Schreibwarengeschäft 20 Postkarten. Am 18. August 1943 erhält Morgenstern die Vorladung zur Gerichtsverhandlung. Jetzt gerät er in Panik, er will ins Ausland. Mit seinem 16jährigen Bruder setzt er sich in den Zug, und sie fahren nach Regensburg; von dort mit dem Fahrrad an die Schweizer Grenze. Kurz davor verhaftet sie die Polizei. Auf dem Rücktransport nach Wolfenbüttel entwischt Morgenstern; er geht aber freiwillig zurück nach Wolfenbüttel, dort wird er verhaftet. Am 15. Dezember 1943 verurteilen ihn die Sonderrichter Ahrens, Eilers und Grimpe wegen Wehrdienstentziehung zum Tode. Seine Flucht deuten die Richter nämlich nicht als Flucht vor Strafe, sondern als bewußten Versuch, sich dem Wehrdienst zu entziehen. Ein minder schwerer Fall sei es keineswegs, denn: „sein Vorleben läßt ihn in Verbindung mit den neuen Straftaten als einen Menschen erscheinen, der trotz seiner Jugend bereits einen eingewurzelten Hang zum Verbrecher in sich trägt...Irgendein Gefühl für die Pflichten, die er als Deutscher gegenüber seinem Volke hat, geht ihm offenbar vollkommen ab. Er ist eine ausgesprochen asoziale Natur, die die volle Härte des Gesetzes treffen muß"[128].

Ähnlich erschreckend endet das Verfahren gegen den Gärtner Eduard Hasenkrug, von dem wir einleitend berichtet haben. Er hatte sich nach Ansicht des Gerichts dem Wehrdienst entzogen. Am 30. Januar 1945 verurteilte ihn das Sondergericht unter Vorsitz von Walter Lerche zum Tode.

Lerche hatte zusammen mit den Richtern Eilers und Grimpe auch den vorbestraften Arbeiter Albert L. zum Tode verurteilt. Er war ebenfalls jahrelang polizeilich nicht gemeldet, da er, so gab er in der Verhandlung an, eine Anzeige wegen Vertragsbruchs fürchtete – er hatte eine Baustelle, auf die er dienstverpflichtet war, nach wenigen Tagen verlassen. Dies sei ein vorgeschobenes Argument, meinten die Richter; ein asozialer Mensch sei er und verdiene deshalb die Todesstrafe[129].

---

[127] 42 B Neu 7 Nr. 1014, 1018, 1020.
[128] 42 B Neu 7 Nr. 1579.
[129] 42 B Neu 7 Nr. 1568.

Lag es an dem Richter? War der Sonderrichter Höse milder als der Sonderrichter Lerche? Manches spricht dafür – aber da gibt es die ganz ähnlich gelagerte Geschichte des Schuhmachers Grieb aus Braunschweig, dessen Prozeß ebenfalls Lerche führte. Auch Grieb ist nicht gemeldet, verdient seinen Unterhalt auf Märkten und Messen, zieht von einem Ort zum andern. Somit erreicht ihn kein Einberufungsbefehl, er wird auch selbst in keiner Weise aktiv. Auch hier liegt der Tatbestand der Wehrdienstentziehung vor. So sehen es auch die Sonderrichter Lerche, Ahrens und Angerstein. Aber dieses Mal nutzten sie ihren Spielraum für den Angeklagten: es sei ein minder schwerer Fall. Deshalb verurteilen sie den Schuhmacher am 5. 1. 1945 nicht zum Tode, sondern ‚nur' zu 6 Jahren Zuchthaus, obwohl Staatsanwalt Linke die Todesstrafe beantragt hatte. Ihre Begründung: „Es ist jedoch vertretbar, bei der Person des Angeklagten, dessen Existenz und Werdegang alles andere als ‚bürgerlich' anzusprechen ist, vor allem mit Rücksicht darauf, daß der Angeklagte schon seit dem Jahre 1933 ein unstetes vagabundierendes Leben gewohnt war, von einem minder schweren Fall zu sprechen". Der unstete Lebenswandel wird in diesem Fall dem Angeklagten positiv ausgelegt. Oberstaatsanwalt Hirte sieht dies ganz anders: er legt am 3. 2. 1945 Nichtigkeitsbeschwerde beim Oberreichsanwalt ein. Dieser wiederum fragt an, ob Braunschweig eine Verurteilung durch den Volksgerichtshof für geboten halte. Sollte dies der Fall sein, so werde er Nichtigkeitsbeschwerde erheben und beim Reichsgericht die Aufhebung des Urteils des Sondergerichts und Zurückweisung an den Volksgerichtshof beantragen. Glücklicherweise mahlen in diesem Verfahren die Mühlen der Justiz zu langsam: Am 27. 4. 1945 wird Grieb auf Anordnung der Militärregierung entlassen[130].

In welchem Geist die Sonderrichter bis zum Schluß Recht sprachen, zeigte ein Urteil vom 2. März 1945, das eine Witwe, Mutter von 7 Kindern, wegen Beihilfe zur Fahnenflucht für ein Jahr ins Gefängnis schickte. Ihr ältester Sohn hatte sich Ende Oktober 1944 unerlaubt von der Truppe entfernt und war mehrmals bei ihr aufgetaucht. Anfang Dezember ist er wieder bei seiner Mutter, wo er von einem Spitzel der Gestapo entdeckt und denunziert wird. Der Sohn wird verhaftet, dem Militärgericht überstellt, das ihn am 27. Januar 1945 zum Tode verurteilt. Mit dem Sohn wird am 17. Dezember 1944 auch die Mutter verhaftet und am 2. März wegen Beihilfe zur Fahnenflucht von den Sonderrichtern Lerche, Ahrens und Angerstein zu einem Jahr Gefängnis verurteilt. Empört zeigten sich die Richter über das Verhalten der Mutter, eine empfindliche Strafe verdiene die Frau, „da auch von einer deutschen Mutter verlangt werden muß, daß sie von dem schändlichsten Verbrechen, das ein Soldat im Krieg begehen kann, die Fahnenflucht vor dem Feind, so entschieden wie nur möglich abrückt. Das gilt um so mehr in einer Zeit wie der jetzigen, in der das deutsche Volk im schwersten Schicksalkampf aller Zeiten steht und um seine nackte Existenz kämpft"[131]. Ein Blick aus dem Fenster des Gerichtssaales auf die völlig zerstörte Braunschweiger Innenstadt hätte die Sonderrichter zur Besinnung bringen müssen. Stattdessen folgten sie bis zuletzt den Durchhalteparolen der NS-Machthaber.

---

[130] 42 B Neu 7 Nr. 1106.
[131] 42 B Neu 7 Nr. 1189.

6.7 Zwangsarbeiter und Kriegsgefangene vor dem Sondergericht

Im Verlaufe des Krieges wurden polnische, französische, niederländische, belgische, italienische, ukrainische und russische Arbeiterinnen und Arbeiter vor dem Braunschweiger Sondergericht angeklagt. Sie waren Kriegsgefangene oder als Zivilpersonen zwangsweise nach Deutschland verschleppt worden. Manche waren auch von Außenstellen der Arbeitsämter in Italien, in der Tschechoslowakei und seit dem September 1939 im besetzten Ausland angeworben worden und freiwillig meist wegen versprochener günstiger Arbeits- und Lebensbedingungen zur Arbeit nach Deutschland gekommen. Andere hatten zu Hause Straftaten begangen und man bot ihnen an, die Strafe in Deutschland abzuarbeiten[132].

Im Jahr 1943 meldeten die Arbeitsämter Salzgitter, Braunschweig und Helmstedt insgesamt 82.886 ausländische Arbeiterinnen und Arbeiter aus insgesamt 24 Nationen[133]. Sie waren vor allem in den Hermann Göring-Werken in Salzgitter, in fast jedem Rüstungsbetrieb des Landes, in der Konservenindustrie und in der Landwirtschaft eingesetzt. Im Salzgittergebiet wohnten sie in beengten Massenunterkünften in über fünfzig Lagern; in der Stadt Braunschweig in kleinen und großen Wohnlagern in der Nähe ihrer Arbeitsstätte oder mehrere Kilometer entfernt, so daß morgens und abends lange Fußmärsche durch die Stadt notwendig waren. Auf dem Lande dagegen war die Zusammenfassung in Lagern nicht durchführbar. Dort wohnten die Gefangenen entweder in Sammelquartieren, in sog. "Kasernen" zu Gruppen mitten in den Dörfern oder auf den Höfen. Der Kommandant Teschner schrieb an die Landräte im Land Braunschweig Anfang 1940 warnend, die Kriegsgefangenen würden in der Landwirtschaft wie Familienangehörige behandelt. „Sie sitzen mit am gemeinsamen Mittagstisch, werden z. T. auf Fahrten mitgenommen und sind so Zeugen der vertrauensvollsten Unterhaltung." Er fürchtete um die „Reinerhaltung des deutschen Blutes", denn aus Tischgemeinschaft könne zu schnell eine Bettgemeinschaft werden. Im Unterschied zur Verpflegung auf dem Lande wurde in den Lagern über miserables Essen allgemein geklagt. Hin und wieder glaubten deutsche Behörden aber auch warnend darauf hinweisen zu müssen, daß ausländische Arbeitskräfte durch die Zulage als Schwer- oder Schwerstarbeiter besser gestellt würden als Normalverbraucher in der deutschen Bevölkerung[134]. Die Bandbreite der Lebensumstände und Lebensformen in der Stadt und auf Lande war groß.

Die außerordentliche Veränderung der Bevölkerungsstruktur machte sich auch in der Justiz bemerkbar. Wir konnten in unserem statistischen Überblick den von Jahr zu Jahr steigenden Anteil der Fremdarbeiter an den Beschuldigten und Angeklagten feststellen, von 22 % im Jahr 1940 auf 36 % im Jahr 1944. In seinem Lagebericht schrieb der hiesige Generalstaatsanwalt im Herbst 1940, daß z. B. von elf Insassen im Gerichtsgefängnis Salder acht Ausländer aus Polen, der Tschechoslowakei und Holland seien. Im selben

---

[132] Vgl. allgemein: Herbert, Fremdarbeiter. Für die Braunschweiger Region u. a. Wysocki, Zwangsarbeit; ders., Arbeit; Siegfried, Rüstungsproduktion; ders., Das Leben; Pischke, Europa; Liedke, Gesichter der Zwangsarbeit; Jerzy Drewnowski, „Jene schöne Zeit auf dem deutschen Bauernhof". Erinnerungen polnischer Zeitzeugen an ihre Zwangsarbeit in der Region Wolfenbüttel (1939–1945), in: Braunschweigisches Jahrbuch, Jg. 1988, S. 217–229.

[133] ‚Der Arbeitseinsatz im Gau Süd Südhannover-Braunschweig', Jg. 1944, Nr. 5, 6, 7, in: 12 Neu 18 Nr. 782.

[134] Lagebericht des Generalstaatsanwalts vom 26. 5. 1943, BA, R 22/3357.

Jahr sei jeder sechste Insasse der Untersuchungshaftanstalt Braunschweig Ausländer gewesen, die sich auf 17 verschiedene Nationalitäten verteilt hätten[135].

Es seien die kleinen Straftaten des Alltags wie Tauschhandel, verbotenes Glückspiel, Diebstahl, Einbruch, Arbeitsverweigerurng und menschlicher Umgang mit der deutschen Bevölkerung, die „besonders auffällig in Erscheinung" träten, klagt der Generalstaatsanwalt Rahmel und stöhnt unter der gesteigerten Arbeitslast der Strafverfolgungsbehörden[136].

Von den 92 vom Sondergericht Braunschweig zum Tode Verurteilten waren 46 Ausländer, die meisten Zwangsarbeiter und Kriegsgefangene.

Wir berichten von einigen Sondergerichtsverfahren, die, zusammengenommen, ein anschauliches Bild von der Behandlung der Zwangsarbeiter durch das Braunschweiger Sondergericht ergeben. Wir ordnen die Geschichten nach den Herkunftsländern der Angeklagten und fragen, ob sich auch vor Gericht die bei der alltäglichen Behandlung der Zwangsarbeiter zu beobachtende Hierarchie des Rassismus feststellen läßt; ob also die Arbeiter aus dem Westen mit milderen Urteilen rechnen konnten als die aus dem Osten.

6.7.1 Polen und sowjetrussische Zwangsarbeiter vor dem Sondergericht

Polnische Kriegsgefangene und polnische Zwangsarbeiter stellten die größte ausländische Gruppe vor dem Sondergericht in Braunschweig. Nach dem neuesten Forschungsstand waren während der Zeit des zweiten Weltkrieges in Deutschland und den besetzten Gebieten für längere oder kürzere Zeit insgesamt 2 826 000 Polen zur Arbeit eingesetzt. 95 % von ihnen wurden in ihrer Heimat zu dieser Arbeit zusammengezogen, eingefangen, verschleppt und an einen Arbeitsplatz nach Deutschland deportiert[137]. Die Lebensbedingungen waren in der Regel unwürdig und unannehmbar. Unter falschen Versprechungen von Arbeit, Brot und Lohn waren einige sogar freiwillig nach Deutschland zur Arbeit gekommen und wurden schwer enttäuscht. Allerdings gab es auch wenige Ausnahmen, bei denen sich das Verhältnis der deutschen Bevölkerung zu den polnischen Arbeitern erträglich gestaltete, und zwar besonders dort, wo schon vor dem Krieg polnische Saisonarbeiter wie z. B. in der Zuckerrübenernte oder in Ziegeleibetrieben den gewohnten Alltag bestimmten.

Aus den gründlichen Arbeiten von Bernhild Vögel, Gerd Wysocki und der vor kurzem erschienenen umfassenden Untersuchung über die polnischen Zwangsarbeiter in der Stadt Braunschweig von Karl Liedke[138] läßt sich folgendes Bild gewinnen:

Im Land Braunschweig gab es Tausende von polnischen Arbeitern und Arbeiterinnen in der Landwirtschaft und in der Industrie. In der Stadt Braunschweig waren sie in etwa 25 größeren und vielen kleinen Lagern untergebracht, meist in der Nähe der Betriebe, für die sie arbeiteten: Büssing, MIAG, Schmalbach, Vigawerke, Bremer und Brückmann, Wilkewerke, BMA, Schubertwerke, Jute- und Flachsindustrie, Voigtländer, Baufirma Weiß, Reichsbahn, und der Konservenfabriken Meinecke, Daubert, Querner, Lampe.

---

135 Lageberichte vom 26. 9. 1940 und 30. 7. 1941, ebd.

136 Lagebericht vom 2. 2. 1943, ebd.

137 Czeslaw Luczak, Polnische Arbeiter im nationalsozialistischen Deutschland, in: Herbert, Europa, S. 90 ff. Liedke, Gesichter der Zwangsarbeit.

138 Vögel, Entbindungsheim; Wysocki, Zwangsarbeit; ders., Arbeit; Liedke, Gesichter der Zwangsarbeit.

Die Gesamtstärke der einzelnen Lager schwankte zwischen 100 und 1 500 Arbeitern und Arbeiterinnen unterschiedlicher Nationalität. Der größte Teil der in der Industrie beschäftigten Polen wohnte in überbelegten Wohnbaracken im Bereich der Hermann Göring-Werke, verteilt über das gesamte Salzgittergebiet. Am 31. Dezember 1943 meldete das Gauarbeitsamt für den Bereich des Arbeitsamtes Braunschweig 8 486 Polen, des Arbeitsamtes Salzgitter 7 986 Polen und des Arbeitsamtes Helmstedt 3 692 Polen, insgesamt also 20 064 polnische Arbeiter und Arbeiterinnen. Über den Anteil der polnischen Zivilarbeiter in anderen Lagern, z. B. in Wolfenbüttel, Marienthal und im Lager Alversdorf bei den Braunschweigischen Kohlenbergwerken ist leider wenig erforscht.

Die ersten Fälle vor dem Braunschweiger Sondergerichte waren Bagatellen. Polnische Kriegsgefangene äußerten unvorsichtig ihre Hoffnung auf eine baldige Rückkehr in die Heimat. Wenn das Getreide hoch sei, werde er seinen Arbeitsplatz verlassen und nach der Auferstehung Polens die deutschen Truppen beschießen, sagt der 19jährige Bauhilfsarbeiter Zdislaw Milczarek im Wohnlager Salzgitter zu seinen Kollegen. Zdislaw wurde am 22. Februar 1940 festgenommen und am 3. April 1940 auf Antrag des Staatsanwaltes auf Grund eines Geständnisses wegen „grobem Unfug“ zu 6 Monaten Haft verurteilt, wobei die 5 wöchige U-Haft angerechnet wurde[139].

Eine ähnliche Äußerung bringt dem Polen Bruno Bartkowski, der sich freiweillig nach Deutschland zur Arbeit gemeldet hatte und ins Polenlager Marienthal, nördlich von Helmstedt, gekommen war, wo sich Anfang 1940 100 Polen befanden, eine Anzeige des Lagerleiters ein. Polen werde doch wieder aufstehen, wenn das deutsche Reich durch England und Frankreich geschlagen sei. Aber es gibt kein Geständnis und alle aufgebotenen Zeugen haben nichts gehört. Der Staatsanwalt stellt daher die Ermittlungen ein[140].

Auf der Reichsstraße in Wolfenbüttel trafen sich zur mitternächtlichen Stunde Jan Zeleszkiewicz, der im Reichsbahnlager Halchterschestraße arbeitete und Franz M. Beide waren angeheitert. Der Pole Jan hatte seinen Mantelkragen mit dem „P“ hochgeschlagen. Er beschwerte sich über schlechte Kost, schwere Arbeit und miserablen Stundenlohn von 62 Pfennigen. „Wenn es durch die Engländer nicht glückt, haben wir ja im Osten noch jemand, Stalin wird dann mit Deutschland fertig werden“, sagte Jan hellsichtig. Franz schleppte Jan umgehend auf die Wache; er wurde der Gestapo zugeführt, dachte aber nicht daran, zu gestehen. Staatsanwalt Lüders stellte das Verfahren ein, schrieb aber am 2. 9. 1940 an die Gestapo, man möge erwägen, Schutzhaft zu verhängen. Vier Wochen saß nun Jan bis zum Oktober 1940 im „Polizeigewahrsam Sonderlager Watenstedt“[141].

Zu Kriegsbeginn scheint es innerhalb der Justiz noch erhebliche Unsicherheiten über die Beurteilung von Straftaten durch Ausländer zu geben. Das wird besonders anschaulich an dem Fall von Johann: Johann gehörte zu den polnischen Landarbeitern im polnischen Gemeinschaftslager auf einem Büddenstedter Hof. Er wurde angezeigt, weil er gesagt haben soll: „Kameraden, vereinigt euch, nur durch die rote Fahne kommt ihr zum Siege.“ Es fehlte ein Geständnis. Die Anklage lautete auf Hochverrat und ging am 19. Januar 1940 an den Volksgerichtshof. Der Oberreichsanwalt hingegen wies schon 14 Tage später das Verfahren zurück. Es wäre nicht nachzuweisen, daß Johann für den Umsturz in Deutschland habe werben wollen. Nun verhandelte das Amtsgericht Braun-

139 42 B Neu 7 Nr. 805.
140 42 B Neu 7 Nr. 786.
141 42 B Neu 7 Nr. 857.

schweig wegen grobem Unfug und verurteilte Johann zu sechs Wochen Haft, von denen vier bereits in Untersuchungshaft abgesessen waren. Die Staatsanwaltschaft hatte das Delikt offenbar überschätzt. Warum dann dieser Fall nicht mehr vor dem Sondergericht, sondern vor dem Amtsgericht Braunschweig verhandelt worden ist, bleibt unklar[142].

Sehr viel empfindlicher fielen schon im Januar 1940 dagegen die Strafen bei unerlaubten Kontakten zwischen der deutschen Bevölkerung und polnischen Kriegsgefangenen aus.

Auf den Dörfern mit der ausgeprägten sozialen Kontrolle wurden Kontakte „mit dem Feind" zusätzlich von der Bevölkerung und den neuen Dorfeliten geächtet. Besonders rigoros verfolgt und hart bestraft wurden sexuelle Kontakte zwischen Polen und Deutschen. Über das schreckliche Ende einer solchen Beziehung im Landkreis Helmstedt haben wir schon erzählt[143].

Einen auffällig anderen Ausgang nahm das Verfahren gegen zwei Frauen, Liesbeth B. und Irma E., denen die Staatsanwaltschaft verbotenen Umgang mit Kriegsgefangenen vorwarf. Liesbeth B. habe im Stall der Irma E. polnische Kriegsgefangene umarmt, geküßt und mit ihnen verkehrt. „Ehrlos und treulos hat sie Umgang mit dem Feinde gehabt und dadurch das gesunde Volksempfinden gröblich verletzt. Statt zu warnen hat Irma E. auf jede Art und Weise dieses artvergessene Tun der B. gefördert und daran selbst noch Gefallen gefunden. Ihr Verhalten spricht dem gesunden Volksempfinden Hohn". B. war im vollen Umfang geständig, aber das Sondergericht unter Höse, Grotrian und Steinmeyer stellte das Verfahren auf Beschluß vom 29. 2. 1940 ein[144].

Wieder einmal zeigt sich der große Spielraum, den die Sonderrichter bei ihren Entscheidungen hatten, zugleich aber spiegeln beide sehr unterschiedlichen Urteile die Unsicherheit der Braunschweiger Sonderrichter bei der Bewertung von Straftaten polnischer Staatsangehöriger. Es fehlte offenbar an offiziellen Regelungen.

Ein ganzes Bündel von Erlassen erschien nun im März 1940, wonach jeder Pole sich „mit einem stets sichtbar auf der rechten Brustseite eines jeden Kleidungsstückes" zu tragenden „P" zu erkennen geben mußte, jeder gesellige Verkehr in Kino, Kneipen und Kirchen untersagt, die Benutzung von Eisenbahn und Straßenbahn nur mit polizeilicher Erlaubnis möglich und das Verlassen des Aufenthaltsortes streng verboten war[145]. Wer sich einem deutschen Mann oder einer deutschen Frau „unsittlich nähert", wurde mit dem Tode bestraft. Polnische Arbeiter erhielten ein dementsprechendes Merkblatt, dessen Punkt 9 die zynische Behauptung enthielt: „Jeder polnische Arbeiter und jede polnische Arbeiterin hat sich stets vor Augen zu halten, daß sie freiwillig zur Arbeit nach Deutschland gekommen sind." Arbeitsunlust und offener Widerständigkeit sollte mit schärfsten staatspolizeiliche Maßnahmen entgegnet werden, „um den Polen klarzumachen, daß sie lediglich zur Arbeitsleistung nach Deutschland gekommen sind". Im Juni 1940 einigten sich der Reichsarbeitsminister Seldte und der Chef der Sicherheitspolizei Heydrich, bei besonders schweren Fällen von Arbeitsverweigerung der Staatspolizeistelle die Möglichkeit zu geben, eine Verwarnung oder eine bis zu 21 Tage dauernde „Schutzhaft" aussprechen zu können. Der Reichsführer der SS, Himmler, bekräftigte die Regelung einer Par-

142 42 B Neu 7 Nr. 970.
143 Vgl. S. 30 und 149.
144 BA, R 22/Nr. 3454.
145 Hierzu ausführlich Herbert, Fremdarbeiter S. 76 ff.

teijustiz in einem Runderlaß über die Behandlung polnischer Arbeiter vom 3. 9. 1940. Das Ziel aller dieser Erlasse war die offenkundige Herabsetzung und schließliche Ausbeutung aller polnischer Bürger als billigste Arbeitskräfte. Der Wahn vom deutschen Herrenmenschen sollte über die angeblich niedrigere Kulturstufe der slawischen Völker triumphieren.

Zur Disziplinierung der arbeitsunwilligen Polen wurden reichsweit sogenannte „Arbeitserziehungslager“ errichtet. Im Lande Braunschweig wurde im Mai 1940 im Industriegebiet Salzgitter das berüchtigte und später landesweit bekannte „Lager 21“, eine Art Konzentrationslager gebaut. In diesem Barackenlager gab es eine besondere Baracke für Polen und Ostarbeiter. Insbesondere „polnische Arbeitsunlustige“ wurden auf einige Wochen eingewiesen und zu „harter Arbeit angehalten“, schrieb der Erste Staatsanwalt Hirte in seinem Lagebericht vom 26. 3. 1941 und rühmte zynisch die Arbeitsleistung der Häftlinge. Bei der Schlackenverwertung aus den Hochöfen würde 30 v. H. mehr geleistet als bei der Akkordarbeit[146]. Das Lager 21 unterstand direkt der Gestapoleitung in Braunschweig. Mit diesem Lager betrieb sie abseits der ordentlichen Gerichtsbarkeit ein Bestrafungsinstrument, das von einigen Tagen Haft bis zur Vollstreckung der Todesstrafe durch Erhängen, der sog. „Sonderbehandlung“, reichte[147].

Diese bereits unmenschliche Lage der polnischen Zwangsarbeiter und Kriegsgefangenen verschärfte sich noch erheblich mit der Dauer des Krieges und der sich abzeichnenden veränderten Frontlage. Am 4. Dezember 1941 erließ der Ministerrat für die Reichsverteidigung die „Verordnung über die Strafrechtspflege gegen Polen und Juden in den eingegliederten Ostgebieten“[148]. Sie galt zunächst für das von der deutschen Wehrmacht besetzte polnische Gebiet. Darin wurde Polen und Juden die Todesstrafe angedroht, wenn sie eine Gewalttat gegen Deutsche begingen, eine deutschfeindliche Gesinnung bekundeten, Einrichtungen deutscher Behörden beschädigten oder eine Tat begingen, „die gemäß dem Grundgedanken eines deutschen Strafgesetzes nach den in den eingegliederten Ostgebieten bestehenden Staatsnotwendigkeiten Strafe verdient“. Außer der Todesstrafe waren Geldstrafen, Vermögenseinziehung und Straflager von 3 Monaten bis zu zehn Jahren möglich. Das Verfahren konnte vor dem Sondergericht oder dem Amtsgericht stattfinden.

Das „Polenstrafrecht“ liest sich wie ein Besatzungsrecht, mit dem eine verunsicherte deutsche Besatzung sich vor Anschlägen aus der besetzten Bevölkerung zu schützen sucht. Diese juristische Form ist zu diesem Zeitpunkt merkwürdig, weil die Besatzer schon längst ohne Recht und Gesetz massiv und verbrecherisch ohne juristische Skrupel gegen die polnische Bevölkerung vorgegangen sind, Hunderttausende der Freiheit beraubt und ins Reich geschickt und im Weigerungsfall Häuser angezündet oder ihre Bewohner getötet haben.

Die Polenstrafrechtsverordnung führte ein Sonderrecht „gegen“ die Polen ein. Als Besatzungsrecht zielte es, einem Kommentar von Roland Freisler zufolge, auf die „Niederhaltung der Polen, das Erzwingen ihrer Gefügigkeit“: der Pole galt nach nationalsozialistischer Auffassung wesensmäßig als asozial und kriminell, andersartig und minderwertig und wurde in die natürliche Nähe eines Verbrechers gerückt. Wegen der angeblich

---

146 Lagebericht vom 26. 3. 1941, BA, R 22/3357.
147 Ausführlich zum Lager 21 Wysocki, Zwangsarbeit.
148 Rgbl. 1941, S. 759.

wesensmäßigen polnischen Andersartigkeit sei der Pole zu Treue gar nicht fähig, jedoch einer Gehorsamspflicht gegenüber dem deutschen Herrenvolk unterworfen. Wegen der angeblichen Verbrechen zu Beginn des Krieges im September 1939 treffe das Polentum außerdem eine Kollektivschuld, die es nun zu besonderem, gesteigertem Wohlverhalten gegenüber den Deutschen verpflichte[149]. Von dem solches „Recht" anwendenden Richter wurde erwartet, daß er politisch geschult und „instinktsicherer Nationalsozialist" war, „der ein Organ hat für die großen politischen Ziele der Bewegung"[150].

Es hat in juristischen Kreisen offenbar keinen Aufschrei gegeben, daß dieses Besatzungsrecht auch in die Strafrechtspflege im Altreich eingeführt wurde, denn nach Art. XIV galt das Polenstrafrecht auch für die im Reich lebenden und arbeitenden Polen. Die Absicht des Polenstrafrechtes war nicht, ein weiteres Instrument zur Vernichtung der polnischen Bevölkerung zu haben. Solche Instrumente gab es bereits zur Genüge und sie wurden auch genügend angewendet. Mit Hilfe von Gerichtsverfahren sollte der Schein des Rechtes gewahrt bleiben. In der Öffentlichkeit konnte man auf Gerichtsurteile verweisen und andere Ausrottungsmaßnahmen bestreiten. Außerdem ging es darum, neben den SS-Spezialtruppen eine weitere Berufsgruppe, und nunmehr aus dem angesehenen bürgerlichen Bereich der Juristen, in die völkische Vernichtungsstrategie professionell einzubeziehen.

Nach dem Kriege haben Braunschweiger Sonderrichter immer wieder hervorgehoben, wieviel Todesurteile sie während ihrer Zeit am Sondergericht abgewendet hätten. Aber allein die Anwendung des Polenstrafrechtes „stempelt sie", um einmal in Vokabular der nazistischen Juristen zu bleiben, zu klassischen, überzeugten, politischen „Juristen der Bewegung".

Wir haben schon darauf verwiesen, daß es 1942/43 in der Frage der Strafverfolgung von Ausländern zu einem heftigen Konkurrenzkampf zwischen Justiz und SS kam[151]. Der im Sommer 1942 neu ins Amt gekommene Reichsjustizminister Thierack überließ die Strafverfolgung von Juden, Polen, Zigeunern, Russen und Ukrainern zunehmend der Polizei[152]. Doch die Justiz schied keineswegs völlig aus der Strafverfolgung dieser Gruppen aus. Ein Erlaß vom 30. 6. 1943 wies der Justiz die Fälle zu, „in denen aus stimmungspolitischen Gründen eine gerichtliche Aburteilung wünschenswert erscheint und durch vorherige Fühlungnahme sichergestellt ist, daß das Gericht die Todesstrafe verhängen wird"[153].

---

149 Werle, Justiz-Strafrecht, S. 359 ff. unter Auswertung zahlreicher Abhandlungen Freislers und anderer NS-Juristen.

150 Curt Rothenberger, Der deutsche Richter, 1942, zit. nach Werle, Justiz-Strafrecht, S. 393.

151 Vgl. S. 30.

152 Thierack schrieb am 13. 10. 1942 an Bormann, den Leiter der Kanzlei des Führers: „Unter dem Gedanken der Freimachung des deutschen Volkskörpers von Polen, Russen, Juden und Zigeunern...beabsichtige ich, die Strafverfolgung gegen Polen, Russen, Juden und Zigeunern dem Reichsführer SS zu überlassen. Ich gehe hierbei davon aus, daß die Justiz nur in kleinem Umfang dazu beitragen kann, Angehörige dieses Volkstums auszurotten. Zweifellos fällt die Justiz jetzt schon harte Urteile gegen solche Personen, aber das reicht nicht aus, um wesentlich zur Durchführung des oben angeführten Gedankens beizutragen. Es hat auch keinen Sinn, solche Personen Jahre hindurch in deutschen Gefängnissen und Zuchthäusern zu konservieren, selbst dann nicht, wenn, wie das heute weitgehend geschieht, ihre Arbeitskraft für Kriegszwecke ausgenutzt wird". Das Schreiben ist abgedruckt bei Herbert, Fremdarbeiter, S. 244 f. Vgl. hierzu auch Werle, Justiz-Strafrecht, S. 397 ff. und S. 615 ff.

153 Der Erlaß ist abgedruckt bei Werle, Justiz-Strafrecht, S. 615 f.

Nach dem Polenstrafrecht wurden zahlreiche polnische Zivilarbeiter vom Braunschweiger Sondergericht abgeurteilt. In den meisten Fällen wurde es zusammen mit anderen Delikten angewandt, z. B. der Volksschädlingsverordnung, der Kriegswirtschaftsverordnung, dem Heimtückegesetz.

Der Monteur Adam Planskowski legte aus Protest seinem Blockführer keine Bescheinigung über die geleistete Nachtarbeit vor. Der Blockführer solle die sich selber holen. Es kommt zum Wortgefecht und Adam sagt in seiner Wut, das Morden und Verfolgen durch die Deutschen sei jetzt genug. Es sei ihm gleich, was man mit ihm mache und wenn man ihn heute noch aufhänge. Der Blockführer solle die Quälerei lassen. Das Sondergericht unter Lerche, Seggelke und Grimpe verhängte über Adam P. unter Anwendung der Polenstrafrechtsverordnung am 9. Juni 1942 drei Jahre verschärftes Straflager wegen des „gehässigen Charakters des Angeklagten"[154].

Die Einweisung in das Straflager hätte auch durch die SS erfolgen können. Die umständlichere Prozedur der Verfolgung polnischer Arbeiter durch das Sondergericht in Braunschweig statt direkt durch die Terrormaßnahmen der SS und Gestapo vor Ort hatte den Sinn, das bereits vorhandene Terrorinstrumentarium durch das ansehnlichere eines deutschen Gerichtes zu vermehren.

Während 1940 prahlerische Sprüche von Polen noch übergangen wurden, wurden sie in der Zeit nach der Niederlage von Stalingrad bereits mit dem Tode geahndet.

Mit 25 Jahren war Stefan Serwien in deutsche Kriegsgefangenschaft geraten und arbeitete bereits zwei Jahre beim Bauern Jakobs in Kneitlingen. Er kennt die Arbeit auf dem Lande vom väterlichen Hof zu Hause in Polen. In Kneitlingen arbeiten noch andere ausländische Arbeiter, Polen und Slowaken, die sich untereinander unterhalten, sich dabei erregen und überbieten. Die Deutschen seien „germanische Totenköpfe", meint Stefan, und wenn er Bomben werfen könne, würde er das ohne weiteres tun. Am liebsten würde er alle Häuser in Kneitlingen anstecken, und im übrigen seien in zwei Monaten die Russen hier und dann brauchten sie nicht mehr zu arbeiten. Es ist Anfang Februar 1943, und die Nachricht von der Niederlage bei Stalingrad hat auch die polnischen Arbeiter erreicht. Stefan wird vom slowakischen Arbeiter Z. angezeigt, am 2. Februar festgenommen, am 10. März 1943 vom Sondergericht unter Lerche, Eilers, Grimpe zum Tode verurteilt. „Kennzeichnend ist in dieser Beziehung, daß vorübergehende militärische Mißerfolge an der Ostfront vom Angeklagten sogleich als Zeichen einer endgültigen Niederlage gedeutet werden und er der Hoffnung Ausdruck gab, daß die Polen in Deutschland bald nicht mehr zu arbeiten brauchen". Um „jede revolutionäre Regung der Polen im Keime zu ersticken", müsse mit der ganzen Schärfe des Gesetzes vorgegangen werden. Bauer Jakobs hatte vor Gericht ausgesagt, er sei mit den Arbeitsleistungen von Stefan im allgemeinen zufrieden. Stefan bestreitet die Angaben des Slowaken, der erstaunlicherweise vereidigt wird. Gesetzliche Grundlage dieses Urteils ist das Polenstrafrecht „Eine solche Betätigung einer deutschfeindlichen Gesinnung wird grundsätzlich mit dem Tode bestraft", schreiben die Richter ins Urteil. Am 6. April 1943 wurde Stefan Serwien in Wolfenbüttel hingerichtet[155]. Das Todesurteil, dem ja nichts anderes als Geschwätz in Erregung zu Grunde, war im Verhältnis zu dem Urteil gegen den Zdislaw M. vom 3. 4. 1940, der sich ähnlich patriotisch und abfällig geäußert hatte, von maßloser Härte.

---

[154] 42 B Neu 7 Nr. 1066.
[155] 42 B Neu 7 Nr. 1582.

Mit dem Jahre 1942 vermehrten sich die Todesurteile gegen Polen auffällig: in der Konservenfabrik W. L. Ahrens in Braunschweig arbeiteten im Sommer 1942 insgesamt 85 Personen, 20 russische Arbeiterinnen und 20 polnische Arbeiter und Arbeiterinnen, darunter der 58jährige Wladislav Pawlaczyk. Mit 20 Jahren hatte er 1906 geheiratet, aber seine Frau nach neunjähriger Ehe verloren. Er heiratete ein zweites Mal, seine drei Kinder aus dieser Ehe sind tot. Zuletzt arbeitete er in Lodz, damals Litzmannstadt, als Meister in einer Spinnerei. Seit Juni 1940 ist er in Braunschweig. Ab Mai 1942 kommen neue russische Arbeiterinnen in die Fabrik Ahrens. Es gibt zwischen ihnen Streit am Arbeitsplatz. Sie sollten nicht so schnell arbeiten, sagt Wladislaw zu den Arbeiterinnen. Sie streiten sich auch in der Wohnbaracke. Wladislav weigert sich, für die Frauen Besorgungen zu erledigen. Drei von ihnen zeigen Wladislav nun wegen deutschfeindlicher Äußerungen bei der Gestapo an. Die Polen würden es den Deutschen noch zeigen, habe er gesagt, er und seine Landsleute seien zur Arbeit in Deutschland gezwungen worden, und er sei ein großer Deutschenhasser. Am 24. Juli 1942 kommt es zur Verhandlung und wegen dieser wenigen Äußerungen, die Pawlaczyk auch bestreitet, während die drei Russinen sie vor dem Sondergericht bezeugen, verurteilen Kalweit, Seggelke und Grimpe den Polen nach dem Polenstrafrecht wegen deutschfeindlicher, hetzerischer Betätigung zum Tode. „Wenn auch der Angeklagte im früheren Polen und seit seinem zweijährigen Aufenthalt in Deutschland sich straffrei geführt hat, so konnte das Gericht einen minder schweren Fall im Sinne der genannten Verordnung nicht annehmen. Wenn der Angeklagte in Deutschland Arbeit gefunden hat, so ist er zur ordnungsgemäßigen Erledigung der Arbeit verpflichtet. Wenn er nun schon langsam arbeitet und die neu eintretenden russischen Arbeiterinnen als unerwünschte Eindringlinge betrachtet, weil diese ordentlich arbeiten, so kann es unmöglich geduldet werden, daß er diese zu langsamer Arbeit anstiften will. Dieses Verhalten kommt einer Sabotage gleich und wiegt um so schwerer, weil der Angeklagte weiß, daß die Firma Ahrens fast ausschließlich für die Wehrmacht arbeitet. Dazu kommen die von dem Angeklagten im übrigen getanenen hetzerischen und aufreizenden Äußerungen. Ein Pole, der in dieser Weise den Arbeitsfrieden stört, begeht nach Überzeugung des Gerichts ein so schweres Verbrechen, daß für die Annahme eines minder schweren Falles kein Raum ist. Der Angeklagte war daher zum Tode zu verurteilen". Wladislav Pawlaczyk wurde am 1. 9. 1942, dem beziehungsreichen Datum des deutschen Überfalls auf Polen, in Wolfenbüttel hingerichtet[156].

Kriegsgefangene Polen wurden nach Ablauf einer gewissen Zeit aus dem Gefangenenlager entlassen und als Zivilarbeiter beschäftigt, so auch Johann Bwozd, der 1939 als polnischer Kriegsgefangener nach Süpplingen verbracht worden war und 1941 als Zivilarbeiter entlassen wurde. Im Sommer 1941 und 1942 stieg er wiederholt in Süpplinger Häuser ein und stahl aus dem Kaufmannsladen Schuhcreme, Schokolade, Briefpapier, Rum, von einem Landwirt Silbersachen und beim Bäckermeister eine Herrenuhr, Brotmarken und Geld. Er wurde ertappt, konnte aus der Haft für kurze Zeit entkommen. Am 4. Dezember 1942 wurde er von Lerche, Eilers und Grimpe als „gefährlicher Bursche" eingestuft, der als „Verdunkelungsverbrecher" nach § 2 der Volksschädlingsverordnung aus „Abschreckungsgründen die härteste Strafe" verdient habe. „Der Angeklagte hatte als ehemaliger polnischer Kriegsgefangener die Veranlassung, sich gesetzesmäßig zu betragen und dafür dankbar zu sein, daß er Arbeit und einkömmlichen Verdienst hatte".

---

[156] 42 B Neu 7 Nr. 1545.

Das Gericht bot die bestohlenen Bürger als Zeugen auf und auch die polnische Arbeiterin Cz. Das Gericht verhängte die Todesstrafe, obwohl der Angeklagte verhältnismäßig jung und noch nicht vorbestraft war. Am 20. Januar 1943 wurde Johann B. hingerichtet[157].

Die größte Ansammlung von polnischen Arbeitern hatte das Rüstungsgebiet der Hermann Göring-Werke zu verzeichnen. Dort war die Spannung zwischen Deutschen und Polen, aber auch innerhalb der Polen besonders groß.

Im Lager 22 kam es am Sonntag, dem 19. Juli 1942, unter dem Einfluß von mehreren Flaschen italienischem Rotwein zu einer Schlägerei, bei deren Ende ein Pole mit Stichwunden an der Halsschlagader tot aufgefunden wurde. Der 26jährige polnische Arbeiter Boleslav Czys, der seit 1940 in Watenstedt arbeitet, wird als „Typ des Gewaltverbrechers“ von Lerche, Eilers und Seggelke nach der Verordnung betr. Gewaltverbrecher vom 5. 12. 1939 und nach dem Polenstrafrecht zum Tode verurteilt. Das Sondergericht weist zwar die Anklage, die auf Mord und gefährliche Körperverletzung lautete, zurück, denn der Angeklagte bestreitet die Absicht, aber sie erkennt auf „Körperverletzung mit tödlichem Ausgang“.

Ein Verteidiger hätte hier möglicherweise noch einen Ausweg zu einer hohen Zuchthausstrafe gefunden, zumal der Angeklagte betrunken gewesen war. Aber alle polnischen Angeklagten haben keinen deutschen Verteidiger erhalten[158].

Ein weiteres Lager mit zahlreichen polnischen Arbeitern befand sich in der Braunschweiger Ackerstraße. Die Ernährungslage in den Lagern wurde mit der Länge des Krieges immer schlechter, die Aufsicht infolge fehlenden Personals immer dünner, der Drang, der eigenen bedrohten Existenz durch Diebstahl und Handel zu entgehen, immer größer. So standen vor dem Sondergericht besonders Diebstahlsdelikte zur Verhandlung.

Acht Polen aus dem Lager in der Ackerstraße arbeiteten auf dem Verschiebebahnhof Braunschweig Ost und stahlen im Januar 1943 dreimal hintereinander insgesamt 12 Kartons Mehl, 4 Kisten Konserven mit je 48 Dosen, 16 kleine Fässer mit Fischsardinen und einen Streifen Leder. Beim dritten Mal waren sie betrunken. Sie waren zwischen 20 und 40 Jahre alt und stammen fast alle aus Lodz. Dem 34jährigen Wladislaw Siatkowski warf die Anklage vor, die Waggons gewaltsam geöffnet zu haben, was Wladislaw bestritt. Das Gericht unter Lerche, Ahrens und Eilers glaubte ihm das in der Verhandlung am 14. März 1943 nicht und verurteilte ihn zum Tode. Am 17. Mai 1943 wurde er in Wolfenbüttel hingerichtet. Die andern sieben Mitangeklagten wurden zu zwei bis fünf Jahren verschärftem Straflager verurteilt, ein Strafmaß aus dem Polenstrafrecht, das im Urteil ausdrücklich Anwendung fand. Die beiden ältesten Verurteilten überlebten nicht die verschärfte Haft. Jan Laskowski starb im April 1944 mit 38 Jahren und Johann Jarosz am 16. Januar 1945 mit 42 Jahren an „schwerer Lungentuberkulose“[159].

Am 4. 7. 1944 standen drei Polen aus dem Lager Ackerstraße wegen Diebstahls auf dem neuen Güterbahnhof vor dem Sondergericht unter Ahrens, Eilers und Grimpe. Viktor Eppel wurde mit dem Tode bestraft und am 7. 8. 1944 in Wolfenbüttel hingerichtet, Roma Chylka erhielt vier Jahre und Johann Migdau 2 Jahre verschärftes Straflager nach dem Polenstrafrecht. Sie hatten vier Kisten Marmelade, vier Papiersäcke mit je 10 kg Nu-

---

[157] 42 B Neu 7 Nr. 1555.
[158] 42 B Neu 7 Nr. 1550.
[159] 42 B Neu 7 Nr. 1569.

deln und vier große Pakete Militärkleidung gestohlen. E. und M. stritten alles ab, Ch. dagegen war geständig und belastet die andern[160].

Zur Verhängung der Todesstrafe bedurfte es bei polnischen Staatsbürgern nur weniger gestohlenen Sachen.

Stanislaus Figar war polnischer Soldat und lebte im Ostarbeiterlager Sickte. Er arbeitete in der Sickter Mühle und stahl im Dezember 1943 und Januar 1944 wenige Kleidungsstücke: mal ein Oberhemd und zwei Kinderhemden, dann drei Unterhosen und einen Unterrock, die dort über Nacht auf der Wäscheleine gehangen hatten. Zum Verhängnis wurde Stanislaus ein Einsatz in der Fallerslebersträße in Braunschweig, wo Dachziegel auf den Boden eines beschädigten Hauses zu tragen waren. Bei dieser Gelegenheit ging Stanislaus in eine leerstehende Wohnung und stahl zwei Oberhemden, ein Nachthemd und eine Tuchhose. Nach der Polenstrafrechtsverordnung wurde er am 5. April 1944 von Lerche, Ahrens und Grimpe zu zwei Jahren verschärften Straflagers und wegen Plünderns zum Tode verurteilt, obwohl der Angriff bereits fünf Wochen zurücklag. Die Richter hatten einen Ermessensspielraum, den Diebstahl als Plündern zu bezeichnen. Der Diebstahl von Stanislaus war für die „nationalsozialistische Rechtsgemeinschaft“ nur der Anlaß, ihn aus dieser Gemeinschaft zu eliminieren, in die er „wesenmäßig“ eben nicht hineingehört. Das Recht wurde zu einem Liquidierungsinstrument[161].

Ein besonders grausames Urteil erging gegen das sehr junge Mädchen Janina. Es war damals nicht unüblich, daß im Haushalt junge polnische Mädchen beschäftigt waren. In der Gärtnerei Oppermann in Wolfenbüttel arbeitete Janina Piotrowska, die mit 14 Jahren nach Deutschland gekommen war. Man war im allgemeinen mit ihr zufrieden. Gelegentlich wurde mit dem Lager 21 gedroht. Einmal blieb sie über Nacht bei einer Freundin in Braunschweig und bekam dafür eine Geldstrafe von 15.– RM. Aus Ärger darüber zündete sie Anfang Dezember 1943 herunterhängendes Stroh im Stall an, der vollständig abbrannte. Janina half beim Retten des Pferdes, der Schweine und Schafe, wurde aber am selben Tag vernommen und gestand unerfahrenerweise. Das Sondergericht unter Lerche, Eilers und Grimpe verurteilte sie nach dem Volksschädlingsparagraphen zum Tode. Aufkommende juristische Zweifel über die Schlüssigkeit der Anwendung des § 3 der VVO beseitigten die Richter durch die Heranziehung des Polenstrafrechtes. Es handle sich nach Ziff III Abs. 2 Satz 2 um einen besonders schweren Fall und sei deshalb mit dem Tode zu bestrafen. Die Urteilsbegründung liest sich noch heute so, als hätten die Richter ihr schlechtes Gewissen mit dröhnenden Formulierungen übertönen müssen: „Denn bei der gerade in diesem Winter herrschenden angespannten Futterlage ist die Beschaffung von Ersatzvorräten besonders schwierig. Andrerseits bedeutet der Ausfall von Vieh nur eines einzigen landwirtschaftlichen Betriebes einen fühlbaren Nachteil für unsere Gesamternährungslage und ist somit geeignet, sich schädigend für die Widerstandskraft des deutschen Volkes auszuwirken. Dasselbe gilt für die drohende Zerstörung eines Wohnhauses, die gerade jetzt angesichts der durch Bombenterror an Wohnstätten angerichteten Schäden von besonders nachteiliger Wirkung auf die moralische Widerstandskraft der Bevölkerung ist“. Am 7. Februar 1944 wurde Janina P. in Wolfenbüttel hingerichtet[162].

---

[160] 42 B Neu 7 Nr. 1592.
[161] 42 B Neu 7 Nr. 1587.
[162] 42 B Neu 7 Nr. 1581.

Am selben Tage wurde der 25jährige Pole Leon Stefanski in Wolfenbüttel exekutiert. Er war am 31. August 1943 vom Sondergericht zunächst zu fünf Jahren Zuchthaus verurteilt worden. Leon war „1941 zum Arbeitseinsatz in das Altreich gekommen“, stellte das Urteil fest. Leon wurde darüber nicht befragt und würde es wohl erheblich anders beschrieben haben. Er arbeitete in der Landwirtschaft und wurde „wegen Vertragsbruch“ ins berüchtigte Sonderlager 21 gesteckt. Nach seiner Entlassung hatte er auch seine neue Arbeitsstätte verlassen und war zwischen April und Juli 1943 in verschiedene Häuser eingebrochen, um sich zu verpflegen und einzukleiden. Im April wurde er das erste Mal geschnappt, in die Gemeindezelle in Gustedt eingesperrt, aus der er ausbrechen konnte. Im Mai wurde er in Börßum gefaßt und konnte auch von dort aus der Arrestzelle entkommen. Das dritte Mal wurde er im Juni bei Diebstählen in der Umgebung von Goslar ertappt und in das Gefängnis Goslar verbracht. Die Staatsanwaltschaft hatte auf Raubversuch plädiert, weil Leon bei einem Diebstahl in Gr. Biewende den Bauern N., der ihn entdeckte, umgestoßen hatte. In der Verhandlung jedoch war sich das Landwirtehepaar nicht klar, ob es sich tatsächlich um Leon gehandelt hatte; dieser hatte die Gewaltanwendung auch bestritten. Tatsächlich war das Urteil zwar hoch, aber es bewahrte Leon vor der Todesstrafe. Darauf jedoch beharrte die Staatsanwaltschaft, legte Nichtigkeitsbeschwerde ein, das Braunschweiger Oberlandesgericht hob das Urteil auf und verwies das Verfahren an das Braunschweiger Sondergericht zurück. In der Verhandlung am 10. Dezember 1943 sprachen die Richter Ahrens, Eilers und Grimpe in Beisein von Amtsgerichtsrat Linke als Beamten der Staatsanwaltschaft unter ausführlicher Zitierung der Polenstrafverordnung die erwünschte Todesstrafe aus[163].

Polnische Angeklagte vor dem Braunschweiger Sondergericht erfuhren eine sehr unterschiedliche Rechtsprechung: 1940 erscheinen die Urteile noch relativ milde. Die Ausrottungstheorie nach der zynischen Rassenlehre prägte noch nicht die Rechtsprechung. Der individuelle Täter stand mehr in dem Vordergund. Im Verlauf des Krieges wurde die Rechtsprechung schärfer, wobei die Polenstrafrechtsverordnung vom Ende des Jahres 1941 vermehrt Anwendung fand, die den polnischen Angeklagten unter ein Sonderrecht stellte, das die Eliminierung des polnischen Staatsbürgers zum Ziele hatte.

Von den Arbeitsämtern Braunschweig, Helmstedt und Salzgitter wurden Ende 1943 24 841 sowjetische Zwangsarbeiter gemeldet, deren Zahl sich Mitte 1944 auf 27 813 erhöhte. Der größte Anteil war mit 12–15 000 in der Stadt Braunschweig untergebracht.

Russen standen für die nationalsozialistische Ideologie auf der untersten, „untermenschlichen“ Stufe. Der Krieg gegen Sowjetrußland war als Vernichtungskrieg geplant und wurde auch so durchgeführt. Gegenstand der Vernichtung an der Front war keineswegs nur der Kommunismus, sondern auch der russische Mensch. Für den sowjetrussischen Menschen war im nazistischen Weltreich kein Platz. Von den nach Deutschland gebrachten Kriegsgefangenen starben in kürzester Zeit mehr als die Hälfte. Unter den russischen Zwangsarbeitern war die Todesrate, abgesehen von den KZ-Häftlingen, am größten. Da der Reichsjustizminister seit 1942 die Strafverfolgung von Russen der SS überlassen hatte, kam es aufgrund des oben erwähnten Erlasses vom Juni 1943 nur noch in denjenigen Fällen zu Gerichtsverhandlungen, „in denen aus stimmungspolitischen Gründen eine gerichtliche Aburteilung wünschenswert erscheint und durch vorherige Füh-

---

163 42 B Neu 7 Nr. 1575.

lungnahme sichergestellt ist, daß das Gericht die Todesstrafe verhängen wird"[164]. Die Gerichte wurden also in die Vernichtungsstrategie eingliedert. Dementsprechend endeten die meisten Verfahren gegen Russen vor dem Sondergericht mit der Todesstrafe.

Der 20jährige Alex Tschernesch war mit einem Sammeltransport von russischen Zivilarbeitern im Mai 1942 nach Goslar zur Zwangsarbeit in den Rammelsberg gekommen. Bereits nach zwei Monaten gelang ihm die Flucht, aber er wurde eingefangen und ins Lager 21 verbracht. Zur Arbeit in das Lager nach Goslar zurückgebracht, konnte er wieder fliehen. Nach 14 Tagen, in denen er sich durch Diebstähle Essen und Kleidung besorgte, wurde er Anfang Oktober festgenommen und am 20. November 1942 von Lerche, Eilers und Grimpe zum Tode verurteilt. „Die besondere Schwere der Tat ist darin zu erblicken, daß der Angeklagte, der als russischer Zivilarbeiter nach Deutschland gekommen ist, hier sein Gastrecht schnöde mißbraucht und anstatt seiner Arbeit nachzugehen, die Sicherheit der deutschen Heimat auf das empfindlichste gestört hat." Die Bevölkerung um Goslar sei „in große und begreifliche Erregung versetzt worden". Die kriegsbedingte Zusammenballung von ausländischen Arbeitskräften, „sogar von Angehörigen solcher Völker, mit denen wir uns noch mitten in der militärischen Auseinandersetzung befinden" wäre an sich schon eine Gefahr für die inländische Zivilbevölkerung und könne nur „durch rücksichtslose Strenge der verschiedenen Sicherheitsorgane im Inland niedergehalten werden." Offenbar sah sich das Sondergericht in der Rolle eines dieser Sicherheitsorgane und dokumentierte gegenüber den Angeklagten aus dem Osten seinen Einklang mit der Gestapo.[165]

Die beiden jungen Russen Gregor Soloviej und Max Efremenko, mit 19 und 20 Jahren nach Deutschland verbracht, wurden 1944 zu Aufräumarbeiten an bombengeschädigten Häusern in Wolfenbüttel eingesetzt. Dort stahlen sie einige Sachen: Oberhemden, Taschentücher, einen Pullover, ein paar Schuhe, Kekse. Der Angriff lag zwar schon sechs Wochen zurück, im Haus befanden sich auch noch einige Bewohner, trotzdem wurde der Plünderungsparagraph, der eigentlich ein verlassenes Gebäude voraussetzte, angewendet, und beide „wegen der besonderen Verwerflichkeit der Straftat" und aus Abschreckungsgründen von Lerche, Ahrens und Eilers am 24. 3. 1944 zum Tode verurteilt und das Urteil am 8. Mai in Wolfenbüttel vollstreckt. Über die Köpfe der nichts verstehenden Angeklagten lieferten sich Richter und Staatsanwaltschaft ein rechthaberisches Gefecht. Wortreich wies das Gericht der Staatsanwaltschaft nach, daß in diesem Falle nicht der § 1 der Volksschädlingsverordnung in Frage komme, auf die die Todesstrafe erfolgen mußte, sondern der § 4 eben derselben Verordnung, bei dem auch auf Zuchthaus erkannt werden konnte. Lerche indes kam zu einem Todesurteil, weil sich die beiden jungen Russen an dem Hab und Gut der Bombengeschädigten haben „bereichern" wollen. Den Begriff der Bereicherung auf die im Lager 23 unter unsäglichen Umständen untergebrachten Ostarbeiter anzuwenden, war zynisch. Immerhin dokumentiert die Länge des Urteils, daß sich im Frühjahr 1944 das Sondergericht noch mit den eigenen Zweifeln und Gegenargumenten, etwa mit der Tatsache, daß beide nicht vorbestraft waren, auseinandersetzte[166].

Es folgten einen Monat später, im April 1944, drei weitere Verhandlungen, die serienmäßig mit einem Todesurteil endeten.

---

[164] Vgl. S. 30.
[165] 42 B Neu 7 Nr. 1553.
[166] 42 B Neu 7 Nr. 1586.

Stanislaus Figar, 37 Jahre alt, in einem Ostarbeiterlager in Ober-Sickte untergebracht, arbeitete in der Mühle Sickte und stahl von einer Wäscheleine ein weißgestreiftes Oberhemd und zwei Kinderhemden, wenige Tage später drei Schlüpfer und einen seegrünen wollenen Unterrock und versetzte sie. Bei den Aufräumungsarbeiten im März 1944 in der Fallersleberstraße in Braunschweig kann er zwei Oberhemden, ein Nachthemd und eine „gut erhaltene Tuchhose" organisieren. Am 5. 4. 1944 wurde er von Lerche, Ahrens und Grimpe zum Tode verurteilt. Auf einem Zettel ist bei den Gerichtsakten unter dem Datum des 9. 11. 1944 vermerkt „wg. Sippenhaft aufbewahren"[167].

Zwei Plünderer hingerichtet

Am 8. Mai 1944 ist der 35 Jahre alte Stanislaus Figar hingerichtet worden, den das Sondergericht in Braunschweig als Volksschädling wegen Plünderns zum Tode verurteilt hat. Figar hat bei Ausbesserungsarbeiten an einem fliegergeschädigten Haus in Braunschweig Wäsche und Kleidungsstücke gestohlen.

Am 8. Mai 1944 ist der 23 Jahre alte Iwan Schepilow aus Watenstedt-Salzgitter hingerichtet worden, den das Sondergericht in Braunschweig zum Tode verurteilt hat. Schepilow hat nach einem Fliegerangriff in einer beschädigten Garage geplündert.

*

Der 19jährige Russe Gregor Nowikow ist „seit längerem" bei den Reichswerken Hermann Göring, also als Jugendlicher aus Rußland zum Arbeitseinsatz verschleppt worden. Beim Luftangriff am 15. März 1944 wurde das Werkskrankenhaus in Watenstedt getroffen. Bei den Bergungsarbeiten nahm sich Gregor ein Bündel mit einem grünen Anzug, ein graues Jackett, zwei Arztkittel und eine SS-Uniform zum Tauschen mit. Ein absurder Diebstahl. Wo will der 19jährige russische Zwangsarbeiter eine SS-Uniform absetzen? Seine Sachen wären völlig abgerissen gewesen, gibt Gregor glaubwürdig vor Gericht an. Der Sondergerichtsvorsitzende Lerche könnte auf Diebstahl erkennen, denn die Sachen waren nicht im geräumten Gebäude gestohlen worden. Vielleicht wollte Lerche ein Zeichen in Richtung verschärfter Justiz setzen, wenn er in das Urteil schrieb: „Daß die Tat nicht in dem geräumten Gebäude selbst, sondern erst außerhalb beim Abtransport von Sachen zwecks Räumung des Gebäudes erfolgt ist, hat keine Bedeutung"; nun konnte er auf Plünderung erkennen und die Todesstrafe verhängen, die am 8. 5. 1944 in Wolfenbüttel vollzogen wurde[168].

Am selben Maitage wurde Iwan Schepilow in Wolfenbüttel hingerichtet. Er hatte einen Tag nach demselben Luftangriff auf Salzgitter aus den offenstehenden Schränken der Feuerwehrgarage der Stahlwerke ein Paar Ledergamaschen, ein Handtuch, Strümpfe und zwei Büchsen Kondensmilch gestohlen. Auch diesmal könnte das Sondergericht auf Diebstahl erkennen, aber um ein Todesurteil zu begründen, erkannte es auf § 1 der Volksschädlingsverordnung, auf Plünderung[169]. Die in zwei Fällen von Lerche, Eilers und Grimpe gefällten Urteile lesen sich auch heute noch wie Terrorurteile, an die sich die Bevölkerung zu gewöhnen schien. Es war eben Krieg, der eine solche Rechtsprechung hervorbrachte. Mit diesem Gedanken haben sich die Beteiligten auch nach 1945 selber entschuldigt.

Nur unvollständig sind wir aus einem Aktenfund über Maßnahmen gegen eine Gruppe Landarbeiter informiert. Es handelte sich um 18 Ostarbeiter im Alter zwischen 26 und 35 Jahren. Sie arbeiteten in Winnigstedt und Mattierzoll. Elf von ihnen werden

[167] 42 B Neu 7 Nr. 1587.
[168] 42 B Neu 7 Nr. 1588.
[169] 42 B Neu 7 Nr. 1589.

am 12. März 1942, die anderen 14 Tage später festgenommen und am 9. April in das Gefängnis Wolfenbüttel eingeliefert. Am 28. August 1942 werden alle von der Gestapo aus dem Gefängnis Wolfenbüttel abgeholt. Als Grund für die Verhaftung wird „kommunistische Zellenbildung" angegeben[170]. Unter dieser vielsagenden Bezeichnung kann man Unzufriedenheit im Lager mit Unterbringung und Verpflegung, mangelnden Arbeitseinsatz und Widerspenstigkeit vermuten. Wir konnten diesem Fall aufgrund der Quellenlage nicht weiter nachgehen, aber er zeigt erneut, wie die Gestapo an der Justiz vorbei längst eigene Strafverfolgungsmethoden aufgebaut hatte.

6.7.2 Zwangsarbeiter aus Westeuropa vor dem Sondergericht

Arbeitssuchende holländische Arbeiter kamen bereits vor Kriegsausbruch nach Deutschland. Nach dem Überfall Deutschlands auf Holland im Frühsommer 1940 konnten zahlreiche arbeitslose Holländer für die Arbeit in Deutschland gewonnen werden. In das Gebiet der Hermann Göring-Werke meldeten sich im Sommer 1940 etwa 1 900 Arbeiter, von denen allerdings 600 postwendend im selben Sommer in die Heimat zurückfuhren, weil die Unterkünfte unzumutbar, die Verpflegung miserabel und die Entlohnung vertragswidrig war[171]. Im Dezember 1940 arbeiteten allein in der Hütte Braunschweig 1 332 Holländer. Im Sommer 1942 wurden in Zusammenarbeit des Reichsjustizministeriums mit dem Generalbevollmächtigten für den Arbeitseinsatz Sauckel holländische Strafgefangene samt ihrer Bewachung zum Arbeitseinsatz nach Deutschland verbracht. Nach Salzgitter-Watenstedt in das Lager 35 bei Heerte kamen unter Aufsicht von 63 niederländischen Aufsichtbeamten 800 niederländische Strafgefangene, die sich jedoch energisch gegen die Verlegung wehrten. Das Experiment wurde nach einem halben Jahr beendet[172]. Ende des Jahres 1943 waren 4 141 Niederländer bei den Arbeitsämtern Braunschweig, Helmstedt und Watenstedt registriert.

Die Holländer und Flamen galten der Rassenideologie der Nationalsozialisten entsprechend als „germanisch" und damit den Deutschen als „artverwandt". Sie konnten daher in der Behandlung durch Deutsche allgemein mit einem schonenderen Verfahren rechnen.

Zum Transport der niederländischen Strafgefangenen im Sommer 1942 ins Lager Heerte gehörte auch der 23jährige Johann Griek, der Bäcker und Koch gelernt hatte. Er versuchte, sich den unmenschlichen Lebensbedingungen durch Flucht zu entziehen und kam daher in die Strafabteilung des Gefangenenlagers. Schon am 5. Dezember 1942 brannten einige Baracken an, am 6./7. Dezember soll Johann G. Glut auf Strohsäcke in der Nachbarbaracke getragen haben, wobei allerdings nur die Wand ankokelte, weil der Brand rasch gelöscht wurde. Johann G. erlebte nicht mehr den Rücktransport, sondern wurde am 22. Dezember 1942 vom Sondergericht unter Lerche, Eilers und Grimpe zum Tode verurteilt, obwohl er kein Geständnis abgelegt hatte. Das Gericht konstruierte einen Fluchtversuch und erkannte auf § 3 der Volksschädlingsverordnung in Verbindung

---

170 43 A Neu 4, Zg. 47/1984, Jg. 1942, Paket 1 Nr. 25–31; Nr. 40–41 und 43–52.
171 Wysocki, Arbeit, S. 112 ff.
172 Wysocki, Arbeit, S. 133 ff.

mit § 43 des StGB. Am 8. Februar 1943 wurde Johann Griek in Wolfenbüttel hingerichtet[173].

Zu zwei höchst unterschiedlichen Urteilen an zwei aufeinander folgenden Tagen kam das Sondergericht Ende 1944. Wegen fortgesetzter staatsfeindlicher Äußerungen wurde der Niederländer Hermann v. d. Wanzen, der seit 1941 Kraftfahrer bei der KVG Braunschweig war, von den Richtern Lerche, Ahrens und Grimpe zu vier Monaten Gefängnis verurteilt. Statt „Heil Hitler" grüßte er ständig mit „Drei Liter". Er prophezeite das schnelle Ende des Krieges; dann würde es für die Holländer wieder besser. Es gab kein Geständnis, aber einen deutschen Zeugen, der den Angeklagten als „pflichtbewußt, pünktlich, zuverlässig" bezeichnete. Es lag nahe, daß er den dringend benötigten Kraftfahrer möglichst rasch wieder aus dem Gefängnis haben wollte[174]. Einen Tag später verurteilte das Sondergericht unter seinem Vorsitzenden Lerche sieben Niederländer zu hohen Zuchthausstrafen, weil sie den Sender London im Kaffeehaus Eilers bei Liebenburg abgehört hatten[175].

Die wenigen überlieferten Urteile gegen die Holländer erlauben keine allgemeine Schlußfolgerung. Eine gewisse Schonung durch das Sondergericht scheint durchzuschimmern, abgesehen von den Todesurteilen gegen Straffällige des Lagers Heerte.

Seit der militärischen Niederlage Frankreichs im Sommer 1940 wurden französische Kriegsgefangene in der deutschen Industrie eingesetzt. Schon im Sommer 1940 trafen 1 200 französische Kriegsgefangene bei den Reichswerken Hermann Göring im Lagerbereich ein[176]. Später wurden in Frankreich Zivilarbeiter zwischen 17 und 40 Jahren zum Arbeitseinsatz in Deutschland mit Arbeitsverträgen angeworben, auch erpreßt und verschleppt. Als letztes Mittel zur Auffüllung der fehlenden deutschen Arbeitskräfte wurden straffällig gewordene Franzosen „zur Bewährung am Arbeitsplatz" nach Deutschland verbracht. Ein solches Experiment mit französischen Straffälligen wurde im Sommer 1942 in Watenstedt begonnen und nach einem halben Jahr wieder abgebrochen[177]. Die Franzosen stellten im Laufe des Krieges die zweitstärkste Gruppe nach den Ostarbeitern. Mitte 1944 waren im Bereich der Arbeitsämter Braunschweig, Helmstedt und Watenstedt insgesamt 8 687 französische Arbeiter registriert[178].

Anders als die französischen Gefangenen wohnten die französischen Zivilarbeiter in Wohnlagern, hatten freien Ausgang und konnten von ihrem Verdienst einkaufen und vor allem auf Urlaub nach Hause fahren. Ein Verkehr zwischen Gefangenen und Zivilarbeitern war streng untersagt.

Vor dem Sondergericht standen Franzosen vor allem wegen Delikten wie das unerlaubte Verreisen nach Hause und das Besorgen falscher Pässe und Fahrkarten, Frauengeschichten und das leichte Leben im Bordell, das Besorgen und „Organisieren" von Waren für verbesserte Lebensumstände und das Abhören ausländischer Rundfunksen-

---

[173] 42 B Neu 7 Nr. 1557; Zwei andere niederländische Strafgefangene wurden am 31. 3. 1943 von Ahrens, Eilers und Grimpe wegen Diebstahls und Flucht hart bestraft. Der eine, 23 Jahre alt, erhielt 5 Jahre Zuchthaus, der andere, ältere, 36 Jahre alt, erhielt die Todesstrafe, die am 17. Mai in Wolfenbüttel vollstreckt wurde. Das Urteil stellte fest, sie seien „ausgesprochen asoziale Elemente". Die Todesstrafe wurde mit Hilfe des § 3 der Volksschädlingsverordnung konstruiert. (42 B Neu 7 Nr. 1567).

[174] 43 A Neu 4, Zg. 47/1984, Jg. 1944, Paket 1 Nr. 11.

[175] 43 A Neu 4, Zg. 47/1984, Jg. 1944, Paket 20 Nr. 1916.

[176] Wysocki, Arbeit, S. 119.

[177] Wysocki, Arbeit, S. 133 ff.

[178] 12 Neu 18 Nr. 782 „Der Arbeitseinsatz in Niedersachsen 2. Halbjahr 1943 25. 5. 1944 und 25. 6. 1944.

dungen, das nach dem militärischen Wendepunkt von Stalingrad im Februar 1943 bei Ausländern besonders hart bestraft wurde. Wir schildern im folgenden einige Fälle aus dem Alltag.

Der 26jährige Franzose Paul Affler arbeitete als Elektriker in den Hauptwerkstätten des Hermann Göring-Werkes. Dort lernte er 15 französische Kriegsgefangene kennen. Als er am 13. Januar 1943 für ein paar Tage nach Hause nach Metz fahren wollte, sprachen ihn auf dem Weg zum Bahnhof Salzgitter zwei Zivilisten an, ob er ihnen am Schalter nicht zwei Fahrkarten mitkaufen könnte. Er tat ihnen den Gefallen und alle drei kamen auch in Metz an, aber nur Paul Affler kehrte nach einer Woche wieder nach Salzgitter zurück. Die beiden anderen waren verkleidete Kriegsgefangene gewesen und natürlich in der Heimat geblieben. Noch im Januar wurde Affler verhaftet und schon im Februar von Lerche, Eilers und Grimpe zu einem Jahr Zuchthaus verurteilt. Sie glaubten ihm nicht, daß er gedacht habe, die beiden anderen hätten wie er auch nur Urlaub machen wollen. Ihm wurde verbotener Umgang mit Kriegsgefangenen und Förderung von Flucht vorgeworfen[179].

Sehr viel strenger beurteilte des Sondergericht unter Lerche, Eilers und Seggelke, daß Simon Roland, der zusammen mit französischen Kriegsgefangenen in der Produktion der Lutherwerke arbeitet, ihnen für ein Pfund Kakao und hohe versprochene Geldbeträge eine Ausweiskarte und drei Fahrkarten besorgt hatte. Simon Roland war mit 20 Jahren 1940 zur Arbeit nach Deutschland gekommen. Vorher hatte er als belgischer Soldat gegen Deutschland gekämpft, stellte das Gericht eingangs offenbar erschwerend fest und verurteilte ihn im Sommer 1942 zu drei Jahren Zuchthaus. Roland blieb bis Kriegsende im Zuchthaus und konnte im April 1945 bei der Besetzung Hamelns entweichen[180].

Einen Monat vorher aber hatte das Sondergericht unter Grotrian, Steinmeyer und Seggelke den Franzosen Camille Sauvage, der in Watenstedt wohnte, zu vier Jahren Zuchthaus wegen desselben Deliktes verurteilt. Er hatte seine carte d'identité für zwei Päckchen Tabak und eine Zivilhose für 5.– RM an einen Gefangenen verschoben. Er war 20 Jahre alt und arbeitete seit Oktober 1941 in den Stahlwerken. Zynisch bemerkt das Gericht, daß es bei der hohen Strafe das Geständnis und die Jugend des Angeklagten mildernd berücksichtigt habe. Die brutale Höhe des Urteils sollte abschrecken. Der Kriminalpolizist hatte als Zeuge festgestellt, daß bereits eine Anzahl von Kriegsgefangenen geflüchtet sei. Gerade ein Verkehr von französischen Zivilarbeitern mit ihren Landsleuten, die Kriegsgefangene sind, sei wegen der gemeinsamen Sprache und des infolge der Zugehörigkeit zur gleichen Nation vorhandenen Mitgefühls „besonders gefährlich" und müsse scharf unterbunden werden[181].

Am 3. August 1943 verurteilte das Sondergericht in der Besetzung von Ahrens, Eilers und Grimpe den Franzosen Jaques Francois zu drei Jahren Zuchthaus, weil er vier bis fünf mal einen Auslandssender eingestellt hatte, Henri Sarrazin zu zwei Jahren und sechs Monaten Zuchthaus, weil er mit abgehört hat, was er jedoch bestritt, Jean Florent und Emile Delahaie zu je einem Jahr und vier Monaten Zuchthaus, weil sie dreimal die Sendung mit angehört haben. Alle vier wohnten seit Ende 1942 und März 1943 im Braunschweiger Wohnlager „Rote Wiese". In der Wirtschaftbaracke stand im Aufent-

---

179 42 B Neu 7 Nr. 1091.
180 42 B Neu 7 Nr. 1075.
181 42 B Neu 7 Nr. 1062.

haltsraum für Polen eine Radiogerät, das jeder bedienen konnte. Die „mangelnde Aufsicht" des Radiogerätes wurde vom Sondergericht „mildernd" in Rechnung gestellt. Die vier im Alter von 22 bis 25 Jahren waren nicht vorbestraft und wurden von Mitbewohnern bei der Gestapo denunziert. Für die Staatsanwaltschaft hatte Linke weitere Straftatbestände vorgebracht, die jedoch vom Gericht abgewiesen wurden. Im Interesse der Staatssicherheit müsse das verbotene Abhören des feindlichen Nachrichtendienstes durch allgemein abschreckende Strafen scharf bekämpft werden", schrieb der Vorsitzende in die Urteilsbegründung und zielte womöglich auf die deutschen Prozeßzuhörer. Im Verhältnis zu der geringen Zahl des Abhörens ist dieses Urteil von besonderer Härte.

Ein anderes, heute nicht mehr nachzuvollziehendes Urteil fällte das Sondergericht unter Lerche, Eilers, Grimpe fünf Wochen später gegen sechs Franzosen. Alle waren im Februar 1943 in Frankreich dienstverpflichtet worden, arbeiteten in den Braunschweiger Vigawerken und hörten am Sonntag mittag im Gemeinschaftsraum den Sender London, was das Gericht „als besondere Frechheit" wertete. Alle sechs waren nicht vorbestraft. Edouard le Sage erhielt drei Jahre Zuchthaus, weil er den Sender eingestellt hatte, Marc Amat und Renin Petit für das Mithören je zweieinhalb Jahre Zuchthaus, der 20jährige Marc Froideveaux bekam den Inhalt der Sendungen nur von den anderen erzählt, berichtete darüber weiter und erhielt dafür zwei Jahre Zuchthaus. Das Gericht mag erbost haben, daß die Angeklagten „zum Teil erst nach hartnäckigem Leugnen ein Geständnis abgelegt haben". Man kann sich vorstellen, unter welchen Umständen dann die Geständnisse erpreßt worden waren. Die Urteilsbegründung war äußerst kurz. Das Urteil wurde am 10. September 1943 gesprochen. Wenige Tage vorher hatte die italienische Armee kapituliert und mit den Alliierten einen Waffenstillstand geschlossen. Ob das Sondergericht mit diesem brutalen Urteil einen Kampfbeitrag zur Stabilisierung der Heimatfront leisten wollte? Nach eineinhalb Jahren wurde André Bourgoin im Januar 1945 aus dem Zuchthaus entlassen, jedoch in das KZ Buchenwald überführt. Raymond Bonjanin wurde nach seiner Entlassung desselben Jahres der Gestapo überstellt[182].

Die Strafen wurden sehr viel drastischer, wenn die Täter bereits in Frankreich vorbestraft waren. Unter dem Vorwand, eine Reststrafe zur Bewährung abarbeiten zu können, tatsächlich jedoch, um die immer schwieriger werdenden Verhältnisse in der Rüstungsindustrie doch noch zu bewältigen, wurden die drei Franzosen Raymond Cavon, Pierre Eon und Louis Zimmer im Oktober 1943 nach Deutschland, in das Lager in der Ackerstraße, Braunschweig, verbracht. Sie dachten aber gar nicht daran zu arbeiten, sondern brachen in Gartenlauben ein und versetzten die Sachen. Sie entdeckten in der Friesenstraße 80 in Braunschweig ein angelehntes Kellerfenster. Der Inhalt der als Luftschutzgepäck getarnten Koffer lohnte sich: 19 Damenkleider, Kostüme, Herrenoberhemden, ein Anzug. Das ist nicht mehr die übliche Garderobe eines durchschnittlichen Kriegsdeutschen im Mai 1944. Das Sondergericht unter Ahrens, Grimpe und Eilers verurteilte den 22jährigen Dieb unter den dreien als typischen Volksschädling und gefährlichen Gewohnheitsverbrecher zum Tode, den einen Hehler zu 5 Jahren und den andern zu einem Jahr Zuchthaus. Sie hätten das „Gastrecht" in Deutschland schnöde mißbraucht, schrieb das Sondergericht, obwohl sie ja selber ermittelt hatten, daß es sich nicht um Gäste, sondern nach Deutschland zwangsweise verschleppte Vorbestrafte handelte[183].

---

[182] 42 B Neu 7 Nr. 1085.
[183] 42 B Neu 7 Nr. 1590.

Zu einem überaus harten Urteil kommt das Sondergericht unter Lerche, Eilers, Grimpe in der Verhandlung am 5. Januar 1943 gegen den 18jährigen Georges Leblond und den 20jährigen Louis Drancourt. Die beiden werden zum Tode verurteilt, weil sie im März 1942 aus Wut eine Scheune in Watenstedt ansteckten, in der sie keine Kartoffeln zum Stehlen fanden. Die miserable Ernährung in den Lagern und der Hunger trieben die Lagerbewohner zum Versorgen auf eigene Faust. Leblond war wegen Diebstahls vom Amtsgericht bereits zweimal mit einer geringen Gefängnisstrafe verurteilt worden. Der Verlust der Scheune schädige in empfindlicher Weise die kriegswichtigen Belange und damit die Widerstandskraft des deutschen Volkes, meinte das Gericht. René Fortier, der den Vorschlag zum Kartoffelklauen gemacht hatte, aber vor dem Anzünden gewarnt hatte, erhielt wegen Nichtanzeige der Brandstiftung vier Jahre Zuchthaus. Das Gericht stand indes vor einer Schwierigkeit. Georges war zur Tatzeit erst 17 Jahre alt. Aber der Obermedizinalrat Dr. Bartels gab sich für ein Gutachten her, wonach Georges nach seiner geistigen und sittlichen Entwicklung einem über 18jährigen gleichkomme. Er sei von einem Zwanzigjährigen nicht zu unterscheiden[184].

Am 10. 8. 1944 wurden drei Franzosen zum Tode verurteilt, die vom halbzerbombten Hauptbahnhof in Braunschweig etwa 14 Postsäcke mit Päckchen gestohlen und den Inhalt verschoben hatten. Aus Gründen der allgemeinen Abschreckung müsse mit rücksichtsloser Schärfe vorgegangen werden, um der Gefahr eines Umsichgreifens derartiger Massendiebstähle aus Post- oder Bahngut von vornherein die Spitze abzubrechen, schrieben die Richter Lerche, Eilers und Grimpe in die Urteilsbegründung[185].

Zusammenfassend fallen die Urteile gegen die französischen Angeklagten auch unter den besonderen Rahmenbedingungen eines Sondergerichtes doch wegen ihrer Unverhältnismäßigkeit und Härte auf. Sie korrigieren die Auffassung von der besseren Behandlung westeuropäischer Zwangsarbeiter.

---

[184] 42 B Neu 7 Nr. 1559

[185] 42 B Neu 7 Nr. 1594.

7. Das letzte Vierteljahr

Das letzte Vierteljahr der Hitlerregierung war von ungewöhnlicher Spannung: am Neujahrstag 1945 standen die feindlichen Truppen zwar an den deutschen Reichsgrenzen, aber den alliierten Truppen war im Westen noch kein entscheidender Durchbruch gelungen, und sowjetische Truppen waren noch nicht wieder in Ostpreußen eingedrungen. Die Deutschen hofften auf den Erfolg von Wunderwaffen und auf eine Wende im Krieg. Für die Vorstellung einer völligen Besetzung des deutschen Reiches durch feindliche Truppen fehlten historisch erinnerliche Vergleiche. Das erdenklich Schlimmste war die Situation vom November 1918.
In einem beispiellosen Blitzkrieg drangen alliierte und sowjetische Truppen ab Februar 1945 in wenigen Monaten von beiden Seiten bis an die Elbe durch. Deutsche Soldaten desertierten massenhaft. Fanatische Parteigänger folgten den sinnlosen Parolen der Propaganda eines partisanenhaften Widerstandes bis zum letzten Mann. Das nationalsozialistische deutsche Reich stürzte in sehr kurzer Zeit erst militärisch und seit dem 23. 5. 1945 auch politisch in sich zusammen.
Im letzten Kriegsmonat erlebten die Menschen dann im von den Bomben zerstörten Deutschland eine Eskalation von Gewalt und Terror. Der Auflösungsprozeß des Systems legte die Entscheidungen zunehmend in die Hände der örtlichen Verfolgungsbehörden, was nicht selten zu vermehrter Willkür führte. Durchhalteparolen verbanden sich mit schwersten Strafandrohungen und ihrer schrecklichen Durchführung. Aus dem Kreis der politischen Leiter wurden Einsatzkommandos gegen Plünderer und „Defaitisten" gebildet, die den Glauben an den Endsieg verloren hatten. Tausende, die beim Herannahen der alliierten Truppen die weiße Fahne hißten oder nicht mehr kämpfen wollten, wurden erschossen oder aufgehängt. Höhepunkt der Destruktionspolitik war der sog. ‚Nero-Befehl' Hitlers. Zu unvorstellbaren Gewaltexzessen kam es bei der durch den Vormarsch der Alliierten ausgelösten Räumung der Konzentrationslager. Hunderttausende starben auf den Todesmärschen, an Krankheit und Erschöpfung oder sie wurden von den SS-Wachmannschaften erschossen. Die meisten Deutschen konnten innerlich die militärischen und politischen Vorgänge nicht begreifen und sich nicht aus dem Nationalsozialismus lösen[1].

Reichsjustizminister Thierack forderte am Jahresbeginn die „Deutschen Rechtswahrer" auf, die Rechtspflege weiterhin „mit aller Kraft in den Dienst des totalen Kriegseinsatzes" zu stellen. Das deutsche Volk habe die schwere Krise der zurückliegenden Monate überwunden. „Die gewaltigen Anstrengungen unseres Volkes beginnen bereits in diesen Wochen auch an den Fronten ihre Früchte zu tragen"[2].

Da überrascht es nicht, daß der Geschäftsgang des Braunschweiger Sondergerichtes Anfang Januar 1945 zuversichtlich und siegesgewiß weiterlief wie in den Jahren zuvor.

---

[1] Vgl. zur letzten Kriegsphase: Herfried Münkler, Machtzerfall, Berlin 1985; Rolf-Dieter Müller/Gerd Überschär, Kriegsende 1945, Frankfurt 1994; Bernd-A. Rusinek, Gesellschaft in der Katastrophe. Terror, Illegalität, Widerstand – Köln 1944/45, Essen 1989. Für Braunschweig: Karl-Joachim Krause, Braunschweig zwischen Krieg und Frieden, Braunschweig 1994; Günther K. P. Starke, Das Inferno von Braunschweig, Cremlingen 1994.

[2] Deutsche Justiz. Rechtspflege und Rechtspolitik, 13. Jg., 5. 1. 1945.

7.1 Der „normale" Alltag des Sondergerichts geht weiter

Die letzten drei Monate vom Januar bis April 1945 fassen noch einmal die ganze Bandbreite der Tätigkeit des Braunschweiger Sondergerichtes zusammen. Es werden angeklagt Deutsche und Ausländer, sehr Junge und Ältere, Frauen und Männer, Dienstmädchen und leitende Angestellte, es sind erstaunlich milde Strafen, aber auch unverständliche Todesstrafen, Zuchthaus- und Gefängnisstrafen, sehr viele Bagatellfälle und schwere Verbrechen, typisch kriegsbedingte Tatbestände und alltägliche, wie man sie auch nach dem Kriege verfolgt.

Das Braunschweiger Sondergericht tagte vom 3. Januar bis zum 6. April an insgesamt 28 Tagen, meist am Dienstag und Freitag. Wenn besonders viele Fälle zu bearbeiten waren, wurde ein weiterer Wochentag eingeschoben, Montag, der 29. Januar mit drei Verfahren, Mittwoch, der 14. Februar mit fünf Verfahren, Mittwoch, der 3. März mit drei dringlichen Verfahren, darunter zwei beantragten Todesurteilen. Die Terminplanung sah Verhandlungen meist vormittags vor, gelegentlich in einem engen Zeittakt von einer halben bis einer ganzen Stunde. Ob der Zeitplan eingehalten worden ist, läßt sich nicht feststellen. Am Dienstag, dem 6. Februar wurde um 12.00 Uhr die Verhandlung wegen Fliegeralarms unterbrochen. Die Lücken im Terminplan legen die Vermutung nahe, daß noch mehr Verfahren stattgefunden haben. Feststellbar sind an diesen 28 Verhandlungstagen 85 Verfahren gegen insgesamt 136 Angeklagte; 2 Verfahren gegen 2 Angeklagte wurden vertagt, und 6 zusätzliche Anklageschriften richteten sich gegen insgesamt 18 Ausländer und 3 Deutsche. Von den 136 Verurteilten waren 73 Ausländer und 63 Deutsche Es überwogen also gegen Kriegsende die Verfahren gegen Ausländer. Der Eindruck, daß kurz vor Kriegsschluß kurzerhand die Todesstrafe verhängt worden sei, ist unzutreffend. Es wurden insgesamt 11 Todesstrafen verhängt, davon acht gegen Ausländer, drei gegen Deutsche. Den Todesstrafen stehen acht Freisprüche entgegen für vier Deutsche und vier Ausländer. Die Gefängnis- und Zuchthausstrafen halten sich die Waage.

Trotzdem bleibt der Eindruck eines im ganzen linientreuen, ins nationalsozialistische System lückenlos passenden Instrumentes nationalsozialistischer Herrschaft richtig. Das ursprüngliche Ziel, nämlich die Wiederherstellung einer „sauberen", nationalsozialistischen Volksgemeinschaft, die durch die Beklagten verunreinigt und beschädigt worden sei, wurde bis zum Kriegsschluß verfolgt, obwohl seit Stalingrad und spätestens seit dem Juliattentat 1944 der Eindruck einer geschlossenen nationalsozialistischen Volkseinheit gestört war. Zum Kriegsende hin verschärfte sich die Zielsetzung zusätzlich: die Bündelung aller Kräfte des deutschen Volkes zum Endsieg und die Brechung jeglichen Widerstandes, der dem Erreichen dieses Zieles hinderlich war.

Am auffälligsten widersprach das Sondergericht dem von Partei und Regierung erwünschten Bild einer unkomplizierten Urteilsfindung und einer raschen Aburteilung, wenn Termine verschoben, Verfahren eingestellt oder aufgehoben und Freisprüche ausgesprochen wurden. Das passierte in den letzten drei Monaten häufiger: auf den 23. Januar war ein Verfahren gegen drei Belgier angesetzt, die wegen Vergehens gegen die Volksschädlingsverordnung angeklagt waren. Der Hauptangeklagte H. hatte auf dem Gelände der am 15. Oktober schwer getroffenen Konservenfabrik Lange sich wie andere wiederholt mit den dort herumliegenden, beschädigten Konservendosen eingedeckt. Der Verteidiger Kahn beantragte, den Betriebsführer W. als Zeugen zu hören, der solle sich zum Zustand der entwendeten Gemüsekonservendosen äußern. Das Gericht unter Lerche, Angerstein und Eilers vertagte die Verhandlung und setzte sie neu auf den 26. Januar an. Im neuen Termin blieb das Gericht erheblich unter dem von der Staatanwaltschaft beantragten Strafmaß zurück. Die Staatsanwaltschaft hatte zwei Jahre Zuchthaus beantragt, das Gericht verhängte eine Strafe von einem Jahr und drei Monaten Gefängnis. Die Verschiebung hatte sich für die Angeklagten gelohnt[3].

Gegen den Invaliden Franz N. hatte die Gestapo ein Verfahren wegen Wehrkraftzersetzung beantragt, weil er zu seiner Frau gesagt haben soll „solange Hitler am Ruder ist, haben wir keine ruhige Minute“. Außerdem hatte die Gestapo hinsichtlich eines Diebstahls aus einer Spinnstoffsammlung ermittelt. Aber Franz N. bestritt die Aussage. Schwiegersohn und Ehefrau, mit der er in Scheidung lebte, wollten sich nur an ihm rächen, sagte er. Die Oberstaatsanwaltschaft fühlte sich nicht zuständig und gab das Verfahren an den Oberreichsanwalt weiter, der das Verfahren einstellte[4].

Ausgesetzt wurde das Verfahren gegen Frau Elise R. aus Oker. Dort gab es erheblichen Streiterein zwischen einigen Familien, bis eine schließlich zur Gestapo lief und behauptete, Elise R. habe den französischen Sender Toulouse gehört. Der Leiter der Gestapo ließ Elise R. einen Tag vor Weihnachten 1944 verhaften, stellte einen Antrag auf Strafverfolgung wegen Verbrechen gegen die Verordnung vom 1. 9. 1939, Staatsanwalt Flöte beantragte zwei Jahre Zuchthaus, Verteidiger Kahn hingegen die Aussetzung des Verfahrens und ärztliche Untersuchung auf den Geisteszustand. Das Gericht unter Lerche, Peters, und Eilers folgte in der Verhandlung am 6. 2. 1945 dem Antrag der Verteidigung. Die Beklagte hatte einen Herzanfall bekommen, wie die Staatsanwaltschaft vermerkte, sodaß die Verhandlung zur ärztlichen Begutachtung unterbrochen wurde. Wenige Tage später trug Kahn noch folgende Beobachtung hinterher: die Beklagte habe ständige Menstruationsstörungen, finge unvermittelt an zu pfeifen und zu tanzen. Diese Beobachtungen waren vorher von den ermittelnden Behörden nicht gemacht worden und schienen mehr auf das Geschick und die Phantasie des Verteidigers zurückzugehen[5].

Zur Verhandlung am 27. März 1945 war der Lokomotivführer Karl Weidemann aus Hallendorf vorgeladen. Er hatte sich über eine von der Partei an seinen Arbeitsplatz geschickte Frau geärgert und dann zu seinem Kollegen gesagt: „Ich kann diese braunen Schweine nicht ausstehen.“ Der Kollege zeigte ihn prompt an, der Staatsanwalt schlug eine neunmonatige Gefängnisstrafe vor, aber das Verfahen wurde einer Bleistiftnotiz von Lerche auf der Akte zufolge schon am 18. März 1945 eingestellt[6].

Völlig unvorhergesehen verlief das Verfahren gegen den Grünwarenhändler Richard K. aus Wefensleben. Sein Vater wohnte in Helmstedt. Aus dessen Keller gelangte er in Räume einer benachbarte Möbelhandlung, die als Lager ausgebaut war, aus dem er sich einen Anzug stahl. Es wurde Anklage wegen § 2 der Volksschädlingsverordnung erhoben, aber der Termin am 8. November 1944 platzte, weil der Beklagte nicht vorgeladen worden war. Ein neuer Termin war erst für den 2. März vorgesehen. Inzwischen jedoch war der Beklagte als Gefreiter beim Militär und saß im Militärgefängnis Dresden. Das Sondergericht wartete am 2. März um 8.30 Uhr vergeblich. „Termin ausgefallen, da der Angeklagte auf dem Transport nach hier entwichen ist. 2. 3. 1945“ lautet die letzte Notiz

---

3 42 B Neu 7 Nr. 1137.
4 42 B Neu 7 Nr. 1629.
5 42 B Neu 7 Nr. 1153.
6 42 B Neu 7 Nr. 1190.

auf diesem Aktenstück[7]. Zwischen den Zeilen dieser Akte, die sich heute mehr als Posse liest, weil das Sondergericht nicht zu seinem Verfahren gekommen ist, werden viele Ängste und Lebensrisiken sichtbar.

Bei deutschen Beklagten funktionierte unter Umständen sogar eine Krankmeldung beim Sondergericht, um eine Verhandlung aufzuschieben, vorausgesetzt, der Angeklagte wurde nicht verhaftet. Das gelang sogar zweimal dem Obertelegrafensekretär Fritz Hinze aus Schöppenstedt. Zum angesetzten Termin am 23. Februar 1945 schickte er eine Krankmeldung: Nierenbeckenentzündung. Einen Tag vor der zweiten Verhandlung, dem 13. März 1945, meldete sich Rechtsanwalt Kahn als Verteidiger, der Beklagte wäre immer noch krank. Empört berichtete die zuständige Polizeidienststelle, der Beschuldigte habe kürzlich 3 Kubikmeter Klobenholz von der Straße in die Wohnung getragen. Zum 3. Termin am 28. März erschien die geladene Belastungszeugin nicht, woraufhin die Verhandlung zwar eröffnet, aber bis zum 13. April unterbrochen wurde. Zu diesem Termin gab es kein Sondergericht mehr[8].

Schließlich offenbarten auch einige Freisprüche, daß aus der Sicht der Partei beim Sondergericht Braunschweig immer noch liberale, überholte Rechtsvorstellungen aus der Weimarer „Systemzeit" herrschten. Der Baustellenleiter Josef K. hatte Bezugscheine für Textilien beantragt, obwohl sein Schrank voller Kleidungsstücke gewesen sei. Anklageverfasser Linke verlangte eine strenge Bestrafung wegen Vergehens gegen die Volksschädlingsverordnung. Das Gericht unter Lerche, Ahrens und Angerstein sprach Josef K. dagegen am 13. März 1945 frei. Der Beklagte, der von Rechtsanwalt Müller verteidigt wurde, habe mit Hilfe von Zeugen nachweisen können, daß die Kleidungsstücke zwar in seinem Schrank waren, aber nicht ihm gehörten [9]. Das Protokoll hinterläßt auch hier den Eindruck, daß der Verteidiger mit Argumenten nachgeholfen hat, denen dann das Gericht gefolgt ist.

Diese Geschichten verdeutlichen, daß es beim Sondergericht auch in den letzten Monaten immer wieder zu menschlich bedingten Unwägbarkeiten gekommen ist, die dem vorgesehenen Verfahrensablauf eine völlig unverhoffte, und in diesem Fall für die Beklagten günstige Wendung gegeben haben. Das Braunschweiger Sondergericht bildete auch zum Kriegsende ein breites Spannungsfeld widerstreitender Interessen und konkurrierender Institutionen und Positionen. Wie in den Vorjahren kam es zu unausgesprochenen Auseinandersetzungen zwischen den Erwartungen der anzeigenden Gestapostelle in Braunschweig an die Urteilsfindung und den Vorstellungen des Sondergerichtes. Das Sondergericht war auch in den letzten Monaten keinesfalls der bedingungslose Erfüllungsgehilfe der Braunschweiger Gestapo. Aber auch zwischen der Generalstaatsanwaltschaft und dem Sondergericht gab es deutliche Auffassungsunterschiede. Immer wieder stellten sich auch Verteidiger ein, mit denen sich das Sondergericht verbündete, ein Todesurteil abwandte oder gar dem Antrag der Verteidigung folgte statt dem der Staatsanwaltschaft.

---

7 42 B Neu 7 Nr. 1598.

8 42 B Neu 7 Nr. 1188.

9 42 B Neu 7 Nr. 1156.

7.2 Milde und Härte – zwei unterschiedliche Vorsitzende

Zum Jahresanfang 1945 entlud sich diese Spannung anläßlich der Diskussion über die völlig unterschiedlich gesehene Höhe eines Urteils. Eine solche vergleichbare Auseinandersetzung hatte im Frühjahr 1942 zur Ablösung von Landgerichtsdirektor Höse als Vorsitzender des Sondergerichts geführt[10]. Dieses Mal geriet Landgerichtsdirektor Ahrens unter scharfe Kritik. Er fällte am 3. Januar 1945 für den Verwaltungssekretär P. wegen Untreue und Vergehens gegen die Verbrauchsregelungsstrafverordnung eine zweijährige Gefängnis- und 600.– RM Geldstrafe und für dessen Angestellte Edith Sch. eine achtmonatige Gefängnis- und 200.– RM Geldstrafe. Die Staatsanwaltschaft hatte dagegen 3 Jahre und 6 Monate Zuchthaus und 1 500.– RM und für Frau Sch. zwei Jahre Zuchthaus und 500.– RM Strafe beantragt mit der Begründung, die Menge der verwirtschafteten Lebensmittel und das in der Tat liegende böse Beispiel gefährde die ordnungsmäßige Bedarfsdeckung[11]. Diesem auffälligen Unterschied in der Strafbemessung lag folgende Geschichte zugrunde[12]:

Der erst 36jährige Verwaltungsdirektor und seine gleichaltrige Sekretärin waren die einzige Deutschen im Ostarbeiterkrankenhaus in der Ekbertstraße in Braunschweig und hatten seit Sommer 1943 gemeinsam auf Kosten des Krankenhauses und, ohne einen einzigen Abschnitt der kostbaren Fleisch-, Brot- oder Fettkarte abzugeben, in der Küche des Krankenhauses in aller Öffentlichkeit morgens, mittags und abends gefrühstückt, zu Mittag und zu Abend gegessen. „Die Verpflegung war nicht schlecht", stellte das Gericht lapidar fest. Morgens und abends gab es Wurst, Käse, Eier und Butter. Die Sonderrrichter, die sich auf Marken beschränkten, erhielten damals pro Woche 125 Gramm Fett und für drei Wochen 125 Gramm Quark und 62,5 Gramm Käse. Für die Kranken war der Kakao gedacht, der nun zur Abwechslung auf Wunsch den beiden am Morgen gereicht wurde. Es gab auch schon mal Leckerbissen: Semmelschnitten in geschlagenen Eiern umgewendet und „in guter Butter geröstet", vermerkte das Urteil. Das gewöhnliche Volk mußte sich mit Butteraroma, in kleinsten Glasröhrchen abgefüllt, zufriedengeben. Wöchentlich wurden für die Kranken 5–7 Kilo Fleisch geliefert; zur Abwechslung wurde für die beiden Leitenden auch mal Hammelfleisch gereicht. Für medizinische Zwecke erhielt das Krankenhaus wöchentlich 2–3 Liter Alkohol. Daraus wurde dann Likör fabriziert, und an Anlässen fehlte es nicht. Im Mai hatte der Verwaltungschef Geburtstag, Silvester und der Gründungstag des Krankenhauses vereinte eine lustige Schar unter der Firmierung „Gefolgschaftsfeste", es wurde musiziert und getanzt, die Internationale auf russich gesungen und einmal hätte sich der Angeklagte auch mit einer Ostarbeiterin in eine Nebenbaracke verzogen. Diese vom Personal und dem vernehmenden Kripobeamten gut bezeugten Tatbestände hätten allemal für eine Anklage nach der Volksschädlings- oder nach der Kriegswirtschaftsverordnung ausgereicht. Denn die Marken waren nicht in der Küche abgegeben, sondern unterschlagen worden. Doch danach wurde in der Verhandlung nicht gefragt.

Wie kam es zu diesem milden Urteil? Die Verteidigung hatte als eindrucksvollen Entlastungszeugen den Chef der Braunschweiger AOK, Bornemann, aufgeboten. Dort hatte

---

10 Vgl. S. 264 f.

11 42 B Neu 7 Nr. 1126.

12 Wir haben diesen Fall schon in Kapitel 6.5 (vgl. S. 165 f.) erzählt. Er erhält im jeweiligen Kontext einen anderen Stellenwert; zudem sind wir in der Bewertung unterschiedlicher Meinung.

der Beklagte in den zwanziger Jahren gelernt, war dann vor 1933 arbeitslos geworden, in die NSDAP eingetreten, und hatte in dieser schwierigen Zeit beim damaligen Kreisleiter und späteren Oberbürgermeister Hesse eine Hilfsstelle gefunden. 1934 bekam er erneut eine Stelle bei der AOK, war 1941 Obersekretär in der AOK geworden und im selben Jahr Obersturmführer der SA. Das rechnete ihm das Sondergericht hoch an. Es müsse insbesondere berücksichtigt werden, daß P. sich schon vor der Machtübernahme für den Nationalsozialismus eingesetzt habe. Der Angeklagte hatte eine zeittypische Biografie hinter sich. Sein Vater fiel bereits im November 1914, die Mutter zog mit den drei Kindern in die Stadt, wurde mit der Situation nervlich nicht fertig und starb 1934. Die Arbeitslosigkeit machte die drei Geschwister zu „alten Kämpfern", wie die Schwester in einem Verzweiflungsbrief an den „Führer" einen Tag nach dem Urteilsspruch schrieb. „Mein Führer, erhören Sie die flehentliche Bitte einer alten Parteigenossin und lassen Sie Gnade walten und geben Sie meinem Bruder die Freiheit wieder", schrieb sie am Ende ihres Briefes vom 4. Januar 1945. Der Brief hatte Hitler nie erreicht. Er wurde in den Gerichtsakten abgeheftet. Aber offenbar hatte der Angeklagte gute Beziehungen zu einigen Parteigrößen der Stadt, die die außerordentliche Milde des Urteils erklären würden. Außerdem hielt das Gericht unter Ahrens dem Angeklagten ausdrücklich zugute, „daß er in diesem Kriege für Großdeutschland geblutet hat". P. war verwundet worden und hatte das Silberne Verwundetenabzeichen erhalten.

Für ihren scharfen Strafantrag gerade auch gegen die eigenen Parteigenossen hatte die Staatsanwaltschaft den Reichsjustizminister Thierack auf ihrer Seite, der bei der üblichen Jahrestagung für die Generalstaatsanwälte im Februar 1943 beklagt hatte, daß führende Persönlichkeiten Privilegien beanspruchten, daß ein Kreisleiter – „das ist wiederholt vorgekommen und ich kenne solche Fälle – markenfrei ißt oder beim Metzger markenfrei etwas bezieht oder daß auf irgendeine Anweisung Butter an eine Stelle geliefert wird". Der Führer sei ein leuchtendes Beispiel für ein einfaches Leben. Der Angeklagte P. paßte zu genau in dieses von Thierack beklagte Muster. Vor allem aber hatte die Staatsanwaltschaft ein starkes Interesse der Braunschweiger Gestapo hinter sich. Sie gab diesem Verfahren einen hohen Stellenwert. Sie hatte Spitzel in das Ostarbeiterkrankenhaus eingeschleust. P. hatte eine Ostarbeiterin, die mit der Gestapo zusammenarbeitete, hinausgeworfen. Die Anzeige gegen P. stammte von einem anderen Gewährsmann der Gestapo, dem Kaufmann, bei dem das Krankenhaus die Einkäufe tätigte. Die Gestapo hatte die Verhaftung geschickt und unauffällig eingeleitet. P. war für 16 Tage im November 1944 zum Schanzeinsatz nach Holland abkommandiert worden. In dieser Zeit seiner Abwesenheit wurde seine Sekretärin verhaftet, und wenige Tage nach seiner Rückkehr wurde er drei Tage lang von der Gestapo verhört und am 30. November 1944 verhaftet. Kriminalkommissar Obersturmführer Flint und ein weiterer Beamter nahmen am Prozeß teil.

Die Gestapo konnte sogar ein ethisches Motiv ins Feld führen: ein Obersturmführer der SA sollte der Gefolgschaft und Öffentlichkeit ein Beispiel für „Sauberkeit", für die Parole „Gemeinnutz geht vor Eigennutz", für Abstand mit „Fremdarbeitern" sein. Der Angeklagte hatte aus ihrer Sicht viele propagierte Ideale der nationalsozialistischen Bewegung in den Schmutz getreten. Ein Sondergericht, das als nationalsozialistisches Gericht verstanden wird und die Sprache der „nationalsozialistischen Ethik" ständig zu Protokoll gibt, hätte aus der Sicht der Gestapo schon um der parteiinternen Reinigung willen ein sehr viel schärferes, „abschreckendes" Urteil sprechen müssen. Das Sondergericht unter Ahrens entschied sich jedoch gegen die Ansicht der Staatsanwaltschaft und gegen die Erwartungen der Gestapo und hatte dafür als gewichtige Hilfe Rechtsanwalt Kahn, der beide Angeklagten verteidigte und dafür sorgte, daß im Vorfeld belastende Punkte ausgeräumt wurden: es gab keine Anklage wegen unerlaubten Kontakts mit Ostarbeiterinnen, kein Wort von den Abtreibungen im Krankenhaus, für die nicht immer eine Erlaubnis des städtischen Arztes vorgelegen hatte und auch kein Wort von den Abtreibungen innerhalb des Personals. Auch von dem Absingen der Internationale steht nichts in der Anklageschrift. Schließlich wurde der § 1 der Kriegswirtschaftsverordnung während des Verfahrens ausgehebelt. Dieser naheliegende Fall wurde für eine denkbare Nichtigkeitsbeschwerde im Urteil ausdrücklich ausgeschlossen. „Wenn für die Dauer eines Jahres die für zwei Personen auf Lebensmittelkarten zustehenden Lebensmittel beiseite geschafft worden sind, dann liegt darin noch nicht die böswillige Gefährdung des lebenswichtigen Bedarfs der Bevölkerung auf diesem Gebiet“. Das Urteil gegen den Betriebsdirektor Hubing sprach da eine ganz andere Sprache, ganz zu schweigen von dem fürcherlichen Urteil gegen die drei tschechischen Schlachter und die Prostituierte[13]. Das Gericht übersah bei diesem Urteil großzügig, daß der leitende Verwaltungsskretär sich bereits vorher – er war seit September 1942 auf diesem Posten – ohne seine Sekretärin in der Küche hat bedienen lassen. Das Gericht wertete auch nicht jene Zeugenaussage aus, nach der sich die Sekretärin einmal sogar aus dem Vorratsschrank mit Eiern bedient hatte, daraufhin hatte sich die für die Küche zuständige 43jährige Köchin Anastasia Magartschuk aus Janonka beim Chef beschwert, gewiß auch aus dem Grund, daß man den Verlust nicht etwa ihr selber anlastete. Als Folge hatte der Verwaltungschef alle Bediensteten der Küche zusammengetrommelt und ihnen eingeschärft, daß seine Sekretärin immer Zugang zum Vorratsraum habe. Das war die offenkundige Legalisierung des Eierdiebstahls und dem Gericht durch die Zeugenaussage wohl bekannt.

Mit Hilfe des Verteidigers Kahn wurden somit alle Tatbestände für eine Zuchthausstrafe ausgeräumt und der Weg war für eine Gefängnisstrafe frei. Die vom Generalstaatsanwalt eingelegte Nichtigkeitsbeschwerde lehnte der Oberreichsanwalt in Berlin ab.

Das milde Urteil hatte auch noch nach 1945 Bestand. P. mußte die Strafe vom 13. April 1946 an absitzen, da das Gnadengesuch Kahns, bei dem sich der Verteidiger zu der abstrusen Behauptung verstieg, P. sei „ein völlig unbescholtener Mann“, abgelehnt worden war. Am 25. Juni 1946 noch gab der Generalstaatsanwalt zu Protokoll, daß eine Strafaussetzung nicht vorgesehen sei. Erst zwei Monate später erreichte den Beklagten ein Gnadenerweis. Wiederum, zwei Monate später, am 30. Oktober 1946 verstarb Heinrich P. im Alter von 37 Jahren im städtischen Krankenhaus.

Das Verfahren und das Urteil gegen den Verwaltungsleiter spiegelt in beispielhafter Weise die unterschiedlichen Ebenen bei der Urteilsfindung wider: die Staatsanwaltschaft, die zusätzlich die Absichten der Gestapo spürte, das Gericht, das den Argumenten der Verteidigung erwidern mußte, die Belegschaft des Ostarbeiterkrankenhauses, die sich vermutlich keine umwerfende Änderung des eingespielten Betriebes wünschte, die Braunschweiger Öffentlichkeit, die gerade zum Kriegsende hin empfindlich auf krasse Ungerechtigkeiten bei der Nahrungsmittelverteilung reagierte und Sühne für ihre deutliche Benachteiligung durch die Bevorzugung weniger verlangte.

Das erstaunlich milde Urteil unter dem Vorsitz von Landgerichtsdirektor Ahrens löste scharfe Kritik aus. Es fand zum Jahresanfang ein Treffen von Mitgliedern der

---

[13] Vgl. S. 163 ff. und 167 ff.

Staatsanwaltschaft und des Sondergerichts statt, bei dem die Rückkehr zu einer harten Urteilssprechung verlangt wurde[14]. Ahrens übernahm bis Ende Januar keinen Vorsitz mehr, der Mann für die notwendige Härte war Landgerichtsdirektor Lerche.

Bereits am nächsten Verhandlungstag, am 9. Januar 1945, fand unter seiner Leitung das Verfahren gegen den 18jährigen Italiener Francesco Paolin statt, das prompt mit einer Todesstrafe endete. Francesco Paolin war im Laufe des Jahres 1944 nach Deutschland gekommen, hatte bei seiner Arbeit in einer Sprengstoffabrik Ärger mit seinem Aufseher bekommen, war weggelaufen, tat sich mit einem Ostarbeiter zusammen, und sie stahlen in der Gegend von Weimar durch Einbruch in Gartenlauben Brot, Marmelade und Büchsenfleisch zum Lebensunterhalt. Francesco wollte sich nach Hause, nach Italien, durchschlagen. Von der Polizei aufgegriffen, wurde er in das Lager 21 in Salzgitter-Hallendorf eingeliefert. Er konnte ausbrechen, traf wieder mit seinem Ostarbeiter zusammen, lebte 9 Tage lang durch Diebstähle von der Hand in den Mund. Dabei wurde er schließlich am 15. November geschnappt. Paolin war schlau genug, seine Diebstähle nicht zuzugeben. Der Ostarbeiter sei die treibende Kraft gewesen. Dem Gericht fehlte ein Geständnis. Es widersprach sogar dem Staatsanwalt, der aus Francesco einen „gefährlichen Gewohnheitverbrecher" machen wollte. „Ein solcher Hang ist umso weniger zu beweisen, als der Angeklagte noch sehr jung ist und über sein Vorleben nichts Belastendes bekannt ist". Aber die Staatsanwaltschaft bekam doch ihr Todesurteil, auf das die Anklage zielte. „Daran, daß es sich bei ihm trotz seiner Jugend und des zu unterstellenden einwandfreien Vorlebens um einen Volkschädling handelt, der unter den von der Volksschädlingsverordnung zu erfassenden Typ fällt, kann bei der Schwere der abzuurteilenden Taten, insbesondere ihrer Gemeingefährlichkeit, kein Zweifel sein...". Tatsächlich war Francesco Paolin nichts weiter als ein typischer jugendlicher Ausreißer. Das Gericht indes fand allein in der Todesstrafe „die gerechte und zur erforderlichen allgemeinen Abschreckung wirksame Sühne". Wer aber sollte abgeschreckt werden? Die Arbeitskollegen von Francesco? Er hatte gar keine. Die anderen Italiener? Francesco hatte keine besonderen Kontakte zu ihnen. Die Familie?

Sie erfuhr von diesem Tod nicht einmal durch den Abschiedsbrief, der jahrzehntelang in den Gerichtsakten abgeheftet blieb. Die „allgemeine Abschreckung" konnte kein ausreichender Grund für die verhängte Todesstrafe sein. Das Urteil stellt sich als kalkulierter Justizmord an der Heimatfront dar. Es ist ein Gefälligkeitsurteil gegenüber der von Partei und Staatsanwaltschaft geforderten Härte, ein gezielter Gegensatz zu den milden Urteilen vor sechs Tagen. Der im Ostarbeiterkrankenhaus schlemmende Parteigenosse, der am 3. Januar zu Gefängnis verurteilt war, hatte tatsächlich durch den jahrelangen kostenfreien Frühstücks-, Mittags- und Abendtisch der Volksgemeinschaft in unvergleichbar größerem Umfang Lebensmittel vorenthalten und „gestohlen" als dieser achtzehnjährige. Paolin wurde noch am Tag der Aburteilung ins Gefängnis Wolfenbüttel verbracht und dort am 12. Februar 1945 hingerichtet[15]. Dieses Urteil ist bis heute nicht aufgehoben worden.

Es gab an diesem 9. Januar noch eine zweite Verhandlung in derselben Zusammensetzung des Sondergerichts: Angerstein und Eilers unter dem Vorsitz von Lerche. Dieses Mal aber gegen einen Deutschen: den Maschinenarbeiter Fritz M. aus Braunschweig, der

---

14 Aussage Paul Dörings vom 7. 11. 1946, 3 Nds Nr.

15 42 B Neu 7 Nr. 1601.

aus dem Lager der Firma Seifenweber Seife gestohlen hatte, nicht nur für den eigenen Bedarf, sondern kistenweise, je hundert Stück Einheitsseife, insgesamt vier Kisten, und zwar im November 1944 aus einem bombengeschädigten Haus. Da konnte man leicht auf Plündern plädieren, aber um diesen todeswürdigen Tatbestand abzuwenden, konstruierte das Gericht einen Grenzfall. Die Tat „grenze" an den Tatbestand des Plündern, räumte Lerche in der Urteilsbegründung ein, schloß damit aber diesen Fall zugleich aus. Es wurde auch nicht untersucht, wann der Diebstahl erfolgte, ob zum Beispiel unter Ausnutzung von Verdunkelungsmaßnahmen, was eine erhebliche Strafverschärfung bedeutet hätte. Das Gericht bezeichnete den Angeklagten zwar wie Paolin auch als „typischen Volksschädling" und die Tat als „verwerflich". Das gesunde Volksempfinden fordere daher eine Überschreitung des allgemeinen Strafrahmens. Dieser Strafrahmen war jedoch bereits durch die Behandlung des Falles auf einen so harmlosen Tatbestand reduziert, daß auf jeden Fall die Todesstrafe und ebenso eine höhere Zuchthausstrafe vermieden wurde. Der Maschinenarbeiter wurde zu einem Jahr Zuchthaus verurteilt, die mit angeklagte Luise K. wegen Hehlerei zu drei Monaten Gefängnis[16]. Immerhin konnte das Gericht gegenüber der mithörenden Gestapo rhetorisch eine Überschreitung des allgemeinen Strafrahmens vorweisen und damit die erforderliche Härte demonstrieren. Faktisch aber unterscheiden sich die beiden hintereinander gefällten Urteile dieses Dienstags wie Tag und Nacht. Der ältere Deutsche wurde sichtlich geschont, der junge Ausländer wurde geopfert.

Drei Tage später folgte das nächste Todesurteil, ebenfalls in derselben Besetzung des Sondergerichts wie am 9. Januar. Es standen drei Franzosen vor dem Sondergericht, die im Januar 1943 in Frankreich für die Rüstungsarbeit in Deutschland „requiriert" worden waren, wie das Gericht sich vornehm ausdrückte. Sie hatten 1940 gegen die deutsche Wehrmacht gekämpft, und nun arbeiteten alle drei bei der KVG in Lebenstedt. Der Jüngste, Jean Grue, der vom Lande stammte und mit 16 Jahren noch Kühe gehütet hatte, jetzt ein siebenundzwanzigjähriger Mechaniker, hatte seine eigenen Mitgefangenen bestohlen, außerdem Kaninchen, Hühner entwendet und trieb Tauschhandel mit Zigaretten. Er wurde am 6. September 1944 verhaftet, konnte jedoch aus dem Haftraum in Watenstedt entkommen, wurde erneut festgenommen und mit den beiden Kraftfahrern Maurice und Bernand vor Gericht gestellt. Der Pflichtverteidiger von Jean Grue, Rechtsanwalt Diesener, bat um Prüfung, ob nicht eine etwas längere Zuchthausstrafe ausreiche. Rechtsanwalt Kahn forderte für die beiden andern „eine weit mildere Freiheitsstrafe und Freispruch". Jean Grue wurde zum Tode verurteilt, Maurice Grenier wegen Hehlerei mit den gestohlenen Tieren zu 9 Monaten Gefängnis, und Bernand Guitard wurde freigesprochen. Wie Paolin wurde auch Jean Grue dem Antrag der Staatsanwaltschaft gemäß für eine Bagatelle zum Tode verurteilt, die auch unter den damaligen Umständen durchaus nicht mit dem Tode hätte bestraft werden müssen. Jean Grue wurde am 9. März in Wolfenbüttel hingerichtet. Staatsanwalt Magnus wohnte der Prozedur bei[17].

Die Abhängigkeit des Sondergerichts von politischen Stellen wird vier Tage später am Urteil gegen den 18jährigen Holländer Jakobus Coenraadts deutlich. Er war am 12. September 1944 nach Deutschland in das geschlossenen Wohnlager der MIAG verbracht worden, hatte dort aber ständig Hunger, kehrte am 14. Dezember nicht in das Lager zu-

---

[16] 43 A Neu 3 Nr. 13/2127.
[17] 42 B Neu 7 Nr. 1602.

rück, sondern stahl aus einem mit einem Holzverschlag geschlossenen Laden in der Ernst Amme-Straße ein Brot. Als er es in seiner alten Jacke verstauen wollte, wurde er vom Werkschutz geschnappt, der ihn sofort der Gestapo übergab. Noch am 15. Dezember 1944 erreichte die Gestapo ein Brief des Abwehrbeauftragten der MIAG, der in diesem Fall um die strengste Bestrafung bat, „da wir sehr viele Schwierigkeiten mit den Holländern haben". Bereits am 5. Januar war die Anklageschrift fertig. Der Staatsanwalt beantragte ein Jahr und sechs Monate Zuchthaus. Am 16. Januar 1945 fand das Verfahren unter Lerche, Angerstein und Eilers statt. Die Gestapo hatte ihr weiteres Interesse an dem Fall zu Protokoll gegeben. „Da beabsichtigt ist, C. nach seiner Strafverbüßung in Schutzhaft zu nehmen", schrieb der Gestapobeamte, wünsche die Gestapo Benachrichtigung vom Ausgang des Verfahrens. Lerche mußte den Fall nun ungeheuer aufbauschen, denn wegen Diebstahls eines einzigen Brotes müßte nun auch im „Dritten Reich" keiner ins Gefängnis. Anders bei den Braunschweiger Sonderrichtern. Der Diebstahl stelle keinen Mundraub zum baldigen Verbrauch dar. „Ein ganzes Brot ist so viel, daß diese Menge nicht in einer Mahlzeit verzehrt werden kann, ein ganzes Brot stellt einen Vorrat für mehrere Mahlzeiten dar. Bei der derzeitigen Zwangsbewirtschaftung im Kriege muß der ehrliche Volksgenosse mit einer solchen Menge etwa eine Woche auskommen". Tatsächlich gab es in diesen Tagen pro Woche und Person 1 700 Gramm Brot, also ein Dreieinhalbpfund schweres Brot, das man sich einteilen mußte, und das am vierten Einteilungstag dann hart war. Diese Begründung wirft ein deutliches Licht auf die elende Versorgungssituation in den letzten Kriegsmonaten; sie war eine Ursache dafür, daß im ganzen Reich geschoben, getauscht und gestohlen wurde und in der Küche des Ostarbeiterkrankenhauses ohne Marken geschlemmt wurde. Übrigens spielte die Jugend des Angeklagten keine Rolle, die besonderen Ernährungsumstände im MIAG-Lager auch nicht, es war auch kein Verteidiger zur Stelle, vielmehr ein Staatsanwalt, der weitergehende Vermutungen anstellte: „unwahrscheinlich, daß er nur Brot stehlen wollte". Das Sondergericht verhängte ein Jahr Zuchthaus, denn: „Der Angeklagte hat aus einem bombengeschädigten Haus mittels Einbruch gestohlen. Er wird deshalb als Volksschädling unter Anrechnung der Untersuchungshaft zu einem Jahr Zuchthaus und zu den Kosten des Verfahrens verurteilt"[18].

7.3 Die deutschen Angeklagten

Es standen vor dem Sondergericht in den letzten drei Monaten etwa gleich viel Deutsche wie Ausländer. Das Sozialgefälle dieser deutschen Gruppe entsprach genau den in der Heimat noch unbedingt notwendigen oder an der Front nicht mehr verwendungsfähigen Volksgenossen. Unter den 30 deutschen angeklagten Männern der letzten drei Monate befanden sich nur sieben Arbeiter, aber sechs Rentner, sieben ältere Freiberufliche (Kaufmann, Landwirt, Bierverleger u. a.), drei Facharbeiter, ein Beamter und sechs Männer in gehobener Stellung in Verwaltung oder am Bau. Wie wir schon beim Erna Wazinski-Urteil festgestellt hatten, spielte der soziale Stand bei der Urteilsbildung des Sondergerichts eine nicht unerhebliche Rolle. Die Vermutung, daß zum Kriegsende hin die sozialen Unterschiede immer mehr schrumpften, weil sich alle in derselben Ver-

[18] 42 B Neu 7 Nr. 1142.

dammnis befanden, ist unzutreffend. Die Gruppe der sechs in leitender Stellung befindlichen Männer scheint doch deutlich bevorzugt zu werden. Der Freispruch für den stellvertretenden Betriebsleiter Josef K.[19] und das milde Urteil für den Verwaltungsleiter des Ostarbeiterkrankenhauses sind dafür prägnante, aber keineswegs die einzig dastehenden Beispiele: der 26jährige, leitende Angestellte bei den Hermann Göring-Werken Helmut T. griff aus Raucherleidenschaft seinem Chef in den Schrank und stahl von den für die Belegschaft zurückgelegten Tabakwaren 1 000 Zigaretten und 24 Päckchen Tabak. Er war mit seinen Rauchermarken nicht ausgekommen. Er war bereits während seines Fronteinsatzes zu fünf Monaten Gefängnis wegen Unterschlagung verurteilt worden und bekam für den neuerlichen Diebstahl am 23. Februar ein Jahr Gefängnis und eine Geldstrafe von 400.– RM. Diese Strafe gilt auch nach dem Kriege als angemessen[20].

Der Bauführer Hans W. kaufte von einem Fuhrhändler 80 Päckchen Tabak für 15.– RM pro Päckchen, „eine der begehrtesten Tauschmittel auf dem schwarzen Markt", vermerkte der Vorsitzende Ahrens. Dieser Schwarzhandel sei „geeignet, schwere Erschütterungen in der Versorgungslage herbeizuführen". Er erhielt dafür trotzdem nur 6 Monate Gefängnis[21].

Der Baustellenleiter Karl W. aus Steterburg beschaffte sich auf dem schwarzen Markt von einer Putzfrau, die in Geldnot war und zu Hause einen schwerkranken Mann zu versorgen hatte, Tabakwaren und erhielt dafür die geringe Strafe von 5 Monaten Gefängnis; die Frau dagegen, die die Raucherabschnitte allerdings von ihrer Arbeitsstelle, aus dem Wirtschaftsamt in Lebenstedt gestohlen hatte, erhielt ein Jahr und sechs Monate Zuchthaus[22].

Dem fälligen Verfahren gegen die verantwortungslose Ausnutzung der leitenden Stellung eines Angestellten und seiner Ehefrau bei der jahrelangen Unterschlagung zusätzlicher Lebensmittelmarken[23] wurden andere Verfahren gegen Rentner und Ausländer vorgezogen. Wenn es wollte, konnte das Sondergericht auch „blitzschnell" reagieren. In diesem Fall sah es keine Eile geboten. Die vom Sondergericht immer wieder beschworene abschreckende Wirkung wäre bei hohen Strafen gegen diesen Angestellten auf leitendem Posten wohl erzielt worden.

7.4 Frauen vor dem Sondergericht

Von den 63 deutschen Angeklagten sind über die Hälfte (34) Frauen. Es sind Putzfrauen, bei der Straßenbahn oder Post Beschäftigte, Sekretärinnen, Geschäftsfrauen, Hausfrauen, solche, die eine Pension führen. Immerhin fällt auf, daß das Sondergericht für Schwächere und Ältere, sofern sie Deutsche sind, nicht so strenge Maßstäbe anlegt. Die 35jährige Putzfrau auf dem Bahnhof Wenden, Margarete Th., erwartete ihr drittes Kind. Ihr fehlten im strengen Winter 1945 Decken. Sie stahl drei Wolldecken und zwei Frotteehandtücher und fand dafür beim Vorsitzenden Richter Verständnis. Sie erhielt daher am 23. Februar 1945 die vergleichsweise milde Strafe von „nur" 6 Monaten Gefäng-

19 42 B Neu 7 Nr. 1156.
20 42 B Neu 7 Nr. 1171.
21 42 B Neu 7 Nr. 1174.
22 42 B Neu 7 Nr. 1154.
23 42 B Neu 7 Nr. 1178.

nis. Dem Generalstaatsanwalt indes fiel die geringe Strafe auf, und er regte eine Nichtigkeitsbeschwerde an. Die Angeklagte sei ein Volksschädling und die Tat „sehr verwerflich"[24].

Mildere Urteil erfahren auch deutsche Frauen und Ehepaare zwischen 50 und 70 Jahren, ein für die vor dem Sondergericht Angeklagten untypisches Alter, das üblicherweise zwischen 20 und 45 Jahren lag.

Das Ehepaar Reinhold und Marie L., 64 und 62 Jahre alt, hatte Beziehungen zum Braunschweiger Schlachthof. Er war dort Schlachter. Zwei Jahre lang stahlen sie jeweils ein viertel Kilo Talg. Mit dem Fett auf Marken kam niemand aus. Das Gericht rechnete insgesamt 25 Kilo entwendeten Talgs zusammen. Rechtsanwalt Kahn verteidigte beide. Das Urteil fiel am festlichen, zwölften Tag der Machtergreifung, dem 30. Januar 1945. Vielleicht war das Sondergericht gnädig gestimmt. Sie erhielten die geringe Strafe von acht und drei Monaten Gefängnis, zuviel für Reinhold L., der auf der Fahrt in das Gefängnis Vechta an Herzschwäche starb[25].

Das ältere Schuhmacherehepaar Jakob und Hubertine B. aus dem Aachener Gebiet erhielt vor seiner Evakuierung von seinem Untermieter einige Sachen, welche die beiden mitnahmen und für ihn aufbewahren sollten. Sie wurden nach Schladen verschlagen, aber als der Untermieter sie dort ausfindig machte, wollten sie ihm die anvertrauen Sachen zunächst nicht wieder herausrücken. Schließlich erhielt der Geschädigte doch fast alles zurück. Der Staatsanwalt plädierte auf ein Vergehen als „Volksschädling", das Sondergericht unter dem Vorsitz von Lerche sprach das Ehepaar am 20. Februar 1945 mangels Beweisen frei[26].

Für dasselbe Delikt erhielt die 43jährige Friede R. aus Süpplingen eine zweijährige Zuchthausstrafe. Ein evakuierter Lothringer hatte bei ihr zwei Koffer untergestellt, die sie nicht gleich wieder herausrückte. Einige Sachen fehlten, als sie schließlich die Koffer wieder abgab: einige Laken, Hemden, Bettbezüge, zwei Flaschen französischer Cognac und viele Rasierklingen. Sie gab schließlich das meiste wieder zurück, nachdem der Lothringer ihr schriftlich seine schäbige Gesinnung offenbart hatte: sie solle alles bis zur letzten Rasierklinge wiedergeben, „und es ist mir vollkommen gleichgültig, ob sie erschossen oder erhängt werden". Er zeigte sie bei der Braunschweiger Gestapo an, die Sache kam ins Rollen. Die Beklagte sei ein „typischer Volksschädling", meinte das Gericht. Sie wurde von Rechtsanwalt Benze verteidigt, der aber die Höhe dieses Urteils nicht verhindern konnte, obwohl sich in der Schwere des Diebstahls kein wesentlicher Unterschiede zu dem des Ehepaars B. ergab[27].

Die 23jährige Martha W., die bei Voigtländer arbeitete, stahl lediglich drei Hosen und erhielt dafür ein Jahr und drei Monate Zuchthaus.

Im Keller des Hauses, in dem u. a. auch Ella V. und Elisabeth N., 35 und 36 Jahre alt, wohnten, befand sich das Warenlager eines Kaufmanns. Als der auf Urlaub war, stahlen beide Frauen Wollstoff für einen Mantel, zwei Kinderkleider, außerdem 8 Päckchen Zigaretten, Kaffee und zwei Flaschen Wein. Die Stoffe wurden gegen Lebensmittel getauscht, tauchten aber im Zuge der Ermittlungen wieder auf. Dem Kaufmann war also

---

[24] 42 B Neu 7 Nr. 1172.
[25] 42 B Neu 7 Nr. 1151.
[26] 42 B Neu 7 Nr. 1160.
[27] 42 B Neu 7 Nr. 1159.

kein großer Schaden entstanden. Außerdem war der Keller offen und die Sachen ohne Einbruch leicht zugänglich. Beide erhielten trotzdem am 30. Januar 1945 zwei Jahre Zuchthaus nach der Volksschädlingsverordnung[28]. Das ist ein scharfes Kontrasturteil gegenüber dem Freispruch für das ältere Ehepaar am gleichen Tage.

Kritisch konnte es auch werden, wenn systemtreue und systemkritische Frauen aufeinandertrafen. Gerade die zum Kriegsende hin wachsende und öffentlich geäußerte Unzufriedenheit und Meckerei über die alltäglichen Unbequemlichkeiten konnte als Undankbarkeit gegenüber dem System ausgelegt und denunziatorisch benutzt werden. Frau Töppel betrieb in Altenbrak eine kleine Pension und bekam aus dem ausgebombten Braunschweig zwei Frauen zur Einquartierung. Das ging gerade noch gut. Als aber eine dritte Frau hinzukommen sollte, gab es Krach, die einquartierten Frauen entpuppten sich als waschechte „Nazissen". Sie beanstandeten, daß in der Pension der „deutsche Gruß" nicht üblich sei, und im übrigen höre die Pensionsbesitzerin den Sender Calais, berichteten sie bei der Gestapo am 22. August 1944. Als die eine sich als BDM-Führerin vorstellte, entgegnete die Pensionsbesitzerin: „Da hätten Sie mal etwas anderes für tun sollen," und übrigens: „Die Bomben treffen nur schlechte Menschen. Und sie sollten mal um 20.40 Uhr den Soldatensender anstellen, da hörten sie die Wahrheit". Gewäsch, Alltagsklatsch im Treppenhaus. Frau T. wurde am 14. Oktober verhaftet. Lerche, Angerstein und Eilers verurteilten sie Monate später, am 14. Februar 1945, zu einem Jahr Zuchthaus, das war die Mindeststrafe bei dem Delikt des Abhörens[29].

7.5 Zwangsarbeiter

Neben den 55 Deutschen wurden ab Januar 1945 55 Fremdarbeiter vor dem Sondergericht angeklagt: 22 Franzosen, 21 Niederländer und Holländer, 6 Belgier, zwei Tschechen, ein Grieche, ein Italiener, zwei Polen.

Die unterschiedliche Behandlung von Deutschen und Zwangsarbeitern wurde dem Braunschweiger Gerichtspublikum dann besonders anschaulich, wenn an einem Tag in zwei aufeinanderfolgenden Verfahren zuerst Ausländer und dann ein Deutscher verurteilt wurden. Der Verhandlungstag am 13. Februar 1945 begann um halb neun gegen vier Niederländer, zwei Franzosen und einen Tschechen. Die sieben arbeiteten auf dem Verschiebebahnhof Braunschweig, und vier holten sich aus einem Wehrmachtszug je eine Pelzweste und probierten sie an Ort und Stelle an. Weil zwei Westen nicht paßten, wurden sie gegen andere ausgetauscht. Drei Pullover ließ ein anderer aus dem Bremserhäuschen mitgehen. Alle stahlen in der sehr kalten Jahreszeit nur für den eigenen unmittelbaren Gebrauch. Die Niederländer wurden alle zu einem Jahr und sechs Monaten Zuchthaus verurteilt. Damit blieb das Gericht aber noch unter dem Antrag des Staatsanwalts, der für die Niederländer sogar zwei Jahre Zuchthaus beantragt hatte. Der Franzose, der drei Pullover gestohlen hatte, erhielt ein Jahr Zuchthaus. Die beiden anderen, die von Rechtsanwalt Kahn verteidigt wurden, erhielten wegen Hehlerei ein Jahr, bzw. fünf Monate Gefängnis[30].

Schon auf dreiviertel zehn Uhr war die nächste Verhandlung gegen den Buchhalter K. angesetzt, der im Geschäft seines Chefs aus der Brieftasche 300.– RM und aus dem Luft-

---

28 42 B Neu 7 Nr. 1143.
29 42 B Neu 7 Nr. 1122.
30 42 B Neu 7 Nr. 1161.

schutzköfferchen ein Postsparbuch mit 730.– RM gestohlen hatte, also im Wert sehr viel mehr als eine Pelzweste. Er erhielt nicht Zuchthaus, sondern ein Jahr Gefängnis. Der Verteidiger Kahn brachte vor, K. sei längere Zeit in der Nervenheilanstalt gewesen und konnte so die vom Staatsanwalt beantragte zweijährige Zuchthausstrafe abwenden. Die Gefängnisstrafe solle wegen der Jugend des Angeklagten nicht eine abschreckende, sondern eine erzieherische sein[31]. Erzieherisch verstandene Strafen an ausländischen jungen Leuten dagegen kamen nicht vor.

Wenn der Angeklagte indes einige von den Nationalsozialisten für sich selbst reklamierte Eigenschaften wie Ehrlichkeit und Kameradschaft nachweisen konnte und sogar Interesse für die SS zeigte, wuchs die Sympathie des Vorsitzenden. Der belgische Arbeiter Georges B., der seit Dezember 1944 bei der Post in Kreiensen arbeitete, und als leidenschaftlicher Raucher 6–7 Feldpostpäckchen mit vermuteten Tabakwaren aufgebrochen hatte, erhielt eine Woche später vom Sondergericht unter der Besetzung Lerche, Angerstein, Eilers „nur" eine einjährige Zuchthausstrafe. Üblicherweise stand auf Postdiebstahl die Todesstrafe. Im Strafantrag der Staatsanwaltschaft waren zunächst zwei Jahre Zuchthaus vorgesehen und bei der Verhandlung 1½ Jahre Zuchthaus beantragt. Aber die Sonderrichter sympathisierten mit dem Angeklagten: er mache einen anständigen Eindruck, außerdem habe er sich selber zu einem Zeitpunkt gestellt, als der Verdacht auf ihn überhaupt noch nicht gefallen war, um nicht andere Ausländer an seinem Arbeitsplatz zu gefährden. Georges war früher Student und hatte sich sogar zur Waffen-SS gemeldet. Dem Generalstaatsanwalt dagegen war die einjährige Zuchthausstrafe „reichlich gering", aber er nahm von einer Nichtigkeitsbeschwerde Abstand, „weil z. Zt. bereits eine größere Anzahl solcher Anregungen im Laufen sind"[32].

In der Regel wurden Fremdarbeiter unvergleichlich härter bestraft. Der Monteur Pierre Lineares, der im Lager der Firma MIAG untergebracht war, nahm aus dem gerade unbesetzten Bäckerladen an der Ecke Bruchstraße die Kiste mit den Brotmarken hinter der Kasse, wurde jedoch von der Ladeninhaberin entdeckt und noch auf der Straße geschnappt. Das Sondergericht folgte dem Strafantrag der Staatsanwaltschaft und verurteilte ihn am 14. Februar zu einem Jahr und neun Monaten Zuchthaus[33].

Am 16. Februar erhielten der Grieche Sotirios Baglis ein Jahr und drei Monate Zuchthaus und der Franzose Eugene Lacoriche zwei Jahre und acht Monate Zuchthaus für Schwarzhandel mit Brotmarken[34].

Der 23jährige Georges Mathieu arbeitete auf dem Braunschweiger Verschiebebahnhof Ost, stahl 12 Büchsen Nestlé Kindermehl und wurde am 23. 1. 1945 als „Volksschädling" zu einem Jahr Zuchthaus verurteilt[35].

Der 20jährige Franzose Jacques Degreve half im Oktober 1944 bei Aufräumarbeiten in der schwer zerstörten Fleischfabrik Struve und Witte. Er nahm sich dabei zwei Einpfunddosen und sieben Halbpfunddosen Fleisch mit. Das fiel keinem auf, obwohl die SA Aufsicht führte. Unvorsichtigerweise schrieb er davon seiner französischen Freundin, die Hildesheimer Gestapo fing den Brief ab, leitete ihn den Braunschweiger Kollegen zu und am 20. Februar 1945 wurde Jaques zu zwei Jahren Zuchthaus verurteilt. Die „Fortnahme

[31] 42 B Neu 7 Nr. 1162.
[32] 42 B Neu 7 Nr. 1168.
[33] 42 B Neu 7 Nr. 1164.
[34] 42 B Neu 7 Nr. 1105.
[35] 42 B Neu 7 Nr. 1140.

von Fleisch in solchen Mengen“ sei eine besonders verwerfliche Tat, schrieb der Vorsitzende ins Urteil[36].

Auf die Fremdarbeiter entfiel auch die Mehrheit der Todesstrafen, die das Sondergericht in den letzten Kriegsmonaten fällte.

Der niederländische Schneider Hermann Onderstall war mit zehn anderen Arbeitern zu Räumungsarbeiten nach dem Luftangriff am 15. Oktober 1944 auf dem Grundstück Petristr. 9 eingesetzt und hatte einen Fotoapparat, zwei Stück Seife, einen Pullover, zwei Schals, einen Wecker und Ledergürtel gestohlen. Er brachte die Sachen zu seiner deutschen, verheirateten Freundin Gerda K., der er als Dank für die Nächte eine Freude machen wollte. Das Sondergericht mit Peters und Angerstein unter Ahrens verurteilte ihn am 27. Februar 1945 zum Tode, die deutsche Freundin erhielt nur 9 Monate Gefängnis. Die Todesstrafe wurde nicht mehr vollstreckt, und der Todeskandidat wurde in Wolfenbüttel Mitte April „infolge Feindalarm“ entlassen[37].

Einen aus heutiger Sicht erschreckenden Tiefstand europäischer Zivilisation dokumentieren die beiden Todesurteile vom 2. Februar 1945 gegen zwei junge Franzosen. Jean Legrand und Marcel Tanniou standen wegen geringfügigen Diebstahls vor dem Sondergericht in der Zusammensetzung Lerche, Ahrens und Eilers. Beide Angeklagten waren 18 Jahre alt. Jean war Musikstudent, verdiente sich in Frankreich in einem Kaffeehaus als 15/16jähriger Musiker Geld und wurde dabei geschnappt, als er im Café Postkarten verteilte, auf denen Hitler mit Marlene Dietrich auf dem Schoß abgebildet war und andere mit Hitler in Husarenuniform neben Marlene im Auto. Humorlos hatte das Kriegsgericht festgestellt, daß die Abbildungen „selbstverständlich eine Tricksache“ seien und verurteilte Jean im November 1943 zu zwei Jahren Gefängnis. Seit September 1944 war er im Gefängnis Wolfenbüttel, wo er den gleichaltrigen Marcel Tanniou kennengelernt hatte. Marcel war Bäckerlehrling, mit 15 Jahren in einem Sammeltransport nach Deutschland gekommen und sollte bei der Arbeit in Hannover Sabotage an der Knetmaschine begangen haben, was er jedoch bestritt. Er verbüßte dafür eine Gefängnisstrafe in Wolfenbüttel. Beide wurden mit anderen im Dezember 1944 zu Aufräumarbeiten im zerstörten Braunschweig, in der Sonnenstraße, eingesetzt, entfernten sich mit einem dritten, André, vom Kommando, zogen sich im Keller eines zerstörten Hauses dort verbliebene Privatsachen an und flüchteten in Richtung Watenstedt. Vom 4.–7. Dezember schliefen sie in einem Wald bei Wolfenbüttel, ernährten sich von Zuckerrüben und Kartoffeln, versteckten sich am 7. Dezember im Watenstedter Lager 20, kauften sich drei Fahrkarten nach Hannover, verpaßten den Zug, gingen ins Lager zurück und mittags wieder zum Bahnhof mit 580.– RM in der Tasche, die von den französischen Arbeitern zusammengelegt worden waren. Auf dem Weg zum Bahnhof wurden sie geschnappt. André konnte entkommen, Jean und Marcel wurden der Gestapo überstellt. Ohne viel Federlesen beantragte der Staatsanwalt die Todesstrafe. Aber der Tatbestand des Plündern mußte erst konstruiert werden, denn die Tat im Dezember lag bereits sechs Wochen nach dem großen Oktoberangriff 1944. Das sei unerheblich, befand das Gericht, die ganze Gegend habe verödet dagelegen. Auch daß sie nur die Sachen mitgenommen hätten, die sie für die Flucht benötigten, sei für das Strafmaß unerheblich. Und dann war noch das Alter von Marcel zu berücksichtigen, der zum Zeitpunkt der Tat erst siebzehn Jahre alt und damit nicht strafmündig war, also eigentlich gar

[36] 42 B Neu 7 Nr. 1169.
[37] 42 B Neu 7 Nr. 1607.

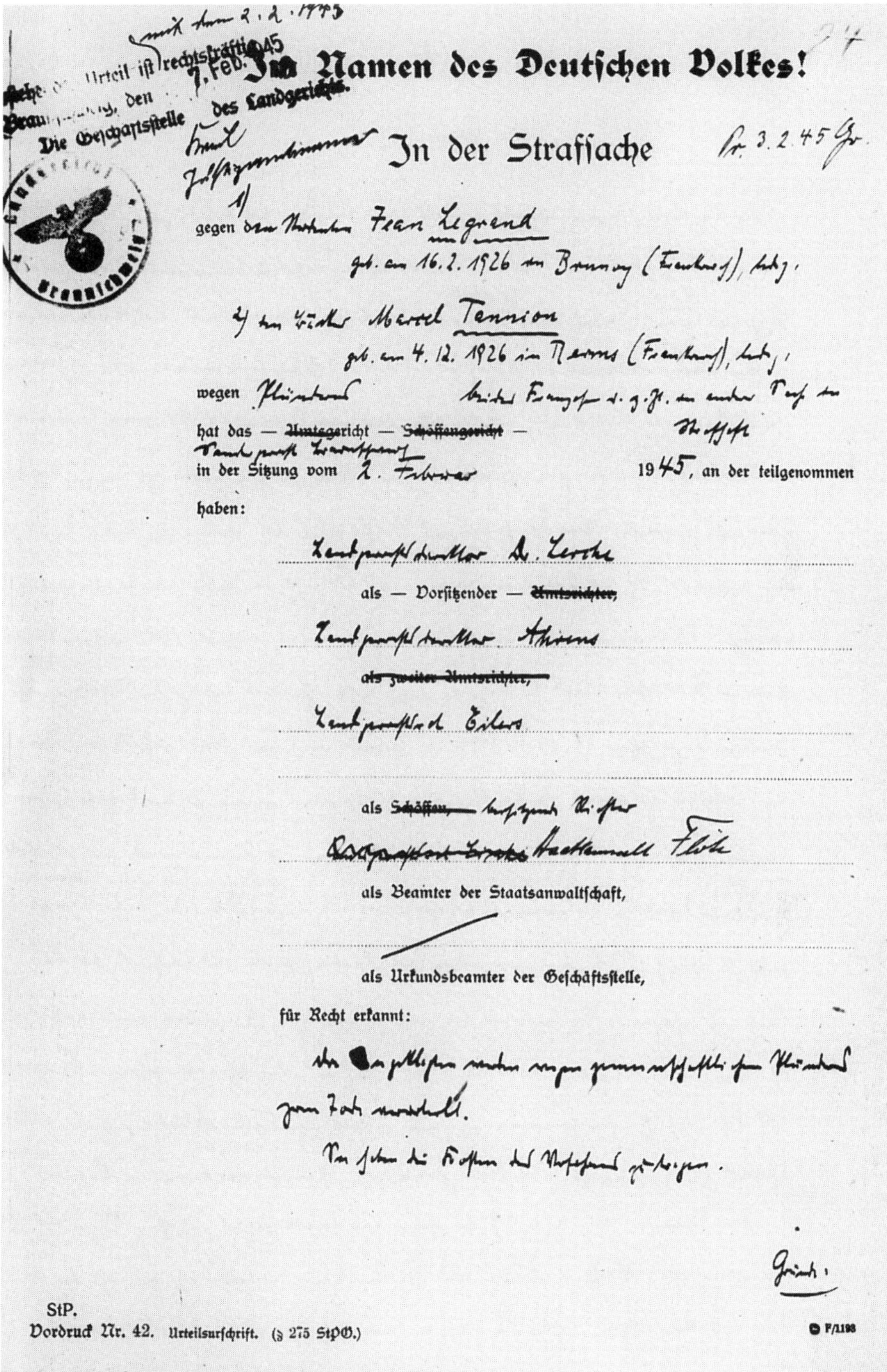

mit dem 2.2.1945

Urteil ist rechtskräftig 7. Feb. 1945 Braunschweig, den ... Die Geschäftsstelle des Landgerichts.

Im Namen des Deutschen Volkes!

24

[illegible]

In der Strafsache

Ur. 3.2.45 Gr.

gegen 1) den Arbeiter Jean Legrand
geb. am 16.2.1926 in Bernay (Frankreich), ledig,

2) den Arbeiter Marcel Tension
geb. am 4.12.1926 in Reims (Frankreich), ledig,

wegen Plünderns beide Franzosen z.Zt. in anderer Sache in Strafhaft

hat das — ~~Amtsgericht~~ — ~~Schöffengericht~~ —
Sondergericht Braunschweig
in der Sitzung vom 2. Februar 1945, an der teilgenommen
haben:

Landgerichtsdirektor Dr. Lerche

als — Vorsitzender — ~~Amtsrichter,~~

Landgerichtsdirektor Ahrens

~~als zweiter Amtsrichter,~~

Landgerichtsrat Eilers

als ~~Schöffen,~~ beisitzende Richter

~~[illegible]~~ Staatsanwalt Flöte

als Beamter der Staatsanwaltschaft,

als Urkundsbeamter der Geschäftsstelle,

für Recht erkannt:

Die Angeklagten werden wegen gemeinschaftlichen Plünderns zum Tode verurteilt.

Sie haben die Kosten des Verfahrens zu tragen.

Grimm

StP.
Vordruck Nr. 42. Urteilsurschrift. (§ 275 StPO.) F/1198

2

Gründe.

Die Angeklagten, die beide erst 18 Jahre alt sind, befinden sich seit längerer Zeit im Jugendgefängnis Wolfenbüttel in Strafhaft, ~~[illegible]~~ Legrand hat dort zwei Jahre Gefängnis zu verbüßen, weil er in Frankreich, wo er damals Arbeiter in einem Betriebe war, deutschfeindliches Propagandamaterial besessen und verteilt hatte. Tonnelier, der als Arbeiter in Deutschland gearbeitet hatte, war im September 1944 vom Sondergericht in Hannover wegen Kriegswirtschaftsverbrechens (Diebstahl von Brot) zu einem Jahre Gefängnis verurteilt. Vom Jugendgefängnis Wolfenbüttel aus wurden die beiden Angeklagten im Dezember 1944 zu Aufräumungsarbeiten an Fliegerschadenstellen in Braunschweig eingesetzt. Sie arbeiteten mit anderen Strafgefangenen Anfang Dezember 1944 auf der Trümmerstätte in Braunschweig und der Umgebung dieser Stadt. Hier waren infolge des Terrorangriffs feindlicher Flieger vom 15. Oktober 1944 die Gebäude mehr oder weniger zerstört und von den Bewohnern verlassen. Die Angeklagten verabredeten mit einem dritten Strafgefangenen namens André aus der Gefangenschaft zu entfliehen. Zu diesem Zweck stieg André an einem Vormittag in einen als Luftschutzraum ausgebauten und daher auch gut erhalten gebliebenen Keller des Hauses Brunnenstraße 16 durch ein Fenster ein, um dort Kleidungsstücke und Schuhwerk für die Flucht zu besorgen. Wie den Angeklagten nicht zu widerlegen ist, waren bereits vorher Arbeiter in dem Keller gewesen und hatten dort gestohlen. Das betreffende geöffnete Fenster soll daher schon offen gewesen sein. Während André im Keller Kleidungsstücke und Schuhwerk zusammensuchte und dann herausreichte, standen die beiden Angeklagten draußen Schmiere, um dann auch die ihnen von André herausgereichten Sachen entgegenzunehmen. Nachdem André und die Angeklagten das Diebesgut zunächst in der Nähe versteckt hatten, brachten sie noch an demselben Tage zu dem [illegible] [illegible],

[illegible]

zogen den ankommenden Wagen an und ergriffen die Flucht. Während [illegible] noch flüchtig ist, konnten die beiden Angeklagten ergriffen werden:

Sie haben diesen Sachverhalt glaubhaft zugestanden und sind deswegen ~~gemeinschaftlich~~ [illegible] begangenen [illegible] und § 47 RStGB des Plünderns, Verbrechens gegen § 1 der Volksschädlings-VO / schuldig. Die Trümmer des Hauses Tannenstraße 16 sind als feindlich geräumtes Gebäude oder Räume im Sinne des § 1 aaO anzusehen. Dass zur Zeit der Tat der Fliegerangriff, der die Ursache zur Räumung veranlasst hatte, schon etwa 6 Wochen zurücklag, ist unerheblich. Das Haus Tannenstraße 16 und die ganze Umgebung war völlig zerstört und für die Angeklagten offenbar von den Bewohnern fluchtartig verlassen, weil sie hierzu durch den Fliegerangriff und seine Auswirkungen gezwungen waren. Ebenfalls ist unerheblich, dass die Angeklagten nur Sachen genommen haben, die ihnen zur Flucht aus der Haft dienen sollten. Sie können deswegen nicht besser gestellt werden als andere Täter.

~~Le Grand~~ Tannion hat die am 3.12.1944 abgestrafte Tat einen Tag vor Vollendung seines 18. Lebensjahres begangen. Er konnte deshalb aber nicht als Jugendlicher bestraft werden. Er war, wie auch der persönliche Eindruck des Angeklagten übereinstimmend, körperlich auch schon am Tage vor seinem 18. Geburtstag sittlich und geistig so entwickelt, dass er einem über 18 Jahre alten Täter gleichgestellt werden kann. Dazu fordert das gesunde Volksempfinden wegen der durch die Tat bekundeten besonders verwerflichen Gesinnung und wegen der Schwere der Tat die Bestrafung unter Anwendung des allgemeinen Strafrechts, vgl. § 20 RJGG.

[illegible]

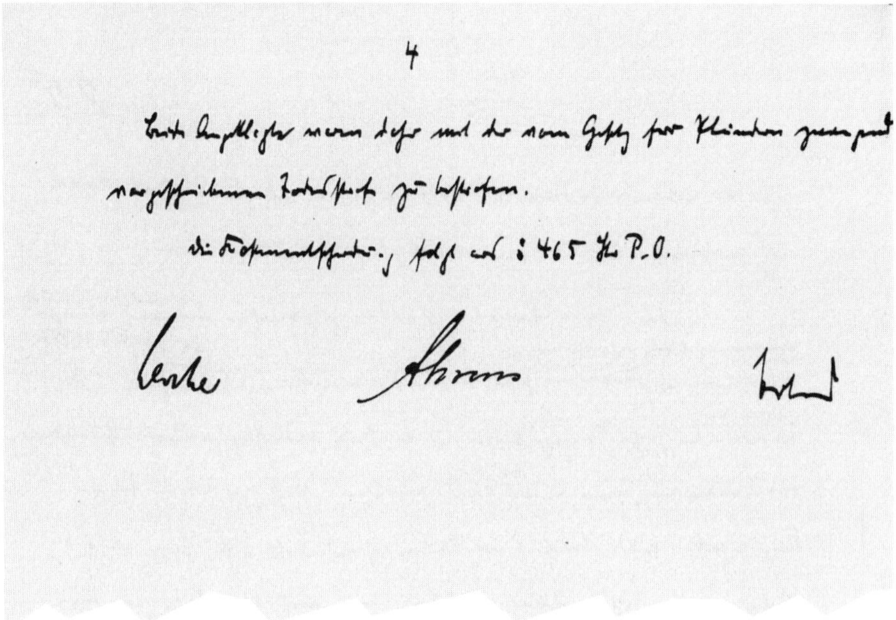

4

beide Angeklagten waren daher mit der vom Gesetz für Plündern zwingend vorgeschriebenen Todesstrafe zu bestrafen.

Die Kostenentscheidung folgt aus: 465 St.P.O.

nicht vor das Sondergericht gehörte. Das Gericht beschäftigte sich auch mit diesem Einwand. „Tanniou hat die am 3. 12. 1944 ausgeführte Tat einen Tag vor Vollendung seines 18. Lebensjahres begangen... Er war, womit der persönliche Eindruck des Angeklagten übereinstimmte, sicherlich auch schon am Tage vor seinem 18. Geburtstage sittlich und geistig so entwickelt, daß er einen über 18 Jahre alten Täter gleichgestellt werden kann. Dazu fordert das gesunde Volksempfinden wegen der durch die Tat besonders verwerflichen Gesinnung und wegen der Schwere der Tat die Bestrafung unter Anwendung des allgemeinen Strafrechts vergl. § 20. Abs. 1 JGG. Beide Angeklagten waren daher mit der vom Gesetz für Plündern zwingend vorgeschriebenen Todesstrafe zu bestrafen". Ein Verteidiger hätte genügend Anhaltspunkte gefunden, um eine Todesstrafe abzuwenden: es lag im strengen Sinne überhaupt keine Plünderung vor, der Keller, aus dem gestohlen wurde, mußte erst als plünderungswürdig im Sinne des Volksschädlingsgesetzes definiert werden, die Jugendlichen machten offenbar einen guten intelligenten Eindruck, ihre Jugendlichkeit erforderte eher eine erzieherische als abschreckende Maßnahme. Die Lektüre des Urteils hinterläßt noch 50 Jahre danach den erschütternden Eindruck von Grausamkeit, Verständnislosigkeit und Verblendung. Das Urteil wurde am 9. März 1945 um 13.27 Uhr unter der Wolfenbüttler Guillotine an beiden jungen Franzosen in nur drei Minuten vollzogen, das Werk wahrhaft furchtbarer Juristen[38].

[38] 42 B Neu 7 Nr. 1603.

A b s c h r i f t.

37.

Geschäftsnummer: 1 Sond.KLs. 14/45
24

Im Namen des Deutschen Volkes !

In der Strafsache

gegen

1. den Studenten Jean L e g r a n d, geb.am 16.2.1926 in Brunoy (Frankreich) ledig,

2. den Bäcker Marcel T a n n i o u, geb.am 4.12.1926 in Reims (Frankreich), ledig,

beides Franzosen und z.Zt. in anderer Sache in Strafhaft, wegen Plünderns,

hat das Sondergericht Braunschweig; in der Sitzung vom 2. Februar 1945, an der teilgenommen haben:

Landgerichtsdirektor Dr. Lerche
als Vorsitzender,
Landgerichtsrat Eilers
als beisitzende Richter,
Staatsanwalt Flöte
als Beamter der Staatsanwaltschaft,

für R e c h t erkannt:

Die Angeklagten werden wegen gemeinschaftlihhen Plünderns zum T o d e verurteilt.

Sie haben die Kosten des Verfahrens zu tragen.

G r ü n d e:

Die Angeklagten, die beide erst 18 Jahre alt sind, befinden sich seit längerer Zeit im Strafgefängnis Wolfenbüttel in Strafhaft. Legrand hat dort zwei Jahre Gefängnis zu verbüssen, weil er in Frankreich, wo er damals Musiker in einem Kaffee war, deutsch feindliche Propagandamaterial besessen und verbreitet hatte. Tanniou, der als Bäcker in Deutschland gearbeitet hatte, war im September 1944 vom Sondergericht in Hannover wegen Kriegswirtschaftsverbrechens (Diebstahls von Brot) zu einem Jahre Gefängnis verurteilt. Vom Strafgefängnis Wolfenbüttel aus wurden die beiden Angeklagten im Dezember 1944 zu Aufräumungsarbeiten an Fliegerschadensstellen in Braunschweig eingesetzt. So arbeiteten sie mit anderen Strafgefangenen Anfang Dezember 1944 auf der Sonnenstrasse in Braunschweig und der Umgebung dieser Strasse. Hier waren infolge Terrorangriffs feindlicher Flieger vom 15. Oktober 1944 die Gebäude weit und breit zerstört und von den Bewohnern verlassen. Die Angeklagten verabredeten mit einem dritten Strafgefangenen namens André aus der Gefangenschaft zu entfliehen. Zu diesem Zwecke stieg André an einem Vormittage in einen als Luftschutzraum ausgebauten und daher noch gut erhalten gebliebenen Keller des Hauses Sonnenstrasse 16 durcgh ein Fenster ein, um dort Kleidungsstücke und Schuhwerk für die Flucht zu besorgen. Wie den Angeklagten nicht zu widerlegen ist, waren bereits vorher Ostarbeiter im Keller gewesen und hatten dort gestohlen. Das besonders gesicherte Fenster soll daher schon offen gewesen sein. Während André im Keller Kleidungsstücke und Schuhwerk zusammensuchte und dann herausreichte, standen die beiden Angeklagten draussen Schmiere, um dann auch die ihnen von André herausgereichten Sachen entgegenzunehmen. Nachdem André und die Angeklagten das Diebesgut zunächst in der Nähe versteckt hatten, kehrten sie noch an demselben Tage zu dem Versteck zurück, zogen die entwendeten Sachen an und ergriffen die Flucht. Während André noch flüchtig ist, konnten die beiden Angeklagten ergriffen werden.

Sie haben diesen Sachverhalt glaubhaft zugestanden und sind deswegen des gemeinschaftlich begangenen Plünderns. Verbrechen gegen § 1 der Volksschädlingsverordnung verb. mit § 47 RStGB. schuldig. Die Trümmer des Hauses Sonnenstrasse 16 sind als freiwillig geräumte Gebäude oder Räume im Sinne des § 1 a.a.O. anzusehen. Daß zur Zeit der Tat der Fliegerangriff, der die Bewohner zur Räumung veranlasst hatte, schon etwa 6 Wochen zurücklag, ist unerheblich. Das Haus Sonnenstrasse 16 und die ganze Umgebung war völlig verödet und für die Angeklagten erkennbar von den Bewohnern schutzlos gelassen, weil sie hierzu durch den Fliegerangriff und seine Auswirkungen gewzungen waren. Ebenfalls ist unerheblich, dass die Angeklagten nur Sachen genommen haben, die ihnen zur Flucht aus der Strafhaft dienen sollten. Sie können deswegen nicht besser gestellt werden als andere Täter.

Tanniou hat die am 3.12.1944 ausgeführte Tat einen Tag vor Vollendung seines 18.Lebensjahres begangen. Er konnte deshalb aber nicht als Jugendlicher bestraft werden. Er war, womit der persönliche Eindruck des Angeklagten übereinstimmte, sicherlich auch schon am Tage vor seinem 18. Geburtstage sittlich und geistig so entwickelt, dass er einem über 18 Jahre alten Täter gleichgestellt werden kann. Dazu fordert das gesunde Volksempfinden wegen der durch die Tat bekundeten besonders verwerflichen Gesinnung und wegen der Schwere der Tat die Bestrafung unter Anwendung des allgemeinen Strafrechts, vergl. § 20 Abs. 1 JGG.

Beide Angeklagte waren daher mit der vom Gesetz für Plündern zwingend vorgeschriebenen Todesstrafe zu bestrafen.

Die Kostenentscheidung folgt aus § 465 StPO.

gez. Lerche, Ahrens, Eilers.

Beglaubigt:
(L.S.) gez.: Grellmann, Justizsekretär
als Urkundsbeamter der Geschäftsstelle
des Landgerichts.

Name: Damien Nr. 1493/44 Wolfenbüttel, 9. 3. 45

Der Gefangene darf **nach Eintritt in die Anstalt** einen Zugangsbrief schreiben. Dann darf er nur alle **4 Monate** einen Brief schreiben und einen Brief empfangen. Die Briefe dürfen keinen größeren Umfang haben als dieser; sie dürfen nur auf den Linien beschrieben werden.

Ansichts- und Glückwunschkarten werden nicht ausgehändigt. Das Mitsenden von **Geld, Briefmarken u. a.** ist unzulässig. **Pakete oder Päckchen** werden nicht angenommen.

Besuche sind für die Dauer des Krieges **nicht** zugelassen, es sei denn, daß der zur Front gehende oder von der Front kommende Vater oder Sohn seinen Sohn oder Vater besuchen will, was aber auf Antrag nur je einmal genehmigt wird.

Angehörige der Gefangenen werden vor Besuchen durch beurlaubte oder entlassene Gefangene streng gewarnt.

Vanndredi 9 1945

Cher parents

Je vous écri sette
dernièr lettre dadieu
car je sui condamné a
mor sette aprèsmidi à
19 heure je vous conseille
mai 3 [illegible] frère jeune
Michel et René garder
les qui soy heureux

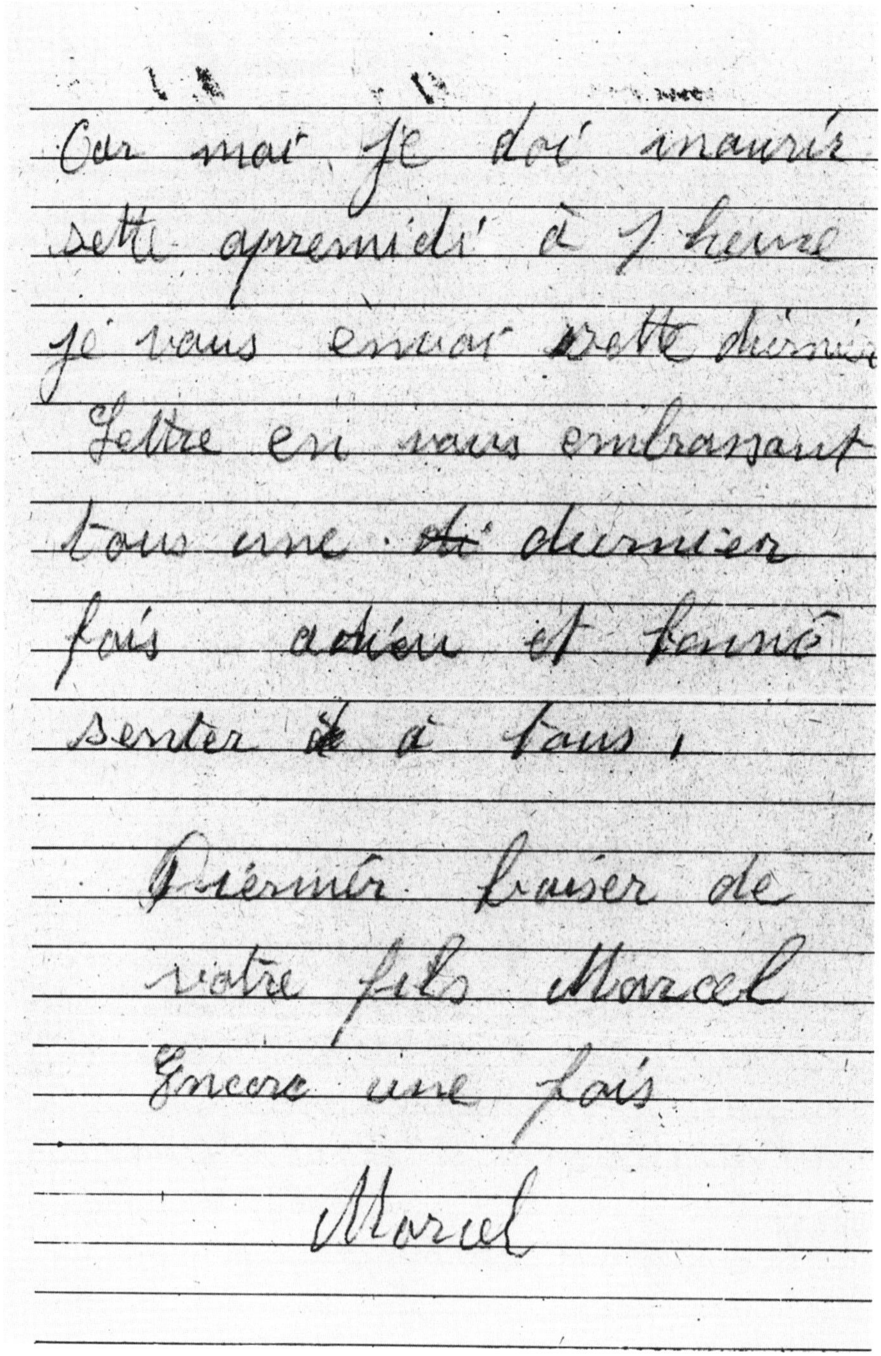

Car moi je doi mourir
sette apremidi à 7 heure
je vous envoi ~~vette~~ dernie
lettre en vous embrassant
tous une ~~di~~ dernier
fois adieu et bonne
senter ~~à~~ à tous,

Dernier baiser de
votre fils Marcel
Encore une fois
Marcel

[illegible]

Der Oberstaatsanwalt als Leiter der Anklagebehörde beim Sondergericht

z.Zt. Strafgefängnis Wolfenbüttel, den .9. März.....194

Geschäfts.Nr. 1 Sond Kls.........14..../45

Gegenwärtig:

[illegible] H. Magnus

~~Erster Staatsanwalt Dr. Hirte~~

als Vollstreckungsleiter,

—

als

—

als Urkundsbeamter der Geschäftsstelle,

In der Strafsache gegen

den Bäcker Marcel Tanniou

geboren am 4. 12. 1926

in Reims (Frankreich)

begaben sich nebenbezeichnete Beamte der Staatsanwaltschaft in das Richthaus des Strafgefängnisses. Hier meldete sich der Scharfrichter mit 3 Gehilfen mit dem ihm zugegangenen Vollstreckungsauftrag bei dem Vollstreckungsleiter. Anwesend waren ferner:

[illegible]

als Vertreter des Vorstandes des Strafgefängnisses,

—

als Arzt,

Um ..13..Uhr..30....Minuten wurde der Verurteilte gefesselt vorgeführt. Durch den Vollstreckungsleiter wurde hierauf ~~nach Feststellung~~ der Persönlichkeit des Verurteilten ......Tanniou...... dem Scharfrichter der Auftrag zur Vollstreckung des Urteils des Sondergerichts in .....Braunschweig........ vom 2. Februar 1945...... erteilt. Hierauf wurde der Kopf des Verurteilten mittels Fallbeils vom Rumpf getrennt. Der Leichnam wurde alsdann ~~dem Beauftragten des Anatomischen Instituts in Göttingen~~ – der Stadtpolizeibehörde in Wolfenbüttel zur Bestattung – übergeben, da die Angehörigen des Verurteilten keinen Wunsch um Verabfolgung des Leichnams geäußert hatten.

Die Vollstreckung dauerte vom Zeitpunkt der Übergabe an den Scharfrichter ~~Vorführung bis zur vollendeten Verkündung .... Minuten .... Sekunden, von der Übergabe an den Scharfrichter~~ bis zur vollendeten Vollstreckung

......5...... Sekunden.

H. Magnus.

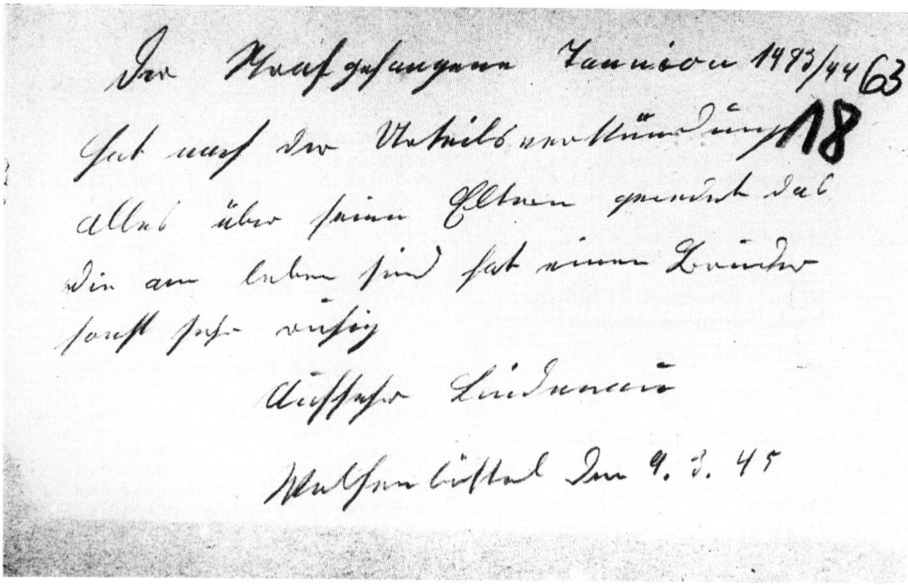

Der Strafgefangene Jannison 1493/44 63
hat nach der Urteilsverkündung 18
allerlei über seinen Eltern gemacht daß
die am leben sind hat einen Bruder
sonst sehr ruhig
Aufseher Lindemann
Wolfenbüttel den 9. 3. 45

7.6 Neuer Straftatbestand

Drei Monate vor Kriegsende wurde entsprechend der „Verordnung zum Schutz der Sammlung von Kleidung und Ausrüstungsgegenständen für die Wehrmacht und den Deutschen Volkssturm" noch ein weiterer Straftatbestand eingeführt: Diebstahl aus Volksopfersammlungen[39]. Seit Anfang Januar lief im ganzen Reich und auch im Braunschweiger Land eine letzte große Kampagne zur Mobilisierung der Bevölkerung unter dem Kennwort „Volksopfer". „Der Führer ruft zum Volksopfer" leitartikelte die Braunschweiger Tageszeitung in der Wochenendausgabe vom 6./7. Januar 1945. Am 8. Januar folgte ein halbseitiger Artikel von Gauleiter Lauterbacher. Es sollten Kleidungs- und Ausrüstungsstücke für die kämpfende Truppe gesammelt werden; in der ausführlichen Aufzählung der zu sammelnden Sachen waren auch Blusen, Schürzen, Sonnenbrillen. „Was nicht täglich getragen wird, opfern wir. Opfer und Dank für die Front". Überall werden Sammelstellen eingerichtet. „Was gesammelt wird? ...Bunkeröfen, Stahlhelme, Ferngläser, Autobrillen, Sonnenbrillen. Unser Opfer für die kämpfende Front". Tag für Tag trommelte die Presse. „Im Schrank liegt noch das Hochzeitskleid. Für das Spinnstoffopfer ist nichts zu schade". „Volksopfer jetzt erstes Gebot"[40]. Sogar die ausgebombte Bevölkerung wurde zum Opfer aufgerufen.

Daß Sonnenbrillen für die in Ostpreußen und am Rhein kämpfenden Soldaten im Januar völlig sinnlos waren, wußte wohl jeder, aber durch eine zum „Opfer" stilisierte Sachspende sollte die deutsche Bevölkerung nachdrücklich einer Fortsetzung des seit Stalingrad 1943 verlorenen Krieges auch auf deutschem Boden zustimmen. Die Sammlung zielte auf die psychologische Mobilisierung der Bevölkerung für einen letzten Kraftakt.

39 Rgbl. 1945, S. 5.
40 BTZ vom 11., 12., 16. und 23. Januar 1945.

Erinnerungen an das Jahr 1813 wurden durch große Plakate an den Sammelstellen hervorgerufen. „Gold gab ich für Eisen“. In den Kinos lief Veit Harlans Durchhaltefilm „Kolberg“. 1945 sollte es wie 1813 um die Freiheit des deutschen Volkes gehen[41]. Mit dem Gedanken einer fremden Besatzung und ihren möglichen Folgen wurde die Braunschweiger Bevölkerung von der Braunschweiger Tageszeitung am 29. Januar bekannt gemacht. „Besatzung heißt Judenherrschaft“.

Die Gaben für das Volksopfer standen unter einem besonders hohen moralischen Anspruch. Sie symbolisierten den Glauben an den Endsieg und an die fanatische Entschlossenheit der Bevölkerung, eine Besatzung zu verhindern.

Der Opfersinn wurde schließlich im Appell an die Mütter und Frauen der Gefallenen religiös überhöht: „Trennt euch von den Uniformen, Ausrüstungsgegenständen eurer Gefallenen! Fühlt euch als Mütter des Volkes...Die Forderung an euren Opfersinn ist keine Pietätlosigkeit, sie rührt nicht an eure Trauer...Das stolze Bewußtsein: ‚Ich habe alles gegeben, was ich opfern konnte, nun helfe uns der Herrgott weiter‘, wird unser Lohn sein“[42]. Die Volksopfersammlungen standen daher unter einem besonderen Schutz. Wer aus Sammelstellen stahl, wurde mit dem Tode bestraft. Eine geradezu archaische Tradition wurde sichtbar: wer sich am Opfergut vergreift, das für die Gottheit bestimmt ist, hier: für das ewige Deutschland, muß sterben.

Am Donnerstag, dem 11. Januar 1945, wurde die Braunschweiger Bevölkerung in der Braunschweiger Tageszeitung mit diesem neuen Straftatbestand und am 29. Januar mit dem ersten Todesurteil bekannt gemacht: das Hannoversche Sondergericht habe zwei Männer zum Tode verurteilt, weil sie Schuhe in großen Mengen entwendet hätten.

Am 7. März 1945 fällte auch das Braunschweiger Sondergericht nach dieser neuen „Schutzbestimmung“ zwei Todesurteile. Der Maler Heinrich H. war zum Volkssturm einberufen und am 26. Januar 1945 in Wolfenbüttel von der Volksopfersammlung als „Volkssturmmann“ eingekleidet worden. Er hatte aus der Volksopfersammlung auch ein Fernglas mitgenommen, das er nicht ins Soldbuch eingetragen, und auch nicht abgegeben hatte, als er aus dem Volkssturm im Februar aus Gesundheitsgründen entlassen worden war. Er hatte es vielmehr in den Küchenschrank gestellt, wo die Kripo es bei einem Hausbesuch entdeckte. Drei Wochen nach seiner Inhaftierung stand der Maler bereits vor dem Sondergericht unter Lerche, Ahrens und Peters. Es wurde „für Recht“ erkannt: „ Der Angeklagte hat ein Fernglas aus der Volksopfersammlung an sich gebracht und wird deshalb zum Tode verurteilt. Er hat die Kosten des Verfahrens zu tragen“. Staatsanwalt Flöte lehnte eine Begnadigung ab. Das Kriegsende rettete dem Maler das Leben. Das Todesurteil wandelte Generalstaatsanwalt Staff in eine verbüßte Gefängnisstrafe von drei Monaten um, denn nun handelte es sich bei dem Delikt nicht mehr um eine Art Gotteslästerung, sondern um einfachen Diebstahl[43].

Am 7. März 1945 wurde der polnische Melker Michael Waltrowski vom Braunschweiger Sondergericht ebenfalls zum Tode verurteilt. Er wohnte seit vier Jahren bei einem Bauern in Gardessen, der ihm auch gute Arbeit bescheinigte. Der Melker war in eine Scheune eingestiegen und hatte nach Eindruck des Gerichtes aus der dort gelagerten Volksopfersammlung eine Damenbluse, ein fast neues Oberhemd und ein Bündel mit

---

41 BTZ vom 26. 1. 1945: „Geschichtliche Vorbilder – im Geist von 1813“.
42 BTZ v. 10./11. 2. 1945.
43 42 B Neu 7 Nr. 1608.

12 Paar Damen- und Knabenstrümpfen gestohlen. Der Beklagte legte beim Ermittlungsbeamten zunächst kein Geständnis ab und behauptete während des Verfahrens, „er habe nur aus Angst alles zugegeben“. Nach der Volksopferschutzverordnung vom 10. Januar 1945 wurde er zum Tode veruteilt. Die Richter schienen vollständig eingespannt in den Wahn eines „Endsieges“ des Guten über das bolschewistische und demokratische Verderbliche aus dem Osten und Westen, wie ihn die Braunschweiger Tageszeitung täglich ihren Lesern einhämmerte. Es gehört zu den bedenklichen Defiziten der Braunschweiger Justiz, daß derlei Urteile weder aufgearbeitet noch in der Öffentlichkeit ein Wort der Scham dazu geäußert worden sind.

Michael W. wurde aus dem Gefängnis Wolfenbüttel mit einem Sammeltransport am 8. April ins Gefängnis nach Magdeburg überführt und dort am 18. April befreit[44].

In welcher widersprüchlichen Lage sich die Sonderrichter befunden haben, mag als Gegenstück das dritte Urteil dieses Tages veranschaulichen. Es war ein ganz ähnlich gelagerter Fall, mit dem die Verhandlungen an diesem Tag um halb neun Uhr begonnen hatten. Ein 30jähriger Hilfsdesinfektor hatte aus Beständen des Deutschen Roten Kreuzes in Blankenburg am 11. und 16. Januar 1945 nach Dienstschluß im Dunklen Damenstrümpfe, Fingerhandschuhe, Bestecke und Teelöffel, Hansaplast und 15 Stück Kernseife gestohlen; er war von DRK-Leuten in flagranti ertappt und vom Kreisleiter Kämpfert angezeigt worden. Er konnte von Glück sagen, daß es keine Volksopfersammlung gewesen war, obwohl die DRK-Sammlung demselben Zweck diente. Daß er Soldat war, kam ihm zweifellos zugute. Staatsanwalt Flöte beantragte drei Jahre Zuchthaus, das Gericht folgte dem Antrag. Nach dem Kriege wurde die Strafe auf ein Jahr und sechs Monate Zuchthaus ermäßigt und am 2. 4. 1946 in eine ebenso hohe Gefängnisstrafe umgewandelt[45].

7.7 Widerständigkeit

Wir hatten beobachtet, daß es in allen Jahren der nationalsozialistischen Herrschaft zwar nur geringe, aber eben doch aus der Masse der Urteilsbegründungen sich heraushebende, auffällige Spuren unterschiedlicher Formen von Widerständigkeit gab. Am auffälligsten war die politisch motivierte Widerständigkeit, die aus einer bürgerlich, deutsch-nationalen oder aus einer sozialistischen Tradition herkam.

Die Putzfrau Martha Zacharias war zweimal in Hamburg ausgebombt und in Schlewecke bei einer linientreuen Familie untergekommen. Deren 16jähriger Sohn Hermann grüßt sie in HJ- Kluft ostentativ auf der Straße und sogar auf dem Hausflur mit „Heil Hitler“. Sie grüßt mit erhobener, geballter Faust, dem alten Arbeitergruß zurück. „Ich grüße nur so“, sagt sie ihm, als er sich aufregt und es seiner Mutter erzählt. Da der Ortsgruppenleiter der Polizei auch etwas vom Umgang der Hamburgerin mit einem französischen Kriegsgefangenen und Abhören ausländischer Sender erzählte, vermutete der Oberstaatsanwalt Wehrkraftzersetzung, „wenn nicht gar Verbrechen zum Hochverrat“. Der Oberreichsanwalt dagegen erkennt in seiner Erwiderung von 6. 12. 1944 keinen Vorsatz zum Umsturz. Das Sondergericht schreibt ins Urteil vom 26. Januar 1945, die

[44] 42 B Neu 7 Nr. 1609.
[45] 42 B Neu 7 Nr. 1176.

Angeklagte habe den „deutschen Gruß“ in gehässiger, böswilliger Weise verächtlich gemacht“. Damit habe sich die Angeklagte fortgesetzt „in gehässiger, hetzerischer und von niedriger Gesinnung zeugender Weise über die Staatsführung oder die von ihr getroffenen Anordnungen und von ihr geschaffenene Einrichtungen geäußert“, und diese Äußerung sei geeignet, das Vertrauen des Volkes zur politischen Führung zu untergraben. Das Sondergericht unter Lerche, Angerstein und Eilers wird damit die Absichten der Hamburger Putzfrau genau getroffen haben. Das außerordentlich niedrige Urteil von vier Monaten ist überraschend, aber schon der Staatsanwalt Flöte hatte, möglicherweise in Hinblick auf die Äußerung der Oberreichsanwaltschaft, nur sechs Monate Gefängnis beantragt[46].

Ein besonders schönes Beispiel von sozialistischer Standfestigkeit bildet die Geschichte des 54 Jahre alten, langjährigen MIAG-Arbeiters Karl Meinberg. Er sitzt am Silvestertag 1944/45 mittags im Luftschutzbunker, wo ihm Frau F., deren Mann im KZ gestorben ist, ein paar von Flugzeugen abgeworfene Flugzettel zum Lesen in die Hand drückt. Er findet nach Entwarnung des Alarms auch selber welche, aber die SS-Leute aus dem benachbarten ehemaligen Schloß sind schon eifrig dabei, das „Feindmaterial“ aufzusammeln. Es darf nicht gelesen, geschweige denn verbreitet werden, denn es enthält „Gerüchte“, von denen in der Braunschweiger Tageszeitung zu lesen ist: „Wer Gerüchte weiterträgt, steht im Sold des Feindes“. Auch Karl Meinberg gibt seine aufgehobenen Zettel ab mit der Bemerkung, in der MIAG kursierten solche Zettel nach dem Alarm, bevor der Werkschutz sie eingesammelt habe, und im übrigen wisse er Bescheid und höre ausländische Sender. Ein Spitzel teilt die Bemerkung von Frau F. aus dem Bunker der Gestapo am 19. 1. 1945 mit, und daraufhin wird auch Karl Meinberg von der Gestapo vernommen. Nach seinem Lebenslauf befragt, erzählt er treuherzig, er habe nach 1919 erst SPD, dann USPD und von 1923 bis 1930 die KPD gewählt. Wie er denn zum Nationalsozialismus stünde? Er erkenne die Einrichtungen der Nazis auf sozialem Gebiet wohl an, aber er könne nicht alles, was die Nazis geschaffen hätten, gutheißen. „Man kann sich auch nicht von heute auf morgen umstellen“, schließt der standfeste Genosse seine Aussage und desavouiert eine zwölfjährige Überzeugungsarbeit der Braunschweiger Nationalsozialisten. Das Sondergericht unter Lerche, Ahrens, Angerstein folgte dem Antrag der Staatsanwaltschaft, den Linke vortrug und verurteilte ihn zu einem Jahr und sechs Monaten Zuchthaus. Da die Werksleitung ihm aber ein sehr gutes Führungszeugnis ausstellte, wurde Karl M., der noch sechs Kinder zu versorgen hatte, bis zum 2. April 1945 beurlaubt und mit dem Strafantritt verschont. Kurz vor Weihnachten 1945 wurde die Strafe erlassen[47].

7.8 Das letzte Todesurteil – die letzten Verhandlungen

Am 27. 3. 1945 fällten die Sonderrichter Lerche, Angerstein, Spies und Linke als Staatsanwalt ihr letztes Todesurteil gegen den polnischen Hilfsmonteur Georg Malek, der zu Neujahr 1945 zwanzig Jahre alt geworden war. Auch der Pflichtverteidiger Benze konnte die beabsichtigte Todesstrafe nicht abwenden.

---

[46] 42 B Neu 7 Nr. 1185.

[47] 42 B Neu 7 Nr. 1173.

Die Taten liegen bereits ein Dreivierteljahr zurück. Im August hatte Georg aus einer Fleischerei auf dem Bäckerklint 5–6 Würste, Butter und Fleischmarken gestohlen, vier Tage später aus einem Bekleidungsgeschäft auf der Cellerstraße ziemlich viel Bekleidungssachen, Socken, Strümpfe, Schlüpfer, und wieder vier Tage später aus einem Zigarrengeschäft 4 800 Zigaretten und 500 Zigarrren. Dummerweise gesteht er alle Taten. Seit 4. September 1944 sitzt Georg in Haft. Von einem schnellen Aburteilen, wie es die vielen Anweisungen aus dem Justizministerium eigentlich vorsehen, kann keine Rede sein. Es handle sich bei Georg Malek um „einen gefährlichen Gewohnheitsverbrecher", – damit ist das Stichwort zur Todesstrafe bereits genannt – aber das Gericht fügt eine weitere Wertung der Persönlichkeit des Beklagten hinzu: „bei dem die Begehung neuer Straftaten mit erheblicher Störung des Rechtsfriedens und mit erheblicher Gefährdung der Volksgemeinschaft mit Sicherheit zu erwarten ist", heißt es in der Anklageschrift. Mit einer bereits eingangs diskriminierenden Bemerkung beginnt die Urteilsbegründung. Der Beklagte „will Volksdeutscher sein". In den Augen des Gerichts ist ein Dieb aus Tarnow natürlich kein Deutscher. „Nach seinen Angaben" sei er Sohn einer deutschen Mutter und eines Polen. In dieser Urteilsouvertüre schwingt die für ein Todesurteil notwendige Verachtung gegenüber dem Todeskandidaten mit. Wieder mußte sich das Gericht mit der Jugendlichkeit des Angeklagten auseinandersetzen. „Wenn es sich bei dem Angeklagten um einen jungen Menschen handelt, der die Grenze der Strafmündigkeit nur um etwa 1½ Jahre überschritten hat,...so erfordert doch der Schutz der Volksgemeinschaft, daß den Angeklagten die schwerste Strafe, die Todesstrafe, trifft. Nur die Todesstrafe entspricht auch dem Bedürfnis nach gerechter Sühne".

Im März 1945 wirkt dieser Sühneanspruch noch gespenstischer als am Anfang des „Dritten Reiches". Kaum einen Monat später werden die Honoratioren Niedersachsens im April/ Mai 1945 von britischen Militärfahrzeugen in das KZ Bergen-Belsen gefahren, damit sie sich die Leichenberge und lebenden Skelette ansehen. Da mag manchem gut bürgerlichen Oberregierungsrat, Richter, Lehrer, Pfarrer durch den Kopf gehen, wer eigentlich Sühne für die vor aller Öffentlichkeit begangenen Verbrechen zu verlangen hat.

Die Guillotine in Wolfenbüttel arbeitet Ende März nicht mehr. Zum Massentransport Wolfenbüttler Gefangener am 28. 3. 1945 nach Magdeburg gehört auch der 20jährige Todeskandidat, der dort mit vielen anderen im April von den 14 Tage später einrückenden alliierten Truppen befreit wird. Georg Malek bleibt in Westdeutschland, heiratet und bittet die Braunschweiger Justiz um Auskunft über sein Verfahren. Er erhält 1964 die Antwort, es sei nur noch beschränkt Auskunft aus dem Strafregister zu erteilen. Unsere Arbeit will dies teilweise nachholen[48]. Georg Malek lebt heute in Heilbronn.

7.9 Die letzten Anklageschriften

Angesichts der anrückenden amerikanischen Truppen findet der Justizwahn dieser Behörde keineswegs ein Ende. Sie könnte sich Zeit lassen, denn es ist Karwoche, am 30. März ist Karfreitag, Karsamstag erlebt Braunschweig noch einmal einen schweren Luftangriff mit 69 Toten. Das Osterfest steht bevor. Die nächsten Verhandlungen am Sondergericht könnten erst nach dem Fest wieder aufgenommen werden, aber sie müssen

---

[48] 42 B Neu 7 Nr. 1610.

gründlich vorbereitet werden, auch wenn die Nachrichten in der Braunschweiger Tageszeitung eine düstere Zukunft verheißen: am 27. März war eine Karte vom Rheingebiet zu sehen mit der Überschrift: „Drei Großschlachten im Westen". In der Osternummer wird der blitzartige Vormarsch der Alliierten beschrieben: „Der Feind dringt jetzt auch von Westen her über den Rhein hinweg längs der Ruhr und der Sieg, der Lahn und des Main ins Innere des Reiches". Der Hauptschriftleiter der Braunschweiger Tageszeitung, Max Schefter, stellt seine Leserinnen und Leser unter dem Leitartikel „Dem neuen Ufer gilt unser Kampf" auf den Endkampf ein. Die siegreiche nationale Selbstbehauptung, das ist das neue Ufer, stelle eine schier übermenschliche Aufgabe dar. Aber Schefter weiß den Weg zum Sieg und schließt damit seinen Artikel: „Wir gehen in die Entscheidung hinein mit dem Bewußtsein der Überlegenheit unserer nationalen Idee und europäischen Planung". Der Bericht von der vollständigen Zerstörung Hildesheims aus der Luft allerdings war Anfang der Woche zu lesen.

Nach den letzten drei Verhandlungen am 28. März 1945 benutzte Staatsanwalt Flöte die bevorstehenden Feiertage, um die nächsten Anklageschriften vorzubereiten. Am Gründonnerstag, dem 29. 3. 1945, formulierte er drei Anklagen. Die eine ging gegen vier Italiener, die in Helmstedt bei einer, wie sie sagten, jüdischen Frau den Sender Nizza abgehört hatten. Sie waren von einem Franzosen, der für die Gestapo arbeitete, angezeigt worden. Die Handlungsweise der Italiener und von Frau Agnes Wegmann „sei geeignet, die Widerstandskraft des deutschen Volkes zu gefährden", schrieb Flöte[49]. Die Widerstandskraft war seit Wochen längst gebrochen und die Braunschweiger Dorfbevölkerung entsetzt von den zurückflutenden, mit Verwundeten überfüllten Wehrmachtsverbänden. Das nationalsozialistische Vokabular erstarrte zu einem grotesken Ritual, und Flöte begriff die Groteske nicht.

Am 24. März 1945 war der 29jährige Italiener Lorenzo Bonzi vom Volksgenossen Martin Schn. aufgegriffen und zur Polizei gebracht worden, weil er aus dem Keller eines zerstörten Hauses mit zwei anderen Kartoffeln gestohlen hatte. Die beiden andern können entkommen. „Ich wollte nicht viel stehlen, nur zum Essen", sagt Lorenzo dem Polizeibeamten. Schon fünf Tage später ist die Anklageschrift fertig. Flöte schlägt die Anberaumung einer Hauptverhandlung zur Aburteilung nach § 4 der Volksschädlingsverordnung vor[50]. „Ich klage ihn an, am Abend des 21. 3. 1945 in Braunschweig aus dem Keller des bombengeschädigten Hauses Rudolfstraße Kartoffeln zu stehlen versucht zu haben". Das Pathos der Sprache mischt sich mit der Banalität des Tatbestands. Staatsanwalt Flöte mag sich als trotziger Kämpfer auf den letzten Barrikaden des Dritten Reiches gegenüber den Feinden des Dritten Reiches wähnen.

Flöte schreibt an diesem 29. März eine dritte Anklageschrift gegen zwei Franzosen, die einen Ballen Stoff aus einem Langerbunker im Salzgittergebiet gestohlen und in Zigaretten getauscht hatten. Der deutsche Werkmeister dieser beiden Franzosen setzt sich schriftlich für sie ein. Sie seien „fleißige und besonders tüchtige Leute". Er bittet um eine Geldstrafe und will für pünktliche Bezahlung sorgen[51].

Am Mittwoch nach Ostern, dem 4. April 1945, plaziert Max Schefter wieder einen kraftvollen Durchhalteartikel in die Braunschweiger Tageszeitung. „Nun gilt es". „Mit

[49] 42 B Neu 7 Nr. 1181.
[50] 42 B Neu 7 Nr. 1180.
[51] 42 B Neu 7 Nr. 1179.

der zähen und ruhigen Festigkeit, die den Niedersachsen eigen ist, werden wir unbeirrt und unbeirrbar unsere Pflicht tun". Die Pflicht besteht für Schefter nicht darin, den Krieg beschleunigt zu beenden, denn die Sowjetunion wie die Westmächte wollen den Untergang. „Sie wollen unsern Untergang, ganz gleich, welches Regime an der Spitze des Reiches steht". Schefter hat Recht für den Fall, daß er Nationalsozialismus und Deutschland gleichsetzt. Tatsächlich wollen die Alliierten den Untergang des Nationalsozialismus. Wo aber Deutschland Gegenstand eines Glaubens ist und Ewigkeitswert hat, versagen die Vorstellungen einer Niederlage. Dann lieber tot.

Vom Mittwoch nach Ostern, dem 4. April 1945, stammt eine weitere, diesmal ausführliche Anklageschrift gegen zwei Franzosen und die Prostituierte Anna. René Backes hatte Anna im Sommer 1944 im Bordell in der Bruchstraße kennengelernt. Die Verständigung war einfach, denn Anna sprach fließend französisch, weil sie mit ihren früheren Mann in Brüssel eine Gastwirtschaft betrieben hatte. Mit René hörte sie auch den französischen Sender, René brachte Arthur Barre mit, der aus Lille stammte. Die Gestapo hatte am Jahresanfang einen Tip bekommen; es sei ihr vertraulicherweise bekannt geworden, daß „Änni", Bruchstraße, den Sender London abhöre und außerdem einem französischen Zivilarbeiter erlaube, mit ihrem Rundfunkgerät ausländische Nachrichten abzuhören. Als die Gestapo anrückt, findet sie neben Anna auch Arthur und René vor. Letzterer war wegen Hehlerei von einigen Flaschen Alkohol vom Braunschweiger Amtsgericht zu 4 Monaten Gefängnis verurteilt worden, war aber aus dem Braunschweiger Gefängnis entwichen, hatte sich von anderen Franzosen Zivilsachen besorgt und die Gefängnisklamotten in der Aktentasche gelassen, die die Gestapo nun auch neben einigen Tafeln Schokolade mit verdächtiger englischer Aufschrift und neun Päckchen Rasierklingen bei Anna vorfindet. Der Leiter der Braunschweiger Gestapo, Kuhl, hatte Strafantrag gestellt, Staatsanwalt Flöte folgte dem Ansinnen und stellte Antrag auf Bestrafung nach der Volksschädlingsverordnung § 1 und 2. René habe die „Hetznachrichten laufend an seine Arbeitskameraden im Salzgittergebiet" weitergegeben. Anna war klug genug, kein Geständnis abzulegen. „Ich hörte, daß französische Chansons im Radio gespielt wurden. Daraufhin habe ich den Apparat abgestellt", sagte sie harmlos. Die Durchschriften der drei Anklageschriften erreichten die Beschuldigten nicht mehr und liegen bis heute bei den Akten der Staatsanwaltschaft[52]. Mitte April wurden René und Anna aus dem Braunschweiger Gefängnis entlassen.

Am nächsten Tag, dem 5. April, schrieb Flöte eine weitere Anklageschrift gegen einen Franzosen, der einen Polen und einen Italiener bestohlen hatte. Er empfahl eine Strafe von 2½ bis drei Jahren Zuchthaus.

In einem ganzseitigen Aufruf in der Braunschweiger Tageszeitung vom 6. April schwur Gauleiter Lauterbacher die Niedersachsen auf diese Alternative ein: „Lieber tot als Sklav" und beendete den Aufruf mit der rituellen Beschwörung der Ewigkeit Deutschlands. Was ewig ist, kann ja nicht untergehen. „Deutschland lebt in uns und unserm Führer. In tiefem Glauben an seine Ewigkeit gehen wir in den Kampf". Blinder Wahn hat die politische Analyse vollständig verdrängt. Max Schefter kommentiert den Aufruf des Gauleiters unter der Überschrift „Wir stemmen uns gegen den Strom". „Auch an uns, an die Braunschweiger in Stadt und Land, ergeht nun der Ruf des Vaterlandes. Unsere Antwort, unsere Haltung wird auf Jahrzehnte, auf Jahrhunderte hinaus das

[52] 42 B Neu 7 Nr. 1182.

Schicksal unserer engen Heimat und unserer großen deutschen Volksgemeinschaft mitbestimmen... Sind wir nur Treibholz, das kraftlos in dem reißendem Strom der Vernichtung schwimmt, der sich vom Westen her nähert?... Oder sind wir selbstbewußte, zum letzten Widerstand entschlossene deutsche Männer und Frauen, die sich standhaft und mutig dem Strom entgegenstemmen, treu ihrem Führer und ihrem Volk?...Die aufs Äußerste gesteigerte Macht der Feinde kann und wird an unserer inneren Stärke, an unserem Niemals und unserem Dennoch zerbrechen". Selbst der Hauptschriftleiter sah trotz seiner Verblendung keine militärischen Reserven mehr und mußte daher die „innere Stärke" beschwören.

Eine solche Treue zu Führer und Volk, verbunden mit dem Glauben an ein ewiges Deutschland, wie es der Westermannverlag in seinem Hausbuch von 1941 in die Braunschweiger Häuser hineingetragen hatte, war die Voraussetzung für die ungestörte Weiterarbeit bei der Braunschweiger Staatsanwaltschaft.

An diesem 6. April, es ist der übliche Wochentag für Verhandlungen des Sondergerichts, standen fünf Holländer, zwei Franzosen und eine deutsche Hausangestellte vor dem Sondergericht. Die beiden Franzosen erhielten 2½ und 2 Jahre Zuchthaus, der eine Holländer 1 Jahr und 9 Monate Zuchthaus, die anderen je ein Jahr Gefängnis, die deutsche Hausangestellte 6 Monate Gefängnis. Ungerührt von der leicht vorhersehbaren Tatsache, daß die sieben Ausländer umgehend in ihre Heimatländer zurückkehren würden, verurteilte sie das Sondergericht. Opportunismus kann man dem Gericht nicht vorwerfen.

In der Ausgabe der Braunschweiger Tageszeitung vom Dienstag, dem 10. April, heißt es: „Ein Gang durch die Straßen der Stadt und besonders durch die Außenbezirke, überzeugt uns, daß nirgends Kopflosigkeit herrscht, dafür aber wird mit erbittertem Eifer geschanzt, entstehen starke Barrikaden, die dann von Kämpfern besetzt sein werden, wenn die Stunde schlägt...Braunschweig ist bereit. Die Barrikaden auf den Straßen Braunschweigs sind mehr als ein Symbol: sie sind der Beweis, daß wir angetreten sind, uns in den kommenden Stunden zu bewähren." „Die Stunde der Bewährung" der politischen Führung bestand darin, daß sich Bürgermeister Mertens erschoß, Landrat Bergmann sich verzweifelt die Pulsadern öffnete und auf Befehl des Kreisleiters Heilig erschossen wurde, Ministerpräsident Klagges vergeblich nach Osten zu flüchten versuchte, zahlreiche weitere politische Verantwortliche der Verwaltung sich schon rechtzeitig abgesetzt hatten. Braunschweig wurde am 12. April kampflos von den amerikanischen Truppen eingenommen.

Für den 13. April um 9.00 Uhr war eine Verhandlung des Braunschweiger Sondergerichtes gegen den Tischler Emil Sch. aus Gardessen vorgesehen, der provozierend den „Hitlergruß" auf der Straße verweigert hatte. Er war schon einmal auf Antrag des Ortsgruppenleiters in Gardessen angezeigt und vom Sondergericht am 21. 1. 1944 zu fünf Monaten Gefängnis verurteilt worden, weil er das Gerücht weiterkolportiert hatte, daß der Ortsgruppenleiter ein intimes Verhältnis zu einer Frau im Ort unterhalte, deren Mann an der Front sei. Ein Gutachten von Dr. Barnstorf von den Heil- und Pflegeanstalten in Königslutter bescheinigte dem Angeklagten „geistige und charakterliche Abartigkeit", die so weit reiche, von einer „geistigen Störung" zu sprechen[53]. Beim heutigen Leser stellt sich die Assoziation ein: wer nach 12 Jahren Naziherrschaft den „Hitlergruß" verweigere, müsse in die Heilanstalt. Es kann sein, daß der Verteidiger v. Campe ganz

---

[53] 42 B Neu 7 Nr. 1191.

glücklich über das Gutachten war, um auf diese Weise den Beklagten vor einer drohenden Zuchthausstrafe zu bewahren.

Mit einem Verfahren wegen eines verweigerten „Hitlergrußes" schließen die Akten des Sondergerichtes. Zeitgenossen entsinnen sich, wie schwer sie ihn sich abgewöhnen konnten. Die Braunschweiger Bevölkerung mußte noch Monate nach der Besetzung über die Tagespresse aufmerksam gemacht werden, den „Hitlergruß" in der Öffentlichkeit zu unterlassen.

7.10 Zusammenfassung

Von den von uns anhand der Prozeßunterlagen für den Zeitraum Januar bis April 1945 untersuchten 96 Verfahren[54] vor dem Sondergericht entsprachen 39 Urteile dem Antrag der Staatsanwaltschaft, 29 wichen geringfügig von dem Antrag der Staatsanwaltschaft ab und 28 sehr erheblich. Das ist für den erstaunlich, der glauben will, daß es innerhalb des Sondergerichtes auch in den letzten Kriegsmonaten nicht erheblichen Spielraum bei der Urteilsbildung gegeben habe. Zu den 39 mit der Anklage übereinstimmenden Urteilen gehören verständlicherweise die elf Todesstrafen und die siebzehn überwiegend hohen Zuchthausstrafen von eineinhalb bis viereinhalb Jahren. Es gehören aber auch elf Urteile dazu, die auf Gefängnisstrafe lauteten. Das Gericht und die Anklage waren sich also gelegentlich auch über ein niedriges Urteil einig. Häufiger jedoch, insgesamt 57mal, weicht das Sondergericht von den Vorstellungen der Staatsanwaltschaft ab, in 29 Fällen nur geringfügig, meist um einige Monate im Strafmaß der Zuchthaus- oder der Gefängnisstrafe. Auffällig ist jedoch die Abschwächung des von der Anklage erwarteten Urteils, und zwar in 28 Fällen in ganz erheblichem Maße. Dreimal wird die beantragte Todesstrafe in eine hohe Zuchthausstrafe umgewandelt, achtmal wird statt der beantragten Zuchthausstrafe eine Gefängnisstrafe ausgesprochen, achtmal wird statt Gefängnis und sogar Zuchthausstrafe auf Freispruch erkannt.

Das Braunschweiger Sondergericht blieb auch in den letzten drei Monaten seines Bestehens, was es in den vergangenen zwölf Jahren gewesen war: ein durch und durch komplexes, widersprüchliches, vom nationalsozialistischen Zeitgeist abhängiges, und doch um „zeitgemäßes objektives Recht" sich bemühendes und wiederum auch dieses „Recht" häufig genug überschreitendes und brutal brechendes Justizwesen. Es spiegelte damit die Abnormalität der letzten Kriegsjahre und versuchte, innerhalb eines abnormen Kriegsrechts doch Rechtsformen zu wahren.

---

[54] Von diesen 96 Verfahren standen uns Akten zur Verfügung. Die Zahl der tatsächlich durchgeführten Verfahren war höher, vgl. die Chronologie der Urteile, Tabelle 12.

Tabelle 12: Chronologie der Urteile des Sondergerichtes im letzten Vierteljahr Januar – April 1945

Datum	*Richter (3) Staats- anwalt*	*Angeklagte*	*Delikt*	*Ver- teidiger*	*Strafmaß*	*Archiv- Bestands Nr. **
Mittwoch 03. 01. 1945 9:15	Ahrens Peters Angerstein Flöte	Heinrich Peters, 1909 deutsch, Verwaltungsangestellter Edith Schneider, 1909 Deutsche, Angestellte	KWVO KWVO	Kahn Kahn	3 J. Gef. 8. M. Gef.	1126
Mittwoch 03. 01. 1945 10:30	Ahrens Angerstein Eilers Flöte	Leonhard Kapust, 21. 07. 1900 Deutscher, Kaufmann	üble Nach- rede Heimtücke		½ J. Gef.	1135
Mittwoch 03. 01. 1945		Johann Grass 07. 03. 1905	Heimtücke		7 M. Gef.	Gefbuch WF Nr. 1902
Dienstag 09. 01. 1945 10:30	Lerche Angerstein Eilers Magnus	Francesco Paolin, 02. 10. 1926 Italiener	Volks- schädling	Brandes II	Todesstrafe hinger. 12.02.	1601
Dienstag 09. 01. 1945		Vincenz Janiszewski, 06. 10. 1892 Landarbeiter, Warthegau	Rundfunk- verbr.		1 ½ J. Zucht- haus	Gefbuch WF Nr. 1706
Dienstag 09. 01. 1945	Lerche Angerstein Eilers Magnus	Fritz Mertens, 09. 08. 1902 Deutscher, Maschinenarbeiter Luise Krone, 17. 03. 1907 Deutsche, Hausfrau	Diebstahl, VVO Hehlerei		1 J. Zuchthaus 3 M. Gef.	Gefbuch WF Nr. 2127
Dienstag 09. 01. 1945		Louis Merrer, 04. 06. 1913 Franzose, Arbeiter	Rundfunk- verbr.		2 J. Zuchthaus	Gefbuch WF Nr. 1819
Dienstag 09. 01. 1945		Raphael Boisnivand, 17. 04. 1912 Franzose, Arbeiter	Rundfunk- verbr.		1 J. Zuchthaus	Gefbuch WF Nr. 2139
Freitag 12. 01. 1945 8:30	Lerche Angerstein Eilers Flöte	Jean Grue, 08. 05. 1919 Franzose Maurice Grenier, 31. 03. 1916 Franzose Bernhard Guitard, 30. 12. 1917 Franzose	Diebstahl, VVO Hehlerei Hehlerei	Diese- ner Kahn Kahn	Todesstrafe hinger. 9.3. 9 M. Gef. Freispruch	1602
Freitag 12. 01. 1945		Emanuel Glodak 09. 09. 1902 Deutscher, Bergmann,	Wehrkraft- zersetzung		3 J. Zuchthaus	Gefbuch WF Nr. 2126
Freitag 12. 01. 1945	Lerche Angerstein Eilers Flöte	Paul Schindler, 19. 02. 1886 Deutscher, Postschaffner	Diebstahl von 4 Feld- postpäck- chen, VVO		2 ½ J. Zucht- haus	Gefbuch WF Nr. 2128
Freitag 12. 01. 1945		Philipp Schwarzenau, 29. 08. 1897 Deutscher, Gastwirt			8 M. Gef.	

* Die Nummern beziehen sich auf den Bestand 42 B Neu 7; die mit ‚Gefbuch WF' gekennzeichneten Nummern beziehen sich auf die Gefangenen-Personalbücher der Haftanstalt Wolfenbüttel, 43 A Neu 3. In diesen Registern werden die Richter nicht aufgeführt.

Datum	*Richter (3) Staats-anwalt*	*Angeklagte*	*Delikt*	*Ver-teidiger*	*Strafmaß*	*Archiv-Bestands Nr.* *
Dienstag 16. 01. 1945	Lerche Angerstein Eilers Flöte	Jakobus Coenraadts, 30.04.1926 Holländer, Arbeiter	Brotdieb-stahl VVO		1 ½ J. Zucht-haus	1142
Dienstag 16. 01. 1945	Lerche Angerstein Eilers Flöte	Helene Wille, 29. 05. 1921 Deutsche	Diebstahl aus Luft-schutz-bunker, VVO		2 J. Zuchthaus	1144
Dienstag 16. 01. 1945 12:00	Lerche Angerstein Eilers Flöte	Henri Merot, 14. 01. 1909 Franzose, Arbeiter Maurice Malabre, 26. 01. 1925 Franzose, Kellner	Diebstahl einiger Kleidungs-stücke, VVO Beihilfe		3 J. Zuchthaus 2 ½ J. Zucht-haus	1136
Dienstag 16. 01. 1945		Berta Gebhardt, geb. Lübke, 17. 04. 1896 Landarbeiterin			7 M. Gef.	Gefbuch WF Nr. 1894
Freitag 19. 01. 1945	Lerche Angerstein Eilers Flöte	Kurt v. Freyhold, 22.01. 1871 Deutscher, Pensionär	Rundfunk-verbr.	Kahn	3 J. Zuchthaus	Gefbuch WF Nr. 2129
Freitag 19. 01. 1945		Jan v. Klaasen, 02. 11. 1920 Holländer, Schlachter	Diebstahl, VVO .		1 ½ J. Zucht-haus	Gefbuch WF Nr. 1835
Freitag 19. 01. 1945		Jan v. Badenburg, 20. 11. 1914 Holländer, Schlachter	Diebstahl, VVO		1 ½ J. Zucht-haus	Gefbuch WF Nr. 1836
Freitag 19. 01. 1945		Cor v. Tol, 03. 10. 1919 Holländer, Schlachter	Diebstahl, VVO		1 ½ J. Zucht-haus	Gefbuch WF Nr. 1834
Dienstag 23. 01. 1945 8:30	Lerche Peters Eilers Magnus	Marta Wegener, 1921 Deutsche	3 Hosen gestohlen, VVO		1 J. 3 M. Zuchthaus	1138
Dienstag 23. 01. 1945	Lerche Peters Eilers Magnus	Georges Mathieu, 21. 09. 1921 Franzose, Rangierarbeiter	Diebstahl 12 Büch-sen, VVO	Kahn	1 J. Zuchthaus	1140
Freitag 26. 01. 1945		Marcel Vallons, 05. 10. 1924 Belgier, Schreiber	Lebens-mit-telbeschaf-fung durch Fälschung, KWVO		1 J. 9 M. Zuchthaus	1149

Datum	*Richter (3) Staats-anwalt*	*Angeklagte*	*Delikt*	*Ver-teidiger*	*Strafmaß*	*Archiv-Bestands Nr.* *
Freitag 26. 01. 1945	Lerche Angerstein Eilers Flöte	Emilie Grüne, 11. 05.1890	schiebt mit Karten, KWVO	Hoff-meister	8 M. Gef.	1147
Freitag 26. 01. 1945 10:15	Lerche Angerstein Eilers	Romemus Hof, 1912 Belgier, Monteur Jan Verbeugen, 1896 Belgier, Kellner Willy van Laer, 1920 Belgier	Diebstahl, VVO Hehlerei	 Kahn	1 J 3 M. Gef. Freispruch 2 M. Gef.	1137
Freitag 26. 01. 1945 11:30	Lerche Angerstein Eilers Flöte	Martha Zacharias, 1912	grüßt mit erhobener Faust Heimtücke		4 M. Gef.	1185
Montag 29. 01. 1945	Ahrens Angerstein Eilers Magnus	Lolli Persow, 29. 04. 1925 Volksdeutsche aus Kursk, Gleisarbeiterin	Diebstahl, VVO		1 ½ J. Gef.	1146
Montag 29. 01. 1945	Ahrens Angerstein Eilers Magnus	Marie Dahle, 02. 01. 1912	Plündern nach Flieger-angriff, VVO	Kahn	5 J. Zuchthaus	1148
Montag 29. 01. 1945	Ahrens Angerstein Eilers Magnus	Friedrich Beims, 11. 09. 1897 Deutscher, Elektriker	Diebstahl eines Ofens, VVO	Kahn	1 J. Gef.	1145
Dienstag 30. 01. 1945 8:30		Eduard Hasenkrug, 01. 01. 1906 Deutscher, Gärtner	Entzug der Wehr-pflicht		Todesstrafe hingerichtet 09. 03. 1945	1605
Dienstag 30. 01. 1945 9:30	Lerche Peters Angerstein Magnus	Lucien Brand, 09. 07. 1920 Franzose, Arbeiter Pierre Dumont, 26. 03. 1918 Franzose	Diebstahl, VVO Diebstahl, VVO		1 J. 3 M. Gef. 1 J. 3 M. Gef.	1150
Dienstag 30. 01. 1945 11.45	Lerche Peters Angerstein Linke	Reinhold Löhr 1880 Deutscher, Schlachter Marie Löhr 1892	Diebstahl, KWVO Diebstahl, KWVO	Kahn Kahn	8 M. Gef. 3 M. Gef.	1151
Dienstag 30. 01. 1945	Lerche Peters Angerstein Linke	Ella Völker 08. 04. 1908 Elisabeth Nöth 16. 12. 1909	Diebstahl, VVO Diebstahl, VVO	Benze Oschatz	2 J. Zuchthaus 2 J. Z.	1143
Dienstag 30. 01. 1945		Vito Gandolfo 10. 10. 1919 Italiener	Wehrmit-telbe-schädigung		1 M. Gef.	Gefbuch WF Nr. 1959

Datum	*Richter (3) Staats-anwalt*	*Angeklagte*	*Delikt*	*Ver-teidiger*	*Strafmaß*	*Archiv-Bestands Nr. **
Freitag 02. 02. 1945 15:00	Lerche Ahrens Eilers Linke	Maurice Fredin, 1925 Franzose Martial Millard, 1923 Franzose Antonine Esteve, 1923 Französin Lucien Vandenberghe Französin	Diebstahl Diebstahl Diebstahl Diebstahl VVO		1 J. 9 M. Gef. 1 J. 9 M. Zuchthaus 1 J. 9 M. Zuchthaus 1 J. 9 M. Zuchthaus	Gefbuch WF Nr. 2108
Freitag 02. 02. 1945 15:45	Lerche Ahrens Eilers Flöte	Jean Legrand, 16. 02. 1926 Franzose Marcel Tanniou, 04. 12. 1926 Franzose	Diebstahl, VVO Diebstahl, VVO		Todesstrafe hinger. 9.3. Todesstrafe hinger. 9.3.	1603
Dienstag 06. 02. 1945	Ahrens Peters Eilers Flöte	Victoria Breuer, 18.07.1907 Deutsche, Postfacharbeiterin	fortges. Päckchen-diebstahl Volks-schädling, VVO	Benze	Todesstrafe hinger. 9.3.	1604
Dienstag 06. 02. 1945	Lerche Peters Eilers Magnus	Bernhard Pelzers, 02. 11. 1920 Niederländer, Schneider	Diebstahl, VVO		3 J. Zucht-haus	1141
Dienstag 06. 02. 1945 10:30	Lerche Peters Eilers Flöte	Elise Reuner, 22. 02. 1909 Hausfrau	Abhören vom Feindsen-der	Kahn	Aussetzen der Verh. und Un-ters. des Gei-steszustandes	1153
Dienstag 06. 02. 1945	Lerche Peters Eilers Flöte	Maria Becker, 1900 Putzfrau Karl Weiland, 1907 Baustellenleiter	KWVO KWVO		1 ½ J. Gef. 5 M. Gef.	1154
Dienstag 06. 02. 1945 15:15	Ahrens Peters Eilers Flöte	Margarete Klein, 1875 Hausfrau	verteidigt Juden im Luft-schutzbun-ker, Heim-tücke	Kahn	2 M. Gef.	

Datum	*Richter (3) Staats-anwalt*	*Angeklagte*	*Delikt*	*Ver-teidiger*	*Strafmaß*	*Archiv-Bestands Nr.* *
Freitag 09. 02. 1945	Lerche Ahrens Angerstein Magnus	Wilhelm Langeheine, 26. 03. 1892 Bauer	schwarz schlachten Schwarz-handel KWVO	Kahn	5 J. Zuchthaus 5 J. Ehrv. 5 000,- RM	1155
		Wilhelm Tübbesing, 29. 09. 1888 Bierverleger		Fischer	5 J Zuchthaus 5 J. Ehrv. 3 000,- RM	
		Wilhelm Philipps, 26. 12. 1906 Former		Hopert	3 M. Gef.	
		Erich Wolf, 23. 06. 1897 Richtmeister		Hopert	3 M. Gef.	
		Auguste Wolf, 26. 06. 1870 Witwe		Benze	Freispruch	
		Otto Rau, 30. 07. 1885 Fuhrunternehmer		Kahn	8 M. Gef.	
		Otto Mull, 26. 01. 1878 Invalide			8 M. Gef.	
Dienstag 13. 02. 1945 8:30	Lerche Peters Eilers Flöte	Arnold Schyf, 12. 06. 1919 Niederländer, Rangierer	Unter-schlagung		1 J. 6 M. Zuchthaus	1161
		Gerrit Rolffs of Reloff, 27. 07. 1919, Niederländer, Rangierer	Diebstahl		1 J. 6 M. Zuchthaus	
		Berand Scharenberg, 18. 02. 1922, Niederländer, Rangierer	Diebstahl		1 J. 6 M. Zuchthaus	
		Joseph van den Berg, 23. 04. 1924, Niederländer, Rangierer	Diebstahl		1 J 6 M. Zuchthaus	
		Robert Nikolas, 16. 07. 1920 Franzose, Rangierer	Diebstahl		1 J. Zuchthaus	
		Lucien Vasseur, 28. 11. 1920 Franzose, Rangierer	Diebstahl	Kahn	5 M. Gef.	
		Josef Stepan, 25. 02. 1907 Tscheche, Rangierer	Diebstahl alle VVO	Kahn	1 J. Gef.	
Dienstag 13. 02. 1945	Lerche Peters Eilers Flöte	Günter Kroß, 27. 01. 1924 Buchhalter	Diebstahl	Kahn	1 J. Gef.	1162
Dienstag 13. 02. 1945 Forts.Verhdl. vom 06. 02. 1945	Lerche Peters Eilers Flöte	Anneliese Behrens, 22. 10. 1923 Straßenbahnschaffnerin	Diebstahl, VVO	Kahn	1 J. 3 M. Zuchthaus	1157
Dienstag 13. 02. 1945	Lerche Peters Eilers Flöte	Johann Liszner, 07. 02. 1910 Tscheche, Kellner	Diebstahl nach Luft-angriff, VVO	Benze	Freispruch	1158
Dienstag 13. 02. 1945	Lerche Peters Eilers Flöte	Frieda Reuter, 1901	Unter-schlagung von abge-stellten Sa-chen, VVO	Benze	2 J. Zuchthaus	1159

Datum	*Richter (3) Staats-anwalt*	*Angeklagte*	*Delikt*	*Ver-teidiger*	*Strafmaß*	*Archiv-Bestands Nr. **
Mittwoch 14. 02. 1945 8:30	Lerche Eilers Angerstein Magnus	Anna Machalitzka, 1919 Arbeiterin	Diebstahl aus Luft-schutzge-päck, VVO		1 J. 6 M. Gef.	1165
Mittwoch 14. 02. 1945 9:00	Lerche Angerstein Eilers Magnus	Georg Bezy, 1922 Belgier, Arbeiter	Postdieb-stahl, VVO		1 J. Zuchthaus	1168
Mittwoch 14. 02. 1945 9:15	Lerche Angerstein Eilers Magnus	Pierre Linares, 1921 Franzose, Monteur	Lebens-mittel-Marken-diebstahl, KWVO		1 J. 9 M. Zuchthaus	1164
Mittwoch 14. 02. 1945 9:45	Lerche Angerstein Eilers Magnus	Karel von Camp, 25. 08. 1920 Belgier, Klempner	äußert sich abfällig auf einer Postkarte, Heimtücke	Kahn	9 M. Gef.	1187
Mittwoch 14. 02. 1945 10:45	Lerche Angerstein Eilers Magnus	Minna Töppel, 1884	Abhören Feindsen-der		1 J. Zuchthaus	1122
Freitag 16. 02. 1945 9:30	Ahrens Peters Angerstein Flöte	Hendrik de Bruyn, 1922 Niederländer, Dreher	Diebstahl	Kahn	3 J. Zuchthaus	1163
		Johann Deeder, 1922 Niederländer, Bergmann	Diebstahl		4 J. Zuchthaus	
		Peter Spreeuw, 1910 Niederländer, Grubenarbeiter	Diebstahl		1 J. 1 M. Zuchthaus	
		Bernardus Boom, 1920 Niederländer, Heizer	Diebstahl, VVO bzw. StGB	Diese-ner	1 J. Zuchthaus	
		Hendrik Wyckmans, 1917 Niederländer, Bergarbeiter			1 J. Gef.	
		Cornelius Burhenne, 1921 Niederländer, Tiefarbeiter		Hübner	Freispruch	
		Louis Burhenne, 1916 Niederländer, Tiefarbeiter		Diese-ner	7 M. Gef.	
		Guillaume Ernst, 1924 Niederländer, Bergmann			8 M. Gef.	
		Fredrik Kok, 1906 Niederländer, Stukkateur			8 M. Gef.	
		Landers Kames, 1922 Niederländer, Kraftfahrer			3 M. Gef.	
		Johannes von Haarlem, 1916 Niederländer, Beifahrer			3 M. Gef.	

Datum	*Richter (3) Staats-anwalt*	*Angeklagte*	*Delikt*	*Ver-teidiger*	*Strafmaß*	*Archiv-Bestands Nr. **
Freitag 16. 02. 1945	Ahrens Peters Angerstein Linke	Sotirios Baglis, 16. 05. 1913 Grieche Eugene Lacoriche, 24. 08. 1914 Französin	Schwarz-handel m. Brotmar-ken, KWVO Schwarz-handel m. Brotmar-ken, KWVO		1 J. 3 M. Zuchthaus 2 J. 8 M. Zuchthaus	1105
Dienstag 20. 02. 1945 8:30	Lerche Peters Angerstein Flöte	Jacques Degreve, 1924 Franzose	Diebstahl, VVO		2 J. Zuchthaus	1169
Dienstag 20. 02. 1945	Lerche Peters Angerstein Flöte	Jacob Braun, 1890 Schuhmacher Hubertine Braun, 1895	untergest. Sachen nicht gleich herausge-rückt, VVO		Freispruch mangels Beweisen (beide)	1160
Dienstag 20. 02. 1945 11:30	Lerche Peters Angerstein Flöte	Marcel Ferrando, 1922 Franzose	Diebstahl 6 Eimer Marme-lade, VVO	Kahn	1 J. 6 M. Zuchthaus	1170
Dienstag 20. 02. 1945		Wilhelm Ultes, 19. 03. 1916 Holländer, Schneider			1 J. 6 M. Zuchthaus	Gefbuch WF Nr. 2012
Freitag 23. 02. 1945 8:30	Lerche Ahrens Angerstein Linke	Gustav Tiefert, 1906 Arbeiter	Lebens-mittelmar-ken gestohlen, KWVO		7 M. Gef. Un-terbringung Heilanstalt	1167
Freitag 23. 02. 1945 9:45	Lerche Ahrens Angerstein Linke	Karl Meinberg, 1890 MIAG-Arbeiter	Abhören feindl. Sender		1 J. 6 M. Zuchthaus	1173
Freitag 23. 02. 1945		Margarethe Thormann, 1910	Diebstahl von 2 Wolldek-ken u. 3 Frotte-handt.		6 M. Gef.	1172
Freitag 23. 02. 1945 11:15	Lerche Ahrens Angerstein Linke	Helmut Türpe, 24. 11. 1919 kaufm. Angestellter	Diebstahl von 1000 Zigaretten und 24 P. Tabak, KWVO		1 J. Gef. 400,- RM	1171

Datum	*Richter (3) Staats- anwalt*	*Angeklagte*	*Delikt*	*Ver- teidiger*	*Strafmaß*	*Archiv- Bestands Nr.* *
Dienstag 27. 02. 1945	Ahrens Peters Angerstein Flöte	Hermann Onderstall, 26. 03. 1922, Niederländer, Schneider Gerda Kielhorn, 06. 02. 1919	Diebstahl bei Auf- räumarbei- ten, VVO		Todesstrafe 9 M. Gef.	1607
Dienstag 27. 02. 1945	Ahrens Peters Angerstein Flöte	Hans Wehr, 1901 Bauführer Hendrik Kolk, 1905	Schwarz- handel mit Tabak, KWVO Schwarzh.		6 M. Gef. 500,- RM 6 M. Gef. 500,- RM	1174
Dienstag 02. 03. 1945 geplatzte Verhandl.	Lerche	Richard Kaltschmidt Grünwarenhändler	Diebstahl			1598
Freitag 02. 03. 1945	Lerche Ahrens Angerstein Flöte	Konradine Brunke, 1901	Beihilfe zur Fah- nenflucht	Dr.Gra- mm	1 J. Gef.	1189
Dienstag 06. 03. 1945 10:00	Lerche Peters Angerstein Magnus	Petrus Turkenberg, 1908 Holländer, Schlachter Hendrikus Wykhuyzen, 1905 Holländer, Bäcker Martha Dittrich, 1914 Deutsche, Prostituierte Hendrik Feikes, 1922 Holländer Ilse Stodte, 1905 Deutsche	stiehlt Fleisch, VVO stiehlt Brotmar- ken, VVO Hehlerei Hehlerei Hehlerei	 Benze Kahn Kahn Kahn	2 J. 6 M. Zuchthaus 2 J. Zuchthaus 8 M. Gef. 6 M. Gef. 3 M. Gef.	1175
Mittwoch 07. 03. 1945 08:30	Lerche Peters Ahrens Flöte	Alfred Kröter, 1914 Hilfsdesinfektor	stiehlt aus DRK-Be- ständen, VVO		3 J. Zuchthaus	1176
Mittwoch 07. 03. 1945	Lerche Peters Ahrens Flöte	Michel Waltrowski, 20. 07. 1898 Pole, Melker	Diebstahl aus Volks- opfer		Todesstrafe nicht vollstr.	1609
Mittwoch 07. 03. 1945	Lerche Ahrens Peters Flöte	Heinrich Herber, 1908 Maler	Diebstahl aus Volks- opfer		Todesstrafe nicht vollstr.	1608
Freitag 09. 03. 1945		Augustin Olislagers, 14. 01. 1906, Holländer, Schiffer			1 J. 6 M. Zuchthaus	Gefbuch WF Nr. 2123
Dienstag 13. 03. 1945	Lerche Ahrens Angerstein Flöte	Emma Käsewieter, 23. 05. 1884 Bad Harzburg	Horten von Le- bensmit- teln, KWVO	Kühne	1 J. 6 M. Gef.	1139

Datum	*Richter (3) Staats-anwalt*	*Angeklagte*	*Delikt*	*Ver-teidiger*	*Strafmaß*	*Archiv-Bestands Nr.* *
Dienstag 13. 03. 1945	Lerche Ahrens Angerstein Flöte	Josef Kösters, 17. 07. 1905 Baustellenleiter	unberech-tigt Be-zugsschei-ne, VVO	Müller	Freispruch	1156
Freitag 16. 03. 1945		Julius Isensee, 03. 05. 1891 Buchdrucker			1 J. 6 M. Zuchthaus	Gefbuch WF Nr. 2576
Dienstag 20. 03. 1945	Lerche Peters Angerstein Flöte	Lilli Goslar, 21. 07. 1905	Unter-schlagung Diebstahl, VVO	Benze	4 J. 6 M. Zuchthaus	1113
Dienstag 20. 03. 1945	Lerche Peters Angerstein Flöte	Guy Mureau, 05. 07. 1923 Franzose, Bäcker	Ermor-dung eines Wächters	Kahn	Todesstrafe nicht vollstr.	1611
Dienstag 20. 03. 1945		Hippolyt Bondot, 08. 05. 1920 Franzose, Arbeiter			3 J. Zuchthaus	Gefbuch WF Nr. 1840
Montag 26. 03. 1945 Anklage-schrift		Emil Schiller, 23. 12. 1887 Tischler	grüßt nicht mit „Heil Hit-ler“ Heim-tücke	v. Campe	Einweisung in Heil- und Pflegeanstalt vorgesehen	1191
Dienstag 27. 03. 1945	Lerche Angerstein Spies Linke	Georg Malek, 01. 01. 1925 Pole	Diebstahl, VVO	Benze	Todesstrafe nicht vollstr.	1610
Dienstag 27. 03. 1945 10:15		Karl Weidemann, 1896 Lokomotivführer	„braune Schweine“ Heimtücke		9 M. Gef. vorgesehen (aufgehoben)	1190
Dienstag 27. 03. 1945		Roger Tartrat, 19. 04. 1923 Franzose, Heizer			2 J. Zuchthaus	Gefbuch WF Nr. 2003
Mittwoch 28. 03. 1945 10:30	Ahrens Peters Angerstein Flöte	Friedrich Wilhelm Schütte, 1900	Diebstahl, KWVO		3 J. Zuchthaus 3 J. Ehrverlust	1177
Mittwoch 28. 03. 1945 11:00 vertagt		Fritz Hinze, 1898 Obertelegrafenschreiber vertagt auf den 13. 04. 1945	Heimtücke	Kahn	9 M. Gef beantragt (vertagt)	1188
Mittwoch 28. 03. 1945		Karl Kley, 27. 06. 1900 Deutscher, Fuhrunternehmer			1 J. 6 M. Zuchthaus	Gefbuch WF Nr. 2180
Donnerstag 29. 03. 1945 Anklage-schrift	Flöte	Yves Selosses, 16.10.1921 Franzose, Kraftfahrer René Onry, 08.10.1922 Franzose, Kraftfahrer	Diebstahl		Anklageschrift	1179

Datum	*Richter (3)* *Staats-* *anwalt*	*Angeklagte*	*Delikt*	*Ver-* *teidiger*	*Strafmaß*	*Archiv-* *Bestands* *Nr. **
Donnerstag 29. 03. 1945 Anklage- schrift	Flöte	Emilio Girlande, 06. 02. 1923 Italiener, Schuster Alfredo Sardinello, 05. 04. 1908 Italiener, Schuster Libero Baroni, 03. 09. 1909 Italiener, Schuster Pietro Presti, 17. 09. 1912 Italiener, Schuster Agnes Wegmann Ehefrau	Feindsen- der hören Feindsen- der hören Feindsen- der hören Feindsen- der hören Feindsen- der hören			1181
Donnerstag 29. 03. 1945 Anklage- schrift	Flöte	Lorenzo Bonzi 05. 03. 1916 Italiener	Diebstahl			1180
Mittwoch 04. 04. 1945 Anklage- schrift	Flöte	René Backes, 1921 Franzose Anna Hasenberg, 22. 12. 1890 Prostituierte Arthur Barre, 08. 06. 1922 Franzose	abhören feindlicher Sender hört mit	 Kahn		1183
Donnerstag 05. 04. 1945 Anklage- schrift	Flöte	Rene Terquety, 18. 11. 1922 Franzose Lucien Procabeuf	Diebstahl, VVO Diebstahl, VVO		2 ½ – 3 J. Zuchthaus (vorgeseh. Strafe)	1182
Freitag 06. 04. 1945		Salomon Elgon, 08. 06. 1920 Holländer, Schneider Hermann Vermaas 02. 04. 1909 Holländer, Zimmermann Franz Herk, 14. 08. 1909 Holländer, Maurer Jean Kaef, 13. 12. 1918 Holländer, Arbeiter Menno Bronzer 08. 01. 1922 Holländer, Monteur			1 J. Gef. 1 J. Gef. 1 J. 9 M. Zuchthaus 1 J. Gef. 1 J. Gef.	Gefbuch WF Nr. 250 –2507
Freitag 06. 04. 1945		Claude Rikot, 03. 06. 1925 Franzose, Arbeiter Charles Plisson, 26. 11. 1925 Franzose, Arbeiter			2 J. Zuchthaus 2 J. 6 M. Zuchthaus	Gefbuch WF Nr. 2099 Nr. 2097
Freitag 06. 04. 1945	Flöte	Elfriede Hinske Hausangestellte			6 M. Gef.	Gefbuch WF Nr. 2962

8. Sonderrichter und sondergerichtliche Rechtssprechung nach 1945

Bis in die letzten Kriegstage hinein arbeitete das Sondergericht Braunschweig. Dann war alles zu Ende. Die Alliierten schlossen die deutschen Gerichte.

8.1 Neubeginn und Entnazifizierung

Mit der Übernahme der obersten Regierungsgewalt durch die Besatzungsmächte ging auch die Rechtssprechung in die Verantwortung der Alliierten über. Als höchstes Organ der alliierten Administration setzte der Kontrollrat in Form von Gesetzen, Proklamationen und Direktiven die Rahmenbedingungen für eine Umgestaltung von Staat, Wirtschaft und Gesellschaft fest. Die Erneuerung des Rechtswesens bildete einen Schwerpunkt der Arbeit des Kontrollrates, deren Richtlinien die Abschlußerklärung der Potsdamer Konferenz lieferte: „Das Gerichtswesen wird entsprechend den Grundsätzen der Demokratie und der Gerechtigkeit auf der Grundlage der Gesetzlichkeit und der Gleichheit aller Bürger vor dem Gesetz ohne Unterschied der Rasse, der Nationalität und der Religion reorganisiert werden“[1].

Der Kontrollrat hob am 20. September 1945 mit dem Gesetz Nr. 1 wichtige NS-Gesetze auf; z. B. das Ermächtigungsgesetz, das Gesetz zur Wiederherstellung des Berufsbeamtentums, das Heimtückegesetz, die Nürnberger Gesetze. Die Proklamation Nr. 3 vom 20. Oktober 1945 schaffte den Volksgerichtshof und die Sondergerichte ab; sie verfügte, daß „Verurteilungen, die unter dem Hitler-Regime aus politischen, rassischen und religiösen Gründen erfolgten“, aufgehoben werden müssen[2]. Mit dem Gesetz Nr. 11 vom 30. 1. 1946 wurden einzelne Bestimmungen des NS-Strafrechts, etwa die Kriegssonderstrafrechtsverordnung (Wehrkraftzersetzung), die Verordnung über außerordentliche Rundfunkmaßnahmen und die berüchtigte Verordnung gegen Volksschädlinge außer Kraft gesetzt.

In der britischen Zone erließen die Präsidenten der Oberlandesgerichte 1946 eine Verordnung, die Straffreiheit für politische Straftaten gewährte und die von Sondergerichten wegen anderer Vergehen verhängten Strafen abmilderte[3]. Die Strafreduzierung bezog sich meistens auf Urteile wegen „normaler“ krimineller Delikte, wobei die Abgrenzung schon damals schwierig war. Eine generelle Aufhebung der Sondergerichtsurteile hat es nach 1945 nicht gegeben.

Wir haben in den vorausgegangenen Kapiteln hin und wieder von Urteilen berichtet, die nach Kriegsende revidiert wurden; sei es, daß die Justiz sie gänzlich aufhob, sei es, daß die Strafen herabgesetzt oder zur Bewährung ausgesetzt wurden.

---

1 Die Erklärung ist abgedruckt in: Ursachen und Folgen, Bd. 25.

2 Grundlegend: Martin Broszat, Siegerjustiz oder strafrechtliche Selbstreinigung, in: Vierteljahrshefte für Zeitgeschichte, Jg. 1981, S. 477–544; Hans Wrobel, Verurteilt, S. 102.

3 Wrobel, Verurteilt, S. 155. Vgl. hierzu für Braunschweig die Verordnung des OLG-Präsidenten vom 12. 12. 1946.

Nach Kriegsende hob der Braunschweiger Generalstaatsanwalt Staff die Urteile, die Sondergerichte aufgrund der Rundfunkverordnung gesprochen hatten, auf. Innerhalb der Braunschweiger Justiz war das keine Selbstverständlichkeit. Im September 1945 setzte z. B. die Revisionskammer des Braunschweiger Landgerichts eine dreijährige Zuchthausstrafe, die das Sondergericht wegen Verstoßes gegen die Rundfunkverordnung verhängt hatte, auf zwei Jahre Gefängnis herab; die englische Militärregierung stimmte dieser Entscheidung zu. Empört schrieb Generalstaatsanwalt Staff: „Es mag sein, daß der nationalsozialistische Staat im Interesse der unangefochtenen Durchführung des Krieges Veranlassung nehmen mochte, das Abhören von ausländischen Rundfunksendungen und deren Weiterverbreitung unter Strafe zu stellen. Es würde jedoch sowohl dem natürlichen Recht als auch den Begriffen der Menschlichkeit widersprechen, vom heutigen Standpunkt aus gesehen, diese selbstverständlichen und durch einfache Klugheit gebotenen Handlungen deutscher Staatsangehöriger noch weiter als Verbrechen anzusehen". Die Strafe wurde daraufhin aufgehoben[4]. In einem anderen Fall wollten die Justizbehörden bei einem wegen Abhörens eines ausländischen Senders Verurteilten nach 1945 Gerichtsgebühren einfordern. Nach einem Protest der Betreuungsstelle für Opfer des Naziterrors – es wirke auf jeden Menschen mit gesundem Rechtsempfinden komisch, daß ein zu unrecht Verurteilter noch Gebühren zahlen solle – schrieb der zuständige Staatsanwalt, es sei unbedingt notwendig, in allen Fällen, in denen aus politischen Gründen der Erlaß der Strafe angeordnet werde, keine Gebühreneintreibung vornehmen zu lassen[5].

Nicht aufgehoben wurde dagegen das Urteil gegen einen Braunschweiger Arbeiter, den das Sondergericht 1941 wegen Wehrdienstentziehung zu vier Jahren Zuchthaus verurteilt hatte. Der Arbeiter hatte sich durch ständigen Wohnungswechsel der Meldepflicht entzogen[6]. Generalstaatsanwalt Staff wandelte im November 1945 die Strafe in zwei Jahre Gefängnis um mit folgender Begründung: „Er mag sich weder aus politischen noch aus einer religiösen Überzeugung dem Militärdienst entzogen haben. Jedenfalls hat er sich durch sein Verhalten geweigert, an den Ereignissen teilzunehmen, die über Deutschland schwerstes Unglück gebracht haben"[7].

Auch bei einigen Urteilen wegen Heimtückevergehen und wegen Umgangs mit Kriegsgefangenen verlief die Aufhebung nicht reibungslos. Die vom Sondergericht gegen Martha S. verhängte zweijährig Zuchthausstrafe wegen ihrer Beziehung zu einem französischen Kriegsgefangenen wandelte Generalstaatsanwalt Staff im Jahr 1946 in eine fünfmonatige Gefängnisstrafe um. Aber worin bestand ihr Vergehen?[8]

Auch das Urteil gegen einen Magazinverwalter, der wegen freundschaftlichen Umgangs mit einem belgischen Kriegsgefangenen zu drei Jahren Zuchthaus verurteilt worden war, wurde nach Kriegsende nicht aufgehoben, die Strafe „nur" in drei Jahre Gefängnis geändert. Erst als der Verteidiger des Magazinverwalters darauf hinwies, daß das Urteil aus politischen Gründen erlassen worden war, ordnete der Generalstaatsanwalt beim Kammergericht in Berlin Ende 1946 die Tilgung aus dem Strafregister an[9].

---

4 42 B Neu 7 Nr. 1086.
5 42 B Neu 7 Nr. 1067.
6 42 B Neu 7 Nr. 1018.
7 Ebd.
8 42 B Neu 7 Nr. 1965.
9 42 B Neu 7 Nr. 1080.

Schwer nachzuvollziehen ist auch die Entscheidung des Oberstaatsanwalts Brandes, der 1946 die vom Sondergericht wegen eines Heimtückevergehens verhängte Strafe von vier Jahren Zuchthaus gegen den Kaufmann K. Schwieger in eine zweijährige Gefängnisstrafe umwandelte. Erst durch das Eingreifen von Generalstaatsanwalt Staff wurde die Reststrafe erlassen[10].

Die Urteile wegen Schwarzschlachtens und anderer Verstöße gegen die Kriegswirtschaftsverordnung wurden nach 1945 nicht aufgehoben. In allen Fällen milderten die Gerichte jedoch die Zuchthausstrafen ab. Das gilt auch für die Urteile nach der Volksschädlingsverordnung, denen Diebstahldelikte zugrunde lagen.

Von Anfang an spielte die personelle Erneuerung in der Diskussion um den Wiederaufbau der Justiz eine wesentliche Rolle[11].

Das Kontrollratsgesetz Nr. 4 vom 30. Oktober 1945 thematisierte unter Anknüpfung an die Potsdamer Erklärung die personelle Säuberung der Justiz: „Zwecks Durchführung der Umgestaltung des deutschen Gerichtswesens müssen alle früheren Mitglieder der NSDAP, die sich aktiv für deren Tätigkeit eingesetzt haben, und alle anderen Personen, die an den Strafmethoden des Hitler-Regimes direkten Anteil hatten, ihres Amtes als Richter und Staatsanwalt enthoben werden und dürfen nicht zu solchen Ämtern zugelassen werden“[12]. Damit wurde ein Vorgehen bekräftigt, das bereits in den ersten Wochen nach Kriegsende zur Entlassung bzw. Suspendierung der überwiegenden Mehrheit der während der Nazi-Herrschaft amtierenden Richter und Staatsanwälte geführt hatte. Schließlich war der Anteil der Parteimitglieder bei den Richtern und Staatsanwälten außerordentlich hoch gewesen[13].

Während sich die sowjetische Militäradministration für „Volksrichter“ entschied, die in Schnellkursen ausgebildet wurden, setzten die westlichen Alliierten auf klassisch ausgebildete Juristen. Nur mit großer Mühe und mit viel Improvisationsgeschick konnten einige wenige unbelastete Richter, Staatsanwälte und Rechtsanwälte für den Neuaufbau der Justiz gefunden werden. Sie allein waren nicht in der Lage, den Berg an Aufgaben zu bewältigen. Erste Stimmen wurden laut, doch auf das in der NS-Zeit tätige Personal zurückzugreifen, dabei die fürchterlichen von den weniger schlimmen und harmloseren Juristen unterscheidend. Die westlichen Alliierten gingen diesen Weg, wobei die Vorgehensweise und die Prüfungsmaßstäbe in den einzelnen Besatzungszonen recht unterschiedlich waren. Zunächst überprüften die Militärbehörden selbst die politische Tragbarkeit der Richter und Staatsanwälte; sie stützten sich dabei auf die von den Betroffenen auszufüllenden Fragebögen[14]. Wen die Militärregierung für ein Justizamt für politisch tragbar hielt, bekam eine „Bestätigung“ bzw. eine „vorläufige Bestätigung“. Die Mehrzahl der von uns untersuchten Braunschweiger Sonderrichter erhielt diese Bestätigung nicht.

---

10 42 B Neu 7 Nr. 1071.

11 Vgl. Wolfgang Benz, Die Entnazifizierung der Richter, in: Bernhard Diestelkamp/MichaelStolleis (Hg), Justizalltag im Dritten Reich, Frankfurt 1988, S. 112–130.

12 Wrobel, Verurteilt, S. 103.

13 Im Bezirk des OLG Bambergs waren z. B. von 302 Richtern nur 7 nicht in der NSDAP, nach Lutz Niethammer, Die Mitläuferfabrik. Die Entnazifizierung am Beispiel Bayerns, Berlin/Bonn 1982. Vgl. auch Joachim Wenzlau, Der Wiederaufbau der Justiz in Nordwestdeutschland 1945 bis 1949, Königstein 1979.

14 Vgl. hierzu Wrobel, Verurteilt. Klaus Erich Pollmann, Die Entnazifizierung in der Braunschweigischen Landeskirche nach 1945, in: Klaus Erich Pollmann (Hg.), Der schwierige Weg in die Nachkriegszeit, Göttingen 1994, S. 26–99.

Doch die Wende ließ angesichts des wachsenden Bedarfs an Juristen nicht lang auf sich warten. Am Ende des Jahres 1945 setzte sich zunehmend die Huckepack- bzw. 50 %-Regel durch: in jedem OLG-Bezirk durfte für jeden unbelasteten Juristen ein belasteter, aber noch tragbarer Jurist eingestellt werden. Diese Regelung begünstigte die Wiedereinstellung ehemaliger Nationalsozialisten[15].

Anfang Januar 1946 verabschiedete der Kontrollrat eine Entnazifizierungs-Direktive. Sie präzisierte die anzuwendenden Kategorien, listete eine Fülle von Funktionsträgern auf, die zwangsweise zu entfernen und auszuschließen waren, unter ihnen alle Vorsitzenden und sonstigen ständigen Richter und alle Staatsanwälte der Sondergerichte[16].

Eine neue Phase erreichte die Entnazifizierung mit dem „Gesetz zur Befreiung von Nationalsozialismus und Militarismus“ vom 5. März 1946. Künftig waren deutsche Stellen – zunächst nur in der amerikanischen Zone – zuständig für die Durchführung der Entnazifizierung. Das Gesetz schrieb die individuelle Prüfung jeden Einzelfalls vor. In „wohlerwogener Abstufung“ sollte „das Maß der Sühneleistung und der Ausschaltung aus der Teilnahme am öffentlichen, wirtschaftlichen und kulturellen Leben“ bestimmt werden. Zugehörigkeit zur NSDAP und einer ihrer Gliederungen sollte für sich allein nicht entscheidend sein. Das Gesetz schuf fünf Gruppen von Verantwortlichlichen: Hauptschuldige (I), Belastete (II), Minderbelastete (III), Mitläufer (IV), und Entlastete (V)[17]. Die Einordnungen sollten Spruchkammern (in der amerikanischen Zone) bzw. Entnazifizierungs-Ausschüsse (in der britischen Zone) vornehmen. Sie begannen Mitte 1946 ihre Arbeit. In der britischen Zone waren die deutschen Ausschüsse beratend tätig, während die Entscheidung über Entlassung oder Verbleiben im Amt durch die Militärregierung erfolgte.

Die Entnazifizierungsverfahren zogen sich über Jahre hin. Die Entnazifizierungspraxis wurde – nicht zuletzt unter dem Eindruck des Kalten Krieges – von Jahr zu Jahr milder. Mit der „Verordnung über das Verfahren zur Fortführung und zum Abschluß der Entnazifizierung im Lande Niedersachsen“ vom 30. 3. 1948 und der „Verordnung über Rechtsgrundsätze der Entnazifizierung im Lande Niedersachsen“ vom 3. 7. 1948 war eine erneute Überprüfung möglich. Diese Wiederaufnahmeverfahren brachten den Betroffenen seit 1948 günstigere Einstufungen. Seit 1949 wurden die bisher in die Gruppe III eingestuften Personen durch die Entnazifizierungs-Hauptausschüsse zunächst nach IV eingestuft und mit dem „Gesetz zum Abschluß der Entnazifizierung im Lande Niedersachsen“ vom 18. 12. 1951 in die Kategorie V übergeführt.

Wir können die mit der Entnazifizierung verbundenen Probleme nicht detailliert beschreiben[18]; wir können auch auf den schrittweisen Wiedereingliederungsprozeß ehemaliger NS-Juristen nicht ausführlich eingehen. An einigen Lebensläufen, die wir im nächsten Kapitel erzählen, sollen die Möglichkeiten und Grenzen der Entnazifizierung deutlich gemacht werden.

Die Maßnahmen der britischen Militärregierung zur personellen Erneuerung der Braunschweiger Justiz begannen durchaus vielversprechend. Anfang Mai 1945 wurde Wilhelm Mansfeld zum Oberlandesgerichtspräsidenten ernannt. Mansfeld hatte sich

---

15 Wrobel, Verurteilt, S. 146.

16 Kontrollrats-Direktive Nr. 24

17 Vgl. hierzu Lutz Niethammer, Mitläuferfabrik, S. 260 ff.

18 Vgl. Niethammer, Mitläuferfabrik; Clemens Vollnhals (Hg.), Entnazifizierung. Politische Säuberung und Rehabilitierung in den vier Besatzungszonen 1945–1949, München 1991.

1939 als Oberlandesgerichtsrat vorzeitig in den Ruhestand versetzen lassen, jahrelang hatte er sich wegen seiner nicht „rein arischen“ Herkunft Schikanen ausgesetzt gesehen. Gleichzeitig wurde Kurt Trinks, der 1933 vom Landgerichtspräsidenten zum Amtsgerichtsrat degradiert worden war, neuer Landgerichtspräsident. Im Herbst 1945 trat schließlich Kurt Staff sein Amt als Generalstaatsanwalt in Braunschweig an; Staff war als SPD-Mitglied 1933 ohne Gehalt und Pension aus seinem Amt als Landgerichtsrat entlassen worden[19]. Er wurde später OLG-Präsident in Frankfurt.

Die politische Überprüfung der Richter fand in den ersten Monaten nach Kriegsende durch die britische Militärregierung auf der Basis von Fragebögen und der Personalakten statt. Aus einer undatierten, wahrscheinlich im Herbst 1945 erstellten Liste, ergibt sich für die ehemaligen Braunschweiger Sonderrichter folgendes Bild:

Entlassene Richter:	Kalweit, Ehlers, v. Griesbach, Angerstein, Seggelke
Suspendierte Richter:	Lerche, Steinmeyer, Grimpe, Grotrian, Spies
Noch keine Entscheidung:	Höse, Ahrens, Eilers, Jäger[20].

Offensichtlich handelte es sich bei dieser Liste um eine Momentaufnahme, die dem damaligen, noch sehr lückenhaften Ermittlungsstand entsprach. Warum z. B. die Vorsitzenden des Sondergerichts, Ehlers, Höse, Kalweit und Lerche, unterschiedlich behandelt wurden, läßt sich aus den Akten nicht entnehmen.

Es kam in diesen Sommermonaten auch zu Festnahmen von Richtern und Staatsanwälten des Sondergerichts. Am 11. September 1945 drängte der Präsident des Braunschweigischen Staatsministeriums, Hubert Schlebusch, in einem Schreiben an Oberst Alexander von der Britischen Militärregierung auf die Verhaftung des Landgerichtsrates v. Griesbach und der beiden Staatsanwälte Hirte und Wansleven: nach dem deutschen Polizeirecht sei eine Festnahme möglich bei Verdacht einer strafbaren Handlung und „wenn die Verhaftung zur Aufrechterhaltung der öffentlichen Sicherheit und Ordnung notwendig ist...Durch die obengenannten Personen sind aber beim Sondergericht Handlungen vollzogen worden, die zum mindestens heute, wo ihre Handlungen öffentlich zur Diskussion stehen, für die Dauer die Ruhe und Ordnung durch eine wachsende Erregung der Bevölkerung zu gefährden scheinen, wenn sie für ihr Verhalten gegenüber den Nazi-Gegnern nicht zur Rechenschaft gezogen werden“[21]. Generalstaatsanwalt Staff hatte wenige Tage zuvor in einem Schreiben an Oberst Alexander auch die Verhaftung des ersten Vorsitzenden des Braunschweiger Sondergerichts Friedrich Lachmund und des Staatsanwalts Dr. Lüders verlangt[22].

---

19 Vgl. hierzu: Rudolf Wassermann, Zur Geschichte, S. 82 ff.; Dieter Miosge, Die Braunschweiger Juristenfamilie Mansfeld, in: ebd., S. 339 ff.; Friedrich-Wilhelm Müller, Entnazifizierung der Richter in kirchlichen Ämtern im Bereich der Braunschweigischen Landeskirche, in: Pollmann, Der schwierige Weg, S. 292 ff. Vgl. auch H.Wick, Die Entwicklung des Oberlandesgerichts Celle nach dem zweiten Weltkrieg, in: Festschrift zum 275jährigen Bestehen des Oberlandesgerichts Celle, Celle 1986. Doina Hoffmann, Nationalsozialismus vor Gericht: Der Klagges-Prozeß. Magisterarbeit am Fachbereich für Geistes- und Erziehungswissenschaften der TU Braunschweig (1999).

20 3 Nds Nr. 207. Für die unterschiedliche Behandlung der Sonderrichter – von den Gerichtsvorsitzenden waren Kalweit und Ehlers entlassen, Lerche suspendiert und bei Höse noch keine Entscheidung getroffen – lassen sich plausible Erklärungen nicht finden.

21 Schreiben von Schlebusch an Oberst Alexander vom 11. 9. 1945, 12 Neu 17 IV Nr. 5.

22 ebd.

Mit Beginn des Jahres 1946 liefen die formalisierten Entnazifizierungsverfahren an.

In Braunschweig wurde, ähnlich wie in anderen OLG-Bezirken, ein eigener Entnazifizierungs-Ausschuß für die Justiz gebildet. Er setzte sich zusammen aus dem damaligen Rechtsanwalt und späteren Braunschweiger OLG-Präsidenten Dr. Friedrich-Wilhelm Holland, dem Oberlandesgerichtsrat Dr. Wolf und dem damaligen Rechtsanwalt Dr. Friedrich Lampe. Alle drei Juristen hatten der NSDAP nicht angehört. Holland war 1933 kurz vor seiner Ernennung zum Amtsgerichtsrat aufgefordert worden, die Verlobung mit der Enkelin des jüdischen Rechtsanwalts Dr. Heymann zu lösen. Holland heiratete seine Verlobte und schied aus dem Braunschweiger Justizdienst aus. Bis 1945 war er als Rechtsanwalt in Braunschweig tätig[23].

Grundlage für die Arbeit des Ausschusses (Holland-Ausschuß) bildeten die Fragebögen und die Personalakten. Der Ausschuß verfaßte eine Stellungnahme (Opinion sheet), die er an die zuständige Abteilung der Militärregierung weiterleitete, die dann die entsprechenden Maßnahmen anordnete. Die Einstufung in die Kategorie III – sie erfolgte bei allen Sonderrichtern – führte zur Entlassung der Richter aus ihren bisherigen Stellungen (dismissal) und in der Regel zur Kürzung oder zum Verlust des Ruhegehaltes. Häufig wurden Berufsbeschränkungen ausgesprochen: die Richter durften keine leitende oder aufsichtführende Stellung bekleiden, einigen wurde auch die Ausübung des Rechtsanwaltsberufs untersagt. Gegen diese Entscheidung der Militärregierung konnten die Betroffenen Berufung einlegen. Viele verfaßten daraufhin ausführliche Stellungnahmen, in denen sie ihr Handeln in der NS-Zeit rechtfertigten. In dieser Phase des Verfahrens sammelten die Betroffenen möglichst zahlreiche Entlastungsschreiben unbelasteter Personen, die sog. Persilscheine. Über den Widerspruch verhandelte der Entnazifizierungs- und Berufungsausschuß. In der Regel bestätigte er die erstinstanzliche Einstufung. Daraufhin erging seitens der Militärregierung ein erneuter Einordnungsbescheid mit den entsprechenden Maßnahmen, die in den meisten Fällen eine Bestätigung der in der ersten Verfahrensstufe ausgesprochenen Entlassung aus dem bis zur Suspendierung ausgeübten Amt beinhaltete.

In den Jahren 1948 und vor allem 1949 kam es nach Änderung der Bestimmungen zu erneuter Überprüfung der Einstufung durch den Entnazifizierungs-Hauptausschuß. In vielen Fällen wurden die früheren Bescheide aufgehoben und die Einreihung in Kategorie IV und später in V vorgenommen. Diese Entscheidung bedeutete für die Richter die Aufhebung der Entlassung und die Gewährung von Pensionszahlungen bzw. von Wartegeld. Einige Richter wurden auch in den Ruhestand versetzt. Zuweilen erließen die revidierten Bescheide noch Auflagen; z. B. erlaubten sie den ehemaligen Sonderrichtern keine Beschäftigung im OLG-Bezirk Braunschweig, oder sie wurden zunächst von Beförderungen ausgeschlossen. Einzelprüfungen behielt sich der Justizminister vor. Zu Beginn der fünfziger Jahre waren die ehemaligen Sonderrichter wieder im Justizdienst oder im Ruhestand oder außerhalb der Justiz in durchaus attraktiven Positionen beschäftigt. Dies ist ein deprimierender Befund. Freilich sollte nicht übersehen werden, daß die Jahre 1945 bis 1949 mit ihrer Entlassung bzw. Suspendierung für die Sonderrichter doch einen Einschnitt in ihrer Karriere und ihrem Selbstverständnis bedeuteten: erstmals in ihrer Berufsausübung sahen sie sich in der Rolle der Angeklagten und mußten ihr Verhalten rechtfertigen.

---

[23] Wassermann, Justiz im Wandel, S. 95.

Die Rechtfertigungstexte, die im Rahmen des Entnazifizierungsverfahrens geschrieben wurden, bieten eindrucksvolle Beispiele für deutsche Verdrängungs- und Entschuldigungsmechanismen. Wortreich, ganz im Gegensatz zu ihren gerade in der Kriegszeit erschreckend kurzen Urteilsbegründungen, erklärten und rechtfertigten die Sonderrichter über viele Seiten hinweg ihr Verhalten während der NS-Zeit. Wir lesen die immer gleichen Argumente:

Den Parteieintritt 1933 begründeten die Sonderrichter damit, daß alle Kollegen eingetreten seien, und daß er für das berufliche Weiterkommen unerläßlich gewesen sei.

Parteipolitisch aktiv seien sie zu keiner Zeit gewesen, auch wenn sie kleinere Ämter in der Partei oder ihren Organisationen wahrgenommen hätten. Kirchentreu seien sie gewesen, und ihre Kinder hätten sie natürlich taufen lassen. Die Beurteilungen der damaligen Vorgesetzten, die ihnen politische Zuverlässigkeit bezeugten, hätten nicht viel zu bedeuten; selbstverständlich sei eine Beförderung nicht von der politischen und ideologischen Linientreue abhängig gewesen, sondern allein von der Leistung. Und was die Bestellung zum Sonderrichter beträfe, so habe man sich im Krieg ihr nicht entziehen können; zudem habe man aus Pflichtbewußtsein gehandelt. Zu politischen Verfahren sei es am Braunschweiger Sondergericht kaum gekommen, die meisten seien an den Volksgerichtshof oder das Berliner Kammergericht überwiesen worden. Bei der Mehrzahl der Prozesse des Sondergerichts im Krieg hätte es sich um Vergehen gegen Wirtschaftsgesetze und kriegsbedingte Diebstähle gehandelt, und diese seien nun einmal in jedem Lande strafbar.

Die Richter taten, als hätte es den „Volksschädling“ und „heimtückisches Verhalten“ in ihren Urteilsbegründungen nicht gegeben, als hätten sie die „Minderwertigen“, die „Asozialen“ nicht „ausmerzen“ wollen.

Alle Rechtfertigungstraktate wiesen auf die milde Urteilssprechung gerade des Braunschweiger Sondergerichts hin, ablesbar an den vielen Rügen und Nichtigkeitsbeschwerden des Reichsjustizministers und des Oberreichsanwalts. Wir konnten zeigen, daß sie so zahlreich nicht waren, und daß sie sich in fast allen Fällen auf die Schwarzschlachterprozesse beschränkten.

Übrigens listeten alle Sonderrichter ihre milden Urteile auf, also diejenigen, in denen sie unter dem beantragten Strafmaß geblieben waren oder Angeklagte freigesprochen hatten. Unstrittig, jeder Sonderrichter konnte solche Urteile vorweisen. Aber kein Sonderrichter zeigte sich nach 1945 von der außerordentlichen Härte vieler Urteile gerade in den Volksschädlingsverfahren betroffen.

8.2 Das Urteil gegen Erna Wazinski in der Nachkriegszeit

Wir können den Umgang der Braunschweiger Justiz mit der sondergerichtlichen Rechtssprechung nach Kriegsende nicht systematisch aufarbeiten. Etwas ausführlicher wollen wir auf die jahrzehntelange juristische Auseinandersetzung um das Urteil gegen Erna Wazinski eingehen, die ein Schlaglicht auf die Schwierigkeiten der bundesdeutschen Justiz bei der Aufarbeitung ihrer Vergangenheit wirft[24].

---

[24] Die im folgenden Abschnitt zitierten Schriftstücke befinden sich in der Akte 42 B Neu Nr. 1599. Vgl. auch Kramer, NS-Justiz in Braunschweig; Vögel, Ein kurzer Lebensweg.

Das Todesurteil gegen Erna Wazinski beschäftigte nach 1945 die Braunschweiger Justiz jahrzehntelang.

Ein Bekannter der Mutter Wazinski, Otto Block, ging energisch gegen das Urteil an und forderte immer wieder seine Aufhebung als „Naziurteil".

Am 5. April 1952 wurde das Todesurteil von der 3. Strafkammer des Landgerichtes in der Besetzung Hallermann, Tietz und Lohoff als „besonders grausam und übermäßig hoch" bezeichnet und in eine 9monatige Gefängnisstrafe umgewandelt. Damit gaben sich die Mutter und ihr Bekannter Otto Block nicht zufrieden.

Im Jahr 1959 stellte Block Strafantrag gegen Martha F. – sie hatte nach der Bombennacht den Verlust ihres Koffers angezeigt – und gegen die damals beteiligten Kriminalbeamten, Richter und Staatsanwälte. Dieses Verfahren wurde eingestellt; der Generalstaatsanwalt teilte in seinem Einstellungsbeschluß vom 18. Januar 1960 mit, im Verfahren gegen Erna Wazinski müsse der Tatbestand des § 1 der VVO als erfüllt angesehen werden. Offenbar wurde der nationalsozialistische Volksschädlingsparagraph nicht etwa als ein furchtbares, das Recht verhöhnendes Gesetz gebrandmarkt, sondern als formales Recht anerkannt.

Daraufhin bereitete Block die Wiederaufnahme des Verfahrens vor, die er am 1. Dezember 1960 beantragte, die vollständige Aufhebung des „Schandurteils" fordernd. Nach zahlreichen Ermittlungen und Zeugenaussagen verwarf schließlich das Landgericht in seinem Beschluß vom 11. Juni 1961 die Wiederaufnahme. Dagegen legte Block Beschwerde ein. Am 28. Juni 1962 wies der Strafsenat des Oberlandesgerichts diese Beschwerde zurück mit der Begründung, am Geständnis von Erna Wazinski vor der Polizei sei kein Zweifel erlaubt. Eine erneute Beschwerde Blocks gegen diesen Beschluß verwarf im Oktober 1962 der 2. Strafsenat des Bundesgerichtshofs.

Jetzt wandte sich Block mit Entschädigungsansprüchen an das Landgericht. Die 3. Zivilkammer unter Landgerichtsrat Dr. März hielt das Entschädigungsbegehren für gerechtfertigt und fällte am 29. Juli 1964 ein vernichtendes Urteil über das damalige Sondergerichtsverfahren gegen Erna Wazinski. Es sei eben auch aus der Sicht des „nationalsozialistischen Rechts" ein rechtswidriges Fehlurteil, „eines der grausamsten Urteile überhaupt," unverantwortlich und unmenschlich. Der § 1 der Plünderungsverordnung gehe von einer Plünderung in einem zerstörten Gebäude aus, Erna Wazinski habe jedoch den Diebstahl in einem unbeschädigten Nebengebäude begangen, die dort untergebrachten Gegenstände seien nicht „schutzlos" gewesen, der Schmuck nicht, wie das Urteil festgestellt habe, „wertvoll" gewesen, das Sondergericht habe die erforderliche Sorgfalt bei der Beurteilung der jugendlichen Täterin vermissen lassen, es habe schließlich nicht geprüft, ob die Angeklagte überhaupt gewillt gewesen sei, sich die Sachen anzueignen.

Mit diesem Urteil hatte die Braunschweiger Justiz eine glänzende Ausgangsposition, sich auch der anderen Todesurteile des Sondergerichtes anzunehmen, und auch ohne Antragstellung in gründlicher historischer Aufarbeitung die Arbeit des Sondergerichts einer eingehenden Untersuchung zu unterziehen.

Da das Land Niedersachsen gegen das Urteil der Zivilkammer Berufung einlegte, der 3. Zivilsenat des Oberlandesgerichts im April 1965 entschied, Voraussetzung für ein Entschädigungsverfahren sei die Wiederaufnahme, mußte erneut über diese entschieden werden. Am 7. Oktober 1965 lehnte die 3. Strafkammer des Landgerichtes unter Landgerichtsdirektor Heppe, Landgerichtsrat Funger und Landgerichtsrat Dr. Piper die Wiederaufnahme ab. In einer über fünfzig Seiten langen Urteilsbegründung stellte es sich vollständig auf die nationalsozialistische Begründung des Urteils von 1944 und sogar auf dessen Vokabular ein und rechtfertigte es. Es bejahte „die Wesensart eines Volksschädlings“ bei Erna Wazinski. Es zitierte zur Begründung der Rechtmäßigkeit des Plünderungsparagraphen damalige nationalsozialistische Kommentare. „Das Gericht hat die Frage der Volksschädlingseigenschaft nicht übersehen. Es hat sie geprüft und bejaht“ (S. 47). „Stichhaltiger Anhalt für die Annahme, daß es den damals gültigen Begriff des Volksschädlingsgesetzes verkannt oder rechtsfehlerhaft auf den festgestellten Sachverhalt angewendet habe, ist nicht ersichtlich. Insbesondere sind Umstände, die dem Sondergericht bei der sachgemäßen Prüfung zwangsläufig die Überzeugung hätten vermitteln müssen, daß die Angeklagte bei der Zugrundelegung der vom Reichsgericht gesetzten Maßstäbe nicht von der Wesensart eines Volksschädlings sei, nicht gegeben“. Die 3. Strafkammer habe auch die Frage geprüft, ob das Verfahren vor dem Sondergericht nur ein Vorwand gewesen sei, an der Angeklagten ein Exempel zu statuieren, und ob es auf politischen Druck hin durchgeführt worden sei. Jeder dahingehende Anhalt fehle vollends. Zusammenfassend stellte die 3. Strafkammer fest: „Bei der gebotenen Auslegung des auf dem festgestellten Sachverhalt anzuwendenden Rechts aus dem Blickpunkt der damals handelnden und urteilenden Richter vermochte die Strafkammer in dem Urteil des Sondergerichts ein rechtswidriges Fehlurteil nicht zu erkennen“.

Die Unterschiede in der Beurteilung zwischen der 3. Strafkammer und der 3. Zivilkammer waren nicht zu übersehen. Ein breiter Graben innerhalb der Braunschweiger Justiz über die Bewertung des Wazinski-Verfahrens war aufgebrochen. Beide Urteile unterschieden sich so fundamental, daß nur das eine Urteil Recht und das andere Unrecht sein konnte.

Die Urteilsbegründung ist allerdings ein klassisches Dokument gängiger juristischer Denkart am Ende der Adenauerzeit, in der alte Nationalsozialisten in höchsten Ämtern nicht nur am Regierungssitz in Bonn, sondern auch an Universitäten und Bezirksregierungen amtieren. In Braunschweig z. B. war als Regierungspräsident der Kommentator der Nürnberger Rassegesetze Friedrich Knost tätig.

Die Beschwerde gegen dieses überaus problematische Urteil vom Oktober 1965 wurde vom Strafsenat des Oberlandesgerichts in der Besetzung Meier-Branecke, Dr. Ekkels und Dr. Thies im Januar 1966 zurückgewiesen. Nochmals stellte Block im Sommer 1966 einen Antrag auf Wiederaufnahme, der sämtliche Instanzen durchlief und am 27. Februar 1967 endgültig abgelehnt wurde. Im Rahmen dieses letzten Verfahrens korrigierte der Strafsenat des Oberlandesgerichts in der Besetzung Dr. Thies, Hauswaldt und Dr. Eckels zumindest eine besonders problematische Rechtsauffassung des Urteils des Landgerichts vom 7. 10. 1965. Das Landgericht war davon ausgegangen, der Sachverhalt sei aus dem Blickfeld der 1944 handelnden und urteilenden Richter zu betrachten. Dieser Ausgangspunkt – so das Oberlandesgericht – sei nicht richtig. Vielmehr sei eine Beurteilung nötig „nach heute geltenden ethischen und rechtsstaatlichen Grundsätzen. Mit anderen Worten: es wird zu prüfen und zu entscheiden sein, ob der Verurteilten unter Berücksichtigung der besonderen äußeren Umstände zur Tatzeit durch die Verurteilung zum Tode, die Versagung eines Gnadenerweises und die Vollstreckung des Urteils ein Unrecht geschehen ist, das nach heutiger Auffassung der Nachprüfung bedarf, das ggf. – soweit noch möglich ist – beseitigt werden muß. Dagegen steht die Frage, ob die beteiligten Richter seinerzeit nach damals geltendem Recht korrekt gehandelt haben oder nicht, die nach anderen Grundsätzen zu beurteilen wäre, nicht zur Entscheidung“.

Durch neue Recherchen des Fernsehjournalisten Johannes Unger im Jahre 1990 meldet sich der Freund Ernas, Günter W. Jetzt erst wurde etwas von den Schlägen während der Vernehmung Ernas bekannt und davon, daß Erna die Sachen aus dem Schutt und gar nicht aus einem Nebengebäude entwendet und daß sie geglaubt habe, die Sachen gehörten der Mutter. Erneut bestünde die Chance für die Braunschweiger Justiz, sich grundsätzlich mit dem Sondergericht in Braunschweig zu befassen und die Urteile für nichtig zu erklären. Aber die Braunschweiger Justiz bleibt von sich aus untätig. Auf Antrag von Dr. Helmut Kramer kommt es zu einem Wiederaufnahmeverfahren. Das Landgericht Braunschweig hebt am 20. März 1991 unter dem Kammervorsitzenden Eckels die neunmonatige Gefängnisstrafe wegen der veränderten Beweislage auf.

Die große Chance einer grundsätzlichen Aufarbeitung der Tätigkeit des Sondergerichtes in Weiterführung des Urteils des Braunschweiger Landgerichts vom Juli 1964 etwa im Sinne einer Nichtigkeitserklärung wird vom Kammervorsitzenden Eckels dadurch unterlaufen, daß diese Frage gar nicht gestellt wird. Die Beschäftigung der Braunschweiger Justiz mit dem Urteil gegen Erna Wazinski zeigt, daß sie sich mit der Geschichte des Sondergerichtes bis heute nicht ausgiebig befaßt hat.

8.3 Strafrechtliche Verfahren gegen Sonderrichter

Es gab in der Braunschweiger Nachkriegsjustiz auch Bemühungen, die Rechtssprechung von Juristen während der NS-Zeit strafrechtlich zu verfolgen[25].

Die Grundlage für eine Verfolgung bildete das Kontrollratsgesetz Nr. 10 vom 20. Dezember 1945, das eine Bestrafung von Personen vorsah, „die sich Kriegsverbrechen, Verbrechen gegen den Frieden oder gegen die Menschlichkeit schuldig gemacht haben". Für letzteres nannte das Gesetz neben Mord, Ausrottung, Versklavung, Zwangsverschleppung auch die „Verfolgung aus politischen, rassischen und religiösen Gründen". Dieses Gesetz bildete die Grundlage für den Nürnberger Juristenprozeß 1947, der als einer der zwölf Nachfolgeprozesse des Prozesses gegen die Hauptkriegsverbrecher von den Amerikanern durchgeführt wurde[26].

Im Oktober 1946 schrieb Oberstaatsanwalt Brandes an den Braunschweiger Generalstaatsanwalt Staff: „Ich beabsichtige nicht nur gegen die Mitglieder des Sondergerichts wegen der von ihnen erlassenen Urteile, die sich als ein Verbrechen gegen die Menschlichkeit darstellen, vorzugehen, sondern auch gegen die Präsidenten des OLG und Landgerichts in Braunschweig, die in jener Zeit die Dienstaufsicht ausgeübt haben"[27].

---

[25] Allgemein zur strafrechtlichen Verfolgung: Jörg Friedrich, Freispruch für die Nazi-Justiz. Die Urteile gegen NS-Richter seit 1948. Eine Dokumentation, Reinbek 1983; ders, Die kalte Amnestie. NS-Täter in der Bundesrepublik, Frankfurt 1984; Ingo Müller, Furchtbare Juristen. Die unbewältigte Vergangenheit der Justiz, München 1987; Wrobel, Verurteilt, S. 177 ff.

[26] Das Gericht verurteilte zwar die drakonischen Strafen der Nazi-Strafgesetze, sah aber die Todesstrafe gegen Gewohnheitsverbrecher, die brutalen Strafen wegen Plünderung oder Wehrkraftzersetzung, auch die überaus harten Strafen bei Verstößen gegen die Kriegswirtschaftsverordnung nicht als strafbar im Sinne der Anklage. Sehr wohl aber die Anwendung des Sonderstrafrechts gegen Polen und Juden und andere Angehörige besetzter Staaten sowie die Durchführung von Hitlers Nacht-und Nebel-Erlaß. Das Nürnberger Juristenurteil, Sonderveröffentlichungen des Zentral-Justizblatts für die Britische Zone, Hamburg 1948; Heribert Ostendorf/Heino ter Veen (Hg.), Das Nürnberger Juristenurteil. Eine kommentierte Dokumentation, Frankfurt/New York 1985.

[27] 3 Nds Nr. 207.

Staff hatte einen konkreten Fall vor Augen: das Todesurteil gegen den polnischen Hilfsmonteur Georg Malek, das die Sonderrichter Lerche, Angerstein und Spies auf Antrag von Staatsanwalt Linke am 27. 3. 1945 gefällt hatten. Malek hatte an mehreren Tagen Kleinstdiebstähle begangen und war wegen Verstoßes gegen die Paragraphen 2 und 4 der Volksschädlingsverordnung und als „gefährlicher Gewohnheitsverbrecher" verurteilt worden[28]. Staff kritisierte nicht nur die besondere Brutalität dieses Urteils, sondern schwerwiegende Formfehler in der Urteilsbegründung, welche die Einleitung eines Ermittlungsverfahrens gegen die Richter notwendig mache. „Verstehen läßt sich dieses als typisches Beispiel der richterlichen Willfährigkeit gegenüber nationalsozialistischer Willkür und Grausamkeit anzusehende Urteil nur so, daß es dem Gericht darauf angekommen ist, auf jeden Fall den damaligen Angeklagten als Halbpolen und als Mittäter zweier Polen zu verurteilen"[29]. Die Richter hätten sich der Rechtsbeugung und eines Verbrechens gegen die Menschlichkeit schuldig gemacht. „Richter, die ein derartig mangelhaft begründetes Todesurteil fällen, haben dadurch meiner Ansicht nach gezeigt, daß sie in sehr starkem Maße dem Ungeist des Nationalsozialismus verfallen waren und keineswegs als bloße nominelle Mitglieder der NSDAP angesehen werden können"[30]. Der zuständige Oberstaatsanwalt hielt ein Verfahren wegen Rechtsbeugung nicht für angebracht, ein Vorgehen wegen Verbrechens gegen die Menschlichkeit sollte allerdings zusammen mit den übrigen Verfahren gegen die Richter des Sondergerichts geprüft werden. Die Prüfung verlief offenbar zugunsten der drei Richter; das Ermittlungsverfahren wurde am 10. 9. 1948 eingestellt[31].

Wesentlich weiter gedieh das Verfahren gegen die Sonderrichter Kalweit, Grimpe und Seggelke, die 1942 Moses Klein zum Tode verurteilt hatten[32].

Im Jahr 1948 leitete die Braunschweiger Staatsanwaltschaft ein Ermittlungsverfahren gegen die drei Richter wegen Verbrechens gegen die Menschlichkeit und Rechtsbeugung ein. Wiederum wirft dieses Verfahren, das sich über Jahre hinzieht, ein bemerkenswertes Licht auf die Schwierigkeiten der Nachkriegs-Justiz, mit solch überaus harten Sondergerichts-Urteilen umzugehen.

In ihrer Vernehmung vor dem Amtsgericht im Sommer 1948 wiesen alle drei Richter den Vorwurf entschieden zurück, antijüdische Einstellung habe ihrem Urteilsspruch zugrunde gelegen. Nach weiteren Befragungen stellte der zuständige Oberstaatsanwalt Brandes am 18. 10. 1948 die Ermittlungen ein. Die Begründung: es müsse für jeden Richter einzeln festgestellt werden, daß er für das Urteil gestimmt habe. „Diese Feststellung und schon eine Befragung der Beschuldigten in dieser Richtung würde ein unzulässiges Eindringen in das gesetzlich geschützte Berufsgeheimnis bedeuten". Im Frühjahr 1949 verlangte der Niedersächsische Justizminister Hofmeister eine Überprüfung des Einstellungbeschlusses. Oberstaatsanwalt Topf sah zwar in dem Urteil ein Verbrechen gegen die Menschlichkeit, sprach sich aber gleichwohl gegen eine Anklage aus, weil nicht festzustellen sei, ob der Urteilsspruch einstimmig erfolgte und wer dafür gestimmt habe. Doch der Justizminister drängte auf eine gerichtliche Entscheidung.

---

28 Vgl. S. 217 f. dieses Buches.

29 Schreiben des Generalstaatsanwalts Staff an den Oberstaatsanwalt am Landgericht Braunschweig vom 7. 10. 1946, 62 Nds 2 Nr. 493.

30 Schreiben Staffs an den Entnazifizierungsausschuß vom 16. 9. 1946, ebd.

31 42 B Neu 7 Nr. 1610.

32 Vgl. S. 84.

Vom 21. August 1950 datiert die Schwurgerichtsanklage. Oberstaatsanwalt Dr. Topf klagte die drei Richter an, „unmenschliche Handlungen aus politischen und rassischen Gründen begangen zu haben, indem sie den Ziegeleiarbeiter Moses Klein aus Helmstedt, der mit einem 7jährigen und einem 8jährigen Mädchen fortgesetzt unzüchtige Handlungen vorgenommen hatte, nicht zu einer Freiheitsstrafe, sondern im Hinblick auf seine Zugehörigkeit zur jüdischen Rasse zweimal zum Tode verurteilten". Die 2. Strafkammer des Landgerichts Braunschweig wies jedoch am 9. 3. 1951 den Antrag der Staatsanwaltschaft auf Eröffnung der Hauptverhandlung zurück. Es könne nicht nachgewiesen werden, welcher der drei Richter sich für die Todesstrafe ausgesprochen habe[33].

Gegen den Beschluß der Strafkammer legte die Staatsanwaltschaft Beschwerde ein. Auch der Braunschweiger Generalstaatsanwalt Fritz Bauer nahm zu dem Verfahren Stellung. Seine Argumentation muß als ein Meilenstein in der juristischen Auseinandersetzung mit der NS-Zeit angesehen werden[34]. Doch zeigte der Ausgang dieses Verfahrens, wie singulär und isoliert seine Position innerhalb der deutschen Justiz war.

Zunächst nahm Bauer zum Problem des Beratungsgeheimnisses Stellung. Dieses müsse unter Umständen höheren Gütern weichen, etwa der Aufklärung eines Verbrechens gegen die Menschlichkeit; der Schutz richterlicher Unabhängigkeit dürfe sich nicht in eine Begünstigung strafbarer Willkür verwandeln. „Das Beratungsgeheimnis ist das notwendige Korrelat einer unabhängigen, unparteiisch rechtsprechenden Richterschaft; es entfällt, wenn ein abhängiges, parteiisches Organ lediglich als ‚Gericht' firmiert". Ein solches sei das Sondergericht gewesen.

Schärfsten Protest gegen diese Einschätzung erhob der Verteidiger eines der Richter, der Rechtsanwalt Benze. Braunschweiger Sonderrichter hätten durchaus unabhängig und unparteiisch geurteilt. Der Generalstaatsanwalt habe die Ehre der Sonderrichter, die nach 1945 nach genauer und strenger Prüfung wieder in den Justizdienst eingestellt wurden, schwer gekränkt.

Für Bauer war jedoch zweifelsfrei, daß bei der Verurteilung Kleins dessen jüdische Abstammung ein ausschlaggebender Grund gewesen war. „In die von den damaligen Machthabern mit allen Mitteln, auch denen des gesetzten ‚Rechts' und der Justizlenkung betriebenen Judenverfolgung und -vernichtung haben die Angeschuldigten sich, soweit sie für das Todesurteil gegen Moses Klein gestimmt haben, eingeschaltet. Sie haben dadurch an ihrem Teile zu der Judenverfolgung als Massenerscheinung beigetragen und deren unmenschliche Folgen an Moses Klein verwirklicht". Bauer formulierte unmißverständlich gegen den zeitgenössischen Rechtspositivismus: „Es gehörte zum Wesen der nationalsozialistischen Gewaltherrschaft, daß sie zum Teil mit den Mitteln und in den Formen des gesetzten staatlichen ‚Rechts' betrieben wurde. Soweit sie sich in dieser Weise äußerte, verlor sie dadurch nicht den Charakter des Verbrechens gegen die Menschlichkeit".

Der Strafsenat des Oberlandesgerichts lehnte am 12. 7. 1951 die Anklageerhebung ab. Ergänzend zu den bisherigen Argumenten meldete der Strafsenat Bedenken über die verfassungsmäßige und völkerrechtliche Gültigkeit des Kontrollratsgesetzes Nr. 10 an. Generalstaatsanwalt Bauer legte gegen diesen Beschluß erneut Beschwerde ein.

---

33 Der Schriftverkehr befindet sich im Bestand 62 Nds 2 Nr. 757.

34 Die Stellungnahmen Bauers vom 27. 3. und 23. 10. 1951, ebd.

In der Zwischenzeit war die Verordnung der Militärregierung Nr. 47 am 31. 8. 1951 aufgehoben worden. Damit konnte wegen Verbrechens gegen die Menschlichkeit nicht mehr ermittelt werden. Deshalb bat Fritz Bauer den Strafsenat zu prüfen, ob eine Straftat nach deutschem Recht vorliege; dabei komme Rechtsbeugung in Tateinheit mit Mord in Frage. Für Bauer wäre im Prozeß gegen Klein unter rechtsstaatlichen Verhältnissen eine Gefängnisstrafe von 18 Monaten angemessen gewesen. Angesichts einiger erschwerender Tatbestände und angesichts der Kriegszeit wäre eine Strafe von etwa 5 Jahren Zuchthaus hart, aber noch zulässig. „Eine Strafe von 10 bis 15 Jahren Zuchthaus wäre grausam und übermäßig hart gewesen und würde den Verdacht einer unsachlichen Rechtsprechung, auch der Rechtsbeugung nahelegen. Die Todesstrafe war ein empörendes und himmelschreiendes Unrecht" oder ein Verbrechen wider das Leben[35].

Ende November 1951 wies das OLG auch diesen Einspruch zurück. Nunmehr hatte es ein ganz formales Argument: die Verordnung der Militärregierung Nr. 47 war am 31. 8. 1951 aufgehoben worden. Deshalb sei nun zu prüfen, ob eine Straftat nach deutschem Recht vorliege; dabei komme nur Rechtsbeugung oder ein Verbrechen wider das Leben in Frage. Eine Rechtsbeugung liege in diesem Fall nicht vor. Sie setze voraus, daß der Richter gegen sein Gewissen und gegen seine bessere Überzeugung gehandelt habe. „Gerade weil alle drei Angeschuldigten offenbar überzeugte Nationalsozialisten gewesen sind, läßt sich ihnen umsoweniger widerlegen, daß sie das nach Auffassung des Strafsenats drakonische Urteil in der Primitivität, Einseitigkeit und Kälte ihrer nazistisch beeinflußten Gedankengänge für ‚gerecht' hielten. Denn die einseitige Betonung des Abschreckungsgedankens war ein typisches Kennzeichen nazistisch infizierter Richter, wie sie denn auch gerade bei Sittlichkeitsdelikten mit Rücksicht auf die damalige Pflege des Rassegedankens oft besonders hart urteilten. Nationalsozialistisch eingestellte Richter waren aber in Sachen, in denen nach ihrer Auffassung der Abschreckungszweck in Betracht kam, in der Regel nicht hart gegen ihre Überzeugung, sondern hart aus Überzeugung"[36]. Mit dieser Argumentation konnte kaum noch ein NS-Richter angeklagt werden. Rechtswidrig wäre gewesen, wenn dem Urteil eine judenfeindliche Einstellung zugrunde gelegen hätte. Dies lasse sich aber nicht nachweisen.

Da hatten die Richter des Strafsenats über einige Passagen der Urteilsbegründung sehr großzügig hinweglesen. Das Urteil sei auch kein Verbrechen gegen das Leben, eben weil das Militärgesetz Nr. 47 nicht mehr gelte.

Endgültig beendet wurde der Fall Klein und seiner Richter, als 1953 der Niedersächsische Justizminister auch die Durchführung eines Dienststrafverfahrens gegen die Richter ablehnte[37].

---

35 Ebd.

36 Beschluß vom 28. 11. 1951, ebd.

37 42 B Neu 7 Nr. 1547; 57 Nds, Zg. 56/1989 Nr. 48; 62 Nds 2 Nr. 757/758.

8.4 Die Verfahren gegen Denunzianten nach 1945

Wir haben immer wieder von Frauen und Männern erzählt, die in die Maschinerie der Verfolgungsbehörden und schließlich vor das Sondergericht gerieten, weil sie denunziert wurden. Wir können keine systematische Analyse des Denunziantentums leisten[38]; das war nicht unser Forschungsanliegen und dazu fehlt uns auch die Materialbasis. Auffällig ist aber schon der hohe Anteil der Denunzianten bei bestimmten, vor dem Sondergericht angeklagten Delikten. Das gilt vor allem für die Heimtückeverfahren und die Verfahren wegen des Abhörens ausländischer Sender. Auch der Umgang mit Kriegsgefangenen wurde meistens denunziert.

Keineswegs alle Denunziationen hatten „Erfolg". Bei den Heimtückeverfahren in den Jahren 1936 bis zum Kriegsausbruch wurden viele Verfahren eingestellt. Zu unglaubwürdig oder zu vordergründig waren die Motive der Anzeigenden. Aber etwas blieb immer hängen, man war auffällig geworden.

Anzeige erstattete ein Parteifunktionär, ein SA- oder SS-Mann, ein Ortsbauernführer, ein Blockwart, ein Betriebsobmann gleichsam von Amts wegen. Aber es gab auch die vielen privaten Denunziationen.

Nachbarn denunzierten Nachbarn, mit ihren Zahlungen rückständige Mieter den Hauseigentümer, Schuldner ihren Gläubiger, geschiedene Eheleute ihre früheren Ehepartner, der Sohn den Vater, der ihn aus der Wohnung geworfen hatte, der Freund den Freund mit dem er sich inzwischen zerstritten hatte. Wichtigtuerei, Neid, gesellschaftliche Ressentiments, Rachsucht, Feindschaft – die ganze Banalität des Bösen kleinräumiger Beziehungen spiegelt sich in den Akten wieder.

Wir wollen von drei Fällen berichten, die besonders gut dokumentiert sind, da die Justiz gegen diese Denunzianten nach dem Krieg strafrechtlich vorging.

Der Maschinenzeichner Fritz Skirde äußerte am 13. März 1938, dem Tag des Einmarsches deutscher Truppen in Österreich im Betriebsbüro der Firma MIAG: „Wo das Hirn nicht ausreicht, muß die rohe Waffengewalt aushelfen". Skirde war vor 1933 überzeugter Anhänger der SPD und hatte danach im Betrieb öfters Kritik am NS-System geäußert. Jetzt war das Maß voll. Der Leiter des Betriebsbüros und Betriebsobmann der DAF, der Ingenieur W., zeigte den Maschinenzeichner bei der Gestapo an. Zwei Arbeitskollegen wurden sofort von der Gestapo vernommen, Skirde erfuhr von der Anzeige und meldete sich nach Arbeitsschluß bei der Gestapo, um Näheres zu erfahren. Die Gestapo nahm ihn fest. Im Verhör – das Protokoll ist überliefert – bekannte er sich in einer Weise als Gegner der NS-Herrschaft, wie wir es sonst bei keinem Angeklagten kennengelernt haben. „Ich bin heute noch meiner alten Ansicht und glaube, daß die marxistischen (sozialdemokratischen) Ideen zum Durchbruch und zum Siege gelangen müssen. Zur innenpolitischen Lage habe ich auszusetzen, daß ich mich nicht so aussprechen und betätigen darf, wie ich es gern möchte, denn ich fühle mich durch die Aufhebung verschiedener Ar-

---

[38] Vgl. hierzu: Gisela Diewald-Kerkmann, Politische Denunziation oder die kleine Macht der ‚Volksgenossen', Bonn 1996; Katrin Dördelmann, Denunziation und Denunziationsopfer – Auseinandersetzungen der Nachkriegszeit, in: Heinz Matzerath (Hg.), Versteckte Vergangenheit. Über den Umgang mit der NS-Zeit in Köln, Köln 1994, S. 195–232; Robert Gellately, Die Gestapo und die deutsche Gesellschaft, Paderborn 1993; Reinhard Mann, Protest und Kontrolle im Dritten Reich, Frankfurt/New York 1987; Gerhard Paul/Klaus-Michael Mallmann (Hg.), Die Gestapo. Mythos und Realität, Darmstadt 1995.

tikel der Reichsverfassung von Weimar in meiner politischen Überzeugung beeinflußt, beschränkt und bedrückt." Frage: „Wie stehen Sie zum Führer?"

Antwort: „Ich lehne den Führer ab, weil ich seine Maßnahmen nicht gut heißen kann, weil sie letzten Endes unweigerlich zum Kriege führen müssen, und weil er seine Maßnahmen diktatorisch erläßt und unterdrückt." Frage: „Wie stehen Sie zum Nationalsozialismus?"

Antwort: „Wenn ich den Führer ablehne, muß ich auch seine Bewegung ablehnen, weil er durch diese ja seine diktatorische Gewalt aufrecht erhält". Weiter gefragt, nach dem seiner Meinung nach vorbildlichsten Staat, antwortete Skirde: den Staat, „den wir unter der sozialdemokratischen Führung unter dem ehem. Reichskanzlern Hermann Müller und Ebert gehabt haben". Und nach dem Zweck seiner Äußerung: „Meine Äußerungen hatten den Zweck, meine Arbeitskameraden davon zu überzeugen, daß es noch Menschen gibt, die mit der heutigen politischen Führung nicht einverstanden sind und sie ablehnen. Andrerseits wollte ich damit bezwecken, falls sie dafür empfänglich sind, an der heutigen politischen Führung zweifelten, und ich evtl. einen Gesinnungsgenossen dann mehr hatte". Angesichts dieses Bekennermutes überrascht es, daß ihn die Gestapo nicht sofort in Schutzhaft nahm. Nach seiner Vernehmung erging der richterliche Haftbefehl. Von der Betriebsleitung der MIAG wurde er entlassen.

Das Sondergericht verurteilte Skirde wegen Verstoßes gegen das Heimtückegesetz im August 1938 zu 2 Jahren Gefängnis. Ende 1939 erhielt er für den Rest seiner Strafe Bewährung. Bei seiner Entlassung nahm ihn die Gestapo in Schutzhaft; er wurde ins KZ Sachsenhausen eingeliefert, wo er während des Krieges umkam[39].

Im November 1947 erhob die Staatsanwaltschaft Braunschweig Anklage gegen den damaligen Denunzianten W. im Fall des Maschinenzeichners Fritz Skirde wegen Verbrechens gegen die Menschlichkeit aufgrund Art. II 1c und 3 des Kontrollratsgesetzes Nr. 10. Das Schwurgericht Braunschweig mit den Richtern Steggewentz, Dr. Seiffert und Dr. Meyer sprach den Angeklagten frei. In vielen Abschnitten der skandalösen Urteilsbegründung gewinnt man den Eindruck, daß die Richter noch im nachhinein die Entscheidung des Sondergerichts rechtfertigten. Wir zitieren die Begründung etwas ausführlicher, weil schon allein die Sprache dieser Richter entlarvend ist. „Skirde war... vor und nach 1933 fanatischer Sozialist und überzeugter Anhänger der SPD. Er überschritt aber in seinem Verhalten wie in seinen Äußerungen das Maß eines politisch überzeugten...Menschen bei weitem. Sein von seinen Mitarbeitern zunächst als Sturheit empfundenes Verhalten ging mehr und mehr in ständiges Kritisieren und ‚Meckern' über, was sich zu blindem Haß steigerte. Tägliche politische Auseinandersetzungen waren daher an der Tagesordnung, da Skirde nicht nur die DAF, KdF, Partei, Adolf Hitler, das nationalsozialistische Reich angriff, sondern alles, was sich auch in Deutschland ereignete". Wer war hier eigentlich der Angeklagte? Trotz aller ‚kameradschaftlichen' Bemühungen seiner Arbeitskollegen, ihn zu überzeugen, ließ Skirde von seinen „abfälligen und gehässigen Äußerungen über alle Maßnahmen der damaligen Regierung nicht ab". Die Richter begründeten den Freispruch damit, daß der Angeklagte W. die Folgen seiner Denunziation nicht absehen konnte. Nun hatte die Anklageschrift gerade dies behauptet und als Beweis auf die aktive Rolle des W. im Zusammenhang mit den Gewaltexzessen in der AOK und im Zusammenhang mit den Rieseberg-Erschießungen 1933 hingewiesen. Die

[39] 62 Nds 2 Nr. 514 und 596.

Richter meinten, die Vorgänge 1933 lägen so weit zurück, daß sie über den Informationsstand des Angeklagten im Jahre 1938 nichts aussagten. Den meisten Deutschen seien damals die tatsächlichen Vorgänge in den KZs nicht bekannt gewesen, auch nicht, daß Personen wegen harmlosester Äußerungen der Gewalt und Willkür überantwortet wurden. Da mußte gerade in Braunschweig jemand schon mit geschlossenen Augen und zugehaltenen Ohren durchs Leben gegangen sein. Im übrigen sei es zur Anzeige nur gekommen, „durch die begreifliche Erregung anläßlich eines von der Mehrzahl aller Deutschen als nationale Tat gefeierten und von Skirde wieder herabgesetzten Ereignisses".

Am Ende äußerte das Schwurgericht, „das Heimtückegesetz ist kein typisches Nazigesetz...Denn staatsfeindliches Verhalten, sei es gegen das Staatsoberhaupt, sei es gegen Staatseinrichtungen, waren auch in der sog. Weimarer Republik sowie auch in den Strafrechten aller zivilisierter Staaten mit Strafe bedroht"[40]. Daß hier ein Bürger nur das selbstverständliche Recht einer eigenen Meinungsäußerung in Anspruch genommen hatte, kam dem Gericht nicht in den Sinn.

Der Freispruch löste in der Öffentlichkeit heftigen Widerspruch aus. Schon seit Monaten hatte die Bevölkerung mit wachsender Empörung die ersten Prozesse gegen die Verantwortlichen der Terroraktionen des Jahres 1933 und die vom Braunschweiger Landgericht gegen die Angeklagten ausgesprochenen recht milden Urteile verfolgt; die Braunschweiger Presse griff die Urteile und die Richter scharf an[41]. Nach dem Freispruch gegen den Denunzianten W. schrieb die Braunschweiger Zeitung: „Mit diesem Freispruch und seiner eigenartigen Begründung hat das Schwurgericht allen schmutzigen Denunzianten einen Glorienschein auf das Haupt gesetzt. Jedes Schulkind wußte im Jahre 1938..., welche Folgen eine Anzeige bei der Gestapo hatte: Verhaftung, peinliche Verhöre, und bei einer ‚Schuld' hohe Gefängnisstrafen mit anschließender KZ-Haft...Aber das Schwurgericht weiß das alles nicht oder will es nicht wissen, es sanktioniert auch die angebliche Unkenntnis eines üblen Denunzianten und zugleich nachträglich die unmenschlichen Verfolgungsmethoden des Dritten Reiches und damit aber das Unrecht selbst"[42]. Bei der MIAG kam es zu einer Protestkundgebung gegen den Freispruch des früheren Betriebsobmanns.

Doch es gab noch andere Richter in Deutschland. Der Strafsenat des Obersten Gerichtshof für die Britische Zone in Köln hob im April 1949 als Revisionsinstanz das Urteil auf und verwies das Verfahren zur Neuverhandlung an das Schwurgericht in Hildesheim. Der Strafsenat rügte in seiner die Braunschweiger Richter scharf kritisierenden Aufhebungsbegründung allein schon die sprachliche Darstellung des bloßen Sachverhaltes, sprach von Nichtbeachtung offenkundiger Tatsachen, vor allem von einer völligen Fehleinschätzung der damaligen Zustände. Der Angeklagte mußte wissen, daß mit dem Angezeigten nicht nach rechtsstaatlichen Grundsätzen verfahren werde, daß er der Willkür der Gestapo schutzlos ausgeliefert werde[43].

Aber die Argumentation des Obersten Gerichtshofes blieb folgenlos. Auch das Schwurgericht in Hildesheim sprach den Angeklagten frei. Man könne doch die erfolgte

---

[40] Urteil des Schwurgerichts Braunschweig vom 26. 10. 1948, 62 Nds 2 Nr. 514.

[41] Vgl. hierzu: Patrick Halatsch, Die NS-Nachkriegsprozesse 1945–1950 im Spiegel der regionalen Presse und öffentlichen Meinung, Magisterarbeit am Fachbereich für Philosophie, Wirtschafts- und Sozialwissenschaften der TU Braunschweig (1997).

[42] Braunschweiger Zeitung v. 28. 10. 1948.

[43] Urteil des Obersten Gerichtshofs für die Britische Zone vom 26. 4. 1949, 62 Nds 2 Nr. 514.

Anzeige bei der Gestapo nicht als Verbrechen gegen die Menschlichkeit bezeichnen. Schließlich, „es ist nie ein selbstverständliches Recht gewesen, eine abweichende politische Überzeugung zu vertreten". Jeder Staat beschränke die freie Meinungsäußerung; insofern sei das Heimtückegesetz nichts besonderes. Der NS-Staat habe es erlassen und die Richter mußten sich daran halten, zumal der „nazistische Staat auch international durchaus legitimiert war". Man dürfe heute das Verhalten der Menschen in der NS-Zeit nicht aus dem geschichtlichen Zusammenhang lösen und mit den heutigen Maßstäben messen; sonst fälle man politische, nicht rechtliche Urteile. „Es besteht die große Gefahr, den Boden des Rechts zu verlassen und nach den Grundsätzen der Nazizeit im Namen der Demokratie und einer ‚geläuterten' Rechtsauffassung Taten aus der Nazizeit abzuurteilen"[44].

Das war dreist und macht deutlich, wie lang der Weg zu einer Erneuerung des Rechtslebens in Deutschland sein würde.

Die merkwürdige Argumentation des Gerichts setzte sich fort, als es die Einlieferung Skirdes in ein KZ mit den allgemeinen Maßregeln erklärte, „die nach Kriegsausbruch gegen Funktionäre der SPD, KPD und andere politisch Denkende ergriffen wurden" – das Gericht sprach übrigens, ganz in der Sprache der NS-Zeit, von „Schutzmaßregeln gegen zersetzende Äußerungen". Da der Angeklagte den Kriegsausbruch nicht voraussehen konnte, sei er auch für die KZ-Haft Skirdes und dessen Tod nicht verantwortlich.

Auch das Hildesheimer Gericht war der Ansicht, daß der Angeklagte im Jahr 1938 nur sehr wenig über den Gewaltcharakter des NS-Systems wissen konnte. Dabei ignorierte das Gericht, daß W. Betriebsobmann in einem der bedeutendsten Industriebetriebe Braunschweigs war, seit 1930 Mitglied der NSDAP, und daß er – dies bestätigten viele Zeugenaussagen – bereits bei den Gewaltexzessen 1933 der Polizei hilfreich zur Hand gewesen war.

Der Hildesheimer Oberstaatsanwalt Kleffel legte Berufung gegen den Freispruch ein – seine 50seitige Begründung ist noch heute lesenswert. Punkt für Punkt wies sie die Urteilsgründe zurück: „Es kann nicht dem geringsten Zweifel unterliegen, daß gerade auch die politische Denunziation systematisch organisierte und durchgeführte oder von der Regierung gebilligte Maßnahmen waren. Das planmäßig gezüchtete und von vielen freiwillig unterstützte politische Angebertum war ein wesentliches Werkzeug der nationalsozialistischen Unterdrückungsmethoden, die sich gegen jeden Andersdenkenden richteten". Das Recht auf freie Meinungsäußerung sei ein Grundrecht, seine Beschränkung und Unterdrückung im NS-Staat sei ein „Willkürakt und eine Verfassungswidrigkeit". Die Argumentation des Gerichts, der einzelne Staat könne Grundrechte außer Kraft setzen, würde nichts anderes bedeuten, „als noch nachträglich dem Gewaltregime des Nationalsozialismus und seinen Methoden die Anerkennung und Berechtigung auszusprechen und ihm damit hinsichtlich aller seiner Verbrechen auch den Mantel der Legalität umzuhängen". Bemerkenswert ist schließlich in der Revisionsbegründung des Staatsanwalts aus dem Jahr 1949 die Beschreibung des NS-Herrschaftssystems: „Denn es bleibt die Tatsache bestehen, daß dieses Reich nicht errichtet werden konnte allein durch einen ganz kleinen Kreis maßgebender und führender Männer...Um diese Verbrechen zur Durchführung zu bringen, mußte die nationalsozialistische Bewegung verfügen und hat auch verfügt über einen ungeheuer großen Kreis stets hilfsbereiter und tätiger Mitarbeiter

---

44 Urteil des Schwurgerichts Hildesheim vom 23. 7. 1949, ebd.

und Helfer. Alle diese Verbrechen konnten nur dadurch begangen werden, daß man sich auf den großen Kreis der Anhänger unbedingt verlassen konnte, diese auch skrupel- und bedenkenlos allen Anordnungen, Befehlen, Lehren und Verheißungen folgten"[45].

Der Oberste Gerichtshof in Köln hob im November 1949 das Urteil auf. Bei der Neuverhandlung verurteilte das Schwurgericht Hildesheim am 22. 3. 1950 den Angeklagten W. zu einem Jahr Gefängnis wegen Verbrechens gegen die Menschlichkeit[46].

Von einem ganz typischen Nachbarschaftskonflikt und seiner „Lösung" erzählt die folgende Geschichte.

Der Kaufmann Ernst B. aus Braunschweig vermietete seit mehreren Jahren Zimmer seines Hauses, unter anderem ein Zimmer an zwei Schwestern, ein anderes an den Bauingenieur Jakob D. Zunächst herrschte bestes Einvernehmen zwischen Vermieter und Mieter. Man traf sich abends, trank und hörte gemeinsam Radio. Da begann D. ein intimes Verhältnis mit einer der Schwestern. Im Frühjahr 1940, nach einem gemeinsam verbrachten Abend, zog B. sich in sein Zimmer zurück, die anderen tranken und lärmten weiter. B. wurde es zu laut, er kehrte zurück und wurde Zeuge einer sehr verfänglichen Situation. B. machte in den folgenden Tagen dem Bauingenieur Vorhaltungen – er sei schließlich verheiratet – und kündigte den beiden Schwestern das Mietverhältnis. Daraufhin zeigte D. den Kaufmann bei der Gestapo wegen Abhörens ausländischer Sender an. Die Schwestern belasteten B. schwer, vor der Gestapo und vor dem Sondergericht.

Das Gericht verhängte eine Zuchthausstrafe von 1 Jahr 6 Monaten. Nach der Haftverbüßung kam B. ins Konzentrationlager, aus dem er 1945 befreit wurde[47].

Im April 1947 erhob die Staatsanwaltschaft Anklage gegen den Denunzianten D. Es begann das uns schon bekannte Hin und Her um den Prozeß: zunächst lehnten die Richter Seidler, Dr. Zwirner und Dr. Meyer den Antrag der Staatsanwaltschaft ab. Der Oberstaatsanwalt, dem sich der Generalstaatsanwalt anschloß, legte sofortige Beschwerde ein; die nächsthöhere Instanz ordnete die Hauptverhandlung an. Der Prozeß fand am 17. 5. 1949 vor dem Schwurgericht Braunschweig statt. D. wurde wegen Verbrechens gegen die Menschlichkeit zu einem Jahr Gefängnis verurteilt. Der Oberste Gerichtshof in Köln verwarf die von der Verteidigung eingelegte Berufung. Ein Antrag auf Wiederaufnahme des Verfahrens wurde zweimal zurückgewiesen, auch die Bitte um Strafaufschub. Im Sommer 1951 trat D. die Strafhaft hat und wurde nach einem halben Jahr begnadigt[48].

Unser dritter Fall spielt in Goslar. Im September 1944 ging der Leutnant Konrad H. zur dortigen Polizei und zeigte seinen Schwiegervater, den 73jährigen Major a. D. von Freyhold wegen defaitistischer Äußerungen an. Vorausgegangen waren monatelange heftige Familienstreitigkeiten. Der Major war mit seinem Schwiegersohn und dessen Familie nicht einverstanden, sie waren ihm nicht standesgemäß. Konrad H. stammte aus einfachen Verhältnissen, er lernte das Tuchmacherhandwerk, besuchte mit Hilfe eines Stipendiums die Textilschule in Aachen und wurde Textilingenieur. Er wurde 1939 zur Wehrmacht eingezogen, mehrfach ausgezeichnet, verwundet und 1943 aus dem Mannschaftsstand zum Offizier befördert. Es bestand seit der Heirat 1941 ein gespanntes Verhältnis zwischen Konrad H. und dem Major, das sich bei jeder Begegnung verschärfte.

---

45 Revisionsbegründung des Oberstaatsanwalts Kleffel v. 9. 8. 1949, ebd.

46 Urteil vom 22. 3. 1950, ebd.

47 62 Nds 2 Nr. 690–692.

48 62 Nds 2 Nr. 690–692.

Auch gegenüber seiner Frau, die auf der Seite des jungen Paares stand, verhielt sich der Major abweisend, ja gewalttätig. Hinzu kamen die tiefen politischen Meinungsverschiedenheiten zwischen dem Major und seinem Schwiegersohn. Freyhold war Monarchist und Gegner des Nationalsozialismus. Seine Informationen verschaffte er sich durch Abhören ausländischer Sender.

In den Septembertagen 1944 eskalierte der innerfamiliäre Konflikt in einer Weise, daß schließlich die Ehefrau des Majors ihren Schwiegersohn aufforderte, zur Polizei zu gehen und ihren Ehemann anzuzeigen. Der Schwiegersohn tat dies. Der Polizeibeamte verwies aufgrund der Schilderung auf die Zuständigkeit der Gestapo; der zuständige Beamte käme an diesem Tag sowieso von Bad Harzburg nach Goslar, H. könne dann die Angelegenheit zur Anzeige bringen; er solle sich aber die Folgen seines Tuns überlegen. H. ging nach Hause. Es konnte später nicht geklärt werden, ob er von sich aus oder nach einem Anruf der Polizei am Nachmittag dieses Tages erneut dahin ging. Dort war inzwischen der Gestapobeamte eingetroffen. H. wiederholte seine Beschuldigungen und unterschrieb schließlich die Anzeige: der Major habe sich seit längerem defaitistisch geäußert, hauptsächlich im Familienkreis. Er habe immer wieder erklärt, „der Krieg sei verloren; diese Parteiclique wolle sich nicht geschlagen bekennen und opfere deshalb die vielen deutschen Soldaten und alle deutschen Städte“. Wegen dieser Äußerung sei das Familienleben gänzlich zerrüttet. Da er wieder an die Front müsse, bitte er um staatspolizeiliche Maßnahmen gegen seinen Schwiegervater. Jetzt wurde die Gestapo aktiv. Nach kurzem Verhör des Majors und seiner Ehefrau – sie sagte zu dessen Ungunsten aus – fand die Stapo heraus, daß der Major ausländische Sender gehört hatte, häufig zusammen mit dem Ehepaar Wichmann aus Goslar. Freyhold wurde am 16. 9. verhaftet, kam einige Tage ins Gefängnis Goslar und anschließend in die Untersuchungshaftanstalt in Braunschweig. Auch das Ehepaar Wichmann wurde verhaftet und angeklagt. Am 14. November verurteilt das Sondergericht Frau Wichmann zu drei Jahren, den Ehemann zu 1½ Jahren Zuchthaus. Sie kommen nach Coswig und Magdeburg in Strafhaft und werden beim Einrücken der Russen entlassen.

Der Prozeß gegen den Major ließ auf sich warten. Der alte Mann war krank und seelisch wegen des Verhaltens seiner Angehörigen schwer erschüttert. Am 19. Januar 1945 verurteilten ihn die Richter Lerche, Angerstein und Eilers zu drei Jahren Zuchthaus, 1½ Jahre wegen Abhörens ausländischer Sender, 2 Jahre, weil er das Gehörte im engsten Familienkreis besprochen hatte – die Gesamtstrafe ist ein barbarisches Urteil. Der Gesundheitszustand des Majors verschlechterte sich zunehmend. Er wagte es nicht, seine Haftentlassung zu beantragen, weil er befürchten mußte, dann in die Hände der Gestapo zu fallen, die ihn noch schlimmer behandeln würde.

Am 11. März 1945 starb der Major im Gefängnis Wolfenbüttel.

Im März 1946 beginnt die Braunschweiger Staatsanwaltschaft mit Ermittlungen gegen Konrad H. wegen Freiheitsberaubung. Die noch Lebenden werden vernommen, der Staatsanwalt erhebt Anklage. Der 1. Strafsenat des Landgerichts lehnt die Anordnung der Hauptverhandlung ab, es hätte damals allen Beteiligten subjektiv das Bewußtsein einer Rechtswidrigkeit gefehlt. Generalstaatsanwalt Staff reagiert umgehend und beantragt die Aufhebung dieses Beschlusses. „Die Maßlosigkeit der in jener Zeit von den Sondergerichten verhängten Strafen ließ es jedem klar werden, daß hier nicht mehr wahres Recht gesprochen wurde, sondern sich außerhalb des Rechts liegende nationalsozialistische Brutalität auswirkte, der sich die Richter der Sondergerichte unter dem Druck der

Verhältnisse nicht entziehen konnten". Am 14. 5. 1946 wies der Strafsenat des Oberlandesgerichts die Beschwerde Staffs zurück. Der Freiheitsentziehung von Freyhold fehle das Merkmal der Rechtswidrigkeit. „Sie ist erfolgt auf Grund der zur Zeit der Verurteilung von Freyhold geltenden Gesetze. Mag man ihnen auch die politische oder moralische Berechtigung absprechen, so banden sie damals doch Staatsbürger und Richter". Ein solches Argumentationsmuster war bezeichnend für die Justiz der Nachkriegszeit. Allerdings gab der Strafsenat einen wichtigen Hinweis: zu prüfen sei, ob nicht ein Verfahren wegen Verbrechens gegen die Menschlichkeit gemäß Art. II 1c des Gesetzes Nr. 10 des Kontrollrats einzuleiten sei.

In den folgenden Monaten folgte die hiesige Staatsanwaltschaft dieser Empfehlung. Im April 1947 erhob sie in dieser Sache Anklage. Die schon bekannte Prozedur wiederholte sich. Das Landgericht lehnte die Verhandlung ab, der Oberstaatsanwalt reichte dagegen Beschwerde ein, das Oberlandesgericht hob im Sommer 1948 den Beschluß des Landgerichts auf, es kam zum Prozeß. Am 28. 10. 1948 sprach das Schwurgericht beim Landgericht Konrad H. frei.

Die Begründung rechtfertigte noch im Jahr 1948 die vom NS-System erlassenen Verordnung. Jeder kriegführende Staat habe das Recht, sich gegen die Zersetzung seiner Wehrkraft zu schützen, dies würden auch die demokratischen Staaten tun. Jedem Staat, „der sich als solcher durchgesetzt hat", müsse dieses Recht zugebilligt werden. Der nationalsozialistische Staat, der sich damals in einem Existenz-Kampf befand, war eine Gegebenheit und hatte die „organisierte Zustimmung des deutschen Volkes und die Anerkennung der fremden Mächte" gefunden. Es ist daher unerheblich, ob der damalige Krieg, von Deutschland aus gesehen, rechtmäßig und der derzeitige Staat ein Rechtsstaat war". Im übrigen seien damals die schweren Strafen für Wehrkraftzersetzung bekannt gewesen. „Wer entgegen diesem Gebot handelte, tat es daher auf eigene Gefahr. . .Deutschland sah sich damals dem geschlossenen Angriff seiner damaligen Gegner gegenüber. In Anbetracht aller dieser Umstände kann die erkannte Strafe auch wegen ihrer Höhe nicht als unmenschlich bezeichnet werden". Weiterhin ging das Gericht davon aus, H. konnte nicht wissen, daß er seinen Schwiegervater durch die Anzeige einer Gewalt- und Willkürherrschaft auslieferte. Alles in allem eine skandalöse Begründung.

Die Staatsanwaltschaft legte Revision ein. Der Strafsenat des Obersten Gerichtshofes für die Britische Zone hob das Urteil im April 1949 auf und wies die Sache zur Neuverhandlung an das Landgericht Braunschweig zurück. Der Gerichtshof in Köln war in den entscheidenden Punkten gänzlich anderer Meinung als das Braunschweiger Schwurgericht. Sein Hauptvorwurf: das Braunschweiger Gericht habe nur die für den Angeklagten günstigen Aspekte gewürdigt. Unmenschlich sei die harte Strafe – das Gericht sprach von „justizförmiger Willkür". Scharf wies es die vom Schwurgericht gezogenen Vergleiche zwischen rechtsstaatlichen und nationalsozialistischen Rechtsverhältnissen zurück. Die Anzeige des Schwiegersohns sei ein gewollter Angriff auf Freyhold gewesen, der Angeklagte hätte wissen müssen, daß der Staat mit dem Opfer willkürlich verfahren würde. Denn für den Willkürcharakter dieses Systems habe es genügend Anhaltspunkte gegeben. Der Angeklagte habe die willkürliche Verfolgung in Kauf genommen und innerlich gebilligt.

Nach der juristische Ohrfeige ließ der Oberste Gerichtshof den Braunschweiger Richtern noch eine Hintertür: zu prüfen sei die Zurechnungsfähigkeit des Angeklagten infolge einer Kriegsverletzung. Tatsächlich versuchten der Angeklagte, seine Familie und die Verteidigung diese Brücke zu betreten. Zahlreiche nervenärztliche Gutachten wurden angefertigt. Seine Kriegsverletzung und sein außerordentlich erregter Seelenzustand zur Tatzeit spielten dann auch in der Neuverhandlung eine wichtige Rolle. Die Staatsanwaltschaft beantragte ein Jahr Gefängnis. Das Schwurgericht erkannte in seinem Urteil vom 22. 6. 1950 im Unterschied zum ersten Verfahren auf ein Verbrechen gegen die Menschlichkeit. Sowohl die äußeren als auch die inneren Tatbestandsmerkmale sah das Gericht erfüllt. Hinsichtlich der Zurechnungsfähigkeit des Angeklagten hielt das Gericht seine Einsichtsfähigkeit nicht für beeinträchtigt, sehr wohl aber seine Fähigkeit, nach dieser Einsicht zu handeln. An der Schwere des Vergehens machte das Gericht in seiner Schlußbetrachtung keine Abstriche. Es verwies allerdings dann doch auf die schwierigen, innerfamiliären Verhältnisse, auf die anstachelnden Aktivitäten der Ehefrau und der Schwiegermutter. Da eine Strafe, die höher als sechs Monate lag, nicht zu erwarten sei, stellte das Gericht aufgrund des Straffreiheitsgesetzes vom 31. 12. 1949 das Verfahren ein[49].

In allen drei Verfahren waren die Braunschweiger Richter nicht bereit, den Unrechtscharakter der NS-Herrschaft zur Kenntnis zu nehmen. Bereits die Anordnung der Hauptverhandlung lehnten die Richter in erster Instanz ab. Die schließlich verhängten Urteile kennzeichnete das in der damaligen Justiz weit verbreitete rechtspositivistische Denken. Es war die Braunschweiger Staatsanwaltschaft, geprägt von Generalstaatsanwalt Kurt Staff, einem leidenschaftlichen Demokraten, welche die Entscheidungen der Braunschweiger Richter nicht hinnahm und sie bis vor den Obersten Gerichtshof der Britischen Zone brachte. Dessen Entscheidung korrigierte in den Ausschlag gebenden Punkten die Braunschweiger Richter, wobei der Oberste Gerichtshof vom Unrechtscharakter des NS-Systems ausging.

[49] 62 Nds 2 Nr. 454–457; 42 B Neu 7 Nr. 1115.

9. „Ich habe stets meine Pflicht getan". Richterprofile

Wir haben eine ganze Reihe von Sonderrichtern durch ihre Urteile und ihre Urteilsbegründungen kennengelernt. Allerdings können wir die Einstellungen des Einzelrichters nicht fassen; alle drei am Verfahren beteiligten Richter verantworteten nämlich das Urteil. Hier muß jeder Versuch, Individualbiographien zu schreiben, an Grenzen stoßen. Gleichwohl lassen sich Denk- und Mentalitätsstrukturen der Sonderrichter aus den Texten herausarbeiten. Ergänzt durch Informationen aus den Personalakten, den Entnazifizierungsakten und durch Aussagen von Zeitzeugen, entsteht doch ein anschauliches Bild des einzelnen Sonderrichters. Aufgrund des Lebensalters, der langen Berufspraxis und des höheren Dienstgrades der Vorsitzenden des Sondergerichts wird man davon ausgehen können, daß bei einer Prozeßführung durch den jeweiligen Vorsitzenden dessen Auffassung bei der Verhandlungsführung und bei der Urteilsfindung von erheblicher Bedeutung war[1].

Es wurden seit Bestehen des Sondergerichts „politisch qualifizierte" Richter und Staatsanwälte an das Sondergericht berufen[2]. Das gilt zweifellos für die Vorsitzenden und die Leiter der Anklagebehörde. Also für die Vorsitzenden des Braunschweiger Sondergerichts, die Richter Lachmund, Ehlers, Höse, Kalweit und Lerche; und für die Leiter der Anklagebehörde, die Staatsanwälte Rasche, Ranker und Hirte.

In den Kriegsjahren konnte das Kriterium der politischen Zuverlässigkeit wegen Personalmangels nicht immer angewandt werden. „Mindestens während des Krieges war für die noch in der Heimat befindlichen Richter eine Berufung in das Sondergericht nicht mehr zu vermeiden", schrieb 1947 Wilhelm Mansfeld, seit Mai 1945 Präsident des Braunschweiger Oberlandesgerichts[3]. Daß aber auch sie weitgehend im Sinne der Nationalsozialisten Recht sprachen, macht ein Schreiben von Oberstaatsanwalt Hirte aus dem Jahr 1943 deutlich: auch mit Richtern aus Zivilgerichten habe man gute Erfahrungen gemacht, „wenn sie nur aufgeschlossen, einsatzbereit und nicht zu alt waren"[4]. Unzufrieden äußerten sich die Vorgesetzten nur über den Richter Gosewisch, der bezeichnenderweise kein Parteimitglied war. Im Juni 1942 schrieb Landgerichtspräsident Kalweit an den OLG-Präsidenten: Gosewisch sei nicht sehr befähigt. „Er hat eine schwere Hand, so daß die Niederschrift durch ihn selbst besondere Anforderungen an ihn stellt. Er ist allgemein darauf angewiesen, wenn nicht seine Frau das Urteil nach seinem Diktat schreibt, in die Schreibmaschine zu diktieren"[5] – der Richter Gosewisch scheint sich durch bewußte Unbeholfenheit der Tätigkeit am Sondergericht entzogen zu haben.

1 Ähnlich Dörner, Heimtücke, S. 42, Anm. 105.
2 Vgl. Schreiben des Reichsjustizministers an die Präsidenten der OLG vom 5. 7. 1943, 61 Nds, Zg. 12/1987 Nr. 4.
3 Schreiben des OLG-Präsidenten Mansfeld an den Nds. Minister der Justiz vom 23. 10. 1947, 3 Nds Nr. 207.
4 Hirte an den Generalstaatsanwalt vom 19. 7. 1943, 61 Nds, Zg. 12/1987 Nr. 4.
5 57 Nds, Zg. 56/1989 Nr. 1.

Für die meisten Sonderrichter trifft die Beurteilung des Braunschweiger Generalstaatsanwalts Fritz Bauer aus dem Jahr 1951 zu: „Richter am Sondergericht wurden aus dem Kreis der Richter ausgesucht, weil sie gerade nicht im Rufe innerlich richterlicher Unabhängigkeit und Unparteilichkeit standen und deren Funktion nur in einem äußerlichen Sinn richterlich war“[6]. Das gilt neben den schon Genannten sicherlich für die Richter, die seit 1933 fast ununterbrochen am Sondergericht tätig waren, wie Lerche, Eilers, v. Griesbach. Das gilt für Rudolf Grimpe, den der Vorsitzende Kalweit 1943 als die „Seele des Sondergerichts“ bezeichnete[7].

In seinem Bericht aus dem Jahre 1947 hatte OLG-Präsident Mansfeld festgestellt, daß bei der Ernennung der Sonderrichter bei der überwiegenden Zahl der Fälle die fachlichen Erfahrungen und Kenntnisse ausschlaggebend waren, Dienststellen der NSDAP seien bei der Ernennung nicht befragt worden. Dieser Aussage gegenüber ist Skepsis angebracht. Die Beurteilungen in den Personalakten stellen für die NS-Zeit die politische Zuverlässigkeit der Sonderrichter in den Mittelpunkt und Parteistellen wurden bei Richtereinstellungen sehr wohl befragt: am 13. 6. 1939 schrieb die NSDAP-Gauleitung an den OLG-Präsidenten in Bezug auf Rudolf Grimpe: „gegen eine Anstellung als Amtsgerichtsrat habe ich keinerlei Bedenken“. Auch bei Karl Höse nahm die Gauleitung zu seiner politischen Zuverlässigkeit Stellung[8].

Wir wollen einige Richterbiographien vorstellen; zunächst die der Vorsitzenden des Sondergerichts: Friedrich Lachmund, März 1933 – Dezember 1937; Wilhelm Ehlers, Januar 1937 – August 1939; Karl Höse, August 1939 – Mai 1942; Hugo Kalweit, Mai 1942 – Dezember 1943; Walter Lerche, Dezember 1943 – April 1945. Dann die Lebensläufe einiger Sonderrichter, wobei wir uns auf diejenigen beschränken, denen wir in den Verhandlungen am häufigsten begegneten. Die Porträts sind von unterschiedlicher Länge; sie hängt nicht zuletzt vom Umfang des zur Verfügung stehenden Quellenmaterials ab, aber auch – wie bei Lachmund und Lerche – von der Bedeutung ihres Wirkens.

Friedrich Lachmund

Lachmund entstammte einer Braunschweiger Pfarrersfamilie. Sein Bruder war Pfarrer; sein Onkel, Heinrich Lachmund, war Mitbegründer und langjähriger Vorsitzender des Braunschweiger Pfarrernotbundes, der sich 1934 gegen die Deutschen Christen formierte.

Friedrich Lachmund studierte u. a. in Göttingen Rechtswissenschaften, legte 1911 sein 1. juristisches Staatsexamen ab und absolvierte anschließend seine Referendarzeit. Nach der Teilnahme am Ersten Weltkrieg wurde er 1919 Gerichtsassessor. Eine Beurteilung des Braunschweigischen Justizminsters aus dem Jahr 1920 versprach keineswegs eine glänzende juristische Karriere: „grobe Nachlässigkeit, oberflächliche Arbeitsweise“. Im Jahr 1922 wurde Lachmund Amtsrichter, 1923 kam er ans Jugendgericht, 1927 wurde er Amtsgerichtsrat. Im September 1932 erfolgte seine Ernennung zum Landgerichtsrat. Er übernahm mit der Errichtung des Sondergerichts Braunschweig am 11. April 1933 dessen Vorsitz. Auf Vorschlag von Ministerpräsident Klagges und seines Justizmi-

[6] 62 Nds 2 Nr. 758.
[7] 57 Nds, Zg. 56/1989 Nr. 28.
[8] 57 Nds, Zg. 56/1989 Nr. 28 und 42.

nisters Alpers erhielt er am 1. 7. 1933 die Stelle eines Landgerichtspräsidenten. Alpers versprach er, dafür zu sorgen, „daß das Landgericht Braunschweig ein Bollwerk für die Bewegung würde"[9].

Friedrich Lachmund

Lachmunds Ernennung zum Vorsitzenden des Sondergerichts und seine Karriere in der Braunschweiger Justiz hing zweifellos mit seiner politischen Auffassung zusammen. Seine ablehnende Haltung gegenüber der Weimarer Republik war bekannt. Bis 1925 gehörte er dem Stahlhelm an, stand der DNVP nahe und ging dann aus Unzufriedenheit über deren Politik zur Volksrechtspartei. Am 1. Mai 1932 trat er der NSDAP bei, mit deren Politik er offensichtlich seit längerem sympathisierte. Innerlich habe er schon 1928 der NSDAP nahe gestanden – erklärte er 1936 – wollte aber damals nicht in die Partei eintreten, „da ich unerkannt als Richter unter der roten Regierung viel besser der Bewegung nutzen konnte, wie mit Mitgliedsabzeichen"[10]. Wenn auch bei dieser Aussage der

---

[9] 42 B Neu 7 Nr. 1284.

[10] Lachmund am 31. 8. 1936 auf dem Höhepunkt des Konfliktes mit OSta Rasche, 42 B Neu 7 Nr. 1284.

konkrete Konflikt mit der Braunschweiger Parteiführung 1936 eine Rolle spielte, der ihm frühe Sympathien für die Partei angeraten erscheinen ließ, dürfte sie Lachmunds Haltung vor 1933 weitgehend richtig wiedergeben. Nach dem Krieg charakterisierte Generalstaatsanwalt Kurt Staff, der als junger Richter den damaligen Landgerichtsrat Lachmund in den Jahren 1932/33 kennengelernt hatte, ihn als „eigenartige Persönlichkeit": erkannte er jemanden für schuldig, dann fällte er gnadenlose Urteile, nicht nur im politischen Bereich. Staff sah darin das Ergebnis einer „falschen kriminologischen Einstellung schlechthin"[11]. Wir fügen hinzu, daß er als Vorsitzender des Sondergerichts das Handeln von Sozialdemokraten und Kommunisten grundsätzlich als schuldhaft, weil staatsgefährdend, betrachtete.

Wir haben von der jeder Gerechtigkeit widersprechenden Jurisdiktion des Sonderrichters Lachmund in den Jahren 1933/34 berichtet; von seinen programmatischen, öffentlichen Äußerungen bei seinem Amtsantritt; von dem rücksichtslosen Kampf gegen die ‚Volksfeinde', besonders gegen Sozialdemokraten und Kommunisten. In einem Brief an Ministerpräsident Klagges meldete Lachmund zu Beginn des Jahres 1935 Vollzug: „Mit welchen bewußt drakonisch hohen Strafen das Sondergericht unter meiner Leitung sich voll auch die Anerkennung des hiesigen Staatsministeriums erworben hat, so daß es alsbald nach mehr als 60 Verhandlungen im Gegensatz zu den Sondergerichten sämtlicher anderer Bezirke seine Tätigkeit auf lange einstellen könnte"[12]. Wir verweisen nochmals auf unsere statistische Auswertung, die Lachmunds ‚Leistung' in den Jahren 1933/34 bestätigte und für das Jahr 1935 tatsächlich die wenigsten Sondergerichtsverfahren aufwies.

Lachmund war überzeugter Nationalsozialist und dennoch geriet er in eine schwere Auseinandersetzung mit der Braunschweiger SS-und Parteiführung; der Konflikt verlief in einer Schärfe, die für die NS-Zeit ganz ungewöhnlich war. Es ging für Lachmund um die Bewahrung der geringen, noch verbliebenen Unabhängigkeit der Justiz. Diese Unabhängigkeit sah er durch das Verhalten „seines" Anklägers beim Sondergericht, des Oberstaatsanwalts Rasche, gefährdet.

Rasche war auf Drängen Lachmunds 1933 zum Leiter der Anklagebehörde beim Sondergericht ernannt worden: er brauche einen Staatsanwalt, „der bellen kann. Was er im übrigen falsch macht, fängt das Gericht ab"[13]. Rasche erfüllte alle Voraussetzungen für dieses Amt: wie Lachmund war auch Rasche bereits im Frühjahr 1932 in die NSDAP eingetreten; er galt als „scharfer" Staatsanwalt. Die anfänglich gute Zusammenarbeit am Sondergericht verschlechterte sich seit 1934. Äußerer Anlaß war die Weigerung Lachmunds, den Vorsitz in einem Ehrengerichtsverfahren gegen Rasche zu übernehmen. Dieses Verhalten Lachmunds führte zu erheblichen Verstimmungen; auch ein Versöhnungsgespräch scheiterte.

Möglicherweise hing die Verstimmung auch mit dem Eintritt Rasches in die SS im Jahr 1934 zusammen, eine Entscheidung, die bei den Braunschweiger Richtern und Staatsanwälten auf erhebliches Befremden stieß.

---

[11] Schreiben Staffs vom 30. 6. 1947, Nordrhein-Westfälisches Hauptstaatsarchiv Düsseldorf, NW 1037 BI, 10143.

[12] Brief Lachmunds an Klagges vom 27. 9. 1935, 12 A Neu13.

[13] Schreiben Lachmunds an den Reichsjustizminister vom 21. 1. 1936, 62 Nds 2 Nr. 787.

Wachsender Unwille artikulierte sich in der Richterschaft vor allem über die enge Zusammenarbeit Rasches mit der Braunschweiger SS bzw. der Gestapo. Rasche war Duzfreund von Friedrich Jeckeln, einem der einflußreichsten und brutalsten SS-Führer, in diesen Jahren Leiter des SS-Oberabschnitts Nord bzw. seit 1936 des SS-Oberabschnitts Mitte, gleichzeitig Führer der Landespolizei mit dem Amt eines Regierungsrates und Referenten im Staatsministerium. Es war vor allem Lachmund, der die enge Zusammenarbeit zwischen Rasche und der SS zunehmend mißbilligte. Anfang Januar 1936 spitzte sich der Konflikt zu. Rasche bat den Generalstaatsanwalt, auf Lachmund einzuwirken, die „Sticheleien" zu beenden und „geordnete Verhältnisse" wieder einzuführen, „ weil auf die Dauer die Erfüllung staatlicher Aufgaben darunter leiden mußte, wie überhaupt mir das von dem Herrn Landgerichtspräsident Lachmund geübte Verfahren die Gefahr in sich zu tragen scheint, die notwendige Zusammenarbeit zwischen den Justizbehörden des Landgerichtsbezirks Braunschweig zu zersetzen"[14]. Der Vorwurf der Zersetzung wog schwer. Lachmund seinerseits bat den Reichsjustizminister um die Versetzung von Rasche.

Zunehmend entwickelte sich der Streit zwischen zwei Juristen zu einer Auseinandersetzung zwischen der Justiz und der SS. Im Frühjahr 1936 wandte sich Lachmund an die Öffentlichkeit. Anläßlich des dreijährigen Bestehens des Sondergerichts gab Lachmund in der ‚Braunschweigischen Tageszeitung' einen Rechenschaftsbericht, in dem er rückblickend auf die Verdienste der Justiz aufmerksam machte. „Dank der in den letzten drei Jahren den Richtern in die Hand gegebenen Mittel, von ihnen tatkräftig angewandt, sitzen die Berufsverbrecher zumeist schon dauernd hinter Schloß und Riegel, und die politischen Verbrecher werden keine Neigung verspüren, ein zweites Mal mit dem Sondergericht Bekanntschaft zu machen"[15]. Unübersehbar und selbstbewußt wies der Vorsitzende des Sondergerichts auf dessen Beitrag zur Systemstabilisierung hin.

Fast demonstrativ wurde Rasche von der SS-Führung am 20. 4. 1936, an Hitlers Geburtstag, zum SS-Obergruppenführer befördert. Diese Ernennung teilte der Präsident des Oberlandesgerichts Nebelung dem Reichsjustizminister mit und fügte hinzu: „Auch weiterhin hat sich ein geschlossenes Zusammenstehen von Staatsministerium, SS-Führer und Gestapo gegenüber der Justiz gezeigt". Justizminister Alpers habe zu ihm gesagt: „Wir werden Rasche als Oberstaatsanwalt in Braunschweig mit allen Mitteln halten"[16].

In dem oben erwähnten Artikel hatte Lachmund indirekt vor Tendenzen gewarnt, wissentlich Personen der im Gesetz vorgesehenen Strafe zu entziehen. Aufmerksame Zeitgenossen wußten, worauf sich Lachmund bezog: auf den seit Wochen die Braunschweiger Öffentlichkeit beschäftigenden Fall der beiden SS-Männer Kunze und Jacobasch.

Beide hatten im Februar einen Drogisten in der Karrenführerstraße so schwer verletzt, daß er wenig später im Krankenhaus verstarb. Die SS-Führung versuchte den Vorfall zu vertuschen bzw. zu verharmlosen und erhielt dabei massive Unterstützung von

---

14 Aussage Rasches vor Generalstaatsanwalt Parey am 27. 8. 1936, 42 B Neu 7 Nr. 1284.

15 Braunschweigische Tageszeitung vom 25. 3. 1936.

16 Schreiben des Präsidenten des OLG an den Reichsjustizminister vom 14. 5. 1936, 62 Nds 2 Nr. 787.

Oberstaatsanwalt Rasche, der das Ermittlungsverfahren mit bemerkenswerter Laschheit führte [17].

Trotz der Vertuschungsversuche seitens der SS kam es vor dem Schwurgericht zum aufsehenerregenden Prozeß gegen Kunze und Jacobasch unter Vorsitz des Landgerichtsdirektors Wilhelm Ehlers. Auch im Prozeß verhielt sich Rasche sehr merkwürdig. Rasche klagte Kunze, den Haupttäter, nicht wegen Totschlags an, sondern forderte nur eine Gefängnisstrafe von 3½ Jahren; ausdrücklich verwies er strafmildernd auf die erheblichen Verdienste Kunzes um die NS-Bewegung. Das Gericht folgte dem Antrag des Oberstaatsanwalts nicht und verurteilte Kunze zu 5 Jahren Zuchthaus, immer noch wenig für einen Mord. Jacobasch erhielt die vom Staatsanwalt beantragten 1½ Jahre Gefängnis.

Lachmund nahm die Vorgänge um die beiden SS-Täter zum Anlaß, um sich in einer Eingabe beim Reichsjustizminster über Rasche zu beschweren. Er nannte eine Reihe weiterer, den Oberstaatsanwalt belastende Fälle, in denen dieser übergroße Härte gezeigt oder zu sehr unter dem Einfluß der SS gestanden habe[18].

Der Konflikt zwischen der SS und der Justiz spitzte sich zu, als bekannt wurde, daß SS-Angehörige, unter ihnen Jeckeln und der Kommissar der Politischen Polizei Gattermann, die Untersuchungsgefangenen Kunze und Jacobasch mehrfach im Gefängnis besuchten, ohne die dafür notwendige Erlaubnis eines Richters zu haben. Daraufhin nahm Lachmund in einem Schreiben an Jeckeln die erteilte Genehmigung, SS-Untersuchungsgefangene durch SS-Beauftragte untersuchen zu dürfen, zurück[19]. Und Landgerichtsdirektor Ehlers erstattete auf Drängen Lachmunds wegen unerlaubten Besuchs von U-Gefangenen sogar Anzeige gegen den SS-Gruppenführer Jeckeln. Gegen einen der prominentesten Braunschweiger Nazi-Größen auf diese Weise vorzugehen, war mutig. Allerdings entschärfte Ehlers wenig später sein Vorgehen mit dem Hinweis, mit seiner Anzeige nur deutlich machen zu wollen, daß die Beamten der Politischen Polizei nicht ohne Erlaubnis des Richters mit U-Gefangenen in Verbindung treten dürften. „An einer Bestrafung der beschuldigten Beamten der Polizei habe ich keinerlei Interesse. Daß eine Bestrafung des Gruppenführers Jeckeln, der Reichstagsabgeordneter ist, nicht erfolgen konnte, war mir von vornherein klar. Die Anzeige hatte sich auch mehr gegen den Kommissar der Politischen Polizei Gattermann gerichtet, der in dem Prozeß gegen Kunze als Zeuge vernommen war und Aussagen gemacht hatte, die nach meiner Überzeugung nicht der Wahrheit entsprachen. Auch an der Bestrafung Gattermanns habe ich keinerlei Interesse“[20].

Die Braunschweiger NS-Spitze reagierte prompt auf das Vorgehen der beiden Richter: Ende Juni 1936 gingen drei Beschwerden über Lachmund nach Berlin. Vom Braunschweiger Staatsministerium an das Reichsjustizministerium, vom Braunschweiger Innenministerium an das Reichsinnenministerium und vom Führer des SS-Oberabschnitts Mitte (Jeckeln) an den Reichsführer SS (Himmler). Offensichtlich forderte Jeckeln sogar, Lachmund in Schutzhaft zu nehmen.

---

[17] Die Vorgänge sind dokumentiert im Bestand 42 B Neu 7 Nr. 1284 und erstmals veröffentlicht durch Albrecht Lein, Braunschweiger Justiz im Nationalsozialismus: Zwischen Anpassung und ‚innerer Emigration', in: Kramer, Braunschweig unterm Hakenkreuz, S. 61–78.

[18] Eingabe Lachmunds vom 4. 5. 1936, 42 B Neu 7 Nr. 1284.

[19] Schreiben Lachmunds an Jeckeln vom 18. 6. 1936, 62 Nds 2 Nr. 787.

[20] Aussage Ehlers vor Generalstaatsanwalt Parey 42 B Neu 7 Nr. 1284.

Im August 1936 wurde Lachmund vom Reichsjustizminister beurlaubt. Lachmund hielt sich in Goslar auf und durfte Braunschweig nur noch am Wochenende betreten. Der Reichsjustizminister ließ gegen Lachmund ein Ermittlungsverfahren durch den Celler Generalstaatsanwalt Parey führen.

Einige Wochen fand sich Lachmund mit seiner Suspendierung ab. Dann wandte er sich an den Reichsjustizminister: „Diese gegen mich aufgrund einer verleumderischen Beschwerde und Drohung mit Schutzhaft des inzwischen zum SS-Obergruppenführer beförderten Herrn Jeckeln getroffenen Maßnahmen...,die ich als Strafe empfinde – obwohl ich lediglich pflichtgemäß die Interessen der deutschen Rechtspflege gegenüber korruptem Verhalten der Stapo des Herrn Jeckeln wahrgenommen habe, während Herr Jeckeln, dessen strafbares Handeln ich schon vor Monaten dem Reichsjustizministerium auftragsgemäß zur Kenntnis gebracht habe, nach wie vor sein Amt ausübt, zehrt derartig an meinen Nerven, daß ich es meiner Familie und meiner Gesundheit schuldig bin, diesen Zustand, der zudem der gesetzlichen Grundlage entbehrt, ein Ende zu bereiten". Ab 5. Oktober werde er wieder in Braunschweig sein. Jedem Versuch, ihn zu verhaften, werde er mit Waffengewalt entgegentreten und Jeckeln wegen Verleumdung, widerrechtlicher Verhaftung und Nötigung anzeigen. Darüberhinaus behalte er sich die Einleitung eines parteigerichtlichen Verfahrens gegen Jeckeln vor[21].

Lachmunds imponierendes Festhalten an seiner Postition rief bei seinen Vorgesetzten zunehmend Besorgnis und Ratlosigkeit hervor. „Lachmund glaubt an den Sieg des Rechts in seinem Streit mit der SS und der politischen Polizei. Lachmund würde innerlich unheilbar zerbrechen, wenn er sich in dieser Sache einem Machtwort beugen müßte", schrieb OLG-Präsident Nebelung an den Reichsjustizminister. Und er fügte in Klammern hinzu: „an seiner nat. Einstellung sind keine Zweifel", wobei man die Abkürzung wohl als „nationalsozialistisch" lesen muß[22]. Auf Wunsch des Reichsjustizministers blieb Lachmund nochmals sechs Wochen seinem Amt fern, dann drängte er auf Rückkehr. Dabei auftretende Schwierigkeiten mit der SS ließen sich seiner Meinung nach notfalls dadurch beseitigen, „daß man dem SS-Obergruppenführer Jeckeln vorläufig seines Amtes enthebt"[23] – welch eine Verkennung der tatsächlichen Machtverhältnisse!

Ende des Jahres löste Reichsjustizminister Gürtner den Konflikt, indem er zunächst Oberstaatsanwalt Rasche und etwas später Landgerichtspräsident Lachmund aus Braunschweig versetzte. In einem Brief an Gürtner zog OLG-Präsident Nebelung am Jahresende ein Fazit dieses Konfliktes. In weiten Kreisen der Bevölkerung würden die Schritte Lachmunds als solche zur Wahrung der richterlichen Unabhängigkeit gegenüber der geheimen Staatspolizei angesehen. „Aus Lachmunds Versetzung wird deshalb auf ein Scheitern seiner Bemühungen geschlossen werden. Daß dadurch das Vertrauen in die Unparteilichkeit der Gerichte erschüttert wird, liegt auf der Hand. In der Richterschaft werden diejenigen allerdings bequemen Untertanen Recht behalten, die es vorziehen, sich nicht zu exponieren. Viele Richter werden die Folgen scheuen, denen selbst ein Mann in der Stellung und von dem unbeugsamen Charakter des Landgerichtspräsidenten Lachmund nicht hat entgehen können". Und dann zog Nebelung einen bemerkenswerten Vergleich. „Das Vertrauen zur Gerechtigkeit hat nicht einmal in den Zeiten der ‚gefessel-

---

[21] Lachmund an den Reichsjustizminister am 1. 10. 1936, ebd.

[22] OLG-Präsident an Reichsjustizminister am 3. 10. 1936, 62 Nds 2 Nr. 787.

[23] Lachmund an den Reichsjustizminister vom 20. 11. 1936, ebd.

ten Justiz‘ (gemeint war die Weimarer Republik) eine so starke Erschütterung erfahren. Noch immer sind den Niedersachsen Recht und Freiheit des Glaubens Unterpfand, sogar die Voraussetzung zur Einigung gewesen. Als ihren Beschützer hat sie bisher die Rechtspflege angesehen“[24].

Eigensinnig, starr, hochmütig, vielleicht auch eitel war der Sonderrichter Lachmund. Es ging ihm um die Unabhängigkeit der Justiz, wie er sie verstand; d. h. ein hohes Maß an Standesdenken und Standesdünkel war da mit im Spiel. Es ging ihm nicht um inhaltliche, um ethische Fragen der Rechtssprechung; da befand er sich im Einklang mit den Nationalsozialisten. Aber er hatte Zivilcourgage bewiesen bei seinen Attacken gegen die Braunschweiger SS-und NSDAP-Führung. Angesichts der tatsächlichen Machtverhältnisse erscheint sein Verhalten geradezu wirklichkeitsfremd. Aus dem Justizdienst auszuscheiden, wäre Lachmund freilich nie in den Sinn gekommen.

Lachmund ging an das Landgericht Krefeld, dessen Präsident er wurde. Seine dortige Tätigkeit haben wir nicht untersucht. Bekannt aber ist eine langdauernde, schwere Auseinandersetzung zwischen Lachmund und dem Oberlandesgerichtspräsidenten Schwister in Düsseldorf während des Krieges. Lachmund wehrte sich gegen dessen Versuch, auf die Strafkammer in Krefeld im Sinne der Lenkungsbemühungen des Reichsjustizministeriums Einfluß zu nehmen. Wie Jahre zuvor in Braunschweig sah Lachmund sein Verständnis von einer unabhängigen Justiz in Frage gestellt, was ihn aber offensichtlich nicht an einer scharfen Rechtssprechung hinderte[25].

Bei Kriegsende wurde Lachmund aus dem Justizdienst entlassen und kam von August 1945 bis März 1946 in die automatische Internierungshaft. Im Sommer 1945 schrieb der neu ernannte Braunschweiger Generalstaatsanwalt Kurt Staff – er war 1933 aus dem Braunschweiger Justizdienst entlassen worden – an die englische Militärregierung über Lachmund: „Gerade unter seinem verhängnisvollen Einfluß haben die Sondergerichtsentscheidungen in den ersten Jahren nach 1933 gestanden. Er hat besonders Anteil an dieser der Gerechtigkeit schärfstens widersprechenden Rechtssprechung der Braunschweiger Gerichte“[26].

Im Entnazifizierungsverfahren gegen Lachmund spielte seine Auseinandersetzung mit der Braunschweiger SS eine wichtige Rolle. Auch ein entschiedener Gegner der NS-Justiz wie Friedrich Holland anerkannte Lachmunds Verhalten. In den Akten fand sich ein Brief von Generalstaatsanwalt Staff an Lachmund, in dem der politisch und rechtstheoretisch gänzlich anders denkende Staff gerade den Konflikt mit der SS würdigte, zugleich aber an der verhängnisvolle Rolle der Justiz und Lachmunds im NS-System keinen Zweifel ließ: „Der Nationalsozialismus hätte unter seinen Führern nie so ungeheuerliche Ausmaße des Verbrechens annehmen können, wenn er nicht eine ebenso verbrecherisch erzogene und gesonnene Stapo und eine zumindest gesagt mutlose Justiz als Instrument seiner Willkürherrschaft besessen hätte. Hätte sich eine Anzahl angesehener, mit etwas Zivilcourage versehener Richter gefunden, die rechtzeitig im Interesse der Rechtspflege die Stimme der Kritik erhoben hätten, so wäre es nie zu den oben erwähnten Scheußlichkeiten gekommen.

[24] Nebelung an den Reichsjustizminister am 23. 12. 1936, 62 Nds 2 Nr. 787.
[25] Ralph Angermund, Deutsche Richterschaft 1919–1945, Frankfurt 1990, S. 228 ff.
[26] Schreiben des Generalstaatsanwalts Staff an Oberst Alexander vom 5. 9. 1945, 12 Neu 17, IV, Nr. 5.

Umso erfreulicher war es für mich, daß Sie offenbar einer der ganz wenigen überzeugten nationalsozialistischen Richter waren, die im Interesse der Rechtspflege gegen den Einfluß der SS und Gestapo auf das Strafverfahren Vorstellungen erhoben haben". Nicht erkannt habe Lachmund, daß sich die NS-Führung genau darüber im klaren war, „daß der geringste Verzicht verbrecherischen Terrors der Justiz und Polizei ihren eigenen Untergang bedeutet hätte"[27].

Der Entnazifizierungsausschuß stufte Lachmund 1947 in die Kategorie III, billigte ihm aber 50 % seines Ruhegehaltes zu. Die Beschwerde Lachmunds wurde Ende 1948 verworfen. Im Jahr 1950 beantragte Lachmund die Wiederaufnahme seines Verfahrens. Er zog jedoch diesen Antrag zurück, da der Berufungsausschuß ebenfalls die Wiederaufnahme beantragt hatte, allerdings zu Ungunsten Lachmunds. Offensichtlich fürchtete Lachmund bei einer erneuten Entscheidung um sein Ruhegehalt[28].

Am Ende des Lebens holte die Vergangenheit den Sonderrichter Lachmund ein. Er wurde wegen schwerer Depressionen zweimal in die Nervenheilanstalt Königslutter eingewiesen. Selbstvorwürfe und Schuldgefühle plagten ihn. Es sei richtig, „daß er nun seiner Strafe zugeführt werde. Er sei auch nicht ‚Präsident', sondern ‚Lachmund', er sei ein Mörder und habe sich vergangen". Und bei seinem zweiten Aufenthalt äußerte er: „Ich muß beten, ich habe zu viele hinrichten lassen. Das rächt sich alles auf der Welt"[29].

Wilhelm Ehlers

Wilhelm Ehlers wurde 1889 in Braunschweig geboren; in Wolfenbüttel ging er zur Schule und studierte dann in Magdeburg, München und Berlin. Nach den beiden juristischen Staatsprüfungen kam er zur Staatsanwaltschaft Braunschweig.

Bis zum Jahr 1926 bezeichnete er sich selbst als Anhänger des Stahlhelms. 1931 wurde er Mitglied des NS-Kulturbundes und trat am 1. 8. 1932 der NSDAP bei – einen Tag nach dem spektakulären Wahlsieg der Nationalsozialisten. Als Idealist sei er der Partei beigetreten und sei in späteren Jahren von ihr bitter enttäuscht gewesen, schrieb er später an den Entnazifizierungsausschuß. Immerhin gehörte Ehlers zu der Minderheit der Braunschweiger Juristen, die vor der Machtergreifung der Partei beigetreten waren. 1935 erhielt er seine Beförderung zum Landgerichtsdirektor. Er war aktiv in der Braunschweigischen Landeskirche als stellvertretender Vorsitzender des kirchlichen Dienstobergerichts und als stellvertretendes Mitglied für den Disziplinarhof der deutschen evangelischen Kirche tätig. Nach der Versetzung von Friedrich Lachmund wurde Ehlers 1937 Vorsitzender des Braunschweiger Sondergerichts und blieb es bis zum August 1939. Bei Kriegsbeginn wurde er zur Wehrmacht einberufen; er tat Dienst in der Wehrwirtschaftsstelle und im Wehrkreiskommando Braunschweig.

Während seiner Tätigkeit am Sondergericht standen fast ausschließlich Heimtückeverfahren zur Verhandlung an. Es kam zu vielen Verfahrenseinstellungen, zu vielen Freisprüchen und zu eher geringen Freiheitsstrafen. Es war die mildeste Phase des Sondergerichts.

---

27 Schreiben Staffs an Lachmund vom 30. 6. 1947, Nordrhein-Westfälisches Hauptstaatsarchiv Düsseldorf, NW 1037, Bd.I, Nr. 10143.

28 ebd. , Nr. 10142.

29 114 Neu, Zg. 46/1986 Nr. 1095.

Ehlers führte übrigens den Vorsitz in dem von uns in anderem Zusammenhang erwähnten und in Braunschweig größtes Aufsehen erregenden Schwurgerichts-Prozeß gegen die SS-Leute Kunze und Jacobasch. Ehlers verurteilte den Hauptangeklagten Kunze, einen Günstling des SS-Gruppenführer Jeckeln, zu 5 Jahren Zuchthaus, während Staatsanwalt Rasche nur 3½ Jahre Gefängnis beantragt hatte. Das Urteil war zwar für die Tat immer noch sehr niedrig, immerhin hatte sich Ehlers aber mit der Braunschweiger SS-Führung angelegt. Den SA-Mann Sievers, der einen jüdischen Kaufmann erschossen hatte, verurteilte Ehlers wegen Raubmordes zum Tode und lehnte auch eine Begnadigung ab. Sievers genoß die Sympathie der Braunschweiger SS. In seinem Entnazifizierungsverfahren wies Ehlers darauf hin, daß Partei und Gestapo versucht hätten, ihn aufgrund dieser Urteile aus der Strafjustiz zu entfernen. Seine Ernennung zum Vorsitzenden der Kammer für Handelssachen im Jahr 1938 sei zu diesem Zweck erfolgt, denn es sei ungewöhnlich, daß der Vorsitzende einer Strafkammer gleichzeitig die Kammer für Handelssachen leite. Tatsächlich habe er seit dieser Ernennung kaum noch strafrechtliche Verfahren geleitet.

Nach Kriegsende wurde Ehlers entlassen. Im Entnazifizierungsverfahren hielt ihn der Holland-Ausschuß als Richter für „nicht tragbar"; daraufhin wurde er von der Militärregierung am 16. 9. 1946 entlassen (Kategorie III). Ehlers legte Berufung ein; der Berufungsausschuß bestätigte die Einstufung in die Kategorie III. Im April 1948 erhielt er den neuen, inhaltlich unveränderten Bescheid der Militärregierung; Entlasssung, ohne Anspruch auf Ruhegehalt, keine leitende Stellung durfte er einnehmen, aber als Rechtsanwalt tätig sein. Aufgrund der Verordnung des Landes Niedersachsen vom 26. 8. 1948 stellte Ehlers einen Antrag auf Wiederaufnahme des Verfahrens. Der Hauptausschuß entschied nunmehr auf Einordnung in Kategorie IV; Wilhelm Ehlers wurde in den Ruhestand versetzt mit den Pensionsbezügen eines Landgerichtsdirektors[30].

Hinsichtlich der Rechtssprechung gab es fürchterlichere Juristen als Ehlers. Entscheidend für seine Einstufung in den Entnazifizierungsverfahren war seine frühe Mitgliedschaft in der NSDAP und zweifellos die Tatsache, daß seine Ernennung zum Vorsitzenden des Sondergerichts im Jahre 1937 Ausdruck von politischer Zuverlässigkeit sein mußte.

Karl Höse

Karl Höse wurde 1891 in Braunschweig geboren, machte hier 1911 sein Abitur, studierte in Freiburg, München und Göttingen Jura, legte 1921 sein erstes und 1921 sein zweites Staatsexamen ab; 1926 wurde er Staatsanwalt bei der Staatsanwaltschaft Braunschweig, 1932 Landgerichtsrat, 1937 Landgerichtsdirektor und Richter am Sondergericht. Im Sommer 1939 wurde er dessen Vorsitzender und blieb es bis zum Mai 1942. Dann wurde er zur Wehrmacht einberufen und als Kriegsgerichtsrat eingesetzt. Seit dem 1. Mai 1933 war Höse NSDAP-Mitglied[31].

In der letzten Zeit seiner Tätigkeit am Sondergericht war Höse zunehmend wegen einiger recht milder Urteile in Schwarzschlachterprozessen unter Beschuß geraten. Wegen

[30] 3 Nds 92/1 Nr. 17308 (Ehlers).
[31] 57 Nds, Zg. 56/1989 Nr. 43. Vgl. auch Müller, Entnazifizierung, S. 303 ff.

seiner kirchlichen Aktivitäten – er war im Kirchenvorstand der Pauligemeinde Braunschweig – bekämpfte ihn die Braunschweiger Partei- und SS-Führung, vor allem, weil er den wegen eines Heimtückevergehens angeklagten Pfarrer Hans Buttler freigesprochen hatte[32]. Unter Höses Vorsitz verhängte das Sondergericht 1941 fünf Todesurteile, davon wurden drei wegen Mordes bzw. versuchten Mordes ausgesprochen; freilich auch die

Karl Höse

fürchterlichen Urteile gegen die beiden jungen Zigeuner fällte das Sondergericht unter Höses Vorsitz. Es gibt glaubhafte Aussagen, daß Karl Höse möglicherweise wegen dieser Fälle von seiner Tätigkeit am Sondergericht entbunden werden wollte. Die Spannungen mit der SS eskalierten im Zusammenhang mit dem Prozeß gegen den Betriebsdirektor Eugen Hubing zu Beginn des Jahres 1942. Der Braunschweiger Gauleiter Lauterbacher hatte vor Prozeßbeginn öffentlich die Todesstrafe gefordert. Höse meldete sich krank, um den Vorsitz im Prozeß nicht übernehmen zu müssen. Staatsanwalt Lüders hatte damals erklärt, „daß nun wohl Höse geliefert sei, weil der SD ihn schon lange auf dem Zuge

[32] vgl. S. 74 ff.

habe und dieses Verhalten dem Faß den Boden ausgeschlagen habe"[33]. Im Mai 1942 wurde Höse abgelöst.

Wir haben zahlreiche Verfahren beschrieben und gelesen, in denen Höse den vorhandenen Spielraum zugunsten der Angeklagten genutzt hat: bei Heimtückeverfahren, bei Verfahren wegen Wehrdienstentziehung; Eigentumsdelikte bestrafte er nicht nach der Volksschädlingsverordnung, sondern nach dem Strafgesetzbuch mit Strafen, die deutlich unter dem Antrag der Staatsanwaltschaft blieben.

In den Entnazifizierungsakten finden sich die Aussagen von zwei ehemaligen Angeklagten, die Höse eine wohltuend objektive und menschlich anständige Prozeßführung bestätigten: Hans Vollbrecht war bei der Gestapo als besonders gefährlicher Antifaschist verschrieen. Er hatte sich als einfacher Fabrikarbeiter durch intensive Privatstudien auf dem Gebiet der Botanik und der Literatur großes Wissen angeeignet. Im Frühjahr 1940 wurde er verhaftet und wegen Wehrmachtsbeleidigung und Vergehens gegen das Heimtückegesetz angeklagt. „Befangen und unsicher wie ich geworden war durch die Verhöre, Drohungen und ernstlichen Verwarnungen, wie man die körperlichen Mißhandlungen der Gestapo in den Protokollen nannte, während sechs Monaten und zehn Tagen, meinen Peiniger von der Gestapo in der Zuhörerbank sitzen sehend, verhalf mir die menschliche Verhandlungsführung zu einem Selbstbewußtsein zurück, für das ich Herrn Höse mit diesen Zeilen noch meinen Dank abtragen möchte". Die Staatsanwaltschaft beantragte 21 Monate Gefängnis. Das Sondergericht unter Höses Vorsitz verhängte sechs Monate Gefängnis unter Anrechnung der fünfmonatigen Untersuchungshaft. „Daß unter den gegebenen Umständen kein Freispruch erfolgen konnte (der mich doch nur in ein Konzentrationslager gebracht hätte) sah ich durchaus ein, daß ich jedoch dieses milde Urteil nur Herrn Höse verdanke, ist meine feste Überzeugung"[34].

Hugo Kretschmar, Verlagsdirektor des Albert Limbach-Verlags, wurde wegen defaitistischer Äußerungen im Februar 1940 verhaftet. „Ministerpräsident Klagges und die dortigen Konkurrenzzeitungen der Partei hatten ihre Hand im Spiele. Die Art des Vorgehens der Gestapo und der Gang der Untersuchung ließ darauf schließen, daß ich mit einer erheblichen Strafe rechnen mußte". Doch das Sondergericht unter Karl Höse sprach Kretschmar frei. „In selten umsichtiger und unabhängiger Weise ließ er keine Belastungen von unglaubwürdigen interessierten Zeugen zu. Selbst einer Auseinandersetzung mit dem Herrn Staatsanwalt ging er nicht aus dem Wege". Und die damalige Urteilsfindungspraxis beschreibend: „es ist mir bekannt, daß in ähnlichen Fällen Konjunkturritter, die eine schnelle Karriere im Auge hatten, mit dem zuständigen Gauleiter oder Ministerpräsidenten das Urteil über politisch zu Verfolgende bereits vor der Hauptverhandlung abgesprochen hatten"[35].

Eine bemerkenswerte Stellungnahme über Höses richterlicher Tätigkeit liegt von Rechtsanwalt Oskar Kahn vor, der als Verteidiger in zahlreichen Prozessen im Dritten Reich zu den mutigsten Juristen im Land Braunschweig zählte[36].

---

[33] Rechtsanwalt Kahn am 8. 1. 1947 an den Entnazifizierungsausschuß, 3 Nds 92/1 Nr. 16422.

[34] Schreiben Hans Vollbrechts an den Entnazifizierungsausschuß v. 28. 6. 1946, 3 Nds 92/1 Nr. 43436 (Höse).

[35] Schreiben Hugo Kretschmars an den Entnazifizierungsausschuß v. 26. 3. 1946, ebd.

[36] Ebd.

Kahn berichtet von Höses objektiver Verhandlungsführung, von den Konflikten mit der Gestapo: „Ich kann auf meinen Eid nehmen, daß mir gegenüber verschiedentlich von Beamten der Gestapo vor oder nach einer Verhandlung im Sondergericht abfällige Äußerungen über Höse gemacht und daß dabei zum Ausdruck gebracht wurde, daß es höchste Zeit sei, daß dieser Herr verschwände". Bei normalen Verbrechen, insbesondere bei Sittlichkeitsverbrechen, sei er außerordentlich streng gewesen, bei politischen Vergehen hingegen außerordentlich milde. „Immer wieder sagten mir politische Gefangene: ‚Wenn wir nur Höse als Vorsitzenden haben'...Wenn man sich die Mühe machen könnte, die Höseschen politischen Urteile mit denen der späteren Sondergerichte zu vergleichen, so würde man feststellen, daß ein himmelweiter Unterschied unter ihnen ist". Wir haben ähnliche Beobachtungen gemacht. Ausdrücklich erwähnt Kahn das von uns ausführlich dokumentierte Verfahren gegen Hans Buttler. „Nach diesem Urteil hörte ich von verschiedenen Gestapobeamten wiederum, daß es höchste Zeit sei, wenn Herr Höse verschwinde". Und Oskar Kahn faßt seine Erklärung zusammen: „Herr Höse war niemals aktiver Nazi, sondern gerade das Gegenteil davon. Er verdient allein schon deswegen, wieder Richter zu sein, weil (unterstrichen) er den Vorsitz im Sondergericht einmal inne hatte; denn er hat dort den Verhältnissen entsprechend nur Gutes gewirkt und unendlich viel Unheil verhütet".

Karl Höse fand nach seiner Suspendierung ab 1946 Anstellung bei der Braunschweigischen Landeskirche, seit 1. 11. 1947 im Stadtkirchenamt. Sein erstes Entnazifizierungsverfahren wurde deshalb vom kirchlichen Entnazifizierungsausschuß unter Vorsitz von Hans Buttler durchgeführt. Der Ausschuß stufte Höse mit Bescheid vom 28. 4. 1947 in die Kategorie V ein; er sei ein Gegner des Nazisystems gewesen[37]. Diese Einstufung hielt der OLG-Präsident für eine Fehlentscheidung; Höse könne als Sondergerichtsvorsitzender nicht anders behandelt werden als Lerche, Eilers und Ahrens[38]. Der Entnazifizierungs-Hauptausschuß stufte daraufhin Karl Höse im April 1949 in die Kategorie IV ein; er habe den Nationalsozialismus unterstützt, aber ihn nicht wesentlich gefördert. Höse wurde in den Wartestand versetzt, im Mai 1950 wurde er in Kategorie V eingestuft. Seit 1952 war er beauftragter Richter beim Amtsgericht Wolfenbüttel[39].

Hugo Kalweit

Hugo Kalweit, 1882 geboren, stammte aus Ostpreußen. Er kam aus einer Beamtenfamilie. In Lyck legte er 1902 sein Abitur ab und studierte dann in Königsberg Rechtswissenschaft. Seine beiden Examina machte er mit „ausreichend". 1911 ließ er sich in Lyck als Rechtsanwalt nieder. Wegen eines Augenleidens nahm er nicht am Weltkrieg teil. Nach dem Krieg gehörte er zunächst der DVP, dann der DNVP und schließlich der Völkischen Freiheitsbewegung an. Am 1. Juni 1930 trat er der NSDAP bei. Im Entnazifizierungsverfahren begründete er seinen frühen Beitritt damit, daß die NSDAP sich für den Schutz Ostpreußens eingesetzt habe und für eine Verbesserung der wirtschaftlichen und sozialen Verhältnisse der Arbeiter und Bauern. Nach der Machtübernahme gab Kalweit seinen

---

37 3 Nds 92/1 34436. Müller, Entnazifierung, S. 302 ff. LAB, Personalakte Nr. 153.

38 Vermerk des OLG-Präsidenten vom 25. 5. 1948 und Schreiben an den Hauptausschuß vom 7. 1. 1949, 57 Nds, Zg. 56/1989 Nr. 43.

39 57 Nds, Zg. 56/1989 Nr. 43.

Rechtsanwaltsberuf auf und trat in den Staatsdienst ein. Am 1. Oktober 1933 wurde er zum Landgerichtspräsidenten in Tilsit ernannt, 1934 ging er in dieser Funktion nach Lyck. 1937 führte seine Tätigkeit zu schweren Differenzen mit der Partei, insbesondere mit dem damaligen Gauleiter Koch. Kalweit sah die unabhängige Rechtssprechung durch Parteistellen gefährdet. Er wurde daraufhin an das Landgericht in Lüneburg versetzt und

Hugo Kalweit

kam dann am 1. Oktober 1939 als Landgerichtspräsident nach Braunschweig. Im Mai 1942 löste Kalweit Karl Höse als Vorsitzenden des Sondergerichts ab. Höse war wegen milder Urteilspraxis vor allem bei den Schwarzschlachter-Prozessen in die Kritik geraten. Kalweit hatte sich durch Kritik an einigen Richtern und am schwerfälligen Verfahrensablauf des Braunschweiger Sondergerichts für dieses Amt empfohlen. Als „Einstieg" verhängte das Sondergericht mit Kalweit als Vorsitzendem im August 1942 das Todesurteil gegen Moses Klein. Vier weitere Todesurteile fällte das Sondergericht in diesen Sommermonaten unter dem Vorsitz von Kalweit: gegen einen polnischen Zwangsarbeiter und gegen drei „gefährliche Gewohnheitsverbrecher". In den folgenden Monaten war Kalweit nur noch an ganz wenigen Sondergerichtsverfahren beteiligt. Es fällt auf, daß Kalweit vom Sommer 1942 bis zum Wechsel des Vorsitzes im Dezember 1943 an keinem der vielen Todesurteile mitwirkte. Er scheint in dieser Zeit den Vorsitz nur formell ausgeübt zu haben. Kalweit spielte auch im Prozeß gegen den Direktor der Büssing-Werke, Hubing, im Frühjahr 1942 eine Rolle. Noch ehe die Anklage erhoben war, hatte der damalige Gauleiter Lauterbacher öffentlich die Todesstrafe für Hubing gefordert. Kalweit begab sich darauf zum Vizepräsidenten des Oberlandesgerichts, der zu jener Zeit den Präsidenten vertrat und bat, ihn zum Vorsitzenden des Sondergerichtsverfahrens zu bestellen, damit in jedem Fall eine von der Partei nicht beinflußte Entscheidung gefällt werde. Der Bitte wurde nicht stattgegegeben, um dem Vorwurf zu begegnen, das Sondergericht sei für den Fall Hubing besonders zusammengesetzt worden[40]. Kalweit wehrte sich erneut, ähnlich wie bei seinen Konflikten als Landgerichtspräsident in Ostpreußen, gegen die öffentlich verkündete Beeinflussung der Rechtssprechung durch Parteistellen. Dazu paßt die spätere Aussage von Rechtsanwalt Lampe, Mitglied des Entnazifizierungs- Ausschusses, Kalweit habe sich als Nationalsozialist nicht hervorgetan und in Gesprächen nur selten von Politik geredet. „Man brauchte auch keine Angst zu haben, wenn man eine gegenteilige Meinung äußerte“[41].

Am 7. Mai 1945 wurde Kalweit von der Britischen Militärregierung suspendiert und am 1. September 1945 aus seinem Amt entlassen. Im Entnazifizierungsverfahren hielt ihn der „Holland-Ausschuß“ für belastet: „Den Ausschußmitgliedern ist bekannt, daß Kalweit auch in Braunschweig als Landgerichtspräsident durchaus auch mit nationalsozialistischen Grundsätzen als überzeugter Nationalsozialist gehandelt hat“. Kalweit wurde in Kategorie III eingestuft und damit seine Entlassung bestätigt. Der Berufungsausschuß würdigte seine soziale Einstellung, seinen Einsatz bei den Aufräumungsarbeiten nach Bombenangriffen, erwähnte seine Konflikte mit der Partei – ein reduziertes Ruhegehalt war das Ergebnis. Aufgrund der veränderten Rechtslage kam es zur nochmaligen Überpüfung; jetzt stufte der Entnazifizierungshauptausschuß Kalweit in die Kategorie IV ein. Er wurde in den Ruhestand versetzt mit 75 % seines Ruhegehalts[42].

Dr. Walter Lerche

Nach allem, was wir bisher über den Vorsitzenden des Braunschweiger Sondergerichts gelesen haben, mag die Feststellung überraschen, daß Walter Lerche nach Herkunft und Charakter ein christlich und kirchlich geprägter Mann war. Sein Großvater Rudolf Lerche war um die Jahrhundertwende Pfarrer an der Magnikirche und angesehener Stadt-Braunschweiger Generalsuperintendent. Sein Bruder wurde Pfarrer in Gebhardshagen. Walter Lerche wurde wie sein Vater Jurist, machte 1922 und 1926 die beiden Staatsexamina und promovierte 1930 mit magna cum laude. 1930 heiratete er in eine wiederum überaus kirchliche Familie Braunschweigs ein, in die Familie des bedeutenden Augenarztes Dr. Hofmann im Magniviertel, der den wichtigen Posten eines Provisors in der Magnikirchengemeinde innehatte. Er verwaltete und überprüfte die kirchliche Kasse dieser Gemeinde, die damals über nicht unerheblichen Grundbesitz und Stiftungen verfügte.

---

40 Dieser Vorgang wird geschildert in der Anklageschrift gegen Kalweit v. 21. 8. 1950, 62 Nds 2 Nr. 757.

41 Aussage Lampes im Verfahren gegen Kalweit v. 18. 5. 1951. 62 Nds 2 Nr. 757.

42 3 Nds 840/2; 57 Nds, Zg. 56/1989 Nr. 48; 62 Nds 2 Nr. 757/58.

Walter Lerches Familie ist dann zeit ihres Lebens im Magniviertel und in der Magnikirchengemeinde beheimatet geblieben. Dort wurden die vier Kinder getauft und konfirmiert, dort wurde Walter Lerche 1940, also zu einer Zeit, als Kirchenmitgliedschaft in Braunschweig nicht populär war, Mitglied des Magnikirchenvorstandes. Lerche übernahm auch ein landeskirchliches Amt, er wurde im Dezember 1939 zum stellvertreten-

Dr. Walter Lerche

den Vorsitzenden der landeskirchlichen Disziplinarkammer ernannt. Er versteckte also nicht seine christliche Grundüberzeugung.

Als Walter Lerche heiratete, waren seine Eltern bereits gestorben. Mit 22 Jahren verlor er seinen Vater und mit 26 Jahren seine Mutter. Die Frage nach Tod und Leben mag ihn früh beschäftigt und zu seiner religiösen Sozialisation beigetragen haben. Vorgesetzte schilderten den 36jährigen als „ruhige, gereifte, sympathische Persönlichkeit von freundlichem, aber durchaus bestimmtem Wesen“ [43].

Ausflüge ins Politische hatte Lerche vermieden, nur als 18jähriger war er im Sommer 1919 für vier Monate in Maerckers Landjägerbataillon gewesen. Am 1. Mai 1933 wurde

---

[43] OLG-Präsident Nebelung am 18. 1. 1937, 57 Nds, Zg. 56/1989 Nr. 55.

er Mitglied der NSDAP, aber das war wohl weniger ein parteipolitischer Schritt als eine Bejahung des nationalsozialistischen Neuanfangs in Deutschland. Lerche war seit 1931 Amtsgerichtsrat am Braunschweiger Amtsgericht, und wie die meisten seiner juristischen Kollegen trat auch er der Partei bei. Für kurze Zeit gehörte er der SA an und für zwei Jahre war er Blockwalter der Nationalsozialistischen Volkswohlfahrt (NSV) – also eher niedrige Ränge, obgleich die Partei und SS ganz andere Posten zu vergeben hatte.

1937 wurde Lerche zum Landgerichtsdirektor befördert. Das setzte wenigstens politische Unauffälligkeit voraus, vor allem aber entsprach die Beförderung seiner hohen juristischen Qualifikation.

Lerche wurde 1939, 1942 und 1943 stellvertretender Vorsitzender und von Ende 1943 bis Kriegsende Vorsitzender des Braunschweiger Sondergerichts. Schon seit 1933 war Lerche hin und wieder als Sonderrichter tätig. Seine Rechtfertigungsversuche nach 1945, in der Kriegszeit habe er sich wegen des Personalmangels einer Berufung ans Sondergericht nicht entziehen können, ist nicht stichhaltig. Sein Dienstvorgesetzter Nebelung schrieb bereits am 18. 1. 1937, Lerche habe sich als stellvertretendes Mitglied des Sondergerichts bewährt. Und sieben Jahre später, fast am Ende der juristischen Karriere, am 20. 12. 1944, heißt es in einer dienstlichen Beurteilung: „Landgerichtsdirektor Dr. Lerche ist ein weit über den Durchschnitt befähigter Richter mit rascher Auffassungsgabe, scharfem Verstand und guten Rechtskenntnissen. Er ist eine tüchtige, außerordentlich fleißige Arbeitskraft und auch größerer Beanspruchung gewachsen. Seine Verhandlungsleitung ist ruhig, sicher und erschöpfend. Als Vorsitzender des Sondergerichts hat er sich ausgezeichnet bewährt...Er ist ein vornehmer Charakter und eine angenehme Persönlichkeit mit einem fast zu ruhigen, aber sicheren und freundlichen Auftreten. Seine Führung ist ohne Tadel. Er verfügt über eine gute Gesundheit. Politisch ist er zuverlässig“[44].

Worin bestand die „ausgezeichnete Bewährung“? Zunächst wohl in der genauen Beachtung der Gesetzestexte, wobei Lerche offenbar über den verhängnisvollen Ausnahmecharakter dieser Gesetze zu Beginn der NS-Herrschaft und zu Beginn des Krieges hinwegsah. Lerche wird durchdrungen gewesen sein davon, daß der nationalsozialistische Staat ein „Ordnungsstaat“ sei, den es auszubauen und notfalls zu verteidigen gelte. Seine frühe Mitwirkung am Sondergericht, erst als stellvertretendes Mitglied, dann im stellvertretenden Vorsitz, schließlich als Vorsitzender reflektiert seine innere Zustimmung zu dem nationalsozialistischen Staat als Ordnungsgefüge. Wir dürfen uns Lerche als einen belesenen und das NS-Recht anwendenden Sonderrichter vorstellen.

Als „Richter an der Heimatfront“, der mit Paragraphen wie mit Waffen kämpfte, stellte sich Lerche während des Krieges dar: vor allem bei den 59 Todesurteilen, an denen er mitwirkte; beim grausamen und unmenschlichen Urteil gegen Erna Wazinski, gegen die drei tschechischen Arbeiter und die Prostituierte, gegen die Rangierarbeiter und Postarbeiterinnen, den Gärtner Eduard H., der nicht mehr an die Front wollte, gegen das polnische Mädchen Janina P., den jungen Italiener Paolin und gegen Georg Malek. Die Lektüre dieser Urteilstexte macht den Leser heute noch vollständig ratlos. Machte es einen Unterschied, ob der SS-Lagerkommandant des Lagers 21 am Freitag Insassen aufhängen ließ, oder das Sondergericht die Angeklagten mit einer kurzen Begründung unter die Guillotine von Wolfenbüttel schickte? Die Rechtssprechung des Sonderrichters Lerche ist ein bedrückendes Beispiel für die Anpassung des Normenstaates an

44 Landgerichtsdirektor Döring am 20. 12. 1944, ebd.

den Maßnahmestaat. Konnte Lerches kirchliches Engagement nicht ein Widerlager gegen solch barbarische Urteile bilden?

Bei seinen Urteilen gegen deutsche Frauen, die sexuelle Beziehungen mit Kriegsgefangenen und Zwangsarbeitern hatten, begegneten sich auf fatale Weise die klassische, über Jahrhunderte tradierte Sexualmoral der christlichen Kirche und die nationalsozialistische Ideologie. Für Lerche hatte Martha S. im höchsten Maße ehrlos und würdelos gehandelt, „wenn sie sich zwecks Befriedigung ihrer Sinnenlust mit einem Kriegsgefangenen einläßt… zumal ihr Ehemann an der Front im Osten seine Pflicht tut.“ Und bei den Verfahren gegen Menschen, die eher am Rande der Gesellschaft standen, prägte keineswegs christliches Mitleid seine Urteile, sondern die nationalsozialistische Auffassung von der „Ausmerzung der Minderwertigen“.

Erst die Nachkriegszeit mit ihrer historisch leicht widerlegbaren, apologetischen Behauptung von dem grundsätzlichen Widerspruch zwischen Nationalsozialismus und Christentum erzeugt bei einer biographischen Skizze von Lerche jenes widersprüchliche Bild. Tatsächlich aber rangierten Nationalsozialismus und Christentum vor 1945 für weite Teile der Kirche und aus taktischen Gründen auch für maßgebliche Träger der nationalsozialistischen Diktatur geordnet nebeneinander. Gerade in der Magnikirchengemeinde jedoch und auch in anderen Teilen der Braunschweigischen Landeskirche wurden beide angeblich so konträren Größen wie nationalsozialistische Ideologie und christlicher Glaube auch aufeinander bezogen, gerade, um sie nicht beziehungslos nebeneinander stehen zu lassen.

Am 2. 5. 1945 wurde Lerche durch Verfügung der Militärregierung vom Justizdienst suspendiert. Wenige Wochen später schrieb er an den Braunschweiger OLG-Präsidenten und begründete, warum er das Richteramt am Sondergericht angenommen habe: im Krieg seien die Sondergerichte „ihres politischen Charakters mehr und mehr entkleidet und allgemeine Strafgerichte erster Instanz geworden“. Er habe das Amt eines Sonderrichters nicht annehmen wollen, „aber irgend ein Richter mußte ja den Dienst tun… Dabei lag es natürlich in den Verhältnissen begründet, daß bei dem mit dem Fortgang des Krieges zunehmenden Verfall der Wirtschaftsmoral weitester Kreise gerade in Kriegswirtschaftverfahren, die zeitweise die Hauptarbeitslast der SG stellten, zur Aufrechterhaltung einer ordnungsmäßigen Wirtschaft und zur Bekämpfung gewissenloser, verbrecherischer Elemente strenge Strafen verhängt wurden“. Lerche verwies auf die Lenkung der Justiz, die zunehmend den Spielraum eingeengt habe. Durch den Krieg seien viele Personen vor das Gericht gekommen, die in Friedenszeiten niemals mit dem Gesetz in Konflikt gekommen wären. Doch auch in diesen Fällen war oft strenge Bestrafung erforderlich. Naturgemäß war es „vielfach für die beteiligten Richter kein leichtes Angehen gewesen, diesen Erfordernissen zu genügen. Unter dieser inneren Belastung haben viele SG-Mitglieder oft und je länger gelitten, diese seelische Belastung machte die Tätigkeit besonders schwer“[45].

Lerche war nicht erst in der Kriegszeit am Sondergericht tätig. Keineswegs überwogen die Verfahren wegen Kriegswirtschaftsvergehen. Und wir sind auch nicht der Meinung, daß die erschreckende Härte der Urteile nur auf die Lenkungsmaßnahmen zurückzuführen sind.

---

[45] Schreiben Lerches vom 23. 6. 1945, 57 Nds, Zg. 56/1989 Nr. 55; vgl. auch Müller, Entnazifizierung, S. 297.

Der juristische Entnazifizierungsausschuß – Dr. Holland, Dr. Wolf und Dr. Lampe – stufte Lerche 1946 in die Kategorie III ein: „Der Ausschuß ist der Überzeugung, daß Dr. Lerche nur widerwillig den Vorsitz im Sondergericht übernommen hat. Der Ausschuß ist jedoch zu der Überzeugung gekommen, daß Dr. Lerche in seiner Stellung als Vorsitzender des Sondergerichts nicht mit genügendem Rückgrat sich der Lenkung der Rechtspflege widersetzt hat. Die Prüfung der Sondergerichtsurteile, die unter seinem Vorsitz erlassen sind, sind zum Teil von einer ganz außerordentlichen Härte und nur zu verstehen dadurch, daß Dr. Lerche der von oben gefolgten Lenkung gefolgt ist. Auf Dr. Lerche bleibt der Vorwurf haften, die Unabhängigkeitt des Richters nicht in dem Maße gewahrt zu haben, die man bei Anlegung eines strengen Maßstabes von einem nur seinem Gewissen unterliegenden Richter unbedingt verlangen muß. Der Ausschuß kann Dr. Lerche für eine Beschäftigung im Staatsdienst nicht empfehlen“. Daraufhin entließ ihn die Militärregierung mit der Feststellung: „more than a nominal Nazi“[46].

Lerche legte gegen die Entscheidung der Militärregierung Berufung ein und rechtfertigte sich: in den letzten Kriegsjahren habe die Kriminalität erschreckend zugenommen. „Zur Aufrechterhaltung der Ordnung im Innern und zur Bekämpfung der immer bedrohlicher werdenden Unsicherheit mußte gegen die Rechtsbrecher schärfer vorgegangen werden als in gewöhnlichen Zeiten. Das ist im allgemeinen gültiges Gesetz in jedem Krieg in jedem Lande. Daraus erklären sich auch eine Reihe von Urteilen gegen junge Rechtsbrecher. Wenn der junge deutsche Soldat mit oft kaum 18 Jahren täglich sein Leben an der Front einsetzte, so hatten diejenigen jungen Leute, die hier im Innern glaubten, sich auf Kosten ihrer Mitmenschen in verbrecherischer und gewinnsüchtiger Weise bereichern zu können, keinen Anspruch auf Milde, und ihr Leben mußte vielfach als verwirkt angesehen werden... Es war damals ganz einfach allgemeine Auffassung, daß gegen Plünderer und Verbrecher, die sich an der letzten Habe ausgebombter Deutscher oder am Luftschutzgepäck vergriffen, gar nicht scharf genug vorgegangen werden könnte“[47]. Der Berufung beigefügt waren zahlreiche Leumundszeugnisse, auch von Pfarrern der Landeskirche und vom Landesbischof Erdmann.

Der Berufungsausschuß blieb bei der Eingruppierung in die Kategorie III, die auch die Militärregierung übernahm. Dies bedeutete für Lerche Entlassung ohne Ruhegehaltsanspruch. Im Oktober 1947 stellte Lerche einen Antrag auf Zulassung als Rechtsanwalt, den die Rechtsanwaltskammer ablehnte[48].

Am 16. November 1947 wandte sich Lerche in einem Schreiben direkt an den Vertreter der britischen Militärregierung, Captain Harper, und bat um Einstufung in die Kategorie IV: besonders hart betroffen fühle er sich durch die Einstufung nach III, da er damit mit „Ehrenträgern des Parteiabzeichens, Kreisleitern oder anderen prominenten Parteigrößen“ gleichgesetzt werde, „obwohl ich niemals ein Parteiamt bekleidet oder mich parteipolitisch betätigt habe“. Erneut verwies er auf milde Urteile und fuhr fort: „Soweit die Angeklagten sich gegen die bestehenden Gesetze vergangen hatten, war ich der Obrigkeit Gehorsam schuldig und verpflichtet, die Gesetze anzuwenden. Ich hätte mich sonst

[46] Müller, Entnazifizierung, S. 298. Klaus Erich Pollmann hat uns dankenswerter Weise seine Exzerpte aus der Entnazifizierungsakte Lerche zur Verfügung gestellt

[47] Pollmann, Entnazifizierung, S. 89.

[48] Müller, Entnazifizierung, S. 299. Entnazifierungs-Akte Lerche.

selbst strafbar gemacht“[49]. Zu diesem Zeitpunkt lief noch das Ermittlungsverfahren gegen Lerche und seine beiden Richterkollegen wegen des Todesurteils gegen den polnischen Arbeiter Georg Malek, das aber im September 1948 eingestellt wurde[50].

Nach Abänderung des Entnazifizierungsgesetzes wurde Lerche im Februar 1949 in die Kategorie IV eingestuft mit dem Zusatz: außerhalb des OLG-Bezirks Braunschweig zu beschäftigen. „Mit Rücksicht auf seine Tätigkeit im Sondergericht erscheint es unerwünscht, ihn im Bezirk des OLG Braunschweig, wo seine Tätigkeit im Sondergericht bekannt ist, weiter zu beschäftigen“[51]. Wenige Monate später stellte Lerche einen Antrag, seine Beförderung zum Landgerichtsdirektor zu bestätigen und ihn an ein Gericht außerhalb des hiesigen OLG-Bezirks zu versetzen. Darauf schrieb OLG-Präsident Heusinger an den Niedersächsischen Justizminister: die Wiederbeschäftigung sei wegen seiner nicht unerheblichen politischen Belastung nicht unbedenklich; die Entscheidung über die spätere Wiederverwendung möge man noch zurückstellen. Er schlage Versetzung in den Wartestand vor mit Anspruch auf Wartestandsgeld. Im Frühjahr 1950 wurde Lerche in die Kategorie V eingestuft, entlastet[52]. Vom 1. 10. 51 liegt ein Gesuch Lerches um Entlassung vor: er werde von der hiesigen Landeskirche als Beamter übernommen.

Lerche hatte bereits im ersten Nachkriegsjahr die Evangelische Akademie in Braunschweig besucht, dort sein Examen als Gemeindehelfer abgelegt. Kurz darauf fand er eine Anstellung als Jurist in der Grundstücksabteilung des Landeskirchenamtes. Bereits 1946 wurde Lerche in den Landeskirchentag gewählt, er war ein angesehener Synodaler, auch auf der Ebene der EKD.

1951 schließlich wurde er Oberlandeskirchenrat im Landeskirchenamt, 1953 Finanzreferent und 1957 stimmführendes Mitglied im Landeskirchenamt[53]. Zu der Zeit, als die Kirche den früheren Sonderrichter Walter Lerche als Oberlandeskirchenrat einstellte, beschäftigte sich das Landgericht Braunschweig in einem Wiederaufnahmeverfahren mit einem der schlimmsten Urteile Lerches, dem Todesurteil gegen Erna Wazinski.

Walter Ahrens

Landgerichtsdirektor Walter Ahrens begegneten wir als Sonderrichter in den Jahren 1943 bis 1945. Er hat an 27 Todesurteilen mitgewirkt, dabei auch einige Male den Vorsitz geführt. Er hat die Postarbeiterinnen Ilona R. und Viktoria B. zum Tode verurteilt, den geistesschwachen Heinz G. und die beiden jungen Franzosen als Plünderer, obwohl sie nur Kleinigkeiten aus zerbombten Häusern gestohlen hatten, den 18jährigen Gustav M., der mit seinem Bruder aus Furcht vor Strafe durch ganz Deutschland reiste und dann wegen Wehrdienstentziehung hingerichtet wurde und immer wieder Angeklagte wegen mehrfacher, kleinerer Diebstähle als „Gewohnheitsverbrecher“. Ahrens führte auch den Vorsitz in mehreren Verfahren gegen „Rundfunkverbrecher“, die zu hohen Zuchthausstrafen verurteilt wurden.

---

49 Schreiben Lerches an die Militärregierung in Braunschweig z. H. von Herrn Captain Harper v. 16. 11. 1947, Entnazifizierungsakte Lerche.

50 vgl. S. 217 f. und 243.

51 Müller, Entnazifizierung, S. 299.

52 Entnazifizierungsakte Lerche.

53 Pollmann, Entnazifizierung, S. 90 ff. LAB, Entnazifizierungsakte, Nr. 18; Personalakte Nr. 193.

Allerdings kam es unter seinem Vorsitz auch zu überraschend milden Urteilen. Im Entnazifizierungsverfahren sagten die Verteidiger Kahn, Benze und Mollenhauer – alle drei sehr mutige Rechtsanwälte – zugunsten von Ahrens aus. Er habe sich in keinem Fall als „nazistischer Richter" verhalten, seine Rechtssprechung müsse als „weich und streng sachlich" bezeichnet werden. Rechtsanwalt Mollenhauer berichtete im Zusammenhang mit dem Verfahren gegen den Pfarrer Behrens von heftiger Kritik der Gestapo an der Prozeßführung durch Ahrens. In einem Schriftstück wurde ihm laxe Verhandlungsführung, Befangenheit, Sabotagewillen an den Plänen der NS-Führung vorgeworfen. „Es wäre höchste Zeit, daß mit diesen Richtern genau so aufgeräumt würde, wie mit den Rechtsanwälten, die sich erdreisteten, einen katholischen Pfarrer zu verteidigen"[54].

Möglicherweise war Ahrens durch diesen Vorfall eingeschüchtert. Er war auch schon vorher aufgefallen: unter seinem Vorsitz hatte das Sondergericht wenige Monate davor den polnischen Arbeiter Leon Stefanski wegen fortgesetzten Diebstahls „nur" zu 5 Jahren verschärftem Straflager verurteilt. Der Oberstaatsanwalt hatte Nichtigkeitsbeschwerde eingelegt, der Strafsenat des OLG hatte das Urteil aufgehoben; in einer neuen Verhandlung wurde St. zum Tode verurteilt.

Tatsächlich fallen die harten Urteile von Walter Ahrens fast alle in die Jahre 1944/45. Sie trafen übrigens die Angeklagten, die eher am Rande der Gesellschaft standen und bürgerlichen Normen nicht entsprachen. Und sie trafen Ausländer. Die meisten hatten Diebstahldelikte begangen und verdienten nach Auffassung der Richter als Plünderer oder Gewohnheitsverbrecher den Tod. Unter dem Antrag des Staatsanwalts blieben Ahrens und seine Richterkollegen häufig bei Angeklagten, die ein „normales", geregeltes Leben führten, z. B. beim Verwaltungsleiter des Ostarbeiterkrankenhauses oder beim Landwirt Walter L. und bei der Ehefrau Maria D. – für den Landwirt und die Witwe hatte der Staatsanwalt die Todesstrafe beantragt.

Der berufliche Werdegang von Walter Ahrens, der 1894 in Süpplingen geboren wurde, verläuft in den uns schon bekannten Bahnen. Schulbesuch und Abitur in Helmstedt, Jura-Studium in Halle und Freiburg, die juristischen Staatsprüfungen in den zwanziger Jahren. 1930 wird er Amtsgerichtsrat, von 1933 bis 1938 ist er bei der Staatsanwaltschaft Braunschweig, im August 1938 wird er Landgerichtsrat und bereits am 1. 2. 1939 Landgerichtsdirektor. Wie fast alle seine Kollegen tritt er am 1. Mai 1933 in die NSDAP ein und übernimmt 1936 das Amt eines Blockleiters. Dieses Amt und nicht seine Urteile sollten ihn nach 1945 belasten.

Der „Holland-Ausschuß" charakterisierte Ahrens als aktiven und überzeugten Nationalsozialisten. Seine Vorgesetzten und die Gauleitung hätten stets seine „einwandfreie" Haltung bestätigt. Im Dezember 1941 sei er Untersuchungsrichter in den vor das Kammergericht Berlin gehörigen Strafsachen wegen Hoch-und Landesverrat geworden und der OLG-Präsident habe ihn 1944 als Teilnehmer einer Arbeitstagung für Sondergerichts-Vorsitzende vorgeschlagen. Der „Holland-Ausschuß" empfahl seine Entlassung. Dies tat die Militärregierung im September 1946. Ahrens legte Berufung ein, verwies auf sein freiheitliches und demokratisch geprägtes Elternhaus – der Vater hatte die DDP-Ortsgruppe Süpplingen gegründet. In der NS-Zeit habe er vorwiegend Zivilsachen behandelt, kaum Verfahren mit politischem Einschlag. „Ich habe stets nach Gesetz und Ge-

[54] Mollenhauer an den Entnazifizierungsberufungsausschuß am 12. 6. 1947, 3 Nds 92/1 Nr. 39425 (Ahrens).

rechtigkeit meine Pflicht getan". Der Denazifizierungs-Berufungsausschuß hielt Ahrens mit einem Stimmenverhältnis von 3:2 für tragbar. Nach massiven Protesten des Antifa-Ausschusses kam es aber dann zu einer Einstufung in die Kategorie III. Daraufhin entließ ihn die Militärregierung mit Bescheid vom 23. 9. 1947 aus seiner Stellung ohne Anspruch auf Ruhegehalt. Im Zuge der Neu-Überprüfung stufte ihn der Hauptausschuß nach IV ein mit der Auflage einer Beschäftigung außerhalb des OLG-Bezirkes Braunschweig[55].

Dr. Rudolf Grimpe

Grimpe wurde 1910 in Elberfeld geboren. Im Unterschied zur Mehrheit seiner Richterkollegen kam er aus eher einfachen Verhältnissen- sein Vater war Lagerhalter, später Arbeitsinvalide- so daß er sich sein Studium selbst verdienen mußte. Im Februar 1932 legte

Dr. Rudolf Grimpe

[55] 3 Nds 92/1 Nr. 39425 (Ahrens).

er sein Referendarexamen ab, 1934 erhielt er an der Uni Köln sein Doktordiplom. Seit August 1934 war er bei der Staatsanwaltschaft Wuppertal tätig; 1936 machte er sein 2. Staatsexamen, am 1. 1. 1938 wurde er in den OLG-Bezirk Braunschweig versetzt. Er wurde im März 1940 zum Heeresdienst eingezogen, aber schon nach kurzer Ausbildung auf Antrag der Justizverwaltung bis Kriegsende uk. gestellt. Am 1. 11. 1940 wurde er zum Landgerichtsrat ernannt und war von 1942 bis Mitte 1944 Richter am Sondergericht. Im August 1944 wurde Grimpe erneut zur Wehrmacht eingezogen.

Grimpe trat am 1. 11. 1933 in die SS ein, gehörte der SS-Totenkopfstandarte an und war seit 1937 Mitglied der NSDAP.

Die Beurteilungen durch seine Vorgesetzten waren hinsichtlich seiner politischen Einstellung sehr positiv. Am 18. 12. 1944 schrieb der OLG-Präsident: „Grimpe hat zuletzt längere Zeit als Beisitzer im Sondergericht mit großem Erfolg und anerkennenswertem Eifer gearbeitet...Den heutigen Staat bejaht er aus Überzeugung, wie sein Einsatz bei der SS und der SS-Totenkopfstandarte beweist“. Trotz des geringen Dienstalters solle er zum Oberlandesgerichtsrat vorgeschlagen werden[56].

Grimpe hat an über 40 Todesurteilen des Sondergerichts Braunschweig mitgewirkt. Es waren gerade die schlimmsten. Mit dem Beginn seiner Tätigkeit am Sondergericht stiegen die Todesurteile deutlich an. Wir erinnern nochmals an das Richterkollegium Lerche – Eilers – Grimpe. Aber auch in anderen Richterbesetzungen, etwa mit Kalweit, Ahrens und Angerstein, ist bei Todesurteilen meistens Rudolf Grimpe dabei. Er verurteilte Moses Klein zum Tod, die Postangestellte, die aus Liebe zu ihrem Freund straffällig wurde, polnische, holländische und französische Zwangsarbeiter, Grimpe war bei den fürchterlichen Zigeunerurteilen dabei, bei dem Todesurteil gegen die 18jährige Janina Piotrowska. Sein Vorgesetzter, der Vorsitzende des Sondergerichts, Kalweit, bezeichnete ihn als „die Seele des Sondergerichts“[57].

Im Sommer 1945 suspendiert ihn die englische Militärregierung von seinem Amt. Der ‚Hollandausschuß‘ hielt ihn für vorbelastet und für eine Weiterverwendung nicht tragbar; die Militärregierung entließ ihn daraufhin im September 1946 aus dem Amt eines Landgerichtsrates. In der Begründung für seinen Widerspruch gab Grimpe die Härte einiger Urteile zu, führte sie jedoch auf die damaligen Gesetze zurück. Und dann offenbarte er ein für die Sonderrichter ganz typisches Argumentationsmuster: „Zum andern sind sie (die harten Urteile) aus der besonderen Situation der damaligen Kriegszeit heraus zu begreifen, wo es darauf ankam, das seuchenartige Umsichgreifen bestimmter, die Allgemeinheit besonders berührender Verbrechen auf jedem Fall zu vermeiden und aus Gründen der allgemeinen Abschreckung harte Strafen angebracht erschienen“- das Sondergericht als Bollwerk im Kampf „an der inneren Front“. Der Berufungsausschuß beließ es bei der Einstufung und empfahl nachzuprüfen, ob er nicht „wegen seiner schroffen Einstellung im Sondergericht nach Kat. II einzustufen sein würde“. Eine solche Bewertung haben wir bei keinem anderen Sonderrichter gefunden. Am 31. 12. 1947 teilte die Militärregierung die endgültige Einteilung in die Kategorie III mit, entließ ihn ohne Anspruch auf Ruhegehalt, gestattete ihm im privaten Dienst lediglich eine einfache Tätigkeit und untersagte ihm auch eine Tätigkeit bei Rechtsanwälten, Notaren und Steuerberatern. Grimpe

---

56 57 Nds, Zg. 56/1989 Nr. 28.

57 57 Nds, Zg. 56/1989 Nr. 28. 3 Nds Nr. 840/2 (Dr. Grimpe).

sah sich mit einem strafrechtlichen Ermittlungsverfahren und einem Dienststrafverfahren wegen des Todesurteils gegen Moses Klein konfrontiert; beide wurden eingestellt.

In den Justizdienst kehrte Grimpe nicht zurück. Er war nach seiner Entlassung zunächst beschäftigungslos, arbeitete vorübergehend in der Landwirtschaft. Auch er war in der unmittelbaren Nachkriegszeit Student der Evangelischen Akademie und wurde nach dem Akademie-Examen Gemeindehelfer in der St. Magni-Gemeinde. Auf seinen Antrag hin erhielt er aufgrund des Artikels 131 des Grundgesetzes als Landgerichtsrat zur Wiederverwendung ein Wartegeld. Seit dem 1. 5. 1956 war er als Justitiar im Landesverband Braunschweig der Inneren Mission tätig[58].

Herbert Eilers

Unter 51 Todesurteilen des Sondergerichts Braunschweig steht der Name Wilhelm Eilers. Er verurteilte mit seinen beiden Richterkollegen Männer, die sich dem Wehrdienst entzogen, die Rangierarbeiter, die Lebensmittel aus Waggons gestohlen hatten, viele „Ge-

Herbert Eilers

[58] Ebd. und Müller, Entnazifizierung, S. 300 ff.

wohnheitsverbrecher", die drei Postarbeiterinnen zum Tode. Eilers war bei den meisten Todesurteilen gegen Zwangsarbeiter dabei; er verurteilte polnische und ukrainische Zwangsarbeiter wegen Plünderns, er verurteilte die achtzehnjährige Janina P. wegen angeblicher Brandstiftung, die drei Franzosen wegen des Entwendens von Postpaketen, den jungen Italiener Francesco Paolin und die beiden jungen Franzosen, die wegen harmloser Diebstähle als Plünderer noch in den letzten Kriegswochen hingerichtet wurden.

Eilers hatte eine ganz normale Juristenlaufbahn hinter sich. Geboren wurde er 1900 in Braunschweig, machte 1918 das Abitur und studierte dann Jura in Göttingen; er legte 1922 und 1926 seine beiden Examina ab und wurde 1932 Landgerichtsrat. Im Mai 1933 trat er in die NSDAP ein, im November 1933 in die Marine-SA, war aber in den Organisationen nie sonderlich aktiv. 1939 wurde er für einige Monate eingezogen, dann vom April 1940 bis Februar 1945 vom Militärdienst zurückgestellt. Bis 1939 sei er – so seine Stellungnahme im Entnazifizierungsverfahren – fast aussschließlich mit Zivilsachen beschäftigt gewesen. Wir sind ihm seit 1933 als Beisitzer bzw. als Vertreter am Sondergericht Braunschweig begegnet. Die Berufung ans Sondergericht sei durch die Kriegsverhältnisse bedingt gewesen. Bei den Verfahren, an denen er mitgewirkt habe, handelte es sich meistens um Vergehen gegen Wirtschaftsgesetze und kriegsbedingte Diebstähle; gänzlich unpolitisch seien sie gewesen. Eine Stellungnahme zu den barbarischen Urteilen für eher harmlose Delikte finden wir erwartungsgemäß nicht. Wir begegnen in dieser rückblickenden Rechtfertigung in geradezu exemplarischer Form den Beurteilungskriterien deutscher Juristen hinsichtlich ihrer Rechtssprechung im Krieg. Auch der Entnazifizierungsausschuß für die Justiz beschrieb Eilers als ruhig, gewissenhaft, sachlich. Gegen eine Wiederbeschäftigung von Eilers sprach er sich freilich im Juli 1946 aus. Daraufhin entließ ihn die Britische Militärregierung aus seinem Amt. Der Berufungsausschuß beließ es im Sommer 1947 bei der Einstufung in Kategorie III. Sehr knapp war das Abstimmungsergebnis; offensichtlich hinterließ das geringe Engagement von Eilers in der NSDAP im Ausschuß einen positiven Eindruck. Die Urteile, an denen er beteiligt war, schienen nicht zu interessieren. Nach diesem Votum erfolgte die Bestätigung seiner Entlassung durch die Militärregierung am 13. 8. 1947 ohne Anspruch auf Ruhegeld. Im Rahmen des durch die 1948 erlassenen Verordnungen ermöglichten Wiederaufnahmeverfahrens reihte ihn der Entnazifizierungs-Berufungsausschuß im Oktober 1948 in die Kategorie IV ein; der Bescheid vom 13. 8. 1947 wurde aufgehoben[59].

Auch Eilers hatte in der unmittelbaren Nachkriegszeit die Evangelische Akademie in Braunschweig besucht und dort die Befähigung als Religionslehrer und Pfarrhelfer erworben[60].

Herbert Eilers war seit dem 1. 4. 1949 Richter im Wartestand, seit 5. 9. 1950 „beauftragter Richter". Im Mai 1951 kam er an das Landgericht Braunschweig, 1952 an das Oberlandesgericht und wurde 1953 zum Oberlandesgerichtsrat befördert. Am 1. Oktober 1962 ging Herbert Eilers in den Ruhestand[61].

---

59 3 Nds 92/1 Nr. 12065 (Eilers).

60 LAB, Personalakte Nr. 100.

61 57 Nds, Zg. 56/1989 Nr. 16.

Dr. Ernst v. Griesbach

Ernst v. Griesbach wurde 1897 in Wolfenbüttel geboren. Nach Schulausbildung und Kriegsteilnahme absolvierte er das Jurastudium und legte die beiden juristischen Staatsprüfungen in den zwanziger Jahren ab. Seit 1921 war er im Staatsdienst und seit dem 1. 7. 1930 Landgerichtsrat in Braunschweig. Am 1. 5. 1933 trat er der NSDAP bei und war seit 1934 förderndes Mitglied der SS. Seit 1933 war er als Beisitzer bzw. als Vertreter des Sondergerichts tätig. Die dienstlichen Beurteilungen dieser Zeit bezeichnen ihn als politisch zuverlässig, OLG-Präsident Nebelung beschreibt ihn als „charakterlich etwas undurchsichtig", als eine Strebernatur. Bei Kriegsbeginn wird er eingezogen, ist zunächst als Heeresoffizier, dann als Kriegsgerichtsrat tätig. 1942 kommt er zurück ans Sondergericht Braunschweig. Besonders Landgerichtspräsident Kalweit setzte sich für seine Rückkehr ein, die offensichtlich mit dem von uns beschriebenen größeren personellen Revirement zusammenhing. Rechtsanwalt Kahn bestätigte dies unmittelbar nach Kriegsende: „Es hieß, daß v. Griesbach als schärfster Richter erwünscht sei, weil die Rechtssprechung der Strafkammer und des Sondergerichts bisher zu lax empfunden werde. Es herrschte allgemeine Verwunderung darüber, daß v. Griesbach Junggeselle war, k. v. war und an die Stelle von Richtern treten sollte, die Familie hatten und die viel älter als er waren.

Es wurde uns gesagt, daß v. Griesbach gekommen sei, um das sinkende Schiff der Justiz zu retten"[62]. Rechtsanwalt Dr. Lampe erinnerte sich: „Er galt allgemein als überzeugter und fanatischer Nationalsozialist". Und Generalstaatssanwalt Staff schrieb 1945: „Ihn muß man geradezu als Schrecken der Bevölkerung bezeichnen"[63]. Eines seiner ersten Verfahren, das in Justizkreisen offensichtlich für erhebliches Aufsehen sorgte, war das gegen Rechtsanwalt Weitz. Kalweit hatte es angestrengt, konnte aber wegen Befangenheit – er hatte die Anzeige gegen Weitz eingereicht- den Vorsitz nicht übernehmen. Da sprang v. Griesbach in die Bresche. Die Strafe wurde, wir haben an anderer Stelle davon berichtet, bereits Tage vor der Verhandlung von Kalweit, dem damaligen Generalstaatsanwalt Rahmel und dem Oberstaatsanwalt Hirte festgelegt. Das Gericht hielt sich an diese Vorgabe. Der Oberreichsanwalt legte Nichtigkeitsbeschwerde gegen dieses Urteil ein, wegen zu großer Härte[64].

In der letzten Kriegsphase scheint sich die Rechtssprechung v. Griesbachs gemildert zu haben. Rechtsanwalt Kahn erinnerte sich, daß seine scharfen Urteile selbst den örtlichen NS-Größen zu weit gegangen seien. Aus diesem Grund und weil er erkannte, daß die NS-Herrschaft zu Ende gehe, habe er eine Kehrtwende gemacht. Und Rechsanwalt Benze schrieb 1945: „Zusammenfassend ist zu sagen, daß die Auswüchse, die Herr Landgerichtsrat v. Griesbach in seinen Urteilen in den Jahren 1942 und wohl auch 1943 gehabt hat, in den Jahren 1944 und 1945 nicht mehr vorhanden waren"[65]. Seine Mitwirkung an Todesurteilen läßt sich ‚nur' für drei Fälle feststellen: gegen einen Arbeiter, der sich dem Wehrdienst entzog, gegen einen Franzosen wegen Mordes an einem Arbeitskollegen und gegen Erna Wazinski.

Wir kennen recht wenige Verfahren bei denen v. Griesbach beteiligt war. Dies hängt zweifellos mit einer gewissen Aktenlücke 1942/43 zusammen.

---

[62] Kahn am 27. 7. 1945, 57 Nds, Zg. 56/1989 Nr. 26.

[63] Staff an die englische Militärregierung (Oberst Alexander) am 5. 9. 1945, 12 Neu 17, IV Nr. 5.

[64] Vgl. S. 26, Anm. 28.

[65] Die beiden Äußerungen in: 57 Nds, Zg. 56/1989 Nr. 26.

Kurz nach Kriegsende wurde v. Griesbach zweimal verhaftet; ein Verfahren lief gegen ihn wegen Rechtsbeugung (Fall Weitz), das 1948 eingestellt wurde. Zur Verhaftung schrieb Hubert Schlebusch, zu der Zeit Präsident des Braunschweigischen Staatsministeriums: v. Griesbach „hat trotz der schon an und für sich sehr harten Strafen, die die Nazis für ihre Gegner vorsahen, bei der Urteilsfindung dieses Strafmaß noch weit überschritten, jede korrekte Form der Verhandlung höhnisch und kaltlächelnd abgelehnt und die wegen Widerstandes gegen die Nazi-Herrschaft Angeklagten dem sicheren Verderb zugeführt. So wurde er im Volksmund deshalb als Schreck der Nazigegner bezeichnet, besonders deshalb, weil er durch Ablehnung von Beweisanträgen die Angeklagten ungerecht behandelte. Seine Tätigkeit erzeugt in der Öffentlichkeit solange noch Erregung, bis er einer gerechten Strafe zugeführt wird“[66].

Von der Militärregierung wurde v. Griesbach am 22. 10. 1945 aus seinem Amt entlassen. In den Jahren 1946 bis 1949 arbeitete er als Lagerarbeiter im Geschäft seiner Frau.

Im Rückblick kommentierte er diese Jahre: 1942 sei er nach Braunschweig zurückgekehrt, „wenn auch unter sich immer mehr zuspitzenden äußeren Umständen, so daß die Berufstätigkeit schließlich zur völligen Nebensache wurde. Dieser Phase folgte dann nach dem Zusammenbruch eine Periode politischer Verfolgung und Hetze, in der ich zweimal unter Verletzung primitivster demokratischer Spielregeln grundlos ins Gefängnis geworfen wurde“. Als wenn sich der Sonderrichter v. Griesbach je um demokratische Spielregeln gekümmert hätte!

Offensichtlich aufgrund des laufenden Verfahrens wegen Rechtsbeugung entschied der Entnazifizierungsausschuß erst sehr spät, Anfang 1950, über seine Einstufung: Kategorie IV, die damals übliche Einstufung, und Versetzung an einen Ort außerhalb des OLG-Bezirkes. Der Niedersächsische Justizminister lehnte eine Beschäftigung in der Justiz zu diesem Zeitpunkt ab. Seit 1952 betrieb v. Griesbach seine Versetzung in den Ruhestand. Schon seit 1933 leide er an nervösen Erkrankungen und „was man mir nach 1945 innerhalb und außerhalb des Entnazifizierungsverfahren angetan hat“, habe ihn dienstunfähig gemacht.

Mit Wirkung vom 23. 1. 1953 ging v. Griesbach in den Ruhestand[67].

Hermann Grotrian

Hermann Grotrian, 1893 in Gandersheim geboren, brachte nach Schule und Studium die übliche Laufbahn Braunschweiger Juristen hinter sich, das hieß auch Eintritt in die NSDAP am 1. 5. 1933. Bei Kriegsbeginn wird er Beisitzer beim Sondergericht, in den folgenden Jahren Vertreter des Sondergerichtsvorsitzenden Karl Höse. Ab Mitte 1942 wird er an die Zivilkammer versetzt, sicherlich kein Indiz für seine scharfe Rechtssprechung am Sondergericht.

Grotrian war bei Todesurteilen beteiligt, die wegen ‚normaler‘ schwerer Delikte verhängt wurden, wie Mord und Raub. Um den Tatbestand Raub und Körperverletzung ging es auch bei den von den Richtern Höse, Grotrian und Steinmeyer zum Tode verur-

---

[66] Schlebusch an Oberst Alexander 11. 9. 1945, 12 Neu 17, IV Nr. 5.
[67] 57 Nds, Zg. 56/1989 Nr. 26.

teilten Zigeunern. Aber die Zigeuner hatten keine schweren Straftaten begangen. Zum Verhängnis wurden den beiden Männern die bei den Richtern vorhandenen rassistischen Vorurteile.

Grotrian hatte im Verfahren gegen den Büssing-Direktor Hubing den Vorsitz, den er kurzfristig übernehmen mußte. Gegen die massive Beeinflussung von außen konnte er sich offensichtlich nicht durchsetzen. Wir begegneten Grotrian in sehr vielen Schwarzschlachterprozessen, bei denen in der Anfangsphase recht milde Urteile gefällt wurden. Einige rügte das Reichsjustizministerium, worauf die Strafen deutlich höher ausfielen. Ganz auffällig sind die verhältnismäßig niedrigen Strafen, die unter seiner Mitwirkung gegen Männer verhängt wurden, die sich dem Wehrdienst entzogen. Andere Sonderrichter verhängten in solchen Fällen die Todesstrafe. In den politischen Verfahren in engerem Sinn bot eine Richter-Kombination Höse/Grotrian fast schon Gewähr für gemäßigte Urteile.

Rechtsanwalt Kahn schrieb 1947: „Er war...vor allen Dingen in politischen Sachen von einer Milde erfüllt, die die Beteiligten manchmal Angst bekommen ließ. Er ist immer von den politischen Stellen angegriffen worden wegen seiner Milde und seiner Objektivität den Angeklagten gegenüber. Er war der politischen Leitung und der Gestapo ebenso ein Dorn im Auge wie Höse. Er wurde deswegen auch ebenso wie Höse beseitigt und in die Zivilkammer zurückversetzt. Er hat nicht die geringsten Vorteile aus der Nazizeit gewonnen, er wurde nie befördert, sondern nur belächelt“[68].

Grotrian wurde nach Kriegsende von seinem Dienst suspendiert. Der Entnazifizierungs-Hauptausschuß stufte ihn im Oktober 1948 in die Kategorie IV: Wiederverwendung als Richter außerhalb des OLG-Bezirkes Braunschweig. Im September 1950 wurde er Richter am Landgericht Braunschweig und trat 1954 wegen Dienstunfähigkeit in den Ruhestand[69].

Hans Gosewisch

Hans Gosewisch war einer der wenigen Richter des Sondergerichts, die nicht Mitglied der NSDAP waren. Er war kein Braunschweiger und kam 1938 als Landgerichtsrat in den hiesigen OLG-Bezirk. Im Geschäftsverteilungsplan finden wir ihn Ende 1940 als 4. Beisitzer beim Sondergericht. Er geht dann 1941 an die Amtsgerichte Eschershausen, Stadtoldendorf und Wolfenbüttel – Karriere wollte er offensichtlich nicht machen. Ende 1941 kehrt er wieder zurück nach Braunschweig. Im Zusammenhang mit der personellen Umbesetzung des Sondergerichts im Frühjahr 1942 äußern sich Kalweit und Hirte sehr kritisch über Gosewisch; er arbeitet ihnen zu langsam. Im Juli 1942 wurde Gosewisch zum Heeresdienst eingezogen, aus dem er 1943 entlassen wurde. Nach kurzem Dienst in Braunschweig wird er nach Posen versetzt und im Sommer 1944 erneut eingezogen. Bereits im Oktober 1945 stellt ihn die Britische Militärregierung wieder in den Justizdienst ein. Er gilt als Nicht-Parteimitglied für unbelastet; auch seine richterliche Tätigkeit wird nicht beanstandet.

Im Jahr 1949 wird er zum Landgerichtsdirektor befördert[70].

---

[68] 3 Nds 92/1 Nr. 16422.
[69] 57 Nds, Zg. 56/1989 Nr. 31.
[70] 57 Nds, Zg. 56/1989 Nr. 23.

10. „Ich brauche einen Oberstaatsanwalt, der bellen kann“. Staatsanwälte am Sondergericht Braunschweig

Unser Vorhaben, ein Bild der Anklagevertreter in Sondergerichtsverfahren zu zeichnen, stieß auf erhebliche Schwierigkeiten. Wir kennen aus den Akten nur in einigen Fällen den tatsächlichen Verfasser der Anklageschrift. Unterzeichnet sind die Schriftsätze in der Regel von dem direkten Vorgesetzten der Staatsanwälte. Die in der Hauptverhandlung anwesenden Staatsanwälte waren nicht zwangsläufig die Verfasser der Anklageschrift.

Gleichwohl lassen sich aus Prozeßakten sowie aus Personal- und Entnazifizierungsakten auch für die Staatsanwälte Kurzporträts schreiben.

Hingewiesen werden muß in diesem Zusammenhang auf die grundsätzliche Weisungsgebundenheit der Staatsanwaltschaft. Hinzu kam, daß bei der Verfolgung der Straftaten nach § 2 des Heimtückegesetzes die Anordnung des Reichsjustizministers eingeholt werden mußte. Straftaten gemäß der Verordnung über die außerordentlichen Rundfunkmaßnahmen machten den Antrag einer Gestapostelle notwendig.

Wir mußten unter den vielen Staatsanwälten, die von 1933 bis 1945 am Sondergericht tätig waren, eine Auswahl treffen. Wir haben uns für die jeweiligen Leiter der Anklagebehörde entschieden: die Oberstaatsanwälte Paul Rasche (1933–1936), Dr. Otto Ranker (1937–1939), die Ersten Staatsanwälte Dr. Hans Lüders und Dr. Wilhelm Hirte, die von 1939–1942, bzw. von 1942 bis 1945 für den zur Wehrmacht eingezogenen Dr. Ranker die Geschäfte des Leiters der Anklagebehörde bei dem Sondergericht führten; sowie für die Staatsanwälte Dr. Paul Seelemeyer, Friedrich Linke, Fritz Huchtemann und Dr. Richard Flöte.

Paul Rasche

Paul Rasche wurde 1933 der erste Leiter der Anklagebehörde beim Sondergericht Braunschweig. Dessen Vorsitzender Lachmund wollte einen Staatsanwalt, „der bellen kann“. Von den scharfen Strafanträgen Rasches vor allem gegen Kommunisten und Sozialdemokraten haben wir berichtet.

Rasche wurde 1891 in Braunschweig geboren, machte hier sein Abitur und studierte danach Rechtswissenschaft.

Im Jahr 1922 bestand er sein Assessorexamen und wurde 1926 Amtsgerichtsrat in Braunschweig. Rasche stammte übrigens aus einer alten Braunschweiger Juristenfamilie und war seit den zwanziger Jahren mit der Familie Lachmund befreundet. Im Frühjahr 1932 trat er in die NSDAP ein. Daß seine folgende steile Karriere auf seiner Parteimitgliedschaft beruhte, steht außer Frage. Kurze Zeit nach seiner Amtsübernahme am Sondergericht wurde Rasche im Juli 1933 bereits Oberstaatsanwalt beim Landgericht. Er hatte beste Beziehungen zur hiesigen SS-Führung und war Duzfreund des SS-Führers Friedrich Jeckeln. Rasche selbst trat 1934 der SS bei. Eine solch deutliche Parteinahme eines leitenden Juristen für die Partei- und SS-Führung ging seinen Kollegen, zumal den älteren, zu weit; sein Eintreten für Straftäter aus der Partei und der SS erregten zunehmend Mißbilligung, freilich nur intern.

Im Sommer 1935 kam es justizintern zu Klagen über die Arbeitsweise Rasches. In Braunschweig gingen zu dieser Zeit etliche Verfahren, die eigentlich vor das Sondergericht gehörten, an die Amtsgerichte. Rasche hielt diesen Weg für durchaus vorteilhaft, weil die Verhandlungen und die Verurteilungen vor Ort die Bevölkerung nachhaltiger beeindrucken würden als diejenigen vor dem Sondergericht im möglicherweise entfernteren Braunschweig. Der Reichsjustizminister billligte dieses Verfahren in keiner Weise. Offensichtlich war Rasche auch seiner Berichtspflicht nicht nachgekommen, denn der Reichsjustizminister mahnte Anklageschriften und Urteile an. Daraufhin erteilte der Generalstaatsanwalt seinem Oberstaatsanwalt Rasche eine schwere Rüge[1].

Den sich in den Jahren 1935/36 zuspitzenden Konflikt zwischen Rasche und dem Vorsitzenden des Sondergerichts Lachmund und anderen Braunschweiger Richtern haben wir bereits ausführlich beschrieben[2]. Ende des Jahres 1936 wurde Rasche aufgrund seines Streits mit Lachmund als Kammergerichtsrat an das Kammergericht Berlin versetzt. Offensichtlich erfüllte er dort die Anforderungen nicht, so daß er als Oberregierungsrat in das Staatsministerium nach Braunschweig zurückkam[3].

Im September 1945 leitete Generalstaatsanwalt Kurt Staff gegen Rasche ein Ermittlungsverfahren im Zusammenhang mit den Ermittlungen gegen den ehemaligen Ministerpräsidenten Dietrich Klagges ein. Rasche wurde verhaftet; er erkrankte an Darmkatarrh und starb am 17. 12. 1945 im Krankenhaus Wolfenbüttel.

Dr. Paul Seelemeyer

Seelemeyer vertrat in den Jahren 1933 bis 1937 neben Paul Rasche die meisten Anklagen vor dem Sondergericht. Er stammte aus Braunschweig, studierte nach dem Abitur Jura, war von 1914–1918 Soldat und kehrte 1919 nochmals an die Universität zurück. Nach den beiden juristischen Staatsprüfungen promovierte er 1923. In den Jahren 1927–1930 tat er Dienst beim Amtsgericht Braunschweig und war seit 1931 bei der Staatsanwaltschaft Braunschweig tätig. Im Jahr 1937 ging er zum Landratsamt Braunschweig und dann bis Kriegsbeginn ins Staatsministerium; ob sein Wechsel in den Verwaltungsdienst mit dem Weggang von Paul Rasche zusammenhing, wissen wir nicht. Im Mai 1932 war Seelemeyer der NSDAP beigetreten und gehörte von 1935 bis 1942 der SS an. Im Krieg war er von Ende 1941 bis April 1942 in der Zivilverwaltung für die besetzten Ostgebiete in Kalinowka und von Ende Dezember 1942 bis Mai 1944 Kommunalreferent beim Generalkommissar für Lettland in Riga tätig. Zu einem bemerkenswerten Vorgang kam es 1942: Seelemeyer wurde aus der SS entlassen wegen „bestimmungswidriger Behandlung der jüdischen Einwohner als Gebietskommissaar in Kalinowka". Bei Kriegsende kam Seelemeyer in amerikanische Kriegsgefangenschaft und befand sich von September 1945 bis Juli 1947 in Internierungshaft, zweifellos wegen seiner langjährigen SS-Mitgliedschaft und wegen seiner Tätigkeit in den besetzten Ostgebieten. Nach seiner Entlassung war er einen Monat in Untersuchungshaft in Wolfenbüttel: es gab ein Verfahren wegen Aussa-

---

1 Die Vorgänge sind dokumentiert im Bestand 61 Nds, Zg. 12/1987 Nr. 4.
2 Vgl. S. 257 ff.
3 Wassermann, Zur Geschichte, S. 54.

geerpressung in der AOK im Jahr 1933, das aber eingestellt wurde. Im Rahmen des Entnazifizierungsverfahrens, das wegen der langen Internierungshaft erst sehr spät begann, wurde er 1949 in die Kategorie IV eingestuft: Wiederverwendung als Beamter, Versetzung an einen anderen Ort. In den Akten findet sich eine Notiz des Vorsitzenden des Entnazifizierungsausschusses: Seelemeyer sei überzeugter Anhänger des Nationalsozialismus gewesen. „Nach eingetretener Entartung des Systems hat er Kritik geübt und sich mehr abgesetzt“[4].

Dr. Otto Ranker

Otto Ranker wurde 1886 in Nieder-Bexbach in der Rheinpfalz geboren. Am Ersten Weltkrieg nahm er von Anfang bis Ende teil. Nach dem Studium in Gießen und der Promotion war er seit 1919 zunächst als Gerichtsassessor, dann als Staatsanwalt am Landgericht Köln tätig. Er ging 1933 als Oberstaatsanwalt nach Berlin. Im Sommer 1937 übte er

Dr. Otto Ranker

[4] 3 Nds 92/1 Nr. 44677 (Dr. Seelemeyer).

die Stelle des Oberstaatsanwalts beim Landgericht Braunschweig zunächst auftragsweise aus, zum 1. 12. 1937 wurde er formell nach Braunschweig versetzt und übernahm die Leitung der Anklage beim hiesigen Sondergericht.

Mit Kriegsbeginn war er als Oberleutnant der Reserve eingezogen. Ranker war in der Weimarer Republik Mitglied der Deutschen Volkspartei. Er trat am 1. 5. 1933 der NSDAP bei und wurde wenig später förderndes Mitglied der SS. Im Jahr 1934 gab es ein Disziplinarverfahren gegen ihn wegen Gegnerschaft zur Partei während der Kampfzeit. Ranker wurde auf die Stelle des Ersten Staatsanwalts zurückversetzt. Die in diesem Verfahren 1934 verfaßte Bekenntnisschrift bezeichnete er nach dem Krieg als „Notlüge". Hintergrund für das Disziplinarverfahren war seine Tätigkeit als Staatsanwalt in Köln vor 1933. Dort hatte er mehrere Prozesse gegen Nationalsozialisten geführt, u. a. gegen Robert Ley, den späteren Führer der Deutschen Arbeitsfront, gegen den er wegen Tätlichkeit 4 Monate Haft beantragt hatte.

Im Sommer 1945 schrieb er aus dem Offizierslager in Büsum an den Braunschweiger Generalstaatsanwalt und bat um Wiederverwendung im Justizdienst. Er bekam eine hinhaltende Antwort. Am 1. November 1945 erfolgte seine Entlassung durch die Militärregierung. Der „Holland-Ausschuß" sprach sich am 13. 11. 1946 im Entnazifizierungsverfahren für die Entlassung aus. Die Rechtfertigungsschrift des Jahres 1934 gebe seine innere Überzeugung wieder. Belastend sei, daß er in Berlin das politische Referat betreute, dessen Leitung er nicht bekommen hätte, wenn seine politische Überzeugung nicht unbedingt zu bejahen gewesen wäre[5]. Die Militärregierung stufte ihn mit dem Bescheid vom 14. 8. 1947 in die Kategorie III ein und versetzte ihn mit 25 %iger Pension in den Ruhestand. Aufgrund der Erlasse vom 24. 6. und 18. 9. 1948 wurde er im Sommer 1949 vom Entnazifizierungs-Hauptausschuß in die Kategorie V eingestuft[6].

Ranker war Leiter der Anklagebehörde des Sondergerichts in der Phase relativer Stabilität des NS-Systems während der Jahre 1937 bis Kriegsbeginn. Die politische Gegnerbekämpfung der Justiz spielte kaum noch eine Rolle; das Sondergericht befaßte sich fast nur mit Heimtückeverfahren, von denen viele eingestellt wurden. Einige empfindliche Strafen wegen harmloser Äußerungen zeigten jedoch, daß die Einschüchterungsfunktion des Sondergerichts im Bewußtsein der Bevölkerung gehalten werden sollte.

Dr. Wilhelm Hirte

Wilhelm Hirte wurde 1905 in Braunschweig geboren und legte 1924 auf dem hiesigen Wilhelm-Gymnasium das Abitur ab. Er studierte Jura in Mainz und Leipzig, wurde 1928 Referendar und 1932 Gerichtsassessor. Im Oktober 1932 kam er zur Staatsanwaltschaft Braunschweig und ein Jahr später zur Staatsanwaltschaft beim Oberlandesgericht Braunschweig. 1935 wurde er planmäßig angestellt und 1937 Erster Staatsanwalt. Von Kriegsbeginn bis 1942 übernahm er die Vertretung des zum Heeresdienst einberufenen Generalstaatsanwalts. Aus dieser Zeit sind seine Lageberichte an den Reichsjustizminister erhalten.

---

5 Stellungnahme des Entnazifizierungs-Ausschusses v. 13. 11. 1946, 61 Nds, Zg. 54/1989 Nr. 15.

6 61 Nds, Zg. 54/1989 Nr. 15–19.

Mit Dienstantritt des neuen Generalstaatsanwaltes Rahmel 1942 wurde Hirte als Erster Staatsanwalt mit der Vertretung des Oberstaatsanwalts beim Landgericht beauftragt und war damit Leiter der Anklagebehörde beim Sondergericht; diese Aufgabe nahm er bis Kriegsende wahr.

Dr. Wilhelm Hirte

In die NSDAP trat er am 1. Mai 1933 ein, von 1938 bis 1944 war er Blockleiter und von 1933 bis 1935 Mitglied in der SA.

Hirtes Karriere in der Braunschweiger Justiz setzte seine politische Zuverlässigkeit voraus. In seinen Lageberichten zeigte sich seine rückhaltlose Unterstützung des Systems. So bezeichnete er gleich bei Kriegsbeginn die Volksschädlingsverordnung und die Verordnung über außerordentliche Rundfunkmaßnahmen als „notwendige Waffen zum Kampf gegen Kriegsparasiten und zum Kampf gegen Angriffe auf die innere Front des deutschen Volkes". In diesem Zusammenhang äußerte er sich unzufrieden über zwei Urteile des Sondergerichts, das – an sich schon hart genug – für Rückfalldiebstahl hohe Zuchthausstrafen mit anschließender Sicherungsverwahrung verhängt hatte: ein Todesurteil wäre richtiger gewesen. Nein, das Sondergericht wolle er nicht kritisieren. „Ich möchte nur für die Zukunft die Fällung von Urteilen erleichtern, die auch in der Frage des Strafmaßes dem Willen der Staatsführung und den Erfordernissen der heutigen Zeit entsprechen"[7]. Kein Zweifel, Hirte gehörte zu den juristischen Scharfmachern.

In seiner Funktion als Stellvertreter des Generalstaatsanwalts nahm Hirte am 23./24. April 1941 zusammen mit OLG-Präsident Nebelung an einer Geheimkonferenz des Reichsjustizministeriums mit allen Chefpräsidenten und Generalstaatsanwälten in Berlin teil, auf der diese über die Euthanasieaktion informiert wurden. In den 60er Jahren führte der damalige hessische Generalstaatsanwalt Fritz Bauer ein Ermittlungsverfahren gegen die noch lebenden Teilnehmer dieser Versammlung durch. Hirte verteidigte sich mit seiner damaligen Jugend und Unerfahrenheit; Widerspruch wäre damals nutzlos gewesen. Hirte wurde mangels hinreichenden Tatverdachts außer Verfolgung gesetzt[8].

Unmittelbar nach Kriegsende urteilte der neue Generalstaatsanwalt Kurt Staff über Hirte: Hirte habe als Leiter der Anklagebehörde „entschieden Anteil an der verhängnisvollen Entwicklung der braunschweigischen Rechtspflege". Noch schärfer formulierte der damalige Ministerpräsident Hubert Schlebusch: „Hirte war von einem so maßlosen Ehrgeiz getrieben, daß er nicht Gerechtigkeit in den Vordergrund stellte, sondern Bestrafung um jeden Preis. Ihm als Leiter der Anklagebehörde beim Sondergericht überantwortet zu sein, bedeutete für den Nazi-Gegner physische und seelische Vernichtung. Er hat sich den besonderen Haß in weiten Kreisen der Bevölkerung dadurch zugezogen"[9].

Hirte wurde am 25. 8. 1945 verhaftet, zwei Monate später wieder entlassen. Der „Holland-Ausschuß" sprach sich im August 1946 einstimmig für Entfernung Hirtes aus dem Amt aus; daraufhin entließ ihn die Militärregierung mit Schreiben vom 9. 9. 1946. Hirte legte gegen seine Einstufung Berufung ein. Wir lesen die altbekannten Argumente: Mitglied der NSDAP sei er gewesen, habe sich aber bei seinem Eintritt nur seinen älteren Kollegen und seinen Vorgesetzten angeschlossen. Politisch sei er immer uninteressiert geblieben, Uniform habe er kaum getragen und aus der Kirche sei er auch nicht ausgetreten. Hinsichtlich seiner Tätigkeit am Sondergericht verwies er auf dessen milde Rechtssprechung, auf die Rügen des Reichsjustizministers. In seiner Zeit als Leiter der Anklagebehörde seien die politischen Fälle meistens nach Berlin gegangen, das Sondergericht habe fast nur noch die Wirtschaftsstrafsachen, die Plünderungen und ähnlich liegende Straftaten abgeurteilt. „Die Strafen waren hart, wie der Krieg selbst hart ist". Im übrigen sei die Staatsanwaltschaft weitgehend an Anweisungen des Justizministers gebunden. Zusammenfassend schrieb Hirte, und dieser Meinung waren viele seiner Kollegen: „Wenn ich auf meine Tätigkeit in den letzten 12 Jahren zurückblicke, so glaube ich, nur meine Pflicht getan zu haben, wie es die Gesetze verlangten"[10]. Auffällig sind die zahlreichen „Persilscheine" seiner früheren Untergebenen aus der Justizverwaltung.

Der Entnazifizierungs-Berufungsausschuß blieb bei der Einstufung Hirtes in die Kategorie III, und die Militärregierung bestätigte mit Bescheid vom 25. 8. 1947 die Entlassung ohne Anspruch auf Ruhegeld. Hirte hatte kein aktives Wahlrecht und er durfte keine leitende Tätigkeit ausüben.

---

[7] Lagebericht vom 5. 4. 1940, BA, R 22/3357.

[8] Kramer, NS-Justiz, S. 41; Wassermann, Zur Geschichte, S. 73. Gegen OLG-Präsident Nebelung wurde die Voruntersuchung nicht zu Ende geführt.

[9] Schreiben von Staff v. 5. 9. 1945 und von Schlebusch v. 11. 9. 1945 an Oberst Alexander, 12 Neu 17, IV Nr. 5.

[10] Hirte an den Denazifizierungsausschuß am 5. 6. 1946, 3 Nds 92/1 Nr. 17379 (Hirte).

Aufgrund der Neuregelungen des Jahres 1948 stufte der Hauptausschuß Hirte in die Kategorie IV ein, er durfte aber nur außerhalb des OLG-Bezirks Braunschweig tätig sein. Im Rahmen der automatischen Überleitung kam Hirte schließlich 1951 in die Kategorie V. Letztes Schriftstück seines Entnazifizierungsverfahren war das Gesuch, ihm eine seiner Meinung nach zu Unrecht erhobene Gebühr von 20.– DM zu erlassen[11].

Im Jahr 1952 kehrte Hirte in den Braunschweiger Justizdienst zurück und war bis zu seiner Pensionierung 1962 als Amtsgerichtsrat beim Amtsgericht Braunschweig in der Freiwilligen Gerichtsbarkeit tätig.

Dr. Hans Lüders

Hans Lüders wird in einer späteren Charakteristik des Verteidigers Kahn als derjenige bezeichnet, der in der „gesamten Staatsanwaltschaft die mit weitem Abstand beste Leistung" geboten habe. Kahn rühmt ihn als „hervorragenden Juristen". Er sei überzeugter Nazi gewesen, aber ein „vernünftiger, gemäßigter, einsichtiger Nazi". Rechtsanwalt Mägde bescheingte Lüders nach 1945, während seiner Tätigkeit als Staatsanwalt am Sondergericht im Rahmen seiner Möglichkeit mit der Verteidigung zusammengearbeitet zu haben. Lüders habe bei diesen Besprechungen häufig zugegeben, Strafanträge nicht aufgrund des Verhandlungsablaufs zu stellen, sondern aufgrund von Weisungen, die ihm vor Prozeßbeginn von vorgesetzten Stellen erteilt worden seien[12]. Ganz anders beurteilte ihn Ministerpräsident Schlebusch in einem Schreiben an die Britische Militärregierung: Lüders war ein „besonders willfähriges Werkzeug brutaler nationalsozialistischer Rechtssprechung. Bis zu seiner Einberufung am 31. 3. 1943 hat er alle politischen und Sondergerichtssachen seit Ende 1939 bearbeitet...In ihm hat man einen besonders scharfen Nationalsozialisten zu sehen, der zugleich Verbindungs- und Vertrauensmann der NSDAP war"[13].

Hans Lüders stammt aus Elberfeld, aber schon die Volksschulzeit verbringt er in Husum. Er besucht das Gymnasium in Wolfenbüttel und in Ilfeld am Harz, wo er 1925 das Abitur macht. Jura studiert er in Göttingen, Leipzig, Kiel und zum Schluß wieder in Göttingen und legt in Braunschweig 1928 und 1933 die beiden juristischen Examina ab. Am 1. 5. 1933 tritt er der NSDAP bei. Die Assessorenzeit verbringt er von Dezember 1933–Februar 1937 in Holzminden, danach ein Jahr in Braunschweig. Vom 1. 4. 1938 bis Ende März 1943 ist er bei der Staatsanwaltschaft Braunschweig beschäftigt. Seit Kriegbeginn vertritt er Oberstaatsanwalt Dr. Ranker als Leiter der Anklagebehörde beim Sondergericht. Im Oktober 1942 wird er an die Staatsanwaltschaft Magdeburg abgeordnet, kommt am Jahresbeginn 1943 wieder zurück nach Braunschweig und wird Ende März zur Wehrmacht eingezogen.

Ende Juli 1945 wird Lüders aus englischer Gefangenschaft entlassen, aber am 24. August in Braunschweig festgenommen, für 14 Tage in das Braunschweiger Gefängnis verbracht und danach bis zum 7. Dezember 1945 in das Internierungslager Westertimpke bei Bremervörde. Gegen seine Entlassung aus dem Justizdienst durch die englische Militärregierung legt er Widerspruch ein. Der Entnazifizierungsausschuß stuft ihn schließlich

---

[11] 3 Nds 92/1 Nr. 17379.

[12] 3 Nds 92/1 Nr. 17332 (Dr. Lüders).

[13] Schlebusch an Oberst Alexander am 11. 9. 1945, 12 Neu 17, IV Nr. 5.

1949 in die Kategorie IV ein und erlaubt die Wiederbeschäftigung außerhalb des Braunschweiger OLG-Bezirks[14].

Dr. Richard Flöte

Richard Flöte ist wie Hirte und Linke Braunschweiger und am 16. Februar 1912 geboren. Die Volksschulzeit Flötes liegt in den schlimmen Jahren 1918–1922, als schulisch und pädagogisch viel im Umbruch war. An der Oberrealschule Hinter Brüdern macht er 1931 das Abitur und legt 1935 und 1939 die beiden Staatsexamina ab.

Er wird im Dezember 1941 Hilfsarbeiter bei der Staatsanwaltschaft Braunschweig. Ab 1. März 1942 ist er für kurze Zeit Landgerichtsrat in Danzig und wird zum 1. September 1942 als Staatsanwalt nach Braunschweig versetzt, also zu jenem Zeitpunkt, als beim Sondergericht Braunschweig ein schärferer Wind wehen soll. Zur gleichen Zeit wird Flöte „ehrenamtlicher Fachberichter" für den Sicherheitsdienst der SS bis 1945. Er unterscheibt einen Revers, ihm bekannt werdende Einzelheiten nicht weiterzugeben. „Ich habe kein Geheimnis daraus gemacht, daß ich mit dem SD in Verbindung stand, viele meiner Kollegen waren darüber informiert", schreibt Flöte nach dem Krieg. Vom 1. April 1943 an wird er mit 31 Jahren Dezernent für Sondergerichtssachen. Noch als Student war er am 1. 5. 1933 in die NSDAP eingetreten; er war von Mitte 1933 bis Mitte 1934 Mitglied der SS und danach der SA. Seit April 1943 war er mit der Wahrnehmung der Geschäfte des Kreisrechtsberaters bei der NS-Kreisleitung beauftragt, d. h. er mußte die Verbindung zwischen Staatsanwaltschaft und Kreisleitung herstellen. Wegen einer Verletzung bei einer militärischen Übung wurde er vom Heeresdienst freigestellt und betrachtete nun den Dienst des Staatsanwaltes als ersatzweisen Heereseinsatz. Flöte vertrat seit 1943 die meisten Anklagen vor dem Sondergericht in politischen Sachen. Er beantragte gegen 30 Männer und Frauen die Todesstrafe, u. a. gegen die 18jährige Janina Piotrowska, gegen Elisabeth D. wegen wiederholten Diebstahls, gegen französische und polnische Zwangsarbeiter, gegen Postarbeiterinnen, gegen den Gärtner Eduard Hasenkrug wegen Wehrpflichtentziehung.

Flöte war nach einer Beschreibung des Verteidigers Kahn „überzeugter Nationalsozialist und hat daraus auch niemals einen Hehl gemacht". 1945 hat er nach eigenen Angaben den Zusammenbruch der nationalsozialistischen Ideale als „niederschmetternd" empfunden. Am 20. April 1945 wurde er verhaftet und war bis zum 20. 9. 1947 interniert, länger als alle anderen. Generalstaatsanwalt Staff urteilte im September 1946, Flöte sei „ in hervorragender Weise als Vertreter der Anklagebehörde beim Sondergericht tätig" gewesen. Der „Holland-Ausschuß" kam am 20. September 1946 zu dem einstimmigen Urteil: „nicht wiederverwendbar". Flöte wurde im Dezember 1947 in die Kategorie III eingestuft. Jede Rückkehr in den juristischen Dienst, auch als Rechtsanwalt oder nur als juristischer Hilfsarbeiter, wurde ihm verboten. Die Kirche stand ihm als Ausweg nicht offen, weil er nicht Mitglied war und nach eigenem Bekunden auch „seit Kindheit keine Beziehung mehr zur Kirche" hatte. Er hielt sich in diesen Jahren als Hilfsarbeiter in einer Druckerei über Wasser. Die Entnazifizierung Flötes zog sich hin, während in die seines Vorgesetzten Dr. Hirte bereits 1948 Bewegung kam. Hirte wurde 1948 von

[14] 3 Nds 92/1 Nr. 17332.

Kategorie III nach IV befördert. Auf diese Einstufung mußte Flöte noch drei Jahre warten. Obwohl der öffentliche Ankläger noch im Februar 1951 von ihm schrieb, Flöte habe sich rücksichtslos und mit größtem Eifer für die Belange des Nationalsozialismus eingesetzt, wurde er nach einer mündlichen Verhandlung in Kategorie IV heruntergestuft. Sein früherer Vorgesetzte Hirte berichtet nun von entlastenden Einzelheiten: Flöte habe einen Feuerwehrmann, der geplündert hatte, vor der Todesstrafe gerettet. Auch im Falle Mollenhauer, Ogilvic und des Kunstmalers Hoeck habe er sich schützend vor die Gefährdeten gestellt. Flöte rechtfertigte erneut seine Tätigkeit im Krieg: „Wenn ich meinen Dienst bis zum Schluß des Krieges ausgeübt habe, dann nur, weil ich glaubte, meine Pflicht in der Heimat als Beamter genau wie der Soldat an der Front erfüllen zu müssen. Diesen als eifrigen Einsatz für den Nationalsozialismus darzustellen, ist nicht richtig. Im übrigen möchte ich noch darauf hinweisen, daß es mir völlig unmöglich gewesen wäre, von meinem Amt zurückzutreten, wenn ich nicht meine Existenz oder gar meine Freiheit hätte gefährden wollen“[15].

Flöte ist 1957 Staatsanwalt in Hannover.

Friedrich Linke

Friedrich Linke wirkte 1944/45 als Vertreter der Anklage zusammen mit dem Vorsitzenden des Sondergerichtes Walter Lerche an acht Urteilen mit. Wie Lerche wurde er wegen seiner Mitwirkung am Sondergericht im Mai 1945 vom Staatsdienst suspendiert. Wie Lerche wohnte er im Braunschweiger Magniviertel, wie Lerche gehörte er dem Magnikirchenvorstand an und wurde nach 1945 Mitglied kirchenleitender Gremien.

Linke wurde am 21. Februar 1912 in Walkenried geboren. Er besuchte die Volksschule in Braunschweig und machte am Wilhelmgymnasium 1931 Abitur. Mit 19 Jahren trat er in die NSDAP ein, aber bereits ein Jahr später wieder aus. Als aufmerksamer Student hatte er gelesen, wie der Parteivorsitzende Hitler sich in den Fall Potempa eingeschaltet und die Mörder gerechtfertigt hatte, nur weil sie seiner Partei angehörten. 1932 war Linke für einige Monate Mitglied der SA, verließ die Organisation aber noch im gleichen Jahr. Linke studierte in Rostock und Göttingen Jura, machte 1935 und 1938 die beiden juristischen Examen und wirkte in der Assessorenzeit bei den Amtsgerichten Braunschweig, Schöppenstedt und Salder. Seit dem 1. Januar 1939 wird Linke erneut als SA Mitglied geführt. Am 10. Juni 1943 wurde Linke Anklagevertreter für Kriegswirtschaftsverbrechen beim Sondergericht und Hilfsarbeiter bei der Generalstaatsanwaltschaft. Linke wurde als Vertreter der Anklage in sehr unterschiedlichen Prozessen genannt, keineswegs nur bei Kriegswirtschaftsverbrechen, sondern etwa als Ankläger im Verfahren gegen sechs Tschechen, die im Sommer 1943 wegen Abhörens zu hohen Zuchthausstrafen von einem Jahr und vier Monaten bis zu drei Jahren verurteilt werden[16]. Linke beantragte die Todesstrafe gegen den Gelegenheitsarbeiter Richard R., der nach mehreren Kleindelikten erneut bei einem Diebstahl erwischt wurde[17]. Er vertrat auch die Anklage bei jenem auffälligen Fall gegen den polnischen Arbeiter Leon Stefanski am 10. 12. 1943, der zunächst wegen fortgesetzten Diebstahls auf der Flucht ge-

[15] Flöte am 26. 2. 1951, 3 Nds 92/1 Nr. 45554 (Dr. Flöte).
[16] 42 BNeu 7 Nr. 1084.
[17] 42 B Neu 7 Nr. 1573.

faßt und am 31. 8. 1943 zu fünf Jahren Zuchthaus verurteilt wurde. Auf die gegen dieses Urteil von der Staatsanwaltschaft eingelegte Nichtigkeitsbeschwerde hin hob der Strafsenat des Oberlandesgerichts Braunschweig das Urteil auf und verwies das Verfahren zu neuer Verhandlung zurück an das Sondergericht. Ankläger in dieser Neuverhandlung war Linke, und nun fällte das Sondergericht das Todesurteil[18].

Friedrich Linke

Auf Grund seiner Zugehörigkeit zum Braunschweiger Sondergericht wurde Linke im Mai 1945 von der Militärregierung vom Dienst suspendiert. Aber Oberlandesgerichtspräsident Mansfeld setzte sich schon am 31. Juli 1945 bei der alliierten Militärregierung für Linke ein. Linke sei nicht nur ein tüchtiger Richter von guter Urteilskraft, sondern auch ein moralisch hochstehender Mann und habe kirchliche Bindungen[19]. Linke war einen Monat nach seiner Suspendierung am 5. Juni 1945 in den Kirchenvorstand der

[18] Vgl. S. 182 und 274.
[19] 3 Nds 92/1 Nr. 17196 (Linke).

Magnikirchengemeinde gewählt worden. Im selben Monat wurde Linke Mitglied der Kirchenregierung.

Auf diese Tätigkeit Linkes kam Oberlandesgerichtspräsident Mansfeld in seiner weiteren, interessanten Begründung zu sprechen. Linke sei ihm bekannt als ein Mann von innerer Religiösität. Daß er im Ehrenamt Mitglied der Kirchenregierung sei, sei nur ein äußeres Anzeichen dafür. „Nun sind aber", fährt Mansfeld fort, „Christentum und Nazitum absolute Gegensätze". Die Nazis hätten, wenn der Krieg für sie siegreich ausgegangen wäre, zweifellos alles daran gesetzt, das Christentum in Deutschland auszurotten. Daher kann ein innerlich christlicher und kluger Mann unmöglich auch Nazi-Gesinnung gehabt haben, und Linkes christliche Überzeugung ist deshalb der vollgültige Beweis dafür, daß er niemals ein Nazi gewesen ist[20]".

Die Suspendierung Linkes wurde im Oktober 1945 aufgehoben; der „Holland-Ausschuß" war einstimmig der Ansicht, daß Linke „den Zielen des Nationalsozialismus völlig fern" gestanden habe. Als Beweis galt sein früher Austritt aus der NSDAP im Jahr 1932. Er wurde am 19. 10. 1946 als nur „nomineller Mitläufer" ohne Sanktionen eingestuft.

Linke galt in der evangelischen Landeskirche in Braunschweig als Mann der ersten Stunde. Er war Delegierter der EKD-Synode in Treysa. Als Synodaler des ersten Landeskirchentages (1946–1952) spielte er bei den Verhandlungen eine durch seine bohrenden Nachfragen belebende Rolle.

Linke wird man nicht verstehen, wenn man bei seiner Person nicht eine gehörige Portion von selbstgefälligem, querköpfigem Nonkonformismus ins Spiel bringt. So paßt es zu seiner Tätigkeit vor 1945, wenn er von sich behauptet, er sei von Weisungen des Ministers und des Generalstaatsanwaltes abgewichen, und zwar ohne deswegen von Hirte Vorwürfe erhalten zu haben[21].

Die eigentliche schwere Belastung für Friedrich Linke stellt seine Mitwirkung an dem Todesurteil gegen Georg Malek im März 1945 dar. Die scharfe Kritik von Generalstaatsanwalt Staff vom September 1946 an diesem Urteil, daß das Gericht das Todesurteil nur mit einigen dürftigen Sätzen begründe und schon mit dem Nazirecht unsorgfältig umgehe, trifft auch den Ankläger Linke[22].

Auf der anderen Seite wird erst nach dem Kriege auch folgender Fall bekannt: in der Strafsache gegen den Melker Th. hatte das Reichsjustizministerium die Anweisung gegeben, die Todesstrafe zu fordern. Linke jedoch beantragte stattdessen 4 Jahre Zuchthaus, was der Verteidiger Rechtsanwalt Rogge als „außerordentlich milde" bezeichnete[23].

Bezeichnend für die Sicht der an Sondergerichtsverfahren Beteiligten in der unmittelbaren Nachkriegszeit ist die Stellungnahme Linkes im Entnazifizierungsverfahren gegen seinen früheren Vorgesetzten, Dr. Hirte, die Linke zu dessen Entlastung formulierte: im Vergleich zu anderen deutschen Anklagebehörden und Gerichten sei die Braunschweiger Staatsanwaltschaft keineswegs übermäßig hart vorgegangen. „Die damalige Haltung der Staatsanwaltschaft war maßgebend von der Vorstellung beeinflußt, die arbeitende und unter dem Krieg leidende Bevölkerung weitgegend vor kriminellen Elementen zu schützen...Fest steht, daß durch die Staatsanwaltschaft Braunschweig aus politischen Gründen

---

20 3 Nds 92/1 Nr. 21606.
21 3 Nds 92/2 Nr. 17379.
22 62 Nds 2 Nr. 493.
23 3 Nds 92/1 Nr. 17329.

kein einziges Todesurteil beantragt worden ist...Die Todesurteile, die durch die Staatsanwaltschaft Braunschweig beantragt wurden, bezogen sich auf Kriegswirtschaftsverbrecher, Plünderer, Verdunkelungsverbrecher, Gewohnheitsverbrecher, Feldpostdiebstähle und auf Personen, die sich der Wehrpflicht entzogen hatten...“[24]. Mit dieser sehr weitgehenden Aussage rechtfertigte Linke die Todesurteile der letzten Kriegsjahre, ohne deren maßlosen, weit über das Ziel hinausschießenden, das einfache Menschenrecht verletzenden Charakter zu registrieren. Deutlich wird, daß die Richter und Staatsanwälte auch noch im Jahre 1948 diese Urteile für rechtens hielten. Daß diesen Todesurteilen häufig nur Bagatelldelikte zugrunde lagen, übersah Amtsgerichtsrat Linke geflissentlich.

In der Braunschweiger Justiz stieg Linke in den folgenden Jahren vom Amtsgerichtsrat zum Oberlandesgerichtsrat und Vizepräsidenten des Oberlandesgerichts auf.

Fritz Huchtemann

Huchtemann ist am 26. 6. 1906 in Blankenburg geboren, er hat dort die Volksschule und anschließend das Gymnasium besucht. Nach seinem Abitur 1925 studierte er in Göttingen und machte 1928 und 1933 seine beiden juristischen Staatsprüfungen. Am 1. 5. 1933 wurde er Mitglied der NSDAP. Er ist zu diesem Zeitpunkt bei der Staatsanwalt Braunschweig und wird im Oktober 1934 an die Landesstrafanstalt in Wolfenbüttel versetzt. Im November 1937 kommt er zur Staatsanwaltschaft nach Braunschweig zurück. Huchtemann wird Staatsanwalt am Sondergericht. 1943 wird er zur Waffen-SS eingezogen und 1944 von der Truppe zum SS- und Polizeigericht Krakau versetzt zwecks Übernahme in die richterliche Laufbahn der SS. Ende November 1944 kommt er zum SS- und Polizeigericht nach Posen und im Januar 1945 ans Feldgericht einer SS-Polizeidivision in Pommern. Es sind diese SS- Funktionen, die Huchtemann nach dem Kriege neben seiner Tätigkeit am Sondergericht schwer belasten.

Bei Kriegsende gerät Huchtemann in amerikanische Gefangenschaft. Er wird vom Staatsdienst suspendiert und im „Nazicamp“ Neuengamme zwei Jahre lang, vom Mai 1945 bis Juni 1947, interniert. Der „Holland-Ausschuß“ sieht Huchtemann in seiner Stellungnahme vom 20. 9. 1946 „politisch außerordentlich schwer belastet“. Als Huchtemann im Juni 1947 aus dem Internierungslager nach Braunschweig zurückkommt, wird er wenige Monate später am 24. 10. 1947 in die Kategorie III eingereiht, zur endgültigen Entlassung empfohlen, Vermögen und Konten werden gesperrt, er darf die britische Zone nicht verlassen und an Wahlen nicht teilnehmen. „Er wurde der schärfste, am meisten gefürchtetste Staatsanwalt in Wirtschaftssachen. Er war während der Ermittlungen und in seinen Plädoyers rücksichtslos und von außerordentlicher Härte“[25]. Huchtemanns Berufung weist der Entnazifizierungshauptausschuß schon einen Monat später mit der Bemerkung zurück, die belastenden Momente seien zu zahlreich und zu erheblich. Auch 1949 hält der Öffentliche Ankläger eine Rückkehr Huchtemanns für unmöglich. „Huchtemann hat sich in der ersten Zeit des Krieges als Staatsanwalt vor dem Sondergericht in derartiger Weise für den Nationalsozialismus eingesetzt, daß er als entlastet nicht angesehen werden kann.“ Gleichwohl wird er in die mildere Kategorie IV eingestuft mit fol-

---

[24] Linke am 15. 9. 1948. 3 Nds 92/1 Nr. 17379.

[25] Stellungnahme des „Holland-Ausschusses“ vom 24. 10. 1947, 3 Nds 92/1 Nr. 17380 (Huchtemann).

gender Beurteilung: „Durch seine Tätigkeit als Sondergerichts-Staatsanwalt, in der er sich in jeder Beziehung absolut zum Sprachrohr der nazistischen Bestrebungen in der Justiz machte, hat er zweifellos den Nationalsozialismus unterstützt. Dagegen konnte eine wesentliche Förderung des Nationalsozialismus nicht nachgewiesen werden, da er sich außerhalb seiner beruflichen Tätigkeit nie aktiv oder propagandistisch für den Nationalsozialismus besonders eingesetzt hat“[26]. Diese Einstufung ermöglichte die Rückkehr in den Justizdienst, jedoch außerhalb des Oberlandesgerichtsbezirks Braunschweig.

---

[26] Schreiben vom 4. 2. 1949, ebd.

11. Verteidiger beim Sondergericht

Von allen an Sondergerichtsverfahren Beteiligten gibt es über die Verteidiger die wenigsten Informationen. Häufig finden sich in den Akten außer ihrem Namen, dem Antrag ihrer Anmeldung der Verteidigung und der Abrechnung eines Honorars im Falle einer Pflichtverteidigung keine Spuren.

Trotz der Einschränkung der Rechte der Angeklagten enthielt die „Verordnung der Reichsregierung über die Bildung von Sondergerichten“ vom 21. 3. 1933 eine Verteidigungspflicht. Die „Zuständigkeitsverordnung“ des Jahres 1940 schränkte die Verteidigung auf die „notwendige Verteidigung“ bei Fällen ein, in denen Todes- oder lebenslange Zuchthausstrafe drohte oder „wenn wegen der Schwere der Tat oder wegen der Schwierigkeit der Sach- oder Rechtslage die Mitwirkung eines Verteidigers geboten erscheint oder wenn sich der Beschuldigte seiner Persönlichkeit nach nicht selbst verteidigen kann“[1].

Die Bestellung eines Verteidigers bedeutete für den Angeklagten vor allem in seiner Untersuchungshaftsituation eine wesentliche psychische Hilfe. Zweifellos war die in manchen Verfahren zu beobachtende Abweichung der von den Richtern verhängten Strafe von dem beantragten Strafmaß ein Verdienst der Verteidiger.

Es gibt Hinweise, daß es auch bei Sondergerichtsverfahren zwischen dem Vertreter der Anklagebehörde und dem Verteidiger zu Besprechungen durchaus vertraulichen Charakters gekommen ist. Das hing vom jeweiligen Staatsanwalt ab, aber auch vom Ansehen und dem Einsatz des Rechtsanwalts[2].

Bei vielen Verfahren stellten wir das routinierte, ängstliche, opportunistische, gleichgültige Verhalten des Pflichtverteidigers fest. Häufig ist in den Akten nur die jeweilige Honorarforderung überliefert.

Der Verteidiger des zum Tode verurteilten jungen Francesco Paolin stellte in seinem Schlußwort die Höhe der Strafe ins Ermessen des Gerichtes, womit er sich letztlich dem Plädoyer auf Todesstrafe anschloß[3]. Ähnliches ist vom Verteidiger Erna Wazinskis zu berichten. Der Pflichtverteidiger v. Campe stellte in der Verhandlung die „Sache ins Ermessen des Gerichts“. Immerhin reichte er am 24. Oktober ein Gnadengesuch ein: „Es ist meiner Überzeugung nach nicht zu verantworten, das junge Menschenleben auszulöschen wegen der Fortnahme von Gegenständen von ganz geringem Wert“. Vom gleichen Tag datiert seine Honorarforderung von 81,60 RM als Pflichtverteidiger[4].

Aber es gibt auch die mutigen, die engagierten Verteidiger.

Wir haben die Rolle der Verteidiger in Sondergerichtsverfahren systematisch für die letzten drei Kriegsmonate untersucht. In 48 Sondergerichtsverfahren traten insgesamt 12 Verteidiger vor allem aus der Stadt Braunschweig auf. Es waren die Rechtsanwälte Benze, Brandes II, Diesener, Fischer, Hopert, Hübner, Hoffmeister, Dr. Kahn, Dr. Karl

---

1 Rgbl., 1940, S. 409.

2 Schreiben des Rechtsanwalts W. Mägde v. 11. 10. 1948 an den Entnazifizierungsausschuß, 3 Nds 92/1 Nr. 17332.

3 42 B Neu 7 Nr. 1601.

4 42 B Neu 7 Nr. 1599.

Müller, Oschatz, Weichsel, Dr. Gramm und aus Bad Harzburg Kühne. Die meisten von ihnen traten nur einmal vor dem Sondergericht auf, Hopert in dem Verfahren gegen die Schwarzschlachter zweimal, Diesener dreimal, Benze achtmal und Kahn 27 mal.

Rechtsanwalt Dr. Oskar Kahn

Es ging wohl auf Rechtsanwalt Kahn zurück, daß der Diebstahl eines Eisenofens aus einem zerstörten Haus nicht mehr als Plünderung im Sinne der Volksschädlingsverordnung, sondern als Unterschlagung gewertet und damit die zwangsläufige Zuchthausstrafe abgewendet wurde[5]. Rechtsanwalt Kühne aus Bad Harzburg, mit den örtlichen Verhältnissen vertraut, konnte die gegen seine Mandantin beantragte dreijährige Zuchthausstrafe – sie hatte Lebensmittel gehortet – abwenden mit dem Hinweis auf die eigentümlichen Charakterzüge der Beklagten und das schwere Leid wegen des Todes ihrer beiden Söhne[6]. Rechtsanwalt Müller überzeugte das Gericht, daß die vielen Textilien in dem Schrank seines Mandanten Josef K. nicht ihm selber gehörten, somit die von ihm zusätz-

5 42 B Neu 7 Nr. 1145.
6 42 B Neu 7 Nr. 1139.

lich beantragten Bezugsscheine nicht unberechtigt gewesen waren. Immerhin hatte Staatsanwalt Linke eine „strenge Bestrafung" gefordert[7].

Zur Prozeßtaktik der Verteidigung gehörte auch die Bestellung von Entlastungszeugen. Für seine Mandantin Maria D., die des Plünderns aus dem Keller eines ausgebombten Hauses angeklagt war und für die der Staatsanwalt die Todestrafe beantragte, bot Oskar Kahn drei Zeugen auf, darunter einen Abteilungsleiter der Firma Büssing und einen Pfarrer. Das Gericht folgte der Verteidigung, erkannte nicht auf Plünderung und verhängte eine fünfjährige Zuchthausstrafe statt der beantragten Todesstrafe[8].

Besonders günstig war es, wenn die Verteidigung Zeugen aufbieten konnte, die die nationalsozialistische Gesinnungstreue der Beklagten bezeugten. So bewog Rechtsanwalt Kahn einen Ortsgruppenleiter, die regierungstreue Gesinnung seiner Mandantin zu bekunden, die immerhin öffentlich behauptet hatte, es gebe auch gute Juden. Die Staatsanwaltschaft hatte diese Äußerung als „gehässigen Angriff" auf die Regierung gesehen. Die verhängte zweimonatige Gefängnisstrafe bewegte sich an der unteren Grenze der für Heimtückevergehen üblichen Strafe[9].

Für den tschechischen Kellner Johann Liszner, wegen Plünderns angeklagt, erreichte Verteidiger Hermann Benze sogar einen Freispruch; zahlreiche Zeugen hatte er aufgeboten, die bezeugten, daß der Angeklagte mehrere Menschen aus dem brennenden Haus gerettet hatte[10].

In einigen Fällen gelang der Verteidigung eine Strafmilderung, indem sie durch das Einholen ärztlicher Gutachten das Gericht von der verminderten Zurechnungsfähigkeit der Angeklagten überzeugte. Im letzten Schwarzschlachterprozeß des Krieges gelang es den Verteidigern nicht zuletzt durch das Gutachten eines Oberveterinärrats, der die unterschlagene Fleischmenge als minderwertig bezeichnete, die für zwei Angeklagte beantragte Todesstrafe in eine fünfjährige Zuchthausstrafe umzuwandeln[11].

Oft genug jedoch half auch keine Verteidigung.

Rechtsanwalt Benze konnte die Todesstrafe für die Postfacharbeiterin Victoria B. nicht aufhalten und auch nicht die hohe Zuchthausstrafe für Lilli G. am 20. 3. 1945. Rechtsanwalt Kahn konnte die Todesstrafe für Guy M. ebenso wenig verhindern wie die unbegreiflich hohe, dreijährige Zuchthausstrafe für den hochbetagten Kurt v. Freyhold für das Abhören von ausländischen Nachrichten[12].

Wenigstens die Hälfte aller Verfahren wurde ohne Verteidigung abgehalten, und man kann den Eindruck haben, daß „verteidigerfreie" Tage wie Dienstag, der 16. Januar 1945, zu höheren Zuchthausstrafen in den drei Verfahren dieses Tages führten. Es ist kaum vorstellbar, daß das völlig überzogene Urteil gegen den 18jährigen Holländer Jakobus Coenraads wegen des Diebstahls eines einzigen Brotes auch mit einem Verteidiger zu einer einjährigen Zuchthausstrafe geführt hätte[13].

Wir wissen aus vielen Verfahren, daß die Verteidigung von den im Gerichtssaal anwesenden Gestapoleuten argwöhnisch verfolgt wurde. Die Rechtsanwälte Benze und

[7] 42 B Neu 7 Nr. 1156.
[8] 42 B Neu 7 Nr. 1148.
[9] 42 B Neu 7 Nr. 1186.
[10] 42 B Neu 7 Nr. 1158.
[11] 42 B Neu 7 Nr. 1155.
[12] 42 B Neu 7 Nr. 1604, 1113, 1611, 1115.
[13] 42 B Neu 7 Nr. 1142.

Kahn wurden mehrmals zur Gestapo bestellt und verwarnt[14]. Wie gefährdet Verteidiger vor dem Sondergericht waren, zeigte der Fall des Rechtsanwalts Mollenhauer.

Mollenhauer, der Verteidiger des Pfarrers Behrens aus Barum, der wegen Abhörens ausländischer Sender im November 1943 vor dem Sondergericht stand, hatte in seinem Plädoyer Äußerungen gemacht, welche die Gestapo veranlaßten, vom Reichssicherheitshauptamt in Berlin einen Schutzhaftbefehl gegen ihn zu erlassen. Offensichtlich wollte die Justiz der Gestapo zuvorkommen, denn das Landgericht erließ Haftbefehl gegen Mollenhauer. Der Sonderrichter Kalweit erklärte nach der Verhaftung Mollenhauers dessen Sozius, er sei von Mollenhauers Unschuld überzeugt, habe aber trotz aller rechtlichen Bedenken den Haftbefehl erlassen, um den Rechtsanwalt vor der Gestapo zu retten. Mollenhauer blieb acht Monate in Strafhaft. Oberstaatsanwalt Hirte setzte sich offensichtlich intensiv dafür ein, daß der Reichsjustizminister die Aufhebung des gegen Mollenhauer erlassenen Überhaftantrages des Reichssicherhauptamtes erwirke, weil der Rechtsanwalt sonst in ein Konzentrationslager eingewiesen worden wäre[15].

Das ungewöhnliche Engagement der Verteidigung gab einem Heimtückeverfahren im Frühjahr 1938 eine völlig überraschende Wende. Der Prozeß erregte erhebliches Aufsehen und ging durch die Presse.

Der Stadtinspektor B. aus Braunschweig hatte dem Angestellten W., der in die NSDAP eintreten wollte, mit dem Hinweis abgeraten, es stehe doch recht wackelig um die nationalsozialistische Bewegung. Er wisse ja auch, daß bei Umwälzungen Erschießungen vorgenommen würden und er wisse auch genau, wer dann hier im Amte bleibe. Rußland habe gewaltig aufgerüstet, während Deutschland noch nicht so weit sei. „Es kann also jederzeit soweit sein, daß Rußland Deutschland mit Krieg überzieht und dann haben wir zwangsläufig den Kommunismus im Lande“. Gegen den Inspektor wurde Anzeige erstattet; er bestritt aber energisch, sich in diesem Sinne geäußert zu haben. Nach dem Beginn der Ermittlungen wurde er vorläufig vom Dienst suspendiert. Die Staatsanwaltschaft erhob Anklage wegen Verstoßes gegen das Heimtückegesetz. Viele Zeugen – so die Anklageschrift – hätten auf die politische Unzuverlässigkeit des Angeklagten hingewiesen, er spende nie, sei unbeliebt, ein Querulant. Nunmehr setzte eine Offensive der Verteidiger ein – der Rechtsanwälte König und Dr. Klaus – wie wir sie in einem Sondergerichtsverfahren nur ganz selten beobachten konnten. Sie ersuchten mehrmals um Verlegung des Termins der Hauptverhandlung; zunächst protestierten sie gegen den zu kurzfristig angesetzten Termin; dann forderten sie mehr Zeit, um Entlastungsbeweise zu sammeln. Tatsächlich fanden sie zahlreiche Entlastungszeugen, die alle sehr positiv über B. aussagten. Vor allem gelang es ihnen, die Glaubwürdigkeit des Hauptbelastungszeugen W. zu erschüttern. Dieser hatte stets behauptet, vor 1933 weder der SPD noch dem Reichsbanner angehört zu haben. In der Hauptverhandlung präsentierte die Verteidigung Zeugen, die unter Eid gerade die Mitgliedschaft von W. in beiden Organisationen bestätigten. Die Zeugen waren übrigens mit Hilfe einer Detektei ausfindig gemacht worden. Das Verfahren nahm eine überraschende Wende. Das Gericht in der Besetzung Höse, v. Griesbach, Willecke sah die Glaubwürdigkeit des Zeugen W. restlos erschüttert, hielt

---

14 Aussage von Wilhelm Ehlers im Oktober 1946, 3 Nds 92/1 Nr. 39425.

15 Der Fall Mollenhauer spielte in den Entnazifizierungsverfahren Kalweit und Hirte eine Rolle; beide Juristen benutzten ihn zu ihrer Entlastung. In einem Brief vom 9. 10. 1946 bestätigte Mollenhauer den Sachverhalt; vgl. 3 Nds Nr. 840/2 (Kalweit) und 3 Nds 92/1 Nr. 17379.

deshalb auch die angebliche Heimtückerede für unwahrscheinlich und sprach B. wegen erwiesener Unschuld frei. Ausdrücklich kritisierte die Urteilsbegründung das dreiste Verhalten des Zeugen, der auch noch in der Hauptverhandlung schamlos gelogen habe. Bemerkenswert war die Pressenotiz zu diesem Fall: „Der einzige Zeuge W. habe einen derartigen Eindruck gemacht, daß ihm in keiner Weise geglaubt werden könne. Es sei erschütternd zu erleben, wie der Zeuge trotz der eidlichen Aussagen dreier einwandfreier Personen starr bei den Lügen geblieben sei, die er sogar habe beeiden wollen. Er habe eine schwere moralische Schuld auf sich geladen. Der Makel der politischen Unzuverlässigkeit sei vom Angeklagten in aller Öffentlichkeit genommen“. Das Sondergericht bestimmte sogar, daß nicht nur die Kosten des Verfahrens, sondern auch die Detektivkosten von der Reichskasse zu ersetzen waren. Die Entscheidung war eine schwere Niederlage für die Staatsanwaltschaft. In einem Schreiben an den Generalstaatsanwalt Müller hielt Oberstaatsanwalt Ranker an der Schuld des Angeklagten fest. Trotz der einen Falschaussage des Zeugen W. sei seine sonstige Aussage glaubwürdig[16].

Zwei Verteidiger sind uns in den Sondergerichtsverfahren als besonders mutig und engagiert aufgefallen: Hermann Benze und Dr. Oskar Kahn.

Oskar Kahn wurde 1901 in Braunschweig geboren. Nach dem Schulbesuch in Seesen und Halberstadt studierte er in Leipzig Rechtswissenschaft. Hermann Benze wurde 1904 in Braunschweig geboren, legte am Wilhelmgymnasium sein Abitur ab und war seit Oktober 1933 in Braunschweig als Rechtsanwalt tätig.

Kahn und Benze traten im Frühjahr 1933 in die NSDAP ein, wohl in der Hoffnung, sich durch die Mitgliedschaft den Rücken freizuhalten. Parteiämter hatten sie jedoch nicht ausgeübt. Im Gegenteil, mehrfach wurden sie von der Gestapo verwarnt. Oskar Kahn erhielt 1934 vom Kreisgericht der NSDAP einen Verweis, weil er im jüdischen Geschäft Blanck Teppiche gekauft hatte und er wurde von der Gestapo verwarnt wegen seiner Verteidigung von Pfarrer Althaus und Betriebsdirektor Hubing. In den letzten Kriegsjahren organisierte Kahn einen Anti-Nazi-Klub, der im Keller seines Hauses regelmäßig jede Woche tagte[17]. Der Entnazifizierungs-Ausschuß (Holland-Ausschuß) erhob gegen seine Weiterbeschäftigung keinerlei Bedenken. „Dr. Kahn hat es während der nationalsozialistischen Zeit verstanden, in vielen Prozessen mannhaft für den Schutz seiner Klienten gegen die Willkür der Gestapo einzutreten. Ihm selbst sind für sein Eintreten für den Gedanken des Rechts Nachteile erwachsen. Er hat trotz seiner äußeren Zugehörigkeit zur Partei nie seine liberale und demokratische Lebensauffassung verleugnet“[18].

Auch Hermann Benze wurde mehrfach von der Gestapo vorgeladen und verwarnt. Im Zusammenhang mit dem 1938 durchgeführten Verfahren gegen Braunschweiger Sozialdemokraten wurde ihm unter Androhung des Konzentrationslagers untersagt, künftig Personen der von der NSDAP verbotenen Parteien zu vertreten. Als Benze 1942 den praktischen Arzt Dr. Bockemüller aus Sickte vor dem Volksgerichtshof in Berlin verteidigte, wurde er von Seiten der Staatsanwalt gefragt, ob ihm sein Gefühl nicht verbiete, einen Halbjuden zu vertreten. Unter Druck wurde er auch wegen seiner Verteidigung von mehreren Zigeunern im Jahre 1942 gesetzt. Ein Jahr später drohte die Gestapo Nachteile

---

16 42 B Neu Nr. 526.

17 Notiz in der E-Akte, 3 Nds 92/1 Nr. 21599 (Dr. Kahn).

18 Erklärung des Holland-Ausschusses vom 15. 1. 1947, ebd.

als Rechtsanwalt an, wenn er künftig noch irgendwelche Leute vertrete, gegen die staatspolizeiliche Maßnahmen eingeleitet seien[19].

Der Entnazifizierungsausschuß stufte Hermann Benze in die Kategorie V ein: „Er hat sich durch zahlreiche Verteidigungen für die Belange des Rechts eingesetzt und sich dadurch erhebliche Anfeindungen von Seiten der Partei und der Gestapo zugezogen“[20].

Es gab auch in diesen dunklen Jahren noch integere Juristen im Land Braunschweig.

---

[19] Hermann Benze am 7. 5. 1945, 92 Nds 92/1 Nr. 16225 (Benze).

[20] Erklärung des Haupt-Ausschusses vom 9. 9. 1948, ebd.

12. Schluß

Das Sondergericht Braunschweig begleitete die Herrschaft der Nationalsozialisten von den ersten Anfängen bis in die letzten Tage des Zusammenbruchs. Es arbeitete noch mit Effizienz und Verlässlichkeit an der „inneren Front“, als die Stadt schon längst in Schutt und Asche lag. Die Richter fällten Todesurteile, da standen die Alliierten nur noch wenige Kilometer vom Gerichtsgebäude entfernt.

Wir konnten hinsichtlich der Tätigkeit des Braunschweiger Sondergerichts bei aller grundsätzlichen Einheitlichkeit der Rechtssprechung drei Phasen feststellen:

1. In den Jahren der Machteroberung und Machtstabilisierung 1933/34 stellte sich das Sondergericht ganz und gar in den Dienst der Bekämpfung politischer Gegner. Es wurden besonders Kommunisten und Sozialdemokraten angeklagt.

Vorsitzender Richter war Friedrich Lachmund, der das Gericht zum „Bollwerk der nationalsozialistischen Bewegung“ machte. Dabei ging er bis zu seiner Ablösung Ende 1936 von der Fiktion aus, der Justiz institutionell und formal die Unabhängigkeit zu erhalten.

2. In der Phase der Stabilisierung des Systems nahmen die Verfahren zunächst auffällig ab, um dann seit 1936 stark anzusteigen. Weniger prinzipielle Gegnerschaft, wie in der ersten Phase, als Unzufriedenheit mit dem System waren der Anlaß für Ermittlungen und Prozesse. In dieser Phase kam es zu einem Wechsel im Vorsitz des Sondergerichts, veranlaßt durch die Auseinandersetzungen zwischen Lachmund und Staatsanwalt Rasche. Lachmund versuchte, allzu deutliche Eingriffe der Gestapo und der SS in die Rechtsprechung abzuwehren. Vorsitzender des Sondergerichts wurde ab 1937 Wilhelm Ehlers. Die Jahre bis Kriegsausbruch waren die „mildeste“ Phase des Sondergerichts. Verfahren und Urteile signalisierten allerdings die nicht nachlassende Wachsamkeit der Verfolgungsbehörden und die Ahndungsbereitschaft der Justiz.

3. In der Kriegszeit verstand sich das Sondergericht als „Panzertruppe der Justiz“ an der inneren Front. Sie zu stabilisieren gegen Feinde jeglicher Art – und der Feindbegriff wurde kontinuierlich erweitert – sah die sondergerichtliche Rechtssprechung als ihre Hauptaufgabe.

Nach der Kapitulation wurde das Sondergericht aufgelöst, alle Vorsitzenden und zahlreiche Richter verloren ihre Stellung, die Urteile wegen Verstoßes gegen das Heimtückegesetz und wegen Abhörens ausländischer Sender wurden aufgehoben. Andere Urteile, insbesonders wegen Wirtschaftsvergehens, blieben zwar bestehen, wurden jedoch abgemildert.

Verhaftung und Ermittlung konnten ganz unvermittelt passieren, nach einem Gespräch mit dem Nachbarn, beim Kaufmann, nach einer geselligen Runde im Gasthaus; weil man gemeckert, die politische Führung kritisiert oder einen Witz erzählt hatte. Manche Beschuldigte kamen mit dem Schrecken davon – ihr Verfahren wurde eingestellt. Viele Prozesse endeten mit Freispruch oder geringen Gefängnisstrafen. Wir konnten zeigen, daß hohe Zuchthausstrafen oder gar Todesstrafen bis zum Kriegsausbruch nicht charakteristisch für die sondergerichtliche Rechtssprechung waren. Ob Freispruch oder geringe Strafe, entscheidend war, man war den Behörden und der Polizei auffällig geworden und damit am Arbeitsplatz, bei den Nachbarn gezeichnet. Hier lag eine der wichtigsten Funktionen der Sondergerichte: einschüchtern, disziplinieren; „es sei jeder gewarnt“. Sondergerichtsbarkeit fand übrigens keineswegs, weil etwas „Besonderes“, im Verborgenen statt, sondern vor aller Öffentlichkeit.

Mit der Verhaftung konnte jeder rechnen. Fast allen sozialen Schichten sind wir in den Verfahren begegnet. Freilich, bei genauerem Hinsehen gibt es Auffälligkeiten. Die soziale Zusammensetzung der Beschuldigten und Verurteilten veränderte sich über die Jahre hinweg. In den Anfangsjahren waren Arbeiter, Mitglieder der Arbeiterorganisationen überrepräsentiert. Ihr Anteil ging in den folgenden Jahren deutlich zurück, vor allem der der Industriearbeiter. Wir finden in den Jahren 1935 bis 1939 eher traditionelle Arbeiterberufe, auch Landarbeiter und Gelegenheitsarbeiter, Kaufleute, Bauern, kleinere Angestellte vor dem Sondergericht. Im Krieg wurden die Fremdarbeiter zur größten Gruppe. Und es verstärkte sich eine Tendenz, die wir auch schon in den Friedensjahren beobachteten: wir begegnen vor dem Sondergericht überwiegend den „kleinen Leuten“; Menschen, die eher am unteren Ende der sozialen Hierarchie standen, am Rande der Gesellschaft.

Wir wollten mit einem sozial- und mentalitätsgeschichtlichen Ansatz die Sondergerichtsakten nach Informationen über den Alltag der Braunschweiger Bevölkerung befragen. Es war ein in mehrfacher Hinsicht eingeschränkter Blick auf den Alltag im Nationalsozialismus. Die Akten des Sondergerichts spiegeln die subjektive und parteiische Sicht der Ermittlungsbehörden und des Gerichts wider. Die, besonders in den sechziger Jahren zu beobachtende, unkritische Lektüre z. B. polizeilicher Berichte in den Ermittlungsakten erscheint uns problematisch. So berichtete uns kürzlich ein noch am 27. März 1945 zum Tode Verurteilter, dessen Urteil im Gefängnis Wolfenbüttel nicht vollstreckt wurde, weil der Hinrichtungsbetrieb schon eingestellt worden war, von seiner Verhandlung. Er bestritt die Richtigkeit seines Geständnisses, das nur unter furchtbarer polizeilicher Folter zustandegekommen sei. „Die hätten mich sonst totgeschlagen“, erzählte er. Es ist vermutlich eher grundsätzlich davon auszugehen, daß Geständnisse und Aussagen, insbesonders von Ausländern, unter Folter erfolgt sind.

Die Akten spiegeln aber auch die subjektive Sicht der Beschuldigten und Angeklagten wider. Gerade deshalb liefern sie reichhaltige Informationen über Verhalten und Einstellung der Bevölkerung; auf dem Land und in der Stadt, im Frieden und im Krieg; über Anpassen und Mitmachen, über Strategien, in politischen und wirtschaftlichen Notzeiten zurechtzukommen; über zwischenmenschliche Beziehungen in kleinräumigen Milieus: in Mietshäusern, Stadtvierteln, in kleinen Dorfgemeinden, in Gasthäusern, in Vereinen und am Arbeitsplatz. Beziehungen, die in erschreckendem Ausmaß durch Denunziationen geprägt waren.

Wir lernten nur einen kleinen Ausschnitt des Alltags im Nationalsozialismus kennen, den Alltag von Menschen, die „auffällig“ geworden waren. In den Anfangsjahren waren es vor allem politische Auffälligkeiten von Kommunisten, Sozialdemokraten, Gewerkschaftlern. Seit 1935 begegneten wir Kirchenleuten, Zeugen Jehovas, die sich dem totalitären Gesinnungsanspruch widersetzten; begegneten wir mit den „Meckereren und Kritikastern“ Menschen, die mit der viel beschworenen Volksgemeinschaft nicht zurecht kamen, die Widerborstigkeit und zuweilen Widerständigkeit zeigten, partiellen Dissens allenfalls, der dem Regime zwar nicht gefährlich werden konnte, die Machthaber gleichwohl irritierte.

Für die Kriegszeit ergaben sich Einblicke in die Lebensverhältnisse an der Heimatfront, manchmal waren es nur Momentaufnahmen:

- vom Leben im Krieg, den das System zum rücksichtslosen Ausbau seiner Herrschaft und zur rigorosen Bestrafung jeglicher Kritik nutzte;
- vom Leben unter dem sich im Krieg noch verschärfenden nationalsozialistischen Nachrichten- und Meinungsmonopol, welches das Abhören ausländischer Sender für eine objektive Information unerläßlich machte;
- vom Leben unter den Bedingungen der Kriegswirtschaft, wobei ein grelles Licht auf Mißstände bei der Nahrungsmittelbewirtschaftung fiel;
- vom Leben der Kriegsgefangenen und Zwangsarbeiter;
- vom Leben in den letzten Kriegsmonaten, als der Bombenkrieg und die zusammenbrechenden Fronten zu immer chaotischeren Verhältnissen in der Heimat führten. Als sich immer mehr Männer dem Wehrdienst entziehen oder nicht mehr an die Front zurückkehren wollten. Als die zunehmende materielle Not zu steigenden Eigentumsdelikten führte. Als sich die Diebstähle aus Eisenbahnwaggons und aus Feldpostsendungen häuften. Erkannte das Gericht dabei auf Plünderung, auf einen schweren Verstoß gegen die Volksschädlingsverordnung, hielt es den Täter für einen „gefährlichen Gewohnheitsverbrecher“, dann drohte die Todesstrafe. Für diese Entscheidung hatte das Sondergericht Spielraum. Die Richter nutzten ihn während der letzten Kriegsmonate erschreckend selten.

Spätestens diese Beobachtung führte uns dazu, nicht bei der Beschreibung des Schicksals der Beschuldigten, Angeklagten und Verurteilten stehenzubleiben, sondern das Handeln und die Handlungsmotive der urteilenden Sonderrichter einzubeziehen.

Nur ganz wenige Braunschweiger Sonderrichter waren bereits vor 1933 Mitglieder der NSDAP. Alle kamen aber aus einem konservativ-national geprägten, gutbürgerlichen Milieu. Mit ganz wenigen Ausnahmen traten sie im Frühjahr 1933 der NSDAP bei. Zwei der späteren Vorsitzenden zeichneten sich während des Dritten Reichs durch reges Engagement in der hiesigen Landeskirche aus.

Die Sonderrichter der ersten Stunde waren „politisch qualifizierte“ Richter, durchaus in Übereinstimmung mit der nationalsozialistischen Rechtsauffassung. Bei den jüngeren Richtern spielten Karriereüberlegungen sicherlich eine wichtige Rolle.

Besonders erklärungsbedürftig scheinen uns die Handlungsmotive der Sonderrichter angesichts ihrer sich radikalisierenden Rechtssprechung im Krieg zu sein.

Die Richter wollten zweifellos ihren Beitrag zur Stabilisierung der „inneren Front“ leisten, durch Abschreckung den Durchhaltewillen bis in die letzten Kriegstage hinein stärken, einen Zusammenbruch wie im Herbst 1918, an den sie traumatische Erinnerungen hatten, mit allen Mitteln verhindern. Sie wollten in der Heimat mit den Paragraphen wie mit Waffen kämpfen.

Sie wollten sich mit dem NS-Recht bzw. dem obersten Gerichtsherrn Hitler in Einklang befinden. Lange tradiertes obrigkeitsstaatliches Denken und überzeugtes Bekenntnis zum autoritären, nationalen Staat kamen hinzu. Allerdings standen die Sonderrichter auch unter dem Druck der Lenkungsmaßnahmen von oben – Richterbriefe, „Vor-und Nachschau“, außerordentlicher Einspruch, Nichtigkeitsbeschwerde. Doch es blieben Spielräume.

Sie sahen sich der Konkurrenz der SS gegenüber, die ihnen, zumal im Kriegsverlauf, eine allzu laxe Rechtssprechung vorwarf; und an die sie immer weitere Zuständigkeiten abgeben mußten. Wir beobachteten auch in unserem Untersuchungsbereich eine Radikalisierung, verursacht durch die Rivalität zwischen traditionellen Machteliten und NS-Institutionen.

Besonders auffällig war schließlich ein moralisierendes Argumentationsmuster, das in den letzten Kriegsjahren seine furchtbarste Ausprägung fand, als es sich mit Ansätzen von Rassismus im Sinne des „hygienischen Rassismus“ verband: Reinigung und Säuberung des Volkskörpers von den Minderwertigen und Haltlosen, Ausmerzung der Gemeinschaftsfremden aus der Volksgemeinschaft.

Hinsichtlich der Einschätzung des „Tätertyps“ beobachteten wir eine erschreckende Anpassung der Haltung der Sonderrichter an die rassistischen Aspekte der NS-Weltanschauuung. Noch in den Rechtfertigungstexten der Sonderichter nach Kriegsende spiegelte sich diese Einstellung wider.

Die Stabilisierung der nationalsozialistischen Volksgemeinschaft, die im Krieg zunehmend rassistisch definiert wurde, war das zentrale Anliegen der sondergerichtlichen Rechtssprechung. Die „leichteren“ Fälle der Vorkriegszeit unterschieden sich nicht grundsätzlich von den Verfahren der Kriegszeit. Hier sehen wir bei aller Radikalisierung der Rechtssprechung im Krieg ein hohes Maß an Kontinuität während des gesamten Zeitraumes 1933 bis 1945.

Quellen- und Literaturverzeichnis

Archivalische Quellen

Niedersächsisches Staatsarchiv Wolfenbüttel

3 Nds	Entnazifizierungsakten
12 Neu	Staatsministerium Braunschweig
23 Neu	Landtag Braunschweig
36 Neu	Oberlandesgericht
42 A Neu 5	Staatsanwaltschaft beim Oberlandesgericht Braunschweig, Sonderfindbuch: Justizverwaltungsakten
42 B Neu 7	Sondergerichtssachen und andere Verfahren mit politischem Einschlag 1933–1945
43 A Neu	Strafgefängnis Wolfenbüttel
43 B Neu	Kreis- und Untersuchungsgefängnis Braunschweig
57 Nds	Oberlandesgericht Braunschweig
61 Nds	Staatsanwaltschaft beim Oberlandesgericht Braunschweig
62 Nds 2	Staatsanwaltschaft beim Landgericht Braunschweig

Landeskirchliches Archiv in Braunschweig

Entnazifizierungsakten
Personalakten

Bundesarchiv Koblenz

R 22	Reichsjustizministerium

Nordrhein-Westfälisches Hauptstaatsarchiv Düsseldorf

Entnazifizierungsakten NW 1037- B I-10143 und NW 1000-EU-7712

Gedruckte Quellen

Reichsgesetzblatt, Jg. 1933–1945

Deutsche Justiz. Rechtspflege und Rechtspolitik, Jg. 1939–1945

Justizblatt für den Oberlandesgerichtsbezirk Braunschweig, 1. und 2. Jahrgang 1946/47

Braunschweiger Landeszeitung, Jg. 1933–1945

„Im Namen des Rechts" – Das Urteil im Dietrich- Klagges-Prozeß, Strafsache gegen den früheren Braunschweigischen Ministerpräsidenten Klagges vom 5. April 1950

Das Nürnberger Juristenurteil. Sonderveröffentlichungen des Zentral-Justizblatts für die Britische Zone, Hamburg 1948

Materialsammlung zur Ausstellung ‚Die ev.-luth. Landeskirche in Braunschweig und der Nationalsozialismus', hrsg. von Dietrich Kuessner und Norbert Saul, Braunschweig 1982

Literatur

Angermund, Ralph, Deutsche Richterschaft 1919–1945, Frankfurt 1991;

Bajohr, Frank, „Arisierung“ in Hamburg: die Verdrängung der jüdischen Unternehmer 1933–1945, Hamburg 1997.

Bästlein, Klaus, Die Akten des ehemaligen Sondergerichts Kiel als zeitgeschichtliche Quelle, in: Zeitschrift der Gesellschaft für Schleswig-Holsteinische Geschichte, 1988, S. 157–211.

Bästlein, Klaus, Sondergerichte in Norddeutschland als Verfolgungsinstanz, in: Bajohr, Frank (Hg.), Norddeutschland im Nationalsozialismus, Hamburg 1993, S. 218–238.

Bästlein, Klaus, Zur „Rechts“-Praxis des Schleswig-Holsteinischen Sondergerichts (1937–1945), in: Ostendorf Heribert (Hg.), Strafverfolgung und Strafverzicht. Festschrift zum 125jährigen Bestehen der Staatsanwaltschaft Schleswig-Holstein, Köln u. a. 1992, S. 93–185.

Bein, Reinhard, Widerstand im Nationalsozialismus, Braunschweig 1985.

Benz, Wolfgang, Die Entnazifizierung der Richter, in: Diestelkamp, Bernhard /Stolleis, Michael (Hg), Justizalltag im Dritten Reich, Frankfurt 1988, S. 112–130.

Biegel, Gerd, Bomben auf Braunschweig, Braunschweig 1994.

Blumenberg-Ebel, Anna, Sondergerichtsbarkeit und ‚Politischer Katholizismus‘ im Dritten Reich, Mainz 1990.

Boberach, Heinz (Hg.), Richterbriefe. Dokumente zur Beeinflussung der deutschen Rechtsprechung 1942–1944, Boppard 1975.

Broszat, Martin, Siegerjustiz oder strafrechtliche Selbstreinigung, in: Vierteljahrshefte für Zeitgeschichte, Jg. 1981, S. 477–544.

Broszat, Martin, Zur Perversion der Strafjustiz im Dritten Reich, in: Vierteljahreshefte für Zeitgeschichte, Jg. 1958, S. 390–443.

Bruns-Wüstefeld, Alex, Lohnende Geschäfte. Die „Entjudung“ der Wirtschaft am Beispiel Göttingens, Hannover 1997.

Das Nürnberger Juristenurteil. Sonderveröffentlichungen des Zentral-Justizblatts für die Britische Zone, Hamburg 1948.

Diewald-Kerkmann, Gisela, Politische Denunziation oder die kleine Macht der ‚Volksgenossen‘, Bonn 1996.

Dördelmann, Katrin, Denunziation und Denunziationsopfer – Auseinandersetzungen der Nachkriegszeit, in: Heinz Matzerath (Hg.), Versteckte Vergangenheit. Über den Umgang mit der NS-Zeit in Köln, Köln 1994, S. 195–232.

Dörner, Bernward , „Heimtücke“: Das Gesetz als Waffe. Kontrolle, Abschreckung und Verfolgung in Deutschland 1933–1945, Paderborn 1998.

Dreier, Ralf /Sellert, Wolfgang (Hg.), Recht und Justiz im ‚Dritten Reich‘, Frankfurt 1989.

Drewnowski, Jerzy, „Jene schöne Zeit auf dem deutschen Bauernhof“. Erinnerungen polnischer Zeitzeugen an ihre Zwangsarbeit in der Region Wolfenbüttel (1939–1945), in: Braunschweigisches Jahrbuch, Jg. 1988, S. 217–229.

Ernesti, Christoph, Sie waren unsere Nachbarn. Die Geschichte der Juden in Stadtoldendorf, Holzminden 1996.

Fraenkel, Ernst, Der Doppelstaat:Recht und Justiz im „Dritten Reich“, Frankfurt/M. 1974.

Friedrich, Jörg, Freispruch für die Nazi-Justiz. Die Urteile gegen NS-Richter seit 1948. Eine Dokumentation, Reinbek 1983.

Friedrich, Jörg, Die kalte Amnestie. NS-Täter in der Bundesrepublik, Frankfurt 1984.

Garbe, Detlev, Zwischen Widerstand und Martyrium. Die Zeugen Jehovas im ‚Dritten Reich‘, München 1993.

Gellately, Robert, Die Gestapo und die deutsche Gesellschaft, Paderborn 1993.

Grote, Eckart, Target Brunswick 1943–1945, Braunschweig 1994;

Gruchmann, Lothar, Justiz im Dritten Reich 1933–1940, München 1988.

Haase, Norbert /Paul, Gerhard (Hg.), Die anderen Soldaten. Wehrkraftzersetzung, Gehorsamsverweigerung und Fahnenflucht im 2.Weltkrieg, Frankfurt 1989.

Halatsch, Patrick, Die NS-Nachkriegsprozesse 1945–1950 im Spiegel der regionalen Presse und öffentlichen Meinung, Magisterarbeit am Fachbereich für Philosophie, Wirtschafts-und Sozialwissenschaften der TU Braunschweig (1997).
Hensle, Michael P., Die Todesurteile des Sondergerichts Freiburg 1940–1945, München 1996.
Herbert, Ulrich (Hg.), Europa und der „Reichseinsatz". Ausländische Zivilarbeiter, Kriegsgefangene und KZ-Häftlinge in Deutschland 1938–1945, Essen 1991.
Herbert, Ulrich, Fremdarbeiter. Politik und Praxis des „Ausländer-Einsatzes" in der Kriegswirtschaft des Dritten Reiches, Bonn 1985.
Hesse, Hans (Hg.), „Am mutigsten waren immer die Zeugen Jehovas": Verfolgung und Widerstand der Zeugen Jehovas im Nationalsozialismus, Bremen 1998.
Hoffmann, Doina, Nationalsozialismus vor Gericht: Der Klagges-Prozeß. Magisterarbeit am Fachbereich für Geistes- und Erziehungswissenschaften der TU Braunschweig (1999).
Hüttenberger, Peter, Heimtückefälle vor dem Sondergericht München 1933–1939, in: Bayern in der NS-Zeit, Bd. 4, München/Wien 1981, S. 435–526.
Im Namen des Deutschen Volkes. Justiz und Nationalsozialismus. Katalog zur Ausstellung des Bundesministers der Justiz, Köln 1989.
Johe, Werner, Die gleichgeschaltete Justiz, Frankfurt 1967.
Justizministerium des Landes Nordrhein-Westfalen (Hg.), Strafjustiz im Dritten Reich, Bd. 3: Hans-Eckhard Niemann, Die Durchsetzung politischer und politisierter Strafjustiz im Dritten Reich. Ihre Entwicklung aufgezeigt am Beispiel des OLG-Bezirks Hamm, Düsseldorf 1995.
Justizministerium Rheinland-Pfalz (Hg.), Justiz im Dritten Reich, NS-Sondergerichtsverfahren in Rheinland-Pfalz. Eine Dokumentation, Teil 1–3, Frankfurt 1994.
Justizministerium Rheinland-Pfalz (Hg.), Justiz im Dritten Reich: Justizverwaltung, Rechtssprechung und Strafvollzug auf dem Gebiet des heutigen Landes Rheinland-Pfalz, Frankfurt 1995.
Kalshoven, Hedda, Ich denk so viel an Euch. Ein deutsch-holländischer Briefwechsel 1920–1949, München 1995.
Klieme, Joachim, Ausgrenzung aus der NS-„Volksgemeinschaft". Die Neuerkeröder Anstalten in der Zeit des Nationalsozialismus 1933–1945, Braunschweig 1997.
Knauer, Wilfried, Nationalsozialistische Justiz und Todesstrafe: Eine Dokumentation zur Gedenkstätte in der Justizvollzugsanstalt Wolfenbüttel, Hannover 1990.
Kochheim, Friedrich, Bilanz. Erlebnisse und Gedanken, Hannover 1952.
Kramer, Helmut (Hg.), Braunschweig unterm Hakenkreuz, Braunschweig 1981.
Kramer, Helmut, „Gerichtstag halten über uns selbst". Das Verfahren Fritz Bauers zur Beteiligung der Justiz am Anstaltsmord, in: Hanno Loewy/Bettina Winter (Hg.), NS-„Euthanasie" vor Gericht, Frankfurt 1996, S. 81–131.
Kramer, Helmut, Die NS-Justiz in Braunschweig und ihre Bewältigung ab 1945, in: Braunschweig unterm Hakenkreuz, Braunschweig 1981.
Kramer, Helmut, Richter in eigener Sache. Zur Selbstamnestierung der Justiz nach 1945, in: Es geschah in Braunschweig, Braunschweig o.J. (1988), S. 54–73.
Krause, Karl-Joachim, Braunschweig zwischen Krieg und Frieden, Braunschweig 1994.
Kuessner, Dietrich, Die Braunschweigische ev.-luth. Landeskirche und der Nationalsozialismus, in: Braunschweig unterm Hakenkreuz, S. 79–113.
Kuessner, Dietrich, Geschichte der Braunschweigischen Landeskirche 1930–1947 im Überblick, Offleben 1982.
Kuessner, Dietrich/Saul, Norbert, Materialsammlung zur Ausstellung ‚Die ev.-luth. Landeskirche in Braunschweig und der Nationalsozialismus', Braunschweig 1982.
Lein, Albrecht, Braunschweiger Justiz im Nationalsozialismus: Zwischen Anpassung und ‚innerer Emigration', in: Kramer, Braunschweig unterm Hakenkreuz, S. 61–78.
Liedke, Karl, Gesichter der Zwangsarbeit. Polen in Braunschweig 1939–1945, Braunschweig 1997.
Liedke, Karl/Zacharias, Elke, Das KZ-Außenlager Schillstraße. Der Arbeitseinsatz von KZ-Häftlingen bei der Fa. Büssing, Braunschweig 1996.
Luczak, Czeslaw, Polnische Arbeiter im nationalsozialistischen Deutschland, in: Herbert, Europa, S. 90ff.

Ludewig, Hans-Ulrich/Pollmann Birgit, Bürgertum und Arbeiterbewegung in Braunschweig 1870–1933, in: Wissenschaftliche Zeitschrift des Braunschweigischen Landesmuseums, Bd. 1, 1994, S. 63–98.
Ludewig, Hans-Ulrich, Das Sondergericht Braunschweig 1933–1945, in: Klaus Erich Pollmann (Hg.), Der schwierige Weg in die Nachkriegszeit, Göttingen 1994, S. 264–290.
Ludewig, Hans-Ulrich, Nationalsozialismus als Protestbewegung. Machteroberung und Machtstabilisierung in Braunschweig, in: Schicht-Protest-Revolution in Braunschweig 1292 bis 1947/48, Braunschweig 1995, S. 175–196.
Luge, Jens, Die Rechtsstaatlichkeit der Strafrechtspflege im Oldenburger Land 1932–1945, Hannover 1993.
Majer, Diemut, ‚Fremdvölkische' im Dritten Reich, Boppard 1981.
Mallmann, Klaus-Michael /Paul, Gerhard, Herrschaft und Alltag. Ein Industrierevier im Dritten Reich, Bonn 1991.
Mann, Reinhard, Protest und Kontrolle im Dritten Reich, Frankfurt/New York 1987.
Mechler, Wolf-Dieter, Kriegsalltag an der ‚Heimatfront', Hannover 1997.
Messerschmidt, Manfred, Was damals Recht war...NS-Militär-und Strafjustiz im Vernichtungskrieg, hrsg. v. Wolfram Wette, Essen 1994.
Miosge, Dieter, Die Braunschweiger Juristenfamilie Mansfeld, in: Justiz im Wandel der Zeit. Festschrift des Oberlandesgerichts Braunschweig, hg. v. Rudolf Wassermann, Braunschweig 1989, S. 328–348.
Mommsen, Hans, Das Volkswagenwerk und seine Arbeiter im Dritten Reich, Düsseldorf 1996.
Müller, Friedrich-Wilhelm, Entnazifizierung der Richter in kirchlichen Ämtern im Bereich der Braunschweigischen Landeskirche, in: Pollmann, Der schwierige Weg, S. 292 ff.
Müller, Ingo, Furchtbare Juristen. Die unbewältigte Vergangenheit der Justiz, München 1987.
Müller, Rolf-Dieter /Überschär, Gerd, Kriegsende 1945, Frankfurt 1994.
Münkler, Herfried, Machtzerfall, Berlin 1985.
Niethammer, Lutz, Die Mitläuferfabrik. Die Entnazifizierung am Beispiel Bayerns, Berlin/Bonn 1982.
Oehler, Christiane , Die Rechtssprechung des Sondergerichts Mannheim 1933–1945, Berlin 1997.
Ostendorf, Heribert /ter Veen, Heino (Hg.), Das Nürnberger Juristenurteil. Eine kommentierte Dokumentation, Frankfurt/New York 1985.
Palmer, Ottmar, Material zur Geschichte des Kirchenkampfes in der Braunschweigischen Landeskirche, hektogr. Manuskript 1957.
Paul, Gerhard /Mallmann, Klaus-Michael (Hg.), Die Gestapo. Mythos und Realität, Darmstadt 1995.
Paul, Gerhard, Ungehorsame Soldaten. Dissens,Verweigerung und Widerstand deutscher Soldaten 1939–1945, St. Ingbert 1994.
Peukert, Detlev J. K., Alltag und Barbarei, in: Dan Diner (Hg.), Ist der Nationalsozialismus Geschichte?, Frankfurt 1987, S. 51–61.
Peukert, Detlev J. K., Volksgenossen und Gemeinschaftsfremde. Anpassung, Ausmerze und Aufbegehren unter dem Nationalsozialismus, Köln 1982
Pischke, Gudrun, „Europa arbeitet bei den Reichswerken". Das nationalsozialistische Lagersystem in Salzgitter, Salzgitter 1995.
Pollmann, Klaus Erich, Die Entnazifizierung in der Braunschweigischen Landeskirche nach 1945, in: Klaus Erich Pollmann (Hg.), Der schwierige Weg in die Nachkriegszeit, Göttingen 1994, S. 26–99.
Prescher, Rudolf, Der rote Hahn über Braunschweig, Braunschweig 1955, 2. Auflage 1994.
Richter, Axel, Das Unterkommando Vechelde des Konzentrationslagers Neuengamme, Vechelde 1985.
Roloff, Ernst August, Bürgertum und Nationalsozialismus 1930–1933. Braunschweigs Weg ins Dritte Reich, Braunschweig 1961.
Rüping, Hinrich, Justiz und Nationalsozialismus, Rosendorf 1985.

Rusinek, Bernd-A., Gesellschaft in der Katastrophe. Terror, Illegalität, Widerstand – Köln 1944/45, Essen 1989.
Schmitz, Gunter, Wider die „Miesmacher", „Nörgler" und „Kritikaster": Zur strafrechtlichen Verfolgung politischer Äußerungen in Hamburg 1933 bis 1939, in: Klaus Bästlein u. a. (Hg.), „Für Führer,Volk und Vaterland...": Hamburger Justiz im Nationalsozialismus, Hamburg 1992.
Sellert, Wolfgang/ Rüping, Hinrich, Studien-und Quellenbuch zur Geschichte der deutschen Strafrechtspflege, Bd. 2, Aalen 1964.
Siegfried, Klaus-Jörg, Das Leben der Zwangsarbeiter im Volkswagenwerk 1939–1945, Frankfurt/New York 1988.
Siegfried, Klaus-Jörg, Rüstungsproduktion und Zwangsarbeit im Volkswagenwerk 1939–1945. Eine Dokumentation, Frankfurt/New York 1986.
Sofsky, Wolfgang, Die Ordnung des Terrors: Das Konzentrationslager, Frankfurt 1993.
Starke, Günter K. P., Das Inferno von Braunschweig, Cremlingen 1994.
Streit, Christian, Keine Kameraden. Die Wehrmacht und die sowjetischen Kriegsgefangenen 1941–145, Stuttgart 1978.
Thamer, Hans-Ulrich, Verführung und Gewalt. Deutschland 1933–1945, Berlin 1986.
Vögel, Bernhild, „Entbindungsheim für Ostarbeiterinnen". Braunschweig, Broitzemer Straße 200, Hamburg 1989.
Vögel, Bernhild, Ein kurzer Lebensweg. Der Fall Erna Wazinski. Arbeitsmaterialien für die schulische und außerschulische Jugendbildungsarbeit, Braunschweig 1996.
Vollnhals, Clemens (Hg.), Entnazifizierung. Politische Säuberung und Rehabilitierung in den vier Besatzungszonen 1945–1949, München 1991.
Wassermann, Rudolf, Zur Geschichte des Oberlandesgerichts Braunschweig, in: Justiz im Wandel der Zeit. Festschrift des Oberlandesgerichts Braunschweig, hg. v. Rudolf Wassermann, Braunschweig 1989, S. 11–110.
Weihmann, Susanne, „Die sind doch alle weggemacht". Juden in Helmstedt 1933–1945, Helmstedt 1996.
Wenzlau, Joachim, Der Wiederaufbau der Justiz in Nordwestdeutschland 1945 bis 1949, Königstein 1979.
Werle, Gerhard, Justiz-Strafrecht und polizeiliche Verbrechensbekämpfung im Dritten Reich, Berlin/New York 1989.
Wick H., Die Entwicklung des Oberlandesgerichts Celle nach dem zweiten Weltkrieg, in: Festschrift zum 275jährigen Bestehen des Oberlandesgerichts Celle, Celle 1986.
Wrobel, Hans, Strafjustiz im totalen Krieg. Aus des Akten des Sondergerichts Bremen 1940 bis 1945, Bd. 1 bis 3, Bremen 1991–1994.
Wrobel, Hans, Verurteilt zur Demokratie. Justiz und Justizpolitik in Deutschland 1945–1949, Heidelberg 1989, S. 102.
Wüllenweber, Hans, Sondergerichte im Dritten Reich, Frankfurt 1990.
Wysocki, Gerhard, Arbeit für den Krieg. Herrschaftsmechanismen in der Rüstungsindustrie des „Dritten Reichs", Braunschweig 1992.
Wysocki, Gerhard, Die Geheime Staatspolizei im Land Braunschweig, Frankurt/New York 1997.
Wysocki, Gerhard, Zwangsarbeit im Stahlkonzern, Braunschweig 1982.
Wysocki, Gerhard, Von der Verfolgung zur Vernichtung im Aktenspiegel von Polizei, Justiz und Konzentrationslager, in: Beiträge zur Geschichte der nationalsozialistischen Verfolgung in Norddeutschland, Bd. 3, Bremen 1997.
Zimmermann, Michael, Von der Diskriminierung zum ‚Familienlager' Auschwitz. Die nationalsozialistische Zigeunerverfolgung, in: Dachauer Hefte, Bd. 5, München 1989, S. 87–114.
Zimmermann, Michael, Rassenutopie und Genozid. Die nationalsozialistische „Lösung der Zigeunerfrage", Hamburg 1996.

Personenregister

(Bei Personen, deren Vorname nicht ermittelt werden konnte, steht die Berufsbezeichnung. Die Namen der Angeklagten, die in der Übersicht S. 223 ff. aufgelistet sind, wurden nicht in das Register übernommen)

Ortsregister

(Braunschweig in der Verbindung Sondergericht Braunschweig wurde nicht aufgenommen)